Temario Específico Volumen 1

Enfermero/a

Servicio Andaluz de Salud (SAS)

eRodio
ediciones

Segunda edición, abril 2016.
Tercera revisión, febrero 2017 (568 páginas)
Diseño de portada: Ediciones Rodio, S. Coop. And.
Edita: Ediciones Rodio, S. Coop. And.
Alameda de Hércules, 32-33. 1.ª planta. 41002-Sevilla
Teléfono: 955 28 74 84. Fax: 955 09 38 48
www.edicionesrodio.com
email: info@edicionesrodio.com
ISBN: 978-84-16506-87-3
ISBN Obra completa: 978-84-16506-92-7

Índice

Presentación

El equipo editorial de Ediciones Rodio, con más de 20 años de experiencia en el sector del libro para la preparación de oposiciones, pone a tu disposición este eficaz manual para la preparación de las pruebas de acceso a la categoría de Enfermero/a del Servicio Andaluz de Salud, según el último Programa Oficial.

Este primer volumen, del temario Específico para esta categoría, comprende diecisiete temas (del 10 al 26) convenientemente desarrollados y actualizados.

Ediciones Rodio presenta el programa completo de Temas para Enfermero/a del SAS, dividido en siete volúmenes:

- *Temario Común y test.*
- *Temario Específico, Volumen 1.*
- *Temario Específico, Volumen 2.*
- *Temario Específico, Volumen 3.*
- *Temario Específico, Volumen 4.*
- *Test del Temario Específico.*
- *Simulacros de Examen.*

Las actualizaciones que se realicen desde este momento hasta la fecha de publicación de la Convocatoria en el Boletín Oficial de la Junta de Andalucía (BOJA) podrán consultarse en nuestra página web: http://www.temariosoposiciones.com/actualizaciones, junto a otros materiales complementarios.

Sólo nos queda desearte el mayor de los éxitos.

Tu triunfo será nuestro triunfo.

Tema 10

Organización sanitaria (III). Biobancos del Sistema Sanitario Público de Andalucía. Ordenación administrativa y funcional de los servicios de Salud Mental. Plan Andaluz de Emergencias Sanitarias. Agencias Públicas Empresariales adscritas a la Consejería competente en materia de Salud. Consorcios y conciertos. Actuaciones en materia de Salud Pública: su regulación en la Ley 16/2011, de 23 de diciembre, de Salud Pública de Andalucía

eRodio ediciones

Índice esquemático

1. BIOBANCOS DEL SISTEMA SANITARIO PÚBLICO DE ANDALUCÍA

1.1. Decreto 1/2013

A continuación, vamos a analizar el Decreto 1/2013, de 8 de enero, *por el que se regula la autorización para la constitución y funcionamiento de Biobancos con fines de investigación biomédica, se crean el Registro de Biobancos de Andalucía y el Biobanco del Sistema Sanitario Público de Andalucía.*

El artículo 54.1 del Estatuto de Autonomía para Andalucía reconoce a la Comunidad Autónoma en materia de investigación científica y técnica, la competencia exclusiva con relación a los centros y estructuras de investigación de la Junta de Andalucía.

Por su parte, el artículo 47.1.1.ª del mencionado Estatuto de Autonomía establece que corresponde a la Comunidad Autónoma la competencia exclusiva en materia de procedimiento administrativo derivado de las especialidades de la organización propia de la Comunidad Autónoma, la estructura y regulación de los órganos administrativos públicos de Andalucía y de sus organismos autónomos.

La investigación biomédica constituye un instrumento esencial para mejorar la salud, el bienestar y las expectativas de vida de los ciudadanos. En este contexto, la biotecnología destaca cada día más como el área del desarrollo tecnológico con más recorrido en un inmediato futuro y como fuente de conocimiento, de progreso y de riqueza.

Este nuevo enfoque necesariamente ha llevado a los respectivos legisladores nacionales, y en el ámbito comunitario, a las propias instituciones europeas, a la elaboración de un amplio marco jurídico regulador de la investigación biomédica que se ajusta a las previsiones acordadas en el convenio europeo sobre los derechos humanos y la biomedicina.

La Ley 14/2007, de 3 de julio, de Investigación Biomédica, define por vez primera en el ordenamiento jurídico español una institución fundamental en el ejercicio de la acción investigadora en el campo de la biomedicina, los biobancos. En muchas ocasiones los sustratos de la investigación en salud son las muestras biológicas, es decir, cualquier material biológico de origen humano susceptible de ser conservado, que contiene la dotación genética característica de una persona, ya sea de pacientes o de sujetos sanos. Por otro lado, tan necesaria como la pieza anatómica o la sustancia en cuestión, es la información clínica relativa al estado de salud del individuo fuente de dichas muestras, que resulta, cuando no imprescindible, de enorme interés.

El artículo 64.2 de la Ley de Investigación Biomédica dispone que para la creación de Biobancos distintos de los nacionales será necesaria la autorización administrativa otorgada por la autoridad competente de la Comunidad Autónoma. Por otra parte, corresponde a las Comunidades Autónomas determinar qué autoridad es la competente, y autorizar la constitución y funcionamiento de los Biobancos en sus ámbitos competenciales, sin perjuicio de las facultades atribuidas al Ministerio nacional competente, que en materia de investigación biomédica está recogido en el artículo 4 del Real Decreto 1716/2011, de 18 de noviembre. En este RD se establecen los requisitos básicos de autorización y funcionamiento de los Biobancos con fines de investigación biomédica y del tratamiento de las muestras biológicas de origen humano, y se regula el funcionamiento y organización del Registro Nacional de Biobancos para la investigación biomédica.

La Ley 14/2007, de 3 de julio, establece, en el capítulo IV del título V, el estatuto básico de los biobancos de muestras biológicas, regulando sus características fundamentales y sus notas diferenciales de otras colecciones de muestras biológicas, estableciendo tanto su organización como su funcionamiento con respeto de los derechos y libertades fundamentales del ciudadano en su condición de sujeto fuente de las muestras albergadas en ellos.

En este contexto, el Decreto 1/2013 circunscribe su ámbito de aplicación a los biobancos, definidos como colecciones de muestras biológicas humanas concebidas con fines de investigación o diagnósticos y vocación de durabilidad y ordenadas como unidades técnicas con criterios de calidad, orden y destino.

Constituye el objeto del Decreto 1/2013:

a) Determinar el procedimiento para conceder la autorización de la constitución y funcionamiento de biobancos con fines de investigación biomédica en la comunidad Autónoma de Andalucía, de acuerdo con lo establecido en el artículo 4 del real Decreto 1716/2011, de 18 de noviembre, por el que se establecen los requisitos básicos de autorización y funcionamiento de los biobancos con fines de investigación biomédica y del tratamiento de las muestras biológicas de origen humano, y se regula el funcionamiento y organización del registro Nacional de biobancos para la investigación biomédica.
b) La creación del registro Andaluz de biobancos con fines de investigación biomédica.
c) La creación del biobanco del Sistema Sanitario Público de Andalucía.

1.2. Ámbito de aplicación

De conformidad con lo dispuesto en el artículo 3.1 del Real Decreto 1716/2011, de 18 de noviembre, el Decreto 1/2013 será de aplicación:

a) A los biobancos con fines de investigación biomédica ubicados en la comunidad Autónoma de Andalucía, colecciones de muestras biológicas de origen humano con fines de investigación biomédica y muestras biológicas de origen humano utilizadas en proyectos de investigación, incluidas las que se utilicen en el marco de un ensayo clínico.
b) A los biobancos, colecciones de muestras biológicas de origen humano y muestras biológicas de origen humano obtenidas con fines asistenciales o diagnósticos, en tanto todas o algunas de las muestras se vayan a utilizar también con fines de investigación biomédica.

1.3. Principios generales

A los efectos de lo establecido en Decreto 1/2013 serán aplicables, además de los principios establecidos en la normativa estatal sobre investigación biomédica y normas comunitarias dictadas en la materia, lo dispuesto en los tratados internacionales ratificados por España sobre aplicaciones de la biología, la medicina y la bioética.

1.4. Autorización para la constitución y funcionamiento de biobancos con fines de investigación biomédica

De conformidad con el artículo 4 del real Decreto 1716/2011, de 18 de noviembre, para la constitución de un biobanco en Andalucía se requerirá la autorización previa del órgano competente en materia de autorización, acreditación y registro de centros, servicios y establecimientos sanitarios de la consejería competente en materia de salud.

Según establece el artículo 5 del real Decreto 1716/2011, de 18 de noviembre, para la concesión de la autorización para la constitución y funcionamiento de biobancos se deberá contar con los siguientes requisitos:

a) Que la organización, objetivos y medios disponibles del biobanco justifiquen su interés biomédico.
b) Que se haya designado a la persona titular de la dirección científica del biobanco y a la persona responsable del fichero.
c) Que el biobanco esté adscrito a dos comités externos, uno científico y otro de ética.
d) Que la actividad del biobanco no implique ánimo de lucro. No obstante, el biobanco podrá repercutir con la cesión de cada muestra los costes de obtención, cesión, mantenimiento, manipulación, procesamiento, envío y otros gastos de similar naturaleza relacionados con las muestras, de acuerdo con lo establecido en el artículo 69.3 de la Ley 14/2007, de 3 de julio, de Investigación Biomédica.
e) Que se haya inscrito el fichero de datos en el registro General de Protección de Datos de la Agencia Española de Protección de Datos o, en su caso, en el registro de la agencia autonómica de protección de datos que resulte competente.
f) Que cuente con las instalaciones y medios indispensables para garantizar la conservación de las muestras en condiciones de calidad adecuada, incluyendo las medidas necesarias para preservar su integridad ante posibles fallos técnicos.
g) Que se cumplan los requisitos del real Decreto 1716/2011, de 18 de noviembre.

1.5. Solicitud

La persona titular del biobanco deberá solicitar autorización para su constitución y funcionamiento al órgano competente en materia de autorización, acreditación y registro de centros, servicios y establecimientos sanitarios de la consejería competente en materia de salud.

La solicitud se cumplimentará según modelo que figura como Anexo al Decreto 1/2013 e irá acompañada de la documentación relacionada en el mismo.

1.6. Instrucción y resolución del procedimiento

Una vez recepcionada la solicitud de autorización y, en su caso, subsanados los defectos y completada la documentación, se solicitarán los informes técnicos necesarios para la evaluación de las condiciones exigidas en la normativa vigente.

Instruido el procedimiento, e inmediatamente antes de la propuesta de resolución, se dará inicio al trámite de audiencia dentro de diez días, si procediese, a tenor de lo previsto en el artículo 84 de la Ley 30/1992, de 26 de noviembre, de régimen Jurídico de las Administraciones Públicas y del Procedimiento Administrativo común.

El órgano competente en materia de autorización, acreditación y registro de centros, servicios y establecimientos sanitarios de la consejería competente en materia de salud dictará y notificará la resolución expresa en el plazo de tres meses, contados desde la fecha en que la solicitud haya tenido entrada en el registro del órgano competente para su tramitación. Transcurrido el citado plazo sin que se hubiera dictado y notificado resolución expresa, podrá entenderse desestimada la solicitud por silencio administrativo.

Sin perjuicio de lo establecido para la revocación de la autorización, cierre del biobanco o modificación sustancial de las condiciones y conforme a lo establecido en el artículo 7 del Real Decreto 1716/2011, de 18 de noviembre, la autorización se concederá por un período indefinido.

1.7. Revocación de la autorización de constitución y funcionamiento del biobanco

Conforme a lo establecido en el artículo 10 del Real Decreto 1716/2011, de 18 de noviembre, la autoridad competente podrá revocar la autorización de constitución y funcionamiento en los siguientes casos:

a) Cuando faltara alguno de los requisitos para obtener la autorización en el momento de su solicitud, o alguno de los documentos aportados para solicitarla hubiera sido declarado falso por sentencia judicial firme.

b) Cuando el biobanco deje de cumplir, con posterioridad al otorgamiento de la autorización de constitución y funcionamiento, los requisitos establecidos para ser autorizado.

En la resolución de revocación figurará expresamente el destino de las muestras almacenadas en el biobanco, que podrá consistir en:

a) La destrucción de las muestras.

b) La cesión de las muestras a otro biobanco.

c) La conservación de las muestras para su utilización en proyectos de investigación concretos o integradas en una colección.

Los procedimientos de revocación de la autorización para la constitución y funcionamiento de Biobancos deberán ajustarse a lo dispuesto por la Ley 30/1992, de 26 de noviembre, de Régimen Jurídico de las Administraciones Públicas y del Procedimiento Administrativo Común. El plazo máximo en el que debe notificarse la resolución expresa será de tres meses contados a partir de la fecha del acuerdo de iniciación.

1.8. Cierre del biobanco a solicitud de la persona titular

Según lo establecido en el artículo 11 del Real Decreto 1716/2011, de 18 de noviembre, el titular del biobanco podrá solicitar el cierre del mismo al órgano competente para autorizar la constitución y funcionamiento de los biobancos en Andalucía.

La resolución que acuerde el cierre del biobanco dispondrá expresamente el destino de las muestras biológicas almacenadas en él, oída la persona titular del mismo. Dicho destino podrá consistir en alguno de los indicados anteriormente para el caso de revocación de la autorización.

El cambio de destino de las muestras determinado por la autoridad competente por causa de clausura o cierre de un biobanco o la revocación de su autorización no requerirá el consentimiento del sujeto fuente si las mismas hubieran sido previamente anonimizadas, si la obtención de dicho consentimiento representara un esfuerzo no razonable en el sentido del artículo 3.i) la Ley 14/2007, de 3 de julio, o si no fuera posible por haber fallecido el sujeto fuente o este fuera ilocalizable.

En cualquier caso será exigible el dictamen favorable del comité de Ética de la investigación al que el biobanco estuviera adscrito, que deberá tomar en consideración como mínimo el cumplimiento de los requisitos previstos en el artículo 24 del Real Decreto 1716/2011.

1.9. Modificaciones sustanciales

A tenor con lo indicado en el artículo 8 del Real Decreto 1716/2011, de 18 de noviembre, las modificaciones sustanciales en las condiciones y requisitos que motivaron la concesión de la autorización deberán autorizarse por el mismo órgano competente y en las mismas condiciones, plazos y procedimiento establecidos anteriormente.

Se consideran modificaciones sustanciales las relativas a:

a) Los objetivos del biobanco.
b) El esquema organizativo y de medios materiales y personales.
c) La titularidad del biobanco.
d) El reglamento interno de funcionamiento del biobanco y de los comités externos.
e) La composición de los comités externos.
f) Las características de las colecciones, los criterios de inclusión y los propósitos para los cuales se constituyen.

g) La información que puede asociarse a las muestras.
h) El modelo de repercusión de los costes a terceros.

1.10. Registro Andaluz de Biobancos con fines de investigación biomédica

1.10.1. Creación del registro Andaluz de Biobancos con fines de investigación biomédica

Al amparo del artículo 64,2 de la Ley de Investigación Biomédica (Ley 14/2007 de 3 de julio) y del artículo 1.b y artículo 10 del Decreto 1/2013 de 8 de enero, se regula la creación del Registro Andaluz de Biobancos con fines de investigación biomédica, dependiente del órgano competente en materia de autorización, acreditación y Registro de centros, servicios y establecimientos sanitarios de la consejería competente en materia de salud.

El registro Andaluz de Biobancos es de carácter público e informativo. La información contenida en el mismo podrá recabarse por quien acredite interés legítimo en ella, mediante las certificaciones de la persona encargada del mismo, previa solicitud, sin perjuicio de las limitaciones establecidas en la normativa aplicable.

Los datos de carácter personal que pudieran contenerse en dicho registro, quedarán sometidos a lo previsto por la Ley orgánica 15/1999, de 13 de diciembre, de Protección de Datos de carácter Personal, su normativa de desarrollo, o a aquella que pudiera sustituirla.

1.10.2. Objeto y contenido del registro Andaluz de Biobancos

Serán objeto de inscripción en el registro Andaluz de Biobancos con fines de investigación biomédica:

a) Los datos relativos a las autorizaciones de constitución y funcionamiento de los biobancos y colecciones ordenadas de muestras para investigación, así como a sus modificaciones y a las resoluciones de revocación de la autorización para la constitución y funcionamiento o de cierre de biobancos.
b) Los datos relativos a los biobancos, a su actividad y a las redes de las que forman parte, en su caso.
c) Los datos relativos a las colecciones ordenadas de muestras biológicas que, sin tener como fin principal la investigación biomédica, pretendan ser utilizadas con fines de investigación biomédica. En estos casos, los establecimientos en los que se contengan se regirán por la normativa vigente aplicable, siendo de aplicación lo dispuesto en el Decreto 1/2013 únicamente para las muestras que pretendan utilizarse para investigación biomédica.

Todas las inscripciones en el registro Andaluz de Biobancos con fines de investigación biomédica contendrán, como mínimo, los datos expresados en el Anexo del real Decreto 1716/2011, de 18 de noviembre, así como los extremos recogidos en la solicitud de autorización.

1.10.3. Inscripciones

La inscripción en el registro Andaluz de Biobancos se realizará de oficio con carácter previo a la aplicación de lo establecido en el artículo 37.3 del real Decreto 1716/2011, de 18 de noviembre, y contemplará los siguientes datos:

a) Los relativos a las autorizaciones de constitución y funcionamiento de los biobancos, así como a sus modificaciones y a las resoluciones de revocación de la autorización para la constitución y funcionamiento o de cierre de biobancos.

b) Los informativos relativos a los biobancos y su actividad y a las redes de las que forman parte, en su caso.

c) La información relativa a colecciones de muestras biológicas de origen humano con fines de investigación biomédica conservadas fuera del ámbito organizativo de un biobanco, procedentes de personas identificadas o identificables.

Los datos deben ser comunicados por las personas o establecimientos públicos o privados que tengan una o más colecciones para fines de investigación biomédica conservadas fuera del ámbito organizativo de un biobanco en el plazo de dos meses tras la constitución de la colección o desde que se haya producido la modificación de la misma.

Una vez inscrita la autorización de constitución y funcionamiento del biobanco, el órgano competente en materia de autorización, acreditación y registro de centros, servicios y establecimientos sanitarios procederá a comunicar todos los datos al registro Nacional de Biobancos para Investigación Biomédica, en el plazo de dos meses tras la notificación de la resolución a la persona interesada o tras la recepción de las comunicaciones de modificaciones no sustanciales, al objeto de que se lleve a cabo la oportuna inscripción.

Asimismo, serán comunicadas al citado registro Nacional las revocaciones de autorizaciones de constitución y funcionamiento y de cierre que, en su caso, pudieran producirse.

1.11. Biobanco del Sistema Sanitario Público de Andalucía

1.11.1. Creación y organización del biobanco en red del Sistema Sanitario Público de Andalucía

De conformidad con lo dispuesto en el artículo 17.1 del Real Decreto 1716/2011, de 18 de noviembre, se crea el biobanco del Sistema Sanitario Público de Andalucía dependiente de la consejería competente en materia de salud, como un biobanco en red, donde se integran aquellas estructuras y unidades de los centros sanitarios públicos, bancos de líneas celulares y otros centros públicos que puedan obtener, procesar y conservar células, tejidos, substancias y muestras biológicas para uso clínico o de investigación, constituidos como nodos del biobanco. Cada nodo del biobanco contará con una persona que ejercerá la dirección del mismo.

De acuerdo con lo dispuesto en el artículo 66 de la Ley 14/2007, de 3 de julio, el biobanco del Sistema Sanitario Público de Andalucía estará adscrito a un comité científico externo y a un comité ético externo que, en este último caso, será el comité coordinador de Ética de la Investigación de Andalucía.

La dirección científica del biobanco del Sistema Sanitario Público de Andalucía, con el contenido establecido en el artículo 13 del Real Decreto 1716/2011, de 18 de noviembre, será ejercida por una persona perteneciente al Sistema Sanitario Público de Andalucía, con reconocido prestigio profesional y científico relacionada con la investigación biomédica, las ciencias de la salud y la bioética. Esta persona será nombrada por la persona titular de la consejería con competencias en materia de salud.

El biobanco del Sistema Sanitario Público de Andalucía estará sujeto a lo dispuesto en los artículos 12 a 17 del Real Decreto 1716/2011, de 18 de noviembre, así como al Decreto 1/2013.

1.11.2. Consejo rector del biobanco del Sistema Sanitario Público de Andalucía

Se crea el consejo rector del biobanco del Sistema Sanitario Público de Andalucía como órgano de gobierno colegiado del biobanco al que le corresponden las funciones de dirección, control y supervisión general del mismo.

El consejo rector del biobanco del Sistema Sanitario Público de Andalucía será presidido por la persona titular de la consejería competente en materia de salud, o persona en quién ésta delegue. Formarán parte de dicho consejo las personas titulares de los órganos competentes en materia de calidad, investigación, desarrollo e innovación y de asistencia sanitaria, y un máximo de cinco vocales nombrados por la persona titular de la citada consejería, que serán designados entre las personas con responsabilidad institucional vinculadas al funcionamiento del biobanco en red.

Las funciones del consejo rector serán las siguientes:

a) Proponer el nombramiento de la persona que ejerza la dirección científica del biobanco, que asistirá a las reuniones del consejo.
b) Elaborar y aprobar la memoria anual de actividades.
c) Definir las políticas y líneas estratégicas de investigación del biobanco.
d) Designar el comité científico externo.
e) Aprobar el Programa científico.
f) Establecer el procedimiento y las condiciones para la inclusión de un nodo en la estructura del biobanco en red, así como la designación del nodo coordinador.
g) Aprobar el reglamento de funcionamiento interno del biobanco y sus nodos.
h) Aprobar el reglamento interno del comité científico

En la composición del consejo rector se garantizará la representación equilibrada de hombres y mujeres, de acuerdo con lo previsto en la Ley 9/2007, de 22 de octubre, de la Administración de la Junta de Andalucía.

La organización y funcionamiento del consejo rector será la establecida para los órganos colegiados en la Sección 1.ª del capítulo II del título IV de la Ley 9/2007, de 22 de octubre y en la Ley 30/1992, de 26 de noviembre.

1.11.3. Comité científico externo del biobanco del Sistema Sanitario Público de Andalucía

El comité científico del biobanco del Sistema Sanitario Público de Andalucía es el órgano de asesoramiento y evaluación científica de la cesión de muestras y datos asociados a las mismas.

El comité científico será nombrado por el consejo rector del biobanco, a propuesta de la persona que ejerza la dirección científica, entre aquellas personas con conocimientos suficientes para las funciones que tienen asignadas. Contará con una presidencia y al menos diez vocalías pertenecientes a las principales disciplinas biomédicas.

El reglamento del comité científico será aprobado por el consejo rector del biobanco del Sistema Sanitario Público de Andalucía.

El comité científico tendrá, en cualquier caso, las funciones establecidas en el artículo 15, apartado 2, del Real Decreto 1716/2011, de 18 de noviembre.

2. ORDENACIÓN ADMINISTRATIVA Y FUNCIONAL DE LOS SERVICIOS DE SALUD MENTAL

2.1. Decreto 77/2008, de 4 de marzo, de ordenación administrativa y funcional de los servicios de salud mental en el ámbito del Servicio Andaluz de Salud

El artículo 43 de la Constitución Española reconoce el derecho a la protección de la salud y establece que los poderes públicos organizarán y tutelarán la salud pública a través de medidas preventivas y de las prestaciones y servicios necesarios. Por su parte, en el artículo 49 del texto constitucional, se establece que los poderes públicos realizarán una política de previsión, tratamiento, rehabilitación e integración de los disminuidos físicos, sensoriales y psíquicos, a los que prestarán la atención especializada que requieran y los ampararán para el disfrute de los derechos que el Título I otorga a todos los ciudadanos.

El artículo 149.1.16.ª de la Constitución Española atribuye al Estado la competencia exclusiva en materia de bases y coordinación general de la sanidad y el artículo 55.1 del Estatuto de Autonomía para Andalucía, dispone que corresponde a la Comunidad Autónoma la competencia exclusiva sobre organización, funcionamiento interno, evaluación, inspección y control de centros, servicios y establecimientos sanitarios. Asimismo, el artículo 55.2 del citado Estatuto, establece que corresponde a la Comunidad Autónoma de Andalucía la competencia compartida en materia de sanidad interior y, en particular y sin perjuicio de la competencia exclusiva que le atribuye el artículo 61, la ordenación, planificación, determinación, regulación y ejecución de los servicios y prestaciones sanitarias, socio sanitarias y de salud mental de carácter publico en todos los niveles y para toda la población, así como la ordenación y la ejecución de las medidas destinadas a preservar, proteger y promover la salud pública en todos los ámbitos.

Asimismo, en el artículo 22.3 del Estatuto de Autonomía para Andalucía se dispone que las personas con enfermedad mental tendrán derecho a actuaciones y programas sanitarios especiales y preferentes. Por su parte, el artículo 18 de la Ley 2/1998, de 15 de junio, de Salud de Andalucía, de conformidad con las previsiones del artículo 20 de la Ley 14/1986, de 25 de abril, General de Sanidad, al contemplar las actuaciones relacionadas con la asistencia sanitaria que la Administración Sanitaria de la Comunidad Autónoma llevará a cabo, se refiere expresamente a la atención a los problemas de salud mental, preferentemente en el ámbito de la comunidad, potenciando los recursos asistenciales a nivel ambulatorio, los sistemas de hospitalización parcial y la atención domiciliaria; realizándose las hospitalizaciones de pacientes, cuando se requieran, en unidades hospitalarias de salud mental.

El Decreto 338/1988, de 20 de diciembre, de ordenación de los servicios de atención a la salud mental, definió la regulación, composición y funciones de los dispositivos de atención a la salud mental, así como los mecanismos de coordinación entre ellos. La experiencia acumulada en los años transcurridos desde la aprobación del citado Decreto 338/1988, de 20 de diciembre, permite disponer de datos epidemiológicos y clínicos de los trastornos mentales en nuestra Comunidad Autónoma y apreciar la complejidad de algunos de los trastornos mentales atendidos por el Sistema Sanitario Público de Andalucía. Esta experiencia pone de manifiesto la necesidad de que las intervenciones se efectúen con un enfoque comunitario y sociosanitario, así como que la asistencia a las personas con trastornos mentales se lleve a cabo, tanto desde los dispositivos especializados creados a tal fin, como mediante programas de actuación horizontales y diferenciados, en los que participen diversos dispositivos y distintos profesionales del conjunto de la red sanitaria pública, que permitan profundizar en la atención comunitaria a la salud mental y garantizar la continuidad de la atención sanitaria, evitando la fragmentación de la atención.

Por tanto, deben desarrollarse estrategias y actividades regladas de colaboración entre atención primaria y atención especializada. Teniendo en cuenta que el primer contacto de los usuarios con el Sistema Sanitario Público de Andalucía se establece, con carácter general, en el ámbito de la atención primaria, los distritos de atención primaria continuarán desarrollando programas que integren actividades de promoción de la salud mental, tanto de carácter preventivo como asistencial y seguirán realizando con carácter intersectorial actividades coordinadas con otras instituciones de carácter social.

Por otro lado, de acuerdo con lo establecido en la Ley 44/2003, de 21 de noviembre, de Ordenación de las Profesiones Sanitarias, y con el objeto de mejorar la eficacia, la efectividad y la eficiencia de los servicios, se están aplicando, en el ámbito del Servicio Andaluz de Salud, fórmulas innovadoras bajo el marco de la gestión clínica, de modo que se abordan de forma integrada actuaciones de prevención, promoción, asistencia, cuidados y rehabilitación.

En este contexto, es necesario un nuevo marco reglamentario que contemple la orientación comunitaria que el Sistema Sanitario Público de Andalucía debe tener en la atención a la salud mental conforme a lo previsto en el artículo 18.2 de la Ley 2/1998, de 15 de junio, impulsando, por un lado, la agrupación de profesionales para favorecer la atención integrada y la continuidad asistencial y, por otro, reordenando las estructuras directivas y de apoyo a la gestión, para favorecer la capacidad de decisión de los profesionales y facilitar el desarrollo de la actividad con los criterios que configuran la gestión clínica.

Por tanto, el Decreto 77/2008 regula la ordenación de la atención a la salud mental y contempla la creación de unidades de gestión clínica de salud mental en todas las áreas hospitalarias o áreas de gestión sanitaria del Servicio Andaluz de Salud.

2.1.1. Objeto

Constituye el objeto del Decreto 77/2008 la ordenación de la atención a la salud mental en el ámbito del Servicio Andaluz de Salud, que se organiza funcionalmente en los niveles de atención primaria y atención especializada.

2.1.2. Objetivos generales

Son objetivos generales de la atención a la salud mental en el ámbito del Servicio Andaluz de Salud los siguientes:

a) Promocionar la salud mental, la prevención de la enfermedad, la asistencia, los cuidados y la rehabilitación de las personas con problemas de salud mental, aplicando el modelo comunitario de atención a la salud mental conforme a lo previsto en el artículo 18.2 de la Ley 2/1998, de 15 de junio, y de acuerdo con los principios generales de equidad, eficiencia y calidad.

b) Desarrollar en todos los dispositivos asistenciales de atención a la salud mental programas y actividades de rehabilitación.

c) Garantizar la continuidad de la atención sanitaria, de cuidados y el apoyo a la integración social, mediante programas transversales de coordinación de los dispositivos de atención a la salud mental con otras instituciones y dispositivos no sanitarios implicados en la atención comunitaria a la salud mental.

2.2. Atención a la salud mental en los centros de atención primaria

En los centros de atención primaria, la atención a la salud mental se desarrollará por los profesionales adscritos a los mismos.

Las funciones de los centros de atención primaria, en relación con las personas con problemas de salud mental, son las siguientes:

a) Establecer el primer contacto con las citadas personas.

b) Realizar la valoración y definición de las estrategias de intervención, teniendo en cuenta el enfoque de género.

c) Prestar atención sanitaria en los casos que no requieran atención especializada.
d) Realizar la derivación de las citadas personas al nivel especializado de atención a la salud mental, en los casos que sea necesario.
e) Identificar la necesidad de apoyo social, facilitando el acceso a los servicios comunitarios.
f) Colaborar con los dispositivos de atención especializada a la salud mental en el seguimiento de personas con trastorno mental grave.

2.3. Atención especializada: dispositivos asistenciales

2.3.1. Estructura de la atención especializada a la salud mental

La atención especializada a las personas con problemas de salud mental se organiza, en el Servicio Andaluz de Salud, a través de los siguientes dispositivos asistenciales:

a) Unidad de salud mental comunitaria.
b) Unidad de hospitalización de salud mental.
c) Unidad de salud mental infanto-juvenil.
d) Unidad de rehabilitación de salud mental.
e) Hospital de día de salud mental.
f) Comunidad terapéutica de salud mental.

Los dispositivos asistenciales relacionados en el apartado anterior estarán integrados en las áreas hospitalarias o áreas de gestión sanitaria correspondientes.

2.3.2. Unidad de salud mental comunitaria

La unidad de salud mental comunitaria se establece como el dispositivo básico de atención especializada a la salud mental, constituyendo su primer nivel de atención especializada. Su ámbito poblacional estará determinado por la población que tenga asignada en el área hospitalaria o área de gestión sanitaria correspondiente en la que esté adscrita. Dicha unidad constituye el dispositivo con el que se coordinarán el resto de los dispositivos asistenciales de atención a la salud mental.

Las funciones de la unidad de salud mental comunitaria, en relación con las personas con problemas de salud mental, son las siguientes:

a) Prestar atención integral a pacientes de su ámbito poblacional en régimen ambulatorio o domiciliario.
b) Desarrollar programas de atención comunitaria que integren actividades de carácter preventivo y de promoción de la salud, asistenciales, de cuidados y de rehabilitación y de apoyo a la integración social, en coordinación con aquellos recursos que contribuyan a la mejor atención de estos pacientes.
c) Garantizar la continuidad asistencial y de cuidados con otros dispositivos asistenciales.

d) Apoyar y asesorar a los centros de atención primaria en la atención a los problemas de salud mental de la población asignada, mediante la realización de actividades de formación, interconsultas u otras.
e) Coordinar la derivación de pacientes al resto de dispositivos de salud mental, cuando las necesidades de los mismos así lo requieran.
f) Proponer la derivación de pacientes a otro centro o servicio vinculado con el Servicio Andaluz de Salud mediante convenio o concierto.

2.3.3. Unidad de hospitalización de salud mental

La unidad de hospitalización de salud mental es un dispositivo asistencial de salud mental destinado a atender las necesidades de hospitalización en salud mental de la población correspondiente a su área hospitalaria de referencia o área de gestión sanitaria.

Las funciones de la unidad de hospitalización de salud mental, en relación con las personas con problemas de salud mental, son las siguientes:

a) Prestar la atención especializada y el apoyo asistencial necesario, en régimen de hospitalización completa y de corta estancia.
b) Dar el alta al paciente en la unidad de hospitalización e informar de la misma a la correspondiente unidad de salud mental comunitaria, al objeto de garantizar la continuidad asistencial y de los cuidados de enfermería. Si se considera conveniente la derivación a otros dispositivos asistenciales de salud mental, se realizará en coordinación con la unidad de salud mental comunitaria.
c) Atender a pacientes ingresados en otros servicios del hospital que lo precisen.
d) Participar en el desarrollo de programas de atención a pacientes con alto riesgo de hospitalización, coordinándose con las unidades de salud mental comunitaria y otros dispositivos asistenciales de salud mental de su ámbito de influencia.

2.3.4. Unidad de salud mental infanto-juvenil

La unidad de salud mental infanto-juvenil es un dispositivo asistencial de salud mental destinado a desarrollar programas especializados para la atención a la salud mental de la población infantil y adolescente menor de edad del área hospitalaria de referencia o área de gestión sanitaria correspondiente.

Las funciones de la unidad de salud mental infanto-juvenil, en relación con las personas menores de edad con problemas de salud mental, son las siguientes:

a) Prestar la atención especializada a la salud mental, en régimen ambulatorio y de hospitalización completa o parcial, a la población infantil y adolescente menor de edad con trastorno mental, derivada desde las unidades de salud mental comunitaria de su ámbito de influencia.
b) Prestar apoyo asistencial a requerimiento de otros dispositivos asistenciales de salud mental.

c) Desarrollar programas asistenciales específicos para la atención a las necesidades planteadas por las unidades de salud mental comunitaria, o la generada por las instituciones públicas competentes en materia de atención y protección de menores.
d) Asegurar la continuidad asistencial y de cuidados, tanto en el ámbito hospitalario como en el comunitario, con independencia de que el ingreso de la persona menor de edad se produzca en la propia unidad, o en otros servicios de hospitalización del área hospitalaria o del área de gestión sanitaria correspondiente.
e) Apoyar y asesorar al resto de los dispositivos asistenciales de salud mental en su ámbito de influencia, en el desarrollo de programas de atención a la salud mental de la población infantil y adolescente.

2.3.5. Unidad de rehabilitación de salud mental

La unidad de rehabilitación de salud mental es el dispositivo asistencial de salud mental que tiene por objeto la recuperación de habilidades sociales y la reinserción social y laboral, en régimen ambulatorio, de pacientes con trastorno mental grave del área hospitalaria de referencia o del área de gestión sanitaria correspondiente.

Las funciones de la unidad de rehabilitación de salud mental son las siguientes:

a) Prestar atención especializada, mediante el desarrollo de programas específicos de rehabilitación, a pacientes derivados de las unidades de salud mental comunitaria de su ámbito de influencia.
b) Dar el alta al paciente de la unidad de rehabilitación de salud mental e informar de la misma a la unidad de salud mental comunitaria de referencia, al objeto de garantizar la continuidad asistencial y de cuidados.
c) Apoyar y asesorar al resto de los dispositivos asistenciales de salud mental en su ámbito de influencia, en el desarrollo de programas de rehabilitación para personas con trastornos mentales.
d) Colaborar, mediante una actuación coordinada, con los organismos e instituciones públicas con competencia en materia de servicios sociales, para la reinserción social de enfermos mentales.

2.3.6. Hospital de día de salud mental

El Hospital de día de salud mental es un dispositivo asistencial de salud mental, de hospitalización parcial y se configura como recurso intermedio entre la unidad de salud mental comunitaria y la unidad de hospitalización de salud mental.

Las funciones del hospital de día de salud mental, en relación con las personas con problemas de salud mental, son las siguientes:

a) Prestar atención especializada, en régimen de hospitalización diurna, a pacientes derivados desde las unidades de salud mental comunitaria de su ámbito de influencia, mediante el desarrollo de programas individualizados de atención.
b) Dar el alta al paciente del hospital de día de salud mental e informar de la misma a la unidad de salud mental comunitaria de referencia, al objeto de

garantizar la continuidad asistencial y de cuidados. Si se considera conveniente la derivación a otros dispositivos asistenciales de salud mental, se realizará en coordinación con la unidad de salud mental comunitaria.

c) Realizar las correspondientes interconsultas cuando el hospital de día de salud mental se encuentre ubicado en un centro hospitalario que carezca de unidad de hospitalización de salud mental.

d) Participar en el desarrollo de programas comunitarios de atención a pacientes de alto riesgo o con trastorno mental grave, que se desarrollen por las unidades de salud mental comunitaria u otros dispositivos asistenciales de salud mental encargados de desarrollar los programas mencionados.

2.3.7. Comunidad terapéutica de salud mental

La comunidad terapéutica es un dispositivo asistencial de salud mental dirigido al tratamiento intensivo de pacientes que requieren una atención sanitaria especializada de salud mental, de forma permanente, completa y prolongada.

Las funciones de la comunidad terapéutica de salud mental, en relación con las personas con problemas de salud mental, son las siguientes:

a) Prestar atención especializada a pacientes con trastorno mental grave derivados desde las unidades de salud mental comunitaria.

b) Dar el alta al paciente de la comunidad terapéutica e informar de la misma a la unidad de salud mental comunitaria de referencia, al objeto de garantizar la continuidad asistencial y de cuidados. Si se considera conveniente la derivación a otro dispositivo específico de salud mental, se realizará en coordinación con la unidad de salud mental comunitaria.

c) Participar en el desarrollo de programas comunitarios de atención a pacientes de alto riesgo o pacientes afectados por trastornos mentales graves, que se desarrollen por las unidades de salud mental comunitaria u otros dispositivos asistenciales de salud mental encargados de desarrollar los programas mencionados.

d) Desarrollar programas de atención parcial en aquellos casos que sean precisos.

2.3.8. Profesionales que integran los dispositivos asistenciales de atención a la salud mental

Los dispositivos asistenciales de atención especializada a la salud mental tienen carácter multidisciplinar y podrán estar integrados por personas que desarrollen las siguientes profesiones:

a) Psiquiatría.

b) Psicología Clínica

c) Enfermería.

d) Terapia Ocupacional.

e) Auxiliar de Enfermería.
f) Trabajo Social.
g) Monitor Ocupacional.
h) Otro personal estatutario de gestión y servicios.

2.3.9. Unidad de gestión clínica de salud mental

2.3.9.1. Concepto y objetivos de la unidad de gestión clínica

La unidad de gestión clínica de salud mental es la estructura organizativa responsable de la atención especializada a la salud mental de la población e incorpora los dispositivos asistenciales de salud mental del área hospitalaria o área de gestión sanitaria correspondiente.

Los objetivos de la unidad de gestión clínica de salud mental son el desarrollo de la actividad asistencial, la promoción de la salud, la prevención de la enfermedad, los cuidados de enfermería, la rehabilitación y el apoyo a la integración social de las personas con problemas de salud mental, actuando con criterios de autonomía organizativa, de corresponsabilidad en la gestión de los recursos, de buena práctica clínica y de cooperación intersectorial.

2.3.9.2. Características y composición

La unidad de gestión clínica de salud mental desarrolla sus actividades de acuerdo con un modelo de práctica clínica integrado, orientado a la obtención de resultados para la mejora de la eficacia, la efectividad y la eficiencia de la atención a la salud mental, articulando la participación de los profesionales, a través de una mayor autonomía y responsabilidad en la gestión.

Asimismo, desarrolla sus actuaciones con criterios de gestión clínica, incorporando en la toma de decisiones clínicas el mejor conocimiento disponible, así como los criterios definidos en las guías de procesos asistenciales y guías de práctica clínica de demostrada calidad científica y los criterios de máxima eficiencia en la utilización de los recursos diagnósticos y terapéuticos.

La unidad de gestión clínica de salud mental estará integrada por profesionales de diversas categorías y áreas de conocimiento que trabajarán conjuntamente, con arreglo a los principios de autonomía, responsabilidad y participación en la toma de decisiones.

2.3.9.3. Funciones

Las funciones de la unidad de gestión clínica de salud mental son las siguientes:

a) Prestar asistencia sanitaria individual y colectiva, en régimen ambulatorio, domiciliario, de urgencias y de hospitalización parcial o completa, a la población del área hospitalaria o área de gestión sanitaria a la que se encuentre adscrita la unidad de gestión clínica de salud mental, a través de la coordinación entre los dispositivos asistenciales de salud mental que la integran, con capacidad de organizarse de forma autónoma, descentralizada y expresamente recogida en el acuerdo de gestión clínica.

b) Desarrollar la atención especializada a la salud mental en su ámbito territorial, llevando a cabo la implantación de procesos asistenciales y programas de salud, y el desarrollo del plan integral de salud mental, en función de la planificación establecida por la Dirección Gerencia del hospital o Gerencia del área de gestión sanitaria a la que se encuentre adscrita la unidad de gestión clínica de salud mental.

c) Establecer los mecanismos de coordinación con los demás centros y unidades del Sistema Sanitario Público de Andalucía con los que esté relacionada, a fin de lograr una atención sanitaria integrada, con criterios de continuidad en la asistencia y cohesión de las diferentes actividades.

d) Desarrollar actuaciones de promoción de la salud, la educación para la salud, la prevención de la enfermedad, los cuidados y la participación en las tareas de rehabilitación y apoyo a la integración social y comunitaria de las personas con problemas de salud mental que reciben atención en alguno de los dispositivos asistenciales de la unidad.

e) Desarrollar las actividades de coordinación con los servicios sociales comunitarios que sean necesarias para mejorar la atención a las personas con trastorno mental y favorecer su inserción social.

f) Realizar las actividades necesarias para el desarrollo de planes y programas de promoción del uso racional del medicamento y gestión eficaz y eficiente de la prestación farmacéutica, en el ámbito de la atención a la salud mental.

g) Evaluar las actuaciones realizadas y los resultados obtenidos, así como la participación en programas generales de evaluación y acreditación establecidos por la Dirección Gerencia del Servicio Andaluz de Salud, con criterios de orientación hacia los resultados en salud, la mejora continua y la gestión eficiente de los recursos.

h) Realizar las actividades de formación continuada necesarias para adecuar los conocimientos, habilidades y actitudes del personal de la unidad a los mapas de competencias establecidos para cada categoría profesional, así como participar en aquellas otras actividades formativas adecuadas a los objetivos de la unidad de gestión clínica.

i) Realizar las actividades de formación pregraduada y postgraduada correspondientes a las diferentes categorías profesionales y áreas de conocimiento, de acuerdo con los convenios vigentes en cada momento en estas materias.

j) Participar en el desarrollo de proyectos de investigación y otros estudios científicos y académicos relacionados con los fines de la unidad, de acuerdo con los criterios generales y prioridades establecidas por la Dirección Gerencia del hospital o Gerencia del área de gestión sanitaria.

k) Aquellas otras que estén fijadas en los acuerdos de gestión clínica u otras de análoga naturaleza que le puedan ser atribuidas por la Dirección Gerencia del hospital o Gerencia del área de gestión sanitaria.

2.3.9.4. *Personal integrante*

Integrarán la unidad de gestión clínica de salud mental todos los profesionales que presten sus servicios en los dispositivos asistenciales de salud mental del área hospitalaria o del área de gestión sanitaria correspondiente.

Dichos profesionales dependerán jerárquica y funcionalmente de la dirección de la unidad de gestión clínica de salud mental.

Los citados profesionales participarán en el desarrollo de los objetivos de la unidad de gestión clínica de salud mental, según su ámbito de responsabilidad y competencia.

2.3.9.5. *Dirección de la unidad, funciones y dependencia*

En cada unidad de gestión clínica de salud mental existirá el puesto de dirección de la unidad, cuyo titular estará en posesión de una titulación universitaria sanitaria, con rango de cargo intermedio y con dependencia jerárquica y funcional de la Dirección Gerencia del hospital o Gerencia del área de gestión sanitaria.

Además de las funciones asistenciales propias de su categoría profesional, la persona titular de la dirección de la unidad de gestión clínica de salud mental tendrá las siguientes funciones:

a) Dirigir, gestionar y organizar las actividades, los recursos materiales y económicos asignados a la unidad, en el marco establecido en el acuerdo de gestión clínica, garantizando la adecuada atención sanitaria a la salud mental de la población del área hospitalaria o área de gestión sanitaria a la que se encuentre adscrita la unidad y la eficiente gestión de las prestaciones sanitarias.
b) Participar en la toma de decisiones organizativas y de gestión del área hospitalaria o área de gestión sanitaria, a través de los mecanismos que se establezcan por la Dirección Gerencia del hospital o Gerencia del área de gestión sanitaria respectiva.
c) Proponer y planificar la consecución de los objetivos asistenciales, docentes y de investigación contenidos en el acuerdo de gestión clínica, así como efectuar la evaluación de las actividades realizadas por todos los profesionales adscritos a la unidad, en aras a lograr los resultados anuales fijados en dicho acuerdo.
d) Dirigir a los profesionales adscritos total o parcialmente a la unidad de gestión clínica, mediante la dirección participativa y por objetivos, atendiendo al desarrollo profesional y a la evaluación del desempeño. En este sentido compete a la dirección:
    1. Establecer, de acuerdo con la Dirección Gerencia del hospital o Gerencia del área de gestión sanitaria, la organización funcional de la unidad de gestión clínica de salud mental, la organización y distribución de la jornada ordinaria y complementaria de los profesionales, para el cumplimiento de los objetivos previstos en el correspondiente acuerdo de gestión clínica, de acuerdo con la normativa vigente.
    2. Proponer a la Dirección Gerencia del hospital o Gerencia del área de gestión sanitaria, en el marco de la normativa vigente y dentro de la asignación

presupuestaria de la unidad de gestión clínica, el número y la duración de los nombramientos por sustituciones, ausencias, licencias y permisos reglamentarios, incluido el plan de vacaciones anuales.

3. Establecer un plan de formación personalizado que contemple las demandas y necesidades de los profesionales que integren la unidad, reforzando aquellas competencias que sean necesarias para el desarrollo de los procesos asistenciales de la unidad de gestión clínica de salud mental.

e) Proponer a la Dirección Gerencia del hospital o Gerencia del área de gestión sanitaria la contratación de bienes y servicios para el ejercicio de las funciones de la unidad de gestión clínica, de acuerdo con la normativa de aplicación y con la disponibilidad presupuestaria, así como participar en la elaboración de los informes técnicos correspondientes.

f) Gestionar los recursos económicos asignados a la unidad en el marco presupuestario establecido en el acuerdo de gestión clínica, con criterios de gestión eficiente de los recursos públicos.

g) Evaluar la contribución de cada profesional que integre la unidad al desarrollo de los objetivos de la unidad de gestión clínica y decidir el reparto de los incentivos, de acuerdo con los criterios establecidos por los órganos de dirección del Servicio Andaluz de Salud.

h) Suscribir, de acuerdo con la Dirección Gerencia del hospital o Gerencia del área de gestión sanitaria, acuerdos de colaboración con otros servicios o entidades que presten asistencia sanitaria, tanto de atención primaria como especializada, a las personas con enfermedad mental en el ámbito del Sistema Sanitario Público de Andalucía.

i) Formalizar, de acuerdo con la Dirección Gerencia del hospital o Gerencia del área de gestión sanitaria, acuerdos de cooperación con los servicios sociales que contemplen la adecuada coordinación asistencial con la provisión de recursos residenciales y ocupacionales.

j) Dirigir y gestionar el conjunto de procesos asistenciales de la unidad de gestión clínica de salud mental.

k) Impulsar y coordinar las actuaciones que, en el ámbito de la investigación y la docencia, desarrolle la unidad de gestión clínica de salud mental.

l) Ostentar la representación de la unidad de gestión clínica.

m) Garantizar la efectividad de la participación ciudadana en el ámbito de la unidad de gestión clínica de salud mental, a través de los mecanismos establecidos por la Consejería competente en materia de salud.

n) Atender las reclamaciones que realice la ciudadanía con relación a los dispositivos asistenciales adscritos a la unidad de gestión clínica de salud mental.

ñ) Proponer a la Dirección Gerencia del hospital o Gerencia del área de gestión sanitaria cuantas medidas pudieran contribuir al mejor funcionamiento de la unidad de gestión clínica de salud mental.

o) Cualquier otra que le sea atribuida por la Dirección Gerencia del hospital o Gerencia del área de gestión sanitaria correspondiente.

2.3.9.6. Coordinación de los dispositivos asistenciales que integran la unidad de gestión clínica de salud mental

En cada dispositivo asistencial de salud mental que forme parte de la unidad de gestión clínica existirá el puesto de coordinación del dispositivo asistencial de salud mental con rango de cargo intermedio, que dependerá jerárquica y funcionalmente de la dirección de la unidad de gestión clínica de salud mental.

Además de las funciones asistenciales propias de su categoría profesional, las personas responsables de la coordinación de los dispositivos asistenciales de salud mental, tendrán las siguientes funciones:

a) Coordinar al conjunto de profesionales que integran el correspondiente dispositivo asistencial de salud mental, al objeto de llevar a cabo el cumplimiento de los objetivos y el desarrollo de los programas establecidos en la unidad de gestión clínica de salud mental.
b) Proponer a la dirección de la unidad de gestión clínica de salud mental, la distribución de actividades y horarios del correspondiente dispositivo asistencial de salud mental, así como responsabilizarse de su cumplimiento.
c) Todas aquellas que le sean delegadas por la dirección de la unidad de gestión clínica de salud mental.

2.3.9.7. Coordinación de cuidados de enfermería

En cada unidad de gestión clínica de salud mental existirá el puesto de coordinación de cuidados de enfermería que tendrá rango de cargo intermedio.

Además de las funciones asistenciales propias de su categoría profesional, la persona titular de la coordinación de cuidados de enfermería tendrá las siguientes funciones:

a) Impulsar la gestión de los cuidados de enfermería, especialmente de los domiciliarios, favoreciendo la personalización de la atención sanitaria en todos los procesos asistenciales, incorporando las actividades de promoción de la salud, de educación para la salud y de prevención de la enfermedad.
b) Desarrollar y coordinar la atención a los pacientes en situación de especial vulnerabilidad, con problemas de accesibilidad, que deban ser atendidos en el domicilio o en los dispositivos asistenciales de salud mental de la correspondiente unidad.
c) Promover y establecer mecanismos para la atención de cuidados a la persona con problemas de salud mental mediante la coordinación entre el personal de enfermería de atención primaria y el personal de enfermería de atención especializada, así como con otro personal de enfermería que realice atención en cuidados enfermeros, de acuerdo con los criterios establecidos por la Dirección Gerencia del hospital o Gerencia del área de gestión sanitaria y la dirección de la unidad de gestión clínica, en el marco de las estrategias del Servicio Andaluz de Salud, para conseguir una continuidad de cuidados eficaz en todos los procesos asistenciales.

d) Evaluar la efectividad, la calidad y la eficiencia de los cuidados de enfermería que se prestan en los distintos dispositivos asistenciales de salud mental adscritos a la unidad de gestión clínica de salud mental.

e) Colaborar en las actuaciones que en materia de docencia e investigación desarrolle la unidad de gestión clínica de salud mental, con especial énfasis en la valoración de necesidades de cuidados de enfermería y efectividad de la práctica cuidadora.

f) Gestionar, de forma eficaz y eficiente, el material clínico de la unidad de gestión clínica y su mantenimiento, así como los productos sanitarios necesarios para la provisión de los cuidados mas adecuados a la población.

g) Proponer a la dirección de la unidad de gestión clínica de salud mental cuantas medidas, iniciativas e innovaciones pudieran contribuir al mejor funcionamiento en el desarrollo de los cuidados de enfermería.

h) Otras funciones que en materia de cuidados de enfermería le sean atribuidas por la dirección de la unidad de gestión clínica de salud mental.

2.3.9.8. *Acuerdo de gestión clínica*

El acuerdo de gestión clínica es el documento en el que se fija el marco de gestión de la unidad de gestión clínica, así como los métodos y recursos para conseguir los objetivos definidos en el mismo.

Este documento será autorizado por la Dirección General competente en materia de asistencia sanitaria del Servicio Andaluz de Salud.

La Dirección Gerencia del hospital o Gerencia del área de gestión sanitaria suscribirá acuerdos de gestión clínica con cada una de las direcciones de las unidades de gestión clínica de salud mental del área correspondiente.

El acuerdo de gestión clínica estará orientado a asegurar a la población del área hospitalaria o área de gestión sanitaria a la que se encuentre adscrita la unidad de gestión clínica de salud mental, una atención en materia de salud mental, eficaz, efectiva, orientada a atender las necesidades específicas de la población, asegurando la adecuada accesibilidad a los servicios que presta la unidad en un marco de gestión eficiente de los recursos públicos.

El acuerdo de gestión clínica recogerá los objetivos asistenciales, docentes e investigadores de la unidad, así como los correspondientes en materia de promoción de salud, prevención de la enfermedad, protección y educación para la salud. Igualmente, establecerá los recursos humanos, materiales, tecnológicos y económicos, asignados para el periodo de vigencia del mismo.

En el acuerdo de gestión clínica se especificará la metodología de asignación de los incentivos de la unidad de gestión clínica y de los profesionales a ella adscritos, en función del grado de cumplimiento de los objetivos.

El acuerdo de gestión clínica tendrá un período de vigencia de cuatro años, si bien podrá ser renovado sucesivamente por iguales períodos.

El acuerdo de gestión clínica será objeto de seguimiento anual por la Dirección General competente en materia de asistencia sanitaria del Servicio Andaluz de Salud, para evaluar su evolución y corregir, en su caso, los elementos necesarios para garantizar su cumplimiento.

2.4. Régimen de personal

2.4.1. Personal de los dispositivos asistenciales de salud mental

Los dispositivos asistenciales de salud mental regulados en el Decreto 77/2008, estarán integrados por personal sanitario y de gestión y servicios, adscritos al área hospitalaria o área de gestión sanitaria correspondiente, en los términos contemplados en la normativa vigente.

El personal de los diferentes dispositivos asistenciales de salud mental, se encuentra sujeto a movilidad dentro de los dispositivos asistenciales de salud mental pertenecientes al ámbito del área hospitalaria o área de gestión sanitaria correspondiente, si las necesidades de organización así lo requieren y de acuerdo con la normativa vigente.

Todos los facultativos especialistas en psiquiatría que presten servicios en los diferentes dispositivos asistenciales de salud mental, participarán en la realización de jornada complementaria para la asistencia urgente en los dispositivos asistenciales de salud mental de referencia, de acuerdo con la normativa vigente.

2.4.2. Provisión de cargos intermedios

La provisión de los cargos intermedios, previstos en el Decreto 77/2008, se ajustará a lo establecido en el Decreto 75/2007, de 13 de marzo, por el que se regula el sistema de provisión de puestos directivos y cargos intermedios de los centros sanitarios del Servicio Andaluz de Salud y demás normativa vigente en la materia.

2.4.3. Selección de personal y provisión de plazas básicas

Los dispositivos asistenciales de salud mental estarán dotados con las plazas básicas de personal sanitario y de gestión y servicios que se les asignen.

La selección de personal y provisión de plazas básicas se efectuará de acuerdo con lo establecido en el Decreto 136/2001, de 12 de junio, por el que se regulan los sistemas de selección del personal estatutario y de provisión de plazas básicas en los centros sanitarios del Servicio Andaluz de Salud y demás normativa vigente en la materia.

2.4.4. Participación profesional

Los profesionales que desarrollen su actividad en un dispositivo asistencial de salud mental en la estructura organizativa de la unidad de gestión clínica de salud mental, participarán en su organización y funcionamiento, en los términos que se establezcan por la Consejería competente en materia de salud.

La Dirección Gerencia del hospital o Gerencia del área de gestión sanitaria establecerá los mecanismos más adecuados para garantizar la participación de las personas que desempeñen las direcciones de las unidades de gestión clínica y sus correspondientes coordinaciones de cuidados de enfermería en la organización de la actividad asistencial, formación continuada, investigación y gestión de recursos; asegurando la participación de los profesionales en el seno de la unidad de gestión clínica, especialmente en la elaboración de la propuesta de objetivos anuales y consecución de los mismos, además de la transparencia en la evaluación de los resultados.

3. PLAN ANDALUZ DE EMERGENCIAS SANITARIAS

El Plan Andaluz de Urgencias y Emergencias es el instrumento organizativo del Sistema Sanitario Público de Andalucía responsable de orientar y marcar las pautas a seguir en la atención a las urgencias y emergencias de los centros sanitarios públicos andaluces.

La atención sanitaria urgente ocupa un lugar destacado en el Sistema Sanitario Público de Andalucía, tanto por el volumen de la demanda, como por la trascendencia social de esta actividad. Debido a dicha importancia social y sanitaria, la Comunidad Autónoma de Andalucía ha desarrollado y puesto en marcha importantes estrategias e iniciativas relacionadas con las urgencias y emergencias, con el objetivo de responder a las necesidades y expectativas ciudadanas, así como de los profesionales del sistema.

En la actualidad, el Sistema Sanitario Público de Andalucía (SSPA) cuenta con una importante red de recursos destinados a la atención sanitaria urgente y emergente.

La actividad del sistema de urgencias y emergencias es anualmente de más de casi seis millones de demandas de atención urgente a nivel de atención primaria y cerca de 4 millones a nivel de urgencias hospitalarias; mientras que los equipos móviles de emergencias se activan en más de 70.000 ocasiones.

3.1. Líneas estratégicas del Plan Andaluz de Urgencias y Emergencias

Las líneas estratégicas sobre las que se asientan todas las medidas y acciones que se han y se están impulsando en el terreno de la atención de urgencias y emergencias son:

- **El ciudadano protagonista del sistema de urgencias y emergencias**
  - ▹ Garantizar la accesibilidad mediante la optimización de los recursos operativos disponibles.
  - ▹ Garantizar los derechos ciudadanos: La seguridad, la confidencialidad, la satisfacción, la participación y los derechos en general de los ciudadanos.

  - ▷ Potenciar el papel ciudadano como agente activo en la cadena de supervivencia de la parada cardiorrespiratoria: Una faceta de especial interés para la Consejería de Salud radica en la formación en emergencias sanitarias destinada a la ciudadanía, principalmente en la cadena de supervivencia de la parada cardiorrespiratoria.
- **Reordenación del marco organizativo y funcional del sistema de urgencias y emergencias**
  - ▷ Optimizar la coordinación de los recursos de atención urgente-emergente, impulsando ámbitos cooperativos de discusión y colaboración.
  - ▷ El Plan Operativo de Dispositivos de Urgencias y Emergencias (PODUE) es el soporte de referencia de los "Planes Operativos de los Distritos" en los que se establece la definición y el orden de movilización de los recursos de urgencias en función de la prioridad, hora y el lugar de la demanda. Así, los Centros Coordinadores de Urgencias y Emergencias disponen de los planes operativos de atención urgente de los distritos y áreas que les permiten asignar el recurso adecuado a la demanda de atención urgente de cualquier núcleo urbano de su provincia.
  - ▷ Adaptación a los cambios de la demanda de atención urgente: El Plan de Alta Frecuentación es el documento estratégico que contempla actuaciones en los dispositivos de Urgencias extrahospitalarios y hospitalarios, así como en el conjunto de los recursos del SSPA, para dar respuesta a las situaciones de incremento de demanda de atención urgente. Cada hospital y distrito tienen adaptado el Plan de Alta Frecuentación a su entorno y es activado de forma periódica en el invierno y en el verano.
- **Los profesionales el principal activo del sistema de urgencias y emergencias**
  - ▷ Impulso a los nuevos roles profesionales en atención urgente y emergente: El desarrollo de la Enfermería de Práctica Avanzada (EPA), en el contexto de las Urgencias y las Emergencias del SSPA se está realizando en tres modalidades diferentes:
    - ○ Clasificación avanzada en Puntos fijos de Urgencias de Atención Hospitalaria y Atención Primaria.
    - ○ Equipos móviles de Cuidados Avanzados.
    - ○ Clasificación avanzada y seguimiento de pacientes vulnerables en los Centros de Coordinación de Urgencias y Emergencias.
  - ▷ Transporte Secundario en Unidades de Soporte Vital Avanzado por Enfermería. Este tipo de transporte se caracteriza por ser un traslado secundario de pacientes con procesos de riesgo moderado o bajo que precisan una continuidad de cuidados similares a los pautados en el Centro de origen. El traslado es realizado por Unidades de Enfermería de la Red Sanitaria de Transporte de Críticos.
- **Fortalecimiento de los sistemas de información de urgencias y emergencias**
  - ▷ Consolidación de la Historia Digital de Salud: La universalización de Diraya-Urgencias en toda la red asistencial de urgencias del Servicio Andaluz de Salud (SAS), tanto en hospitales como en Atención Primaria, marca un

hito en lo referente a documentación clínica, registros e información de la Historia Clínica Digital en la atención urgente.

 - ▹ Los sistemas de información de urgencias como herramientas para la evaluación y toma de decisiones: La elaboración del Conjunto Mínimo Básico de Datos (CMBD) de urgencias aportará el análisis de la actividad de nuestro sistema de urgencias hospitalarias desde la perspectiva clínica.

- Configuración del sistema de urgencias y emergencias como ámbito de desarrollo e innovación tecnológica y de gestión del conocimiento
  - ▹ Aplicación de las nuevas tecnologías de la información y la comunicación: El proyecto de Historia Clínica Digital de Movilidad es un ejemplo de la innovación tecnológica aplicada a la práctica asistencial.
  - ▹ Gestión del conocimiento: Programa de formación en cuidados críticos y urgencias.

3.2. Recursos

3.2.1. Recursos y planes operativos (a 1 de enero de 2012)

Unidades de cuidados críticos y urgencias en atención primaria	**366**
Unidades móviles de cuidados críticos y urgencias en atención primaria	**133**
Servicios de cuidados críticos y urgencias de hospitales	**30**
Unidades de transporte sanitario urgente (SAS)	**479**
Equipos terrestres de emergencias (EPES/061)	**30**
Equipos terrestres de coordinación avanzada (EPES/061)	**5**
Equipos aéreos de emergencias (EPES/061)	**5**
Unidades de traslado secundario para pacientes críticos (SAS)	**14**
Unidades de traslado secundario para pacientes críticos (EPES)	**14**

3.2.2. Documentos técnicos del Plan Andaluz de Urgencias y Emergencias

Plan Andaluz de Ataque Cerebral Agudo: PLACA

El Plan Andaluz de Urgencias y Emergencias, en conjunción con diferentes Sociedades Científicas, ha desarrollado durante los últimos años un plan de actuación para prevenir y tratar en el menor tiempo posible el ataque cerebral agudo, o ictus, en nuestra Comunidad. Este plan se denomina PLACA (Plan Andaluz del Ataque Cerebral Agudo). Su objetivo principal, por tanto, es mejorar la atención a la patología vascular cerebral y paliar en la medida de lo posible las graves consecuencias que padecen los pacientes que sufren un Ataque Cerebral Agudo.

Documento marco sobre estándares de calidad de la atención urgente a los ciudadanos y a las ciudadanas en el Sistema Sanitario Público de Andalucía

Este documento marco sobre estándares de la atención urgente ha sido elaborado por el Plan Andaluz de Urgencias y Emergencias con el visto bueno de profesionales, y las asociaciones y sociedades científicas involucradas. Está destinado tanto a los y las profesionales del ámbito de las urgencias y de las emergencias, como a la ciudadanía y tiene como objetivo preservar e incrementar la calidad de la prestación sanitaria en situaciones de urgencia. Para lograrlo establece, y se compromete con los destinatarios, los indicadores de calidad que definen esa asistencia, agrupándolos en estándares que son los que determinan las condiciones deseables que deben cumplir los servicios para que éstos sean aceptados "como la línea de base de la buena práctica".

Manual de protocolos asistenciales. Plan Andaluz de Urgencias y Emergencias

El manual de los Protocolos Asistenciales de Urgencias y Emergencias es la puesta al día del primer manual editado a través del Plan Andaluz de Urgencias y Emergencias. En la actualización han participado diferentes profesionales del ámbito autonómico, tratando de dar ayuda protocolizada en la atención a pacientes que precisan una atención urgente, tanto en el primer contacto en atención primaria como a nivel hospitalario o de urgencias en general. Los temas escogidos representan la patología mas frecuente de estos pacientes graves que son tratados en la práctica diaria, y su contenido actualizado trata de dar respuesta lo mas operativa posible de la actitud terapéutica y de los criterios para su coordinación o traslado. Tiene como novedad también, respecto al manual anterior, incluir varios apartados muy importantes de atención urgente al paciente pediátrico.

Plan Funcional de Dispositivos de Cuidados Críticos y Urgencias

La mejora de la atención a las Urgencias y Emergencias en el ámbito de la Atención Primaria es uno de los objetivos del Plan Andaluz de Urgencias y Emergencias. Conscientes del gran volumen de actos médicos y de enfermería que se desarrollan en este nivel, se requiere una actuación personalizada y coordinada de todos los intervinientes en el proceso urgente en aras a lograr las expectativas y satisfacción del ciudadano.

Para este fin se realizó un diseño funcional de las actividades de los Dispositivos de Cuidados Críticos y Urgencias de Atención Primaria (DCCU), para que sus actuaciones sean siempre uniformes allá donde se encuentre el Dispositivo y que éstas se puedan medir, evaluar y, por consiguiente, mejorar.

Plan Funcional de la Sección de Urgencias del Servicio de Cuidados Críticos y Urgencias

El Plan Funcional de la Sección de Urgencias de los Servicios de Cuidados Críticos y Urgencias orienta a organizar la actividad, con el objetivo de garantizar una asistencia integral y de calidad al ciudadano que demanda atención urgente y modular la asistencia de los procesos no urgentes, en un marco de continuidad asistencial, promoviendo una interrelación activa con los distintos niveles de atención.

Plan hospitalario de Reanimación Cardiopulmonar y Soporte Vital

La parada cardiorrespiratoria (PCR) de un paciente ingresado es una de las situaciones más críticas que se pueden vivir en el hospital.

Cada minuto cuenta. Existe la evidencia de que puede reducirse la mortalidad y las secuelas que causan los PCR en el hospital, si se mejora la respuesta asistencial. Para ello se propugna una estrategia basada en la implantación y mejora de la «cadena de supervivencia». Con esta intención, la Sociedad Española de Medicina Intensiva, Crítica y Unidades Coronarias (SEMICYUC) y la Sociedad Española de Enfermería Intensiva y Unidades Coronarias (SEEIUC), elaboraron unas recomendaciones sobre Reanimación Cardiopulmonar (RCP) hospitalaria con el fin de contribuir a disminuir la mortalidad, las consecuencias y los costes que originan las PCR en estas instituciones. Sobre estas directrices se construyó el actual Plan de Reanimación Cardiopulmonar y Soporte Vital. En él se recogen las principales medidas para prevenir y manejar correctamente la PCR en un hospital.

Protocolos de Urgencias y Emergencias más Frecuentes en el Adulto

Según el Manual de Protocolos Asistenciales de Urgencias y Emergencias Sanitarias, de la Consejería de Salud y Bienestar Social (actualmente, Igualdad, Salud y Políticas sociales), los más frecuentes en adultos y niños son:

- Agudización de asma en adulto.
- Agudización de asma en niños.
- Bronquiolitis aguda viral.
- Disnea aguda.
- Reagudización EPOC
- Niños con dificultad respiratoria en vías altas. Epiglotitis y Cruz.
- Alteración nivel conciencia en adultos.
- Alteración del nivel de conciencia en niños.
- Cefalea.
- Paciente con ACVA.
- Convulsiones en el adulto.
- Crisis convulsivas en niño.
- TCE.
- Arritmias.
- Crisis hipertensiva.
- Dolor torácico.
- Edema agudo de pulmón.
- Síndrome coronario agudo.
- Fiebre en el adulto.
- Fiebre en el niño.
- Sepsis grave en Pediatría.
- Atención al politraumatizado.

- Atención inicial al trauma pediátrico.
- Atención al paciente quemado.
- Shock.
- Complicaciones de la diabetes.
- Urgencias metabólicas en Pediatría.
- Gastroenteritis aguda en Pediatría.
- Fluidoterapia en Pediatría. Rehidratación intravenosa.
- Intoxicaciones agudas.
- Dolor abdominal.
- Dolor abdominal en el niño.
- Hemorragia digestiva alta.
- Urgencias en el primer mes de vida.
- Sedación y analgesia en niños.
- Paciente agitado.

Traslado de enfermos críticos. Protocolos de transporte secundario y primario

Este protocolo ofrece indicaciones de traslado de pacientes críticos entre los hospitales y entre los centros de Atención Primaria y los hospitales.

Traslado interhospitalario de pacientes críticos pediátricos y neonatales

El desarrollo de las Unidades de Cuidados Intensivos (UCIs) pediátricas y neonatales que se ha producido en las últimas décadas ha contribuido a una disminución de la morbimortalidad de los niños y neonatos críticos. Dadas estas características especiales, de la edad pediátrica, la Consejería de Salud de la Junta de Andalucía, a través del Plan Andaluz de Urgencias y Emergencias, ha promovido la constitución de un Grupo de Trabajo de Traslado Pediátrico, con el fin de revisar y actualizar el sistema de traslado de pacientes críticos pediátricos y neonatales de la Comunidad Autónoma Andaluza. Este documento es el resultado de su trabajo.

4. AGENCIAS PÚBLICAS EMPRESARIALES ADSCRITAS A LA CONSEJERÍA COMPETENTE EN MATERIA DE SALUD

El desarrollo del Sistema Sanitario Público de Andalucía (SSPA) ha permitido alcanzar importantes niveles de calidad de la atención sanitaria, incorporando de forma continuada diferentes mejoras organizativas y funcionales en sus centros. Las Agencias Sanitarias, como forma jurídica que garantiza el carácter público de la prestación en sus ámbitos geográfico y poblacional, ha permitido avances en la organización de la actividad y en la gestión de los recursos.

En el ámbito sanitario las Agencias Sanitarias son entidades adscritas y controladas por la Consejería competente en materia de salud y que en su calidad de proveedores públicos de servicios sanitarios tienen por objeto la realización de actividades cuyas características de eficacia, eficiencia, equidad y calidad de las prestaciones sanitarias justifican su organización y desarrollo en régimen de autonomía de gestión y de mayor proximidad a la ciudadanía.

Como organizaciones sanitarias que forman parte del SSPA, tienen como objetivo principal garantizar una asistencia sanitaria continuada, integral, personalizada y de calidad a las personas que residen en su área de influencia.

Son cinco las Empresas Públicas creadas por Ley entre los años 1993 y 2006: la primera de ellas, la Empresa Pública de Emergencias Sanitarias (EPES) fue creada para prestar asistencia a las emergencias sanitarias en toda la Comunidad Autónoma; las cuatro restantes, en la actualidad, asumen la gestión de 17 hospitales públicos y prestan servicios de atención especializada a una población de 1.287.938 habitantes. Son hospitales de especialidades (1), comarcales (3) y de alta resolución (13), respondiendo éstos últimos al objetivo de la Junta de Andalucía de acercar los servicios sanitarios especializados de mayor frecuentación a la población, de forma que ningún andaluz se encuentre a más de 30 minutos de un centro hospitalario.

Con la publicación de la Ley 9/2007, de 22 de octubre, de la Administración de la Junta de Andalucía, y su normativa derivada, las Empresas Públicas hospitalarias han pasado a tener la consideración de entidades instrumentales de la Administración de la Junta de Andalucía del tipo Agencia Pública Empresarial Sanitaria (Agencia Sanitaria).

4.1. Características de las Agencias Públicas Empresariales Sanitarias

Participación única y directa de la Junta de Andalucía en su capital o fondo social, estando sometidas en su actividad externa al ordenamiento jurídico privado, sin perjuicio del preceptivo control público.

El Derecho atribuye a las Agencias Sanitarias, capacidad para actuar como sujetos de derecho, esto es, capacidad para adquirir y poseer bienes de todas clases, para contraer obligaciones y ejercitar acciones judiciales. Ejercen únicamente las potestades administrativas que expresamente se les atribuyan y solo pueden ser ejercidas por aquellos órganos a los que en los estatutos se les asigna expresamente esta facultad.

Tienen personalidad jurídica diferenciada, patrimonio y tesorería propia, así como autonomía de gestión en los términos establecidos por su Ley de creación y han de ajustarse al principio de instrumentalidad, por el que los fines y objetivos que se les asignan específicamente son propios de la Administración Sanitaria de la que dependen. Así la administración sanitaria andaluza, competente en el aseguramiento público, separa claramente las funciones derivadas de esta responsabilidad y asume la financiación de las Agencias Sanitarias a las que encarga la función de proveedores públicos de servicios sanitarios, señalando en el Contrato Programa anual qué servicios han de prestar, a quién, cuando y en qué condiciones, realizando estas actividades en régimen de descentralización funcional.

En cuanto al régimen jurídico, se rigen por el Derecho Privado, excepto en las cuestiones relacionadas con la formación de la voluntad de sus órganos y con el ejercicio de las potestades administrativas que tengan atribuidas y en los aspectos específicamente regulados en esta Ley, en sus estatutos, en la Ley General de la Hacienda Pública de la Comunidad Autónoma de Andalucía (LGHP) y demás disposiciones de general aplicación.

En cuanto a su organización, todos los centros integrados en cada Agencia Sanitaria comparten los puestos de Dirección Gerencia y las Unidades directivas con competencia en las áreas de Recursos Humanos, Económico Financiera, Sistemas de Información e Informática/ Tecnologías de la Información, y Asesoría Jurídica, con ubicación física en el hospital considerado como sede corporativa. Los puestos directivos exclusivos de cada centro son la Dirección Asistencial o Dirección de Procesos Asistenciales y la Dirección de Cuidados de Enfermería.

La organización en áreas asistenciales integradas para la gestión clínica o el desarrollo de la consulta especializada de alta resolución son aportaciones impulsadas en el seno de las Agencias Sanitarias de la Junta de Andalucía, que han tenido su posterior extensión al resto de centros del Sistema Sanitario Público.

4.2. Organización

Tienen un modelo de organización flexible , no la estructura clásica de Servicios.

Innovación en el diseño organizativo: Unidades multifuncionales de cuidados especiales, estrategia de Alta resolución en Consultas Externas incorporando la "Consulta de acto único" e Innovación Tecnológica (Historia Digital de Salud, Radiología digital).

Con el objetivo de profundizar en la transparencia de las administraciones públicas, incrementar el rigor y la objetividad en el análisis y reforzar la cultura de responsabilidad colectiva, junto a los objetivos relativos a las políticas y estrategias de la organización y a los objetivos de procesos para que las estrategias den los resultados esperados, se han establecido un conjunto de indicadores a monitorizar en el conjunto del SSPA.

En los hospitales de las Agencias Sanitarias tanto los datos, como los indicadores de demanda asistencial y de actividad se recogen sistemáticamente y de forma preferente utilizando los sistemas de información corporativos. Asimismo sus usuarios participan en las encuestas de satisfacción que realiza el Instituto de Estudios Sociales de Andalucía (IESA).

El régimen presupuestario, económico financiero, de contabilidad, intervención y de control financiero de la Agencia es el establecido en la LGHP (Ley General de la Hacienda Pública). Los presupuestos de explotación y de capital son propuestos por el Consejo de Gobierno al Parlamento de Andalucía y una vez aprobados, quedan recogidos en la Ley de Presupuestos de la Comunidad Autónoma de Andalucía.

Las cuentas anuales se presentan cumpliendo lo establecido en el Real Decreto 1514/2007, de 16 de noviembre, por el que se aprueba el Plan General de Contabilidad aplicable a las Agencias de la Junta de Andalucía.

El régimen de contratación se ajusta a las previsiones de la legislación de contratos de las Administraciones Públicas.

El personal se rige por el Derecho Laboral y es seleccionado mediante convocatoria pública, basada en los principios de igualdad, mérito y capacidad.

Tiene la consideración de personal directivo el que ocupa puestos de trabajo determinados como tales en los estatutos, en atención a la especial responsabilidad, competencia técnica y relevancia de las tareas asignadas. Su régimen jurídico es el previsto en el artículo 13 de la Ley 7/2007, de 12 de abril, del Estatuto Básico del Empleado Público, y en la normativa de desarrollo dictada por la Comunidad Autónoma de Andalucía.

La determinación y modificación de las condiciones retributivas, tanto del personal directivo como del resto del personal requiere informe previo y favorable de las Consejerías competentes en materia de Administración Pública y de Hacienda, que efectúan controles específicos sobre la evolución de los gastos de personal y de la gestión de los recursos humanos, conforme a los criterios que previamente han establecido.

Las retribuciones del personal de los hospitales de las Agencias Sanitarias se encuentran ligadas, en porcentajes establecidos según categorías y responsabilidades, a la consecución de los objetivos marcados en el contrato programa.

4.3. Cronología Histórica

La creación de las empresas públicas obedeció al hecho de que entre las distintas figuras jurídicas posibles, la que mejor se adecuaba a la gestión de los servicios hospitalarios garantizando el carácter público de la prestación de la asistencia sanitaria en su ámbito geográfico y poblacional, por variadas razones de naturaleza, organización, régimen de actividad, funciones y objetivos a cumplir, era la de la Empresa Pública prevista en la Ley General de la Hacienda Pública.

Cada una de las Agencias Sanitarias se ha creado mediante Ley específica, como Empresas Públicas, teniendo por objeto la gestión de un hospital concreto. La adscripción posterior de la gestión de otros centros precisa la correspondiente Orden de la Consejería de Salud:

- **Año de Creación de cada una de las Empresas Públicas**:
  EPHCS: Empresa Pública Hospital de la Costa del Sol. 1993 .
  EPES: Empresa Pública de Emergencias Sanitarias. 1994.
  EPHP: Empresa Pública Hospital de Poniente de Almería. 1997.
  EPHAG: Empresa Pública Hospital Alto Guadalquivir. 2000.
  EPSBG: Empresa Pública Sanitaria Bajo Guadalquivir. 2006.

La Agencia Sanitaria Costa del Sol se planteó, al inicio, como proyecto piloto de la Consejería de Salud para introducir formas diferentes de gestión pública hospitalaria en la Comunidad Autónoma. El proyecto se basaba en la aplicación de herramientas de gestión empresarial al sector hospitalario público, para mejorar la eficiencia y la calidad de sus servicios y modernizar su estructura organizativa.

Fue creada por la Ley 4/1992, de 30 de diciembre, del Presupuesto de la Comunidad Autónoma de Andalucía para 1993 (Disposición adicional Decimoctava). En el Decreto 104/1993, de 3 de agosto, se constituye la Empresa Pública y se aprueban sus estatutos, parcialmente modificados por Decreto 190/2006, de 31 de octubre.

Desde su apertura en diciembre de 1993, es responsable de la gestión del Hospital Costa del Sol de Marbella que nace como hospital comarcal tipo 3. La ampliación sucesiva de su cartera de servicios ha determinado que en el año 2008, pasara a considerarse como hospital tipo 2 de Especialidades.

Por Orden de 2 de enero de 2008, se establece el Hospital de Alta Resolución (HAR) de Benalmádena y se adscribe su gestión a la EPHCS, que asimismo asumirá el resto de HAR que se construyan en la provincia de Málaga.

La sede corporativa se encuentra en el Hospital Costa del Sol de Marbella.

La Empresa Pública de Emergencias Sanitarias fue creada en 1994 por la Consejería de Salud de la Junta de Andalucía mediante la Ley 2/1994, de 24 de marzo, de creación de la empresa.

Mediante el Decreto 88/1994, de 19 de abril, se aprueban sus Estatutos de Funcionamiento, con el objeto de prestar asistencia a las emergencias sanitarias en toda la Comunidad Autónoma Andaluza.

Estos Estatutos, de la Empresa Pública de Emergencias Sanitarias, se modificaron el 31 de julio de 2013, por el Decreto 92/2013, para adaptarse a la nueva condición de Agencia Pública Empresarial.

La Agencia Sanitaria Hospital de Poniente, se crea como responsable de la gestión y prestación de la atención especializada en el ámbito territorial de la zona de Poniente en Almería, por la Disposición adicional Segunda de la Ley 9/1996 de 26 de diciembre, por la que se aprueban Medidas Fiscales en materia de Hacienda Pública, Contratación Administrativa, Patrimonio, Función Pública y Asistencia Jurídica a Entidades de Derecho Pública. En el Decreto 131/1997, de 13 de mayo, se constituye la Agencia pública y se aprueban sus estatutos, parcialmente modificados por Decreto 190/2006, de 31 de octubre.

En la Orden de 11 de Junio de 1997 se determina el inicio de la prestación efectiva de los servicios sanitarios encomendados a la Agencia Pública Hospital de Poniente, gestionar el Hospital de Poniente en la localidad almeriense de El Ejido. Nace como hospital comarcal tipo 4, siendo considerado desde el año 2008, hospital comarcal de tipo 3 por el volumen y cualidad de la asistencia prestada.

A partir del año 2005, su oferta asistencial y su población de referencia crecen con la apertura del HAR El Toyo, en la zona Levante de Almería capital. A esta adscripción se ha sumado en 2006, la gestión del HAR de Guadix en la provincia de Granada y en Marzo de 2011 la gestión del HAR de Loja.

La sede corporativa se encuentra en el Hospital de Poniente El Ejido.

La Agencia Sanitaria Hospital Alto Guadalquivir fue creada por la Ley 11/1999, de 30 de noviembre, con la finalidad de prestar asistencia en el Hospital Alto Guadalquivir ubicado en Andújar. En el Decreto 48/2000, de 7 de febrero, se constituye la Agencia pública y se aprueban sus estatutos, parcialmente modificados por Decreto 190/2006, de 31 de octubre.

El Hospital de Montilla nace como Centro Periférico de la EPHAG, en funcionamiento desde 2004, a través de la Orden de 13 de noviembre de 2003. Al igual que el Hospital Alto Guadalquivir, es un hospital comarcal tipo 4.

Posteriormente ha asumido la gestión del HAR de Sierra de Segura (2005), el HAR de Puente Genil, el HAR de Alcaudete (2006), el HAR de Valle del Guadiato (enero 2009) y el HAR de Alcalá la Real (9 Febrero 2011)

La sede corporativa se encuentra en el Hospital Alto Guadalquivir de Andujar.

La Agencia Sanitaria Bajo Guadalquivir ha sido creada por la Ley 3/2006, de 19 de junio. En el Decreto 190/2006, de 31 de octubre, se constituye la Agencia pública y se aprueban sus estatutos.

Esta Agencia tiene como objeto llevar a cabo la gestión de los Hospitales de Alta Resolución que se establezcan en las provincias de Cádiz, Huelva y Sevilla.

Actualmente gestiona los HAR de Utrera (inaugurado en 2006), de Écija (antiguo hospital municipal, integrado en el SSPA el 31 de diciembre de 2006), de Morón (antiguo hospital municipal, integrado en el SSPA el 31 de diciembre de 2007) y Sierra Norte en Constantina (2008). Todos ellos en la provincia de Sevilla; los Hospitales de Alta Resolución de Écija y de Morón serán sustituidos por edificios de nueva construcción.

La sede corporativa (provisional) se encuentra en el HAR de Utrera.

Posteriormente la Junta de Andalucía, con la finalidad de acomodar el sector público andaluz a las nuevas circunstancias económicas y financieras, ha llevado a cabo una serie de medidas que tenían como objetivo básico mejorar la gestión, calidad en la prestación de los distintos servicios públicos y el desarrollo de las funciones que les son propias a las Consejerías, teniendo en consideración los medio personales y materiales disponibles y desarrollando el máximo posible de las potestades administrativas con sus propios recursos.

Por ello, el artículo 9 de la Ley 1/2011, de 17 de febrero, de reordenación del sector público de Andalucía, ha determinado que la Empresa Pública Hospital de la Costa del Sol adoptase la configuración de agencia pública empresarial de las previstas en el artículo 68.1.b) de la Ley 9/2007, de 22 de octubre, de la Administración de la Junta de Andalucía, alterando tanto su denominación pasando a denominarse Agencia Pública Empresarial Sanitaria Costa del Sol, así como su objeto, que lo constituye ahora la coordinación de la gestión de los servicios sanitarios de las agencias públicas empresariales que se le adscriban, as como la gestión del Hospital Costa del Sol de Marbella (Málaga) y la de los Centros Hospitalarios de Alta Resolución que se establezcan en la provincia de Málaga.

Asimismo, el artículo 10 de la mencionada Ley 1/2011 de 17 de febrero, establece que se adscriben a la Agencia Pública Empresarial Sanitaria Costa del Sol la Empresa Pública Hospital de Poniente de Almería, la Empresa Pública Hospital Alto Guadalquivir y la Empresa Pública Sanitaria Bajo Guadalquivir. Dichas entidades adoptarán la configuración de agencia pública empresarial de las previstas en el artículo 68.1.b) de a Ley 9/2007, de 22 de octubre, conforme a la disposición transitoria única de la misma.

Posteriormente mediante el Decreto 98/2011, de 19 de abril, se aprueban los Estatutos de la Agencia Pública Empresarial Sanitaria Costa del Sol, y se modifican los de las otras Agencias Públicas Empresariales Sanitarias.

La, hasta ahora, última reforma normativa operada por el Decreto 140/2013, de 1 de octubre, en su artículo 2.3.a)., adscribe funcionalmente al Servicio Andaluz de Salud, la Empresa Pública de Emergencias Sanitarias y la Agencia Pública Empresarial Sanitaria Costa del Sol, a la que están adscritas la Agencia Pública Empresarial Sanitaria Hospital de Poniente de Almería, la Agencia Pública Empresarial Sanitaria Hospital Alto Guadalquivir y la Agencia Pública Empresarial Sanitaria Bajo Guadalquivir, sin perjuicio de su dependencia orgánica de la Consejería de Igualdad, Salud y Políticas Sociales.

Los hospitales de las Agencias Sanitarias tienen por misión la atención a la población asignada, en el ámbito de la asistencia especializada y urgente establecidas en su cartera de servicios, con criterios de máxima agilidad en la respuesta asistencial, calidad en la prestación, eficacia y efectividad, en un marco de máxima eficiencia en la gestión de los recursos públicos, impulsando la máxima cooperación con los hospitales de referencia y con los distritos de atención primaria de su ámbito de influencia, de forma que se garantice el mayor nivel de continuidad en la atención sanitaria y la mayor capacidad de resolución en los centros de salud.

Las Agencias Sanitarias son las encargadas de desarrollar el proyecto de los HAR en las diferentes provincias andaluzas. Para simplificar el procedimiento de adscripción, la Ley 3/2006, de 19 de junio, de creación de la Agencia Pública Sanitaria Bajo Guadalquivir, modifica el objeto señalado en las leyes de creación de las otras Agencias Sanitarias y así ha establecido la adscripción (mediante Orden) de la gestión de los futuros Hospitales de Alta Resolución (HAR) a una de ellas en función de la provincia en que se ubique:

- Agencia Sanitaria Hospital Costa del Sol: la gestión de los Centros Hospitalarios de Alta Resolución que se establezcan en la provincia de Málaga.
- Agencia Sanitaria Hospital de Poniente: la gestión de los Centros Hospitalarios de Alta Resolución que se establezcan en las provincias de Almería y Granada.
- Agencia Sanitaria Alto Guadalquivir: la gestión de los Centros Hospitalarios de Alta Resolución que se establezcan en las provincias de Córdoba y Jaén.
- Agencia Sanitaria Bajo Guadalquivir: la gestión de los Centros Hospitalarios de Alta Resolución que se establezcan en las provincias de Cádiz, Huelva y Sevilla.

4.4. Los Hospitales de Alta Resolución

El SSPA tiene como uno de sus objetivos prioritarios utilizar todos aquellos instrumentos a su alcance para mejorar la calidad de los servicios, conseguir un acceso equitativo a los recursos e incorporar aquellos aspectos que más demandan los usuarios y generan mayor satisfacción. Forma parte de este objetivo acercar a la población la asistencia sanitaria especializada, planteándose como parte de la consecución de este objetivo el modelo de Hospitales de Alta Resolución.

Estos centros sanitarios se configuran como hospitales de proximidad, ubicados en zonas geográficas alejadas de grandes núcleos urbanos, o bien en áreas con gran crecimiento poblacional, Con la finalidad antes mencionada, incorporan estrategias de gestión de alta resolución, potenciando la cirugía sin ingreso, la hospitalización de corta duración, la atención urgente y las consultas de acto único, y fomentan la continuidad asistencial y la oferta de capacidad diagnóstica a los centros de atención primaria.

Los Hospitales de Alta Resolución se configuran como una nueva estructura de atención sanitaria que persigue mejorar la accesibilidad a los dispositivos sanitarios de asistencia especializada, tanto diagnósticos como terapéuticos (un centro sanitario a menos de 30 minutos).

Una vez que la red de hospitales de alta resolución esté completa, el 99% de los andaluces contarán con un hospital de referencia a menos de 30 minutos de su lugar de residencia.

El objetivo de ofrecer una asistencia sanitaria cercana, innovadora, eficiente y sobre todo de calidad se ve reflejado en las encuestas de satisfacción que se realizan a los usuarios de las áreas de cobertura de dichos Centros, los cuales otorgan altos índices de satisfacción sobre la atención recibida y un muy alto nivel de satisfacción sobre los profesionales.

Características:

- El ciudadano es realmente el centro del sistema: orientados al cliente y a la resolución de sus problemas de salud con la mayor brevedad posible.
- Unidades de hospitalización polivalente como alternativas a la hospitalización tradicional, que incluye la actividad de hospital de día para procesos quirúrgicos y de carácter médico.
- Disminución de los tiempos de Demora a las demandas de los ciudadanos.
- Consulta en Acto Único, acto asistencial que requiere tanto las decisiones de los clínicos, como la adecuación de los recursos y de la organización.
- La dotación de la tecnología que favorece la implantación de forma significativa en estos hospitales de la Cirugía Mayor Ambulatoria.
- La Continuidad Asistencial, planteada más allá de la simple coordinación entre niveles, pasa a ser un criterio clave y determinante que ha de inspirar la organización, funcionalidad y formas de trabajo de toda la organización.
- Las comunicaciones y en concreto la telemedicina, son herramientas fundamentales en los nuevos centros, para evitar desplazamientos innecesarios a los ciudadanos y garantizar la continuidad de la asistencia.

4.5. Cartera de Servicios

Los servicios sanitarios se prestan en las consultas y sus áreas de exploraciones especiales; en régimen de hospital de día médico y quirúrgico; en hospitalización de corta estancia y en el área de urgencias.

En el área de Consultas se promueve la consulta en acto único y la continuidad del proceso asistencial, por lo que comprende una zona de exploraciones funcionales.

En el área de Hospitalización Polivalente se atiende a los pacientes que procediendo de urgencias precisan observación, pacientes de cirugía que no requieren ingreso, pacientes de consultas o del área de exploraciones especiales que precisan especial atención. Además, los ingresos de pacientes médicos y quirúrgicos, que requieren cuidados mínimos de procesos de mediana complejidad y con carácter general sean de corta estancia (48-72 horas), siendo derivados al hospital de referencia los pacientes que requieran hospitalización convencional.

En el área de Urgencias se atienden en primera instancia todas las urgencias especializadas, las urgencias generales así como las quirúrgicas de mediana complejidad, 24 horas hasta su estabilización; el resto de urgencias médicas y quirúrgicas que requieran hospitalización no están incluidas en su cartera de servicios y se envían al hospital de referencia.

Están incluidos los procesos diagnósticos y terapéuticos inherentes al área de conocimientos de las especialidades siguientes: Anestesiología y Reanimación, Aparato Digestivo, Cardiología, Cirugía General y Aparato Digestivo, Dermatología, Medicina Interna, Neumología, Obstetricia y Ginecología, Oftalmología, Otorrinolaringología, Radiodiagnóstico, Rehabilitación, Traumatología y Cirugía Ortopédica, Urología, Unidad de Cuidados Críticos y Urgencias.

También incluye las siguientes especialidades, facilitados desde el hospital en el que se ubica la sede corporativa de la Agencia Pública: Análisis Clínicos, Anatomía Patológica, Farmacia Hospitalaria, Hematología y Hemoterapia y Medicina Preventiva,

Respecto a la atención obstétrica, realiza el seguimiento del embarazo conjuntamente con Atención Primaria, quedando excluida la atención de partos.

Son procesos no incluidos en la Cartera de Servicios:

a) Todos aquellos procesos diagnósticos y terapéuticos complejos correspondientes a especialidades no disponibles en el HAR y que por tanto quedan incluidos en la cartera de servicios del hospital de referencia.
b) Con respecto a las áreas de conocimiento de las especialidades incluidas en el centro, los procesos que requieran medios diagnósticos o terapéuticos no existentes en el mismo.

5. CONSORCIOS Y CONCIERTOS

La figura de la gestión sanitaria a través de consorcios está recogida en la Ley de Salud de Andalucía como fórmula de colaboración entre la Administración Sanitaria y entidades de naturaleza pública o privada sin ánimo de lucro

En su artículo 38.2.c faculta a los municipios que dispongan de centros, servicios y establecimientos sanitarios de titularidad municipal, a establecer con la Administración Sanitaria de la Junta de Andalucía, cuando así se acuerde por ambas partes, convenios específicos o **consorcios** para la gestión de los mismos.

El artículo 61.10 autoriza a la Consejería de Salud a la formación de **consorcios**, de naturaleza pública, u otras fórmulas de gestión, integradas o compartidas con entidades públicas o privadas sin ánimo de lucro, con intereses comunes o concurrentes.

El artículo 63.3 establece que la Consejería de Salud podrá constituir **consorcios** de naturaleza pública u otras fórmulas de gestión integrada o compartida con entidades de naturaleza o titularidad pública o privada sin ánimo de lucro, con intereses comunes o concurrentes, que podrán dotarse de organismos instrumentales.

Según el artículo 66, el Servicio Andaluz de Salud, previo informe y deliberación del Consejo de Administración, podrá elevar a la Consejería de Salud, para su aprobación por los órganos competentes, propuestas para la constitución de **consorcios** de naturaleza pública u otras fórmulas de gestión integrada o compartida con entidades de naturaleza o titularidad pública o privada sin ánimo de lucro, con intereses comunes o concurrentes, que podrán dotarse de organismos instrumentales, así como la propuesta de creación o participación en cualesquiera otras entidades de naturaleza o titularidad pública admitidas en derecho, cuando así convenga a la gestión y ejecución de los centros y servicios adscritos al mismo.

5.1. Centros y servicios sanitarios concertados en Andalucía

El sistema sanitario público tiene capacidad para realizar cerca del 100% de la actividad sanitaria de Andalucía, si bien hay una minoritaria actividad complementaria que se desarrolla mediante la figura de los conciertos. La actividad concertada del Sistema Sanitario Público de Andalucía constituye sólo el 3.7% del presupuesto total de la Consejería de Igualdad, Salud y Políticas Sociales. Se trata únicamente del concierto de algunas camas, cierta actividad quirúrgica y pruebas complementarias para complementar la labor que realizan los centros sanitarios del SSPA.

Esta función complementaria se desarrolla a través de la concertación de actividades con entidades que están homologadas por la Consejería de Salud, de conformidad con lo establecido en el Decreto 165/1995, de 4 de julio, por el que se regulan los procedimientos de homologación de Centros Hospitalarios y de suscripción de convenios y conciertos entre la Consejería de Igualdad, Salud y Políticas Sociales y entidades, tanto públicas como privadas, para la prestación de asistencia sanitaria. El flujo de pacientes a estos centros concertados está determinado, controlado y planificado por los hospitales públicos a través de Unidades Provinciales de Gestión (creadas por Orden de 4 de junio de 1998 y Resolución de 18 de Marzo de 1999) de cada Delegación de Igualdad, Salud y Políticas Sociales, según los criterios de los Pliegos de Prescripciones Técnicas y administrativas que vinculan los centros concertados con la Consejería de Igualdad, Salud y Políticas Sociales.

En Andalucía la Consejería de Igualdad, Salud y Políticas Sociales tiene concertada alguna actividad con entidades como la Cruz Roja, Orden Hospitalaria de San Juan de Dios, la Empresa "José Manuel Pascual Pascual, S.A." y otras situados en las provincias de Almería, Cádiz, Córdoba, Huelva, Granada, Málaga y Sevilla.

Desde el año 1984, en que la Junta de Andalucía asume las competencias, anteriormente gestionadas por el Instituto Nacional de la Salud, en materia de conciertos sanitarios, se han producido modificaciones significativas, en la gestión de dicha materia.

Su regulación normativa está recogida de forma específica, entre otras, mediante el Decreto 165/95 de 4 de julio y la Orden de la Consejería de Salud de 23 de octubre de 1998, por lo que se ha conseguido una homogeneidad en la concertación del sector hospitalario.

Dentro de la Cartera de Servicios, según el tipo de hospital y de forma agrupada, las prestaciones más frecuentes son: Ingresos Médicos, Ingresos Quirúrgicos, Cirugía Mayor Ambulatoria (CMA), Cirugía Menor Ambulatoria (cma), Consultas Externas, Urgencias, Sesiones de Rehabilitación y Pruebas Diagnósticas.

Cabe destacar que en el presupuesto del año 2013 para la Consejería de Igualdad, Salud y Políticas Sociales, sólo el 3,7% del montante se destina a esta partida, un porcentaje que ha bajado desde el 4,5% del año anterior. Esta actividad concertada supone el 3,6% de las consultas de especialista y menos del 8% de los ingresos hospitalarios que se producen en el Sistema Sanitario Público de Andalucía, una actividad que en ambos casos ha bajado en los últimos años un 20%.

6. ACTUACIONES EN MATERIA DE SALUD PÚBLICA: SU REGULACIÓN EN LA LEY 16/2011, DE 23 DE DICIEMBRE, DE SALUD PÚBLICA DE ANDALUCÍA

La Ley 16/2011 tiene por objeto:

a) Establecer los derechos, obligaciones y responsabilidades de la población en Andalucía respecto a la salud pública, las garantías para su cumplimiento y los fines y principios que deben regir la nueva organización de la salud pública.

b) Establecer las funciones y competencias en materia de salud pública, sus prestaciones y servicios y las líneas para organizar su gobernanza, asegurando el carácter transversal, participativo e intersectorial de las actuaciones de la Administración pública y la organización de sus recursos multidisciplinares para obtener eficacia.

c) Situar a todas las personas en Andalucía y a los andaluces en el mundo como eje central de las actuaciones de salud pública, así como articular los objetivos, garantías y procedimientos para alcanzar la equidad en salud de todas las personas y poblaciones de Andalucía.

La Ley 16/2011 será de aplicación a toda la población en Andalucía y asimismo, con el alcance establecido en la Ley 8/2006, de 24 de octubre, del Estatuto de los Andaluces en el Mundo, será de aplicación a los andaluces en el exterior.

6.1. Definiciones

A los efectos de la Ley 16/2011, se entiende por:

1. Acción intersectorial para la salud: Relación reconocida que se establece entre distintos sectores de la sociedad para emprender acciones en un tema con el fin de lograr resultados de salud, o resultados intermedios de salud, de manera más eficaz, eficiente o sostenible que la que el sector sanitario pueda lograr actuando en solitario.
2. Alerta sanitaria: Todo fenómeno de potencial riesgo para la salud de la población y/o de trascendencia social frente al que sea necesario desarrollar actuaciones de salud pública urgentes y eficaces.
3. Atención integral: Aquella que incorpora en la respuesta a un problema de salud el nivel asistencial, la prevención de la enfermedad, la promoción de la salud y la rehabilitación integral, referida a la recuperación del proyecto vital.
4. Ayuda mutua: Comprende todas aquellas medidas llevadas a cabo de forma natural u organizada por las personas que comparten una misma situación o problema de salud con el fin de mejorar la calidad de la respuesta al problema desde sus iguales.
5. Cartera de servicios: Conjunto de técnicas, tecnologías o procedimientos, entendiendo por tales cada uno de los métodos, actividades y recursos basados en el conocimiento y experimentación científica, mediante los que se hacen efectivas las prestaciones sanitarias, según se recoge en el artículo 20.1 de la Ley 16/2003, de 28 de mayo, de cohesión y calidad del Sistema Nacional de Salud.
6. Condiciones de vida: Entorno cotidiano de las personas, donde estas viven, actúan y trabajan. Estas condiciones de vida son producto de las circunstancias sociales y económicas y del entorno físico, todo lo cual puede ejercer impacto en la salud, estando en gran medida fuera del control inmediato del individuo.
7. Desigualdades en salud: Aquellas diferencias que perjudican, de manera sistemática e injusta, a una persona o grupo en términos de oportunidades y que originan una merma en su situación de salud.
8. Determinantes de la salud: Conjunto de factores personales, sociales, económicos y ambientales que determinan el estado de salud individual y colectiva.
9. Educación para la salud: Comprende las actuaciones encaminadas al conocimiento, aprendizaje y desarrollo de habilidades personales que conduzcan a la salud individual y de la comunidad.
10. Empoderamiento para la salud: Proceso mediante el cual las personas y los grupos sociales adquieren un mayor control sobre las decisiones y acciones que afectan a su salud.

11. Epidemiología: Estudio de la distribución y de los determinantes de los estados o acontecimientos relacionados con la salud de determinadas poblaciones y la aplicación de este estudio al control de los problemas de salud.
12. Evaluación del impacto en la salud: Combinación de métodos, procedimientos y herramientas con los que puede ser evaluada una política, un programa, proyecto o actividad, en relación a sus potenciales efectos en la salud de la población y acerca de la distribución de esos efectos dentro de la población. La evaluación de impacto en salud integra la valoración y el informe de evaluación de impacto en la salud.
13. Factor de riesgo: Condición, situación, conducta o elemento que aumenta la probabilidad de aparición de una enfermedad o lesión, o que se relaciona con una salud deficiente.
14. Gobernanza: Manera de gobernar, bajo los principios de transparencia y participación, que se propone como objetivo el logro de un desarrollo económico, social e institucional duradero que genere salud.
15. Informe de evaluación de impacto en la salud: Informe emitido por la Consejería competente en materia de salud, sobre la valoración del impacto en la salud realizada a un plan, programa, instrumento de planeamiento urbanístico, obra o actividad.
16. Política en salud: Declaración o directriz oficial, dentro de las instituciones públicas, que define las prioridades y los parámetros de actuación como respuesta a las necesidades de salud, a los recursos disponibles y a otras presiones políticas.
17. Prevención de la enfermedad: Abarca las medidas destinadas no solamente a prevenir la aparición de la enfermedad, tales como la reducción de los factores de riesgo, sino también, una vez establecida, a detener su avance y atenuar sus consecuencias.
18. Promoción de la salud: Proceso que permite a las personas incrementar el control sobre su salud para mejorarla.
19. Protección de la salud: Componente de la política de salud en el que se encuadran las actividades orientadas al análisis de riesgos asociados a los alimentos y de riesgos ambientales, a la preservación del entorno saludable que afecte a los espacios públicos donde se desenvuelve la vida humana, a los medios de transporte y a la habitabilidad de las viviendas, así como a la protección frente a aquellos otros riesgos y fuentes de peligro para la salud física y mental que surjan en el contexto social.
20. Responsabilidad social para la salud: Se refleja en las acciones de los responsables de la toma de decisiones, tanto del sector público como privado, para establecer políticas y prácticas que promuevan y protejan la salud.
21. Redes ciudadanas de salud: Organizaciones sociales y ciudadanas, grupos de ayuda mutua, movimientos asociativos en salud o comunidades virtuales, que trabajan sobre temas de salud de la población y de calidad de vida y del entorno o de ayuda a grupos en desventaja personal o social y que tratan de influir en sus determinantes, dando a conocer situaciones problemáticas, solicitando apoyo

para su solución, pidiendo a las autoridades sanitarias la rendición de cuentas de los logros y avances conseguidos y/o fomentando la cooperación y la participación activa de la ciudadanía en aspectos de la salud y sus determinantes.

22. Salud ambiental: Aquellos aspectos de la salud y la enfermedad humanas que son determinados por factores medioambientales. Este término también hace referencia a la teoría y práctica relativas a los factores de evaluación y control del medio ambiente que pueden afectar potencialmente a la salud. Incluye tanto los efectos patológicos directos de los agentes químicos y biológicos y de la radiación como los efectos indirectos sobre la salud y el bienestar del entorno físico, social y estético considerado en su sentido más amplio.
23. Salud pública: El esfuerzo organizado por la sociedad para proteger y promover la salud de las personas y para prevenir la enfermedad mediante acciones colectivas.
24. Seguridad alimentaria: Conjunto de actuaciones basadas en el análisis de riesgos y encaminadas a asegurar que las etapas de la producción, transformación y distribución de alimentos se desarrollen utilizando procedimientos que garanticen, a la luz de los conocimientos científicos disponibles, un nivel elevado de protección de la salud de la población consumidora.
25. Sistema de análisis de peligros y puntos de control crítico: Sistema que, en las empresas, industrias, instalaciones y servicios, permite identificar, evaluar y controlar peligros significativos en el ámbito de la protección de la salud.
26. Valoración del impacto en la salud: Documento que debe presentar el órgano que formula un plan, programa o instrumento de planeamiento urbanístico, o el titular o promotor de una obra o actividad, sometidos a evaluación del impacto en la salud. En él deberán identificarse, describirse y valorarse los efectos previsibles, positivos y negativos, que el plan, programa, instrumento de planeamiento urbanístico, obra o actividad pueda producir sobre la salud de las personas.
27. Vigilancia en salud: Compilación, comparación y análisis de datos de forma sistemática y continua para fines relacionados con la salud pública, y la difusión oportuna para su evaluación y para dar la respuesta de salud pública que sea procedente.
28. Zona de seguridad para la protección de la salud: Espacio definido por la distancia a ciertas actividades en el que, en base a los riesgos previstos en la evaluación de impacto en la salud, se establezca la necesidad de una limitación del uso residencial o de otros usos que específicamente se determinen.

Son fines esenciales de la Ley 16/2011 los siguientes:

a) Promover la salud y el bienestar personal de la población para contribuir al pleno ejercicio de sus capacidades.
b) Fomentar entornos y modos de vida saludables para prolongar y mejorar la calidad de la vida humana.
c) Promover la sensibilización y educación de la ciudadanía en la protección de la salud, así como en la preservación y mejora de la calidad de vida.

d) Reducir las desigualdades en salud y procurar que las personas compartan con equidad los progresos en salud y el bienestar personal y social.
e) Establecer y desarrollar actuaciones para mejorar la salud colectiva, garantizando el acceso de la ciudadanía a la información y a la participación en la toma de decisiones que afecten a la salud pública.
f) Alcanzar un elevado nivel de protección de la salud mediante la utilización de los instrumentos necesarios de vigilancia y control de las enfermedades y de los factores ambientales y alimentarios que inciden negativamente en la salud, así como proteger a la ciudadanía contra las amenazas y los riesgos emergentes para la salud.
g) Prevenir las enfermedades, accidentes y lesiones.
h) La extensión de actitudes solidarias, participativas y responsables de la población en la preservación, conservación, mejora y restauración de la salud, y el fomento del principio de corresponsabilidad ciudadana en salud.
i) Aproximar los objetivos de salud al entorno más cercano de la ciudadanía.
j) Promover una convivencia ciudadana sana y saludable y la cohesión social.
k) Aplicar la gobernanza y potenciar el protagonismo de la sociedad en la definición y desarrollo de las políticas de salud pública.
l) Articular una respuesta integral a los problemas de salud desde una perspectiva individual y poblacional, incorporando los aspectos de prevención, promoción de la salud, rehabilitación y recuperación de la trayectoria vital.
m) Promover la calidad integral en la prestación de los servicios de salud pública.

Los fines descritos anteriormente van dirigidos a promover un desarrollo equilibrado de la salud colectiva y a generar en Andalucía las condiciones sociales que aseguren una salud óptima en términos de equidad para toda la población.

6.2. Principios rectores y marco de la actuación de la salud pública

Las Administraciones públicas de Andalucía, en el establecimiento de las políticas y el desarrollo de las actuaciones para mejorar la salud de la ciudadanía, y en los términos previstos en la ley, se regirán por los siguientes principios:

a) **La protección de la salud de la ciudadanía**. Las Administraciones públicas de Andalucía garantizarán la protección de la salud de la población y promoverán su mejora mediante el ejercicio efectivo de la rectoría y el liderazgo institucional, con enfoque de promoción en la salud y participación social, bajo los principios de transparencia, equidad, solidaridad y universalidad.
b) **Principio de solidaridad**. Se reconoce el principio de solidaridad en salud pública en Andalucía, según el cual los poderes públicos asumen la responsabilidad de dirigir sus políticas a la reducción de las desigualdades en salud de la ciudadanía, removiendo los obstáculos educativos, culturales, geográficos y

económicos que puedan impedir la libre promoción de la salud y el bienestar personal de la ciudadanía y el ejercicio pleno de sus capacidades.

c) **Principios de coordinación y cooperación**. Las actuaciones, las prestaciones y los servicios en materia de salud pública son un derecho individual y social que los poderes públicos han de garantizar y mantener, de acuerdo con la coordinación y cooperación interdepartamental con las Administraciones públicas competentes, y de acuerdo con la cooperación y la coordinación intersectorial, como elemento de cohesión de las políticas de todos los sectores con responsabilidad en la salud pública, con la finalidad de conseguir resultados de salud más eficaces, eficientes o sostenibles.

d) **El valor público de la salud en Andalucía**. El desarrollo de la salud pública y del bienestar en su ámbito territorial persigue promover una Andalucía saludable en la que la ciudadanía pueda vivir una vida autónoma desarrollando su personalidad y sus plenas capacidades. A tal efecto:

   1.º Las Administraciones públicas de Andalucía promoverán que la salud de la ciudadanía sea un valor de referencia en todas sus actuaciones.

   2.º La Administración de la Junta de Andalucía incentivará el reconocimiento de Andalucía como territorio saludable, promoviendo programas y acciones dirigidos a dar a conocer las ventajas socioeconómicas, de infraestructuras, ocio y cultura, posición geoestratégica, innovación y alta calidad de vida que ofrece la Comunidad Autónoma, con el fin de posicionar a Andalucía como un entorno saludable excelente para la convivencia humana.

e) **Principio de salud en todas las políticas**. Las actuaciones en salud pública se regirán por el principio de salud en todas las políticas, como estrategia de cooperación horizontal cuya finalidad es contribuir a la mejora de la salud de la población mediante la actuación en los determinantes de la salud a través de las políticas y acciones de todos los sectores de gobierno, con especial atención a los sectores distintos del de salud con capacidad de afectar a las condiciones sociales y económicas que se encuentran en la base del estado de salud de la población.

f) **Principio de transparencia**. La acción en salud, en el marco del Sistema Sanitario Público de Andalucía, se ejercerá guiada por un principio de transparencia, de tal modo que promueva y permita el conocimiento de los procedimientos, actuaciones y decisiones, con criterios de objetividad, veracidad, claridad y accesibilidad. Las personas responsables, así como todos los profesionales de salud pública, están comprometidos a cumplir el principio de transparencia en el desempeño de las funciones que desarrollan.

g) **Principio de equidad**. Las Administraciones públicas de Andalucía ejercerán la tutela de la salud pública y su uso efectivo en condiciones de equidad y justicia redistributiva. Se reconoce el principio de equidad generacional, por el cual la presente generación deberá asegurar que la salud colectiva y el entorno que la posibilita se mantengan y mejoren en beneficio de las futuras generaciones.

h) **Principio de participación**. Las Administraciones públicas de Andalucía actuarán siempre bajo el principio de la efectiva participación de la ciudadanía en la toma de decisiones y en el desarrollo de las políticas relacionadas con la salud pública, con especial atención a la población menor de edad y a las personas que por cuestiones sociales o de otro tipo tengan especiales dificultades para hacer valer su acción u opinión.

i) **Principio de pertinencia.** Las actuaciones de salud pública atenderán a la magnitud de los problemas de salud que pretenden corregir, justificando su necesidad de acuerdo con los criterios de proporcionalidad, eficacia y sostenibilidad.

j) **Principio de integralidad.** Las actuaciones de salud pública deberán organizarse y desarrollarse dentro de la concepción integral de la salud y sus determinantes.

6.3. La ciudadanía y la salud pública

6.3.1. Equidad y salud pública

El Consejo de Gobierno de la Junta de Andalucía, siguiendo los principios de solidaridad y de equidad en salud pública, posibilitará la aplicación de políticas públicas redistributivas dirigidas a superar las diferencias de carácter social, y actuará como elemento compensador de las desigualdades en salud.

La Administración sanitaria de Andalucía desarrollará las políticas de solidaridad y equidad en salud garantizando la aplicación de acciones que permitan:

a) Desarrollar la red de recursos y servicios de la salud pública, que tendrá en cuenta la necesidad de compensar los desequilibrios territoriales, garantizando su acceso a la totalidad de la población.

b) Establecer los procedimientos para identificar precozmente las necesidades de salud de la ciudadanía que requieran una atención de salud extraordinaria. La atención integral a la población con necesidad específica de apoyo de salud pública se regirá por los principios de normalización e inclusión.

c) Asegurar la redistribución de los recursos disponibles, en función de las necesidades de la población, en los territorios que requieran una atención de salud diferente de la ordinaria por presentar necesidades personales o sociales especiales, para que puedan alcanzar el máximo desarrollo posible de sus capacidades personales y, en todo caso, los objetivos en salud establecidos con carácter general para toda la población.

d) Adecuar las políticas, estrategias y acciones con el objetivo de alcanzar la equidad e igualdad en las condiciones de calidad de vida y salud de todos los hombres y mujeres de Andalucía. A tal efecto, empleará las perspectivas de género y edad en todas sus actuaciones.

e) Elaborar estudios periódicos de desigualdades en salud en Andalucía que proporcionen información sobre la situación de la distribución del valor salud en el territorio, en las personas y en los diferentes contextos sociales y sobre las acciones que sería necesario incluir en las políticas sanitarias.

f) Desarrollar planes específicos de actuación para las personas que viven en zonas con necesidades de transformación social, para la población inmigrante con necesidades especiales, para las personas que realizan prácticas de riesgo y para todas aquellas personas en situación o riesgo de exclusión social o especial vulnerabilidad.

g) Aplicar el enfoque de los derechos de la infancia y de las personas con discapacidad.
h) Hacer efectivos los derechos de las personas o colectivos más desfavorecidos, a efectos de perseguir la igualdad de todas las personas en sus condiciones de vida y en la calidad de su salud.

6.3.2. El fomento del interés por la salud

6.3.2.1. El interés y la educación por la salud desde la infancia

Las Administraciones públicas de Andalucía promoverán el interés por la salud desde la infancia, incidiendo en el medio educativo con la sensibilización de las personas menores de edad sobre la relevancia de la salud y fomentando una cultura de la salud pública como fuente de desarrollo personal y autocuidados.

Las Administraciones públicas de Andalucía promoverán acciones divulgativas sobre la salud adaptadas a las necesidades y al desarrollo madurativo de las personas menores. Asimismo, establecerán redes y espacios de salud para las personas menores de edad que permitan concienciarles sobre la importancia de la salud y de los estilos de vida saludables.

6.3.2.2. El fomento del interés por la salud en los mayores

Las Administraciones públicas de Andalucía fomentarán el interés por la salud entre nuestros mayores, incidiendo especialmente en el fomento de acciones de concienciación, divulgación e información en torno a aquellas patologías o situaciones de riesgo que por su edad tengan relevancia entre el colectivo.

Las Administraciones públicas de Andalucía promoverán el interés por la salud de los mayores a través de políticas de envejecimiento activo, así como por medio de acciones que incidan en las patologías prevalentes crónicas y degenerativas entre este colectivo, como las demencias tipo alzhéimer o párkinson.

Las Administraciones públicas de Andalucía establecerán redes y espacios de salud, para las personas mayores y sus familiares y/o cuidadores, que permitan concienciarles sobre la importancia de la salud y de los estilos de vida saludables.

6.3.2.3. La sensibilización y divulgación del valor salud entre la ciudadanía

Las Administraciones públicas de Andalucía promoverán acciones de sensibilización, comunicación y divulgación a la ciudadanía en torno a la salud colectiva e individual y difundirán pautas de responsabilidad para la preservación, mejora y restauración de la salud individual y colectiva.

La Administración de la Junta de Andalucía fomentará la divulgación de las pautas de salud más relevantes y fiables y establecerá canales de información sobre el conocimiento científico en salud, adecuando estos a los colectivos que soporten mayores riesgos de discriminación.

Los medios públicos de comunicación social de Andalucía prestarán especial relevancia a los asuntos científicos sobre salud y promoverán espacios específicos sobre la salud en Andalucía.

Se fomentará la creación de redes del conocimiento, entre agentes, organizaciones e instituciones científicas, educativas, culturales y sociales, que impulsen el debate público sobre la salud y promuevan la difusión de experiencias científicas positivas.

6.4. Derechos y obligaciones en relación con la salud pública

6.4.1. Derechos

6.4.1.1. Derecho a la información

Los ciudadanos, directamente o a través de las organizaciones en que se agrupen o que los representen, tienen derecho a ser informados, con las garantías y, en su caso, con las limitaciones previstas en la normativa vigente, en materia de salud pública por las Administraciones públicas de Andalucía. Este derecho comprende, en todo caso, los siguientes:

a) A recibir información sobre los derechos que les otorga esta ley, así como sobre las vías para ejercitar tales derechos.
b) A recibir información sobre las actuaciones y prestaciones de salud pública, su contenido y la forma de acceder a las mismas.
c) A recibir información sobre los condicionantes de salud como factores que influyen en el nivel de salud de la población y, en particular, sobre los riesgos biológicos, químicos, físicos, medioambientales, climáticos, o de otro carácter, relevantes para la salud de la población, y sobre su impacto. Si el riesgo es inmediato, la información se proporcionará con carácter urgente.
d) A recibir información sobre programas y calendario vacunal.
e) A recibir información fluida y sistemática en los supuestos de epidemias y pandemias.

6.4.1.2. El derecho a disfrutar de un adecuado nivel de salud pública

La población en Andalucía tiene derecho a que las Administraciones públicas de Andalucía desarrollen políticas con objeto de conseguir un adecuado nivel de salud pública, de forma que se incluyan la promoción de estilos de vida saludables, la prevención de las enfermedades, la actuación sobre los principales factores determinantes de la salud, el acceso a un entorno saludable y a condiciones sanitarias y de vida adecuadas, así como el acceso a la educación e información sobre cuestiones relacionadas con la salud, incluida la salud sexual y reproductiva.

6.4.1.3. *El derecho a conocer en relación con la salud pública*

En los términos que reglamentariamente se determinen, la población en Andalucía tiene derecho:

a) A un conocimiento adecuado sobre el estado epidemiológico de su entorno. Esta información, basada en la evidencia científica, ha de ser suficiente, comprensible, adecuada y tiene que comprender los factores, las situaciones y causas de riesgo para la salud individual y colectiva.
b) A un conocimiento adecuado sobre la salud ambiental, con el alcance y contenido que reglamentariamente se establezcan.
c) A un conocimiento adecuado sobre las características y condicionantes relevantes para la salud pública de los productos alimentarios, así como la naturaleza y los riesgos asociados a los mismos, salvo en aquellas cuestiones que estén sometidas a protección legal.

6.4.1.4. *El derecho a la promoción de la salud*

En el ámbito de la promoción de la salud, se reconocen a la población en Andalucía los siguientes derechos:

a) A conocer los riesgos, enfermedades y secuelas asociados a las diferentes etapas de la vida de las personas.
b) A que las Administraciones públicas competentes desarrollen estrategias educativas sobre la alimentación, la nutrición y hábitos saludables, en particular para los niños y niñas.
c) A que la publicidad de los alimentos en los aspectos relativos a la salud sea veraz.
d) A que la oferta alimentaria de los centros escolares, sanitarios y asistenciales sea equilibrada nutricionalmente, atendiendo a la demanda de dietas específicas adecuadamente indicadas por motivos de salud. Asimismo, las Administraciones públicas de Andalucía promoverán la existencia de menús saludables en los establecimientos privados que sirvan comidas.
e) A la información sobre salud, orientación sexual y reproductiva e identidad de género, y al acceso a los medios disponibles para garantizarla.
f) A la información adecuada sobre los factores determinantes de la salud mental y sobre cómo pueden afrontarse.
g) A la información clara, adecuada y precisa de todos aquellos aspectos relativos a la salud, dirigida a la población con discapacidad intelectual y a sus familias, incidiendo sobre las discapacidades y factores de riesgo.
h) A que las Administraciones públicas desarrollen estrategias que promocionen estilos de vida sanos que coadyuven a la reducción del riesgo de drogadicción

y de los daños asociados al uso de las drogas, y a que presten apoyo sanitario para abandonar estas dependencias.

i) A la información adecuada sobre la importancia de la actividad física y cómo llevarla a cabo sin riesgos y con el mejor aprovechamiento, y a disponer de planes de promoción de actividades físicas saludables.

j) A la promoción, por las Administraciones públicas competentes, de espacios públicos que permitan realizar actividades físicas, deportivas o lúdicas, en condiciones de seguridad y accesibilidad en las ciudades y pueblos de Andalucía.

k) A la promoción de un entorno saludable en el marco de actuación de la presente ley, con especial atención a la existencia, en los lugares de convivencia de las personas, de zonas verdes que faciliten esta de manera saludable.

l) A que las Administraciones públicas de Andalucía establezcan estrategias de movilidad sostenible que aborden preferentemente el transporte público, el control de las emisiones contaminantes, la disponibilidad de espacios y la educación ciudadana que favorezca la salud.

m) A la promoción de la salud en el lugar de trabajo.

n) A la información veraz, objetiva, completa y suficiente sobre la incidencia de los hábitos de consumo en la salud y sobre el uso de bienes de consumo, que permita al consumidor adoptar pautas más saludables en relación con los mismos.

6.4.1.5. El derecho a las acciones preventivas de salud pública

En el ámbito de las acciones preventivas de salud pública, se reconocen los siguientes derechos a la población en Andalucía:

a) A la prevención y atención de problemas de salud pública, comprendiendo las enfermedades epidémicas, endémicas, profesionales y de otra índole, y la lucha contra ellas.

b) A conocer los planes, las acciones y las prestaciones en materia de prevención, promoción y protección de la salud, así como aquellos instrumentos para hacerlos efectivos.

c) A ser inmunizadas contra las enfermedades infecto-contagiosas de acuerdo con los criterios establecidos por la autoridad sanitaria competente.

d) A recibir las prestaciones preventivas, no incluidas en los párrafos a), b) y c), dentro de la cartera de servicios del Sistema Sanitario Público de Andalucía.

e) A rechazar las acciones preventivas que se propongan, siempre que no comporten riesgos a terceros, sin perjuicio de lo que establezca la normativa de intervención pública en materia de salud colectiva.

6.4.1.6. Derecho de las personas en situación de especial vulnerabilidad en Andalucía

Las personas menores, las mayores, las que se encuentren en situación de dependencia, las personas con discapacidad física, intelectual o sensorial, las que soporten situación o riesgo de exclusión social, las que sufran enfermedad mental, las que estén en situación terminal, las que padezcan enfermedades crónicas y discapacitantes, las diagnosticadas de enfermedades raras o de baja incidencia en la población, las personas con prácticas de riesgo, las mujeres y menores víctimas de violencia tendrán derecho a programas de salud pública específicos o adaptados a sus necesidades especiales.

6.4.1.7. Derecho a la participación en asuntos de la salud pública

La población en Andalucía tendrá derecho a la participación efectiva en la formulación, desarrollo, gestión y evaluación de las políticas en materia de salud pública de manera individual o colectiva.

Las Administraciones públicas de Andalucía dispondrán de los cauces apropiados para facilitar la participación de las personas con dificultad de expresión, especialmente menores, mayores, personas con discapacidad y personas en riesgo de exclusión.

Por orden de la persona titular de la Consejería competente en materia de salud, se establecerán los mecanismos concretos que permitan hacer efectivo el ejercicio de este derecho.

6.4.1.8. Derechos en relación con las actuaciones sanitarias

En el contexto del Sistema Sanitario Público de Andalucía, se reconocen los siguientes derechos de la población en Andalucía frente a la actuación de las Administraciones públicas:

a) Derecho a conocer y tener acceso a los informes, estudios oficiales y resultados de investigación, llevados a cabo por la autoridad sanitaria en materia de salud pública, en aquellos asuntos sobre los que se justifique un interés legítimo.

b) Derecho a conocer la cartera de servicios en salud pública como marco de compromiso entre la Administración sanitaria pública de Andalucía y la ciudadanía.

c) Derecho a que las prestaciones que se incorporen en la cartera de servicios de salud pública sean aquellas que hayan demostrado sus beneficios, sean fiables, seguras y hayan sido constatadas.

d) Derecho a no sufrir discriminación en el reconocimiento y en el acceso a los servicios de salud pública.

e) Derecho a la utilización de las tecnologías de la información y la comunicación para potenciar la interacción electrónica en los asuntos de salud pública.

f) Derecho a conocer y tener acceso a los informes y estudios oficiales sobre desigualdades en salud y su repercusión social y territorial.

g) Derecho a que las Administraciones competentes desarrollen una adecuada evaluación y, en su caso, auditoría de las actuaciones en salud pública.

h) Derecho a ser informados de las medidas preventivas que deben realizarse a fin de evitar riesgos para terceras personas.

Reglamentariamente se desarrollarán los contenidos y procedimientos para hacer efectivo el ejercicio de los derechos enumerados anteriormente.

6.4.1.9. Derecho a la intimidad, confidencialidad y respeto a la dignidad

La población en Andalucía tendrá derecho al respeto de su dignidad e intimidad personal y familiar en relación con su participación en actuaciones de salud pública.

6.4.2. Obligaciones

6.4.2.1. Obligaciones de la ciudadanía en materia de salud pública

La población en Andalucía, en materia de salud pública, deberá:

a) Utilizar adecuadamente la información recibida de las autoridades competentes relativa a la salud pública, respondiendo, en su caso, por los daños y perjuicios que se ocasionen por su indebida utilización.
b) Respetar y cumplir las medidas establecidas por la autoridad sanitaria para la prevención de riesgos, la protección de la salud o la lucha contra las amenazas a la salud pública.
c) No causar, voluntariamente o por negligencia grave, un peligro para la salud de otras personas.
d) Hacer un uso responsable de las prestaciones y servicios públicos.
e) Poner en conocimiento de las autoridades sanitarias cualquier evento o situación que pueda constituir una emergencia de salud pública.
f) Cooperar con las autoridades sanitarias en la protección de la salud, la prevención de las enfermedades y las estrategias de promoción de la salud y la calidad de vida.

6.5. Garantías respecto a la salud pública

6.5.1. Centralidad de la ciudadanía

Se reconoce a la ciudadanía como la razón de ser de la actuación de las Administraciones públicas de Andalucía en materia de salud pública. El enfoque centrado en la ciudadanía deberá regir la programación y la actuación de las mismas, y se traducirá en la garantía del acceso de los ciudadanos a las prestaciones de salud pública y en la efectividad de los derechos reconocidos.

Las Administraciones públicas de Andalucía realizarán estudios periódicos a fin de identificar las percepciones, necesidades y expectativas de la ciudadanía en salud pública y obtener la información necesaria para responder a las mismas, teniendo en cuenta, entre otras, las perspectivas de edad, género y desigualdad social en salud.

6.5.2. El acceso a la información

Sin perjuicio de las disposiciones vigentes sobre el acceso a los documentos oficiales, las Administraciones públicas de Andalucía promoverán una información de salud pública de calidad, fiable y accesible a la población mediante las siguientes actuaciones:

a) Facilitando el acceso a la información sobre la salud pública.

b) Poniendo a disposición de las personas la información sobre salud pública que soliciten, en los términos establecidos en la legislación vigente, de acuerdo con los principios de agilidad en la tramitación y resolución de las solicitudes.

c) Garantizando el acceso de la población a los servicios electrónicos de salud por medio de un sistema multicanal y estableciendo una interoperatividad de los mecanismos de comunicación entre las Administraciones públicas de Andalucía que permita compartir e intercambiar información, de manera que ofrezca una visión unificada.

d) Facilitando la adecuación de la información y sus soportes a los diferentes niveles educativos, a las diferentes edades y a las discapacidades, de manera que se asegure su comprensión.

e) Colaborando con los agentes sociales para contribuir a la difusión de la información de salud pública.

Mediante orden de la persona titular de la Consejería competente en materia de salud, se establecerán las medidas necesarias para facilitar y hacer efectivo el ejercicio del derecho de accesibilidad a la información sobre salud pública, determinando los responsables de la información los lugares en donde se encuentra, la forma de acceder y la metodología para la creación y mantenimiento de medios de consulta de la información que se solicite.

Las decisiones, acciones y omisiones que impidan o limiten la accesibilidad a la información de salud pública se podrán impugnar en los términos que reglamentariamente se determinen.

6.5.3. Participación

La garantía del derecho a la participación de la ciudadanía en salud pública se realizará a través de las siguientes medidas:

a) Fomentar la cultura de participación en salud por parte de la población, desde la primera infancia, estimulando las alianzas con las asociaciones, en complemento y continuidad de la acción de los servicios.

b) Promover una participación real y efectiva de la ciudadanía en la elaboración, modificación y revisión de las acciones en salud pública, creando instrumentos de participación flexibles y adaptados a la misma.

c) Informar a la ciudadanía, a través de los medios apropiados, sobre cualquier iniciativa de elaboración de propuestas de planes y programas de salud.

d) Establecer que la población pueda formular observaciones y alegaciones antes de que se adopte la decisión sobre planes o programas de trascendencia para la salud.
e) Articular una política transversal de participación que afecte a todos los centros e instituciones de carácter público o privado relacionados con la salud.
f) Establecer mecanismos de información, publicidad y divulgación continuados, con la finalidad de informar a la ciudadanía de las cuestiones más relevantes en materia de salud pública. A estos efectos, se adoptarán canales de comunicación permanentes y, de manera especial, se considerará para ello a las asociaciones de consumidores y usuarios.
g) Establecer mecanismos de participación efectiva de las personas menores de edad, en los términos reglamentariamente establecidos, en la formulación, desarrollo, gestión y evaluación de las políticas en materia de salud pública.

Las medidas previstas anteriormente serán evaluadas bienalmente por la Consejería competente en materia de salud. Para ello elaborará un informe de situación, de carácter público, que recoja los avances y las dificultades en el proceso de asegurar el derecho de participación de la ciudadanía, de modo que se mida el impacto de los mecanismos adoptados.

Las decisiones, acciones y omisiones que impidan o limiten la participación en los procedimientos de toma de decisiones de salud pública se podrán impugnar en los términos que reglamentariamente se determinen.

6.5.4. Transparencia

Cuando haya motivos razonables para apreciar que existe un riesgo para la salud de las personas, las autoridades sanitarias deben adoptar las medidas adecuadas para informar a la ciudadanía sobre el mismo de manera adecuada según su naturaleza, gravedad y magnitud, así como sobre las intervenciones que se adopten para prevenir, reducir o eliminar este riesgo.

6.5.5. Análisis de riesgo

Las actuaciones de salud pública deberán basarse en el siguiente proceso de análisis del riesgo:

a) La evaluación del riesgo debe basarse en las pruebas científicas disponibles y debe hacerse de forma independiente, objetiva y transparente, en coordinación con la Administración del Estado y las autoridades de la Unión Europea competentes en materia de salud pública y con las recomendaciones de la Organización Mundial de la Salud.
b) La gestión del riesgo debe tener en cuenta los resultados de la evaluación del mismo y, en particular, las resoluciones técnicas y dictámenes de las autoridades competentes de la Comunidad Autónoma de Andalucía, las autoridades sanitarias de la Administración del Estado y de la Unión Europea y las recomendaciones de la Organización Mundial de la Salud.

c) El proceso de comunicación del riesgo se establece entre las personas responsables de la evaluación y de la gestión del riesgo, los consumidores, las empresas, la comunidad académica y científica y demás partes interesadas. Este intercambio incluye la explicación de los resultados de la evaluación del riesgo y se basa en la transparencia.

El análisis y la gestión del riesgo serán realizados por la Consejería competente en materia de salud en colaboración con las Consejerías competentes en las materias correspondientes, así como con las entidades y organismos cuya intervención se considere pertinente.

6.5.6. Precaución interventora

Cuando, previa evaluación de la información disponible, se prevea la posibilidad de que se produzcan efectos nocivos para la salud derivados de un proceso o de un producto que no permita determinar el riesgo con suficiente certeza, se podrán adoptar medidas provisionales de gestión del riesgo para asegurar la protección de la salud. En cualquier caso, se estará a la espera de información científica adicional que permita una evaluación del riesgo más exhaustiva.

Las medidas adoptadas de acuerdo con el principio de precaución deben tomarse de forma transparente, serán proporcionadas y se revisarán en un plazo razonable en función de la naturaleza del riesgo observado y del tipo de información científica que sea necesaria.

Reglamentariamente se establecerán las medidas cautelares de gestión del riesgo que pueden adoptarse, el procedimiento para adoptarlas y los plazos de vigencia respectivos.

6.5.7. Minimización de la intervención

Ninguna persona podrá ser obligada a someterse a medidas preventivas, diagnósticas o terapéuticas si no es estrictamente necesario para preservar la salud colectiva.

Las actuaciones de salud pública se aplicarán haciendo uso de las alternativas menos restrictivas en el ejercicio de la autoridad, especialmente respecto a los poderes coactivos. Las funciones y servicios esenciales de la salud pública se llevarán a cabo, en la medida de lo posible, con los procedimientos y prácticas menos invasivos para los derechos e intereses de las personas físicas y jurídicas.

Mediante orden de la persona titular de la Consejería competente en materia de salud se establecerá el supuesto o los supuestos concretos en los que, para preservar la salud colectiva, una persona o grupo de personas podrán ser obligadas a someterse a determinadas medidas preventivas, diagnósticas o terapéuticas.

6.5.8. Proporcionalidad de las actuaciones

Las actuaciones y medidas que adopten las Administraciones públicas de Andalucía para la protección de la salud pública en el ámbito de la Ley 16/2011 serán proporcionales al resultado que se pretenda obtener, previa evaluación del riesgo sanitario, de acuerdo con los conocimientos técnicos y científicos en cada momento, y tendrán en cuenta el objetivo de reducir al mínimo, en lo posible, los efectos negativos que puedan producir sobre la libertad y la seguridad de las personas y empresas.

6.6. Responsabilidad y capacitación respecto a la salud pública

6.6.1. El aprendizaje y la capacitación en salud

Se reconoce el derecho y la responsabilidad de la ciudadanía de dotarse de habilidades y competencias para preservar, mejorar y restaurar la salud individual y colectiva y para proveerse de capacidades para adoptar un comportamiento adaptativo y positivo que permita a las personas abordar con eficacia las exigencias y desafíos de la vida cotidiana en relación con su salud y con el desarrollo de su propio proceso vital humano.

Las Administraciones públicas de Andalucía serán responsables de promover la educación en salud, que comprenderá las habilidades cognitivas y sociales que determinan la motivación y la capacidad de la ciudadanía para acceder a la información, comprenderla y utilizarla para promover y mantener una buena salud. La educación en salud de la ciudadanía integrará un conjunto de programas dirigidos a formar a la ciudadanía en conocimientos, habilidades, destrezas, actitudes, aptitudes y valores relativos a la salud colectiva y a modos de vida saludables.

En el ámbito de la educación en salud explicitado anteriormente, la Administración de la Junta de Andalucía prestará especial atención a la educación en salud que corresponda en las diferentes etapas educativas, de manera que las Administraciones sanitaria y educativa de Andalucía colaborarán para ello.

Las actuaciones formativas y de capacitación irán dirigidas a todos los sectores de la población, pero preferentemente a aquellos que soporten especiales situaciones de vulnerabilidad. La formación y el aprendizaje de la ciudadanía incorporarán la perspectiva de género y de los derechos de las personas mayores y menores de edad.

6.6.2. El empoderamiento de la ciudadanía en salud

Las Administraciones públicas de Andalucía incentivarán y promoverán el empoderamiento para la salud de la ciudadanía y la sociedad, generando un proceso de mejora continua mediante el cual las personas disfruten de libertad de elección y adquieran un mayor control sobre las decisiones y acciones que afectan a su salud. A estos efectos:

a) Facilitarán el desarrollo de procesos de participación de la ciudadanía en las decisiones de salud pública.
b) Fomentarán el uso de las tecnologías de la información y la comunicación, y las innovaciones orientadas hacia el empoderamiento de la ciudadanía a través de la información y la transparencia.

c) Establecerán mecanismos sociales de control en la definición de políticas, su regulación y evaluación, para velar por la eficacia y la eficiencia en salud pública.

6.6.3. Responsabilidades de la ciudadanía con la salud pública

En el ámbito del Sistema Sanitario Público de Andalucía, las personas tienen las siguientes responsabilidades:

a) Cuidar de su salud y comprometerse con ella de una forma activa. Esta responsabilidad será exigible en los casos en que puedan derivarse riesgos o perjuicios para la salud de terceras personas.

b) Consultar las fuentes de información de los organismos oficiales sobre salud pública, especialmente en aquellas situaciones en las que puedan existir riesgos para terceras personas. Dicha información debe ser accesible y comprensible a toda la ciudadanía.

6.7. La colaboración social en torno a la salud pública

6.7.1. Las redes ciudadanas de salud pública y alianzas sociales

Se reconoce el valor social de las redes ciudadanas de salud pública para facilitar la formación y el acceso de la ciudadanía al conocimiento sobre la salud. La Administración de la Junta de Andalucía propiciará la configuración de redes ciudadanas de salud como medida de fomento del apoyo social, en la que están implicadas las personas cuidadoras, las personas voluntarias, las organizaciones ciudadanas, las asociaciones de ayuda mutua y otras asociaciones de la sociedad civil.

La ciudadanía y la sociedad civil podrán cooperar con las autoridades de salud pública fomentando la participación activa y la integración en redes y alianzas sociales que aporten el control por la sociedad sobre las actuaciones de salud colectiva y exijan la rendición de cuentas con la finalidad de movilizar personas, familias y comunidades para mejorar la salud y sus determinantes.

Las distintas Administraciones públicas de Andalucía tendrán especial atención y sensibilidad para detectar y actuar ante mensajes negativos para la salud emitidos por las redes sociales.

6.7.2. El voluntariado en salud

De conformidad con lo dispuesto en la Ley 7/2001, de 12 de julio, del Voluntariado, en el ámbito de salud pública podrá reconocerse la colaboración desinteresada, individual o colectiva, entendida como la expresión de un compromiso libre y altruista con la sociedad, que se desarrolla individualmente o dentro del marco de aquellas organizaciones sociales, cuyo objetivo sea la mejora de la salud y bienestar humano, que no tengan afán de lucro y que estén integradas principalmente por personas voluntarias.

6.7.3. La ayuda mutua

Las Administraciones públicas de Andalucía apoyarán y fomentarán a las entidades de la iniciativa social sin ánimo de lucro en el ejercicio de sus acciones de ayuda mutua en relación a los campos de actuación prioritarios en materia de salud.

Igualmente se promoverá la puesta en común de las experiencias y conocimientos, el trabajo grupal y cooperativo, las actividades de formación cruzada y la colaboración entre asociaciones, grupos, profesionales e investigadores.

Se fomentará el trabajo colaborativo conjunto entre las Administraciones públicas y las entidades de ayuda mutua en aquellos aspectos que mejoren la salud o la calidad de vida de los ciudadanos.

6.7.4. La responsabilidad social por la salud

Las Administraciones públicas de Andalucía promoverán la responsabilidad social por la salud en el seno de las empresas, comprendiendo la responsabilidad de velar por la salud y la seguridad en el lugar de trabajo, en el marco de lo establecido en la legislación vigente en materia de prevención de riesgos laborales, así como de promocionar la salud y el bienestar de sus empleados y empleadas.

La responsabilidad social por la salud comprenderá la asunción de buenas prácticas de gestión integrada en la empresa, en particular:

a) La integración de la prevención de riesgos laborales en el proyecto de gestión de la empresa mediante el análisis de riesgos, la evaluación de riesgos laborales y la planificación y gestión de los mismos, todo ello sin perder de vista la perspectiva de género y analizando los riesgos conforme a ella.
b) La realización de auditorías preventivas, independientemente de las que vengan obligadas por ley, que posibiliten un mejor conocimiento de la seguridad laboral y la salud en el trabajo, con objeto de reducir de manera efectiva la siniestralidad laboral.
c) El desarrollo de la promoción de la salud en el lugar de trabajo a través de la promoción de hábitos de vida y entornos favorables a la salud en relación con el área de trabajo de la empresa.
d) La reducción de desigualdades en salud en el seno de la empresa.

6.7.5. Los acuerdos voluntarios para la mejora de la salud pública

La Consejería competente en materia de salud promoverá la celebración de acuerdos voluntarios que tengan por objeto la mejora de las condiciones legalmente establecidas en materia de salud pública.

Los acuerdos voluntarios podrán ser:

a) Acuerdos celebrados entre los agentes económicos y/o sociales y la Consejería competente en materia de salud u otros órganos de la Administración de la Junta de Andalucía.

b) Acuerdos que tengan como objeto la protección de la salud pública, celebrados entre personas físicas o jurídicas y la Consejería competente en materia de salud u otros órganos de la Administración de la Junta de Andalucía.

En el supuesto de celebración de acuerdos voluntarios por empresas, estas informarán a la representación legal de los trabajadores sobre el objeto y contenido de los acuerdos voluntarios con carácter previo a la celebración de los mismos.

Reglamentariamente se creará un registro público de acuerdos voluntarios donde cualquier persona interesada pueda conocer el contenido de los suscritos.

6.8. La gobernanza en salud pública

6.8.1. Salud pública en una sociedad global

6.8.1.1. Colaboración en la salud global

En el marco de la política de cooperación general del Estado español, se reconoce en Andalucía el principio de colaboración para la salud global y la participación en la acción colectiva internacional, que comprenderá el esfuerzo sistemático para la salud de la comunidad global y la organización de respuestas entre los miembros de esta comunidad para afrontar dichas necesidades, incluyendo la formulación de políticas, la movilización de recursos y la implantación de estrategias.

6.8.1.2. El entorno internacional de salud pública

La Administración de la Junta de Andalucía, a través de la Consejería competente en materia de coordinación de la cooperación internacional para el desarrollo, llevará a cabo actividades de cooperación con otros países e instituciones sanitarias internacionales con el objetivo de mejorar la salud de la población, sin perjuicio de lo dispuesto en el artículo 38.1 de la Ley 14/1986, de 25 de abril, General de Sanidad.

La Administración de la Junta de Andalucía podrá formalizar acuerdos de colaboración con autoridades sanitarias de otros países a los efectos de garantizar la adecuada prestación de salud pública a las comunidades y ciudadanía andaluzas asentadas en el exterior, conforme a lo establecido en el artículo 241 del Estatuto de Autonomía para Andalucía.

La Administración de la Junta de Andalucía, en el marco del Sistema Sanitario Público de Andalucía, promoverá programas y proyectos en países en vías de desarrollo dirigidos a mejorar la salud pública de su población, de conformidad con lo establecido en la Ley 14/2003, de 22 de diciembre, de Cooperación Internacional para el Desarrollo, así como en el Plan Andaluz de Cooperación para el Desarrollo, en los planes anuales y en los programas operativos por países.

La Administración de la Junta de Andalucía elaborará un catálogo de recursos en materia de salud pública a disposición de programas de cooperación internacional.

6.8.1.3. Andalucía en el contexto de la Unión Europea en materia de salud pública

En materia de salud pública, corresponde a la Administración de la Junta de Andalucía la transposición, desarrollo y ejecución de la normativa comunitaria en aquellos ámbitos que sean propios de su competencia, al amparo de lo previsto en el artículo 235 del Estatuto de Autonomía para Andalucía.

La Administración de la Junta de Andalucía promoverá la convergencia con las estrategias de la Unión Europea y los programas de acción comunitarios en el ámbito de la salud pública, en los términos del Estatuto de Autonomía para Andalucía y de la legislación vigente en la materia.

La Administración de la Junta de Andalucía participará de modo efectivo en el proceso de formación de la voluntad del Estado en lo referente a la adopción de decisiones y la emisión de actos normativos, por los órganos de la Unión Europea, que afecten a materia de salud pública, en los términos previstos en las leyes.

6.8.1.4. Las relaciones de cooperación con la Administración del Estado

La programación de las actividades de salud pública que se lleven a cabo por la Junta de Andalucía se armonizará en el contexto de los planes y programas nacionales de salud pública, en el marco de la función de coordinación general de la sanidad que el artículo 149.1.16.ª de la Constitución atribuye al Estado y, en especial, con el Plan de Cooperación y Armonización de Actuaciones en el Ámbito de la Salud Pública, previsto en el artículo 66 de la Ley 16/2003, de 28 de mayo, de cohesión y calidad del Sistema Nacional de Salud.

La Administración de la Junta de Andalucía participará activamente en la planificación estatal sobre salud pública. Esta participación irá dirigida a la consecución de una coordinación, integración y aprovechamiento de las actividades y actuaciones que se desarrollen a fin de mejorar la salud de toda la población.

La Administración de la Junta de Andalucía promoverá la celebración de convenios con la Administración del Estado, así como la adopción de cuantas medidas sean precisas para hacer efectiva la cooperación mutua en salud pública.

La Administración de la Junta de Andalucía podrá acordar la realización de planes y programas conjuntos de actuación con la Administración del Estado para el logro de objetivos comunes en las materias objeto de la Ley 16/2011.

6.8.1.5. Las relaciones con otras Comunidades Autónomas y con las Ciudades Autónomas de Ceuta y Melilla en salud pública

La Administración de la Junta de Andalucía podrá establecer relaciones de cooperación con otras Comunidades Autónomas para la consecución de objetivos comunes en materia de salud pública mediante la celebración de convenios de colaboración y acuerdos de cooperación, de conformidad con lo establecido en el artículo 226 del Estatuto de Autonomía para Andalucía.

Asimismo, la Administración de la Junta de Andalucía podrá formalizar convenios de colaboración con las Ciudades Autónomas de Ceuta y Melilla, de acuerdo con lo establecido en el artículo 228 del Estatuto de Autonomía para Andalucía.

6.8.2. La salud pública en el ámbito local

6.8.2.1. La autonomía local en salud pública

Corresponde a los municipios de la Comunidad Autónoma de Andalucía, sin perjuicio de las competencias de las demás Administraciones públicas, el ejercicio de las competencias propias establecidas en la legislación básica en materia de entidades locales, en la Ley 5/2010, de 11 de junio, de Autonomía Local de Andalucía, y en el artículo 38 de la Ley 2/1998, de 15 de junio, de Salud de Andalucía.

Sin perjuicio de las competencias autonómicas, corresponderá a los municipios andaluces velar en sus respectivos territorios por la protección y la promoción de la salud de la población en las competencias que puedan asumir, conforme a lo dispuesto en la correspondiente legislación reguladora en esta materia.

Los municipios asumen la coordinación de las intervenciones contempladas en el Plan Local de Salud en materia de promoción de salud comunitaria en su territorio, incorporando y articulando la acción y participación de la población y de los diferentes sectores públicos y privados implicados.

6.8.2.2. El Plan Local de Salud

El Plan Local de Salud es el instrumento básico que recoge la planificación, ordenación y coordinación de las actuaciones que se realicen en materia de salud pública en el ámbito de un municipio o de una mancomunidad de municipios. La elaboración, aprobación, implementación y ejecución de este plan corresponden a los municipios, de conformidad con lo dispuesto en el artículo 9.13 de la Ley 5/2010, de 11 de junio, de Autonomía Local de Andalucía.

El Plan Local de Salud abordará los siguientes contenidos mínimos:

a) El hogar y la familia como centro de la intervención.
b) Seguridad y gestión del riesgo: vial, laboral, alimentaria, medioambiental y ciudadana.
c) Reducción de las desigualdades en salud: socioeconómica, cultural, de género, que afecten a grupos específicos o a personas en situación o en riesgo de exclusión.
d) Estilos de vida saludable: actividad física, alimentación equilibrada y lucha contra el tabaquismo.

e) Entornos saludables y estrategias sostenibles: escuelas, lugares de encuentro, ocio y paseo.
f) Elementos de protección en relación con las garantías en salud alimentaria y salud medioambiental.

6.8.2.3. La cooperación para el desarrollo de la salud pública en el territorio

En el marco del Plan Andaluz de Salud, la Administración sanitaria de la Junta de Andalucía establecerá un programa de cooperación y armonización en materia de salud pública con los municipios andaluces, así como iniciativas dinámicas, con el fin de lograr un desarrollo equilibrado, social y territorial.

Reglamentariamente, se creará la Comisión Andaluza de Cooperación en Salud Pública como órgano de colaboración, coordinación y cooperación entre la Administración de la Junta de Andalucía y las corporaciones locales en las materias reguladas en esta ley.

6.8.3. La organización de la salud pública en la Junta de Andalucía

6.8.3.1. Principios de la organización básica de salud pública

La organización y la prestación de los servicios de la salud pública se basarán en los siguientes principios:

a) El reconocimiento de los derechos y las garantías de la ciudadanía.
b) La defensa de la salud colectiva.
c) La participación activa de la ciudadanía.
d) La gobernanza en salud pública.
e) Las alianzas intersectoriales en salud.
f) La integración y transversalidad de la salud pública.
g) La transparencia e independencia en sus actuaciones.
h) La modernización y actualización de los servicios y estructuras de la salud pública.
i) La investigación e innovaciones aplicadas en salud pública.
j) El fortalecimiento del desarrollo profesional de las personas que prestan servicios en salud pública y la creación de nuevos perfiles profesionales en salud pública.
k) La evaluación de las actividades y la calidad, entendida como excelencia, pertinencia y orientación a la obtención de resultados.
l) Reforzamiento progresivo del sector público en el sistema de salud.

6.8.3.2. La Consejería competente en materia de salud

Sin perjuicio de las atribuciones del Consejo de Gobierno y de lo dispuesto en el artículo 62 de la Ley 2/1998, de 15 de junio, de Salud de Andalucía, la Consejería competente en materia de salud en el ámbito de sus competencias asume la superior dirección y coordinación de las políticas de salud pública y, en concreto, le corresponden las siguientes competencias:

a) El establecimiento de las bases y estructuras fundamentales de salud pública en el contexto del Sistema Sanitario Público de Andalucía.
b) La planificación y coordinación del marco de políticas y líneas estratégicas de salud pública de la Administración de la Junta de Andalucía.
c) La cooperación intersectorial y multidisciplinaria en el ámbito de la Administración de la Junta de Andalucía y la cooperación con las otras Administraciones públicas en el ámbito de la salud pública.
d) La coordinación con las políticas estatales y europeas en materia de salud pública.
e) El fomento de la participación ciudadana en salud pública.
f) La fijación de objetivos de mejora de la salud y de garantía de derechos de salud pública bajo el principio de sostenibilidad financiera del sistema.
g) Proponer, cuando proceda, la ampliación del catálogo de prestaciones básicas sobre salud pública ofrecidas por el Sistema Nacional de Salud.
h) La evaluación del impacto en salud.

El Consejo de Gobierno establecerá, en el seno de la Consejería competente en materia de salud, un servicio administrativo con gestión diferenciada, de los previstos en el artículo 15 de la Ley 9/2007, de 22 de octubre, de la Administración de la Junta de Andalucía, que aglutinará aquellos órganos o unidades responsables de la gestión y provisión de servicios de salud pública, en aras de ofrecer una respuesta coordinada y eficaz a las necesidades de la población en dicho ámbito.

6.8.3.3. El Servicio Andaluz de Salud y demás entidades públicas que prestan servicios de salud pública

Los centros, servicios y establecimientos sanitarios públicos integrados en el Servicio Andaluz de Salud y demás entidades públicas adscritas a la Administración sanitaria de la Junta de Andalucía que presten actividades de salud pública coordinarán y armonizarán sus acciones con la Consejería con competencias en materia de salud.

Bajo la superior dirección de la Consejería con competencias en materia de salud, el Servicio Andaluz de Salud y las demás entidades públicas de la Administración sanitaria de la Junta de Andalucía regularán los vínculos y obligaciones a través de un acuerdo de colaboración sobre salud pública en el marco competencial de la Ley 16/2011 y de la Ley 2/1998, de 15 de junio, de Salud de Andalucía.

6.8.3.4. El Centro de Investigación de Salud Pública de Andalucía

Se crea, en el ámbito del Sistema Sanitario Público de Andalucía y en el marco de lo dispuesto en el artículo 33 de la Ley 16/2007, de 3 de diciembre, Andaluza de la Ciencia y el Conocimiento, el Centro de Investigación de Salud Pública de Andalucía, como organización donde se integran personas al servicio de la investigación y grupos de investigación, y que tiene como objeto primordial la investigación, el desarrollo y la innovación en materia de salud pública, bajo el principio del fomento de la calidad y la excelencia científica de los proyectos y actuaciones.

El Centro de Investigación de Salud Pública de Andalucía desarrollará las actividades que son propias de este tipo de organizaciones, teniendo en cuenta las prioridades definidas en el Plan Andaluz de Salud y en el marco que ofrece la planificación de la I+D+i en Andalucía y en los ámbitos nacional y europeo.

Reglamentariamente se establecerán sus estatutos donde se especificarán sus objetivos, funciones, recursos, régimen, organización y funcionamiento.

6.8.3.5. La Escuela Andaluza de Salud Pública

La Escuela Andaluza de Salud Pública, ente instrumental de la Administración sanitaria de la Junta de Andalucía para la generación y gestión del conocimiento en los campos de la salud pública y la gestión de servicios sanitarios y sociales, contribuirá a los fines de la Ley 16/2011, de acuerdo con los principios establecidos en la misma, mediante el desempeño de actividades de formación, consultoría, investigación y cooperación internacional en estas materias.

La Escuela Andaluza de Salud Pública desarrollará los proyectos y actividades de asesoramiento científico, asistencia técnica, evaluación, análisis y prospectiva, planificación, coordinación, difusión u otros que le sean encomendados a tal fin, coordinando sus actuaciones con el conjunto de centros y unidades del Sistema Sanitario Público de Andalucía e impulsando la colaboración con otras instituciones académicas, científicas o de otra naturaleza, en el ámbito autonómico, nacional, internacional y multilateral.

6.8.3.6. El Observatorio de Salud Pública de Andalucía

En el seno de la Escuela de Salud Pública, se constituirá el Observatorio de Salud Pública de Andalucía, como unidad de carácter técnico y científico para el asesoramiento a la Consejería competente en materia de salud.

El Observatorio de Salud Pública de Andalucía promoverá el análisis de la situación de salud y sus factores determinantes en Andalucía, con especial atención a los que provocan situaciones de desigualdad en salud, y será el encargado de analizar las tendencias a largo plazo sobre las materias que se le confíen, en especial, respecto al impacto en la salud pública de los desarrollos tecnológicos y el análisis del efecto de las investigaciones en salud en el futuro y para las nuevas generaciones.

El Observatorio de Salud Pública de Andalucía contará con un foro de participación social y un foro de carácter científico. Por orden de la persona titular de la Consejería de Salud se desarrollarán sus funciones, composición, organización y funcionamiento.

El Observatorio de Salud Pública de Andalucía integrará al actual Observatorio de Salud Medioambiental de Andalucía existente en la Escuela Andaluza de Salud Pública.

6.8.4. Salud en todas las políticas

6.8.4.1. Principio orientador de la Administración sanitaria pública de Andalucía

La Administración sanitaria pública de Andalucía orientará su actuación a la satisfacción de las necesidades en salud de la ciudadanía, ejerciendo una buena administración, con la participación de la ciudadanía, y que se articula en forma de red desplegada para la eficaz y eficiente provisión de los servicios públicos de salud pública.

6.8.4.2. La transversalidad de la salud

Se reconoce el carácter transversal de la salud pública, que comprende la integración de la perspectiva de la salud pública en el ejercicio de las competencias de las distintas políticas y acciones públicas, desde la consideración sistemática de los determinantes de salud, la igualdad de oportunidades y la equidad en salud.

Los poderes públicos potenciarán que la perspectiva de la salud pública esté presente en la elaboración, ejecución y seguimiento de las disposiciones normativas y de las políticas en todos los ámbitos de actuación, considerando sistemáticamente las prioridades y necesidades propias de la salud colectiva, teniendo en cuenta su incidencia en la situación específica de las personas y grupos de población, al objeto de adaptarlas para mitigar los efectos discriminatorios y fomentar la equidad en salud.

La transversalidad se ejercitará a través de la coordinación y cooperación intersectorial y multidisciplinaria, como elemento de cohesión de las políticas públicas de las entidades e instituciones con responsabilidades sobre la salud pública.

Se dará prioridad a la intersectorialidad en las áreas de educación, bienestar social, políticas de igualdad, medio ambiente, agricultura, consumo, empleo y vivienda.

6.8.4.3. La cooperación entre los profesionales de la salud pública

En el marco de la Administración sanitaria pública de Andalucía se potenciará el sistema de trabajo cooperativo centrado en las formas de colaboración más convenientes entre personas o grupos de personas que deben realizar una tarea común en el seno de la organización administrativa.

La Administración sanitaria de la Junta de Andalucía fomentará el uso de las tecnologías adecuadas para la cooperación que permitan potenciar la comunicación, la colaboración y la coordinación de actividades y tareas entre las unidades administrativas que actúen en el ámbito de la salud pública.

La Administración de la salud pública fomentará el uso de plataformas electrónicas con capacidad para articular la efectiva participación de los profesionales de salud pública que las utilicen y donde se puedan compartir recursos y elaborar procedimientos comunes de trabajo.

6.8.4.4. La cooperación interadministrativa

Las Administraciones públicas de Andalucía competentes en materia de salud pública ajustarán su actuación a los principios de colaboración, coordinación y cooperación que rigen las relaciones interadministrativas, haciendo posible una utilización eficaz y eficiente de los recursos humanos y materiales de que dispongan y con el objetivo de alcanzar un elevado nivel de protección de la salud pública.

Con la finalidad de fomentar la necesaria cooperación interadministrativa, la Administración de la Junta de Andalucía establecerá fórmulas de cooperación con las Administraciones locales para el desarrollo de las competencias de salud pública y de los respectivos planes de salud.

6.8.4.5. Las alianzas y la cooperación

Se fomentarán las alianzas estratégicas con otras Administraciones públicas, universidades, centros de investigación y otras entidades autonómicas, nacionales e internacionales que aporten elementos de interés para la salud pública en Andalucía.

6.8.4.6. La planificación en salud pública

La planificación de la salud pública en Andalucía se concretará en el desarrollo de las políticas de salud en el marco del Plan Andaluz de Salud, de conformidad con lo establecido en los artículos 30 a 33 de la Ley 2/1998, de 15 de junio, de Salud de Andalucía.

En el marco del Plan Andaluz de Salud vigente, por la Consejería competente en materia de salud, se fomentará el desarrollo de planes provinciales.

Sin perjuicio de lo establecido en la Ley 2/1998, de 15 de junio, de Salud de Andalucía, la Consejería competente en materia de salud velará por el desarrollo de los planes locales de acción en salud.

6.8.5. La evaluación del impacto en la salud

Las presentes normas sobre la evaluación del impacto en la salud entrarán en vigor cuando se produzca el desarrollo reglamentario del procedimiento de evaluación de impacto en salud.

6.8.5.1. Objeto

La evaluación del impacto en la salud tiene por objeto valorar los posibles efectos directos o indirectos sobre la salud de la población de los planes, programas, obras o actividades y señalar las medidas necesarias para eliminar o reducir hasta límites razonables los efectos negativos y reforzar los efectos positivos.

6.8.5.2. Ámbito de aplicación

Se someterán a informe de evaluación del impacto en la salud:

a) Los planes y programas que se elaboren o aprueben por la Administración de la Junta de Andalucía con clara incidencia en la salud, siempre que su elaboración y aprobación vengan exigidas por una disposición legal o reglamentaria, o por Acuerdo del Consejo de Gobierno, y así se determine en el acuerdo de formulación del referido plan o programa.

b) Los instrumentos de planeamiento urbanístico siguientes:

   1.º Instrumentos de planeamiento general así como sus innovaciones.

   2.º Aquellos instrumentos de planeamiento de desarrollo que afecten a áreas urbanas socialmente desfavorecidas o que tengan especial incidencia en la salud humana. Los criterios para su identificación serán establecidos reglamentariamente.

c) Las actividades y obras, públicas y privadas, y sus proyectos, que deban someterse a los instrumentos de prevención y control ambiental establecidos en los párrafos a), b) y d) del artículo 16.1 de la Ley 7/2007, de 9 de julio , de Gestión Integrada de la Calidad Ambiental, que reglamentariamente se determinen. En este supuesto, la resolución de evaluación del impacto en la salud estará incluida en el informe de impacto ambiental correspondiente.

d) Aquellas otras actividades y obras, no contempladas en el párrafo anterior, que se determinen mediante decreto, sobre la base de la evidencia de su previsible impacto en la salud de las personas.

En el informe de impacto en la salud de las actividades y obras a que se refieren los párrafos c) y d) anteriores, se podrá establecer la necesidad de delimitar una zona de seguridad para la protección de la salud con limitaciones de uso para las actividades humanas que específicamente se determinen.

No se someterán a evaluación del impacto en la salud los planes y programas que se elaboren o aprueben por las Administraciones públicas y que tengan como único objeto la defensa nacional o la protección civil en casos de emergencia, así como aquellos de carácter estrictamente financiero o presupuestario.

6.8.5.3. Metodología para la evaluación del impacto en salud

Reglamentariamente se establecerán los contenidos y la metodología para la evaluación del impacto en salud en cada uno de los supuestos contemplados en el artículo anterior, que en cualquier caso contemplarán:

a) Una valoración del impacto en salud anterior al inicio de la actividad, que será formulada por la institución, organismo o persona pública o privada que sea la promotora de la misma.

b) Un informe de evaluación del impacto en salud, que será emitido por la Consejería competente en materia de salud pública, sobre la valoración del impacto en la salud realizada, en los plazos y con el alcance que la ley establece.

6.8.5.4. Informe de evaluación del impacto en salud

En los procedimientos de aprobación de los planes y programas será preceptivo el informe de evaluación de impacto en salud, que deberá emitirse en el plazo máximo de un mes. Excepcionalmente, mediante resolución motivada, dicho plazo podrá ser ampliado hasta un máximo de tres meses. De no emitirse en el plazo señalado, este informe se entenderá favorable y se proseguirán las actuaciones.

En los procedimientos de aprobación de instrumentos de planeamiento, será preceptivo y vinculante el informe de evaluación de impacto en salud, que deberá emitirse en el plazo máximo de tres meses. Si transcurrido dicho plazo no se hubiera evacuado el informe citado, se entenderá su conformidad al plan propuesto.

En los procedimientos de autorización de actividades y obras, y sus proyectos, será preceptivo y vinculante el informe de evaluación de impacto en salud, que deberá emitirse en el plazo máximo de un mes. Excepcionalmente, mediante resolución motivada, dicho plazo podrá ser ampliado hasta un máximo de tres meses. De no emitirse el informe a que se refiere el párrafo anterior en el plazo señalado, se estará a lo dispuesto en el artículo 83 de la Ley 30/1992, de 26 de noviembre, del Régimen Jurídico de las Administraciones Públicas y del Procedimiento Administrativo Común.

6.9. Las acciones en salud pública

6.9.1. Las prestaciones de salud pública

La prestación de salud pública, de conformidad con lo establecido en el artículo 11.1 de la Ley 16/2003, de 28 de mayo, de cohesión y calidad del Sistema Nacional de Salud, es el conjunto de iniciativas organizadas por las Administraciones públicas andaluzas para preservar, proteger y promover la salud de la población. Es una combinación de ciencias, habilidades y actitudes dirigidas al mantenimiento y mejora de la salud de todas las personas a través de acciones colectivas o sociales.

Las prestaciones en este ámbito comprenderán, además de las contenidas en el artículo 11.2 de la Ley 16/2003, de 28 de mayo, de cohesión y calidad del Sistema Nacional de Salud, las siguientes:

a) La vigilancia de las desigualdades en salud y en el acceso a los servicios de salud que puedan tener su origen en diferencias socioeconómicas, de género, lugar de residencia, cultura o discapacidad.

b) La evaluación del impacto de las intervenciones para mejorar la salud de la ciudadanía.

c) La promoción y protección de la calidad acústica del entorno.

d) La promoción, la protección de la salud y la prevención de los factores de riesgo para la salud en los establecimientos públicos, lugares y sitios de convivencia humana.

e) La promoción, la protección de la salud y la prevención de los factores de riesgo para la salud derivados del ejercicio de prácticas y actividades realizadas sobre el cuerpo humano en establecimientos de atención personal de carácter no terapéutico que puedan tener consecuencias negativas para la salud.

f) La promoción, la protección de la salud y la prevención de los factores de riesgo para la salud en relación con el ejercicio de terapias naturales realizadas sobre el cuerpo humano en centros y establecimientos no sanitarios, incluidas las acciones de intervención administrativa y control sanitario.

g) La farmacovigilancia y el control sanitario de otros productos de utilización diagnóstica, terapéutica o auxiliar que puedan suponer un riesgo para la salud de las personas.

h) La prevención y protección de la salud ante cualquier otro factor de riesgo, en especial la prevención de las discapacidades y dependencias.

i) La prestación de los servicios de análisis de laboratorio en materia de salud pública en el marco de actuación de la Consejería competente en materia de salud.

j) La policía sanitaria mortuoria.

k) La vigilancia e intervención frente a la zoonosis.

l) El control sanitario de la publicidad en el marco de la normativa vigente.

m) La promoción y la protección de la salud en la ordenación del territorio y el urbanismo.

n) La prevención y protección de la salud en las viviendas y en los entornos residenciales.

o) La promoción y protección de la salud asociadas a los medios de transporte.

p) La prevención, detección precoz y protección de la salud en casos de maltrato y abuso sexual infantil y en aquellas situaciones de riesgo que perjudiquen la salud de las personas menores.

q) La atención temprana dirigida a la población infantil de 0 a 6 años afectada por trastornos en el desarrollo o con riesgo de padecerlos.

El Consejo de Gobierno de la Junta de Andalucía actualizará las prestaciones de salud pública, incorporando aquellas que generen los progresos científicos en salud pública que sean fiables, seguras y fundamentadas en la evidencia científica disponible, siempre que sean esenciales para alcanzar el más alto grado de salud.

Las actuaciones de salud pública de las Administraciones públicas de Andalucía deberán dirigirse prioritariamente a las personas más vulnerables y a procurar la equidad social, étnica, cultural, económica, territorial y de género. También se desarrollarán actuaciones específicamente dirigidas a las personas con discapacidad o dependencia y a quienes las cuidan.

6.9.2. La cartera de servicios de salud pública

En el marco de lo dispuesto en el artículo 20.2 de la Ley 16/2003, de 28 de mayo, de cohesión y calidad del Sistema Nacional de Salud, la cartera de servicios del Sistema Sanitario Público de Andalucía será aprobada por el Consejo de Gobierno de la Junta de Andalucía a propuesta de la Consejería competente en materia de salud, tras el estudio de las necesidades de salud de la población y los criterios científicos relevantes de aplicación.

La cartera de servicios de salud pública de Andalucía definirá de forma detallada las prestaciones e indicará las estructuras administrativas encargadas de llevarlas a cabo, así como los sistemas de acreditación, información y registro normalizados que permitan la evaluación continua y descentralizada.

La cartera de servicios de salud pública comprenderá el conjunto de técnicas, tecnologías o procedimientos que permitan hacer efectivas todas las prestaciones de salud pública e integrará también las actuaciones de salud pública incluidas en otras carteras de servicios del Sistema Nacional de Salud, especialmente la cartera de servicios de atención primaria, y será actualizada periódicamente para atender los nuevos problemas y necesidades de salud.

6.9.3. El Sistema de Vigilancia e Información

6.9.3.1. La vigilancia continuada del estado de salud de la población

La Consejería competente en materia de salud dispondrá de un Sistema de Vigilancia en Salud basado en la detección y seguimiento de los problemas y determinantes relevantes de la salud de la población, mediante la recogida sistemática de datos, la integración y análisis de los mismos, y la utilización y difusión oportuna de esta información, para desarrollar actuaciones orientadas a proteger o mejorar la salud colectiva.

La vigilancia de la salud deberá realizarse de forma que se pueda:

a) Conocer la epidemiología de los principales problemas de salud y sus determinantes, a partir de las características de las personas afectadas, su distribución etaria, geográfica y la tendencia temporal.

b) Identificar desigualdades en salud de origen geográfico, de género, por la accesibilidad o utilización de servicios de salud, derivadas del hecho migratorio o por exposición a riesgos para la salud.

c) Analizar los efectos de los riesgos ambientales sobre la salud de la población.

d) Detectar precozmente situaciones epidémicas o de riesgo para la salud colectiva.

e) Contribuir a la planificación de los servicios de salud.

f) Facilitar la evaluación de la efectividad de las intervenciones en salud pública.

La Consejería competente en materia de salud elaborará programas de vigilancia en el ámbito de las enfermedades transmisibles a personas y de las no transmisibles. En su elaboración deben priorizarse problemas de especial relevancia para la salud pública que causen brotes epidémicos o que sean prevenibles, y aquellos que se aborden en los planes de la Consejería. También se tendrá en cuenta la diversidad de lenguas extranjeras existentes en Andalucía por el fenómeno migratorio.

Se realizarán estudios epidemiológicos puntuales y específicos orientados a conocer los riesgos y el estado de salud de la población y la evaluación del impacto de las intervenciones en salud pública.

Las Administraciones públicas de Andalucía desarrollarán y reforzarán la capacidad necesaria para responder con prontitud y eficacia, en la investigación y control de los riesgos, a las emergencias en salud pública.

6.9.3.2. Sistema de Información de Vigilancia en Salud

El Sistema de Vigilancia dispondrá de un Sistema de Información de Vigilancia en Salud, entendido como sistema organizado de información de utilidad para la vigilancia y acción en salud pública.

El Sistema de Información de Vigilancia en Salud recogerá las variables que permitan analizar la equidad en salud, incorporando datos desagregados que permitan identificar los problemas para la adopción de medidas oportunas, asegurar la calidad de la información y realizar un análisis epidemiológico según el nivel socioeconómico y educativo, la situación laboral, el género, la edad, la condición de discapacidad, el ámbito geográfico y la tendencia en el tiempo.

6.9.3.3. Obligaciones

Los centros, servicios y establecimientos sanitarios tanto del sector público como privado, así como los profesionales sanitarios en ejercicio, están obligados a facilitar la información solicitada por el Sistema de Vigilancia en Salud.

Las Administraciones públicas de Andalucía y las personas físicas y jurídicas están obligadas a participar, en el ámbito de sus competencias, en el Sistema de Información para la Vigilancia en Salud. Los datos de carácter personal, recogidos o elaborados por las Administraciones públicas para el desempeño de sus atribuciones, que versen sobre materias relacionadas con la salud pública serán comunicados a este Sistema de Información de Vigilancia en Salud con objeto de su tratamiento posterior para garantizar la protección de la salud de los habitantes de la Comunidad Autónoma de Andalucía, así como con fines históricos, estadísticos o científicos en el ámbito de la salud pública. La cesión de datos de carácter personal estará sujeta a la legislación en materia de protección de datos de carácter personal.

6.9.3.3. Seguridad de la información

En todos los niveles del Sistema de Información de Vigilancia en Salud se adoptarán las medidas necesarias para garantizar la seguridad de los datos, quedando obligados al secreto profesional todos aquellos que, en virtud de sus competencias, tengan acceso a los mismos.

Los titulares de datos personales tratados en virtud de esta ley ejercerán sus derechos de acuerdo con lo dispuesto en la Ley Orgánica 15/1999, de 13 de diciembre, de Protección de Datos de Carácter Personal.

6.9.3.4. Sistema de Alertas y Crisis en Salud Pública

Se establece en la Consejería con competencias en materia de salud el Sistema de Alertas y Crisis en Salud Pública como red operativa interna de coordinación de las intervenciones en los supuestos de alertas y emergencias sanitarias que impliquen una amenaza real o potencial para la salud de la población, siempre que puedan tener repercusión regional, así como en los casos de alarma social provocada por la difusión de noticias relacionadas con la salud pública o con la prestación de servicios sanitarios.

El Sistema de Alertas y Crisis de Salud Pública desarrollará los siguientes objetivos:

a) Proporcionar el apoyo logístico y coordinar los medios operativos en las situaciones de alerta y emergencia que puedan afectar a la salud de la población.
b) Integrar en una única red departamental la detección de riesgos, la planificación y preparación de respuestas y el desarrollo de las intervenciones regionales.
c) Coordinar las informaciones y las comunicaciones en relación con las alertas, emergencias y situaciones de crisis.
d) Servir de apoyo al plan de respuesta de salud pública para alertas por riesgos extraordinarios biológicos, químicos, alimentarios, radiológicos y nucleares del Sistema Público de Salud de Andalucía.

El Sistema de Alertas y Crisis en Salud Pública actuará coordinadamente con otros sistemas de alertas y crisis existentes en la Administración pública.

El Sistema de Alertas y Crisis en Salud Pública establecerá los mecanismos para informar y comunicar el riesgo a la ciudadanía, con especial atención a los consumidores y usuarios, a las empresas implicadas, a la comunidad científica y académica y demás partes interesadas.

6.9.3.5. La salud laboral

La Administración sanitaria pública de Andalucía, en el ámbito de la salud laboral, además de las previstas en el artículo 17 de la Ley 2/1998, de 15 de junio, de Salud de Andalucía, desarrollará las siguientes actuaciones en colaboración con la Consejería competente en materia de prevención de riesgos laborales:

a) La vigilancia y estudio de los problemas de salud laboral, en base a los datos de lesiones por accidentes de trabajo, enfermedades profesionales, enfermedades relacionadas con el trabajo, incapacidad temporal y permanente y mortalidad por patologías profesionales y otra información que sea de interés.
b) El establecimiento y revisión de los protocolos para la vigilancia de la salud individual de las personas trabajadoras expuestas a riesgos laborales, con especial atención al ámbito de la actividad laboral temporera.
c) El desarrollo de los programas de vigilancia de la salud posocupacional, de acuerdo con la legislación específica de prevención de riesgos laborales, especialmente con las personas trabajadoras expuestas al amianto y otros agentes cancerígenos.

d) La promoción de la realización de actividades de promoción de la salud en el lugar de trabajo.
e) La identificación y prevención de patologías que, con carácter general, puedan verse producidas o agravadas por las condiciones de trabajo.
f) La promoción de la formación de los profesionales de la medicina y enfermería del trabajo.
g) La elaboración de un mapa de riesgos laborales para la salud de las personas trabajadoras en colaboración con la autoridad laboral competente.
h) El establecimiento de un sistema de información sanitaria que posibilite el control epidemiológico laboral y de las patologías profesionales.
i) Cualesquiera otras que promuevan la mejora en la vigilancia, promoción y protección de la salud de las personas trabajadoras.

6.9.4. La promoción de la salud

Las Administraciones públicas de Andalucía prestarán especial atención a la promoción de la salud de todas las personas en Andalucía, promoviendo las acciones destinadas a fomentar el desarrollo físico, mental y social de las personas y a crear las condiciones que faciliten a estas y a la sociedad las opciones más saludables. También propiciarán en las personas las actitudes, los valores y las conductas necesarios para motivar su participación en beneficio de la salud individual y colectiva. Con este propósito se crearán, en coordinación con las instituciones competentes, mecanismos que permitan el desarrollo de programas locales y regionales de salud que tengan como base la relación intersectorial y la participación ciudadana en la formulación y ejecución de políticas públicas saludables.

Las actuaciones de promoción de salud se dirigirán a todas las etapas de la vida de las personas –infancia, adolescencia, juventud, edad adulta y vejez– e irán destinadas a promover la salud física y mental, mejorando la competencia de las personas y acondicionando sus entornos, de forma que:

a) El embarazo, el parto y el nacimiento puedan ser saludables y gratificantes, respetando las preferencias de la madre cuando el nivel de riesgo lo permita.
b) El desarrollo infantil pueda ser seguro, saludable y con especial atención al desarrollo de las competencias personales en las primeras etapas de la vida.
c) La alimentación pueda ser equilibrada y se fomente la lactancia materna.
d) La actividad física pueda ser saludable, factible y atractiva.
e) La sexualidad de las personas, de cualquier orientación, pueda ser una vivencia saludable, respetuosa y satisfactoria.
f) El cuidado y la higiene personal, incluida la bucodental, puedan ser hábitos adquiridos desde la infancia y mantenidos a lo largo de la vida.
g) El consumo de tabaco y otras sustancias adictivas se evite, se retrase o se abandone.
h) El consumo de alcohol, así como otras conductas con riesgo de crear adicción, se haga de forma que se minimice dicho riesgo y se promueva la reducción de daños.

i) Las relaciones personales, parentales y de convivencia se basen en valores democráticos, igualitarios, solidarios y de respeto a las diferencias.
j) Los lugares de trabajo y los espacios de ocio y convivencia puedan ser saludables.
k) El envejecimiento sea activo y se fomente la autonomía de las personas.
l) Los estilos de vida de las personas con enfermedad crónica contribuyan a prolongar la duración de una vida libre de discapacidad y de dependencia.
m) Ni los roles de género ni las diferencias de nivel cultural, de capacidad funcional, de etnia o de situación socioeconómica constituyan una fuente de desventaja o discriminación para poder elegir los estilos de vida más saludables. Se fomente la recuperación de la trayectoria vital de las personas, de la propia estima y del valor social de la persona, en relación con las personas que vean truncado su proyecto de vida por sufrir un problema de salud mental o física.

Las acciones de promoción de salud tendrán como escenario los diferentes ámbitos en los que se desenvuelve la vida en las diferentes edades: la familia, el ámbito educativo, el lugar de trabajo, los espacios de ocio, el sistema sanitario y la sociedad en su conjunto.

La Administración sanitaria pública de Andalucía, en el ámbito de la promoción de la salud, desarrollará las siguientes acciones:

a) Informativas, dirigidas a la población general o a grupos específicos de personas, sobre los estilos de vida y los entornos más saludables.
b) De sensibilización y motivación individual y colectiva, orientadas a favorecer actitudes saludables y solidarias, así como a difundir el valor de la salud como un activo individual y social.
c) Educativas, para personas de distintos tipos y edades, y con diversas estrategias pedagógicas, con el fin de mejorar las competencias de las personas en la toma de decisiones respecto de los aspectos de su vida relacionados con la salud y el desarrollo personal.
d) Formativas, destinadas a mejorar las competencias de quienes participen en actividades de promoción de la salud.
e) Normativas, destinadas a propiciar entornos en los que se facilite la elección de conductas saludables.
f) De control del cumplimiento de las normas vigentes, encaminadas a proteger el derecho a elegir las conductas más saludables y a vivir en entornos saludables y seguros.
g) Investigadoras, con el fin de mejorar los conocimientos científicos sobre los estilos de vida de la población andaluza y los efectos de estos y de los diferentes entornos sobre la salud.
h) De influencias, destinadas a conseguir compromisos políticos y sociales contra la estigmatización, la imagen social negativa o la discriminación que puedan sufrir las personas por determinadas circunstancias o problemas de salud.
i) Cualquier otra destinada a fomentar la posibilidad de las personas de elegir las opciones más saludables.

La Consejería con competencias en materia de salud, con la colaboración institucional pública y privada, potenciará la identificación y el aprovechamiento de los recursos o activos con los que cuentan las personas y los colectivos como factores protectores para mejorar su nivel de salud y bienestar, con especial atención a la promoción del deporte, el baile, el estímulo de los estilos de convivencia y comunicación propios de Andalucía, la dieta mediterránea, el intercambio generacional y otros activos de los que se tenga constancia de su carácter saludable.

La Consejería con competencias en materia de salud elaborará y desarrollará, directamente o con las corporaciones locales, y en colaboración con las sociedades científicas, agentes sociales y organizaciones no gubernamentales, las acciones y programas de promoción de la salud, procurando optimizar los recursos y alcanzar una cobertura total de la población.

6.9.5. La prevención de las enfermedades y problemas de salud

6.9.5.1. La prevención de las enfermedades epidémicas

La prevención y el control de las enfermedades epidémicas que representen una amenaza para la salud pública constituyen una responsabilidad conjunta de todas las personas en Andalucía y de las autoridades sanitarias, debiendo realizarse las intervenciones necesarias sujetas al cumplimiento de los principios y normas previstos en la Ley 16/2011.

La Consejería competente en materia de salud coordinará el desarrollo de las acciones y programas para el control de los problemas y riesgos que constituyan una amenaza para la salud de la población y adoptará los programas de erradicación de enfermedades que establezcan los organismos internacionales competentes.

La Consejería con competencias en materia de salud adaptará la lista de enfermedades de declaración obligatoria, previstas en la Red Nacional de Vigilancia Epidemiológica y en la Red de Vigilancia Epidemiológica de ámbito europeo, a las necesidades de la situación epidemiológica y a las prioridades de Andalucía.

Las medidas que se requieran para la prevención y control de las enfermedades que amenacen la salud pública deberán ser atendidas por la ciudadanía y la sociedad en su conjunto, conforme a los principios y normas establecidos en la Ley 16/2011.

6.9.5.2. La prevención de los problemas de salud

Las Administraciones públicas de Andalucía tendrán la responsabilidad de diseñar y desarrollar las actuaciones de prevención de los problemas de salud.

Las actuaciones de prevención de problemas de salud se dirigirán a todas las etapas de la vida de las personas –infancia, adolescencia, juventud, edad adulta y vejez– y a prevenir la aparición de problemas de salud física y mental mediante:

a) El fomento entre las mujeres en Andalucía de una planificación de su anticoncepción, facilitándoles los servicios para ello, así como la garantía de acceso a la anticoncepción de urgencia.

b) La identificación y control preconcepcional del riesgo de enfermedades congénitas.
c) El seguimiento del embarazo para el diagnóstico precoz del riesgo obstétrico, la vacunación de las mujeres embarazadas y el control de diversos factores de riesgo para el desarrollo fetal.
d) El diagnóstico precoz de enfermedades congénitas y de problemas del desarrollo infantil, así como la atención temprana de esos problemas.
e) La prevención de los problemas de salud bucodental en personas especialmente vulnerables, como niños, mujeres embarazadas, personas con trastorno mental grave, personas con gran discapacidad u otras que se determine.
f) La vacunación sistemática en las cohortes que se establezcan, así como la que se determine para personas en situaciones de especial riesgo.
g) El control de factores de riesgo y el diagnóstico precoz de enfermedades de alta incidencia o prevalencia como la hipertensión arterial, la diabetes, los trastornos mentales crónicos, las demencias más prevalentes, los cánceres más prevalentes, o cualquier otra enfermedad que suponga un problema de salud pública en la que los factores de riesgo sean conocidos y controlables y el diagnóstico precoz, posible.
h) La facilitación del acceso a medidas preventivas, al diagnóstico precoz y al seguimiento del contagio de enfermedades transmisibles.
i) La información, sensibilización y motivación de las personas mayores y de quienes conviven con ellas sobre el riesgo de accidentes domésticos y viales y sobre el control de los factores de riesgo de caídas.
j) El diagnóstico precoz y la intervención intersectorial en casos de violencia de género, a personas mayores o con discapacidad, o maltrato infantil.
k) La prevención de riesgos laborales.
l) Las acciones informativas, educativas, sensibilizadoras y normativas para la prevención de los accidentes viales.
m) La prevención de la obesidad infantil y otros trastornos de la conducta alimentaria.
n) La identificación precoz de las circunstancias o problemas de salud que hagan evolucionar la enfermedad a discapacidad o esta a dependencia.
o) La identificación, el control de los factores de riesgo y el diagnóstico precoz de cualquier problema de salud para el que sea posible una estrategia preventiva.
p) Cualquier otra que sirva para prevenir eficientemente problemas de salud.

Las actuaciones preventivas se llevarán a cabo en los diferentes ámbitos en los que se desenvuelve la vida a las diferentes edades: la familia, el ámbito educativo, el lugar de trabajo, los espacios de ocio, el sistema sanitario y la comunidad.

Las actuaciones preventivas deberán basarse en el conocimiento científico existente y nunca podrán tener un carácter coercitivo, salvo aquellas que tengan como finalidad la prevención o el control de un problema que pueda suponer razonablemente la existencia de un riesgo inminente y extraordinario para la salud.

6.9.6. La protección de la salud

6.9.6.1. Las actuaciones en materia de protección de la salud

La protección de la salud se desarrollará a través de un conjunto de acciones dirigidas a proteger la salud ambiental, la seguridad alimentaria y la preservación de un entorno de vida saludable que afecte a los espacios públicos donde se desenvuelve la vida humana, comprendiendo la ordenación del territorio y del urbanismo, los medios de transporte y la habitabilidad de las viviendas, así como la protección frente a otros riesgos y fuentes de peligro para la salud física y mental que de forma evolutiva surjan en el contexto social.

La Administración de la Junta de Andalucía promoverá un alto nivel de protección de la salud de la población y, con esta finalidad, desarrollará las siguientes actuaciones:

a) Evaluará, gestionará y comunicará los riesgos de salud asociados a los ámbitos descritos en el apartado anterior mediante la identificación y caracterización de los posibles peligros.
b) Instará a implantar, en las empresas e industrias, instalaciones y servicios, sistemas de autocontrol basados en el método de análisis de peligros y puntos de control crítico, y llevará a cabo su supervisión mediante auditorías. Asimismo, se fomentará la implantación de sistemas de autocontrol en el sector primario.
c) Establecerá las medidas cautelares necesarias cuando se observen incumplimientos de la legislación sanitaria vigente o la detección de cualquier riesgo para la salud colectiva.
d) Velará por que los controles oficiales se realicen con eficacia, incluyendo los planes de emergencia, y por que el personal encargado de tales controles cuente con la cualificación y experiencia necesaria, para lo cual recibirá la formación adecuada.
e) Impulsará la participación interinstitucional para el abordaje de la seguridad sanitaria, propiciando la colaboración y coordinación de las Administraciones públicas competentes.
f) Evaluará los riesgos para la salud previstos en los instrumentos de prevención y control ambiental.
g) Velará por la inocuidad en todos los eslabones de la cadena alimentaria, con especial incidencia de aquellos alimentos de origen vegetal o animal que hayan sufrido modificación genética.
h) Planificará actuaciones periódicas de control e inspección para comprobar la adecuación de empresas, instalaciones y servicios a las condiciones y requisitos sanitarios establecidos por sus correspondientes normas de aplicación. A tal efecto, por la Consejería competente en materia de salud, se elaborará anualmente un Plan de Inspección de Salud Pública.
i) Planificará, coordinará y desarrollará estrategias y actuaciones que fomenten la información, la educación y la promoción de la seguridad sanitaria.

Con el objeto de promover un alto nivel de seguridad alimentaria de la población andaluza, además de las actuaciones señaladas anteriormente, se desarrollarán las siguientes actuaciones:

a) La promoción de la inocuidad para las personas de los alimentos en relación con los riesgos físicos, químicos o biológicos que pudieran contener, contemplando los riesgos asociados a los materiales en contacto con los alimentos y los riesgos nutricionales.
b) El establecimiento de los dispositivos de control necesarios, de forma habitual, periódica y programada, en todos los eslabones de la cadena alimentaria.
c) La evaluación, la gestión y la comunicación de los riesgos para la salud de la población asociados a:
    1. Contaminación química y/o biológica de alimentos y bebidas.
    2. Presencia de residuos en alimentos procedentes de tratamientos preventivos o curativos en animales y plantas.
    3. Antibiorresistencias.
    4. Presencia de alérgenos en alimentos.
    5. Comercialización y uso de aditivos y/o coadyuvantes tecnológicos.
    6. Zoonosis de origen alimentario.
    7. Brotes de enfermedades de origen alimentario.
    8. Pérdida de las condiciones sanitarias de empresas y operadores alimentarios.
    9. Sustancias que provocan intolerancias alimentarias.
    10. Comercialización y uso de suplementos alimenticios.
    11. Alimentos con modificaciones genéticas en su origen.

En relación con la protección de la salud de la población ante los riesgos ambientales, el Sistema Sanitario Público de Andalucía desarrollará las siguientes actuaciones en materia de salud ambiental:

a) La vigilancia de los factores ambientales de carácter físico, químico o biológico y de las situaciones ambientales que afecten o puedan afectar a la salud.
b) La evaluación, la gestión y la comunicación de los riesgos para la salud de la población asociados a:
    1. La contaminación de las aguas de consumo humano y la gestión de los sistemas de abastecimiento.
    2. La contaminación de las aguas de baño marítimas y continentales.
    3. La reutilización de las aguas residuales.
    4. La contaminación del aire ambiente, incluyendo el ruido.
    5. La contaminación del aire interior de los edificios.
    6. Las condiciones higiénico-sanitarias de los locales, instalaciones y lugares públicos de uso colectivo.
    7. Las instalaciones de riesgo en la transmisión de la legionelosis.
    8. La comercialización y uso de los productos químicos.

9. Los campos electromagnéticos.
10. Las zoonosis de los animales domésticos, peridomésticos, periurbanos y las plagas urbanas.
11. Las actividades de empresas, instalaciones y servicios biocidas.

Las Administraciones públicas de Andalucía velarán para que las personas físicas o jurídicas promotoras de viviendas, edificios e instalaciones de uso humano no utilicen en su construcción materiales que supongan un riesgo para la salud a la luz de los conocimientos científicos disponibles en cada momento.

6.9.6.2. Ejecución de las actuaciones

La Consejería con competencias en materia de salud se encargará de la implantación, el seguimiento, la evaluación y, en su caso, la ejecución de las actuaciones y programas de salud relacionados con la protección de la salud en los ámbitos que puedan poner en riesgo a la población. Además, recogerá sistemáticamente la información necesaria para fundamentar las políticas de salud en los diversos campos.

6.10. Las intervenciones en materia de salud pública que garantizan los derechos de la ciudadanía

6.10.1. Ejes básicos de actuación

6.10.1.1. La responsabilidad y el autocontrol

Las personas físicas o jurídicas, titulares de instalaciones, establecimientos, servicios e industrias en que se lleven a cabo actividades que inciden o pueden incidir en la salud de las personas, son responsables de la higiene y la seguridad sanitaria de los locales, las instalaciones y sus anexos, de los procesos y de los productos que se derivan, asimismo tienen que establecer sistemas y procedimientos de autocontrol eficaces para garantizar la seguridad sanitaria.

Las Administraciones públicas de Andalucía competentes en cada caso velarán por el cumplimiento de las obligaciones establecidas en este artículo mediante el establecimiento de sistemas de vigilancia y de supervisión adecuados.

Las personas físicas y jurídicas son responsables de sus actos y de las conductas que tienen influencia sobre la salud de los otros.

6.10.1.2. La autorregulación

Las personas obligadas en el párrafo anterior podrán desarrollar procesos voluntarios de autorregulación, respetando la legislación vigente en la materia y comprometiéndose a superar o cumplir mayores niveles, metas o beneficios en materia de protección y seguridad sanitarias.

Al respecto, la Consejería con competencias en materia de salud fomentará:

a) El desarrollo de procesos productivos y la generación de servicios adecuados y compatibles con la salud pública, así como sistemas de protección y seguridad sanitaria.
b) El cumplimiento de normas voluntarias o especificaciones técnicas en materia de salud pública que sean más estrictas que las reglamentaciones técnicas sanitarias o que se refieran a aspectos no previstos por estas, las cuales serán establecidas de común acuerdo con particulares o con asociaciones u organizaciones que los representen.
c) El establecimiento de sistemas de certificación de procesos, productos y servicios para inducir a patrones de consumo que sean compatibles o que protejan y aseguren la salud pública.
d) Las demás acciones que induzcan a las empresas a alcanzar objetivos de la salud colectiva superiores a los previstos en las reglamentaciones técnicas sanitarias.

6.10.1.3. La calidad y excelencia

Las empresas, además de garantizar el cumplimiento de la normativa vigente, podrán, de manera voluntaria, a través de una auditoría de salud pública, realizar el examen metodológico de sus operaciones, respecto de la protección y seguridad de la salud pública y el riesgo que generan, así como el grado de cumplimiento de la normativa sanitaria y de los parámetros nacionales, internacionales y de buenas prácticas de operación aplicables, con el objeto de definir las medidas preventivas y correctivas necesarias para proteger la salud pública.

La Consejería con competencias en materia de salud desarrollará un programa dirigido a fomentar la realización de auditorías de salud pública y podrá supervisar su ejecución. A tal efecto, se facilitará el apoyo a la mediana y pequeña empresa con el fin de realizar auditorías de salud pública. Para la asesoría y seguimiento de estos programas se creará un comité que estará constituido al menos por representantes de instituciones de investigación, colegios y asociaciones profesionales, organizaciones del sector industrial y representantes de los consumidores y usuarios.

Los incentivos vinculados a los sistemas de ayuda económica o financiera que se establezcan valorarán positivamente aquellas empresas que se acojan a este sistema de auditorías y mejora de la calidad y de la seguridad.

6.10.1.4. Principios informadores de la intervención administrativa

Todas las medidas a las que hace referencia este título estarán sujetas a los principios siguientes:

a) Preferencia de la colaboración voluntaria con las autoridades sanitarias.
b) Minimización de la incidencia sobre la libre circulación de personas y bienes, la libertad de empresa y cualquier otro derecho de las personas.

c) Proporcionalidad de la medida con las finalidades perseguidas y con la situación que la motiva.

Siempre que sea posible, la autoridad sanitaria llevará a cabo el ejercicio de la autoridad o sus facultades a través de procedimientos, prácticas o programas basados en principios y evidencias científicas sólidas.

6.10.2. De las intervenciones públicas

6.10.2.1. Autoridad sanitaria

En el marco de lo dispuesto en el artículo 22 de la Ley 2/1998, de 15 de junio, de Salud de Andalucía, en el ejercicio de sus respectivas competencias, tienen la condición de autoridad sanitaria en materia de salud pública el Consejo de Gobierno de la Junta de Andalucía, la persona titular de la Consejería competente en materia de salud, las personas titulares de los órganos y las responsables de las unidades que reglamentariamente se determinen, así como los alcaldes y alcaldesas de los municipios de la Comunidad Autónoma de Andalucía.

Corresponderá a los titulares de los órganos citados establecer las intervenciones públicas necesarias para garantizar los derechos y deberes sanitarios de la ciudadanía.

6.10.2.2. Intervención administrativa en protección de la salud pública

Sin perjuicio de lo dispuesto en los artículos 19, 28 y 29 de la Ley 2/1998, de 15 de junio, de Salud de Andalucía, las Administraciones públicas de Andalucía, en el marco de sus respectivas competencias y con la finalidad de proteger la salud de la población y prevenir la enfermedad, podrán:

a) Controlar la publicidad y la propaganda de productos y actividades que puedan tener incidencia sobre la salud, con la finalidad de ajustarlas a criterios de veracidad y evitar todo aquello que pueda suponer un perjuicio para la salud. La Consejería con competencias en materia de salud llevará a cabo las acciones necesarias para que la publicidad y la propaganda comerciales se ajusten a criterios de veracidad en lo que atañe a la salud y para limitar todo aquello que pueda constituir un perjuicio para la misma, con especial énfasis en la publicidad y comercialización de productos por vía telemática.

b) Adoptar las medidas de reconocimiento médico, diagnóstico, tratamiento, cuidados, hospitalización o control cuando se aprecien indicios racionales que permitan suponer la existencia de peligro para la salud de las personas a causa de una circunstancia concreta de una persona o grupo de personas o por las condiciones en que se desarrolle una actividad. También se podrán adoptar medidas para el control de las personas que estén o hayan estado en contacto con los enfermos. Estas medidas se adoptarán en el marco de la Ley Orgánica 3/1986, de 14 de abril, de Medidas Especiales en Materia de Salud Pública y demás normas concordantes, si bien la Consejería con competencias en materia de salud podrá establecer pautas a seguir para el inicio y seguimiento de una hospitalización terapéutica obligatoria ante situaciones de personas diagnosticadas de una enfermedad transmisible que objetivamente suponga la existencia de un peligro para la salud de la población y en las que se hayan descartado o hayan fracasado otras alternativas terapéuticas o preventivas que evitarían el contagio de otros individuos.

c) Realizar cualquier otra intervención conducente a establecer normativamente los requisitos y condiciones que, desde el punto de vista sanitario, han de reunir todos los centros, actividades y bienes que puedan suponer un riesgo para la salud, así como vigilar, controlar e inspeccionar, de la forma establecida en las correspondientes normas, su cumplimiento.

Todas estas medidas se adoptarán respetando los derechos que los ciudadanos tienen reconocidos en la Constitución, de acuerdo con el desarrollo reglamentario que proceda.

6.10.2.3. Obligación de colaboración con la Administración sanitaria

Las Administraciones públicas, en el marco de sus competencias respectivas, como también las instituciones y entidades privadas y los particulares, tienen el deber de colaborar con las autoridades sanitarias y sus agentes cuando sea necesario para la efectividad de las medidas adoptadas.

Sin perjuicio de lo dispuesto en el artículo 35 de la Ley 30/1992, de 26 de noviembre, de Régimen Jurídico de las Administraciones Públicas y del Procedimiento Administrativo Común, será obligatoria la comparecencia de las personas en las dependencias públicas cuando ello sea necesario para la protección de la salud pública. El requerimiento de comparecencia tiene que ser debidamente motivado.

6.10.2.4. Información a la autoridad sanitaria

En el caso de que los titulares de las instalaciones, establecimientos, servicios e industrias detecten la existencia de riesgos significativos para la salud derivados de la actividad o de los productos respectivos, tienen la obligación de informar inmediatamente a la autoridad sanitaria correspondiente y proceder a retirar, si procede, el producto del mercado o cesar la actividad de la manera que se determine por reglamento.

La Consejería con competencias en materia de salud establecerá los protocolos que regulen los procedimientos para informar a las autoridades competentes en la materia, el contenido de la comunicación correspondiente y los criterios para la determinación de las medidas preventivas adecuadas.

6.10.2.5. Inspección de salud pública

El personal funcionario o estatutario al servicio de la Administración sanitaria que actúe en el ejercicio de las funciones de inspección gozará de la consideración de agente de la autoridad a todos los efectos y con sometimiento a las leyes, y, acreditando su identidad, estará autorizado para el ejercicio de las actuaciones previstas en el artículo 23 de la Ley 2/1998, de 15 de junio, de Salud de Andalucía.

En el ejercicio de sus funciones respectivas, la autoridad sanitaria y sus agentes pueden solicitar el apoyo, el auxilio y la colaboración de otros funcionarios públicos o inspectores sanitarios y, si fuere necesario, de los Cuerpos y Fuerzas de Seguridad y de otros agentes de la autoridad que tengan encomendadas funciones de seguridad.

6.10.2.6. Autorizaciones y registros sanitarios

Las instalaciones, establecimientos, servicios y las industrias en que se lleven a término actividades que puedan incidir en la salud de las personas están sujetas a autorización sanitaria previa de funcionamiento, de acuerdo con la normativa sectorial aplicable. Se establecerá de forma reglamentaria, en los casos en que proceda, el contenido de la autorización sanitaria correspondiente y los criterios y los requisitos para otorgarla.

La autorización sanitaria a que hace referencia el apartado anterior tendrá que ser otorgada por las Administraciones sanitarias a las que corresponda el control, de acuerdo con las competencias que tengan atribuidas legalmente.

Las Administraciones sanitarias deberán constituir los registros necesarios para facilitar las tareas de control sanitario de las instalaciones, los establecimientos, los servicios y las industrias, las actividades y los productos.

6.10.2.7. Medidas cautelares

En el marco de lo dispuesto en el artículo 21 de la Ley 2/1998, de 2 de junio, de Salud de Andalucía, las autoridades sanitarias competentes podrán adoptar, mediante resolución motivada, las medidas cautelares siguientes:

a) La inmovilización y, si procede, el decomiso de productos y sustancias.
b) El cierre preventivo de las instalaciones, establecimientos, servicios e industrias.
c) La suspensión del ejercicio de actividades.
d) La intervención de medios materiales o personales.
e) La determinación de condiciones previas en cualquier fase de la fabricación o la comercialización de productos y sustancias, y también del funcionamiento de instalaciones, establecimientos, servicios e industrias a que hace referencia esta ley, con la finalidad de corregir las deficiencias detectadas.
f) Cualquier otra medida ajustada a la legalidad vigente si existen indicios racionales de riesgo para la salud.

Las medidas comprendidas en el presente apartado se podrán adoptar en aplicación del principio de precaución, previa audiencia a las partes interesadas, salvo en caso de riesgo inminente y extraordinario para la salud de la población. Las medidas adoptadas se comunicarán a las Consejerías que sean competentes por razón de la materia.

Los gastos derivados de la adopción de medidas cautelares a que se refiere el apartado anterior serán a cargo de la persona o empresa responsable.

Cuando se produzca un riesgo para la salud pública derivado de la situación sanitaria de una persona o grupo de personas, las autoridades sanitarias competentes para garantizar la salud pública adoptarán las medidas necesarias para limitar esos riesgos, de las previstas en la legislación, de acuerdo con lo dispuesto en la Ley Orgánica 3/1986, de 14 de abril, de Medidas Especiales en Materia de Salud Pública.

Estas medidas no tienen carácter de sanción y se mantendrán el plazo que exija la situación de riesgo que las justifique.

6.10.2.8. Entidades colaboradoras de la Administración

Sin perjuicio de la ejecución de las tareas que representan ejercicio de la autoridad por los inspectores sanitarios o, en general, por los funcionarios de las Administraciones sanitarias competentes en materia de salud pública, las actividades de control analítico, verificación, certificación de calidad y procedimientos, evaluación y calibración en las materias objeto de esta ley pueden ser ejecutadas por entidades colaboradoras de la Administración debidamente acreditadas, de conformidad con lo establecido en la legislación reguladora del sistema de acreditación de este tipo de entidades y la normativa sectorial correspondiente.

La Administración sanitaria competente en materia de salud pública podrá establecer mecanismos de coordinación y colaboración con los profesionales sanitarios y los centros o establecimientos donde los mismos desarrollan su actividad con el fin de facilitar el logro de las prestaciones a que se alude en la presente ley.

6.11. Los recursos para la salud pública

6.11.1. Los recursos materiales

6.11.1.1. Las infraestructuras en salud pública

La Administración sanitaria de Andalucía favorecerá la existencia de infraestructuras adecuadas para las actividades de salud pública, que comprenden los laboratorios y demás instalaciones y recursos físicos y virtuales de los servicios de salud pública.

La Administración sanitaria pública de Andalucía fomentará modelos de gestión de uso compartido de las infraestructuras y el acceso a tareas compartidas de ámbito regional y suprarregional.

Se facilitará la introducción de herramientas tecnológicas accesibles que promuevan la mejora de la calidad en la gestión de las infraestructuras de salud pública.

En el ámbito de la Comunidad Autónoma de Andalucía se dispondrá de una red de laboratorios de salud pública, adscritos a la Consejería con competencias en materia de salud, que cubra las necesidades específicas en materia de salud pública velando por la calidad de los servicios.

6.11.1.2. Los incentivos en salud pública

La Administración sanitaria pública de Andalucía desarrollará reglamentariamente el régimen específico de incentivos en el ámbito de la salud pública que fomente la capacitación y cooperación de las personas físicas y jurídicas en la materia, basado en los principios de publicidad, eficacia, transparencia y control, de acuerdo con los objetivos de la Ley 16/2011 y con lo regulado al respecto en el Decreto Legislativo 1/2010, de 2 de marzo, por el que se aprueba el Texto Refundido de la Ley General de Hacienda Pública de la Junta de Andalucía, y en las demás normas generales que resulten de aplicación a esta materia.

6.11.2. Profesionales de la salud pública

6.11.2.1. Profesionales y salud pública

A los efectos de la Ley 16/2011, se consideran profesionales de la salud pública aquellos profesionales que tienen como dedicación principal desarrollar actividades relacionadas con las funciones de salud descritas en la presente ley.

Las Administraciones públicas de Andalucía velarán para que sus profesionales y equipos técnicos desarrollen las acciones de salud pública conforme a las siguientes pautas de comportamiento:

a) Desarrollar un rol educativo, en relación con la población, que facilite el empoderamiento de las personas en relación con su salud.

b) Comprender las necesidades y las intervenciones en salud desde una perspectiva biosicosocial y de salud positiva.

c) Trabajar en equipo para desarrollar un abordaje interdisciplinar, compartir lenguajes, espacios, organizaciones y puntos de vista distintos y complementarios.

d) Desarrollar capacidades para generar alianzas y buscar la implicación y participación de las personas, sectores y agentes implicados.

e) Desarrollar programas de intervención sostenibles y realistas, adaptados al contexto social e institucional donde se desarrollan.

f) Desarrollar capacidades para poner en valor los activos de salud presentes en Andalucía.

g) Desarrollar capacidades para llevar a cabo un abordaje intercultural.

h) Participar en proyectos de investigación en salud pública, aprovechando las oportunidades de generar conocimiento útil en el contexto del trabajo cotidiano.

Los profesionales proporcionarán las prestaciones de salud pública establecidas en la cartera de servicios junto con toda la información necesaria para su uso y aplicación.

6.11.2.2. *Profesionales del Sistema Sanitario Público de Andalucía y la salud pública*

Los profesionales del Sistema Sanitario Público de Andalucía, en su desempeño profesional, desarrollarán las actuaciones de salud pública contempladas en la Ley 16/2011 que sean propias de su ámbito competencial.

6.11.2.3. *El desarrollo profesional*

La Consejería competente en materia de salud promoverá un plan de desarrollo profesional continuado, para los profesionales de salud pública del Sistema Sanitario Público de Andalucía, integrado en el modelo de gestión por competencias del que se ha dotado.

En el marco de este plan de desarrollo profesional continuado se definirán los mapas de competencias de los diferentes perfiles profesionales de salud pública, contemplando todas las titulaciones profesionales relacionadas, las estrategias de promoción y desarrollo de las competencias definidas y la integración de los programas de calidad del Sistema Sanitario Público de Andalucía.

Todos los planes y programas de salud que se elaboren deberán incluir la definición de competencias y el plan de desarrollo profesional necesario para abordar la adecuación a las necesidades de salud de la población y a los progresos científicos más relevantes en la materia.

Sin perjuicio de lo dispuesto en los apartados anteriores, los profesionales sanitarios de salud pública que tengan la condición de funcionarios, en cuanto a su desarrollo profesional, estarán a lo dispuesto en el Capítulo II del Título III de la Ley 7/2007, de 12 de abril, del Estatuto Básico del Empleado Público y su normativa de desarrollo. Asimismo se atenderá a los principios generales establecidos en los artículos 37 y 38 de la Ley 44/2003, de 21 de noviembre, de Ordenación de las Profesiones Sanitarias, en lo que les sea de aplicación.

6.11.2.4. *La cooperación y las alianzas para el desarrollo profesional continuado*

La Administración sanitaria pública de Andalucía fomentará:

a) La cooperación entre todas las instituciones académicas en la formación continua de los profesionales que desarrollan su tarea en el ámbito de la salud pública.
b) La formación en salud pública en el pregrado y posgrado de todas las titulaciones profesionales que puedan estar relacionadas con la salud pública, promoviendo una amplia oferta de másteres y doctorados en las universidades andaluzas en el marco del Espacio Europeo de Educación Superior.
c) Las estrategias oportunas para promover el prestigio del sector académico andaluz en salud pública.

d) La colaboración necesaria con las Consejerías competentes en materia de educación, empleo, innovación, igualdad y otras que se consideren de interés para la formación continuada en competencias de salud pública de los profesionales que desarrollen su actividad en el ámbito de la salud pública, así como para la ampliación de perfiles profesionales necesarios para el cumplimiento de los objetivos de la presente ley.

e) La utilización e implantación de las enseñanzas virtuales en el proceso de formación a lo largo de la vida de los profesionales que utilicen las nuevas tecnologías para promover un aprendizaje relevante y útil para el desarrollo personal y profesional.

6.11.2.5. La participación

La Consejería competente en materia de salud impulsará los instrumentos de la efectiva participación de los profesionales en la mejora y desarrollo de las funciones de salud pública.

Se fomentarán y reconocerán las iniciativas profesionales dirigidas a la mejora del servicio de salud pública, así como la implicación de los profesionales en la formulación de las propuestas de carácter general dirigidas a promover los objetivos de la Ley 16/2011.

Igualmente se impulsará el uso de plataformas o redes de cooperación y comunicación entre los profesionales de la salud pública y otros profesionales públicos y privados implicados en el desarrollo de la salud pública.

6.11.2.6. Las responsabilidades

Se establecen las siguientes responsabilidades de los profesionales de la salud pública:

a) Velar por que la sociedad conozca los principios y funciones de la salud pública para que puedan ser comprendidos por la ciudadanía.

b) Procurar la mejora continua mediante las actualizaciones y ampliación regulares de sus cualificaciones y competencias.

c) Observar las prácticas éticas reconocidas y los principios éticos recogidos en los códigos deontológicos.

d) Conocer los objetivos estratégicos de la salud pública y contribuir a la realización de sus logros.

e) Observar en su actuación principios de gestión que coadyuven a la sostenibilidad del sistema de salud.

f) Verificar prácticas de trabajo seguras y transparentes, incluida la adopción de las precauciones necesarias en materia de salud y seguridad.

g) Conocer las exigencias legales en materia de protección de datos y de confidencialidad, y adoptar las medidas para cumplirlas en su actuación profesional.

h) Colaborar en la evaluación y valoración de su rendimiento profesional de forma regular y transparente.
i) Promover la cooperación profesional y el intercambio de información general y experiencia.
j) Colaborar con los sistemas de información existentes respetando los procedimientos establecidos para su correcto funcionamiento.

6.11.2.7. El código ético

La Consejería competente en materia de salud pondrá en marcha una Comisión para la elaboración, aprobación y seguimiento de un código ético, con criterios de participación social y profesional, de la que formarán parte colectivos, asociaciones y colegios profesionales implicados en el desarrollo de la Ley 16/2011.

6.12. Calidad, tecnologías e I+D+i en salud pública

6.12.1. Investigación, desarrollo tecnológico y la innovación en salud pública

6.12.1.1. La investigación en salud pública

La Administración sanitaria pública de Andalucía promoverá la investigación científica en materia de salud pública como instrumento para la mejora y protección de la salud de la población, conforme a las prioridades marcadas por el Plan Andaluz de Salud y teniendo en cuenta las recomendaciones de los diversos planes y políticas relacionados con la investigación en Andalucía, en los ámbitos nacional y europeo.

La Administración sanitaria pública de Andalucía articulará y armonizará las actividades de investigación, desarrollo e innovación en materia de salud pública con el Plan Nacional de Investigación Científica, Desarrollo e Innovación Tecnológica y con el Espacio Europeo de Investigación.

Se promoverá la creación de redes e infraestructuras de colaboración científica accesibles al personal investigador andaluz bajo una administración y gestión común.

La Administración de la Junta de Andalucía promoverá una cultura participativa en las redes de investigación que permita fomentar la cooperación común, identificar materias de investigación transversales y crear redes de conocimiento innovadoras en materia de salud pública.

La Consejería competente en materia de salud establecerá estrategias que permitan impulsar la I+D+i en salud pública en el marco de la política de investigación de la Junta de Andalucía y en particular desarrollará las siguientes actividades:

a) La coordinación, la participación y la cooperación en todas aquellas actividades relacionadas con la I+D+i en salud pública.

b) El fomento de medidas para que la investigación científica y la innovación contribuyan a mejorar, de manera significativa y sostenible, la protección a la salud de la población.
c) La identificación de lagunas existentes en las actividades de I+D+i, por lo que respecta a los problemas de salud pública prevalentes en Andalucía.

6.12.1.2. Comités científicos consultivos

La Administración sanitaria pública de Andalucía podrá crear comités científicos consultivos, que emitirán dictámenes técnicos sobre los asuntos que se les sometan, y, especialmente, sobre riesgos reales o potenciales para la seguridad de los consumidores, la salud pública o el medio ambiente.

Reglamentariamente se determinará la creación, la organización y el funcionamiento de los comités científicos consultivos.

6.12.1.3. Fomento de la innovación en salud pública

Con el objetivo de fomentar la innovación en salud pública en el Sistema Sanitario Público de Andalucía, la Administración de la Junta de Andalucía favorecerá las actividades de innovación e impulsará la cultura innovadora en el conjunto de los recursos y estructuras de salud pública.

Las Administraciones públicas de Andalucía elaborarán y desarrollarán políticas públicas eficaces para promover el fortalecimiento de la capacidad de innovación en salud pública y la mejora de la misma.

La Administración sanitaria pública de Andalucía fomentará el desarrollo de actitudes innovadoras en el marco de los agentes del sector salud y, con esta finalidad, promoverá el compromiso con las innovaciones, la vigilancia constante del entorno, el estímulo de la creatividad y el impulso de las colaboraciones y alianzas.

6.12.1.4. Las tecnologías de la información y comunicación y la salud pública

La Administración sanitaria pública de Andalucía fortalecerá la inclusión de las tecnologías de la información y la comunicación en la estrategia global de salud pública como factor para la mejora de los sistemas de información y comunicación con la ciudadanía. Igualmente se promoverá un uso adecuado de las nuevas tecnologías como instrumento de educación para la salud.

La información sanitaria perseguirá el objetivo de interoperabilidad tomando en consideración los códigos de buenas prácticas y la normalización de los ámbitos estatales y de la Unión Europea.

La Administración sanitaria pública de Andalucía establecerá criterios de calidad aplicados a las webs dedicadas a la salud. Los criterios de calidad deberán resultar formativos para la ciudadanía y constituir una fuente fiable de información acerca de los cuidados de salud. Los criterios de calidad deberán establecerse según los principios de transparencia, honradez, autoridad, intimidad y protección de datos, actualización de la información, rendición de cuentas y accesibilidad universal.

6.12.1.5. La gestión del conocimiento en salud pública

La Administración sanitaria pública de Andalucía desarrollará, en su organización, la gestión del conocimiento como instrumento básico para la prestación del servicio público de salud pública.

La Consejería con competencias en materia de salud implantará el sistema de gestión del conocimiento a través de las herramientas que mejor se adecuen a sus necesidades.

6.12.1.6. Redes del conocimiento en salud pública

La Administración sanitaria pública de Andalucía dispondrá de redes que generen y transmitan conocimiento científico y favorezcan la participación ciudadana en materia de salud pública. Estas redes se constituyen para servir como plataforma de difusión de la información, intercambio de experiencias y como apoyo a la toma de decisiones a todos los niveles del Sistema Sanitario Público de Andalucía.

6.12.1.7. La innovación social en la salud pública

Las Administraciones públicas de Andalucía apoyarán las innovaciones sociales aplicadas sobre la salud pública, entendidas como nuevas ideas o nuevas relaciones sociales de cooperación para la salud que incrementen la capacidad de la ciudadanía para actuar colectivamente.

Las Administraciones públicas de Andalucía promoverán acciones positivas para el desarrollo de la innovación social en el área de salud a través de las siguientes medidas:

a) Promocionando el talento y el capital social de las personas y grupos innovadores sociales más relevantes.
b) Promoviendo una cultura colaborativa proclive a la generación de valores compartidos en el área de salud.
c) Facilitando las iniciativas de investigación y desarrollo sobre las innovaciones sociales en salud.

6.12.2. La calidad en las actuaciones de salud pública

6.12.2.1. La calidad y excelencia de las actividades de salud pública

El Sistema Sanitario Público de Andalucía perseguirá la calidad y la excelencia de sus actividades. Con ese objeto, determinará parámetros de comparación con las actividades realizadas en el ámbito nacional e internacional, impulsará las actividades que generan la seguridad sanitaria y la equidad en salud y establecerá los procesos de mejora continua.

El Sistema Sanitario Público de Andalucía incorporará el principio de excelencia en sus actividades a través de las siguientes medidas:

a) Fortaleciendo la calidad de las actividades de salud pública.

b) Asegurando la pertinencia de las actividades de salud pública a través de la consulta regular a los órganos que estructuran la gobernanza del sistema.

c) Promoviendo la rendición de cuentas sobre las actividades de salud pública.

d) Impulsando la mejora continua en busca de la excelencia.

e) Atendiendo a las expectativas y necesidades de la ciudadanía y dando cumplimiento a las normas éticas sobre salud pública.

El Plan de Calidad de la Consejería con competencias en materia de salud concretará la definición de las normas de calidad y excelencia.

6.12.2.2. La evaluación de las actividades de salud pública

Las actividades de salud pública se regirán por el principio de evaluación continuada. A tal efecto, se evaluarán los procesos y los resultados en cuanto a seguridad sanitaria; promoción de la salud, incluida la reducción de las desigualdades; prevención de las enfermedades, y protección de la salud. La función evaluadora de la salud pública tendrá por finalidad determinar, de forma sistemática y objetiva, la relevancia, eficiencia, eficacia, pertinencia, progresos, efectos e impactos de las actividades de salud pública, en función de los objetivos que se pretenden alcanzar, y se realizará con la participación de la ciudadanía y los profesionales.

6.13. Régimen Sancionador

6.13.1. De las Infracciones

6.13.1.1. Las infracciones

Sin perjuicio de lo dispuesto en la Ley 14/1986, de 25 de abril, General de Sanidad, la Ley 29/2006, de 26 de julio, de garantías y uso racional de los medicamentos y productos sanitarios, y la Ley 2/1998, de 15 de junio, de Salud de Andalucía, las infracciones contempladas en la presente ley y en las especificaciones que la desarrollen en el ejercicio de la potestad reglamentaria serán objeto de sanción administrativa, previa instrucción del oportuno expediente, sin perjuicio de las responsabilidades civiles, penales o de otro orden que puedan concurrir.

De conformidad con lo previsto en el artículo 133 de la Ley 30/1992, de 26 de noviembre, de Régimen Jurídico de las Administraciones Públicas y del Procedimiento Administrativo Común, no podrán sancionarse los hechos que hayan sido sancionados, penal o administrativamente, en los casos en que se aprecie identidad de sujetos, hecho y fundamento.

Son sujetos responsables de las infracciones en materia de salud pública las personas físicas o jurídicas que, por acción u omisión, hubiesen participado en aquellas mediando dolo, culpa o negligencia.

6.13.1.2. Infracciones leves

Se tipifican como infracciones leves las siguientes:

a) La mera irregularidad en la aportación a la Administración sanitaria de la información que, de acuerdo con la normativa vigente, sea obligatorio facilitar.
b) El incumplimiento por parte de las personas jurídicas de los requisitos, obligaciones o prohibiciones establecidos en la normativa sanitaria, así como cualquier otro comportamiento, a título de imprudencia o inobservancia, siempre que se produzca alteración o riesgo sanitario y este sea de escasa repercusión.
c) El incumplimiento por parte de las personas físicas de los requisitos, obligaciones o prohibiciones establecidos en la normativa sanitaria, así como cualquier otro comportamiento, a título de imprudencia o inobservancia, siempre que se produzca alteración o riesgo sanitario y este sea de escasa repercusión, en alguna de las siguientes categorías:
    1. Difusión de información no veraz con impacto en la salud pública.
    2. Inobservancia por parte de los profesionales, en su actividad laboral, de las medidas preventivas y de promoción de la salud establecidas por la autoridad sanitaria, cuando pueda generar algún riesgo para la salud de un tercero.
    3. Intervenciones que modifiquen el entorno con repercusión en la salud pública.
    4. Actuaciones sistemáticas que provoquen estigmatización de terceras personas.
    5. Inobservancia del tratamiento en enfermedades transmisibles graves con tratamiento curativo efectivo perjudicando a un tercero.

6.13.1.3. Infracciones graves

Se tipifican como infracciones graves las siguientes:

a) El ejercicio o desarrollo de cualquiera de las actividades previstas en esta ley sujetas a autorización sanitaria previa o registro sanitario sin contar con dicha autorización o registro cuando sean preceptivos, así como la modificación no autorizada por la autoridad competente de las condiciones técnicas o estructurales expresas sobre las cuales se otorgó la correspondiente autorización.
b) La puesta en funcionamiento de aparatos o instalaciones o el desarrollo de cualquier actividad, cuyo precintado, clausura, suspensión, cierre o limitación de tiempo hubiera sido establecido por la autoridad competente, siempre que se produzca por primera vez y no concurra daño grave para la salud de las personas.
c) El no corregir las deficiencias observadas y que hayan dado lugar a sanción previa de las consideradas leves.

d) El dificultar o impedir el disfrute de los derechos reconocidos en la presente ley a la ciudadanía.
e) Las que se produzcan de forma negligente, por la falta de controles y precauciones exigibles en la actividad, servicio o instalación de que se trate y den lugar a riesgo o alteración sanitaria grave.
f) La promoción o venta para uso alimentario o la utilización o tenencia de aditivos o sustancias extrañas cuyo uso no esté autorizado por la normativa vigente en la elaboración del producto alimenticio o alimentario de que se trate, cuando no produzcan riesgos graves y directos para la salud de los consumidores.
g) La elaboración, distribución, suministro o venta de productos alimenticios cuando en su presentación se induzca a confundir al consumidor sobre sus verdaderas características nutricionales, sin trascendencia directa para la salud.
h) El incumplimiento del deber de colaboración, información o declaración hacia las autoridades sanitarias para la elaboración de los registros y documentos de información sanitaria que establezca la normativa aplicable, así como no seguir, las entidades o personas responsables, los procedimientos establecidos para el suministro de datos y documentos, o hacerlo de forma notoriamente defectuosa.
i) La resistencia a suministrar datos, a facilitar información o a prestar la colaboración a las autoridades sanitarias o a los funcionarios de salud pública en el ejercicio de sus funciones y, en general, cualquier acción u omisión que perturbe, retrase o impida la labor de los funcionarios de salud pública.
j) El incumplimiento de los requerimientos específicos y de las medidas cautelares o definitivas que formulen las autoridades sanitarias, siempre que se produzcan por primera vez y no concurra daño grave para la salud de las personas.

Las infracciones tipificadas como leves podrán calificarse de graves en función de la aplicación de los siguientes criterios:

a) Nivel de riesgo para la salud pública.
b) Cuantía del eventual beneficio obtenido.
c) Grado de intencionalidad.
d) Gravedad de la alteración sanitaria y social producida y de la afectación de los derechos de la ciudadanía.
e) Generalización de la infracción y reincidencia.

6.13.1.4. Infracciones muy graves

Se tipifican como infracciones muy graves las siguientes:

a) La puesta en funcionamiento de aparatos o instalaciones o el desarrollo de cualquier actividad cuyo precintado, clausura, suspensión, cierre o limitación de tiempo hubiera sido establecido por la autoridad competente, cuando se produzca de modo reiterado aun cuando no concurra daño grave para la salud de las personas.

b) El incumplimiento consciente y deliberado de los requisitos, obligaciones o prohibiciones establecidos en la normativa sanitaria o cualquier otro comportamiento doloso aunque no dé lugar a riesgo o alteración de la salud pública grave.
c) La preparación, distribución, suministro o venta de alimentos o bebidas que contengan gérmenes, sustancias químicas o radioactivas, toxinas o parásitos capaces de producir o transmitir enfermedades al hombre, o que superen las limitaciones o tolerancia reglamentariamente establecidas en la materia, con riesgo grave para la salud.
d) La promoción o venta para uso alimentario o la utilización o tenencia de aditivos o sustancias extrañas cuyo uso no esté autorizado por la normativa vigente en la elaboración del producto alimenticio o alimentario de que se trate, y produzcan riesgos graves y directos para la salud de los consumidores.
e) El desvío para el consumo humano de productos no aptos para ello o destinados específicamente a otros usos.
f) La negativa absoluta a facilitar información, a suministrar datos o a prestar colaboración a las autoridades sanitarias o a los funcionarios de salud pública en el ejercicio de sus funciones.
g) La resistencia, coacción, amenaza, represalia, desacato o cualquier otra forma de presión ejercida sobre las autoridades sanitarias o funcionarios sanitarios de salud pública en el ejercicio de sus funciones.
h) El incumplimiento reiterado de los requerimientos específicos que formulen las autoridades sanitarias, así como el incumplimiento de las medidas cautelares o definitivas adoptadas, cuando se produzcan de modo reiterado o cuando concurra daño grave para la salud de las personas.
i) La elaboración, distribución, suministro o venta de productos alimenticios y alimentarios cuando en su presentación se induzca a confundir al consumidor sobre sus verdaderas características nutricionales, con trascendencia directa para la salud.

Las infracciones tipificadas como graves podrán calificarse como muy graves cuando concurra alguna de las circunstancias previstas para poder calificar las faltas leves como graves, salvo que esta concurrencia haya determinado su tipificación como grave.

6.13.2. De las sanciones

6.13.2.1. Graduación de las sanciones

Las infracciones señaladas en esta ley serán objeto de las siguientes sanciones:

a) Infracciones leves: hasta 3.000 euros.
b) Infracciones graves: desde 3.001 hasta 15.000 euros.
c) Infracciones muy graves: desde 15.001 hasta 600.000 euros, pudiendo rebasar esta cantidad hasta alcanzar el quíntuplo del valor de los productos o servicios objeto de infracción.

Las cuantías señaladas en el apartado anterior serán actualizadas periódicamente mediante Decreto del Consejo de Gobierno teniendo en cuenta el índice de precios al consumo.

Sin perjuicio de la sanción económica que pudiera corresponder, en los supuestos de infracciones muy graves se podrá acordar por el Consejo de Gobierno el cierre temporal de los establecimientos o servicios por un plazo máximo de cinco años, de conformidad con lo previsto en el artículo 36.2 de la Ley 14/1986, de 25 de abril, General de Sanidad.

6.13.2.2. Medidas provisionales

Iniciado el procedimiento sancionador, el órgano competente para resolver podrá adoptar, mediante acuerdo motivado, como medidas provisionales para asegurar el cumplimiento de la resolución que pudiera recaer y, en todo caso, para asegurar el cumplimiento de la legalidad y salvaguardia de la salud pública, entre otras, las siguientes:

a) La suspensión total o parcial de la actividad.

b) La clausura de centros, servicios, establecimientos o instalaciones.

c) La exigencia de fianza.

Cuando concurran razones de urgencia inaplazable, las medidas provisionales podrán ser adoptadas por el órgano competente para iniciar el procedimiento o por el órgano instructor, de conformidad con lo establecido en el artículo 15 del Real Decreto 1398/1993, de 4 de agosto, por el que se aprueba el Reglamento del Procedimiento para el Ejercicio de la Potestad Sancionadora.

6.13.2.3. Competencia

La potestad sancionadora para la imposición de sanciones por infracciones en materia de salud pública corresponde a la Administración de la Junta de Andalucía y a los municipios en el ámbito de sus competencias.

Los órganos municipales competentes para iniciar, instruir o resolver los procedimientos sancionadores se determinarán conforme a la legislación de régimen local y a sus propias normas de organización.

Cuando los servicios municipales tengan conocimiento de infracciones en esta materia no localizadas exclusivamente en su término municipal, lo pondrán inmediatamente en conocimiento de la Administración autonómica, remitiendo todo lo actuado y cuantos antecedentes obren en su poder.

El ejercicio de la potestad sancionadora, respecto de las infracciones previstas en la presente ley, corresponderá a los órganos de la Consejería competente en materia de salud en los términos que se determinen reglamentariamente, sin perjuicio de la competencia atribuida al Consejo de Gobierno en el artículo 107.3.

La Administración de la Junta de Andalucía no iniciará procedimiento contra el mismo sujeto a quien se estuviese tramitando un procedimiento sancionador por la Administración municipal si concurren los mismos hechos y fundamento jurídico.

6.13.2.4. Procedimiento

Solamente podrán imponerse sanciones previa tramitación del correspondiente procedimiento.

El procedimiento sancionador en materia de salud pública se ajustará a las disposiciones legales sobre el procedimiento administrativo y a las normas sobre el ejercicio de la potestad sancionadora.

En los procedimientos tramitados por la comisión de infracciones leves, el plazo para dictar y notificar resolución expresa será de seis meses. En los procedimientos tramitados por la comisión de infracciones graves o muy graves, el plazo para dictar y notificar resolución expresa será de nueve meses.

6.13.2.5. Prescripción y caducidad

Las infracciones calificadas como leves por la presente ley prescribirán al año, las calificadas como graves a los dos años y las calificadas como muy graves a los cinco años. El plazo de prescripción se computará desde el día en que se hubiera cometido la infracción y se interrumpirá desde la adopción y notificación del acuerdo de inicio del procedimiento sancionador a la persona interesada.

La acción para perseguir las infracciones caducará cuando, conocida por la Administración la existencia de una infracción y finalizadas, en su caso, las diligencias dirigidas al esclarecimiento de los hechos, hubiera transcurrido un año sin que la autoridad competente hubiera ordenado incoar el oportuno procedimiento.

Asimismo, las sanciones impuestas por faltas leves prescribirán al año, las impuestas por faltas graves a los dos años, y las impuestas por faltas muy graves a los cinco años. El plazo de prescripción de las sanciones comenzará a contar desde el día siguiente a aquel en que adquiera firmeza la resolución por la que se impone la sanción.

Tema 11

Calidad en el sistema sanitario: métodos de evaluación. Plan de Calidad del Sistema Sanitario Público de Andalucía. Seguridad del paciente. Guías diagnósticas y terapéuticas

eRodio ediciones

Índice esquemático

1. PLAN DE CALIDAD DEL SISTEMA SANITARIO PÚBLICO DE ANDALUCÍA

La Consejería de Salud de la Junta de Andalucía puso en marcha en el año 2000 su I Plan de Calidad concebido como un modelo estratégico en torno a la mejora continua y como apuesta irrenunciable y firme para garantizar la calidad de los servicios sanitarios públicos a los andaluces y andaluzas, desde la visión de situar al ciudadano en el centro del sistema.

El I Plan de Calidad establecía transformaciones basadas en el reanálisis continuo de los procesos y sistemas, con el objetivo de añadir valor a los resultados finales que reciben los pacientes, las estructuras organizativas, las personas, las tecnologías y las infraestructuras. Un modelo estratégico de calidad claramente orientado a la ciudadanía de la Comunidad Autónoma para buscar un Sistema Sanitario Público eficaz y eficiente, sostenible en el tiempo, moderno y con capacidad y flexibilidad suficiente para adaptarse a las cambios de su entorno. El I Plan de Calidad supuso un impulso definitivo a la incorporación de las políticas de calidad en la visión estratégica de la sanidad publica dentro del marco del proceso de la Segunda Modernización de Andalucía.

En 2005 se presentó el II Plan de Calidad, con una clara vocación de continuidad y consolidación de las políticas de calidad y de las actuaciones desarrolladas con anterioridad, pero al mismo tiempo perfilando un nuevo espacio al incorporar un conjunto de iniciativas de perfil muy innovador para la búsqueda de la excelencia en la prestación de servicios. Todo ello con el objetivo de seguir ofreciendo respuestas adecuadas a las necesidades y expectativas de ciudadanos y profesionales, consolidando el camino ya iniciado en lo referente a la optimización de los procesos que facilitan la generación, captación, gestión e intercambio de conocimiento, y universalizando el desarrollo de herramientas de carácter estratégico y de apoyo a la gestión de los servicios como la Gestión Clínica, la Gestión por Procesos, la Gestión por Competencias y el Modelo de Acreditación basado en la autoevaluación y la mejora continua.

El I y II Plan de Calidad, como referencias estratégicas de primer nivel de la Consejería de Salud, orientaron sus acciones teniendo en cuenta al ciudadano como elemento nuclear del sistema. Esta manera de entender la asistencia alrededor de la persona ha impregnado el Modelo de Calidad de Andalucía y ha ido creciendo, involucrando cada vez más al profesional en sus estrategias, promoviendo su desarrollo individual y colectivo para alcanzar un nivel de excelencia en los servicios acorde con el compromiso social adquirido con la ciudadanía. Este camino hacia la excelencia ha hecho que avancemos a través de un proceso complejo de profunda trasformación. Ha cambiado el papel de los ciudadanos y la consolidación de la idea del sistema sanitario público como garante de sus derechos, de la misma forma que hay ahora una nueva perspectiva de la participación de los profesionales y su desarrollo, en la búsqueda de equipos profesionales más cohesionados, responsables y comprometidos. Estos han sido elementos centrales del desarrollo de las estrategias de calidad en los últimos diez años.

La actualidad requiere de un nuevo modelo que favorezca la máxima descentralización de los servicios y la autonomía efectiva de los profesionales en el seno de una organización más horizontal, donde los pacientes toman un papel más activo interviniendo con su voz y con sus acciones en los cuidados de su salud y sintiéndose corresponsables en la sostenibilidad del sistema y en la excelencia de la atención.

La complejidad del sistema sanitario y la amplitud de la oferta de servicios que se requiere para dar respuesta a las necesidades de los pacientes y su entorno, hacen que el valor de la continuidad asistencial, y de la visión integrada de la atención, tengan un papel cada vez más relevante a la hora de definir o medir la calidad de los servicios que prestamos.

El Plan de Calidad como instrumento estratégico crece en extensión, fortaleza y profundidad a medida que se implanta y mejora, es un plan que avanza buscando de forma permanente la excelencia sobre la base de nuestra propia capacidad de innovación.

En 2008 cerca de la finalización de la vigencia propuesta en el II Plan de Calidad, se promovió desde la Consejería de Salud la realización de una evaluación externa para conocer el nivel de logro y desarrollo que ha tenido el Plan. Esta iniciativa, pionera en los sistemas de salud de nuestro entorno, no sólo ha contribuido a conocer el grado de desarrollo de los diferentes objetivos de calidad del citado Plan, sino que ha incorporado propuestas de futuro para avanzar en la mejora continua del Sistema Sanitario Público de Andalucía. Esta evaluación externa se ha realizado desde la visión de los profesionales y de la ciudadanía, coordinado por la Sociedad Andaluza de Calidad Asistencial, utilizando metodología cualitativa, y con la participación de más de un centenar de profesionales y foros ciudadanos que analizaron pormenorizadamente los desarrollos alcanzados con el II Plan. Los resultados de la evaluación nos han permitido disponer de información relevante sobre la percepción de los profesionales y la ciudadanía, en relación a los retos planteados y también nos sitúan ante una nueva mirada con la que acercarnos metodológicamente a un nuevo diseño de las estrategias de calidad con las que vamos a afrontar los próximos años, a través de la utilización de metodologías participativas que recojan las aportaciones de profesionales y ciudadanía sobre los retos futuros, que se pueden enriquecer con los resultados de la evaluación previa del segundo plan.

La experiencia acumulada permite desarrollar este proceso identificando los elementos nucleares a través de los cuales, se van a diseñar las líneas de acción que darán contenido al conjunto del nuevo plan. El primero de estos escenarios se construye en torno a la CIUDADANÍA. Sus líneas de acción profundizan en la posición que los ciudadanos y ciudadanas deben ocupar en un sistema sanitario que considera la participación, la autonomía en la toma de decisiones, la diversidad y la corresponsabilidad como valores que deben formar parte esencial de nuestra organización y de nuestra sociedad en su conjunto. El segundo escenario se establece alrededor de los PROFESIONALES como elementos esenciales de las actuaciones en salud favoreciendo en el conjunto del sistema sanitario la generación de conocimiento, su transmisión, diseminación y aplicación, posibilitando un sistema de salud excelente que contribuya de forma aún más notable al desarrollo social y al crecimiento económico de Andalucía.

El tercer y último escenario lo denominamos ESPACIO COMPARTIDO. Un espacio donde se produce el encuentro entre pacientes y profesionales sanitarios, donde se originan las actuaciones clínicas a partir de la relación entre la persona con un problema de salud o una necesidad de atención y el equipo profesional. Un espacio cuya configuración debe reforzar la capacidad de decisión de la ciudadanía, su protagonismo en su problema de salud y su implicación con el con el sistema sanitario, a la vez que favorecer la autonomía de los profesionales fortaleciendo su compromiso con la excelencia, la innovación y el servicio público.

La Gestión Clínica es el ámbito natural, en el Sistema Sanitario Público de Andalucía, para multiplicar las competencias profesionales y potenciar el trabajo en equipo multidisciplinar y multiprofesional.

El Plan de Calidad 2010-2014, quiere impulsar una visión que identifica al sistema sanitario como un sistema inteligente, constituido por organizaciones generadoras de conocimiento y pretende establecer a través de múltiples acciones enmarcadas en estos tres escenarios una la hoja de ruta por la que van a transitar las estrategias de las políticas de calidad diseñadas por la Consejería de Salud de la Junta de Andalucía.

2. CALIDAD EN EL SISTEMA SANITARIO: MÉTODOS DE EVALUACIÓN

La calidad de la atención sanitaria es un concepto multidimensional, para el que no existen definición ni marco únicos y universales para su valoración. Existe, sin embargo, un creciente consenso sobre las dimensiones clave de la calidad en la asistencia sanitaria y las medidas e indicadores pertinentes para monitorizarlas (IoM, 2001; OCDE, 2002; AHRQ, 2007), empleándose no obstante diversas aproximaciones conceptuales en las que se incorporan matices sobre los que se focaliza la evaluación en cada caso.

La calidad puede ser definida como el grado en que los servicios de salud aumentan la probabilidad de resultados de salud deseados tanto a nivel individual como poblacional, y son consistentes con el conocimiento profesional actual.

Siendo la salud el objetivo clave de la atención sanitaria, la provisión de servicios de calidad debe cubrir las necesidades sanitarias de la población, teniendo en cuenta sus expectativas y preferencias. No obstante, existen otros factores no controlables por las organizaciones sanitarias que también influyen en el resultado final en salud. En esta línea conceptual, el SSPA tiene definida una estrategia activa de calidad cuya puesta en marcha se inició en el año 2000. En la actualidad, el modelo de calidad de nuestro sistema sanitario se articula a través del Plan de Calidad, cuya tercera edición publicada en 2011 establece las estrategias y líneas de acción en este ámbito.

El marco conceptual empleado para evaluar el desempeño y la calidad de la atención sanitaria del SSPA se ha diseñado sobre la base de la experiencia desarrollada previamente en la monitorización de la calidad para distintos agentes, teniendo en cuenta las características y peculiaridades de nuestros servicios sanitarios y reflejando las prioridades de nuestra organización.

La Gestión por Procesos Asistenciales en el Sistema Sanitario Público de Andalucía se conforma como una herramienta encaminada a conseguir los objetivos de Calidad Total, procurando asegurar de forma rápida, ágil y sencilla el abordaje de los problemas de salud desde una visión centrada en el paciente, en las personas que prestan los servicios, y en el proceso asistencial en sí mismo. Se centra, por tanto, en cuatro elementos fundamentales: el enfoque centrado en el usuario; la implicación de los profesionales; el sustento en la mejor práctica clínica; y el desarrollo de un sistema de información integrado.

Este modelo de gestión total de la Calidad define la calidad en función de la satisfacción de los clientes.

La gestión por procesos que se plantea desde Andalucía incluye además un elemento de sustancial importancia, la continuidad de la atención, dirigida a procurar una entrega de servicios única y coordinada. Así, la gestión integral de procesos se basa en la visión del proceso como el devenir del paciente a través del sistema sanitario y en su deseo de conseguir una atención y respuesta única a sus necesidades y problemas de salud. Trata de ofrecer respuestas adecuadas a las expectativas de los destinatarios de los mismos, es decir, de los ciudadanos y ciudadanas, potenciando un papel más activo en su proceso de atención y recuperación, favoreciendo su papel de cuidador y articulando, más aún si cabe, espacios para el diálogo con las asociaciones de pacientes.

En particular, el modelo de atención sanitaria basada en la gestión por procesos se sustenta en los siguientes principios básicos: la potenciación y desarrollo de la Gestión Clínica; la orientación de las acciones para garantizar el acceso a los recursos sanitarios en igualdad de oportunidades; la consideración de la persona como sujeto activo de su proceso de atención y recuperación; la personalización de la asistencia; el enfoque de recuperación del proyecto vital de la persona y su incorporación social; la continuidad asistencial; la gestión por competencias como elemento integrador de las estrategias de gestión de profesionales; la evaluación y la mejora continua; el desarrollo de las Tecnologías de la Información y Comunicación (TIC) actuales y futuras para facilitar la interacción de la ciudadanía con el Sistema Sanitario Público de Andalucía; y la modernización e innovación de los procesos asistenciales definidos.

Una de las líneas esenciales de mejora continua del desempeño profesional y su efectividad, está centrada en el desarrollo del modelo de Carrera Profesional del Sistema Sanitario Público de Andalucía, basada en un proceso con carácter abierto y permanente torno a la acreditación de competencias profesionales.

Este sistema está implantado en un 100% para los profesionales licenciados y diplomados sanitarios que voluntariamente lo soliciten, y siempre que cumplan los requisitos exigidos para el nivel solicitado.

El programa de acreditación de competencias profesionales y la carrera profesional contribuyen a la consecución de los objetivos generales, ya que solo pueden conseguirse si se cumplen determinados criterios objetivables de calidad, actividad y rendimiento. Las políticas de recursos humanos ligando objetivos de calidad a los incentivos profesionales, tienen notable impacto tanto sobre la calidad de la atención sanitaria que recibe el paciente, como en la motivación profesional, como en la eficiencia de la atención sanitaria agregada global. Las políticas de calidad en Andalucía han estandarizado y protocolizado las normas de calidad y actuaciones sobre la mayoría de los procesos asistenciales, disminuyendo la variabilidad de la atención.

Este programa está recogido normativamente en el Decreto 18/2007, de 23 de enero, por el que se regula el sistema de acreditación del nivel de la competencia profesional de los profesionales sanitarios del Sistema Sanitario Público de Andalucía, que ha permitido a los diferentes colectivos avanzar en su desarrollo competencial y carrera profesional.

3. SEGURIDAD DEL PACIENTE

3.1. Consideraciones generales

En el año 2002, la Asamblea de la Organización Mundial de la Salud reconoció la necesidad de promover la seguridad del paciente como principio fundamental de todos los sistemas sanitarios. Así, la seguridad de los pacientes constituye una de las doce estrategias definidas por el Ministerio de Sanidad y Consumo de España, dentro del marco del Plan Calidad del Sistema Nacional de Salud.

En el ámbito de nuestro Sistema Sanitario Público, la Consejería de Salud ha definido estrategias específicas para la seguridad del paciente, con el objetivo de "crear una cultura de seguridad nueva alrededor de la seguridad clínica, en el Marco de la Alianza por la Seguridad del Paciente propugnada por la Organización Mundial de la Salud y siguiendo las directrices del II Plan de Calidad de la Consejería de Salud".

Además, como resultado de estas estrategias, se ha creado el Observatorio para la Seguridad del Paciente, cuyos objetivos fundamentales son prevenir el daño, aprender de la práctica y aprovechar el conocimiento disponible para minimizar los riesgos derivados de la asistencia.

En esta misma línea, la Agencia de Calidad Sanitaria de Andalucía, dentro del Programa de Acreditación de la Competencia Profesional, ha incorporado en sus Manuales de Competencias un total de 72 elementos que contemplan la realización de buenas prácticas, dirigidas a promover tanto la seguridad de los pacientes como la seguridad de los profesionales en su desempeño diario.

Este importante volumen de elementos de seguridad, que pueden ser puestos de manifiesto por los profesionales durante los Procesos de Acreditación de sus Competencias, promueven el desarrollo de estrategias de calidad encaminadas a aspectos tan importantes de la mejora de la práctica asistencial como son la valoración de riesgos, las recomendaciones preventivas y su seguimiento, las intervenciones educativas, o el análisis de incidentes surgidos en el desarrollo de la práctica profesional.

Actualmente, se encuentran inmersos en los Procesos de Acreditación más de 16.000 profesionales, de los cuales más de 3.700 han alcanzado la Acreditación de sus Competencias.

El análisis de la Evaluación de las pruebas aportadas por estos profesionales que han finalizado su proceso de acreditación, con respecto a aquellas Buenas Prácticas y Evidencias relacionadas con la seguridad del paciente, ponen de manifiesto que casi el 100% de éstos tienen un importante nivel de competencia profesional en relación con el "registro de la existencia o ausencia de alergias a medicamentos, sustancias o materiales empleados en la atención sanitaria, en los pacientes atendidos" (puesta de manifiesto por el 99,87% de los profesionales acreditados), la "valoración de la presencia de hábitos tóxicos adictivos (tabaco, alcohol, drogas...) en la población atendida o en su entorno familiar" (96,66% de los profesionales acreditados), el "seguimiento sobre las recomendaciones sobre la higiene de manos" (94,40%) y el "análisis de un incidente surgido en el desarrollo de su actividad" (puesta de manifiesto por el 90,90% de los profesionales acreditados).

Por el contrario, se identifica un importante margen de desarrollo competencial en algunas Buenas Prácticas y Evidencias que podrían mejorar la seguridad de los pacientes a través de la normalización de la práctica o la introducción de innovaciones que mejoren la atención sanitaria: la Evidencia "participa con profesionales de otros equipos asistenciales en la elaboración y/o actualización de protocolos consensuados o Guías de Práctica Clínica para dar respuesta a problemas clínicos en su mismo nivel o en distintos niveles asistenciales", sólo ha sido aportada por el 15,62% de los profesionales acreditados; o la Evidencia "puesta en marcha de algún proyecto de mejora de la atención sanitaria, en los últimos 5 años", aportada tan sólo por el 20,81%.

Tras estos datos, derivados de los resultados de los Procesos de Certificación de la Competencia Profesional, la Agencia de Calidad Sanitaria de Andalucía recomienda a los profesionales del SSPA y a las instituciones en las que trabajan:

1. Llevar a cabo intervenciones dirigidas a evitar situaciones indeseables o posibles acontecimientos adversos en los pacientes. En este sentido, se recomienda conocer en profundidad las Estrategias de Seguridad desplegadas por la Consejería de Salud a través de su Observatorio para la Seguridad del Paciente.
2. Promover el registro de las actuaciones que realizan los profesionales, dirigidas a mejorar y potenciar la seguridad en la práctica clínica, de modo que permitan la continuidad en la asistencia, la correcta comunicación entre los miembros del equipo asistencial, la transferencia de conocimiento y la utilización de la información contenida en la Historia de Salud, como elementos fundamentales para la promoción de la seguridad de los pacientes.
3. Cumplir y hacer cumplir las recomendaciones que se recogen, de forma sistemática, en el Observatorio para la Seguridad de la Agencia de Calidad, en relación con:
    - Prevención de la infección asociada a la atención sanitaria.
    - Prácticas seguras en cirugía y anestesia.
    - Prácticas seguras en el uso de medicamentos.
    - Prácticas seguras relacionadas con los cuidados de enfermería.
    - Prácticas seguras relacionadas con mejoras en la comunicación.
4. Desarrollar estrategias educativas que orienten y faciliten a los ciudadanos el conocimiento necesario para aprender a vivir con mayor calidad de vida y menor riesgo para su salud.

3.2. Indicadores de seguridad

Estos indicadores propuestos por la AHRQ son un conjunto de medidas que pueden obtenerse del Conjunto Mínimo Básico de Datos (CMBD) y que se pueden utilizar para evaluar y priorizar las iniciativas regionales o nacionales en la mejora de la seguridad de los pacientes. El análisis de estas fuentes administrativas y de otras similares, baratas y fácilmente disponibles, permiten investigar los potenciales errores médicos y monitorizar las tendencias a lo largo del tiempo. Se miden en dos niveles: el hospital y el área.

- Los ***indicadores de nivel hospitalario*** proporcionan una medida de las complicaciones potencialmente evitables surgidas durante un episodio de hospitalización. Incluyen los casos donde un diagnóstico secundario identifica una complicación potencialmente evitable. Indicadores hospitalarios:
  1. Complicaciones de la anestesia.
  2. Mortalidad en GDRs de baja mortalidad.
  3. Ulcera de decúbito.
  4. Fracaso en el rescate.
  5. Cuerpo extraño olvidado durante un procedimiento.
  6. Neumotórax iatrogénico.
  7. Determinadas infecciones causadas por la asistencia sanitaria.
  8. Hematoma o hemorragia postoperatoria.
  9. Fractura de cadera postoperatoria.
  10. Desorden fisiológico y metabólico postoperatorio.
  11. Embolismo pulmonar o trombosis venosa profunda postoperatorios.
  12. Fallo respiratorio postoperatorio.
  13. Sepsis postoperatoria.
  14. Dehiscencia de herida postoperatoria.
  15. Punción/laceración accidental.
  16. Reacción transfusional.
  17. Traumatismo en el nacimiento - lesiones en el neonato.
  18. Trauma obstétrico en cesárea.
  19. Trauma obstétrico en parto vaginal instrumentado.
  20. Trauma obstétrico en parto vaginal no instrumentado.
- Los ***indicadores de área*** identifican todos los casos de complicaciones potencialmente evitables que ocurren en determinada área, tanto los que se producen durante la hospitalización como los que generan una hospitalización posterior. Están diseñados para incluir el diagnóstico principal y los secundarios como complicaciones de la asistencia. Este diseño añade los casos en los que el riesgo de complicación se generó durante otro episodio de hospitalización. Indicadores de área:
  1. Cuerpo extraño olvidado durante un procedimiento.
  2. Neumotórax iatrogénico.
  3. Determinadas infecciones causadas por la asistencia sanitaria.
  4. Dehiscencia de herida postoperatoria.
  5. Punción/laceración accidental.
  6. Reacción transfusional.

4. PROCESOS ASISTENCIALES: GUÍAS DIAGNÓSTICAS Y TERAPÉUTICAS

Los Procesos Asistenciales Integrados (PAI) nacieron con un objetivo clave: que la asistencia sanitaria incorporara la visión del paciente en el conjunto del equipo asistencial para la mejora de la continuidad asistencial. Asimismo, perseguían que la práctica clínica se desarrollara en base a la mejor evidencia científica disponible, y que los profesionales tuvieran una guía que les permitiera disminuir la variabilidad en la práctica clínica cada vez más compleja y especializada.

Con estos fines ha estado trabajando la Consejería de Salud durante estos años, pero ha llegado el momento de avanzar hacia una mayor implicación de los profesionales para mejorar la atención a la ciudadanía. Se trata también de superar el binomio individual que se produce en la relación asistencial, para aprovechar lo mejor de esa relación: la confianza, la capacidad de administrar el conocimiento, la capacidad de decidir conjuntamente, y llevarlo al marco organizativo desde la perspectiva de la Gestión Clínica.

En efecto, la descentralización política y administrativa, como clave del gobierno andaluz, se traduce al ámbito sanitario en las Unidades Clínicas como modelo organizativo donde de manera descentralizada, y en el seno de un equipo multidisciplinar pero cohesionado, los profesionales asumen nuevas competencias de organización y gestión de sus servicios, favoreciendo un desarrollo profesional dinámico, emprendedor, participativo y con autonomía para la creación de un nuevo sistema sanitario en red.

La apuesta de nuestro Sistema por crecer en este modelo se ve beneficiada por la adaptación de los Procesos Asistenciales Integrados para constituirse en piedra angular del entorno de la Gestión Clínica. Así hablamos de Cuidados de Enfermería como elemento nuclear en la personalización de la atención. Hablamos de eficiencia en la utilización de recursos y concretamente del uso racional del medicamento como base a la prescripción y utilización de fármacos en cada uno de los Procesos. Un elemento igualmente estratégico que introducen los procesos asistenciales es el relacionado con elementos prácticos de seguridad del paciente. Todo ello sin perder de vista que el fin último es ofrecer respuestas adecuadas a las expectativas de los destinatarios de los mismos, es decir, de los ciudadanos y ciudadanas, potenciando un papel más activo en su proceso de atención y recuperación, favoreciendo su papel de cuidador y articulando, más aún si cabe, espacios para el diálogo con las asociaciones de pacientes.

La implantación y desarrollo de la Gestión por Procesos Asistenciales Integrados (GPAI), pone de manifiesto que:

1. Es una muy buena herramienta para la mejora de la calidad asistencial y la reducción de la variabilidad en la práctica clínica.
2. Como herramienta de mejora organizativa ha servido para la ordenación de los flujos de trabajo y el acercamiento entre la Atención Hospitalizada (AH) y la Atención Primaria (AP), para el compromiso de la garantía de plazos y ampliación de la cartera de servicios.
3. La Gestión Clínica es el pilar de los PAI.

4. Hay que mejorar la implantación de los PAI en relación a los ritmos y sus diferencias en la implantación en AP y AH, hay que reforzar la cultura de la GPAI en los profesionales, acotar el nº de procesos a implantar, mejorar la coordinación en y entre AP y AH, evitar el riesgo de pérdida de la visión de atención integral al paciente, garantizar suficientemente la dotación de recursos, la formación y la información necesarias para la implementación de esta estrategia.
5. Hay que vincular la GPAI con los Contratos Programa y los Acuerdos de Gestión Clínica, con el modelo de Acreditación y Competencias, con la Seguridad Clínica, Planes de Cuidados, Uso Racional del Medicamento, con el desarrollo de los sistemas de información.

En relación al desarrollo de líneas de acción futuras proponen:

1. Potenciar los Acuerdos de Gestión compartidos entre profesionales de diferentes centros asistenciales como elemento de continuidad asistencial con objetivos comunes AP y AH.
2. Promover las UGC como pilar de la GPAI.
3. Fomentar la formación de los profesionales en PAI.
4. Promover la evaluación y retroalimentación a los profesionales de los resultados de los PAI.
5. Implicación más efectiva de los equipos directivos.
6. Priorizar los PAI a implantar según la morbilidad detectada.

Los PAI, considerarán y se incorporarán de forma integrada todos los elementos y dimensiones de la calidad, que se han ido desarrollando en la Organización Sanitaria, la seguridad del paciente, la información, los cuidados de enfermería, la efectividad clínica, las actividades no clínicas, la continuidad asistencial, etc.

En cada PAI, se describen todas las actividades concretas que deben realizarse, así como sus características de calidad. El procedimiento a seguir se realizará definiendo el QUIÉN-QUÉ-CUÁNDO-DÓNDE-CÓMO, describiendo de manera secuencial y temporal cada una de las acciones que realizan los profesionales que intervienen en el PAI.

Todas las actuaciones deben estar justificadas sobre la base de la evidencia científica disponible y en función de su efectividad y eficiencia demostradas. La descripción de actividades, dará respuesta a las necesidades detectadas e integrarán la perspectiva de género, deberán ir referenciadas a los distintos apartados de la representación gráfica del PAI, para así poder identificar fácilmente la actuación que debe desarrollar cada profesional en un momento concreto del desarrollo del PAI.

Actualmente la Consejería de Salud ha publicado 67 PAI, son los siguientes:

1. Amigdalectomía/Adenoidectomía.
2. Anemias.
3. Angina estable (dolor torácico).
4. Ansiedad, depresión, somatizaciones (2ª edición, 2011).
5. Arritmias.

6. Artroplastia de cadera.
7. Artrosis de rodilla y cadera.
8. Asma.
9. Ataque cerebrovascular.
10. Atención a la caries dental y a las inclusiones dentarias.
11. Atención a las personas fumadoras.
12. Atención a pacientes pluripatológicos.
13. Atención al paciente quirúrgico.
14. Atención al trauma grave.
15. Atención temprana. Seguimiento recién nacido de riesgo.
16. Atención temprana. Trastornos del desarrollo con discapacidad intelectual.
17. Atención temprana. Trastornos del desarrollo con discapacidad motora.
18. Atención temprana. Trastornos del espectro autista.
19. Atención temprana. Trastornos sensoriales.
20. Cáncer colorrectal (2ª edición, 2011).
21. Cáncer de cabeza y cuello.
22. Cáncer de cérvix.
23. Cáncer de mama (3ª edición, 2011).
24. Cáncer de piel.
25. Cáncer de pulmón.
26. Catarata.
27. Cefaleas.
28. Células y tejidos humanos.
29. Colelitiasis/Colecistitis.
30. Cuidados paliativos.
31. Demencia.
32. Diabetes mellitus (1ª edición, marzo 2011).
33. Disfonía.
34. Disfunción tiroidea.
35. Dispepsia.
36. Dolor abdominal.
37. Dolor crónico no oncológico.
38. Dolor torácico genérico (no filiado).
39. Embarazo, parto y puerperio.
40. Enfermedad pulmonar obstructiva crónica.
41. Fibromialgia.
42. Fiebre de duración intermedia.

43. Fiebre en la infancia.
44. Fractura de cadera.
45. Hemorragias uterinas anormales.
46. Hepatitis víricas.
47. Hernias de pared abdominal.
48. Hipertrofia benigna de próstata. Cáncer de próstata.
49. IAM con elevación del ST (dolor torácico).
50. Insuficiencia cardíaca.
51. Insuficiencia venosa crónica.
52. Otitis media.
53. Red de bancos de tumores de Andalucía.
54. Riesgo vascular (2ª edición, octubre 2010).
55. Sepsis grave.
56. Síndrome aórtico agudo (dolor torácico).
57. Síndrome coronario agudo sin elevación de ST (SCASEST): angina inestable e infarto sin elevación de ST (AI/IAMNST) (dolor torácico).
58. Trasplante cardíaco.
59. Trasplante de páncreas.
60. Trasplante hepático.
61. Trasplante pulmonar.
62. Trastorno mental grave.
63. Trastornos de la conducta alimentaria.
64. Tratamiento sustitutivo de la insuficiencia renal crónica: diálisis y trasplante renal.
65. Tromboembolismo pulmonar (dolor torácico).
66. Urolitiasis.
67. VIH/SIDA.

Nota: "La información suministrada ha sido contrastada en:

http://www.calidadsaludandalucia.es/es/marco_conceptual.html

http://www.juntadeandalucia.es/salud/export/sites/csalud/galerias/documentos/p_5_p_2_organizacion_de_la_investigacion/modelo_gestion/modelo_de_gestion.pdf

http: //www.calidadsaludandalucia.es/es/marco_conceptual.html

http://biblioteca2.ucab.edu.ve/anexos/biblioteca/marc/texto/AAR1755.pdf

http://www.who.int/patientsafety/implementation/icps/icps_full_report_es.pdf

http://www.scielo.br/scielo.php?pid=S0104-11692012000400021&script=sci_arttext&tlng=es"

Tema 12

Modelo de Desarrollo Profesional de Andalucía. Modelo de Acreditación de Competencias Profesionales. Modelo de acreditación de Centros y Servicios. El Contrato Programa y los Acuerdos de Gestión como instrumentos de planificación estratégica. Comisiones Clínicas y de Calidad. Unidades de Gestión Clínicas

eRodio ediciones

Índice esquemático

1. MODELO DE DESARROLLO PROFESIONAL DE ANDALUCÍA

El modelo de desarrollo profesional de Andalucía se centra en la formación y perfeccionamiento como estrategia para la modernización, utilizando el modelo de gestión por competencias del plan de calidad del sistema sanitario publico andaluz (SSPA).

El marco del desarrollo profesional de Andalucía tiene su explicación en el plan de calidad del SSPA, donde se expone un modelo estratégico no acotado en el tiempo, con una organización más transversal y flexible, orientada hacia el ciudadano, buscando la continuidad asistencial y desarrollando la mejora organizativa de la atención sanitaria.

El nuevo modelo de desarrollo profesional engloba en su diseño la mejora en los procesos asistenciales, unidades de gestión clínica, gestión por competencias, gestión del conocimiento, acreditación de la calidad y estrategia digital.

El principal activo que tiene el SSPA es su capital humano. Por tanto es necesario buscar un espacio común entre los profesionales y la organización que favorezca la apuesta clara de los profesionales por la calidad y la búsqueda de la excelencia y que haga visible el compromiso efectivo de la organización para dar una respuesta adecuada a sus necesidades y expectativas.

Según Mena Vilches en su libro "El celador y la calidad en el medio sanitario": "Desde este escenario se pretende avanzar en el desarrollo de un nuevo modelo de relación del profesional con su organización, considerando a éste con necesidades, expectativas y responsabilidades, inmerso en una organización sanitaria pública compleja, sensible y preocupada por cada una de las personas que la conforman. Relación sustentada en el desarrollo profesional, la excelencia en la prestación de los servicios sanitarios y la gestión del conocimiento, pero también orientada hacia la sostenibilidad del sistema, en un clima de innovación permanente. Todo ello en el marco de desarrollo de un sistema de gestión efectivo, participativo, coordinado, flexible, adaptado a su entorno y que busca dar respuestas efectivas a las necesidades de la ciudadanía. Los profesionales en su entorno organizativo, asentado en el modelo de gestión clínica, se constituyen en el ejercicio de su roles profesionales, como agentes facilitadores de la persona en su proceso de atención. Deben conseguir transmitir información única, veraz y comprensible y hacer posible una atención sanitaria de calidad, garantizando el ejercicio de los derechos a la persona en el momento y en las circunstancias en que se produzca algún contacto con el sistema sanitario."

El desarrollo actual del nuevo modelo organizativo basado en la gestión clínica exige un rol profesional más autónomo y comprometido. Es el espacio de la gestión clínica el que posibilita en mayor medida el desarrollo profesional y permite evidenciar una mayor implicación de los profesionales con los objetivos de la organización y en el que cristalizan legítimas aspiraciones que determinan mejores respuestas en un entorno laboral estimulante, saludable, confortable y seguro.

Desarrollar la gestión clínica en la organización sanitaria pública andaluza significa de igual manera, potenciar un modelo basado en la mejor competencia de sus profesionales y en la búsqueda continua de la excelencia.

Para ello, debe ajustarse cada vez más y mejor a las expectativas de los profesionales contemplando el conjunto de competencias que hacen posible que el conocimiento se aplique de forma efectiva y eficiente a la práctica clínica. Un conocimiento que también se transmita a través de la docencia y se genere mediante el desarrollo de la investigación en todos los niveles del sistema. La consolidación progresiva del modelo de desarrollo profesional contribuye a afianzar un sistema sanitario excelente basado en la mejora continua de sus profesionales, mediante la gestión del conocimiento, la consolidación del modelo de acreditación profesional y el desarrollo de la carrera profesional, herramientas que van a aportar solidez al proceso y garantías a su desarrollo.

La gestión del conocimiento se convierte de esta manera, en un elemento integrador de estrategias abiertas a un modelo de sistema sanitario donde las alianzas y relaciones estables con otras organizaciones generadoras de conocimiento, pueden permitir que todo ese esfuerzo de creatividad, de innovación y de trabajo excelente que desarrollan los profesionales del sistema, se puedan transformar en progreso social y económico.

Son cinco los objetivos que se establecen dentro del modelo de desarrollo profesional:

1. Reforzar el compromiso, la autonomía y participación del profesional en su desarrollo competencial y la gestión de su conocimiento.
2. El profesional se constituye un agente facilitador del paciente en el recorrido por el sistema nacional de salud, en el desarrollo efectivo de los derechos y en la utilización de los servicios en el marco de la corresponsabilidad.
3. Desarrollar la estrategia en I+D+I ampliando su desarrollo a nuevas expectativas, como generadora de conocimiento y motor del desarrollo de Andalucía.
4. Desarrollar y consolidar instrumentos accesibles, personalizados y amigables de soporte a la gestión del conocimiento.
5. Redefinir las competencias profesionales para potenciar la complementariedad y flexibilidad de los diferentes roles profesionales.

A modo de conclusión podemos destacar que el modelo de desarrolla profesional de Andalucía se centra en un modelo *estratégico, no acotado temporalmente,* con estrategia de fondo y con una organización diferente a la enfocada hasta el momento mas horizontal y flexible orientada hacia el ciudadano, buscando la continuidad asistencial y desarrollando una mejora continua en la cultura de la organización.

2. MODELO DE ACREDITACIÓN DE COMPETENCIAS PROFESIONALES

El modelo de acreditación de competencias profesionales viene regulado por el decreto 18/2207 del 23 de enero , pretende favorecer la calidad asistencial garantizando, mediante el establecimiento de un sistema de acreditación, que los profesionales sanitarios cumplen los requisitos necesarios para prestar sus servicios en un puesto de trabajo con un determinado nivel de competencia, con independencia de la valoración del resultado de la acreditación de la competencia profesional que se realice en el sistema de reconocimiento de desarrollo profesional., y tiene como objetivo fundamental la mejora continua de la calidad del sistema sanitario en su conjunto, como principio que debe presidir las actuaciones sobre protección de la salud de la Administración sanitaria y que se recoge tanto en las leyes de ámbito estatal como autonómico, y exige la implantación de los instrumentos adecuados que permitan garantizar al ciudadano la calidad de la asistencia que recibe.

En este contexto se inscriben el I y II Plan de Calidad del Sistema Sanitario Público de Andalucía, elaborados por la Consejería de Salud y que pretenden consolidar la cultura de mejora continua en la asistencia sanitaria orientada a la satisfacción de las necesidades y expectativas del ciudadano, para lo que se requiere la incorporación de instrumentos de carácter estratégico, entre las que el modelo de gestión por competencias ocupa un papel esencial. El modelo de gestión por competencias es un modelo de desarrollo profesional que persigue el desarrollo de profesionales excelentes a través de los procesos fundamentales de formación, evaluación y reconocimiento. En este sentido, la acreditación de competencias profesionales se convierte en un elemento clave de las estrategias de evaluación de los profesionales del Sistema Sanitario Público de Andalucía.

Artículo 4 de la citada ley se exponen los Objetivos del sistema de acreditación:

a) Fomentar la buena práctica profesional con objeto de garantizar la calidad de los servicios sanitarios en beneficio de los ciudadanos.
b) Promover una actitud profesional de carácter individual dirigida a la mejora continua del nivel de la competencia profesional.
c) Generar un modelo coherente de desarrollo profesional asentado en la evaluación del nivel de la competencia.

Las normas para El acceso al sistema de acreditación se recogen en el artículo 5 y se componen por dos premisas, la primera que el acceso es de carácter voluntario y la segunda es que se debe estar en situación de activo para el puesto que se desarrollan las competencias que se pretenden acreditar. Los niveles de acreditación se recogen en el articulo 6 y se dividen desde el nivel básico de competencia que se otorga con la superación de las pruebas de selección o el cumplimiento de acceso al sistema sanitario publico de Andalucía, desde este nivel básico y tras unas pruebas de evaluación de competencias voluntarias se podrá acceder a los siguientes niveles: avanzado, experto o excelente.

El proceso de evaluación, según el articulo 8 del decreto de acreditación profesional, se compone por una fase de autoevaluación, consistente en la recopilación y aportación de pruebas procedentes de la actividad profesional, y por una fase de evaluación externa, en función de la competencia a evaluar y atendiendo a las metodologías más apropiadas, y se realizará teniendo en cuenta el correspondiente mapa de competencias y los estándares definidos por el órgano acreditador.

Se entiende por mapa de competencias el documento que recoge de forma agregada el conjunto de competencias profesionales correspondientes a la categoría, puesto o grupo profesional. Se entiende por estándares la ponderación de los criterios de desarrollo del mapa de competencias que quedará determinada reglamentariamente.

Las competencias profesionales se evalúan a través de las metodologías más adecuadas para cada una de ellas y de acuerdo con los instrumentos disponibles en cada caso. Básicamente, se realizan a través del análisis de las historias clínicas, de la aplicación de técnicas de simulación y del empleo de la metodología análisis de casos.

El órgano responsable de la acreditación establecerá la metodología y criterios de valoración para cada una de las competencias profesionales, asegurando la pertinencia y actualización continua de los criterios y estándares, de acuerdo con las evidencias de conocimiento científico-técnico disponibles. La evaluación del nivel de competencias será realizada por la entidad evaluadora designada por la Consejería competente en materia de Salud y deberá ser independiente. La vigencia de la acreditación comprende un periodo de cinco años, transcurridos estos se debe iniciar un periodo de reacreditación.

Como conclusión podemos destacar que el modelo de acreditación es un proceso mediante el cual se observa y reconoce en qué forma la asistencia sanitaria que prestan los profesionales responden al modelo de calidad del SSPA, en relación a criterios de orientación al ciudadano, promoción de la salud, atención al individuo y su familia gestión por procesos, trabajo en equipo, actitud de progreso y mejora continua, compromiso con la docencia y con la investigación, uso eficiente de los recurso y orientación a ciudadanos.

3. MODELO DE ACREDITACIÓN DE CENTROS Y SERVICIOS

Los Centros y establecimientos sanitarios, cualesquiera que sean su nivel, categoría o titular, precisarán autorización administrativa previa para su instalación y funcionamiento, así como para las modificaciones que, respecto a su estructura y régimen inicial, puedan establecerse, según establece el "artículo 29 de la Ley 14/1986 de 25 de Abril, General de Sanidad".

A su vez, el artículo 19.4 de la Ley de Salud de Andalucía asigna a su Administración Sanitaria la competencia para "establecer las normas y criterios por los que han de regirse los centros, servicios y establecimientos sanitarios de Andalucía, tanto públicos como privados, para la calificación, acreditación, homologación y registro de los mismos.

Actualmente esta materia está regulada en nuestra Comunidad Autónoma por el Decreto 69/2008, de 26 de febrero, por el que se establecen los procedimientos de las Autorizaciones Sanitarias y se crea el Registro Andaluz de Centros, Servicios y Establecimientos Sanitarios.

El Registro es el compendio de todos los centros sanitarios autorizados de Andalucía.

Su regulación actual está contenida en el capítulo III del mencionado Decreto 69/2008, que bajo el título "Registro Andaluz de Centros, Servicios y Establecimientos Sanitarios", establece:

Artículo 18. Creación y naturaleza

1. Se crea el Registro Andaluz de centros, servicios y establecimientos sanitarios, cuyo objeto es la inscripción de los centros, servicios y establecimientos sanitarios que hayan obtenido la autorización administrativa correspondiente, conforme a lo previsto en este Decreto o en la legislación aplicable en su caso. El citado Registro constará de dos secciones, una para los centros, servicios y establecimientos sanita-

rios de titularidad pública del Sistema Sanitario Público de Andalucía y otra para los demás centros, servicios y establecimientos sanitarios.

2. El Registro Andaluz de centros, servicios y establecimientos sanitarios es de carácter público. La información contenida de los asientos registrales podrá obtenerse por quien acredite interés legítimo en ella, mediante las certificaciones expedidas, previa solicitud, por el funcionario encargado del mismo, sin perjuicio de las limitaciones derivadas del artículo 37 de la Ley 30/1992, de 26 de noviembre. Los datos de carácter personal que pudieran contenerse en este Registro, quedarán sometidos a lo previsto por la Ley Orgánica 15/1999, de 13 de diciembre, de Protección de Datos de Carácter Personal.

Artículo 19. Adscripción y competencia

1. El Registro Andaluz de centros, servicios y establecimientos sanitarios está adscrito orgánicamente a la Dirección General competente en materia de centros, servicios y establecimientos sanitarios de la Consejería competente en materia de salud, sin perjuicio de su gestión desconcentrada por parte de las Delegaciones Provinciales de dicha Consejería.

2. Será competente para ordenar los asientos procedentes, el mismo órgano que dicte el acto administrativo objeto de la inscripción, de acuerdo con lo establecido en este Decreto.

3. De conformidad con lo establecido en el artículo 5.3 del Real Decreto 1277/2003, de 10 de octubre, la persona titular de la Dirección General competente en materia de centros, servicios y establecimientos sanitarios es la responsable de facilitar la información necesaria para mantener permanentemente actualizado el Registro general de centros, servicios y establecimientos sanitarios del Ministerio de Sanidad y Consumo.

Artículo 20. Inscripciones, anotaciones y cancelaciones

1. La inscripción de los centros, servicios y establecimientos sanitarios incluidos en el ámbito de aplicación de este Decreto se realizará de oficio una vez otorgada la autorización administrativa correspondiente. Se asignará un Número de Identificación de Centro Autorizado (NICA), que será único para cada centro y establecimiento sanitario, y figurará en el distintivo al que se refiere el artículo 5.

2. Las inscripciones registrales contendrán como mínimo los siguientes datos:

- Denominación y tipo de centro.
- Datos identificativos de la persona titular del centro.
- Unidades asistenciales.

3. Los cambios de denominación de los centros, establecimientos y servicios sanitarios previamente autorizados, deberán comunicarse al órgano que los autorizó en el plazo de diez días desde la realización de dichos cambios, junto con la documentación acreditativa de los mismos para su anotación en el Registro Andaluz de centros, servicios y establecimientos sanitarios.

4. Autorizado o comunicado el cierre o revocada la autorización de conformidad con lo dispuesto en el presente Decreto, se procederá de oficio a su cancelación registral.

En conclusión con la acreditación de centros, el SSPA pueda ejercer el control y coordinación sobre la amplia gama de establecimientos y centros sanitarios existentes fomentando la calidad de los centros de sanitarios para proteger la salud individual y colectiva de la población, teniendo en cuenta que la creación del decreto que regula la acreditación de los centros sanitarios andaluces persigue hacer de la población el centro de las actuaciones sanitarias y que los centros y establecimientos sanitarios le ofrezcan información sobre su gestión y resultados para contribuir a un mejor conocimiento de los usuarios.

4. EL CONTRATO PROGRAMA Y LOS ACUERDOS DE GESTIÓN COMO INSTRUMENTOS DE PLANIFICACIÓN ESTRATÉGICA

El Contrato Programa de la Consejería de salud con el servicio andaluz de salud y con las agencias publicas empresariales y entidades de derecho publicas adscritas, tiene como misión hacer efectivos los compromisos que, en materia de atención sanitaria, ha establecido el gobierno de la junta de Andalucía.

Su estructura y exposición reflejan los objetivos prioritarios identificados por la consejería de salud, los recursos disponibles, los plazos para alcanzar los objetivos y los indicadores que habrán de utilizarse para su evaluación.

En el caso del servicio andaluz de salud, la firma del contrato Programa representa no solo el compromiso del servicio andaluz de salud para alcanzar los objetivos fijados en los plazos establecidos, sino también el compromiso de la totalidad de sus profesionales con la ciudadanía andaluza, con su salud, su bienestar, y su desarrollo individual y colectivo.

El Contrato Programa es un instrumento que permite orientar a los proveedores sanitarios públicos sobre los criterios de actuación, basados en la demanda de servicios y en función de los objetivos de salud descritos en el Plan Andaluz de Salud y en los criterios del Plan de Calidad.

Así, el Contrato Programa de la Consejería de Salud con el Servicio Andaluz de Salud y con las agencias públicas empresariales y entidades de derecho público adscritas, tiene como misión hacer efectivos los compromisos que, en materia de atención sanitaria, establece el Gobierno de la Junta de Andalucía con la ciudadanía. Su estructura y composición reflejan los objetivos prioritarios, los recursos disponibles, los plazos para alcanzar los objetivos y los indicadores que habrán de utilizarse para su evaluación. La firma del Contrato Programa representa no solo el compromiso de las instituciones para alcanzar las metas fijadas en los tiempos establecidos, sino también la implicación de la totalidad de sus profesionales con la mejora de la salud, el bienestar y el desarrollo individual y colectivo de la ciudadanía andaluza.

El actual Contrato Programa 2010-2013 de la Consejería de Salud con el Servicio Andaluz de Salud establece, en un horizonte cuatrienal, cinco ejes globales de actuación: la construcción de un sistema de salud más cercano a las personas, con más servicios, derechos y prestaciones, más democrático y participativo; el impulso de la salud pública para mejorar la salud del conjunto de la ciudadanía; el establecimiento de una alianza con los profesionales del sistema sanitario para que sean protagonistas de los servicios de salud; la potenciación de la investigación biomédica; y el refuerzo de las infraestructuras y el equipamiento sanitario. En consonancia con las directrices establecidas en el Contrato Programa, el Servicio Andaluz de Salud desarrolla a su vez los Contratos Programa de sus centros sanitarios y los Acuerdos de Gestión de las Unidades de Gestión Clínica, trasladando a tales niveles de responsabilidad los contenidos del Contrato Programa firmado por el servicio regional de salud.

El Contrato Programa como herramienta estratégica de gestión donde se establecen las directrices del servicio andaluz de salud en cuanto a actuación, objetivos y recursos que se asignan. Una vez asignado el contrato programa con el servicio andaluz de salud, éste desarrolla en consonancia con sus centros y unidades con de gestión, de acuerdo con su organización respectiva, mediante los que se establecerán sus propios objetivos internos, así como la asignación de recursos. En dicho contrato programa se establecerán, a su vez, los indicadores necesarios que posibiliten el grado de cumplimiento de los objetivos definidos.

En conclusión , el Contrato Programa de la consejería de salud con el servicio Andaluz de salud es un instrumento estratégico de máximo nivel, cuya misión es hacer efectivos los compromisos que, en materia de atención sanitaria y en el ámbito de responsabilidad de este organismo, ha establecido el gobierno de la Junta de Andalucía con la ciudadanía.

Su estructura y **composición reflejarán los objetivos prioritarios**, plazos, indicadores de seguimiento y evaluación así como los recursos asignados para su cumplimiento. La firma del Contrato Programa representa, no sólo el compromiso del Servicio Andaluz de Salud para alcanzar los objetivos fijados en los tiempos establecidos sino también la implicación de la totalidad de sus profesionales con la mejora de la salud, el bienestar y el desarrollo individual y colectivo de los ciudadanos andaluces. Representa además una especial implicación con los valores de las personas, entre otros, los de universalidad, equidad, solidaridad y transparencia. Un instrumento para responder a las perspectivas de innovación, modernización y calidad, gestionando racionalmente los recursos disponibles mediante estrategias de sostenibilidad.

5. COMISIONES CLÍNICAS Y DE CALIDAD

Andalucía tiene una organización sanitaria, el Sistema Sanitario Público de Andalucía (SSPA), cuya producción en términos de servicios sanitarios y de impacto en la salud es de una considerable magnitud, tanto en términos de número de servicios ofrecidos, como en términos de diversidad. El SSPA adquiere en muchas facetas de su provisión un perfil de alta especialización y complejidad, lo que reviste a su actividad de una naturaleza singular, no solo por su impacto en términos de salud, sino por la gestión del mismo.

Esta iniciativa para evaluar el desempeño y la calidad de la atención sanitaria, como la puesta en práctica por otros países y sistemas sanitarios avanzados, evalúa la calidad de la atención sanitaria globalmente considerada y del sistema sanitario público andaluz, a través de las dimensiones clave de la misma. Las dimensiones de evaluación representan facetas diversas y relevantes del concepto de calidad sanitaria, que encuentran en sus respectivos indicadores y métricas el nivel de concreción y objetivación pertinentes.

Se trata con ello de monitorizar, evaluar la calidad y rendir cuentas de los datos y resultados del SSPA para conocer y entender mejor su funcionamiento, orientado a la mejora de sus resultados y la transparencia en la información y en la gobernanza de sus instituciones, tanto internamente en la relación con los profesionales y centros, como externamente en relación con el conjunto de la sociedad. En suma, con esta iniciativa se pretende incrementar el conocimiento por parte de la sociedad y del conjunto de la organización, de los niveles de calidad del sistema sanitario público andaluz, de la acción pública de nuestro sector sanitario y de su contribución a la mejora de la salud,

6. UNIDADES DE GESTIÓN CLÍNICAS

La Gestión Clínica en el Sistema Sanitario Público de Andalucía se configura como un modelo organizativo centrado en la persona, basada en una red distribuida de espacios organizativos de ámbito multiprofesional, que permite dotar a los profesionales de mayor autonomía organizativa y responsabilidad en la gestión de los recursos. El objetivo fundamental de la Gestión Clínica se centra en prestar una atención sanitaria integral y de alta calidad, en espacios compartidos que cuentan con la participación efectiva de los ciudadanos y en los que los profesionales sanitarios se integran en equipos multidisciplinares, en el seno de uno o varios centros asistenciales, enlazando las necesidades de salud de la ciudadanía y las expectativas legítimas de los profesionales.

La Unidad de Gestión Clínica (UGC), es la estructura organizativa en la que se materializa la Gestión Clínica en todos los centros sanitarios del Sistema Sanitario Público de Andalucía. Es el entorno donde el equipo multidisciplinar, aborda de manera integrada actuaciones de prevención, promoción, asistencia, cuidados y rehabilitación a la persona y familia, poniendo el énfasis en la efectividad de la práctica clínica, el fomento del liderazgo clínico, la incorporación de la opinión de la ciudadanía, la eficiencia en la utilización de recursos, la transparencia, el impulso de la investigación y el desarrollo de procesos asistenciales integrados.

En las Unidades de Gestión Clínica la actividad se desarrolla de acuerdo a diferentes objetivos, entre los que destacan: fomentar la implicación de los profesionales sanitarios en la gestión de los centros, reforzar la continuidad asistencial entre ambos niveles de atención, mejorar la organización del trabajo y elevar la satisfacción de los pacientes.

Tras una década de desarrollo e implantación de este modelo organizativo en el Sistema Sanitario Público de Andalucía, en la actualidad el 95% de los profesionales del sistema sanitario público de Andalucía trabaja ya bajo el modelo de Unidad de Gestión Clínica. Los datos de las Unidades de Gestión Clínica acreditadas por la Agencia de Calidad Sanitaria de Andalucía son notables pues el sistema cuenta ya con 273 UGC acreditadas, de las cuales 152 son de atención primaria y 121 de atención hospitalaria. El modelo de Gestión Clínica permite adaptar los centros sanitarios a los cambios que se vienen produciendo en los últimos años, entre los que se encuentran la ampliación de la cartera de servicios, la incorporación de nuevas categorías profesionales y la descentralización de medios diagnósticos y tecnológicos. Igualmente, establecen un plan de formación personalizado para los profesionales que trabajen en esa unidad y promueven la participación efectiva de los ciudadanos. El número total de unidades de gestión clínica asciende a 1.008.

ANEXO I
MODELO DE DESARROLLO PROFESIONAL DEL SISTEMA SANITARIO DE ANDALUCÍA

Introducción

Surge este concepto de **nuevo modelo de desarrollo profesional** de la necesidad de adaptarse a las circunstancias cambiantes de una sociedad evolutiva y de desarrollo para dar respuestas que aseguren la calidad de los Servicios Sanitarios desde el motor interno que los impulsa al cambio, **los profesionales de la salud**, para dirigirlos al eje central del mismo **los ciudadanos**.

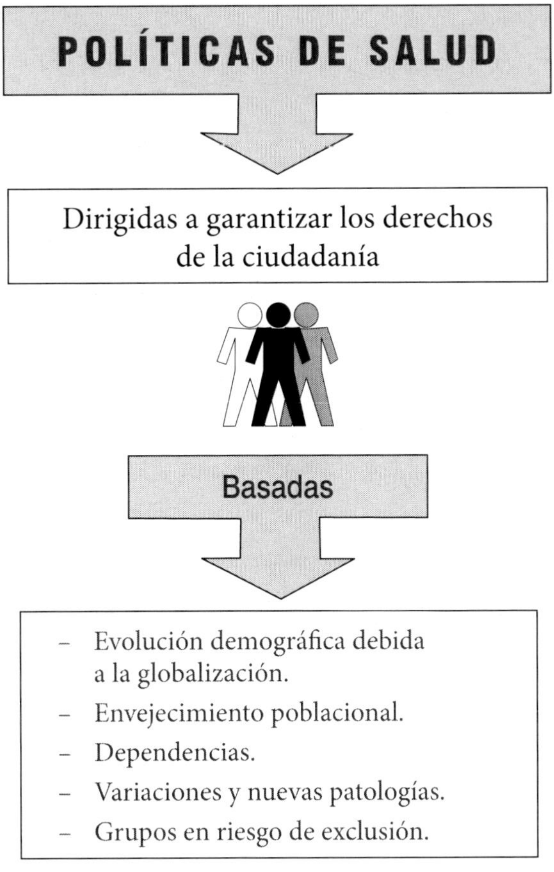

Todo ello para conseguir un **modelo profesional** que siente las bases de una nueva estrategia de gestión de profesionales.

Necesidades y expectativas de las personas

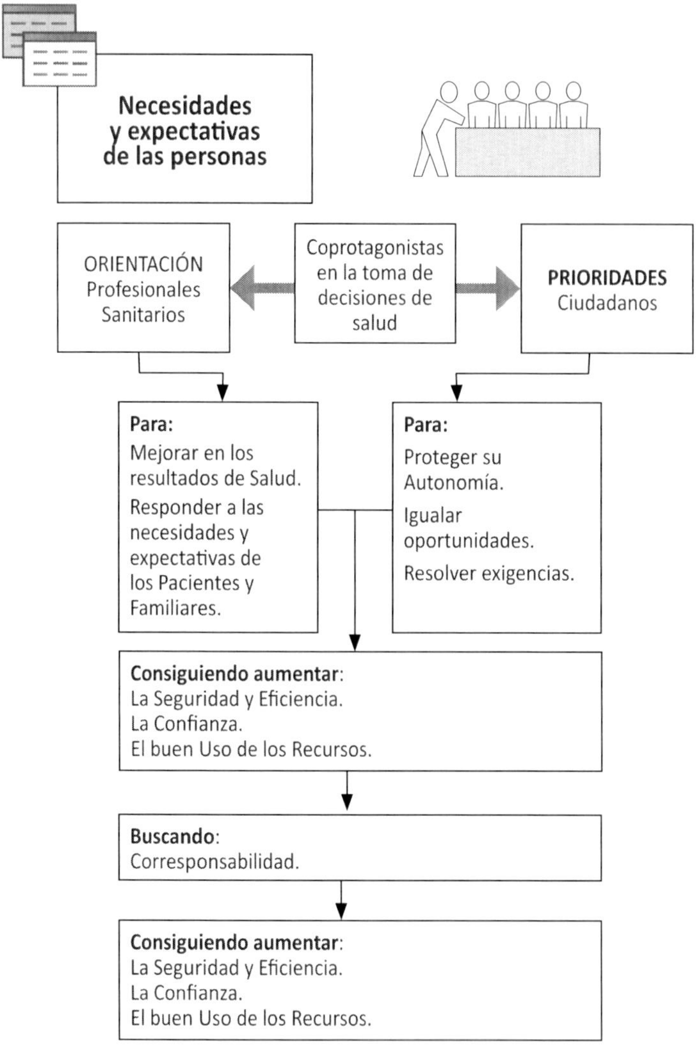

Conclusión

ANEXO II
MODELO DE ACREDITACIÓN POR COMPETENCIAS

Basado en la ***Gestión por Competencias***, es decir, en la *habilidad, destreza y capacidad* de los profesionales sanitarios para integrar y saber aplicar los conocimientos de su profesión resolviendo satisfactoriamente las situaciones que se les planteen.

Encaminado, además, para dar respuestas medibles que aseguren la *Calidad de los Servicios Sanitarios* en un marco en el que el Espacio Europeo de Educación Superior nos marca la necesidad de un mayor acercamiento y equidad entre *Docencia y Asistencia* conduciéndonos a la configuración práctica del concepto de Formación del Desarrollo Profesional

Centrado en constatar de forma cuantitativa lo que el profesional *HACE* apoyándose en:

- **El conocimiento** (Saber)
- **Habilidades** (Saber hacer)
- **Saber ser** (Actitudes)

La Gestión por Competencias se plantea en Andalucía como estrategia para la Gestión de Personas en el S.S.A.

El proceso de Certificación de Competencias se enmarca dentro del modelo de los profesionales sanitarios del S.S.P.A. regulado por el Decreto 18/2007, de 23 de Enero. Puesto en Marcha por la Agencia de Calidad de Andalucía en el Manual de Competencias explícito para cada ámbito de actuación profesional.

Es un proceso voluntario que permite al profesional revisar su práctica diaria de forma sistemática consiguiendo evolucionar en el desarrollo de sus competencias partiendo del nivel básico necesario para ellas.

Evidencias

Competencias que debe poseer un profesional clasificadas por niveles de complejidad identificadas en los siguientes grupos ascendentes.

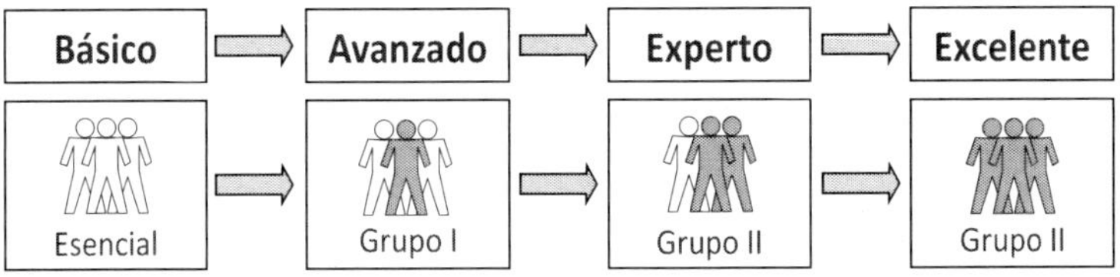

Correspondiéndose en función de los porcentajes de las evidencias cumplidas y consiguiéndose el nivel de acreditación correspondiente se certificarán los distintos niveles.

Competencias

Conjunto de comportamientos causalmente relacionados con el desempeño de la práctica en el desempeño del puesto de trabajo según los objetivos marcados en el mismo, para dar una respuesta eficiente.

Basadas en cinco bloques con diez criterios.

1. El Ciudadano	Orientación al ciudadano: – Satisfacción – Participación – Derechos
2. Atención Sanitaria Integral	– Promoción de la Salud Atención al ciudadano y la familia – Gestión por Procesos Asistenciales – Trabajo en Equipo y Relaciones Interprofesionales – Actitud de Progreso y Desarrollo Profesional
3. El Profesional	– Compromiso con la docencia – Compromiso con la investigación
4. La Eficiencia	– Uso Eficiente de los Recursos
5. Los Resultados	– Orientación de Resultados en el Desempeño Profesional

Autoevaluación

Consiste en la recopilación y aportación de pruebas procedentes de la labor real y diaria poniendo de manifiesto la buena práctica en el desempeño profesional permitiendo constatar el nivel de competencias previo y el conseguido durante el proceso de certificación.

Consta de:

- Pruebas No Presenciales: Autoauditorias, Informes, Certificados.
- Pruebas No Presenciales Sujetas a Convocatorias: Casos Contextualizados.

Es importante reseñar que el profesional es el Gestor de su propio Proceso de Acreditación y que será éste quién comience y finalice el proceso y decida que pruebas desea aportar siempre y cuando estén dentro de los plazos de la convocatoria.

Evaluación

Sera un gabinete de profesionales expertos de cada disciplina o especialidad de la Agencia de Calidad Sanitaria los que evalúen las pruebas aportadas emitiendo un informe de resultados con el Nivel de Desarrollo Competencial que el profesional haya alcanzado.

Certificación y acreditación

Proceso mediante el que se ***observa y reconoce***, de forma sistemática las competencias reales de los profesionales descritas en su correspondiente *Mapa de Competencias*.

El Certificado del Nivel de Desarrollo tiene una vigencia de cinco años.

La Agencia de Calidad Sanitaria de Andalucía ha desarrollado una aplicación informática a través de la que uds. puede realizar todo el proceso de Certificación de sus **competencias**.

Conclusiones

ANEXO III
CONTRATO PROGRAMA

Bases para la evolución

El nuevo **Contrato Programa** de la Junta de Andalucía mediante la Consejería de Salud tiene como base de la nueva Política de Salud la recogida en la cuarta edición del Plan Andaluz de Salud y las estrategias de calidad en la tercera edición del Plan de Calidad del Sistema Sanitario Público de Andalucía con el objetivo de profundizar en las líneas ya emprendidas y de abordar un profundo cambio estructural que conduzca a una organización de renovado perfil.

JUNTA DE ANDALUCIA

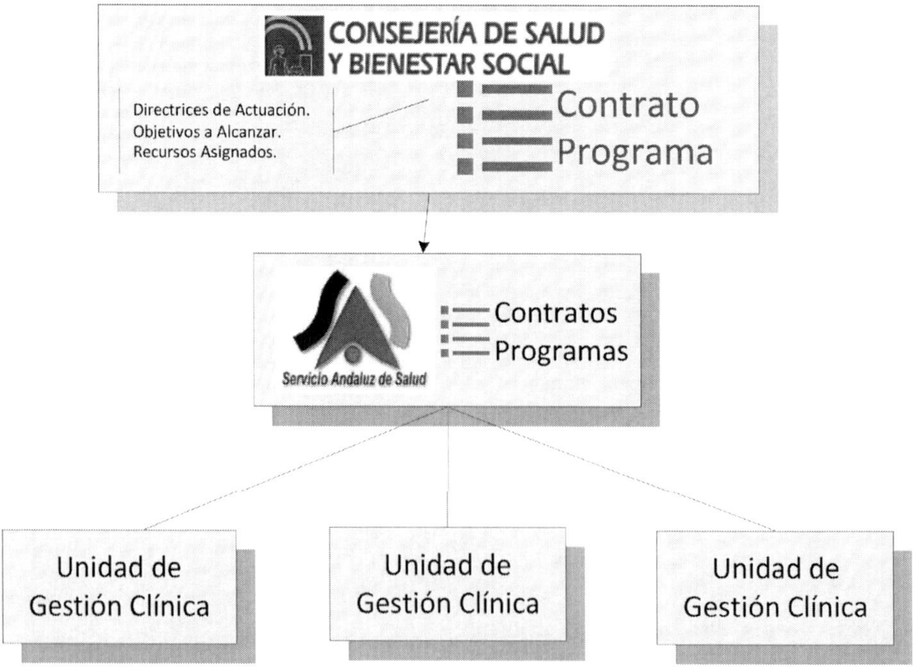

El Contrato Programa: ¿qué es, cuál es su importancia?

Nos ha parecido interesante comenzar este punto reflexionando sobre el siguiente artículo:

Carmen Martínez Aguayo y Santiago Martín Acera

Publicación Artículo: Dirección General del Instituto Nacional de la Salud. Ministerio de Sanidad y Consumo.

Introducción

El Sistema Sanitario español, tras haber alcanzado su plena consolidación, se ve inmerso, junto a la práctica totalidad de Sistemas de nuestro entorno, en un interesante debate sobre su futuro, dentro de los condicionantes derivados del marco general de interdependencia política creciente (derivada del proceso de construcción europea y plasmada en el Tratado de Maastricht), y de salida de una grave crisis económica, que tiene su más claro reflejo en los esfuerzos de todos los países por controlar el déficit público y el desempleo.

A lo anterior debemos añadir que en la ciudadanía se ha percibido en los últimos años (Encuesta Blendon, Barómetro Sanitario del NI." de Sanidad) una sensación generalizada de insatisfacción con las prestaciones que recibe de un Sistema (fundamentalmente en aspectos de relación y comunicación con los profesionales) al que, además, se acusa de ser menos eficiente de lo que podría.

Todo esto, se vivencia como una situación de auténtico agravio comparativo con el esfuerzo que se exige de la población y el que ésta percibe que realiza el sector sanitario público.

La consecuencia es una crisis de legitimidad social del sector al que se acusa de insolidario y rígido en la forma y el contenido de las prestaciones (inadaptación a las solicitudes de personalización de la oferta de servicios y a las exigencias de usuarios que se sienten, cada vez más, financiadores de las mismas). Las características propias del entorno sanitario no actúan precisamente como facilitadores a la salida de esta crisis.

En medio de un incremento incesante de la demanda, de los costes (tecnología, nuevos fármacos etc.), del envejecimiento poblacional y de la modificación de los perfiles epidemiológicos hacia patrones propios de las sociedades desarrolladas; su comportamiento histórico es excesivamente burocrático, lento y perezoso para responder a las nuevas, y no siempre comprendidas, demandas que se le exigen.

Los nuevos "retos" del Sistema

A todos los Sistemas Sanitarios Públicos (Reino Unido, Suecia, Italia, Canadá, Nueva Zelanda, Alemania, Bélgica, etc.), se les ha lanzado una importante apuesta, desde el punto de vista del futuro del estado de bienestar, del que son característica diferenciadora. Este reto supone responder claramente a las siguientes preguntas:

- ¿Es posible mantener un sistema público que conciba la prestación de los servicios como un derecho de los ciudadanos y que actúe como redistribuidor de atención desde los menos a los más *necesitados ? (en atención a problemas de salud, se entiende).*
- ¿Pueden los mecanismos de gestión colaborar con la consecución *de esta finalidad?*

Algunos economistas de la salud (Costas Lombardía, Martín, Casasnovas, Cabases) y expertos en gestión sanitaria (Von Otter, Saltman, Enthoven) proponen diversas soluciones para responder a estas preguntas.

De forma resumida, estas soluciones deberían ser clasificadas en:

- Las que actúan a nivel de los usuarios del sistema (recorte de prestaciones, inclusión de precio en las prestaciones).
- Las que inciden en los profesionales prestadores, buscando incrementar suficiencia mediante la introducción de mecanismos de competencia (más o menos regulada, y entre profesionales del propio sistema público o entre éstos y los que trabajan en el sector privado)

Quienes tienen capacidad y poder de decisión en las macro-organizaciones gestoras optan, en función de las características de sus entornos específicos, por la implantación de actuaciones mixtas (sobre el usuario y sobre el proveedor}, con una intensidad que viene marcada, como es lógico, por el coste político de las mismas.

En síntesis, el Contrato Programa, es una herramienta con capacidad potencial para mejorar los resultados de gestión, con la participación activa de los profesionales, que con sus decisiones clínicas y organizativas cotidianas tienen capacidad de inducir empleando, para este fin, un proceso de pactos y negociaciones, a cuantos niveles de la organización desee cada responsable de su uso).

Sus resultados iniciales, durante el escaso tiempo que lleva implantado (desde mediados de 1993 hasta la actualidad), permiten extraer algunas conclusiones iniciales optimistas para las cuestiones planteadas inicialmente, además de detectar elementos negativos que deberán ser modificados como corresponde a toda orientación de mejora continua de las herramientas de gestión.

Destacamos por su relevancia para el contexto de esta editorial: la progresiva igualación del gasto capitativo entre las Comunidades Autónomas gestionadas por el Insalud, la contención de las tasas de crecimiento del gasto, el incremento de la actividad y producción hospitalaria, el incremento de la cobertura por equipos de atención primaria, la mejora de la gestión de la prestación farmacéutica (en cantidad y calidad de la prescripción), y, la mejora de los tiempos de dedicación al usuario en consulta.

Algunas reflexiones útiles para la gestión en momentos de crisis

Podemos compartir con alguno de los economistas mas críticos con las soluciones propuestas (COSTAS LOMBARDIA, El País, diciembre de 1994), que las medidas de gestión, por sí solas, no bastaran para dar solución a los problemas de nuestro Sistema Sanitario. A pesar de ello, también somos de la opinión que contribuirán de forma importante a ello, máxime cuando su capacidad potencial no ha sido aún suficientemente explorada.

En este sentido nos hacemos algunas reflexiones, que pueden servir para avanzar en la consecución de la respuesta afirmativa a la primera de las cuestiones planteadas:

1. El Contrato Programa debe venir acompañado, si se quiere alcanzar su máxima utilidad, de un cambio cultural en gestores y clínicos, que haga de la negociación y la corresponsabilidad una forma habitual de relación.

   En consecuencia, debe modificar profundamente el papel de ambos:

   - El del gestor porque le obliga a ponerse al servicio del clínico (función de apoyo que facilite toda la información que requiera éste para la mejora de la gestión que conllevan sus decisiones.

- El del clínico, porque ha de suponer una actitud abierta a compartir los riesgos del futuro de su centro sanitario como empresa de servicios (del Sistema Sanitario, en definitiva).

En síntesis, podría afirmarse que la organización debe ponerse al servicio efectivo de sus profesionales, reconociendo su papel de auténtica imagen de la empresa, a la vez que éstos reconocen que el futuro de la misma, y, por lo tanto, su futuro está en sus manos.

2. La consecuencia de la implantación del Contrato Programa deberá ser la modificación de un determinante interno básico en la organización: la devolución del poder de gestión a los profesionales.

   Esto supone desarrollar un proyecto serio de descentralización de la organización de la gestión que reconozca formas más funcionales e imaginativas, y, desde luego, mucho más adaptadas a la realidad social actual (unidades funcionales según líneas de producción por ejemplo)

3. Convendría aclarar la efectividad real de ciertos cambios que se exigen, desde algunos profesionales (de la gestión y la asistencia), como necesarios y cuasisuficientes para mejorar los resultados de la organización.

   Nos referimos, esencialmente, a las propuestas de modificación de las relaciones laborales (laboralización), o de la política de personal (incentivación, carrera profesional), por poner dos ejemplos significativos.

   Bajo nuestro punto de vista, es posible gestionar más y mejor en el entorno legislativo actual, y, sobre todo, consideramos poco factibles dichas propuestas (a pesar de utilizarse, en las tertulias habituales, como panacea).

   Las de laboralización, por el rechazo que genera, conllevando costes políticos difícilmente asumibles, lo que conduciría a desvirtuar la medida (aplicación "voluntaria", que produciría una sangría de recursos humanos del sistema público y unos costes adicionales de transacción, es decir, de evaluación y control, previsiblemente altos).

   Del resto de propuestas, aunque algunas puedan compartirse, sería conveniente recordar que son consecuencia de un proceso de descentralización, y por lo tanto requieren de este paso previo para su implantación con éxito, salvo que se pretenda burocratizar y anquilosar aún más la organización actual.

Conclusión

En el contexto de planificación política actual es necesario que la gestión, sin ser el único determinante, asuma sus responsabilidades en la consecución de mayores cotas de eficiencia, entendida como concepto social, mucho más amplio, que el meramente económico, es decir, como compromiso por obtener con los recursos que la sociedad asigna más de lo que ésta demanda y necesita.

En este sentido, los esfuerzos realizados y las herramientas que, como el Contrato Programa, se han introducido en los dos últimos años, aún ofreciendo perspectivas muy positivas de las que alegrarnos, requieren de una mejora del proceso de implantación y de sus resultados. Mejora que ha de hacerse, si quiere consolidar su credibilidad, en el menor tiempo posible.

Pero sobre todo requiere de una mayor confianza de los propios gestores en sus posibilidades. No sea que achaquemos la insuficiente consecución de los cambios propuestos a defectos de las herramientas, rehuyendo nuestra responsabilidad de aplicarlas correcta y completamente.

El propósito de nuestro Sistema de Salud

- Contribuir cualitativamente y cuantitativamente al Bienestar de los ciudadanos mejorando la Salud en todas sus facetas.

  La pérdida o recuperación de la SALUD constituyen uno de los marcadores más claros del nivel de bienestar social.
- Proporcionar la mejor atención sanitaria de calidad.

  Sustentada en la calidad **científico-técnica-humana** segura y efectiva prestada de la forma mas adecuada adaptándola a las necesidades de cada persona.
- Asegurar y proteger el Valor de los recursos

  Utilizar **todos los recursos** de la forma mas eficiente,equitativa y efectiva posibles para obtener el mayor beneficio de cada unidad de los mismos. La perspectiva esencial en este aspecto es la de mantener su sostenibilidad.
- Generar, gestionar y motivar el conocimiento.

  Sustentada en el **conocimiento científico** siguiendo criterios de rigor, veracidad, evidencia eficacia y aplicabilidad. Avanzaremos, por tanto, como profesionales evolucionando en el continuum de la formación y la investigación.

Prioridades. Ejes de actuación

- **Construir**. Un Sistema de Salud mas cercano a las personas, con mas y mejores servicios y prestaciones, respetando los derechos individuales y colectivos, mas democrático y participativo.
- **Impulsar**. La Salud Pública para mejorar la salud del conjunto de los ciudadanos.
- **Establecer**. Una alianza con los profesionales del Sistema Sanitario para que sean protagonistas de los servicios de Salud.
- **Potenciar**. La investigación Biomédica.
- **Reforzar**. Las infraestructuras y equipamiento sanitario.

Valores a compartir

- **Universalidad**. Para todos y cada uno de los ciudadanos, la protección de la salud como Derecho Constitucional Básico.
- **Equidad**. Prestaciones de forma igualitaria independientemente del lugar geográfico, edad, género o cualquier otra circunstancia.
- **Sostenibilidad**. Extendiéndose desde la Salud Publica y Comunitaria, Protección del Medio ambiente hasta la protección y el buen uso de cada recurso para un uso eficiente de calidad y el respeto por el relevo de quienes nos suceden.
- **Transparencia**. Proporcionando a todos y cada uno de los elementos del Sistema Sanitario la información para tomar decisiones responsables. Es decir claridad de calidad para conocer y decidir.
- **Innovación**. Basado en el presente y encaminados a mejorar el futuro para mejorar adaptándonos a las necesidades y expectativas cambiantes de una sociedad en continuo desarrollo.

Enfoque preventivo y de promoción

Anticipándonos a los posibles riesgos de salud promocionando seguridad en los alimentos, el medio ambiente, enfermedades infecto-contagiosas, planificación familiar y en general todos aquellos riesgos que pongan en cuestión el estado de Bienestar de los ciudadanos.

- **Compromiso de calidad:**

  Comprometidos con en servicio clínicamente efectivo con criterios de seguridad. Medible, estandarizado, reconocido e incentivado que camina hacia la excelencia.

- **Accesibilidad:**

  Con diferentes vías de acceso informáticas, telefónicas y presenciales eliminando las barreras tanto físicas como idiomáticas, culturales o cualesquiera otras que impidan al ciudadano acceder al Sistema de Salud.

- **Satisfacción:**

  Reconociendo la experiencia del ciudadano como componente central al que van encaminados los esfuerzos de salud, valorando su satisfacción, expectativas y corrigiendo errores para dar legitimidad a una sanidad fiable y de calidad.

- **Personalización:**

  Protegiendo la individualidad de cada persona en todos los aspectos que la definen con respeto, dignidad, humanidad y confidencialidad. Prestando cuidados integrales al ciudadano.

- **Participación:**

  Integrado en la Sociedad a la que pertenece como Sist. Abierto tanto para los profesionales como para los ciudadanos ambos con un papel colaborativo al servicio de los interesen generales de la sociedad que los define.

- **Trabajo en equipo:**

  Trabajo cooperativo de todos los profesionales integrantes e integradores del Sistema de Salud desde gestores, sanitarios, servicios. Trabajando en una misma directriz , con mayor autonomía, compartiendo información y responsabilidad, conocimientos y buen hacer, desde todos y cada uno de sus roles profesionales haciéndonos mas valorados y valorables, eficaces, autónomos y participativos, innovadores y accesibles convirtiéndonos en un Equipo Sólido, Innovador, Fiable y de Calidad,

- **Reconocimiento profesional:**

  Esforzándose en el valor de los méritos y en la incentivación del trabajo bien hecho en función de los resultados. Acreditando las buenas practicas como el continuo desarrollo profesional.

- **Motivación**:

  Enfatizando en las medidas de apoyo a los profesionales para la consecución de los objetivos de calidad marcados dándoles la autonomía de participación necesaria para ello, convencidos del protagonismo activo que representan.

Siendo éste, de la motivación de los profesionales, el principal motor de los programas de mejora de la calidad intrainstitucionales.

- **Corresponsabilidad:**

  Todos somos parte y partido del Sistema Sanitario al pertenecernos a todos. Ciudadanos y profesionales tenemos el deber de compartir responsabilidades en el uso y mantenimiento del mismo para mejorarlo y protegerlo ya que significa una de los pilares básicos del bienestar de una sociedad moderna y evolucionada.

- **Servicio Público:**

  Tomar conciencia del significado de Servicio Público comprometidos con el valor de lo edificado y sostenido con el esfuerzo económico de toda la sociedad andaluza. Servimos como profesionales a los intereses y necesidades de todos los ciudadanos y lo hacemos en colaboración. Ciudadanos y profesionales ciudadanos al servicio de un bien común.

Objetivos como organización

- La persona como centro neurálgico y a su experiencia como ciudadano y paciente.
  - ▷ Satisfacción.
  - ▷ Accesibilidad.
  - ▷ Enfoque comunitario.
    - ○ Prevención.
    - ○ Promoción.
    - ○ Protección.
  - ▷ Resultados de mejora de servicios.
  - ▷ Seguridad del paciente.
  - ▷ Personalización.
  - ▷ Transparencia.
  - ▷ Participación.
  - ▷ Comunicación e imagen.
- Al profesional como protagonista en su práctica desde las evidencias y el conocimientos.
  - ▷ Participación profesional.
  - ▷ Reconocimiento y motivación.
  - ▷ Acreditación y desarrollo profesional.
  - ▷ Gestión por competencias.
  - ▷ Medicamentos y práctica profesional.
  - ▷ Tecnologías y práctica profesional.
  - ▷ Liderazgo.

    - ▷ Formación.
    - ▷ Investigación.
- Rediseñando la organización como entorno de innovación y valores compartidos.
    - ▷ Gestión clínica.
    - ▷ Redes clínicas, descentralización y áreas integradas de gestión sanitarias.
    - ▷ Sostenibilidad económico financiera.
    - ▷ Sostenibilidad ambiental.
    - ▷ Procesos asistenciales integrados y planes integrales.
    - ▷ Programas de especial seguimiento.
    - ▷ Acreditación de la calidad.
    - ▷ Evaluación.
    - ▷ Sistemas de tecnologías para la salud.
    - ▷ Conectividad.
    - ▷ Infraestructuras y equipamiento.
- Recursos disponibles.
    - ▷ Humanos.
    - ▷ Económicos y financieros.
    - ▷ Relacionados con la organización y gestión.
    - ▷ Relacionados con la infraestrutura y el equipamiento.
- Desarrollo indicadores, seguimiento y evaluación del contrato programa.
    - ▷ Desarrollo de los Contratos Programas suscritos con los distintos centros.
    - ▷ Indicadores.
    - ▷ Seguimiento y evaluación.
    - ▷ Memoria Anual.
    - ▷ Modificación o revisión del Contrato Programa.
    - ▷ Vigencia.

Conclusiones

El **Contrato Programa** es por tanto un instrumento estratégico de alto nivel cuya misión es hacer efectivos los compromisos que en materia de Salud ha establecido el Gobierno de la Junta de Andalucía con la ciudadanía.

Su estructura y composición reflejarán los objetivos prioritarios, plazos, indicadores de seguimiento y evaluación así como los recursos asignados para su cumplimiento.

La firma del **Contrato Programa** representa, no sólo el compromiso del Servicio Andaluz de Salud para alcanzar los objetivos fijados en los tiempos establecidos sino también la implicación de la totalidad de sus profesionales con la mejora de la salud, el bienestar y el desarrollo individual y colectivo de los ciudadanos andaluces.

Representa además una especial implicación con los **valores** de las personas, entre otros, los de universalidad, equidad, solidaridad y transparencia.

Un instrumento para responder a las perspectivas de innovación, modernización y calidad, gestionando racionalmente los recursos disponibles mediante estrategias de sostenibilidad.

Finalmente me gustaría reseñar que en los difíciles tiempos en los que nos movemos, donde la crisis por la que estamos pasando ha causado estragos en las poblaciones llevando a éstas a una desestabilización del estado de bienestar y aumentando entre otros los grupos en riesgo de exclusión, no debemos olvidar la capacidad de adaptación y renovación humanas. Recordemos:

"..Las dificultades preparan a las personas comunes para destinos extraordinarios."

C.S. LEWIS

Tema 13

Ley 44/2003, de 21 de noviembre, de Ordenación de las Profesiones Sanitarias

eRodio ediciones

Índice esquemático

1. NORMAS GENERALES

1.1. Objeto y ámbito de aplicación

La ley 44/2003 regula los aspectos básicos de las profesiones sanitarias tituladas en lo que se refiere a su ejercicio por cuenta propia o ajena, a la estructura general de la formación de los profesionales, al desarrollo profesional de éstos y a su participación en la planificación y ordenación de las profesiones sanitarias. Asimismo, establece los registros de profesionales que permitan hacer efectivo los derechos de los ciudadanos respecto a las prestaciones sanitarias y la adecuada planificación de los recursos humanos del sistema de salud.

Las disposiciones de la ley 44/2003 son aplicables tanto si la profesión se ejerce en los servicios sanitarios públicos como en el ámbito de la sanidad privada.

1.2. Profesiones sanitarias tituladas

De conformidad con el artículo 36 de la Constitución, y a los efectos de la ley 44/2003, son profesiones sanitarias, tituladas y reguladas, aquellas cuya formación pregraduada o especializada se dirige específica y fundamentalmente a dotar a los interesados de los conocimientos, habilidades y actitudes propias de la atención de salud, y que están organizadas en colegios profesionales oficialmente reconocidos por los poderes públicos, de acuerdo con lo previsto en la normativa específicamente aplicable.

Las profesiones sanitarias se estructuran en los siguientes grupos:

a) De nivel Licenciado: las profesiones para cuyo ejercicio habilitan los títulos de Licenciado en Medicina, en Farmacia, en Odontología y en Veterinaria y los títulos oficiales de especialista en Ciencias de la Salud para Licenciados.

b) De nivel Diplomado: las profesiones para cuyo ejercicio habilitan los títulos de Diplomado en Enfermería, en Fisioterapia, en Terapia Ocupacional, en Podología, en Óptica y Optometría, en Logopedia y en Nutrición Humana y Dietética y los títulos oficiales de especialista en Ciencias de la Salud para tales Diplomados.

Cuando así resulte necesario, por las características de la actividad, para mejorar la eficacia de los servicios sanitarios o para adecuar la estructura preventiva o asistencial al progreso científico y tecnológico, se podrá declarar formalmente el carácter de profesión sanitaria, titulada y regulada, de una determinada actividad no prevista en el párrafo anterior, mediante norma con rango de ley.

Conforme a lo establecido en la Ley 10/1986, de 17 de marzo, sobre odontólogos y otros profesionales relacionados con la salud dental, tienen carácter de profesión sanitaria la de protésico dental y la de higienista dental.

Se establecerán los procedimientos para que el Ministerio de Sanidad y Consumo (en adelante se entenderá Ministerio de Sanidad, Servicios Sociales e Igualdad) expida, cuando ello resulte necesario, una certificación acreditativa que habilite para el ejercicio profesional de los interesados.

1.3. Profesionales del área sanitaria de formación profesional

De conformidad con el artículo 35.1 de la Constitución, son profesionales del área sanitaria de formación profesional quienes ostentan los títulos de formación profesional de la familia profesional sanidad, o los títulos o certificados equivalentes a los mismos.

Los profesionales del área sanitaria de formación profesional se estructuran en los siguientes grupos:

a) **De grado superior**: quienes ostentan los títulos de Técnico Superior en Anatomía Patológica y Citología, en Dietética, en Documentación Sanitaria, en Higiene Bucodental, en Imagen para el Diagnóstico, en Laboratorio de Diagnóstico Clínico, en Ortoprotésica, en Prótesis Dentales, en Radioterapia, en Salud Ambiental y en Audioprótesis.

b) **De grado medio**: quienes ostentan los títulos de Técnico en Cuidados Auxiliares de Enfermería y en Farmacia.

Tendrán, asimismo, la consideración de profesionales del área sanitaria de formación profesional los que estén en posesión de los títulos de formación profesional que, en la familia profesional sanidad, establezca la Administración General del Estado conforme a lo previsto en el artículo 10.1 de la Ley Orgánica 5/2002, de 19 de junio, de las Cualificaciones y de la Formación Profesional.

Los técnicos superiores y técnicos a los que se refieren los párrafos anteriores ejercerán su actividad profesional sanitaria de acuerdo con las normas reguladoras de la formación profesional, de sus distintos niveles formativos y de su concreta titulación, en el marco del respeto a la competencia profesional, responsabilidad y autonomía propias de las profesiones sanitarias.

Las Administraciones sanitarias establecerán, en los casos en que resulte procedente, los modelos para la integración e incorporación de los técnicos superiores y técnicos referidos anteriormente y de sus actividades profesionales sanitarias a los centros y establecimientos dependientes o adscritos a tales Administraciones, y regularán los sistemas de formación continuada y de desarrollo de éstos.

2. DEL EJERCICIO DE LAS PROFESIONES SANITARIAS

2.1. Principios generales

De acuerdo con lo establecido en los artículos 35 y 36 de la Constitución, se reconoce el derecho al libre ejercicio de las profesiones sanitarias, con los requisitos previstos en la ley 44/2003 y en las demás normas legales que resulten aplicables.

El ejercicio de una profesión sanitaria, por cuenta propia o ajena, requerirá la posesión del correspondiente título oficial que habilite expresamente para ello o, en su caso, de la certificación que la sustituya, y se atendrá, en su caso, a lo previsto en la ley 44/2003, en las demás leyes aplicables y en las normas reguladoras de los colegios profesionales.

Los profesionales sanitarios desarrollan, entre otras, funciones en los ámbitos asistencial, investigador, docente, de gestión clínica, de prevención y de información y educación sanitarias.

Corresponde a todas las profesiones sanitarias participar activamente en proyectos que puedan beneficiar la salud y el bienestar de las personas en situaciones de salud y enfermedad, especialmente en el campo de la prevención de enfermedades, de la educación sanitaria, de la investigación y del intercambio de información con otros profesionales y con las autoridades sanitarias, para mejor garantía de dichas finalidades.

Los profesionales tendrán como guía de su actuación el servicio a la sociedad, el interés y salud del ciudadano a quien se le presta el servicio, el cumplimiento riguroso de las obligaciones deontológicas, determinadas por las propias profesiones conforme a la legislación vigente, y de los criterios de normo-praxis o, en su caso, los usos generales propios de su profesión.

Los profesionales sanitarios realizarán a lo largo de su vida profesional una formación continuada, y acreditarán regularmente su competencia profesional.

El ejercicio de las profesiones sanitarias se llevará a cabo con plena autonomía técnica y científica, sin más limitaciones que las establecidas en la ley 44/2003 y por los demás principios y valores contenidos en el ordenamiento jurídico y deontológico, y de acuerdo con los siguientes principios:

a) Existirá formalización escrita de su trabajo reflejada en una historia clínica que deberá ser común para cada centro y única para cada paciente atendido en él. La historia clínica tenderá a ser soportada en medios electrónicos y a ser compartida entre profesionales, centros y niveles asistenciales.
b) Se tenderá a la unificación de los criterios de actuación, que estarán basados en la evidencia científica y en los medios disponibles y soportados en guías y protocolos de práctica clínica y asistencial. Los protocolos deberán ser utilizados de forma orientativa, como guía de decisión para todos los profesionales de un equipo, y serán regularmente actualizados con la participación de aquellos que los deben aplicar.
c) La eficacia organizativa de los servicios, secciones y equipos, o unidades asistenciales equivalentes sea cual sea su denominación, requerirá la existencia escrita de normas de funcionamiento interno y la definición de objetivos y funciones tanto generales como específicas para cada miembro del mismo, así como la cumplimentación por parte de los profesionales de la documentación asistencial, informativa o estadística que determine el centro.
d) La continuidad asistencial de los pacientes, tanto la de aquellos que sean atendidos por distintos profesionales y especialistas dentro del mismo centro como la de quienes lo sean en diferentes niveles, requerirá en cada ámbito asistencial la existencia de procedimientos, protocolos de elaboración conjunta e indicadores para asegurar esta finalidad.

e) La progresiva consideración de la interdisciplinariedad y multidisciplinariedad de los equipos profesionales en la atención sanitaria.

Para el ejercicio de una profesión sanitaria será necesario cumplir las obligaciones y requisitos previstos en el ordenamiento jurídico vigente. En todo caso, para ejercer una profesión sanitaria, serán requisitos imprescindibles:

a) Estar colegiado, cuando una ley estatal establezca esta obligación para el ejercicio de una profesión titulada o algunas actividades propias de ésta.
b) No encontrarse inhabilitado o suspendido para el ejercicio profesional por sentencia judicial firme, durante el periodo de tiempo que fije ésta.
c) No encontrarse suspendido o inhabilitado para el ejercicio profesional por resolución sancionadora impuesta por un colegio profesional sanitario, cuando una ley estatal establezca para este ejercicio la obligación de estar colegiado, durante el periodo de tiempo que fije ésta.
d) No encontrarse suspendido o inhabilitado para el ejercicio profesional, o separado del servicio, por resolución administrativa sancionadora firme, durante el periodo de tiempo que fije ésta, cuando se ejerza la profesión en el ámbito de la asistencia sanitaria pública.
e) Tener suscrito y vigente un seguro de responsabilidad, un aval u otra garantía financiera, sean de protección personal o colectiva, que cubra las indemnizaciones que se puedan derivar de la responsabilidad profesional por un eventual daño a las personas causado con ocasión de la prestación de tal asistencia o servicios cuando se ejerza la profesión en el ámbito de la asistencia sanitaria privada.

Con la finalidad de facilitar la observancia de los requisitos previstos en el apartado anterior, se establecen las siguientes obligaciones de cesión de datos, para las que no será necesario el consentimiento del titular de los datos de carácter personal:

a) Los juzgados y tribunales deberán remitir aquellos datos necesarios referentes a las sentencias firmes de inhabilitación o suspensión para el ejercicio profesional al Ministerio de Sanidad, Servicios Sociales e Igualdad en la forma que reglamentariamente se establezca.
b) Las administraciones públicas con competencias sancionadoras sobre los profesionales sanitarios empleados por ellas deberán remitir las resoluciones sancionadoras que afecten a la situación de suspensión o habilitación de éstos.
c) Las corporaciones colegiales deberán remitir al Ministerio de Sanidad, Servicios Sociales e Igualdad copia de las resoluciones sancionadoras que suspendan o inhabiliten para el ejercicio profesional impuestas por ellos, cuando una ley estatal establezca para este ejercicio la obligación de estar colegiado.
d) El Ministerio de Sanidad, Servicios Sociales e Igualdad comunicará a las entidades mencionadas en los apartados b) y c) anteriores las resoluciones sancionadoras que reciba. Para ello, establecerá mecanismos de cooperación y sistemas de comunicación e intercambio de la información a través del Registro Estatal de Profesionales Sanitarios, creado por la disposición adicional décima de la Ley 16/2003, de 28 de mayo, de cohesión y calidad del Sistema Nacional de Salud.

El órgano encargado del Registro Estatal de Profesionales Sanitarios podrá consultar los datos de carácter personal de los profesionales sanitarios contenidos en los archivos y ficheros del Documento Nacional de Identidad (DNI) y del Número de Identidad del Extranjero (NIE) competencia del Ministerio del Interior, para contrastar la veracidad de la información que consta en el registro. Para esta consulta no será necesario el consentimiento del titular de los datos de carácter personal.

El órgano encargado de los registros integrados en el Sistema de Registros Administrativos de Apoyo a la Administración de Justicia, informará al órgano del Ministerio de Sanidad, Servicios Sociales e Igualdad encargado del Registro Estatal de Profesionales Sanitarios, a solicitud de éste, de los datos necesarios referentes a las sentencias de inhabilitación o suspensión para el ejercicio profesional contenidas en las inscripciones de estos registros integrados, siempre que no se trate de información reservada a Jueces y Tribunales, en la forma que reglamentariamente se establezca. Para la cesión de estos datos no será necesario el consentimiento del titular de los datos de carácter personal.

2.2. Principios generales de la relación entre los profesionales sanitarios y las personas atendidas por ellos

La relación entre los profesionales sanitarios y de las personas atendidas por ellos, se rige por los siguientes principios generales:

a) Los profesionales tienen el deber de prestar una atención sanitaria técnica y profesional adecuada a las necesidades de salud de las personas que atienden, de acuerdo con el estado de desarrollo de los conocimientos científicos de cada momento y con los niveles de calidad y seguridad que se establecen en esta ley y el resto de normas legales y deontológicas aplicables.

b) Los profesionales tienen el deber de hacer un uso racional de los recursos diagnósticos y terapéuticos a su cargo, tomando en consideración, entre otros, los costes de sus decisiones, y evitando la sobreutilización, la infrautilización y la inadecuada utilización de los mismos.

c) Los profesionales tienen el deber de respetar la personalidad, dignidad e intimidad de las personas a su cuidado y deben respetar la participación de los mismos en las tomas de decisiones que les afecten. En todo caso, deben ofrecer una información suficiente y adecuada para que aquéllos puedan ejercer su derecho al consentimiento sobre dichas decisiones.

d) Los pacientes tienen derecho a la libre elección del médico que debe atenderles. Tanto si el ejercicio profesional se desarrolla en el sistema público como en el ámbito privado por cuenta ajena, este derecho se ejercitará de acuerdo con una normativa explícita que debe ser públicamente conocida y accesible. En esta situación el profesional puede ejercer el derecho de renunciar a prestar atenciones sanitarias a dicha persona sólo si ello no conlleva desatención. En el ejercicio en el sistema público o privado, dicha renuncia se ejercerá de acuerdo con procedimientos regulares, establecidos y explícitos, y de ella deberá quedar constancia formal.

e) Los profesionales y los responsables de los centros sanitarios facilitarán a sus pacientes el ejercicio del derecho a conocer el nombre, la titulación y la especialidad de los profesionales sanitarios que les atienden, así como a conocer la categoría y función de éstos, si así estuvieran definidas en su centro o institución.

f) Los pacientes tienen derecho a recibir información de acuerdo con lo establecido en la Ley 41/2002, de 14 de noviembre, básica reguladora de la autonomía del paciente y de los derechos y obligaciones en materia de información y documentación clínica.

Para garantizar de forma efectiva y facilitar el ejercicio de los derechos a que se refiere el apartado anterior, los colegios profesionales, consejos autonómicos y consejos generales, en sus respectivos ámbitos territoriales, establecerán los registros públicos de profesionales que, de acuerdo con los requerimientos de esta ley, serán accesibles a la población y estarán a disposición de las Administraciones sanitarias. Los indicados registros, respetando los principios de confidencialidad de los datos personales contenidos en la normativa de aplicación, deberán permitir conocer el nombre, titulación, especialidad, lugar de ejercicio y los otros datos que en la ley 44/2003 se determinan como públicos.

Asimismo, podrán existir en los centros sanitarios y en las entidades de seguros que operan en el ramo de la enfermedad, otros registros de profesionales de carácter complementario a los anteriores, que sirvan a los fines indicados en el apartado anterior.

Los criterios generales y requisitos mínimos de estos registros serán establecidos por las Administraciones sanitarias dentro de los principios generales que determine el Consejo Interterritorial del Sistema Nacional de Salud, que podrá acordar la integración de los mismos al del Sistema de Información Sanitaria del Sistema Nacional de Salud.

2.3. Licenciados sanitarios

Corresponde, en general, a los Licenciados sanitarios, dentro del ámbito de actuación para el que les faculta su correspondiente título, la prestación personal directa que sea necesaria en las diferentes fases del proceso de atención integral de salud y, en su caso, la dirección y evaluación del desarrollo global de dicho proceso, sin menoscabo de la competencia, responsabilidad y autonomía propias de los distintos profesionales que intervienen en el mismo.

Sin perjuicio de las funciones que, de acuerdo con su titulación y competencia específica corresponda desarrollar a cada profesional sanitario ni de las que puedan desarrollar otros profesionales, son funciones de cada una de las profesiones sanitarias de nivel de Licenciados las siguientes:

a) **Médicos**: corresponde a los Licenciados en Medicina la indicación y realización de las actividades dirigidas a la promoción y mantenimiento de la salud, a la prevención de las enfermedades y al diagnóstico, tratamiento, terapéutica y rehabilitación de los pacientes, así como al enjuiciamiento y pronóstico de los procesos objeto de atención.

b) **Farmacéuticos**: corresponde a los Licenciados en Farmacia las actividades dirigidas a la producción, conservación y dispensación de los medicamentos, así como la colaboración en los procesos analíticos, farmacoterapéuticos y de vigilancia de la salud pública.

c) **Dentistas**: corresponde a los Licenciados en Odontología y a los Médicos Especialistas en Estomatología, sin perjuicio de las funciones de los Médicos Especialistas en Cirugía Oral y Maxilofacial, las funciones relativas a la promoción de la salud buco-dental y a la prevención, diagnóstico y tratamiento señalados en la Ley 10/1986, de 17 de marzo, sobre odontólogos y otros profesionales relacionados con la salud bucodental.

d) **Veterinarios**: corresponde a los Licenciados en Veterinaria el control de la higiene y de la tecnología en la producción y elaboración de alimentos de origen animal, así como la prevención y lucha contra las enfermedades animales, particularmente las zoonosis, y el desarrollo de las técnicas necesarias para evitar los riesgos que en el hombre pueden producir la vida animal y sus enfermedades.

Son, también, profesionales sanitarios de nivel Licenciado quienes se encuentren en posesión de un título oficial de especialista en Ciencias de la Salud establecido, para psicólogos, químicos, biólogos, bioquímicos u otros licenciados universitarios no incluidos en el párrafo anterior.

Estos profesionales desarrollarán las funciones que correspondan a su respectiva titulación.

Cuando una actividad profesional sea declarada formalmente como profesión sanitaria, titulada y regulada, con nivel de Licenciado, en la correspondiente norma se enunciarán las funciones que correspondan a la misma, dentro del marco general previsto en la ley 44/2003.

2.4. Diplomados sanitarios

Corresponde, en general, a los Diplomados sanitarios, dentro del ámbito de actuación para que les faculta su correspondiente título, la prestación personal de los cuidados o los servicios propios de su competencia profesional en las distintas fases del proceso de atención de salud, sin menoscabo de la competencia, responsabilidad y autonomía propias de los distintos profesionales que intervienen en tal proceso.

Sin perjuicio de las funciones que, de acuerdo con su titulación y competencia específica corresponda desarrollar a cada profesional sanitario, ni de las que puedan desarrollar otros profesionales, son funciones de cada una de las profesiones sanitarias de nivel Diplomado las siguientes:

a) **Enfermeros**: corresponde a los Diplomados universitarios en Enfermería la dirección, evaluación y prestación de los cuidados de Enfermería orientados a la promoción, mantenimiento y recuperación de la salud, así como a la prevención de enfermedades y discapacidades.

b) **Fisioterapeutas**: corresponde a los Diplomados universitarios en Fisioterapia la prestación de los cuidados propios de su disciplina, a través de tratamientos con medios y agentes físicos, dirigidos a la recuperación y rehabilitación de personas con disfunciones o discapacidades somáticas, así como a la prevención de las mismas.

c) **Terapeutas ocupacionales**: corresponde a los Diplomados universitarios en Terapia Ocupacional la aplicación de técnicas y la realización de actividades de carácter ocupacional que tiendan a potenciar o suplir funciones físicas o psíquicas disminuidas o perdidas, y a orientar y estimular el desarrollo de tales funciones.

d) **Podólogos**: los Diplomados universitarios en Podología realizan las actividades dirigidas al diagnóstico y tratamiento de las afecciones y deformidades de los pies, mediante las técnicas terapéuticas propias de su disciplina.

e) **Ópticos-optometristas**: los Diplomados universitarios en Óptica y Optometría desarrollan las actividades dirigidas a la detección de los defectos de la refracción ocular, a través de su medida instrumental, a la utilización de técnicas de reeducación, prevención e higiene visual, y a la adaptación, verificación y control de las ayudas ópticas.

f) **Logopedas**: los Diplomados universitarios en Logopedia desarrollan las actividades de prevención, evaluación y recuperación de los trastornos de la audición, la fonación y del lenguaje, mediante técnicas terapéuticas propias de su disciplina.

g) **Dietistas-nutricionistas**: los Diplomados universitarios en Nutrición Humana y Dietética desarrollan actividades orientadas a la alimentación de la persona o de grupos de personas, adecuadas a las necesidades fisiológicas y, en su caso, patológicas de las mismas, y de acuerdo con los principios de prevención y salud pública.

Cuando una actividad profesional sea declarada formalmente como profesión sanitaria, titulada y regulada, con nivel de Diplomado, en la correspondiente norma se enunciarán las funciones que correspondan a la misma.

2.5. Ejercicio profesional en las organizaciones sanitarias

El ejercicio profesional en las organizaciones sanitarias se regirá por las normas reguladoras del vínculo entre los profesionales y tales organizaciones, así como por los preceptos de ésta y de las demás normas legales que resulten de aplicación.

Los profesionales podrán prestar servicios conjuntos en dos o más centros, aun cuando mantengan su vinculación a uno solo de ellos, cuando se mantengan alianzas estratégicas o proyectos de gestión compartida entre distintos establecimientos sanitarios. En este supuesto, los nombramientos o contratos de nueva creación podrán vincularse al proyecto en su conjunto, sin perjuicio de lo que establezca, en su caso, la normativa sobre incompatibilidades.

Los centros sanitarios revisarán, cada tres años como mínimo, que los profesionales sanitarios de su plantilla cumplen los requisitos necesarios para ejercer la profesión conforme a lo previsto en esta ley y en las demás normas aplicables, entre ellos la titulación y demás diplomas, certificados o credenciales profesionales de los mismos, en orden a determinar la continuidad de la habilitación para seguir prestando servicios de atención al paciente. Los centros dispondrán de un expediente personal de cada profesional, en el que se conservará su documentación y al que el interesado tendrá derecho de acceso.

Para hacer posible la elección de médico que prevé el **artículo 13 de la Ley 41/2002, de 14 de noviembre**, básica reguladora de la autonomía del paciente y de derechos y obligaciones en materia de información y documentación clínica, los centros sanitarios dispondrán de un registro de su personal médico, del cual se pondrá en conocimiento de los usuarios el nombre, titulación, especialidad, categoría y función de los profesionales.

En el supuesto de que, como consecuencia de la naturaleza jurídica de la relación en virtud de la cual se ejerza una profesión, el profesional hubiere de actuar en un asunto, forzosamente, conforme a criterios profesionales diferentes de los suyos, podrá hacerlo constar así por escrito, con la salvaguarda en todo caso del secreto profesional y sin menoscabo de la eficacia de su actuación y de los principios contenidos en la ley 44/2003.

2.6. Relaciones interprofesionales y trabajo en equipo

La atención sanitaria integral supone la cooperación multidisciplinaria, la integración de los procesos y la continuidad asistencial, y evita el fraccionamiento y la simple superposición entre procesos asistenciales atendidos por distintos titulados o especialistas.

El equipo de profesionales es la unidad básica en la que se estructuran de forma uni o multiprofesional e interdisciplinar los profesionales y demás personal de las organizaciones asistenciales para realizar efectiva y eficientemente los servicios que les son requeridos.

Cuando una actuación sanitaria se realice por un equipo de profesionales, se articulará de forma jerarquizada o colegiada, en su caso, atendiendo a los criterios de conocimientos y competencia, y en su caso al de titulación, de los profesionales que integran el equipo, en función de la actividad concreta a desarrollar, de la confianza y conocimiento recíproco de las capacidades de sus miembros, y de los principios de accesibilidad y continuidad asistencial de las personas atendidas.

Dentro de un equipo de profesionales, será posible la delegación de actuaciones, siempre y cuando estén previamente establecidas dentro del equipo las condiciones conforme a las cuales dicha delegación o distribución de actuaciones pueda producirse. Condición necesaria para la delegación o distribución del trabajo es la capacidad para realizarlo por parte de quien recibe la delegación, capacidad que deberá ser objetivable, siempre que fuere posible, con la oportuna acreditación.

Los equipos de profesionales, una vez constituidos y aprobados en el seno de organizaciones o instituciones sanitarias serán reconocidos y apoyados y sus actuaciones facilitadas, por los órganos directivos y gestores de las mismas. Los centros e instituciones serán responsables de la capacidad de los profesionales para realizar una correcta actuación en las tareas y funciones que les sean encomendadas en el proceso de distribución del trabajo en equipo.

2.7. Gestión clínica en las organizaciones sanitarias

Las Administraciones sanitarias, los servicios de salud o los órganos de gobierno de los centros y establecimientos sanitarios, según corresponda, establecerán los medios y sistemas de acceso a las funciones de gestión clínica, a través de procedimientos en los que habrán de tener participación los propios profesionales.

Tales funciones podrán ser desempeñadas en función de criterios que acrediten los conocimientos necesarios y la adecuada capacitación.

A los efectos de la ley 44/2003 tienen la consideración de funciones de gestión clínica las relativas a la jefatura o coordinación de unidades y equipos sanitarios y asistenciales, las de tutorías y organización de formación especializada, continuada y de investigación y las de participación en comités internos o proyectos institucionales de los centros sanitarios dirigidos, entre otros, a asegurar la calidad, seguridad, eficacia, eficiencia y ética asistencial, la continuidad y coordinación entre niveles o el acogimiento, cuidados y bienestar de los pacientes.

El ejercicio de funciones de gestión clínica estará sometido a la evaluación del desempeño y de los resultados. Tal evaluación tendrá carácter periódico y podrá determinar, en su caso, la confirmación o remoción del interesado en dichas funciones, y tendrá efectos en la evaluación del desarrollo profesional alcanzado.

El desempeño de funciones de gestión clínica será objeto del oportuno reconocimiento por parte del centro, del servicio de salud y del conjunto del sistema sanitario, en la forma en que en cada comunidad autónoma se determine.

El Gobierno desarrollará reglamentariamente lo establecido en los apartados anteriores, estableciendo las características y los principios generales de la gestión clínica, y las garantías para los profesionales que opten por no acceder a estas funciones.

2.8. Investigación y docencia

Toda la estructura asistencial del sistema sanitario estará en disposición de ser utilizada para la investigación sanitaria y para la docencia de los profesionales.

Las Administraciones sanitarias, en coordinación con las Administraciones educativas, promoverán las actividades de investigación y docencia en todos los centros Sanitarios, como elemento esencial para el progreso del sistema sanitario y de sus profesionales.

Los titulares de los centros sanitarios y los servicios de salud podrán formalizar convenios y conciertos con el Instituto de Salud Carlos III, con otros centros de investigación, públicos o privados, y con otras instituciones que tengan interés en la investigación sanitaria, para el desarrollo de programas de investigación, para la dotación de plazas vinculadas, o específicas de investigador, en los establecimientos sanitarios, para la designación de tutores de la investigación y para el establecimiento de sistemas específicos de formación de investigadores durante el período inmediatamente posterior a la obtención del título de especialista.

Los servicios de salud, instituciones y centros sanitarios y las universidades podrán formalizar los conciertos previstos en la Ley Orgánica 6/2001, de 21 de diciembre, de Universidades, en la Ley 14/1986, de 25 de abril, General de Sanidad y en la ley 44/2003, para asegurar la docencia práctica de las enseñanzas sanitarias que así lo requieran, de acuerdo con las bases generales que establezca el Gobierno para dicho régimen de conciertos, al amparo de lo establecido en la disposición adicional séptima de dicha ley orgánica.

Los centros sanitarios acreditados para la formación especializada deberán contar con una comisión de docencia y los jefes de estudios, coordinadores docentes y tutores de la formación que resulten adecuados en función de su capacidad docente.

Los centros sanitarios acreditados para desarrollar programas de formación continuada deberán contar con los jefes de estudios, coordinadores docentes y tutores de la formación que resulten adecuados en función de las actividades a desarrollar.

3. DE LA FORMACIÓN DE LOS PROFESIONALES SANITARIOS

3.1. Normas generales

3.1.1. Principios rectores

Son principios rectores de la actuación formativa y docente en el ámbito de las profesiones sanitarias:

a) La colaboración permanente entre los organismos de las Administraciones públicas competentes en materia de educación y de sanidad.

b) La concertación de las universidades y de los centros docentes de formación profesional y las instituciones y centros sanitarios, a fin de garantizar la docencia práctica de las enseñanzas que así lo requieran.

c) La disposición de toda la estructura del sistema sanitario para ser utilizada en la docencia pregraduada, especializada y continuada de los profesionales.

d) La consideración de los centros y servicios sanitarios, también, como centros de investigación científica y de formación de los profesionales, en la medida que reúnan las condiciones adecuadas a tales fines.

e) La revisión permanente de las metodologías docentes y las enseñanzas en el campo sanitario para la mejor adecuación de los conocimientos profesionales a la evolución científica y técnica y a las necesidades sanitarias de la población.
f) La actualización permanente de conocimientos, mediante la formación continuada, de los profesionales sanitarios, como un derecho y un deber de éstos. Para ello, las instituciones y centros sanitarios facilitarán la realización de actividades de formación continuada.
g) El establecimiento, desarrollo y actualización de metodologías para la evaluación de los conocimientos adquiridos por los profesionales y del funcionamiento del propio sistema de formación.

3.2. Formación pregraduada

3.2.1. De la formación universitaria

La Comisión de Recursos Humanos del Sistema Nacional de Salud informará, con carácter preceptivo, los proyectos de reales decretos por los que, conforme a lo previsto en el artículo 34 de la Ley Orgánica 6/2001, de 21 de diciembre, de Universidades, se establezcan los títulos oficiales y las directrices generales de sus correspondientes planes de estudios, cuando tales títulos correspondan a profesiones sanitarias.

Cuando así se estime necesario, para conseguir una mayor adecuación de la formación de los profesionales a las necesidades del sistema sanitario, a los avances científicos y técnicos, o a las disposiciones de la Comunidad Europea, el Ministro de Sanidad y Consumo podrá, previo acuerdo de la Comisión de Recursos Humanos del Sistema Nacional de Salud, instar al Ministerio de Educación, Cultura y Deporte para que inicie el trámite de establecimiento de nuevos títulos o de revisión e incorporación de nuevas áreas de conocimiento en las directrices generales de los planes de estudio que correspondan.

De acuerdo con lo dispuesto en el artículo 44 de la Ley Orgánica de Universidades, la determinación del número de alumnos admitidos a la formación pregraduada, responderá a las necesidades de profesionales sanitarios y a la capacidad existente para su formación.

3.2.2. Conciertos entre las universidades y los servicios de salud, instituciones y centros sanitarios

Las universidades podrán concertar con los servicios de salud, instituciones y centros sanitarios que, en cada caso, resulten necesarios para garantizar la docencia práctica de las enseñanzas de carácter sanitario que así lo requieran. Las instituciones y centros sanitarios concertados podrán añadir a su denominación el adjetivo universitario.

Corresponde al Gobierno, a propuesta conjunta de los Ministerios de Educación, Cultura y Deporte y de Sanidad y Consumo, previo informe del Consejo de Coordinación Universitaria, el establecimiento de las bases generales a las que habrán de adaptarse los indicados conciertos, en las que se preverá la participación del órgano competente de las comunidades autónomas en los conciertos singulares que, conforme a aquéllas, se suscriban entre universidades e instituciones sanitarias.

3.3. Formación especializada en Ciencias de la Salud

3.3.1. Objeto y definiciones

3.3.1.1. Carácter y objeto de la formación especializada

La formación especializada en Ciencias de la Salud es una formación reglada y de carácter oficial.

La formación especializada en Ciencias de la Salud tiene como objeto dotar a los profesionales de los conocimientos, técnicas, habilidades y actitudes propios de la correspondiente especialidad, de forma simultánea a la progresiva asunción por el interesado de la responsabilidad inherente al ejercicio autónomo de la misma.

3.3.1.2. Títulos de Especialistas en Ciencias de la Salud

Corresponde al Gobierno, a propuesta de los Ministerios de Educación, Cultura y Deporte y de Sanidad y Consumo, previo informe de la Comisión de Recursos Humanos del Sistema Nacional de Salud, del Consejo Nacional de Especialidades en Ciencias de la Salud y de la organización u organizaciones colegiales que correspondan, el establecimiento de los títulos de Especialistas en Ciencias de la Salud, así como su supresión o cambio de denominación.

El título de especialista tiene carácter oficial y validez en todo el territorio del Estado.

Sin perjuicio de las facultades que asisten a los profesionales sanitarios, ni de los derechos reconocidos, por norma legal o reglamentaria, a quienes se encuentran habilitados para desempeñar plaza de especialista sin el correspondiente título, la posesión del título de especialista será necesaria para utilizar de modo expreso la denominación de especialista, para ejercer la profesión con tal carácter y para ocupar puestos de trabajo con tal denominación en centros y establecimientos públicos y privados.

3.3.1.3. Expedición del título de especialista

Los títulos de especialista en Ciencias de la Salud serán expedidos por el Ministerio de Educación, Cultura y Deporte.

La obtención del título de especialista requiere:

a) Estar en posesión del título de Licenciado o Diplomado Universitario que, en cada caso, se exija.

b) Acceder al sistema de formación que corresponda, así como completar éste en su integridad de acuerdo con los programas de formación que se establezcan, sin perjuicio de lo establecido en la ley 44/2003 para el supuesto de nueva especialización.
c) Superar las evaluaciones que se determinen y depositar los derechos de expedición del correspondiente título.

3.3.1.4. Reconocimiento profesional de títulos de especialista obtenidos en Estados extranjeros

El Gobierno, a propuesta del Ministerio de Sanidad y Consumo establecerá los supuestos y procedimientos para el reconocimiento en España de títulos de especialista obtenidos en Estados no miembros de la Unión Europea, conforme a lo que, en su caso, establezcan los tratados y convenios internacionales que resulten de aplicación.

El reconocimiento de títulos de especialista obtenidos en Estados miembros de la Unión Europea, o en Estados en los que resulte de aplicación la libre circulación de trabajadores y la libertad de establecimiento y libre prestación de servicios de los profesionales, se atendrá a lo que establezcan las normas comunitarias reguladoras de dicho reconocimiento.

3.3.2. De la estructura y la formación en las especialidades de ciencias de la Salud

3.3.2.1. Estructura general de las especialidades

Podrán establecerse especialidades en Ciencias de la Salud para los profesionales expresamente citados en la ley 44/2003.

También podrán establecerse especialidades en Ciencias de la Salud para otros titulados universitarios cuando su formación de pregrado se adecue al campo profesional de la correspondiente especialidad.

Las especialidades en Ciencias de la Salud se agruparán, cuando ello proceda, atendiendo a criterios de troncalidad. Las especialidades del mismo tronco tendrán un período de formación común de una duración de dos años.

No obstante, el Ministerio de Sanidad, Servicios Sociales e Igualdad, previo informe de las comisiones nacionales de las especialidades implicadas, del Consejo Nacional de Especialidades en Ciencias de la Salud, y de la Comisión de Recursos Humanos del Sistema Nacional de Salud, podrá disminuir o aumentar la duración del periodo troncal hasta un máximo de seis meses, según las competencias a adquirir en el periodo de formación troncal de que se trate. En estos supuestos, las evaluaciones se adecuarán, en los términos que se determine reglamentariamente, a la nueva duración de los periodos de formación troncal.

El Gobierno, al establecer los títulos de especialista en Ciencias de la Salud, determinará el título o títulos necesarios para acceder a cada una de las especialidades, así como el tronco en el que, en su caso, se integran.

3.3.2.2. Sistema de formación de especialistas

La formación de Especialistas en Ciencias de la Salud implicará tanto una formación teórica y práctica como una participación personal y progresiva del especialista en formación en la actividad y en las responsabilidades propias de la especialidad de que se trate.

La formación tendrá lugar por el sistema de residencia en centros acreditados.

En todo caso, los centros o unidades en los que se desarrolle la formación deberán estar acreditados

La formación mediante residencia se atendrá a los siguientes criterios:

a) Los residentes realizarán el programa formativo de la especialidad con dedicación a tiempo completo. La formación mediante residencia será incompatible con cualquier otra actividad profesional. También será incompatible con cualquier actividad formativa, siempre que ésta se desarrolle dentro de la jornada laboral de la relación laboral especial del residente.

b) La duración de la residencia será la fijada en el programa formativo de la especialidad y se señalará conforme a lo que dispongan, en su caso, las normas comunitarias.

c) La actividad profesional de los residentes será planificada por los órganos de dirección conjuntamente con las comisiones de docencia de los centros de forma tal que se incardine totalmente en el funcionamiento ordinario, continuado y de urgencias del centro sanitario.

d) Los residentes deberán desarrollar, de forma programada y tutelada, las actividades previstas en el programa, asumiendo de forma progresiva, según avancen en su formación, las actividades y responsabilidad propia del ejercicio autónomo de la especialidad. Las actividades de los residentes, que deberá figurar en el Libro de Residente, serán objeto de las evaluaciones que reglamentariamente se determinen. En todo caso existirán evaluaciones anuales y una evaluación final al término del período de formación.

e) Durante la residencia se establecerá una relación laboral especial entre el servicio de salud o el centro y el especialista en formación. El Gobierno, atendiendo a las características específicas de la actividad formativa y de la actividad asistencial que se desarrolla en los centros sanitarios y regulará la relación laboral especial de residencia.

Los principios establecidos anteriormente podrán ser adaptados por el Gobierno a las específicas características de la formación especializada en Ciencias de la Salud de las profesiones sanitarias.

3.3.2.3. Programas de formación

Los programas de formación de las especialidades en Ciencias de la Salud deberán especificar los objetivos cualitativos y cuantitativos y las competencias profesionales que ha de cumplir el aspirante al título a lo largo de cada uno de los cursos anuales en que se dividirá el programa formativo.

Los programas de formación serán elaborados por la Comisión Nacional de la Especialidad. Una vez ratificados por el Consejo Nacional de Especialidades en Ciencias de la Salud y previo informe de la Comisión de Recursos Humanos del Sistema Nacional de Salud y del Ministerio de Educación, Cultura y Deporte, serán aprobados por el Ministerio de Sanidad y Consumo.

Los programas de formación serán periódicamente revisados y actualizados por el procedimiento previsto en el párrafo anterior.

Una vez aprobados, los programas de formación se publicarán en el «Boletín Oficial del Estado» para general conocimiento.

Cuando se trate de especialidades de un mismo tronco, el programa del período de formación común se elaborará por una comisión específica compuesta por representantes de las Comisiones Nacionales de las especialidades correspondientes.

En el caso de especialidades pluridisciplinares, los programas de formación podrán prever trayectos de formación específica en función de las titulaciones de procedencia.

3.3.2.4. Acceso a la formación especializada

El acceso a la formación sanitaria especializada se efectuará a través de una convocatoria anual de carácter nacional.

El Ministerio de Sanidad, Política Social e Igualdad, previo informe del Ministerio de Educación y de la Comisión de Recursos Humanos del Sistema Nacional de Salud, establecerá las normas que regularán la convocatoria anual que consistirá en una prueba o conjunto de pruebas, que evaluará conocimientos teóricos, prácticos y, en su caso, habilidades clínicas, comunicativas y méritos académicos y profesionales de los aspirantes.

Las pruebas serán específicas para las distintas titulaciones o, en su caso, grupos de éstas, según los diversos graduados universitarios que pueden acceder a las plazas en formación de las especialidades en ciencias de la salud objeto de selección mediante dichas pruebas. Asimismo, podrán establecerse pruebas específicas por especialidades troncales.

El Gobierno, a propuesta del Ministerio de Sanidad, Política Social e Igualdad y previo informe de la Comisión de Recursos Humanos del Sistema Nacional de Salud, adoptará las medidas de acción positiva necesarias para que, en las convocatorias anuales de pruebas selectivas, para el acceso a las plazas de formación sanitaria especializada, al menos, un siete por ciento de la totalidad de las plazas ofertadas en cada una de ellas sean cubiertas entre personas con discapacidad, considerando como tales las definidas en el apartado 2 del artículo 1 de la Ley 51/2003, de 2 de diciembre, de igualdad de oportunidades, no discriminación y accesibilidad de las personas con discapacidad, siempre que superen el proceso selectivo, acrediten la discapacidad y la compatibilidad con el desempeño de las funciones correspondientes a la especialidad a la que se opta.

Las Administraciones públicas competentes adoptarán las medidas necesarias, para que, tanto en las pruebas de acceso como en los puestos en los que se formen los adjudicatarios de plaza en formación, se lleven a cabo las adaptaciones y ajustes razonables a las necesidades de las personas con discapacidad.

Reglamentariamente se determinará el sistema de adjudicación de todas las plazas ofertadas en la convocatoria anual, que se efectuará de acuerdo al orden decreciente de la puntuación obtenida por cada aspirante, con las peculiaridades que se establezcan respecto a las plazas de centros de titularidad privada.

La oferta de plazas de la convocatoria anual se fijará, previos informes del Consejo Nacional de Especialidades en Ciencias de la Salud y del Ministerio de Educación, Cultura y Deporte, por la Comisión de Recursos Humanos del Sistema Nacional de Salud, atendiendo a las propuestas realizadas por las comunidades autónomas, a las necesidades de especialistas del sistema sanitario y a las disponibilidades presupuestarias.

En el ejercicio de las competencias atribuidas al Estado en materia de coordinación general de la sanidad, el Ministerio de Sanidad, Servicios Sociales e Igualdad revisará la oferta anual pudiendo introducir, en su caso, medidas correctoras, con la finalidad de que se ajuste a las necesidades de especialistas del sistema sanitario. Las modificaciones que resulten se harán constar en un informe motivado, que se comunicará a la Comisión de Recursos Humanos del Sistema Nacional de Salud, con carácter previo a la aprobación definitiva de la oferta anual por la persona titular de dicho departamento, mediante la orden que apruebe la correspondiente convocatoria.

El Ministerio de Sanidad, Servicios Sociales e Igualdad, determinará las necesidades de especialistas del sistema sanitario en base a indicadores objetivos y criterios de planificación que garanticen la equidad y eficiencia del sistema de formación sanitaria especializada.

3.3.2.5. *Formación para una nueva especialización*

Los Especialistas en Ciencias de la Salud con, al menos, cinco años de ejercicio profesional como tales, podrán obtener un nuevo título de especialista, en especialidad del mismo tronco que la que posean, por el procedimiento que se determine reglamentariamente, que en todo caso contendrá una prueba para la evaluación de la competencia del aspirante en el campo de la nueva especialidad.

El período de formación en la nueva especialidad y el programa a desarrollar durante el mismo se definirá mediante la adaptación del programa formativo general al currículum formativo y profesional del interesado.

No se podrá acceder al tercer y sucesivos títulos de especialista por este procedimiento hasta transcurridos, al menos, ocho años desde la obtención del anterior.

3.3.2.6. Áreas de Capacitación Específica

El Gobierno, de acuerdo con el procedimiento señalado anteriormente, podrá establecer Áreas de Capacitación Específica dentro de una o varias Especialidades en Ciencias de la Salud.

El Diploma de Área de Capacitación Específica tiene carácter oficial y validez en todo el territorio del Estado. Se expedirá por el Ministerio de Sanidad y Consumo y su posesión será necesaria para utilizar de modo expreso la denominación de especialista con capacitación específica en el área. Podrá ser valorado como mérito para acceder a puestos de trabajo de alta especialización en centros o establecimientos públicos y privados.

3.3.2.7. Formación en Áreas de Capacitación Específica

La formación especializada en áreas de capacitación especifica tendrá, en todo caso, carácter programado y se llevará a cabo por el sistema de residencia con las especificidades y adaptaciones que reglamentariamente se determinen en el régimen jurídico que regula dicho sistema formativo.

Reglamentariamente se establecerán los supuestos y requisitos para que los Especialistas en Ciencias de la Salud puedan acceder, mediante convocatoria del Ministerio de Sanidad, Servicios Sociales e Igualdad, a los diplomas de Área de Capacitación Específica, siempre que dichas áreas se hubieran constituido en la especialidad correspondiente y se acrediten, al menos, dos años de ejercicio profesional en la especialidad.

El Ministerio de Sanidad, Servicios Sociales e Igualdad, previo informe del Consejo Nacional de Especialidades en Ciencias de la Salud y de la Comisión de Recursos Humanos del Sistema Nacional de Salud, podrá eliminar, disminuir o aumentar los años de ejercicio profesional a los que se refiere el párrafo anterior.

3.3.3. Estructura de apoyo a la formación

3.3.3.1. Acreditación de centros y unidades docentes

El Ministerio de Sanidad, Servicios Sociales e Igualdad y el Ministerio de Educación, Cultura y Deporte, a propuesta de la Comisión de Recursos Humanos del Sistema Nacional de Salud, mediante orden que se publicará en el "Boletín Oficial del Estado", establecerán los requisitos de acreditación que, con carácter general, deberán cumplir los centros o unidades para la formación de Especialistas en Ciencias de la Salud.

Corresponde al Ministerio de Sanidad, Servicios Sociales e Igualdad coordinar las auditorías de los centros y unidades acreditados para evaluar, en el marco del Plan de Calidad para el Sistema Nacional de Salud y del Plan Anual de Auditorías Docentes, el funcionamiento y la calidad del sistema de formación.

Corresponde al órgano directivo competente en materia de formación sanitaria especializada del Ministerio de Sanidad, Servicios Sociales e Igualdad, a instancia de la entidad titular del centro, previos informes de la comisión de docencia de éste y de la consejería competente en materia sanitaria de la comunidad autónoma, resolver las solicitudes de acreditación de centros y unidades docentes. La acreditación especificará, en todo caso, el número de plazas docentes acreditadas.

La revocación, total o parcial, de la acreditación concedida se realizará, en su caso, por el mismo procedimiento, oído el centro afectado y su comisión de docencia.

3.3.3.2. Comisiones de docencia

En cada centro sanitario o, en su caso, unidades docentes, acreditado para la formación de especialistas existirá una comisión de docencia cuya misión será la de organizar la formación, supervisar su aplicación práctica y controlar el cumplimiento de los objetivos que se especifican en los programas.

La comisión de docencia tendrá también las funciones de facilitar la integración de las actividades formativas y de los residentes con la actividad asistencial y ordinaria del centro, y la de planificar su actividad profesional en el centro conjuntamente con los órganos de dirección de éste.

Las comunidades autónomas, dentro de los criterios generales que fije la Comisión de Recursos Humanos del Sistema Nacional de Salud, determinarán la dependencia funcional, la composición y las funciones de las comisiones de docencia. En todo caso, en las comisiones de docencia existirá representación de los tutores de la formación y de los residentes.

3.3.3.3. Comisiones Nacionales de Especialidad

Por cada una de las Especialidades en Ciencias de la Salud, y como órgano asesor de los Ministerios de Educación, Cultura y Deporte y de Sanidad y Consumo en el campo de la correspondiente especialidad, se constituirá una Comisión Nacional designada por el Ministerio de Sanidad y Consumo con la siguiente composición:

a) Dos vocales propuestos por el Ministerio de Educación, Cultura y Deporte, uno, al menos, de los cuales deberá ostentar la condición de tutor de la formación en la correspondiente especialidad.

b) Cuatro vocales de entre los especialistas de reconocido prestigio que proponga la Comisión de Recursos Humanos del Sistema Nacional de Salud.

c) Dos vocales en representación de las entidades y sociedades científicas de ámbito estatal legalmente constituidas en el ámbito de la especialidad.

d) Dos vocales en representación de los especialistas en formación, elegidos por éstos en la forma que se determine reglamentariamente.

e) Un vocal en representación de la organización colegial correspondiente. Si la especialidad puede ser cursada por distintos titulados, la designación del representante se efectuará de común acuerdo por las corporaciones correspondientes.

En el caso de especialidades pluridisciplinares, el Gobierno podrá ampliar el número de los vocales previstos en el párrafo b) del apartado anterior, con el fin de asegurar la adecuada representación de los distintos titulados que tengan acceso a la correspondiente especialidad.

Todos los miembros de la comisión, salvo los previstos en el párrafo d), deberán encontrarse en posesión del correspondiente título de especialista.

Los miembros de la comisión previstos en los párrafos a), b), c) y e) del apartado anterior serán designados para un período de cuatro años, y sólo podrán ser designados nuevamente para otro período de igual duración.

No obstante, cesarán en sus funciones cuando así lo acuerde el departamento o comisión que los propuso o la sociedad o corporación a la que representan.

El mandato de los miembros de la comisión previstos en el párrafo d) será de dos años.

El Ministerio de Sanidad y Consumo, por resolución motivada y oída previamente la correspondiente comisión, podrá acordar el cese de todos los miembros de la misma o de parte de ellos, cuando la comisión no cumpla adecuadamente sus funciones.

Cada comisión elegirá, de entre sus miembros, al Presidente y al Vicepresidente.

Reglamentariamente se determinarán las funciones de las Comisiones Nacionales de Especialidad, que en todo caso desarrollarán, dentro de los criterios comunes que, en su caso, determine el Consejo Nacional de Especialidades en Ciencias de la Salud, las siguientes:

a) La elaboración del programa formativo de la especialidad.

b) El establecimiento de los criterios de evaluación de los especialistas en formación.

c) El establecimiento de los criterios para la evaluación en el supuesto de nueva especialización.

d) La propuesta de creación de áreas de capacitación específica.

e) El establecimiento de criterios para la evaluación de unidades docentes y formativas.

f) El informe sobre programas y criterios relativos a la formación continuada de los profesionales, especialmente los que se refieran a la acreditación y la acreditación avanzada de profesionales en áreas funcionales específicas dentro del campo de la especialidad.

g) La participación en el diseño de los planes integrales dentro del ámbito de la correspondiente especialidad.

h) Las que se señalan expresamente en la ley 44/2003 o se determinen en las disposiciones reglamentarias dictadas en su desarrollo.

3.3.3.4. Comités de Áreas de Capacitación Específica

Cuando exista un Área de Capacitación Específica se constituirá un Comité de Área como órgano asesor del Ministerio de Sanidad, Servicios Sociales e Igualdad, que estará integrado por seis profesionales con título de especialista con capacitación específica en el área de que se trate, propuestos por la Comisión o Comisiones Nacionales de la especialidad o especialidades implicadas, que previo informe de la Comisión de Recursos Humanos del Sistema Nacional de Salud serán nombrados por la persona titular del Ministerio antes citado.

El Comité de Área de Capacitación Específica desarrollará las funciones que reglamentariamente se determinen y, en todo caso, las de propuesta de los contenidos del programa de formación.

En todo caso, la creación y el funcionamiento del Comité de Área de Capacitación Específica será atendido con los medios personales, técnicos y presupuestarios asignados al órgano al que se encuentre adscrito.

3.3.3.5. Consejo Nacional de Especialidades en Ciencias de la Salud

El Consejo Nacional de Especialidades en Ciencias de la Salud tendrá la siguiente composición:

a) Los Presidentes de las Comisiones Nacionales de cada Especialidad en Ciencias de la Salud.

b) Dos especialistas por cada uno de los títulos universitarios que tengan acceso directo a alguna especialidad en Ciencias de la Salud, elegidos, para un período de dos años, uno por los miembros de las Comisiones Nacionales que ostenten el título de que se trate, y otro por la organización colegial de entre dichos miembros.

c) Dos representantes del Ministerio de Educación, Cultura y Deporte.

d) Dos representantes del Ministerio de Sanidad y Consumo.

e) Dos representantes de las comunidades autónomas designados por la Comisión de Recursos Humanos del Sistema Nacional de Salud.

El Consejo Nacional de Especialidades en Ciencias de la Salud elegirá, de entre sus miembros, al Presidente y al Vicepresidente.

El Consejo funcionará en Pleno o en las comisiones y grupos de trabajo que el propio Consejo decida constituir. En todo caso, se constituirán las siguientes:

a) La Comisión Permanente, que tendrá las funciones que el Pleno del Consejo le delegue.

b) Una Comisión Delegada del Consejo por cada una de las titulaciones o agrupaciones de especialidades que se determinen.

El Consejo aprobará su propio reglamento de régimen interior, que se adaptará a lo dispuesto respecto a los órganos colegiados en la Ley 30/1992, de Régimen Jurídico de las Administraciones Públicas y del Procedimiento Administrativo Común. No obstante, el voto de cada uno de los miembros del Consejo se ponderará en función de la composición concreta del mismo, atendiendo a criterios de proporcionalidad respecto al número de especialistas representados.

Corresponde al Consejo la coordinación de la actuación de las Comisiones Nacionales de Especialidades, la promoción de la investigación y de las innovaciones técnicas y metodológicas en la especialización sanitaria, y la superior asistencia y asesoramiento técnico y científico al Ministerio de Sanidad y Consumo en materia de formación sanitaria especializada.

El Consejo elegirá, de entre sus miembros, cuatro vocales de la Comisión Consultiva Profesional.

3.3.3.6. Apoyo técnico y secretaría de las comisiones

Corresponde a los centros sanitarios acreditados para la formación de especialistas, respecto de las comisiones de docencia constituidas en los mismos, y al Ministerio de Sanidad y Consumo, respecto de las Comisiones Nacionales y del Consejo Nacional de Especialidades en Ciencias de la Salud, facilitar el apoyo técnico y administrativo que resulte necesario para su funcionamiento.

Las funciones de secretario, con voz pero sin voto, de los órganos colegiados a que se refiere el apartado anterior y de las comisiones y grupos de trabajo que, en su caso, se constituyan, serán desempeñadas por quien designe la Dirección del centro o el Ministerio de Sanidad y Consumo, según corresponda.

3.3.3.7. Registros

En el Registro Nacional de Especialistas en Formación serán inscritos éstos cuando comiencen su formación especializada y en él se anotarán los resultados de sus evaluaciones anuales y final.

En el Registro Nacional de Especialistas en Ciencias de la Salud se inscribirán todos los profesionales que obtengan un título de especialista, así como a quienes vean homologado o reconocido un título obtenido en el extranjero.

En el Registro Nacional de Especialistas con Diploma de Capacitación Específica se inscribirán todos los especialistas que lo obtengan o que vean reconocido a los mismos efectos profesionales un título o diploma obtenido en el extranjero.

Los indicados registros tendrán carácter público en lo relativo a la identidad de los interesados, al título o diploma que ostentan y a las fechas de su obtención, reconocimiento u homologación.

En el registro de centros acreditados para la formación de especialistas serán inscritos todos los centros acreditados para impartir dicha formación. Este registro tendrá carácter público.

Los registros se gestionarán por el Ministerio de Sanidad y Consumo, salvo el Registro Nacional de Especialistas en Ciencias de la Salud, que se gestionará por el Ministerio de Educación, Cultura y Deporte, y se integrarán en el Sistema de Información Sanitaria del Sistema Nacional de Salud, que hará públicos los datos agregados e integrados de los mismos, así como los que resulten de su tratamiento estadístico, de acuerdo con los principios generales que se establezcan por el Consejo Interterritorial del Sistema Nacional de Salud.

3.4. Formación continuada

3.4.1. Principios generales

La formación continuada es el proceso de enseñanza y aprendizaje activo y permanente al que tienen derecho y obligación los profesionales sanitarios, que se inicia al finalizar los estudios de pregrado o de especialización y que está destinado a actualizar y mejorar los conocimientos, habilidades y actitudes de los profesionales sanitarios ante la evolución científica y tecnológica y las demandas y necesidades, tanto sociales como del propio sistema sanitario.

Son objetivos de la formación continuada:

a) Garantizar la actualización de los conocimientos de los profesionales y la permanente mejora de su cualificación, así como incentivarles en su trabajo diario e incrementar su motivación profesional.
b) Potenciar la capacidad de los profesionales para efectuar una valoración equilibrada del uso de los recursos sanitarios en relación con el beneficio individual, social y colectivo que de tal uso pueda derivarse.
c) Generalizar el conocimiento, por parte de los profesionales, de los aspectos científicos, técnicos, éticos, legales, sociales y económicos del sistema sanitario.
d) Mejorar en los propios profesionales la percepción de su papel social, como agentes individuales en un sistema general de atención de salud y de las exigencias éticas que ello comporta.
e) Posibilitar el establecimiento de instrumentos de comunicación entre los profesionales sanitarios.

3.4.2. Comisión de Formación Continuada

Con el fin de armonizar el ejercicio de las funciones que las Administraciones sanitarias públicas y demás instituciones y organismos ostentan en materia de formación continuada, así como de coordinar las actuaciones que se desarrollen en dicho campo, se constituye la Comisión de Formación Continuada de las Profesiones Sanitarias.

Formarán parte de la Comisión de Formación Continuada de las Profesiones Sanitarias las Administraciones públicas presentes en el Consejo Interterritorial del Sistema Nacional de Salud.

Sin perjuicio de lo establecido en el párrafo anterior, la Comisión incorporará también representación de los colegios profesionales, de las universidades, del Consejo Nacional de Especialidades en Ciencias de la Salud y de las sociedades científicas, en la forma en que reglamentariamente se determine.

La Comisión de Formación Continuada de las Profesiones Sanitarias elegirá a su Presidente y aprobará su reglamento de régimen interior. Su régimen de funcionamiento se adaptará a lo establecido para los órganos colegiados en el capítulo II del título II de la Ley 30/1992, de 26 de noviembre, de Régimen Jurídico de las Administraciones Públicas y del Procedimiento Administrativo Común, sin perjuicio de las competencias de las comunidades autónomas.

El Ministerio de Sanidad y Consumo prestará el apoyo técnico y administrativo necesario para el funcionamiento de la Comisión, y nombrará a su Secretario, que tendrá voz pero no voto en las reuniones de ésta.

La Comisión de Formación Continuada desarrollará las siguientes funciones:

a) Las de detección, análisis, estudio y valoración de las necesidades de los profesionales y del sistema sanitario en materia de formación continuada, de acuerdo con las propuestas de los órganos competentes de las comunidades autónomas, de las sociedades científicas y, en su caso, de las organizaciones profesionales representadas en la Comisión Consultiva Profesional.
b) Las de propuesta para la adopción de programas o para el desarrollo de actividades y actuaciones de formación continuada de carácter prioritario y común para el conjunto del sistema sanitario.
c) Las de propuesta de adopción de las medidas que se estimen precisas para planificar, armonizar y coordinar la actuación de los diversos agentes que actúan en el ámbito de la formación continuada de los profesionales sanitarios.
d) Las de estudio, informe y propuesta para el establecimiento de procedimientos, criterios y requisitos para la acreditación de centros y actividades de formación continuada.
e) Las de estudio, informe y propuesta para el establecimiento de procedimientos, criterios y requisitos para la acreditación y la acreditación avanzada de profesionales en un área funcional específica de una profesión o especialidad, como consecuencia del desarrollo de actividades de formación continuada acreditada.

3.4.3. Acreditación de centros, actividades y profesionales

El Ministerio de Sanidad y Consumo y los órganos competentes de las comunidades autónomas, en el ámbito de sus respectivas competencias, podrán acreditar actividades y programas de actuación en materia de formación continuada de los profesionales sanitarios, así como, con carácter global, centros en los que las mismas se impartan.

La acreditación, que deberá realizarse necesariamente de acuerdo con los requisitos, procedimiento y criterios establecidos, tendrá efectos en todo el territorio nacional, sea cual sea la Administración pública que expidió la acreditación.

En cualquier momento las Administraciones públicas podrán auditar y evaluar los centros y las actividades de formación continuada que hubieran acreditado.

Sólo podrán ser subvencionados con cargo a fondos públicos los centros y las actividades de formación continuada que estén acreditados.

A partir de la entrada en vigor de la Ley 44/2003 sólo podrán ser tomadas en consideración en la carrera de los profesionales sanitarios las actividades de formación continuada que hubieran sido acreditadas. Las actividades de formación continuada de los profesionales sanitarios previas a la entrada en vigor de la ley y que no hubieran sido acreditadas serán objeto de consideración por los comités encargados de valorar los méritos a dichos efectos.

El Ministerio de Sanidad y Consumo y los órganos competentes de las comunidades autónomas podrán delegar las funciones de gestión y acreditación de la formación continuada, incluyendo la expedición de certificaciones individuales, en otras corporaciones o instituciones de derecho público, de conformidad con lo que dispone la Ley 44/2003 y las normas en cada caso aplicables.

Los organismos de acreditación de la formación continuada habrán de ser, en todo caso, independientes de los organismos encargados de la provisión de las actividades de formación acreditadas por aquéllos.

Las credenciales de los profesionales y sus revisiones no sustituirán los procedimientos de formación, conocimientos y habilidades, que serán necesarios para determinar los mecanismos de promoción y contratación.

3.4.4. Diplomas de Acreditación y Diplomas de Acreditación Avanzada

Las Administraciones sanitarias públicas podrán expedir Diplomas de Acreditación y Diplomas de Acreditación Avanzada, para certificar el nivel de formación alcanzado por un profesional en un área funcional específica de una determinada profesión o especialidad, en función de las actividades de formación continuada acreditada desarrolladas por el interesado en el área funcional correspondiente.

Los Diplomas de Acreditación y los Diplomas de Acreditación Avanzada, que deberán expedirse necesariamente de acuerdo con los requisitos, procedimiento y criterios establecidos, tendrán efectos en todo el territorio nacional, sea cual sea la Administración pública que expidió el diploma.

Las Administraciones sanitarias públicas establecerán los registros necesarios para la inscripción de los Diplomas de Acreditación y de Acreditación Avanzada que expidan. Tales registros tendrán carácter público en lo relativo a la identidad del interesado, al diploma o diplomas que ostente y a la fecha de obtención de éstos.

Los Diplomas de Acreditación y los Diplomas de Acreditación Avanzada serán valorados como mérito en los sistemas de provisión de plazas cuando así se prevea en la normativa correspondiente.

4. DEL DESARROLLO PROFESIONAL Y SU RECONOCIMIENTO

4.1. Normas generales

Se constituye el sistema de reconocimiento del desarrollo profesional de los profesionales sanitarios consistente en el reconocimiento público, expreso y de forma individualizada, del desarrollo alcanzado por un profesional sanitario en cuanto a conocimientos, experiencia en las tareas asistenciales, docentes y de investigación, así como en cuanto al cumplimiento de los objetivos asistenciales e investigadores de la organización en la que prestan sus servicios.

Sin perjuicio de las facultades y funciones para las que habilite el correspondiente título oficial, el reconocimiento del desarrollo profesional será público y con atribución expresa del grado alcanzado por cada profesional en el ejercicio del conjunto de funciones que le son propias.

Podrán acceder voluntariamente al sistema de desarrollo profesional los profesionales que estén establecidos o presten sus servicios dentro del territorio del Estado.

4.2. Desarrollo profesional

Las Administraciones sanitarias regularán, para sus propios centros y establecimientos, el reconocimiento del desarrollo profesional, dentro de los siguientes principios generales:

a) El reconocimiento se articulará en cuatro grados. Las Administraciones sanitarias, no obstante, podrán establecer un grado inicial, previo a los anteriormente indicados. La creación de este grado inicial deberá comportar su homologación de acuerdo con lo previsto en la Ley 44/2003.

b) La obtención del primer grado, y el acceso a los superiores, requerirá la evaluación favorable de los méritos del interesado, en relación a sus conocimientos, competencias, formación continuada acreditada, actividad docente e investigación. La evaluación habrá de tener en cuenta también los resultados de la actividad asistencial del interesado, la calidad de la misma y el cumplimiento de los indicadores que para su valoración se hayan establecido, así como su implicación en la gestión clínica.

c) Para obtener el primer grado, será necesario acreditar cinco años de ejercicio profesional. La evaluación para acceder a los grados superiores podrá solicitarse transcurridos, como mínimo, cinco años desde la precedente evaluación positiva. En caso de evaluación negativa, el profesional podrá solicitar una nueva evaluación transcurridos dos años desde ésta.

d) La evaluación se llevará a cabo por un comité específico creado en cada centro o institución. El comité estará integrado, en su mayoría, por profesionales de la misma profesión sanitaria del evaluado, y habrá de garantizarse la participación en el mismo de representantes del servicio o unidad de pertenencia del profesional evaluado, así como de evaluadores externos designados por agencias de calidad o sociedades científicas de su ámbito de competencia.

e) Los profesionales tendrán derecho a hacer constar públicamente el grado de desarrollo profesional que tengan reconocido.

f) Dentro de cada servicio de salud, estos criterios generales del sistema de desarrollo profesional, y su repercusión en la carrera, se acomodarán y adaptarán a las condiciones y características organizativas, sanitarias y asistenciales del servicio de salud o de cada uno de sus centros, sin detrimento de los derechos ya establecidos.

Los centros sanitarios privados en los que existan profesionales sanitarios que presten servicios por cuenta ajena establecerán, en la medida en que lo permita la capacidad de cada centro, procedimientos para el reconocimiento del desarrollo profesional y la carrera de los mismos, que se adecuarán a los criterios fijados en la Ley 44/2003.

Los procedimientos a que se refiere el párrafo anterior serán supervisados, en su implantación y desarrollo, por la Administración sanitaria correspondiente.

En cada centro se deberá conservar la documentación de evaluación de los profesionales de cada servicio o unidad de éste.

Los profesionales sanitarios que desarrollen su actividad exclusivamente a través del ejercicio profesional por cuenta propia podrán acceder voluntariamente a los procedimientos de reconocimiento del desarrollo profesional, en la forma en que se determine por la correspondiente Administración sanitaria. En todo caso, dichos profesionales deberán superar las mismas evaluaciones que se establezcan para quienes presenten servicios por cuenta ajena en centros sanitarios.

4.3. Homologación del reconocimiento del desarrollo profesional

El Consejo Interterritorial del Sistema Nacional de Salud, a propuesta de la Comisión de Recursos Humanos y oída la Comisión Consultiva Profesional, establecerá los principios y criterios generales para la homologación del reconocimiento del desarrollo profesional en todo el Sistema Nacional de Salud, especialmente en lo relativo a las denominaciones de los distintos grados, a los sistemas de valoración de los méritos, a la composición de los comités de evaluación y al reconocimiento mutuo de los grados alcanzados por los profesionales de los distintos servicios de salud.

5. DEL EJERCICIO PRIVADO DE LAS PROFESIONES SANITARIAS

5.1. Modalidades y principios generales del ejercicio privado

En el ámbito de la sanidad privada, los profesionales sanitarios podrán ejercer su actividad por cuenta propia o ajena.

La prestación de servicios por cuenta propia o ajena podrá efectuarse mediante cualquiera de las formas contractuales previstas en el ordenamiento jurídico.

Los servicios sanitarios de titularidad privada estarán dotados de elementos de control que garanticen los niveles de calidad profesional y de evaluación establecidos en esta ley de acuerdo con los siguientes principios:

a) Derecho a ejercer la actividad profesional adecuada a la titulación y categoría de cada profesional.
b) Respeto a la autonomía técnica y científica de los profesionales sanitarios.
c) Marco de contratación estable, motivación para una mayor eficiencia y estímulos para el rendimiento profesional.
d) Participación en la gestión y organización del centro o unidad a la que pertenezca.
e) Derecho y deber de formación continuada.
f) Evaluación de la competencia profesional y de la calidad del servicio prestado.
g) Garantizar la responsabilidad civil profesional bien a través de entidad aseguradora, bien a través de otras entidades financieras autorizadas a conceder avales o garantías.
h) Libre competencia y transparencia del sistema de contratación.
i) Libertad de prescripción, atendiendo a las exigencias del conocimiento científico y a la observancia de la ley.

5.2. Prestación de servicios por cuenta ajena

Los profesionales sanitarios que presten su actividad en centros o servicios sanitarios privados por cuenta ajena tienen derecho a ser informados de sus funciones, tareas y cometidos, así como de los objetivos asignados a su unidad y centro sanitario y de los sistemas establecidos para la evaluación del cumplimiento de los mismos.

Dichos profesionales sanitarios se hallan obligados a ejercer la profesión, o desarrollar el conjunto de las funciones que tengan asignadas, con lealtad, eficacia y con observancia de los principios técnicos, científicos, profesionales, éticos y deontológicos que sean aplicables.

Asimismo se encuentran obligados a mantener debidamente actualizados los conocimientos y aptitudes necesarios para el correcto ejercicio de la profesión o para el desarrollo de las funciones que correspondan a su titulación.

La evaluación regular de competencias y los sistemas de control de calidad previstos en esta ley serán aplicados en los centros privados que empleen profesionales sanitarios mediante el régimen de prestación de servicios por cuenta ajena. El sistema de desarrollo profesional se articulará en estos centros conforme a lo establecido para los mismos en la Ley 44/2003.

5.3. Prestación de servicios por cuenta propia

Con el fin de garantizar la titulación oficial de profesionales y especialistas, la calidad y seguridad de los equipamientos e instalaciones, y la sujeción a la disciplina profesional y a los otros requisitos y garantías que se determinan en esta ley, todos los contratos de prestación de servicios sanitarios, así como sus modificaciones, que se celebren entre profesionales sanitarios, entre profesionales y centros sanitarios o entre profesionales y entidades de seguros que operen el ramo de enfermedad, se formalizarán por escrito.

Los profesionales sanitarios que ejerzan exclusivamente mediante la prestación de servicios por cuenta propia podrán acceder voluntariamente al sistema de desarrollo profesional en la forma prevista en la Ley 44/2003.

5.4. Registros de profesionales

Los centros sanitarios y las entidades de seguros que operen el ramo de enfermedad establecerán y mantendrán actualizado un registro de los profesionales sanitarios con los que mantengan contratos de prestación de servicios por cuenta propia o ajena.

Dicho registro será público en lo que se refiere al nombre, titulación, especialidad y, en su caso, categoría y función del profesional.

Los criterios generales y requisitos mínimos de dichos registros serán establecidos por las comunidades autónomas dentro de los principios que determine el Consejo Interterritorial del Sistema Nacional de Salud, que podrá acordar la integración de los mismos al Sistema de Información Sanitaria del Sistema Nacional de Salud.

5.5. Publicidad del ejercicio profesional privado

La publicidad de los servicios y prestaciones ofrecidos al público por los profesionales sanitarios deberá respetar rigurosamente la base científica de las actividades y prescripciones, y será objetiva, prudente y veraz, de modo que no levante falsas esperanzas o propague conceptos infundados.

Los profesionales sanitarios podrán facilitar a los medios de comunicación, o expresar directamente en ellos, informaciones sobre sus actividades profesionales, siempre que la información facilitada sea verídica, discreta, prudente y se manifieste de manera fácilmente comprensible para el colectivo social al que se dirige.

No podrán ser objeto de publicidad las actividades o productos sanitarios no autorizados, o sobre los que no exista evidencia de sus efectos beneficiosos para el ser humano, quedando prohibida la publicidad de productos y servicios de carácter creencial y de los productos-milagro.

El incumplimiento y, en su caso, la sanción que corresponda, de lo dispuesto en los apartados anteriores se exigirá de acuerdo con la Ley 14/1986, General de Sanidad, y, en lo que sean de aplicación, con las Leyes 26/1984, General para la Defensa de los Consumidores y Usuarios, y 34/1988, General de Publicidad.

5.6. Seguridad y calidad en el ejercicio profesional privado

Las consultas profesionales deberán cumplir los requisitos de autorización y acreditación que, atendiendo a las específicas características de las mismas, determinen los órganos competentes de las comunidades autónomas.

Las garantías de seguridad y calidad son aplicables a todas las actividades sanitarias privadas, con independencia de la financiación de las prestaciones que estén ofreciendo en cada momento.

Corresponde a las Administraciones sanitarias públicas, respecto de los profesionales y centros establecidos en su ámbito geográfico, velar por el cumplimiento de las garantías a que se refiere el párrafo anterior, para lo cual podrán recabar la colaboración de agencias de calidad u organismos equivalentes, o de los colegios profesionales en el caso de las consultas profesionales en los términos que reglamentariamente se determinen.

5.7. Cobertura de responsabilidad

Los profesionales sanitarios que ejerzan en el ámbito de la asistencia sanitaria privada, así como las personas jurídicas o entidades de titularidad privada que presten cualquier clase de servicios sanitarios, vienen obligados a suscribir el oportuno seguro de responsabilidad, un aval u otra garantía financiera que cubra las indemnizaciones que se puedan derivar de un eventual daño a las personas causado con ocasión de la prestación de tal asistencia o servicios.

Las comunidades autónomas, en el ámbito de sus respectivas competencias, determinarán las condiciones esenciales del aseguramiento, con la participación de los profesionales y del resto de los agentes del sector.

En el supuesto de profesiones colegiadas, los colegios profesionales podrán adoptar las medidas necesarias para facilitar a sus colegiados el cumplimiento de esta obligación.

6. DE LA PARTICIPACIÓN DE LOS PROFESIONALES

6.1. Foro Profesional

El Foro Profesional es un órgano colegiado de participación de las profesiones sanitarias tituladas, dependiente del Ministerio de Sanidad, Servicios Sociales e Igualdad, que tiene como objetivo contribuir a la mejora de la calidad asistencial y de las condiciones del ejercicio de estas profesiones.

Su composición, estructura y funcionamiento se determinarán reglamentariamente. Funcionará en pleno, y en grupos de trabajo, atendiendo a la diferente naturaleza de las profesiones que comprende. Contará, al menos, con un grupo médico y un grupo enfermero.

Su funcionamiento será atendido con los medios personales, técnicos y presupuestarios asignados a la Dirección General competente en materia de ordenación profesional.

7. RELACIÓN LABORAL ESPECIAL DE RESIDENCIA

La relación laboral especial de residencia es aplicable a quienes reciban formación dirigida a la obtención de un título de especialista en Ciencias de la Salud, siempre que tal formación se realice por el sistema de residencia, en centros, públicos o privados, acreditados para impartir dicha formación.

Los residentes tendrán la consideración de personal laboral temporal del servicio de salud o centro en que reciban la formación, y deberán desarrollar el ejercicio profesional y las actividades asistenciales y formativas que de los programas de formación se deriven.

El Gobierno regulará, mediante real decreto, la relación laboral especial de residencia, de acuerdo con las normas de la Comunidad Europea que resulten aplicables y estableciendo, además de las peculiaridades de su jornada de trabajo y régimen de descansos, los supuestos de resolución de los contratos cuando no se superen las evaluaciones establecidas, los procedimientos para la revisión de las evaluaciones otorgadas, la duración máxima de los contratos en función de la duración de cada uno de los correspondientes programas formativos, y los supuestos excepcionales para su posible prórroga cuando se produzcan casos, no imputables al interesado, de suspensión de la relación laboral (ello se hizo mediante el Real Decreto 1146/2006, de 6 de octubre, por el que se regula la relación laboral especial de residencia para la formación de especialistas en Ciencias de la Salud).

La relación laboral especial de residencia se aplicará también en aquellos supuestos de formación en Áreas de Capacitación Específica que se desarrollen por el sistema de residencia.

Las referencias que en la Ley 44/2003 se hacen a los licenciados y diplomados sanitarios se entienden realizadas también a los graduados universitarios, de acuerdo con la normativa de ordenación de las enseñanzas universitarias oficiales.

Tema 14

Derechos y garantías. Garantía de accesibilidad a los servicios: tiempos de respuesta asistencial en el Sistema Sanitario Público de Andalucía. Libre elección. Segunda opinión médica. Transparencia y calidad en los servicios. Derechos, garantías y dignidad de la persona en el proceso de muerte. Voluntad anticipada: Organización y funcionamiento del Registro de Voluntades Vitales Anticipadas

Rodio ediciones

Índice esquemático

1. DERECHOS Y GARANTÍAS

Recogemos en este tema los derechos y garantías de los ciudadanos en los servicios del Sistema Sanitario Público de Andalucía, en adelante SSPA, que incluye a los servicios sanitarios del Servicio Andaluz de Salud y de las Agencias Públicas empresariales adscritas a la Consejería de Igualdad, Salud y Políticas Sociales, de la Junta de Andalucía, y que son las siguientes: Empresa Pública de Emergencias Sanitarias, Agencia Pública Empresarial Sanitaria Costa del Sol, Agencia Pública Empresarial Sanitaria Hospital Alto Guadalquivir, Agencia Pública Empresarial Sanitaria Hospital de Poniente y Agencia Pública Empresarial Sanitaria Bajo Guadalquivir.

Estos derechos y garantías contemplan y abarcan la Atención Sanitaria Transfronteriza, los Derechos y Deberes de los usuarios en su relación con la atención sanitaria, la Carta de Servicios del Servicio Andaluz de Salud, el Derecho a la Segunda Opinión Médica, la Libre Elección de Médico y Centro, la Tarjeta Sanitaria, el Acceso a la Historia Clínica mediante Clic Salud, los Tiempos de Respuesta Asistencial, la Declaración de Voluntad Vital Anticipada, la Dignidad de la Persona en el Proceso de Muerte, la Tarjeta Sanitaria Europea y otros derechos como los Medicamentos Gratis para menores de 1 año, el Examen de Salud para Mayores de 65 o los derechos de las niñas y niños hospitalizados.

Con la finalidad de "Adaptar los servicios a la ciudadanas y ciudadanos", el SSPA se propone como objetivos:

- Adaptar los procesos administrativos al ciudadano.
- Adaptar los servicios al entorno social de los centros.
- Consolidar y ampliar un sistema de garantías al ciudadano.

2. GARANTÍA DE ACCESIBILIDAD A LOS SERVICIOS: TIEMPOS DE RESPUESTA ASISTENCIAL EN EL SISTEMA SANITARIO PÚBLICO DE ANDALUCÍA (SSPA)

Desde la Administración Sanitaria se considera un elemento de transparencia la información a la ciudadanía en la garantía de plazos de respuesta asistencial. Y esta respuesta asistencial viene regulada en los plazos correspondientes para intervenciones quirúrgicas, primeras consultas externas con el médico especialista y también para pruebas diagnósticas por especialistas.

Así, el decreto de garantías de tiempos de respuesta para intervenciones quirúrgicas reconoce el derecho del ciudadano a ser atendido en un tiempo como máximo de 180 días (art 3, *DECRETO 209/2001, del 18 de septiembre, por el que se establece la garantía de plazo de respuesta quirúrgica en el Sistema Sanitario Público de Andalucía*) para hasta 700 técnicas y/o intervenciones quirúrgicas, un plazo que se ha reducido a "*120 días para los 11 procesos asistenciales más comunes, que incluyen 71 técnicas*" *(Orden de 20 de diciembre de 2006 que modifica los plazos de respuesta quirúrgica de algunos procedimientos incluidos en el Anexo 1 del Decreto 209/2001)*. En estas 71 intervenciones se incluyen las siguientes: liberación del túnel carpiano, intervenciones de cataratas, amigdalectomías, escisión de Hallux Valgus o diferentes artroscopias en miembros inferiores o superiores, entre otras.

En caso de que este tiempo de espera se superara, puede ser operado en un centro privado sin que ello le suponga coste alguno (art 9.2, Ley 2/1998, de 15 de junio, de Salud de Andalucía). Este hecho está regulado mediante tres Órdenes de la Consejería de Salud.

- Orden de 25 de septiembre de 2002, sobre procedimiento de pago de los gastos derivados de intervenciones quirúrgicas en centros sanitarios privados por superación del plazo máximo de respuesta quirúrgica en el SSPA.
- Orden de 25 de septiembre de 2002, por la que se crea el fichero automatizado de datos de carácter personal llamado Registro de Demanda Quirúrgica del SSPA.
- Orden de 25 de septiembre de 2002, por la que se establecen normas para la aplicación de la garantía de plazo de respuesta quirúrgica y el funcionamiento del registro de demanda quirúrgica del SSPA.

Por otro lado, se puede consultar la fecha desde la que se está inscrito en el registro con una llamada a Salud Responde al teléfono (902 505 060) y consultar en la Oficina Virtual del SSPA, Inters@s la lista de espera quirúrgica.

3. LIBRE ELECCIÓN DE MÉDICO ESPECIALISTA Y HOSPITAL. LIBRE ELECCIÓN DE MÉDICO DE FAMILIA Y PEDIATRA

Otro de los derechos y garantías en el SSPA lo constituye el reconocimiento del derecho a la libre elección de médico de familia y pediatra. En este caso, los usuarios pueden elegir entre los facultativos de su localidad o municipio, y también entre el resto de los facultativos del Distrito Sanitario en el que acredite estar domiciliado mediante padrón municipal, por ejemplo.

También en el ámbito hospitalario, existe el derecho a elegir médico especialista y hospital público, en caso de intervención quirúrgica, en los términos recogidos en la normativa al respecto vigente. Esto incluye a los menores de 16 años no emancipados, cuyo derecho se ejercerá por sus representantes legales, salvo que sus condiciones de madurez le permitieran realizar dicha elección, en los términos de la ley de autonomía del paciente, que veremos más adelante. En el caso de personas incapacitadas, la elección se realizará por sus representantes legales, salvo que la sentencia de incapacitación les reconozca tal derecho, de acuerdo con lo previsto en el Código Civil.

Para la elección de **médico especialista**, este derecho puede ser ejercido por los usuarios de los servicios sanitarios que, siguiendo el criterio de su médico de Atención Primaria, deben ser atendidos por médicos especialistas del ámbito hospitalario. En este sentido, el médico de familia o pediatra orientará a sus pacientes en la elección del especialista hospitalario, facilitándoles la información necesaria para que puedan decidir. Es importante destacar que dicha elección deberá mantenerse durante todo el proceso de su enfermedad a tratar, siendo en los casos de procesos de larga duración un periodo mínimo de 12 meses. De modo que no se podría cambiar de especialista o elegir simultáneamente varios especialistas para o durante el mismo proceso.

Cuando se trate de elegir el centro para intervención quirúrgica, quienes estén incluidos en lista de espera quirúrgica podrían elegir el hospital donde ser intervenidos. Para obtener información y orientación de este proceso se puede acceder al teléfono de Salud Responde y conocer las distintas opciones y al mismo tiempo realizar los trámites administrativos para formalizar dicho derecho.

Los transportes que puedan originarse como consecuencia de la aplicación de este Decreto se regirán por lo establecido en el Real Decreto 63/1995, de 20 de enero, sobre ordenación de prestaciones sanitarias del Sistema Nacional de Salud.

Volvamos a Atención Primaria y la elección de **médico de familia y pediatra**. Dice textualmente la norma *que la elección de médico general y pediatra podrá efectuarse en cualquier momento y sin necesidad de justificación, pudiendo, previamente, solicitarse entrevista con el facultativo*. Si bien debemos añadir que una vez elegido dicho médico, deberán transcurrir al menos tres meses para salvaguardar la ordenación administrativa de prestación de servicios en el centro sanitario. Estos derechos se pueden ejercer a través de la web en InterSaS o bien en el Centro de Atención Primaria. Una vez entregada la solicitud ésta puede ser denegada por razones de índole administrativa, bien por haber superado el cupo máximo asignado a un facultativo, porcentaje de menores o mayores de 65 o bien por otras dificultades que así lo justifiquen, como la dispersión geográfica otros problemas que aumenten la demanda asistencial.

4. SEGUNDA OPINIÓN MÉDICA. TRANSPARENCIA Y CALIDAD EN LOS SERVICIOS

Cuando se padece una de las llamadas enfermedades de pronóstico **fatal**, **incurable**, que compromete gravemente la calidad de vida del paciente o en los casos en los que el tratamiento propuesto conlleva un elevado **riesgo vital**, los usuarios tienen derecho a obtener una segunda opinión médica. Este derecho se ejercita mediante solicitud a través de la Oficina Virtual del Sistema Sanitario Público de Andalucía.

Hay que abundar que este derecho viene fundamentado en la Constitución Española en su artículo 43, que reconoce *el derecho a la protección de la salud y establece que compete a los poderes públicos organizar y tutelar la salud pública, a través de las medidas preventivas y de las prestaciones y servicios necesarios*. Por otro lado, la Ley 2/1998, de 15 de junio, de Salud de Andalucía en la letra o) del apartado 1 del artículo 6, relativo a los derechos de los ciudadanos con respecto a los servicios sanitarios públicos en Andalucía, contempla *el derecho de los mismos a disponer de una segunda opinión facultativa sobre su proceso, en los términos que reglamentariamente se determinen*.

¿En qué casos está motivada la solicitud para la segunda opinión médica? Como señalábamos al comienzo de este apartado, todo paciente en el ámbito del Decreto 127/2003 sobre el ejercicio de derecho a la segunda opinión médica en el SSPA, puede hacer uso de este derecho para **confirmación diagnóstica** de enfermedad degenerativa progresiva sin tratamiento curativo del sistema nervioso central, de una enfermedad neoplásica maligna, excepto los cánceres de piel que no sean el melanoma. También para alternativas de tratamiento de neoplasias malignas, excepto los cánceres de piel que no sean el melanoma, tanto al inicio, como a la recidiva o en el momento de aparición de metástasis. En la enfermedad coronaria avanzada, la propuesta terapéutica de angioplastia múltiple o simple como alternativa a cirugía cardiaca coronaria convencional. En enfermedades raras, (menos de 5 casos por 10.000 habitantes) el comienzo de confirmación de diagnóstico, entre otros procesos tal como refleja el Decreto.

Y una vez decidido por el usuario **¿Cómo se articula la solicitud de segunda opinión médica?**

En su artículo 5 el Decreto establece que la segunda opinión médica podrá ser solicitada por el propio paciente, por sus familiares, por su pareja de hecho, por personas allegadas, por sus representantes legales o por la persona en quien expresamente delegue el usuario esta opción. Dicha solicitud podrá realizarse por cualquier medio de comunicación que sea válido, incluidos los de transmisión digital, asegurándose en todo momento la confidencialidad de los datos personales y clínicos de la persona interesada. Hay que apuntar que esta solicitud sólo se podrá realizar una única vez en cada proceso asistencial.

Una vez cursada la solicitud ésta será estudiada y valorada por un facultativo o por un grupo de expertos de la materia que se trate. Este grupo de expertos estará constituido por profesionales de los diferentes centros del SSPA, que deberán estar acreditados con el nivel máximo establecido por el órgano responsable de acreditación del SSPA.

La normativa que regula este derecho es la siguiente:

- Decreto 127/2003 sobre el ejercicio de derecho a la segunda opinión médica en el SSPA.
- Orden de 24 de agosto de 2004, por la que se desarrolla el Decreto 127/2003, de 13 de mayo, por el que se establece el ejercicio del derecho a la segunda opinión médica en el Sistema Sanitario Público de Andalucía. BOJA núm. 173, de 3 de septiembre de 2004.
- Anexo I: Enfermedades objeto de la Segunda Opinión Médica.
- Anexo II: Modelo de Solicitud.

5. DERECHOS, GARANTÍAS Y DIGNIDAD DE LA PERSONA EN EL PROCESO DE MUERTE. VOLUNTAD VITAL ANTICIPADA: ORGANIZACIÓN Y FUNCIONAMIENTO DEL REGISTRO DE VOLUNTADES VITALES ANTICIPADAS

La norma reguladora de este derecho es la Ley 2/2010, de 8 de abril, de Derechos y Garantías de la Dignidad de la Persona en el Proceso de la Muerte, conocida coloquialmente como "Ley de Muerte Digna". Se trata, por tanto, de una legislación reciente con impacto social que trasciende al ámbito sanitario. Buscaremos sus antecedentes en el Estatuto de Autonomía para Andalucía, que reconoce en su artículo 20.1 el derecho a declarar la **voluntad vital anticipada**, que deberá respetarse en los términos que establezca la Ley.

El mismo artículo 20 establece en su apartado segundo que *todas las personas tienen derecho a recibir un adecuado tratamiento del dolor y cuidados paliativos integrales y a la plena dignidad en el proceso de su muerte.* El derecho de acceso a los cuidados paliativos es reiterado por el Estatuto de Autonomía en el artículo 22.2.i). Si bien el tratamiento del dolor forma parte de los cuidados paliativos integrales, el Estatuto de Autonomía para Andalucía le concede una especial importancia, por lo que en la presente Ley se desarrolla este derecho de forma singular. Dicho esto, podemos resumir que la presente Ley tiene como objeto **regular el ejercicio de los derechos de la persona durante el proceso de su muerte**, pero no sólo esto, pues también regula los **deberes del personal sanitario** que atiende a estos pacientes, así como las garantías que las instituciones sanitarias estarán obligadas a proporcionar con respecto a ese proceso. En conclusión, una vida digna sólo se logra con una muerte digna, entendida como tal la que respeta la voluntad de las personas en el proceso de la muerte y asegura autonomía a los pacientes mediante el testamento vital.

Los principios básicos inspiradores de esta Ley son:

1. La garantía del pleno respeto del derecho a la plena **dignidad** de la persona en el proceso de la muerte.
2. La promoción de la libertad, la **autonomía** y la voluntad de la persona, de acuerdo con sus deseos, preferencias, creencias o valores, así como la preservación de su intimidad y confidencialidad.
3. La garantía de que el **rechazo de un tratamiento** por voluntad de la persona, o la interrupción del mismo, **no suponga el menoscabo de una atención sanitaria integral** y del derecho a la plena dignidad de la persona en el proceso de su muerte.
4. La garantía del derecho de todas las personas a recibir **cuidados paliativos integrales** y un adecuado **tratamiento del dolor** en el proceso de su muerte.
5. La **igualdad** efectiva y la ausencia de discriminación en el acceso a los servicios sanitarios en el proceso de la muerte.

Este derecho es de aplicación en el ámbito de la Comunidad Autónoma de Andalucía, *a las personas que se encuentren en el proceso de su muerte o que afronten decisiones relacionadas con dicho proceso, al personal implicado en su atención sanitaria, así como a los centros, servicios y establecimientos sanitarios, tanto públicos como privados, y entidades aseguradoras que presten sus servicios en Andalucía.* Recalcamos, centros sanitarios, **tanto públicos como privados**.

Recogeremos las definiciones al respecto que expresa el artículo 5º de la norma y que dice así:

A los efectos de la presente Ley, se entiende por:

a) Calidad de vida: satisfacción individual ante las condiciones objetivas de vida desde los valores y las creencias personales.
b) Consentimiento informado: de acuerdo con lo dispuesto en el artículo 3 de la Ley 41/2002, de 14 de noviembre, básica reguladora de la autonomía del paciente y de derechos y obligaciones en materia de información y documen-

tación clínica, "la conformidad libre, voluntaria y consciente de un paciente, manifestada en pleno uso de sus facultades después de recibir la información adecuada, para que tenga lugar una actuación que afecta a su salud".

c) Cuidados paliativos: conjunto coordinado de intervenciones sanitarias dirigidas, desde un enfoque integral, a la mejora de la calidad de vida de los pacientes y de sus familias, afrontando los problemas asociados con una enfermedad terminal mediante la prevención y el alivio del sufrimiento, así como la identificación, valoración y tratamiento del dolor y otros síntomas físicos y/o psíquicos.

d) Declaración de voluntad vital anticipada: de acuerdo con lo dispuesto en el artículo 2 de la Ley 5/2003, de 9 de octubre, de declaración de voluntad vital anticipada, es la manifestación escrita, hecha para ser incorporada al Registro de Voluntades Vitales Anticipadas, por una persona capaz que, consciente y libremente, expresa las opciones e instrucciones que deben respetarse en la atención sanitaria que reciba en el caso de que concurran circunstancias clínicas en las cuales no pueda expresar personalmente su voluntad.

e) Intervención en el ámbito de la sanidad: de acuerdo con lo dispuesto en el artículo 3 de la Ley 41/2002, de 14 de noviembre, es "toda actuación realizada con fines preventivos, diagnósticos, terapéuticos, rehabilitadores o de investigación".

f) Limitación del esfuerzo terapéutico: retirada o no instauración de una medida de soporte vital o de cualquier otra intervención que, dado el mal pronóstico de la persona en términos de cantidad y calidad de vida futuras, constituye, a juicio de los profesionales sanitarios implicados, algo fútil, que solo contribuye a prolongar en el tiempo una situación clínica carente de expectativas razonables de mejoría.

g) Medida de soporte vital: intervención sanitaria destinada a mantener las constantes vitales de la persona, independientemente de que dicha intervención actúe o no terapéuticamente sobre la enfermedad de base o el proceso biológico, que amenaza la vida de la misma.

h) Médico o médica responsable: de acuerdo con lo dispuesto en el artículo 3 de la Ley 41/2002, de 14 de noviembre, es "el profesional que tiene a su cargo coordinar la información y la asistencia sanitaria del paciente o del usuario, con el carácter de interlocutor principal del mismo en todo lo referente a su atención e información durante el proceso asistencial, sin perjuicio de las obligaciones de otros profesionales que participan en las actuaciones asistenciales".

i) Obstinación terapéutica: situación en la que a una persona, que se encuentra en situación terminal o de agonía y afecta de una enfermedad grave e irreversible, se le inician o mantienen medidas de soporte vital u otras intervenciones carentes de utilidad clínica, que únicamente prolongan su vida biológica, sin posibilidades reales de mejora o recuperación, siendo, en consecuencia, susceptibles de limitación.

j) Personas en proceso de muerte: personas que se encuentran en situación terminal o de agonía.

k) Representante: persona mayor de edad y capaz que emite el consentimiento por representación de otra, habiendo sido designada para tal función mediante una declaración de voluntad vital anticipada o, de no existir esta, siguiendo las disposiciones legales vigentes en la materia.
l) Sedación paliativa: administración de fármacos, en las dosis y combinaciones requeridas, para reducir la conciencia de la persona en situación terminal o de agonía, para aliviar adecuadamente uno o más síntomas refractarios, previo consentimiento informado explícito en los términos establecidos en la Ley.
m) Síntoma refractario: aquel que no responde al tratamiento adecuado y precisa, para ser controlado, reducir la conciencia de los pacientes.
n) Situación de agonía: fase gradual que precede a la muerte y que se manifiesta clínicamente por un deterioro físico grave, debilidad extrema, trastornos cognitivos y de conciencia, dificultad de relación y de ingesta, y pronóstico vital de pocos días.
o) Situación de incapacidad de hecho: situación en la que las personas carecen de entendimiento y voluntad suficientes para gobernar su vida por sí mismas de forma autónoma, sin que necesariamente haya resolución judicial de incapacitación.
p) Situación terminal: presencia de una enfermedad avanzada, incurable y progresiva, sin posibilidades razonables de respuesta al tratamiento específico, con un pronóstico de vida limitado y en la que pueden concurrir síntomas intensos y cambiantes que requieran una asistencia paliativa específica.
q) Testamento vital: es un sinónimo de declaración de voluntad vital anticipada.
r) Valores vitales: conjunto de valores y creencias de una persona que dan sentido a su proyecto de vida y que sustentan sus decisiones y preferencias en los procesos de enfermedad y muerte.

Un aspecto importante de esta norma y que afecta no sólo al personal médico sino a todos los profesionales sanitarios que prestan asistencia viene regulado en su Título III, Artículo 17 y siguientes . Deberes respecto a la información clínica, de las decisiones clínicas y de la declaración de voluntad anticipada.

Respecto a la información clínica, dice textualmente:

1. El médico o médica responsable de cada paciente deberá garantizar el cumplimiento del derecho a la información establecido en el artículo 6.
2. El resto de los profesionales sanitarios que atiendan a los pacientes durante el proceso asistencial, o les apliquen una intervención concreta, también tienen **obligación de facilitarles información clínica en función de su grado de responsabilidad** y participación en el proceso de atención sanitaria.
3. Los profesionales a los que se refieren los apartados 1 y 2 **dejarán constancia en la historia clínica de que dicha información fue proporcionada** a los pacientes y suficientemente comprendida por estos.

Es especialmente importante establecer pues tanto el grado de responsabilidad como el de participación en el proceso.

Artículo 18. Deberes respecto a la toma de decisiones clínicas

1. El médico o médica responsable, antes de proponer cualquier intervención sanitaria a una persona en proceso de muerte, deberá asegurarse de que la misma está clínicamente indicada, elaborando su juicio clínico al respecto basándose en el estado de la ciencia, en la evidencia científica disponible, en su saber profesional, en su experiencia y en el estado clínico, gravedad y pronóstico de la persona afecta. En el caso de que este juicio profesional concluya en la indicación de una intervención sanitaria, someterá entonces la misma al consentimiento libre y voluntario de la persona, que podrá aceptar la intervención propuesta, elegir libremente entre las opciones clínicas disponibles, o rechazarla, en los términos previstos en la presente Ley y en la Ley 41/2002, de 14 de noviembre.

2. **Todos los profesionales sanitarios implicados** en la atención de los pacientes tienen la obligación de respetar los valores, creencias y preferencias de los mismos en la toma de decisiones clínicas, en los términos previstos en la presente Ley, en la Ley 41/2002, de 14 de noviembre, en la Ley 5/2003, de 9 de octubre, y en sus respectivas normas de desarrollo, **debiendo abstenerse de imponer criterios de actuación basados en sus propias creencias y convicciones personales, morales, religiosas o filosóficas.**

Artículo 19. Deberes respecto a la declaración de voluntad vital anticipada

1. **Todos los profesionales sanitarios están obligados a proporcionar**, a las personas que se la soliciten, información acerca del **derecho a formular la declaración de voluntad vital anticipada**.

2. En caso de que los pacientes se hallen en situación de incapacidad de hecho, los profesionales procederán de acuerdo con lo previsto en el artículo 9.2 de la Ley 5/2003, de 9 de octubre.

3. Los profesionales sanitarios tienen obligación de respetar los valores e instrucciones contenidos en la declaración de voluntad vital anticipada, en los términos previstos en la presente Ley, en la Ley 41/2002, de 14 de noviembre, en la Ley 5/2003, de 9 de octubre, y en sus respectivas normas de desarrollo.

En la práctica, muchas veces nos encontramos con situaciones en las que la persona pueda hallarse en una situación de incapacidad de hecho. Precisamente el artículo 20 recoge dichas situaciones y prevé lo siguiente:

Artículo 20. Deberes respecto a las personas que puedan hallarse en situación de incapacidad de hecho

1. El médico o médica responsable es quien debe valorar si la persona que se halla bajo atención médica pudiera encontrarse en una situación de incapacidad de hecho que le impidiera decidir por sí misma. Tal valoración debe constar adecuadamente en la historia clínica. Para determinar la situación de incapacidad de hecho se evaluarán, entre otros factores que se estimen clínicamente convenientes, los siguientes:
   1. Si tiene **dificultades para comprender la información** que se le suministra.
   2. Si **retiene defectuosamente** dicha información durante el proceso de toma de decisiones.

   3. Si **no utiliza la información de forma lógica** durante el proceso de toma de decisiones.
   4. Si **falla en la apreciación de las posibles consecuencias** de las diferentes alternativas.
   5. Si **no logra tomar finalmente una decisión** o comunicarla.
2. Para la valoración de estos criterios se podrá contar con la opinión de **otros profesionales implicados** directamente en la atención de los pacientes. Asimismo, se podrá **consultar a la familia** con objeto de conocer su opinión.
3. Una vez establecida la situación de incapacidad de hecho, el médico o médica responsable deberá hacer constar en la historia clínica los datos de quien deba actuar por la persona en situación de incapacidad, conforme a lo previsto en el artículo 10.1.

Por último, añadir que se han desarrollado los reglamentos de los distintos Comités de Ética Asistencial, en los términos que tiene previsto el Decreto. Estos órganos de consulta ofrecen asesoramiento para la toma de decisiones en los conflictos de carácter ético que puedan generarse en la práctica asistencial.

La declaración de **Voluntad Vital Anticipada** es *la manifestación escrita realizada por una persona capaz que, consciente y libremente, expresa las opciones e instrucciones en materia sanitaria que deben respetarse en el caso de que concurran circunstancias clínicas en las cuales no pueda expresar personalmente su voluntad*. Por tanto, es un **documento** en el que una persona refleja **sus preferencias sobre cuidados y tratamientos sanitarios y el destino de sus órganos, en el caso de que llegado el momento de tomar la decisión, carezca de capacidad para elegir por sí misma**. También permite escoger a una persona como representante, para que decida por nosotros/as cuando estemos en esa situación. Además podemos elegir una segunda persona representante, para que intervenga si la primera persona representante no pudiera hacerlo por algún motivo.

El derecho a realizar la declaración de voluntad vital anticipada puede ejercerlo toda persona que sea: mayor de edad, menor emancipada o incapacitada judicial, si no lo determina expresamente la resolución judicial de incapacidad. La persona debe estar en disposición de decidir con arreglo a sus convencimientos y preferencias y tiene que inscribir la declaración personalmente. Esta declaración se inscribe en el **Registro de Voluntades Vitales Anticipadas**.

El Registro de Voluntades Vitales Anticipadas en línea es un servicio a través de internet que permite realizar la preinscripción de su voluntad vital de forma telemática, así como solicitar una cita previa para poder inscribir posteriormente su testamento vital en un punto de registro habilitado a tal efecto. Dicho registro se crea al amparo de la **ley 41/2002 de 14 de noviembre, básica reguladora de la Autonomía del Paciente** y de derechos y obligaciones en materia de información y documentación clínica.

Las dos acciones fundamentales del Registro de Voluntades Anticipadas son la inscripción por las personas que así lo decidan y en segundo lugar el acceso del profesional sanitario a su contenido cuando así sea necesario.

6. CONCLUSIONES

Hemos recogido en este capítulo los derechos y garantías que el Sistema Sanitario Público de Andalucía oferta a las personas usuarias del mismo y que abarcan cuestiones relacionadas con los servicios sanitarios, tanto en la dimensión accesibilidad a los mismos como en la prestación de la asistencia. Hay que resaltar que muchas novedades introducidas en tales normas recogen la figura de los profesionales sanitarios entre los que se encuentra el profesional de enfermería como garante finalista en la prestación de tales derechos y garantías. Todos estos derechos vienen regulados por una norma que lo soporta y que permite su ejecución en condiciones de igualdad y justicia.

Tema 15

Responsabilidad patrimonial de las Administraciones Públicas. Responsabilidad de las autoridades y personal al servicio de las Administraciones Públicas. Órganos competentes en el ámbito del Servicio Andaluz de Salud

eRodio ediciones

Índice esquemático

1. RESPONSABILIDAD PATRIMONIAL DE LAS ADMINISTRACIONES PÚBLICAS

1.1. Fundamento de la responsabilidad patrimonial de las Administraciones Públicas

La responsabilidad patrimonial de las Administraciones Públicas es uno de los fundamentos de nuestro sistema administrativo. La obligación de la Administración de compensar económicamente a los particulares por los daños que les ha causado constituye una de las garantías fundamentales de los ciudadanos en el Estado de Derecho, reconocida en la propia Constitución.

De acuerdo con el ***artículo 9.3 de la Constitución***, ésta "*garantiza… la responsabilidad… de los poderes públicos*". Más adelante, el ***artículo 106.2*** desarrolla este principio al afirmar que "*Los particulares, en los términos establecidos por la ley, tendrán derecho a ser indemnizados por toda lesión que sufran en cualquiera de sus bienes y derechos, salvo en los casos de fuerza mayor, siempre que la lesión sea consecuencia del funcionamiento de los servicios públicos*".

1.2. Competencias del Estado y de la Comunidad Autónoma de Andalucía en materia de responsabilidad patrimonial

El régimen jurídico regulador de la responsabilidad patrimonial de las Administraciones Públicas es fundamentalmente de carácter estatal. El ***artículo 149.1.18 de la Constitución*** atribuye al Estado la competencia exclusiva sobre "*el sistema de responsabilidad de todas las Administraciones públicas*". Con esta expresión, la Constitución está reservando al Estado el establecimiento de una regulación uniforme en todo el territorio nacional que, de acuerdo con el mismo ***artículo 149.1.18***, garantice a los ciudadanos un tratamiento común y un nivel mínimo de exigencia de responsabilidad ante cualquier Administración pública.

En el sentido indicado, el Tribunal Constitucional afirma en la ***Sentencia 61/1997, de 20 de marzo***, que "*el artículo 149.1.18 de la Constitución no puede excluir que además de esa normativa común que representa el sistema de responsabilidad para todo el territorio, las Comunidades Autónomas puedan establecer otros supuestos indemnizatorios en concepto de responsabilidad administrativa, siempre que naturalmente, respeten aquellas normas estatales con las que en todo caso habrán de cohonestarse y sirvan al desarrollo de una política sectorial determinada…*"

En el marco del ***artículo 149.1.18 de la Constitución*** citado, el ***artículo 47.4 de la Ley Orgánica 2/2007, de 19 de marzo, de reforma del Estatuto de Autonomía para Andalucía***, establece que "*Corresponde a la Junta de Andalucía, en materia de responsabilidad patrimonial, la competencia compartida para determinar el procedimiento y establecer los supuestos que pueden originar responsabilidad con relación a las reclamaciones dirigidas a ella, de acuerdo con el sistema general de responsabilidad de todas las Administraciones públicas.*"

1.3. Regulación de la responsabilidad patrimonial de las Administraciones Públicas

De acuerdo con los títulos competenciales citados, el sistema general de responsabilidad de todas las Administraciones públicas se regula por el Estado en la ***Ley 39/2015, de 1 de octubre, del Procedimiento Administrativo Común de las Administraciones Públicas*** y en la ***Ley 40/2015, de 1 de octubre, de Régimen Jurídico del Sector Público*** *(LRJSP)*.

La ***LRJSP*** regula los principios de la responsabilidad de las Administraciones Públicas en el ***Capítulo IV del Título Preliminar***, que contiene, entre otras materias, los principios de actuación del sector público. La ***LPAC*** regula a lo largo de su ***Título IV***, integradas en el procedimiento administrativo común, las especialidades procedimentales que se derivan de la exigencia de la responsabilidad patrimonial de las Administraciones Públicas.

En el Derecho andaluz, la regulación de la responsabilidad patrimonial de la Administración de la Junta de Andalucía está presidida por el ***artículo 123.2 del Estatuto de Autonomía***, que en términos semejantes al ***artículo 106.2 de la Constitución*** dice que "*La Comunidad Autónoma indemnizará a los particulares por toda lesión que sufran en sus bienes o derechos, salvo en los casos de fuerza mayor, siempre que la lesión sea consecuencia del funcionamiento de los servicios públicos de la misma*". Se contienen en el Derecho autonómico otras normas procedimentales en la ***Ley 9/2007, de 22 de octubre, de la Administración de la Junta de Andalucía***, en la ***Ley 4/2005, de 8 de abril, del Consejo Consultivo de Andalucía*** y en el ***Decreto 450/2000, de 26 de diciembre, por el que se aprueba el Reglamento de Organización y Funciones del Gabinete Jurídico de la Junta de Andalucía y del Cuerpo de Letrados de la Junta de Andalucía***. El contenido de dichas normas lo estudiaremos en el siguiente epígrafe de este tema, relativo al procedimiento de responsabilidad patrimonial.

Antes de estudiar las normas de procedimiento, vamos a referirnos a la naturaleza y elementos de la responsabilidad patrimonial de las Administraciones Públicas, ambos definidos en el ***Capítulo IV del Título Preliminar LRJSP***.

1.4. Naturaleza de la responsabilidad patrimonial de las Administraciones Públicas

Según la ***Ley 40/2015***, los particulares tienen derecho a ser indemnizados por las Administraciones Públicas de toda lesión que sufran en cualquiera de sus bienes y derechos, siempre que la lesión sea consecuencia del funcionamiento normal o anormal de los servicios públicos, exceptuándose dos supuestos: fuerza mayor o daños que el particular tenga el deber jurídico de soportar de acuerdo con la Ley. Se aclara, además, que la anulación, en vía administrativa o contencioso administrativa, de los actos o disposiciones administrativas no presupone, por sí misma, derecho a la indemnización. En todo caso, el daño alegado ha de ser efectivo, evaluable económicamente e individualizado con relación a una persona o grupo de personas.

La responsabilidad patrimonial de las Administraciones Públicas se configura como objetiva y directa.

1.4.1. Objetiva

Es una responsabilidad de naturaleza objetiva, puesto que basta con acreditar la existencia de un daño material o moral individualizado que tenga su origen, en relación causa-efecto, con el funcionamiento de los servicios públicos, siempre que no concurra fuerza mayor, para que surja la obligación de la Administración de indemnizar al lesionado.

Al tratarse de una responsabilidad objetiva, el centro de gravedad se sitúa en el concepto de lesión como perjuicio antijurídico, como daño que el que lo sufre no tiene obligación de soportar.

1.4.2. Directa

La responsabilidad patrimonial de las Administraciones Públicas es directa porque el particular carece de acción frente a los empleados públicos causantes del daño, pudiendo dirigirse única y exclusivamente frente a la Administración a la que pertenezca. Ello sin perjuicio de la obligación que tiene la Administración que hubiese indemnizado al particular de repetir, en vía de regreso, contra el agente o autoridad causante de la lesión.

1.5. Elementos de la responsabilidad patrimonial de las Administraciones Públicas

Los elementos de la responsabilidad patrimonial de las Administraciones Públicas pueden ser subjetivos y objetivos.

1.5.1. Elementos subjetivos

Los elementos subjetivos de la responsabilidad patrimonial de las Administraciones Públicas son los particulares que sufren el daño y las Administraciones Públicas obligadas a resarcirlo.

1.5.1.1. Los particulares

Los particulares son los titulares subjetivos de la acción de responsabilidad frente a la Administración.

1.5.1.2. Las Administraciones Públicas

El daño debe proceder de una Administración Pública, y la acción debe ejercitarse contra ella.

1.5.2. Elementos objetivos

Los elementos objetivos de la responsabilidad patrimonial de las Administraciones Públicas son:

- El daño o lesión.
- La imputación del acto dañoso a una Administración Pública.
- La ausencia de fuerza mayor.
- La indemnización.

1.5.2.1. El daño o lesión

El daño recibido ha de ser efectivo. Es decir, real, no meramente posible o futuro.

El daño ha de ser evaluable económicamente. Son indemnizables tanto los perjuicios materiales como los físicos o morales de las personas.

El daño debe estar individualizado en relación a una persona o grupo de personas.

El daño debe ser antijurídico, ha de ser un perjuicio que el particular no tenga obligación de soportar.

1.5.2.2. La imputación del acto dañoso a una Administración Pública

El daño ha de ser producido por una Administración pública o por varias en concurrencia. Incluso en concurrencia con un tercero o con el propio perjudicado.

1. El daño ha de ser consecuencia del funcionamiento de los servicios públicos

La lesión es imputable a la Administración Pública al ser consecuencia del funcionamiento normal o anormal de los servicios públicos. La expresión servicio público ha de entenderse como sinónima de actividad administrativa. La expresión funcionamiento ha de entenderse en un sentido amplio, incluyendo no sólo actuaciones positivas, de hacer, sino también negativas, de no hacer, que correspondan a la Administración. El funcionamiento es normal cuando se trata de una actuación lícita de la Administración; es anormal cuando el daño obedece a actuaciones ilícitas imputables a los empleados públicos.

La anulación en vía administrativa o por el orden contencioso administrativo de los actos o disposiciones administrativos no presupone derecho a indemnización.

2. Ha de existir una relación de causalidad entre el daño y el servicio público

La lesión debe ser consecuencia del funcionamiento normal o anormal de los servicios públicos. Debe existir, por tanto, una relación causal entre el servicio público y la lesión. El funcionamiento del servicio público tiene que ser un elemento necesario en la secuencia de los hechos para la producción del daño.

1.5.2.3. La ausencia de fuerza mayor

Si la lesión se ha producido por fuerza mayor la Administración queda exonerada de la obligación de indemnizar. La fuerza mayor define aquellos sucesos que no hubieran podido preverse (caso fortuito) o que previstos fueran inevitables o irresistibles (fuerza mayor en sentido estricto).

1.5.2.4. La indemnización

1. Reparación integral

La indemnización tiene como única finalidad resarcir al perjudicado en sus bienes o derechos lesionados. La reparación, el resarcimiento, debe ser integral.

2. Valoración del daño

Los daños materiales se determinan atendiendo al valor real que tuvieran los bienes o derechos en el momento de producirse aquéllos.

3. Fijación de la indemnización

El importe de la indemnización debe fijarse en referencia al momento de la aparición o manifestación del daño, que puede ser posterior al hecho o acto lesivo. Para cuantificar la indemnización habrá que estar al momento siguiente:

- Si la lesión es contemporánea con el hecho o acto lesivo habrá que estar al momento de producción del hecho o acto para calcular la cuantía de la indemnización.
- Si la lesión no es contemporánea con el hecho o acto lesivo habrá que estar al momento de aparición del efecto lesivo; si se trata de lesiones de carácter físico o psíquico que se extienden en el tiempo habrá que calcular la indemnización desde la curación o la determinación de las secuelas.

4. Actualización de la indemnización

La cuantía de la indemnización debe actualizarse a la fecha en que se ponga fin al procedimiento de responsabilidad con arreglo al Índice de Garantía de la Competitividad, fijado por el Instituto Nacional de Estadística, y de los intereses que procedan por demora en el pago de la indemnización fijada.

5. Pago de intereses

La Ley contiene la previsión del devengo de intereses que procedan por demora en el pago de la indemnización fijada, los cuales se exigirán con arreglo a lo establecido en la Ley General Presupuestaria o, en su caso, a las normas presupuestarias de las Comunidades Autónomas.

Cuando la cantidad venga fijada en una resolución administrativa, se aplican los ***artículos 29 y 23 del Decreto Legislativo 1/2010, de 2 de marzo, por el que se aprueba el Texto Refundido de la Ley General de la Hacienda Pública de la Junta de Andalucía***. Cuando venga fijada en una sentencia judicial, se aplicará el ***artículo 106 de Ley 29/1998, de 13 de julio, reguladora de la Jurisdicción Contencioso Administrativa***.

De acuerdo con los preceptos citados del ***Decreto Legislativo 1/2010***, si la Junta de Andalucía no paga la indemnización a la persona o entidad acreedora dentro de los tres meses siguientes al día de la notificación de la resolución judicial firme o del reconocimiento de la obligación, ha de abonarle sobre la cantidad debida y desde que la persona o entidad acreedora reclame por escrito el cumplimiento de la obligación, el interés de demora será el que se determine por la legislación estatal sobre la materia.

De acuerdo con el ***artículo 106 de Ley 29/1998***, si la Administración es condenada al pago de una cantidad líquida, a dicha cantidad se debe añadir el interés legal del dinero, calculado desde la fecha de notificación de la sentencia dictada en única o primera instancia.

6. Formas de la indemnización

La indemnización, con regla general, debe ser satisfecha en dinero.

La indemnización mediante una compensación en especie exige los siguientes requisitos para que proceda:

- Acuerdo con el interesado, el cual puede manifestar su voluntad de ser resarcido en especie mediante el escrito por el que se inicie la reclamación o posteriormente en el acuerdo indemnizatorio.
- Que la compensación en especie sea más adecuada que el dinero para obtener la reparación integral, lo que obliga a la Administración a motivar la decisión.
- Que convenga al interés público, lo que se justificará en la motivación.

1.6. Responsabilidad concurrente de las Administraciones Públicas

Se regulan en la Ley 40/2015 dos supuestos de responsabilidad concurrente de las Administraciones Públicas: en caso de daños causados por una actuación conjunta o en caso de daños causados por una actuación meramente coincidente de éstas.

1.6.1. Responsabilidad por la actuación conjunta de varias Administraciones

Cuando de la gestión dimanante de fórmulas conjuntas de actuación entre varias Administraciones públicas se derive responsabilidad patrimonial, las Administraciones intervinientes responderán frente al particular, en todo caso, de forma solidaria, aunque el instrumento jurídico regulador de la actuación conjunta podrá determinar la distribución de la responsabilidad entre las diferentes Administraciones públicas.

En estos casos, la Administración competente para incoar, instruir y resolver los procedimientos será la fijada en los Estatutos o reglas de la organización colegiada. En su defecto, la competencia vendrá atribuida a la Administración Pública con mayor participación en la financiación del servicio. No obstante, la Administración Pública competente deberá consultar a las restantes Administraciones implicadas para que, en el plazo de quince días, éstas puedan exponer cuanto consideren procedente.

1.6.2. Responsabilidad por la actuación coincidente de varias Administraciones

En otros supuestos de concurrencia de varias Administraciones en la producción del daño, con ausencia de fórmulas conjuntas de actuación, la responsabilidad se fijará para cada Administración atendiendo a los criterios de competencia, interés público tutelado e intensidad de la intervención. La responsabilidad será solidaria cuando no sea posible dicha determinación.

1.7. Responsabilidad patrimonial de otras instancias del Estado

Junto a la responsabilidad patrimonial de las Administraciones Públicas, se regula en la ***Ley 40/2015, de 1 de octubre, de Régimen Jurídico del Sector Público***, la responsabilidad de otras instancias del Estado, en concreto, la responsabilidad del Estado legislador y la responsabilidad por el funcionamiento de la Administración de Justicia.

1.7.1. Responsabilidad del Estado legislador

Entre las novedades más destacables de la ***Ley 40/2015, de 1 de octubre***, en materia de responsabilidad patrimonial, merece especial mención los cambios introducidos en la regulación de la denominada «responsabilidad patrimonial del Estado Legislador» por las lesiones que sufran los particulares en sus bienes y derechos derivadas de leyes declaradas inconstitucionales o contrarias al Derecho de la Unión Europea.

Según dicha Ley, los particulares tendrán derecho a ser indemnizados por las Administraciones Públicas de toda lesión que sufran en sus bienes y derechos como consecuencia de la aplicación de actos legislativos de naturaleza no expropiatoria de derechos que no tengan el deber jurídico de soportar cuando así se establezca en los propios actos legislativos y en los términos que en ellos se especifiquen.

La responsabilidad del Estado legislador podrá surgir también en los siguientes supuestos:

- Cuando los daños deriven de la aplicación de una norma con rango de ley declarada inconstitucional.
- Cuando los daños deriven de la aplicación de una norma contraria al Derecho de la Unión Europea.

Si la lesión es consecuencia de la aplicación de una norma con rango de ley declarada inconstitucional, procederá su indemnización cuando el particular haya obtenido, en cualquier instancia, sentencia firme desestimatoria de un recurso contra la actuación administrativa que ocasionó el daño, siempre que se hubiera alegado la inconstitucionalidad posteriormente declarada.

Si la lesión es consecuencia de la aplicación de una norma declarada contraria al Derecho de la Unión Europea, procederá su indemnización cuando el particular haya obtenido, en cualquier instancia, sentencia firme desestimatoria de un recurso contra la actuación administrativa que ocasionó el daño, siempre que se hubiera alegado la infracción del Derecho de la Unión Europea posteriormente declarada. Asimismo, deberán cumplirse todos los requisitos siguientes:

- La norma ha de tener por objeto conferir derechos a los particulares.
- El incumplimiento ha de estar suficientemente caracterizado.
- Ha de existir una relación de causalidad directa entre el incumplimiento de la obligación impuesta a la Administración responsable por el Derecho de la Unión Europea y el daño sufrido por los particulares.

La sentencia que declare la inconstitucionalidad de la norma con rango de ley o declare el carácter de norma contraria al Derecho de la Unión Europea producirá efectos desde la fecha de su publicación en el «Boletín Oficial del Estado» o en el «Diario Oficial de la Unión Europea», según el caso, salvo que en ella se establezca otra cosa.

1.7.2. Responsabilidad por el funcionamiento de la Administración de Justicia

La responsabilidad patrimonial del Estado por el funcionamiento de la Administración de Justicia se regirá por la ***Ley Orgánica 6/1985, de 1 de julio, del Poder Judicial***.

El Consejo de Ministros fijará el importe de las indemnizaciones que proceda abonar cuando el Tribunal Constitucional haya declarado, a instancia de parte interesada, la existencia de un funcionamiento anormal en la tramitación de los recursos de amparo o de las cuestiones de inconstitucionalidad.

El procedimiento para fijar el importe de las indemnizaciones se tramitará por el Ministerio de Justicia, con audiencia al Consejo de Estado.

2. RESPONSABILIDAD DE LAS AUTORIDADES Y PERSONAL DE LAS ADMINISTRACIONES PÚBLICAS

El ***artículo 36 de la Ley 40/2015, de 1 de octubre, de Régimen Jurídico del Sector Público***, regula dos tipos de responsabilidad a cargo de las autoridades y el personal al servicio de las Administraciones Públicas:

- Por los daños causados a los particulares incurriendo en dolo, culpa o negligencia graves.
- Por daños causados en los bienes o servicios de la Administración igualmente con dolo, culpa o negligencia graves.

2.1. Responsabilidad por los daños causados a los particulares

Si bien, para hacer efectiva la responsabilidad patrimonial de las Administraciones Públicas, los particulares exigirán directamente a la Administración Pública correspondiente las indemnizaciones por los daños y perjuicios causados por las autoridades y personal a su servicio, la Administración correspondiente, cuando hubiere indemnizado a los lesionados, exigirá de oficio en vía administrativa de sus autoridades y demás personal a su servicio la responsabilidad en que hubieran incurrido por dolo, o culpa o negligencia graves, previa instrucción del correspondiente procedimiento.

Para la exigencia de dicha responsabilidad y, en su caso, para su cuantificación, se ponderarán, entre otros, los siguientes criterios: el resultado dañoso producido, el grado de culpabilidad, la responsabilidad profesional del personal al servicio de las Administraciones públicas y su relación con la producción del resultado dañoso.

2.2. Responsabilidad por los daños causados a la Administración

Asimismo, la Administración instruirá igual procedimiento a las autoridades y demás personal a su servicio por los daños y perjuicios causados en sus bienes o derechos cuando hubiera concurrido dolo, o culpa o negligencia graves.

2.3. Procedimiento

El procedimiento para la exigencia de la responsabilidad en los dos casos anteriores, se sustanciará conforme a lo dispuesto en la Ley de Procedimiento Administrativo Común de las Administraciones Públicas y se iniciará por acuerdo del órgano competente que se notificará a los interesados. Este procedimiento constará, al menos, de los siguientes trámites:

- Alegaciones durante un plazo de quince días.
- Práctica de las pruebas admitidas y cualesquiera otras que el órgano competente estime oportunas durante un plazo de quince días.
- Audiencia durante un plazo de diez días.
- Formulación de la propuesta de resolución en un plazo de cinco días a contar desde la finalización del trámite de audiencia.
- Resolución por el órgano competente en el plazo de cinco días.

La resolución declaratoria de responsabilidad pondrá fin a la vía administrativa.

3. ÓRGANOS COMPETENTES EN EL ÁMBITO DEL SERVICIO ANDALUZ DE SALUD

El Servicio Andaluz de Salud, creado en 1986, de acuerdo con lo previsto en el artículo 64 de la Ley 2/1998, de 15 de junio, de Salud de Andalucía está adscrito a la Consejería de Salud y desarrolla las funciones que le están atribuidas bajo la supervisión y control de la misma.

Como expresa en su web, su misión "es prestar atención sanitaria a las ciudadanas y ciudadanos andaluces, ofreciendo servicios sanitarios públicos de calidad, asegurando la accesibilidad, equidad y satisfacción de los usuarios, buscando la eficiencia y el aprovechamiento óptimo de los recursos".

Su marco de referencia lo componen:

- Ley 2/1998 de Salud de Andalucía.
- IV Plan Andaluz de Salud.
- Plan de Calidad del Sistema Sanitario Público de Andalucía 2010-2014.
- Plan Estratégico del Servicio Andaluz de Salud.

3.1. Estructura y funciones

Su **estructura** viene establecida por.

- Decreto 208/2015, de 14 de julio, por el que se establece la estructura orgánica de la Consejería de Salud y del Servicio Andaluz de Salud.
- Orden de 21 de diciembre de 2015, por la que se delegan competencias en los titulares de los órganos directivos de la Consejería.

El Servicio Andaluz de Salud es una agencia administrativa de las previstas en el artículo 65 de la Ley 9/2007, de 22 de octubre, se adscribe a la Consejería de Salud dependiendo específicamente de la Viceconsejería de Salud.

A su vez, al Servicio Andaluz de Salud se le adscriben la Empresa Pública de Emergencias Sanitarias y la Agencia Pública Empresarial Sanitaria Costa del Sol, a la que están adscritas la Agencia Pública Empresarial Sanitaria Hospital de Poniente de Almería, la Agencia Pública Empresarial Sanitaria Hospital Alto Guadalquivir y la Agencia Pública Empresarial Sanitaria Bajo Guadalquivir, sin perjuicio de su dependencia de la Consejería de Salud y encontrándose bajo la dirección de la Dirección Gerencia del Servicio Andaluz de Salud.

Corresponde al Servicio Andaluz de Salud el ejercicio de las **funciones** que se especifican en el presente Decreto, con sujeción a las directrices y criterios generales de la política de salud en Andalucía y, en particular, las siguientes:

a) La gestión del conjunto de prestaciones sanitarias en el terreno de la promoción y protección de la salud, prevención de la enfermedad, asistencia sanitaria y rehabilitación que le corresponda en el territorio de la Comunidad Autónoma de Andalucía.
b) La administración y gestión de las instituciones, centros y servicios sanitarios que actúan bajo su dependencia orgánica y funcional.
c) La gestión de los recursos humanos, materiales y financieros que se le asignen para el desarrollo de sus funciones.

El Servicio Andaluz de Salud cuenta con los siguientes órganos o centros directivos:

- Dirección Gerencia.
- Dirección General de Asistencia Sanitaria y Resultados en Salud.
- Dirección General de Profesionales.
- Dirección General de Gestión Económica y Servicios.

3.2. Organización y servicios

El Servicio Andaluz de Salud dispone de una red de servicios asistenciales integrada y organizada para garantizar la accesibilidad de la población y la equidad en la distribución de recursos. En su Carta de Servicios se describen con carácter genérico, aquellos servicios asistenciales que recibe directamente la ciudadanía.

3.2.1. Atención primaria

El primer nivel de atención es la atención primaria de salud, que integra la asistencia preventiva, curativa, rehabilitadora y la promoción de la salud de los ciudadanos. Los servicios de atención primaria de salud están organizados en Andalucía en distritos de atención primaria, estructuras organizativas para la planificación operativa, dirección, gestión y administración en ese ámbito.

Existen actualmente 1.518 centros de atención primaria de salud, de manera que todos los andaluces cuentan con uno de ellos a pocos minutos de su domicilio en transporte estándar.

3.2.2. Atención hospitalaria

El segundo nivel, de atención hospitalaria, atiende a los pacientes que precisan de hospitalización. Dispone de consultas externas ambulatorias en hospitales y en centros periféricos.

El Servicio Andaluz de Salud cuenta con 27 hospitales, distribuidos por toda la geografía andaluza. Asimismo se hace cargo funcionalmente de los centros pertenecientes a Agencias Públicas Empresariales Sanitarias y del Consorcio Sanitario Público del Aljarafe.

Existen además organizaciones específicas:

- 14 Áreas de Gestión Sanitaria. Modelo de organización de gestión unitaria de los niveles de Atención Primaria y de Hospitalaria, en una demarcación territorial específica.
- Centros de Transfusión Sanguínea que configuran una red específica con el fin de asegurar la disponibilidad de componentes sanguíneos y la correcta preservación de tejidos.

Otras áreas de atención tienen una organización especial, dadas sus peculiaridades:

- Programa de Salud Mental.
- Coordinación Autonómica de Trasplantes.
- Atención a Urgencias y Emergencias.

Recursos

El Servicio Andaluz de Salud cuenta con 93.366 profesionales (media anual) para atender su red asistencial: 24.443 en atención primaria y 68.923 atención hospitalaria. (Año 2014).

Y, en el año 2016, con un presupuesto inicial de 8.129.150 miles de euros.

Tema 16

Demografía sanitaria. Fuentes de información e indicadores demográficos. Análisis de datos. Indicadores de salud: clasificación y utilidad. Análisis de las necesidades de salud. Indicadores demográficos: mortalidad, morbilidad, prevalencia, incidencia. Definición de Calidad de Vida relacionada con la Salud (CVRS)

Rodio ediciones

Índice esquemático

1. DEMOGRAFÍA SANITARIA

Podemos considerar la demografía como la ciencia que trata estadísticamente de las leyes que rigen los fenómenos que ocurren en las poblaciones humanas; nos referimos al tamaño, la composición y la distribución geográfica de la población.

Entre sus fines se encuentran:

1. Analizar la dimensión de las poblaciones.
2. Conocer la estructura. Cómo se distribuyen en función de variables demográficas como edad, sexo, estudios, raza, residencia, etc...
3. Estudiar la evolución temporal del número y estructura de la población.
4. Determinar los fenómenos demográficos que condicionan el número, estructura y variaciones de la población de una zona geográfica en función del tiempo. Hablamos de:
    - ▷ Natalidad.
    - ▷ Mortalidad.
    - ▷ Fenómenos migratorios.

La Demografía aplicada a las Ciencias de la salud o demografía sanitaria permite:

- Confeccionar tasas e indicadores sanitarios, útiles para realizar un diagnóstico de salud de una población, así como su planificación y la programación sanitaria.
- Llevar a cabo estudios epidemiológicos. La epidemiología precisa datos de población, y su distribución, según características de persona, lugar y tiempo.
- Poder establecer a su vez indicadores de salud para desarrollar políticas sanitarias en función de las necesidades de la población.

2. FUENTES DE INFORMACIÓN E INDICADORES DEMOGRÁFICOS

2.1. Fuentes de información

Métodos y fuentes de información para la confección de censos:

2.1.1. Registros Administrativos de Población

El censo se obtiene de la combinación de registros administrativos disponibles (Registro de la propiedad, Servicio Público de Empleo Estatal, Padrón, Agencia Tributaria, Seguridad Social), no es necesaria ninguna operación de campo.

2.1.2. Combinación de Registros y Encuestas

Su aplicación aparece cuando los registros disponibles no facilitan toda la información necesaria para la elaboración del censo. La principal ventaja de esta metodología es la reducción del coste del censo, que puede llegar a representar tan sólo el 1% del gasto de un censo tradicional (Statistics Netherlands, 2007).

2.1.3. Registros Administrativos de población y Enumeración Completa

Sistema mixto aplicable cuando los registros no ofrecen las características demográficas y sociales requeridas, así como cuando la información no es de una calidad suficiente. En España se uso esta metodología en el censo del 2001.

2.1.4. Registros Administrativos de población y Muestra de la Población

Esta variante se utilizo para el censo en España de 2010. La información de la población (sexo, edad, nacionalidad, lugar de residencia) se obtiene de los registros administrativos (Padrón).

2.1.5. Encuesta Continua de Población (ECP)

Método no censal que permite disponer de información poblacional, ante la escasa frecuencia de la realización del censo. El American Community Survey prevé la entrevista anual del 2% de población con lo que se dispondrá de una amplia muestra 2,3.

Otra fuente de información son el **Padrón Municipal**, es un registro continuo de población usado en España como principal fuente de información para las cifras de población. El INE elabora estimaciones de población, estas actualizan las cifras del censo pero con la particularidad que al ser estimaciones los resultados son inferiores al Padrón, las estimaciones no facilitan detalle de la población de municipios.

2.1.6. Fuentes Longitudinales Basadas en la Integración de Registros

La experiencia en Andalucía en el desarrollo de este tipo de fuentes esta recogida en el Plan Estadístico de Andalucía, en el se define el Registro de Población en Andalucía (RPA),con el objetivo de obtener la relación de las personas residentes en Andalucía y sus características principales, en base a los padrones municipales de habitantes como instrumento estadístico y como fuente de nuevas actividades de interés (estadísticas de variaciones residenciales infra y supramunicipales, marco para estadísticas muestrales dirigidas a la población, trayectorias vitales, etc.).

2.2. Indicadores demográficos

Son datos estadísticos que ponen de manifiesto distintos aspectos de la población. Se utilizan: Tasa, Razón, índices, Proporción, Porcentaje.

Los indicadores demográficos permiten observar la evolución en el tiempo de características asociadas a una población, volumen, estructura por edad, sexo, asentamientos.

Los Indicadores Demográficos Transversales como la esperanza de vida o el número medio de hijos por mujer permiten análisis de la población en un momento dado, recibe el nombre de análisis transversal, de período o del momento.

Los Indicadores Demográficos Básicos son operaciones estadísticas que proporcionan series temporales retrospectivas de los indicadores de natalidad, fecundidad, mortalidad, migración, nupcialidad, migración.

El análisis longitudinal o de cohorte (generación, conjunto de individuos que viven un mismo hecho demográfico durante el mismo periodo de tiempo) permite el estudio a lo largo del tiempo.

3. ANÁLISIS DE DATOS

3.1. Pirámide de población

Representación gráfica de la estructura por sexo y edad de una población en un instante temporal determinado. La pirámide de población consta de dos histogramas horizontales: el del lado izquierdo representa la distribución por edad de los hombres y el derecho el de las mujeres. Cada barra horizontal representa la proporción de población en un determinado sexo y grupo de edad.

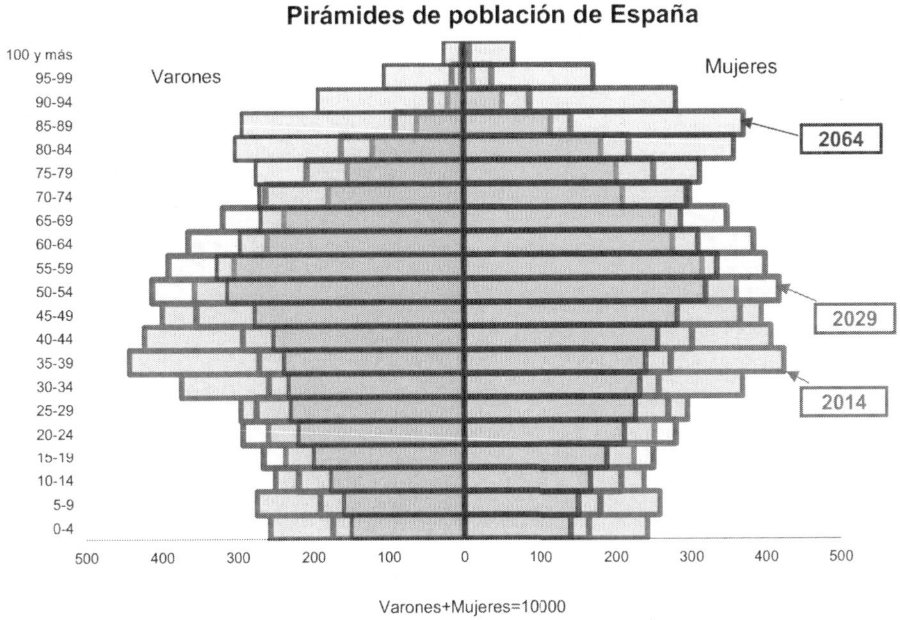

Fuente: Instituto Nacional de Estadística.

3.2. Tipos de pirámides poblacionales

3.2.1. POGADA o de Población Expansiva

Se caracteriza por tener una base ancha y una cima pequeña. Es propia de los países sin desarrollar, en plena transición demográfica con altas tasas de natalidad y mortalidad, y con un crecimiento natural alto.

3.2.2. BULBO o de Población Regresiva

De base más estrecha que el cuerpo central y cima relativamente ancha. Es propia de los países desarrollados que han terminado la transición demográfica. Una población envejecida con bajas tasas de natalidad y de mortalidad, y con un crecimiento natural reducido.

3.2.3. CAMPANA o de Población Estacionaria

De base y cuerpo anchos y cima poco ancha. Existe igualdad entre las generaciones jóvenes y adultas, y una reducción importante en las ancianas. El crecimiento natural es bajo. Este tipo de pirámide es propia de las poblaciones que no presentan cohortes de la transición demográfica. Pueden responder a países con tasas de natalidad y mortalidad altas.

3.2.4. Desequilibrada

Cuando existe una desproporción en la composición del sexo y la edad. Éste tipo de población sucede en los países sometidos a conflicto bélico.

4. INDICADORES DE SALUD: CLASIFICACIÓN Y UTILIDAD

4.1. Utilidad

La OMS define el indicador como la variable que sirve para medir los cambios.

El término indicador de salud hace referencia a una característica relacionada con la salud de un individuo o de una población para poner de manifiesto la magnitud de un problema de salud, para reflejar el cambio en el nivel de salud de una población a lo largo del tiempo, para mostrar diferencias en la salud entre diferentes poblaciones y para evaluar hasta qué punto los objetivos de determinados programas han sido alcanzado.

El indicador de salud tiene que cumplir los siguientes atributos: Validez, Confiabilidad, Sensibilidad, Especificidad y mensurabilidad.

Pensemos en el proceso de envejecimiento demográfico ¿implica una mejora paralela del estado de salud? o ¿la prolongación de la supervivencia se consigue bajo el coste de mayores niveles de discapacidad o enfermedad? Es decir, si se puede afirmar o no que una mayor cantidad de vida supone asimismo una mayor calidad de vida. Para responder a estas preguntas y monitorizar simultáneamente los cambios en la duración de la vida y en el estado de salud son útiles las expectativas de salud.

La utilidad de un indicador de salud radica en medir cualitativamente o cuantitativamente una situación determinada evaluando su desarrollo en el tiempo y comparándola con otras mediciones posteriores. Se utilizan para evaluar los progresos realizados en el logro de la salud.

4.2. Clasificación

4.2.1. Calidad de la atención

- Indicador de calidad de la estructura sanitaria.
- Indicador de calidad del proceso asistencial.
- Indicador basado en resultados.

4.2.2. Demográficos: Mencionados a continuación

Esperanza de vida (EV) se define como el número medio de años que espera vivir un individuo de una población determinada si se mantienen los actuales riesgos de muerte por edad. Indicador que refleja no sólo el nivel de salud, sino el nivel social, económico y sanitario de un lugar concreto. Su cálculo está basado en las tasas actuales de mortalidad sujetas a cambios en el tiempo.

Su uso generalmente es para comparar diferentes regiones o países y para observar su evolución en el tiempo, ya que no está influida por las diferencias en la estructura de edad de las diferentes comunidades objeto de comparación.

Años de vida saludable (AVS) indicador basado en la mortalidad y la limitación de actividad, permite en una sola medida no sólo medir la duración sino también la calidad de la vida. La limitación de actividad utilizada para el cálculo de los AVS proviene del indicador global de actividad (siglas en inglés GALI). GALI es un índice simple de incapacidad subjetiva que con única pregunta, trata de medir cuatro dimensiones: la presencia de limitación de actividad, si se trata de una limitación para las actividades que la gente normalmente realiza, si esa limitación, en el caso de que exista, se debe a un problema de salud y si su duración es de al menos 6 meses.

Esperanza de vida en buena salud (EVBS) evalúa, en años, el impacto que, sobre la calidad de vida, ejerce la presencia de enfermedades. La diferencia con los AVS es que los años de vida se ponderan por la percepción subjetiva que los individuos tienen de su propio estado de salud, en lugar de ponderarlos por la limitación de actividad.

La EVBS a una determinada edad **x** representa el número medio de años que, en buena salud, restan por vivir a una persona de esa edad hasta su fallecimiento.

Mortalidad: Con los resultados se evalúa el estado de salud de la población, la vigilancia epidemiológica y la planificación sanitaria. La exhaustividad y la objetividad del fenómeno que recoge, permite la monitorización de los problemas de salud y el establecimiento de prioridades sanitarias así como la realización de comparaciones geográficas y temporales.

Morbilidad permite aproximarse a la carga de enfermedad y de otros problemas de salud en la población. Se obtienen a partir de la información proporcionada por los servicios sanitarios y de sistemas de notificación ajenos al sistema sanitario. Indicadores relacionados con la morbilidad que se obtienen de los sistemas de información:

Altas hospitalarias, Enfermedades infecciosas, Incidencia de cáncer, Víctimas de accidentes de tráfico, Víctimas por accidentes de trabajo.

Salud subjetiva es una de las medidas más empleadas en las encuestas y estudios que tienen como objetivo la medición de la salud y sus determinantes en la población.

Salud Materno infantil.

La Mortalidad infantil se expresa como el número de nacidos vivos muertos antes de cumplir 1 año, en un área geográfica determinada durante un año, por 1.000 nacidos vivos en esa área geográfica durante ese año.

Se divide en mortalidad neonatal: está más relacionada con la calidad de la atención a la mujer gestante y el cuidado neonatal, su cálculo son las defunciones de los niños menores de 28 días de vida. La mortalidad postneonatal está más relacionadas con las circunstancias socioeconómicas de los padres, su cálculo son las defunciones de los niños con 28 o más días de vida y con menos de 1 año.

4.2.3. Otros indicadores

- De daño.
- De recursos y servicios.
- Económico sociales.

5. ANÁLISIS DE LAS NECESIDADES DE SALUD

La evolución demográfica es clave para determinar los servicios de salud y cuidados de una población cada vez mayor y dependiente según apuntan las proyecciones demográficas.

Las proyecciones demográficas para Andalucía son: envejecimiento de la población con un aumento significativo del porcentaje de población mayor de 65 años y reducción de la población infantil. Esta importante variación en la cúspide y en la base de la pirámide poblacional Andaluza determinará de forma clara la demanda de servicios para la dependencia y de atención a la infancia.

5.1. Servicios para la Dependencia

Dependientes son aquellas personas que no pueden realizar al menos una de las actividades básicas de la vida diaria (ABVD) que son el conjunto de actividades primarias de la persona para su autocuidado y movilidad, o las actividades instrumentales de la vida diaria (AIVD).

El envejecimiento de la población incide directamente en la tasa de dependencia de una sociedad dada, y sobre todo en el número de dependientes futuros que necesitarán de servicios o de terceras personas para realizar al menos una de las actividades de la vida cotidiana.

Para la proyección de la dependencia en Andalucía se utiliza el supuesto de que las tasas de prevalencia por sexo y edad se mantienen en el tiempo, estas tasas señalan que la proporción de personas dependientes por sexo y edad es significativamente mayor entre las mujeres por la mayor esperanza de vida y para ambos sexos, a partir de los 75 años de edad.

5.2. Servicios para Menores

Atendiendo a la proyección poblacional de la sociedad Española y Andaluza, la población infantil probablemente disminuya, esto no implica una reducción proporcional de servicios, la disminución de población de menores reduce el tamaño de los grupos, la necesidades en servicios de Salud pueden mantenerse o incluso aumentar según la dimensión de cada variación de los indicadores demográficos y de salud.

6. INDICADORES DEMOGRÁFICOS

Mortalidad: Es el indicador del número de defunciones por cada 1.000 habitantes en un periodo de tiempo y una población concreta. Se expresa como el cociente entre el número medio anual de defunciones ocurridas durante un período determinado y la población media del ese período.

Morbilidad. Medida de la intensidad con que se muestran las enfermedades en una población.

Prevalencia. Proporción de personas enfermas respecto al total de la población en un cierto momento. En términos matemáticos se trata de una "proporción" (una parte dividida por el total).

Incidencia. El número de nuevos afectados por la enfermedad a lo largo de un intervalo de tiempo. En términos matemáticos se trata de una "tasa" (un flujo dividido por la población media durante el tiempo considerado).

7. DEFINICIÓN DE CALIDAD DE VIDA RELACIONADA DE LA SALUD (CVRS)

La OMS define la salud como el estado de completo bienestar físico, mental y social y no solamente la ausencia de enfermedad.

La CVRS se refiere en particular a los efectos de las enfermedades y de sus tratamientos en la vida cotidiana de los pacientes.

La CVRS es un concepto que involucra a salud, estado de salud, estado funcional y calidad de vida y que agrupa elementos tanto propios (físicos y mentales) como externos al individuo, que interactúan con él pudiendo modificar su estado de salud. Una definición breve, es la de que se refiere al estudio de la CVRS como a la evaluación de los "efectos que una enfermedad y su tratamiento ocasionan en la vida de los pacientes".

Para un paciente calidad de vida representa el impacto de una enfermedad y su tratamiento tienen sobre la percepción de su bienestar. Reconocer que la percepción de las personas sobre su estado de bienestar físico, psíquico, social y espiritual depende en gran parte de sus propios valores y creencias, contexto cultural e historia personal.

La evaluación de Calidad de Vida en Relación a la Salud se han desarrollado sobre todo a partir de la investigación de la felicidad, la investigación en indicadores sociales, y área de la salud.

Los instrumentos para la medición de la calidad de vida y CVRS, pueden ser clasificados en: cuestionarios genéricos, recogen aspectos comunes de la calidad de vida en la población general; permiten realizar comparaciones entre grupos, y cuestionarios específicos evalúan los aspectos propios de una enfermedad en particular. Estos últimos apuntan a lograr una mejor sensibilidad al cambio.

Como consenso alcanzado por el grupo Whoqol las medidas de CVRS deben ser:

Subjetivas

Recoger la percepción de la persona involucrada.

Multidimensionales

Relevar diversos aspectos de la vida del individuo, en los niveles físico, emocional, social, interpersonal etc. Incluir sentimientos positivos y negativos.

Registrar la variabilidad en el tiempo

La edad, la etapa vital que se atraviesa (niñez, adolescencia, adultez, adulto mayor), el momento de la enfermedad que se cursa, marcan diferencias importantes en los aspectos que se valoran.

Tema 17

Fundamentos de la Investigación cuantitativa. Bioestadística. Tipos de variables, medidas de una distribución de frecuencias, distribución normal, inferencia estadística, contraste de hipótesis, cálculo de probabilidades, población y técnicas de muestreo. Odds-Ratio. NNT y NND. Niveles de significación y confianza

Rodio ediciones

Índice esquemático

1. BIOESTADÍSTICA

1.1. Significado de Estadística

Puede conceptualizarse como:

1. Estadística es una rama de las matemáticas que dispone de un conjunto de herramientas para recolectar, organizar, presentar y analizar datos numéricos u observacionales. Presenta números que describen una característica de una muestra. Resultan de la manipulación de datos según ciertos procedimientos especificados:
   - ▷ Obtención de datos.
   - ▷ Clasificación.
   - ▷ Presentación.
   - ▷ Interpretación.
   - ▷ Descripción.
   - ▷ Generalizaciones.
   - ▷ Comprobación de hipótesis.
   - ▷ Toma de decisiones.
2. Estadística es una ciencia con base matemática referente a la recolección, análisis e interpretación de datos, que busca explicar condiciones regulares en fenómenos de tipo aleatorio o probabilístico. Es transversal a una amplia variedad de disciplinas, desde la física hasta las ciencias sociales, desde las ciencias de la salud hasta el control de calidad y es usada para la toma de decisiones en áreas de negocios e instituciones gubernamentales.
3. La estadística es una ciencia que se utiliza para la recolección de datos, para posteriormente analizarlos e interpretarlos y llegar a una conclusión sobre el tema u objeto al cual se decidió estudiar. Esta recolección de datos es llevada a cabo por una serie de procedimientos –mencionados en la 1ª conceptualización– los cuales nos intentan dar una información con la mayor certeza posible, bien sea para conocer una situación o intentar resolverla o minimizar sus efectos desfavorables.
4. La Estadística es la ciencia cuyo objetivo es reunir una información cuantitativa o cualitativa referente a individuos, grupos, series de hechos, etc. Analizar los datos obtenidos y deducir; a partir de este análisis y mediante técnicas propias, conclusiones generales o previsiones para el futuro con cierto grado de incertidumbre.
5. La estadística puede definirse como la doctrina que se ocupa del tratamiento de datos numéricos derivados de casos agrupados. En muchas ocasiones, estos datos pueden ser personas; por ejemplo, aquellos que padecen una determinada patología o factores de riesgo específicos.

La estadística entra a formar parte de nuestra vida desde los comienzos de la civilización e incluso históricamente han existido formas sencillas de estadística, como por ej. se utilizaban representaciones gráficas y otros símbolos en paredes de cuevas para contar el número de personas, animales o ciertas cosas.

A medida que pasa el tiempo, los egipcios, babilonios, griegos y chinos, usaban varias formas estadísticas y registros numéricos. De esta manera empezaron a formar parte de las matemáticas. El Imperio romano fue el primer gobierno que recopiló una gran cantidad de datos sobre la población, superficie y renta de todos los territorios bajo su control.

1.1.1. ¿Por qué estudiar Estadística en Enfermería?

La primera razón es que la información numérica está en todas partes. Por ejemplo en los periódicos, revistas de noticias o de interés general, revistas de enfermería y de ciencias de la salud en general, informes de investigación en salud, noticias de televisión, radio, etc., se encuentra gran información numérica. Para ser consumidores educados en esta información, es necesario poder leer las tablas y gráficas, así como entender el análisis de la información numérica.

Una segunda razón es que las técnicas estadísticas se utilizan para tomar decisiones que afectan nuestra vida y nuestro ejercicio profesional.

Una tercera razón es que el conocimiento de los métodos estadísticos ayuda a entender cómo se toman las decisiones y a comprender de qué manera nos afectan a nivel personal, profesional, institucional y social.

En cualquier línea del trabajo enfermero es preciso tomar decisiones en las que el entendimiento del análisis de datos es de mucha utilidad.

La estadística nos va a ayudar a seleccionar las conclusiones generales más adecuadas a partir de datos parciales y representativos.

1.1.2. Tipos de Estadística

Podríamos por tanto clasificar la Estadística en descriptiva, cuando los resultados del análisis no pretenden ir más allá del conjunto de datos e inferencial cuando el objetivo del estudio es derivar las conclusiones obtenidas a un conjunto de datos más amplio.

Estadística descriptiva: describe, analiza y representa un grupo de datos utilizando métodos numéricos y gráficos que resumen y presentan la información contenida en ellos.

Estadística inferencial: apoyándose en el cálculo de probabilidades y a partir de datos muestrales, efectúa estimaciones, decisiones, predicciones u otras generalizaciones sobre un conjunto mayor de datos.

1.2. Aplicaciones de la estadística

Los métodos y técnicas de la estadística ayudan a la realización de múltiples tareas en las organizaciones productivas y sociales, tanto en las empresas públicas como en las privadas; son la base para la realización de estudios técnicos e investigaciones que permiten la mejora de procesos de producción, de bienes y de servicios o el sustento de la toma de decisiones en las empresas u organizaciones de los más diversos tipos.

La velocidad del desarrollo tecnológico, los volúmenes de nueva información y el avance vertiginoso de la ciencia, han generado una gran diversificación en las aplicaciones de la metodología estadística. Cada vez más disciplinas encuentran en los métodos estadísticos una opción para el adecuado planteamiento y solución de problemas específicos; hoy en día es más sencillo decir en qué no se aplica la estadística.

Indudablemente la metodología estadística ha adquirido una importancia tal que el reconocimiento de esta disciplina es un asunto incuestionable, incluso a nivel mundial. Hoy en día la estadística tiene un lugar muy significativo en la sociedad.

Los gobiernos nacionales y provinciales cuentan invariablemente con un sistema de estadísticas, que incluye aspectos como el demográfico, el económico, el epidemiológico y el social. La estadística llamada oficial ocupa un lugar importante en los esfuerzos de planeación, toma de decisiones e investigación de los procesos económicos y sociales de todas las naciones. Un indicador de esta importancia es el hecho de que la ONU cuenta con un comité especial de estadística, el cual apoya a los países miembros en el diseño y desarrollo de sistemas de información acorde a lineamientos internacionales.

En el área de Ciencias de la Salud, la estadística tiene una amplia historia, siendo fundamental en el estudio de la Salud Publica

Con el término Statistik, de origen alemán, la estadística empezó siendo una ciencia utilizado para la recolección de datos del Estado, siendo llamada la "ciencia del Estado" o "aritmética política" y no fue hasta el siglo XX que se empezó a utilizar el término Estadística, derivado de la palabra griega Status, que significa "modo de hallarse de pie".

1.3. Uso de la estadística en el campo de las ciencias de la salud. Bioestadística

La Estadística puede dar respuesta a muchas de las necesidades que la sociedad actual nos plantea. Su tarea fundamental es la reducción de datos, con el objetivo de representar la realidad y transformarla, predecir su futuro o simplemente conocerla.

El análisis estadístico de los datos obtenidos en muy diversos campos de experimentación permite obtener conclusiones que ayudarán a tener una visión de conjunto de una manera rápida y fácil: describe e informa lo que hay de tal modo que permite describir y resumir las observaciones que se hagan sobre un asunto, fenómeno o problema de investigación.

Es necesario e indispensable formar profesionales de enfermería con destrezas en el manejo conceptual, metodológico e intervención de situaciones asociadas a la enfermería y con capacidad para interpretar y analizar críticamente problemas complejos de esta disciplina, con énfasis en su ámbito de acción, resolver problemas y formular y gestionar proyectos de investigación.

Los profesionales de enfermería necesitan adquirir conocimientos elementales de estadística para mejorar su situación profesional. Ante la dificultad que supone la adquisición o el recuerdo de las bases matemáticas en que se fundamenta la estadística, en ciertas ocasiones es preferible aprender a utilizar paquetes estadísticos.

En investigaciones en el campo de las ciencias de la salud y la farmacología es imprescindible la Estadística, probando nuevos tratamientos en grupos de pacientes, obteniendo conclusiones sobre ciertas enfermedades, observando durante un tiempo un grupo de pacientes para saber si en el tratamiento de cierto tipo de patologías es más efectiva la cirugía, la radioterapia o la quimioterapia.

En las ciencias de la salud, la estadística tiene una gran importancia ya que posee numerosas ventajas, por ejemplo nos puede ayudar a conocer las problemáticas presentes en una comunidad, los factores de riesgo o predisposición a ciertas patologías y puede ser muy útil a la hora de buscar una respuesta a esta o al tratar de educar para evitarlas en futuras ocasiones.

Como los objetos de estudio de las ciencias de la vida son muy variados, la Bioestadística ha debido ampliar su campo para, de esta manera, incluir cualquier modelo cuantitativo, no solamente estadístico y que entonces pueda ser empleado para responder a las necesidades oportunas.

La principal ventaja del pensamiento estadístico interviniendo en las ciencias de la vida es que no solo resuelve sino que también comprende una compleja metodología para dar respuesta a las hipótesis, además de agilizar la cuestión de organización del sistema de investigación, desde el diseño general, el de muestreo, el control de la calidad de información y la presentación de los resultados.

En Salud Pública la estadística permite analizar situaciones en las que los componentes aleatorios contribuyen de forma importante en la variabilidad de los datos obtenidos. En salud pública los componentes aleatorios se deben, entre otros aspectos, al conocimiento o a la imposibilidad de medir algunos determinantes de los estados de salud y enfermedad, así como a la variabilidad en las respuestas por los pacientes, similares entre si, que son sometidos al mismo tratamiento.

La extensión de los conocimientos y aptitudes de carácter estadístico que necesitan adquirir los profesionales de la salud pública son importantes, porque el conocimiento de los principios y métodos estadísticos y la competencia en su aplicación se necesitan para el ejercicio eficaz de la salud pública y, adicionalmente, para la comprensión e interpretación de los datos sanitarios.

2. VARIABLES ESTADÍSTICAS

Una variable estadística es cada una de las características o cualidades que poseen los individuos de una población.

2.1. Tipos de variable estadísticas

2.1.1. Variable cualitativa

Las variables cualitativas se refieren a características o cualidades que no pueden ser medidas con números. Podemos distinguir dos tipos:

2.1.2. Variable cualitativa nominal

Una variable cualitativa nominal presenta modalidades no numéricas que no admiten un criterio de orden.

Ejemplo:

El estado civil, con las siguientes modalidades: soltero, casado, separado, divorciado y viudo.

2.1.3. Variable cualitativa ordinal o variable cuasicuantitativa

Una variable cualitativa ordinal presenta modalidades no numéricas, en las que existe un orden.

Ejemplos:

La nota en un examen: suspenso, aprobado, notable, sobresaliente.

Puesto conseguido en una prueba deportiva: 1º, 2º, 3º, ...

Medallas de una prueba deportiva: oro, plata, bronce.

2.1.4. Variable cuantitativa

Una variable cuantitativa es la que se expresa mediante un número, por tanto se pueden realizar operaciones aritméticas con ella. Podemos distinguir dos tipos:

2.1.5. Variable discreta

El número de hermanos de 5 amigos: 2, 1, 0, 1, 3.

2.1.6. Variable continua

Una variable continua es aquella que puede tomar valores comprendidos entre dos números.

Ejemplos:

La altura de los 5 amigos: 1.73, 1.82, 1.77, 1.69, 1.75.

En la práctica medimos la altura con dos decimales, pero también se podría dar con tres decimales.

Una variable discreta es aquella que toma valores aislados, es decir no admite valores intermedios entre dos valores específicos.

3. DISTRIBUCIÓN DE FRECUENCIAS

Una distribución de frecuencias o tabla de frecuencias es una ordenación en forma de tabla de los datos estadísticos, asignando a cada dato su frecuencia correspondiente.

3.1. Frecuencia absoluta

La frecuencia absoluta es el número de veces que aparece un determinado valor en un estudio estadístico. Se representa por f_i.

La suma de las frecuencias absolutas es igual al número total de datos, que se representa por N.

$$f_1 + f_2 + f_3 + \dots + f_N = N$$

Para indicar resumidamente estas sumas se utiliza la letra griega Σ (sigma mayúscula) que se lee suma o sumatoria.

$$\sum_{i=1}^{i=n} f_i = N$$

3.2. Frecuencia relativa

La frecuencia relativa es el cociente entre la frecuencia absoluta de un determinado valor y el número total de datos.

Se puede expresar en tantos por ciento y se representa por n_i.

$$n_i = \frac{f_i}{N}$$

La suma de las frecuencias relativas es igual a 1.

3.3. Frecuencia acumulada

La frecuencia acumulada es la suma de las frecuencias absolutas de todos los valores inferiores o iguales al valor considerado.

Se representa por F_i.

3.4. Frecuencia relativa acumulada

La frecuencia relativa acumulada es el cociente entre la frecuencia acumulada de un determinado valor y el número total de datos. Se puede expresar en tantos por ciento.

Ejemplo:

Durante el mes de julio, en una ciudad se han registrado las siguientes temperaturas máximas:

32, 31, 28, 29, 33, 32, 31, 30, 31, 31, 27, 28, 29, 30, 32, 31, 31, 30, 30, 29, 29, 30, 30, 31, 30, 31, 34, 33, 33, 29, 29.

x_i	f_i	F_i	N_i
27	1	1	0.032
28	2	3	0.097
29	6	9	0.290
30	7	16	0.0516
31	8	24	0.774
32	3	27	0.871
33	3	30	0.968
34	1	31	1
	31		

4. MEDIDAS DE DISTRIBUCIÓN DE FRECUENCIAS

Una de las funciones de la Estadística es dar información sobre características de los grupos. Las características más importantes son la tendencia central, la variabilidad y la simetría. La tendencia central es el valor alrededor del cual se sitúa la mayor parte de los datos. La variabilidad se refiere a las diferencias individuales dentro del grupo. Cuanto mayores sean las diferencias entre los individuos del grupo, diremos que mayor es la variabilidad en ese grupo. La simetría caracteriza la forma de la distribución de datos del grupo, si la mitad inferior se distribuye de la misma forma que la mitad superior se dirá que la distribución es simétrica, si no es así, se dirá que es asimétrica.

5. MEDIDAS DE TENDENCIA CENTRAL

Las medidas de tendencia central señalan el valor alrededor del cual se sitúa la mayor parte de los datos del grupo, y cumplen una función doble:

a) Indican cuál es la posición del grupo (cuál es la magnitud general de la variable en el grupo).

b) Reducen el conjunto de datos del grupo a UN solo número (reducción de datos).

Ejemplo: a menudo dicen que las chicas son más introvertidas que los chicos. Para ver si es verdad un psicólogo administra un cuestionario de Intraversión/Extraversión a un grupo de chicos y a un grupo de chicas y obtiene los siguientes datos:

Chicos	40,90	49,63	47,24	46,40	31,44	32,33	46,83	66,34	48,13	46,83	46,60
38,40	64,27	41,28	45,53	32,15	34,76	60,13	57,35	55,84	50,14	41,20	65,17
47,34	49,85	63,64	47,86	46,81	56,95	40,19	49,97	60,58	36,15	47,19	42,20
46,85	38,61	61,47	63,55	37,78	49,66	54,00	50,26	54,07	51,27	46,82	58,26
50,66	50,59	53,08	38,07	26,07	57,94	60,75	54,09	40,30	45,50	73,46	43,27
45,15	60,60	59,69	38,86	67,61	54,80	43,36	48,89	61,38	60,37	28,74	67,10
45,57	54,62	49,19	35,96	58,70	45,25	40,96	30,11	57,63	45,86	41,70	41,35
29,55	45,24	30,38	32,78	53,74	57,09	44,36	53,82	66,84	50,77	51,40	36,66
39,64	39,67	47,74	52,60	37,36							

Chicas	67,42	42,98	37,19	54,33	52,39	39,93	60,61	48,19	44,40	64,52	56,84
50,21	58,43	65,23	47,63	33,66	44,18	57,91	45,15	34,56	45,29	52,17	37,44
44,85	54,27	47,80	52,71	55,32	23,85	46,37	52,37	51,22	58,71	34,38	48,38
52,86	54,06	63,99	38,44	55,61	52,26	50,40	65,20	48,61	45,31	35,01	53,35
19,37	54,08	54,87	55,68	42,35	47,80	38,34	37,27	32,28	42,35	44,91	51,44
57,28	60,34	45,42	38,40	57,59	59,52	35,38	56,84	48,96	46,52	53,42	64,16
35,96	60,04	61,84	70,47	55,63	44,86	59,73	73,61	31,31	56,23	38,01	42,02
49,59	51,27	47,02	36,52	44,02	62,37	50,65					

El tamaño de los grupos comparados dificulta responder a la cuestión planteada dado que hay muchos datos para hacerse una idea a simple vista. Una solución consiste en reducir el número de datos al máximo, sustituyendo los grupos de datos por valores que representen la magnitud general de la variable en cada grupo. Lo estadísticos más habituales para obtener medidas de tendencia central son la Moda, Mediana y la Media.

5.1. Moda

Definición y cálculo

La Moda es un estadístico muy sencillo: es el valor más frecuente.

Ejemplo:

4,5,5,5,5,5,5,5,5,6

Moda (símbolo Mo) = 5

Casos particulares:

a) Grupos (distribuciones) bimodales: hay dos Modas.

Ejemplo:

X: 3,4,5,5,5,5,6,7,7,7,7,9

Modas (5 y 7)

b) Ninguna Moda: distribución amodal.

Ejemplo:

X: 3,4,4,4,5,5,5,7,7,7,9

d) Dos Modas adyacentes (solo en variables cuantitativas). En este caso se calcula el promedio de los dos valores modales.

Ejemplo:

X: 3,4,4,5,5,5,6,6,6,9

Mo = (5.5)

e) Datos agrupados en intervalos. La Moda es la Marca de Clase del intervalo cuya frecuencia es mayor.

Ejemplo:

X_i	n_i	n_a
18-20	20	200
15-17	30	180
12-14	60	150
9-11	40	90
6-8	30	50
3-5	20	20

Moda= 13

5.2. Mediana

5.2.1. Definición y cálculo

Es el valor que deja por bajo la mitad de los datos de la distribución.

Cálculo:

Si el número de datos es impar, la Mediana es el valor de la puntuación que deja por bajo la mitad de los datos.

Ejemplo:

	Md
6,7,8,9,10	8

Si el número de datos es par, la Mediana es el promedio de los valores adyacentes a la puntuación que deja por bajo la mitad de los datos.

Ejemplo:

	Md
6,7,8,9	7,5

5.2.2. Principales características

a) No le afectan las puntuaciones extremas.

   Ejemplo:

	Md
A: 2,4,4,5,5,5,5,6,6,8	5
B: 2,4,4,5,5,5,5,6,6,8000	5

   (Observa que la Moda tiene idéntico valor en ambos grupos pese a que las puntuaciones extremas superiores sean muy diferentes).

b) No depende de la Media. En el cálculo de la Moda no interviene la Media, lo que es deseable cuando la Media no es adecuada.

5.3. Media aritmética

5.3.1. Definición y cálculo

La Media (en símbolo M) es el cociente entre la suma de los datos y el número de datos.

$$\overline{X} = \frac{\sum X}{N}$$

Ejemplo:

X: 4,6,6,8

$$M = \frac{\sum X}{N} = \frac{24}{4} = 6$$

En el estudio de Intraversión, las medias son:

	Md
Chicos	48,4
Chicas	49,4

Las medias son muy semejantes, lo cual indica que los grupos ocupan la misma posición (casi), y hay poca diferencia en la tendencia central de los grupos comparados.

Principales características

a) Tiene en cuenta todas las puntuaciones (el numerador de la fórmula es la suma de todas las puntuaciones).

b) Es sensible a las puntuaciones extremas, y en esos casos NO representa adecuadamente el grupo (excepto cuando las puntuaciones se sitúan en ambos extremos y tienen la misma magnitud).

6. MEDIDAS DE POSICIÓN

6.1. Introducción

Las medidas de posición nos facilitan información sobre la serie de datos que estamos analizando. La descripción de un conjunto de datos, incluye como un elemento de importancia la ubicación de éstos dentro de un contexto de valores posible. Una vez definidos los conceptos básicos en el estudio de una distribución de frecuencias de una variable, estudiaremos las distintas formas de resumir dichas distribuciones mediante medidas de posición (o de centralización), teniendo presente el error cometido en el resumen mediante las correspondientes medidas de dispersión.

Se trata de encontrar unas medidas que sinteticen las distribuciones de frecuencias. En vez de manejar todos los datos sobre las variables, tarea que puede ser pesada, podemos caracterizar su distribución de frecuencias mediante algunos valores numéricos, eligiendo como resumen de los datos un valor central alrededor del cual se encuentran distribuidos los valores de la variable Son medidas estadísticas cuyo valor representa el valor del dato que se encuentra en el centro de la distribución de frecuencia, por lo que también se les llama "Medidas de Tendencia Central ".

6.2. Medidas de Posición

Son indicadores usados para señalar que porcentaje de datos dentro de una distribución de frecuencias superan estas expresiones, cuyo valor representa el valor del dato que se encuentra en el centro de la distribución de frecuencia, por lo que también se les llama " Medidas de Tendencia Central ".

Pero estas medidas de posición de una distribución de frecuencias han de cumplir determinadas condiciones para que lean verdaderamente representativas de la variable a la que resumen. Toda síntesis de una distribución se considerara como operativa si intervienen en su determinación todos y cada uno de los valores de la distribución, siendo única para cada distribución de frecuencias y siendo siempre calculable y de fácil obtención. A continuación se describen las medidas de posición más comunes utilizadas en estadística, como lo son:

- Cuartiles: hay 3 cuartiles que dividen a una distribución en 4 partes iguales: primero, segundo y tercer cuartil.
- Deciles: hay 9 deciles que la dividen en 10 partes iguales: (primero al noveno decil).
- Percentiles: hay 99 percentiles que dividen a una serie en 100 partes iguales: (primero al noventa y nueve percentil).

Cuartiles (Q1, Q2, Q3)

a) Aquel valor de una serie que supera al 25% de los datos y es superado por el 75% restante.

Formula de Q1 para series de Datos Agrupados en Clase.

$$Q_1 = L_i + \frac{\sum \frac{f_i}{4} - f_{\underline{00}}}{f_i} \times I_c$$

Deciles (D1, D2, ... D9)

Primer Decil (D1), Quinto Decil (D5) y Noveno Decil (D9).

El primer decil es aquel valor de una serie que supera a 1/10 parte de los datos y es superado por las 9/10 partes restantes (respectivamente, hablando en porcentajes, supera al 10% y es superado por el 90% restante).

$$D_1 = L_i + \frac{\frac{\times \sum f_i}{10} - f_{\underline{00}}}{f_i} \times I_c$$

Percentiles (P1, P2, ... P99)

Primer Percentil (P1), Percentil 50 (P50) y Percentil 99 (P99).

El primer percentil supera al uno por ciento de los valores y es superado por el noventa y nueve por ciento restante.

Formulas de P1, P50, P99 para series de Datos Agrupados en Clase.

$$P_1 = L_i + \frac{\frac{\times \sum f_i}{100} - f_{\underline{00}}}{f_i} \times I_c$$

7. MEDIDAS DE DISPERSIÓN (VARIABILIDAD)

Las medidas de dispersión indican el grado en que los datos de un grupo difieren entre sí.

Como ejemplo, consideremos los siguientes grupos de datos:

A: 5,5,5

B: 4,5,6

C: 1,5,9

Los grupos A, B y C son diferentes: en el grupo A todas las puntuaciones son iguales, y diremos que no hay variación. En los grupos B y C todas las puntuaciones son diferentes, y además, la magnitud de las diferencias en el grupo C es mayor que en el grupo B. En consecuencia, es necesario que la descripción de los grupos tenga en cuenta la variación de los datos y disponer de medidas específicas de esta característica.

Los estadísticos de tendencia central no son útiles como medida de la variación: las Medias y Medianas de los grupos A, B y C tienen el mismo valor, 5, porque no son sensibles a la variación entre datos.

7.1. Amplitud

La amplitud total (A_T) es la diferencia entre la puntuación de mayor valor y la de menor valor:

$A_T = X_{max} - X_{min}$

Ejemplo: 2,5,6,8 $A_T = 8 - 2 = 6$

La amplitud total es un estadístico muy sencillo y fácil de calcular, pero a menudo esta simplicidad es un inconveniente. Consideremos el siguiente ejemplo:

Grupo	A_T
A: 2,3,3,4,5,5,6,7	5
B: 2,3,3,4,5,5,6,1000	998

Los grupos A y B son bastante semejantes, pero no los coeficientes de amplitud. La diferencia en los coeficientes es ocasionada por la variación introducida por una sola puntuación con valor extremo, el 1000. Por esta razón es conveniente disponer de otras medidas más adecuadas.

Principales características: además de la ya señalada, el coeficiente de amplitud total no tiene en cuenta los valores entre extremos, que son los que determinan su valor.

7.2. Varianza y DT

La Varianza y la Desviación Típica tienen en cuenta todas las puntuaciones, y son definidas por las siguientes expresiones:

$$V = s^2 = \frac{\sum (X - M)^2}{N} \qquad DT = s = \sqrt{\frac{\sum (X - M)^2}{N}}$$

Motivación:

Consideremos los siguientes datos de los grupos A, B y C:

A: 5,5,5

B: 4,5,6

C: 1,5,9

La diferencia de cada puntuación respeto de la Media (que es igual a 5 en los tres grupos) es igual a:

A	B	C	$X_A - M_A$	$X_B - M_B$	$X_C - M_C$
5	4	1	0	–1	–4
5	5	5	0	0	0
5	6	9	0	1	4

Cuanto más grande es la magnitud de las diferencias entre los datos, más grandes son los valores de las diferencias respecto de la Media. Una forma sencilla de resumir la información en cada una de las columnas de diferencias consiste en sumarlas, pero tiene el inconveniente de que las sumas de diferencias respecto de la Media siempre son igual a 0, por lo cual no indican si hay variación.

Para resolver este problema se eleva al cuadrado cada una de las diferencias y se obtiene su suma:

$X_A - M_A$	$X_B - M_B$	$X_C - M_C$	$(X_A - M_A)^2$	$(X_B - M_B)^2$	$(X_C - M_C)^2$
0	–1	–4	0	1	16
0	0	0	0	0	0
0	1	4	0	1	16
		$\Sigma=$	0	2	32

La suma de cuadrados de diferencias del grupo A, donde no hay variación, es igual a 0, la del grupo B, donde la variación es de baja magnitud, es igual a 2, y la del grupo C, donde la variación es de mayor magnitud que en el grupo B, toma mayor valor: la suma de cuadrados es un estadístico **sensible todos** los datos del grupo. Dividiendo por N para hacer posible la comparación entre grupos de diferentes tamaños resulta la Varianza: a la variación entre

$$V_A = \frac{0}{3} = 0 \qquad V_B = \frac{2}{3} = 0{,}67 \qquad V_C = \frac{32}{3} = 10{,}6$$

Puedes comprobar que la Varianza es igual a 0 en el grupo A (en que no hay variación) y toma valores positivos de magnitud más grande cuantas más y de mayor magnitud son las diferencias entre los datos dentro de cada grupo.

La Varianza mide la variación a partir de los cuadrados de las diferencias, lo cual tiene como consecuencia que está expresada en una escala de cuadrados. Para obtener una medida en la misma escala de la variable se obtiene la raíz cuadrada, y resulta la Desviación Típica:

$$s=\sqrt{\frac{\sum(X-M)^2}{N}}$$

$DT_A = 0$ $\quad DT_B = 0{,}82$ $\quad DT_C = 3{,}26$

7.3. Amplitud Semiintercuartílica

La amplitud Semiintercuartílica es la diferencia entre los Cuartiles tercero y primero, dividida por dos:

$$Q=\frac{Q_3-Q_1}{2}$$

La motivación de este estadístico es evitar la perturbación causada por los valores extremos (como sucede con la amplitud total), lo cual se consigue eliminando los valores extremos al obtener la diferencia entre el Cuartil 3 (puntuación que deja por bajo el 75% de los datos) y el Cuartil 1 (puntuación que deja por bajo el 25% de los datos).

Ejemplo: 0,4,4,5,5,5,6,6,6,100000

$$Q=\frac{6-4}{2}=1$$

El resultado obtenido (Q=1) indica que hay variación en el grupo de datos analizado.

Valoración general del estadístico: es una medida rudimentaria porque depende primordialmente de dos datos.

7.4. Coeficiente de Variación

El Coeficiente de Variación es indicado para comparar grupos de datos en que la escala es muy diferente, y se define:

$$CV=\frac{s_x}{M}\cdot 100$$

Ejemplo

X: 3,4,4,5

Y: 30,40,40,50

	X	Y
M	4	40
DT	0,71	7,2
CV	20,5	20,5

En el anterior ejemplo, la variación entre datos en cada variable es semejante. La Desviación Típica, sin embargo, da un valor diferente para cada variable porque expresa el resultado en la escala original. En cambio, el Coeficiente de Variación toma el mismo valor e informa correctamente que la variación es semejante en ambos grupos.

8. PROBABILIDAD

El objeto del tema es la cuantificación de la incertidumbre, lo cual tiene mucho que ver con la previsibilidad del comportamiento. Hemos visto que el Análisis de Regresión es una técnica para obtener predicciones, y que, excepto en el caso de covariación perfecta, las predicciones son más o menos erróneas. En consecuencia, hay incertidumbre en las predicciones, y esta es la situación habitual. La imprevisibilidad genera incertidumbre.

Los matemáticos vienen estudiando esta cuestión ya hace muchos años, y han facilitado herramientas precisas que dan resultados exactos en situaciones relativamente sencillas y fácilmente formalizables. Cuando se estudia el comportamiento, sin embargo, las cosas son diferentes porque el comportamiento se caracteriza por la complejidad, y su estudio requiere frecuentemente técnicas complejas. Los conceptos básicos de la probabilidad son de interés porque son el fundamento de procedimientos más sofisticados que sirven para cuantificar la incertidumbre.

Los matemáticos no son los únicos que miden la incertidumbre: todo el mundo lo hace cada día. Por ejemplo: un conocido nos pide un préstamo por una cantidad importante, y de una manera intuitiva evaluamos la probabilidad de que nos devuelva el préstamo y decidimos en consecuencia. Otro ejemplo: tenemos un trabajo seguro en una empresa, y nos ofrecen un trabajo mejor pagado en otra; generalmente evaluamos la incertidumbre de la nueva situación antes de tomar una decisión. Estas evaluaciones son más o menos intuitivas, y no suponen una cuantificación precisa de la incertidumbre, pero el fundamento de como suelen hacerse se asemeja a algunas aproximaciones formales a la probabilidad, que la definen como la frecuencia en que ocurre el acontecimiento.

8.1. Experimentos y sucesos aleatorios

Diremos que un experimento es aleatorio si se verifican las siguientes condiciones:

1. Se puede repetir indefinidamente, siempre en las mismas condiciones.
2. Antes de realizarlo, no se puede predecir el resultado que se va a obtener.

3. El resultado que se obtenga, *e*, pertenece a un conjunto conocido previamente de resultados posibles. A este conjunto, de resultados posibles, lo denominaremos **espacio muestral** y lo denotaremos normalmente mediante la letra *E*. Los elementos del espacio muestral se denominan **sucesos elementales**.

$$e_1, e_2 \in E \implies e_1, e_2 \text{ son sucesos elementales.}$$

Cualquier subconjunto de *E* será denominado **suceso aleatorio**, y se denotará normalmente con las letras *A*, *B*,...

$$A, B, \subset E \implies A, B \text{ son sucesos aleatorios.}$$

Obsérvese que los sucesos elementales son sucesos aleatorios compuestos por un sólo elemento. Por supuesto los sucesos aleatorios son más generales que los elementales, ya que son conjuntos que pueden contener no a uno sólo, sino a una infinidad de sucesos elementales –y también no contener ninguno.– Sucesos aleatorios que aparecen con gran frecuencia en el cálculo de probabilidades son los siguientes:

- **Suceso seguro**

  Es aquel que siempre se verifica después del experimento aleatorio, es decir, el mismo *E*.

$$E \subset E \implies E \text{ es un suceso seguro.}$$

- **Suceso imposible**

  Es aquel que nunca se verifica como resultado del experimento aleatorio. Como debe ser un subconjunto de *E*, la única posibilidad es que el suceso imposible sea el conjunto vacío.

$$\emptyset \subset E \implies \emptyset \text{ es un suceso imposible.}$$

- **Suceso contrario a un suceso A**

  También se denomina **complementario** de *A* y es el suceso que se verifica si, como resultado del experimento aleatorio, no se verifica *A*. Se acostumbra a denotar con el símbolo $\overline{A}$.

$$A \subset E \Rightarrow \underbrace{\overline{A} = \{e \in E : e \notin A\}}_{\text{suceso contrario de A}}$$

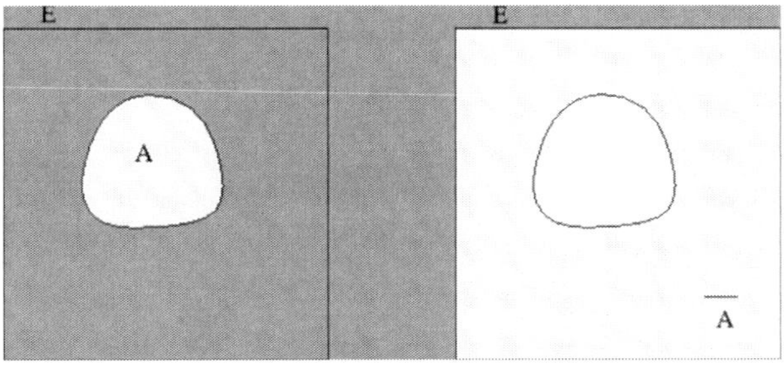

Representación gráfica de un suceso aleatorio , y de su suceso contrario

Ejemplo

Si realizamos el experimento aleatorio de lanzar un dado al aire, tenemos:

$$
\begin{array}{lll}
\text{Sucesos elementales} & \rightarrow & 1,2,3,4,5,6 \\
\text{Espacio muestral} & \rightarrow & E=\{1,2,3,4,5,6\} \\
\text{Sucesos aleatorios} & \rightarrow & \left|\begin{array}{l} \varnothing \;\; \text{Suceso imposible} \\ E \;\; \text{Suceso seguro} \\ \{1,2,3\} \\ \{4,5\} \\ \{2,4,6,\} = \overline{\{1,2,3\}} \\ \ldots \end{array}\right.
\end{array}
$$

8.2. Operaciones básicas con sucesos aleatorios

Al ser los sucesos aleatorios nada más que subconjuntos de un conjunto E –espacio muestral–, podemos aplicarles las conocidas operaciones con conjuntos, como son la unión, intersección y diferencia:

8.2.1. Unión

Dados dos sucesos aleatorios A, $B \subset E$, se denomina suceso unión de A y B al conjunto formado por todos los sucesos elementales que pertenecen a A o bien que pertenecen a B (incluyendo los que están en ambos simultáneamente), es decir:

$$A \cup B = \{e \in E : e \in A \text{ ó } e \in B\}$$

Como ejemplo, tenemos que la unión de un suceso cualquiera con su complementario es el suceso seguro:

$$
\begin{aligned}
A \cup \overline{A} &= \{e \in E : e \in A \text{ ó } e \in \overline{A}\} \\
&= \{e \in E : e \in A \text{ ó } e \notin \mathrm{A}\} \\
&= E
\end{aligned}
$$

Volviendo al ejemplo del lanzamiento de un dado, si y $A = \{1,2,3,4\}$ y $B = \{3,4\}$, el suceso unión de A y B es:

$$\left.\begin{array}{l} A=\{1,2,3\} \\ B=\{3,4\} \end{array}\right\} \Rightarrow A \cup B=\{1,2,3,4\}$$

8.2.2. Intersección

Dados dos sucesos aleatorios A, $B \subset E$, se denomina suceso intersección de A y B al conjunto formado por todos los sucesos elementales que pertenecen a A y B a la vez, es decir,

$$A \cap B = \{e \in E : e \in A \text{ y además } e \in B\}$$

A veces por comodidad se omite el símbolo $\cap$ para denotar la intersección de conjuntos, sobre todo cuando el número de conjuntos que intervienen en la expresión es grande. En particular podremos usar la siguiente notación como equivalente a la intersección:

$$A_1 \cap A_2 \cap A_3 \cap \ldots \cap A_{n-1} \cap A_n \overset{\text{def}}{\equiv} A_1\, A_2\, A_3 \ldots A_{n-1}\, A_n$$

Un ejemplo de intersección es la de un suceso aleatorio cualquiera, $A \subset E$, con su complementario, $\overline{A} \subset E$, que es el suceso imposible:

$$\begin{aligned} A \cap \overline{A} &= \{e \in E : e \in A \text{ y además } e \in \overline{A}\} \\ &= \{e \in E : e \in A \text{ y además } e \notin A\} \\ &= \emptyset \end{aligned}$$

Volviendo al ejemplo del dado,

$$\left.\begin{aligned} A &= \{1,2,3\} \\ B &= \{3,4\} \end{aligned}\right\} \Rightarrow A \cap B = \{3\}$$

8.2.3. Diferencia

Dados dos sucesos aleatorios $A,B \subset E$, se llama suceso diferencia de A y B, y se representa mediante $A \backslash B$, o bien $A-B$, al suceso aleatorio formado por todos los sucesos elementales que pertenecen a A, pero no a B:

$$A \backslash B \equiv A-B = \{e \in E : e \in A \text{ y además } e \notin B\} = A \cap \overline{B}$$

$$\left.\begin{aligned} A &= \{1,2,3\} \\ B &= \{3,4\} \end{aligned}\right\} \Rightarrow \begin{aligned} A-B &= \{1,2\} \\ B-A &= \{4\} \end{aligned}$$

Obsérvese que el suceso contrario de un suceso A, puede escribirse como la diferencia del suceso seguro menos éste, o sea,

$$\begin{aligned} \overline{A} &= \{e \in E : e \notin A\} \\ &= E \backslash A \end{aligned}$$

8.2.4. Diferencia simétrica

Si $A,B \subset E$, se denomina suceso diferencia simétrica de A y B, y se representa mediante $A \,\Delta\, B$, al suceso aleatorio formado por todos los sucesos elementales que pertenecen a A y no a B, y los que están en B y no en A:

$$A \,\Delta\, B = (A \setminus B) \cup (B \setminus A) = (A \cup B) \setminus (A \cap B)$$

Así:

$$\left.\begin{array}{l} A=\{1,2,3\} \\ B=\{3,4\} \end{array}\right\} \Rightarrow A \,\Delta\, B=\{1,2,4\}=B \,\Delta\, A$$

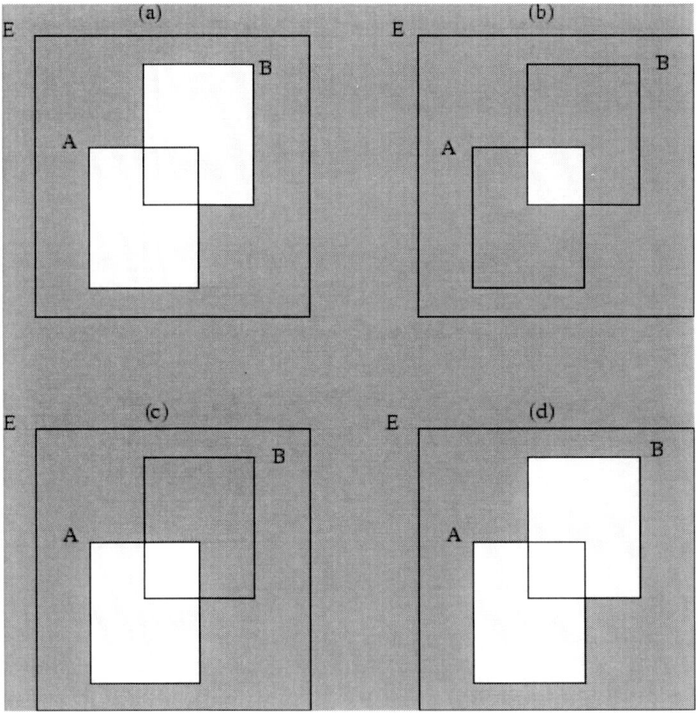

Dados dos sucesos aleatorios A, $B \subset E$ se representa: en (a) $A \cup B$; en (b) $A \cap B$; en (c) A-B; en (d) $A \,\Delta\, B$.

Hay ciertas propiedades que relacionan la unión, intersección y suceso contrario, que son conocidas bajo el nombre de **Leyes de Morgan**:

$$\text{Leyes de Morgan} \rightarrow \begin{array}{l} \overline{A \cup B} = \overline{A} \cap \overline{B} \\ \overline{A \cap B} = \overline{A} \cup \overline{B} \end{array}$$

8.3. Experimentos aleatorios y probabilidad

Se denominan **experimentos deterministas** aquellos que realizados de una misma forma y con las mismas condiciones iniciales, ofrecen siempre el mismo resultado. Como ejemplo, tenemos que un objeto de cualquier masa partiendo de un estado inicial de reposo, y dejado caer al vacío desde una torre, llega siempre al suelo con la misma velocidad: $v=\sqrt{2gh}$

Cuando en un experimento no se puede predecir el resultado final, hablamos de **experimento aleatorio**. Este es el caso cuando lanzamos un dado y observamos su resultado.

En los experimentos aleatorios se observa que cuando el número de experimentos aumenta, las frecuencias relativas con las que ocurre cierto suceso e, $f_n(e)$,

$$f_n(e)=\frac{\text{número de ocurrencias de } e}{n}$$

tiende a converger hacia cierta cantidad que denominamos **probabilidad** de e.

$$\mathcal{P}_{\text{rob}}[e]=\lim_{n\to\infty} f_n(e)$$

Ejemplo

En la Figura siguiente se presenta la evolución de la frecuencia relativa del número de caras obtenido en el lanzamiento de una moneda en 100 ocasiones (simulado por un ordenador). En principio la evolución de las frecuencias relativas es errática, pero a medida que el número de tiradas aumenta, tiende a lo que entendemos por probabilidad de cara.

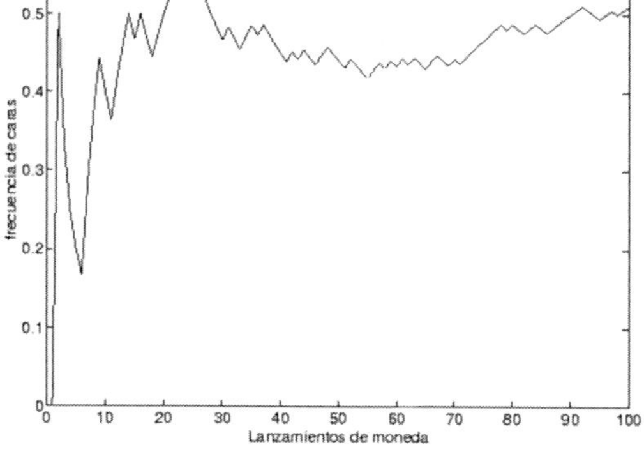

Figura: Convergencia a 1/2 de la frecuencia relativa del número de caras obtenido en lanzamientos sucesivos de una moneda (simulación en ordenador).

Esta es la **noción frecuentista de probabilidad**. Sin embargo esta definición no se puede utilizar en la práctica pues:

- Se requiere realizar un número infinito de veces un experimento para calcular una probabilidad. Por ejemplo, lanzar infinitas veces un dado para ver que las frecuencias relativas de la aparición de cada cara convergen a 1/6. Esto puede suplirse en la práctica realizando el experimento un número suficientemente elevado de veces, hasta que tengamos la precisión que requieran nuestros cálculos. Sin embargo,
- Los experimentos aleatorios a veces no pueden ser realizados, como es el caso de calcular la probabilidad de morir jugando a la ruleta rusa con un revolver: no es posible (o no se debe) calcular esta probabilidad repitiendo el experimento un número indefinidamente alto de veces para aproximarla mediante la frecuencia relativa). Para ello existen métodos mucho más seguros, como los que mencionaremos a continuación.

8.3.1. Probabilidad de Laplace

Si un experimento cualquiera puede dar lugar a un número finito de resultados posibles, y no existe ninguna razón que privilegie unos resultados en contra de otros, se calcula la probabilidad de un suceso aleatorio A, según la **regla de Laplace** como el cociente entre el número de casos favorables a A, y el de todos los posibles resultados del experimento:

$$\mathcal{P}[A] = \frac{\text{número de casos favorables a } A}{\text{número de casos posibles}}$$

Ejemplo

Calcular la probabilidad de que al lanzar un dado se obtenga un número impar.

Solución

El espacio muestral es . Vamos a llamar A, al suceso consistente en que el resultado es impar, . Como no suponemos que ninguna de las caras ofrece una probabilidad de ocurrencia diferente a las demás, podemos aplicar la regla de Laplace para obtener que

$$\begin{aligned}\mathcal{P}[A] &= \frac{\text{número de casos favorables a } A}{\text{número de casos posibles}}\\ &= \frac{\text{número de elementos en } A}{\text{número de elementos en B}}\\ &= \frac{\text{número de elementos en } \{1,3,5\}}{\text{número de elementos en } \{1,2,3,4,5,6\}}\\ &= \frac{3}{6} = \frac{1}{2}\end{aligned}$$

8.3.2. Definición axiomática de probabilidad

Para hacer una definición rigurosa de la probabilidad, necesitamos precisar ciertas leyes o axiomas que deba cumplir una función de probabilidad. Intuitivamente estos axiomas deberían implicar, entre otras, las siguientes cuestiones, que nos parecen lógicas en términos de lo que se puede esperar de una función de probabilidad:

- La probabilidad sólo puede tomar valores comprendidos entre 0 y 1(no puede haber sucesos cuya probabilidad de ocurrir sea del 200% ni del –5%;
- La probabilidad del suceso seguro es 1, es decir, el 100%;
- La probabilidad del suceso imposible debe ser 0.
- La probabilidad de la intersección de dos sucesos debe ser menor o igual que la probabilidad de cada uno de los sucesos por separado, es decir,

$$\mathcal{P}_{rob}[A \cap B] \leq \mathcal{P}_{rob}[A]$$
$$\mathcal{P}_{rob}[A \cap B] \leq \mathcal{P}_{rob}[B]$$

- La probabilidad de la unión de sucesos debe ser mayor que la de cada uno de los sucesos por separado:

$$\mathcal{P}_{rob}[A \cup B] \leq \mathcal{P}_{rob}[A]$$
$$\mathcal{P}_{rob}[A \cup B] \leq \mathcal{P}_{rob}[B]$$

Más aún, si los sucesos son disjuntos (incompatibles) debe ocurrir que:

$$A \cap B = \varnothing \quad \Rightarrow \quad \mathcal{P}_{rob}[A \cup B] = \mathcal{P}_{rob}[A] + \mathcal{P}_{rob}[B]$$

- La probabilidad del suceso contrario de A, debe valer $\mathcal{P}_{rob}[\overline{A}]=1 - \mathcal{P}_{rob}[A]$. Esto en realidad puede deducirse del siguiente razonamiento:

$$A \cap \overline{A} = \varnothing \Rightarrow 1 = \mathcal{P}_{rob}[E] = \mathcal{P}_{rob}[A \cup \overline{A}] = \mathcal{P}_{rob}[A] + \mathcal{P}_{rob}[\overline{A}] \Rightarrow \mathcal{P}_{rob}[\overline{A}] = 1 - \mathcal{P}_{rob}[A]$$

En las últimas líneas hemos esbozado ciertas propiedades que debería cumplir una función que queramos llamar probabilidad. Hemos de tener en cuenta entonces que siguiendo esos puntos:

1. La función de probabilidad debe calcularse sobre subconjuntos de E. No es estrictamente necesario que sean todos, pero si es necesario que si se puede calcular sobre un conjunto, lo pueda ser también sobre su complementario, y que si se puede calcular sobre dos conjuntos A y B, que también se pueda calcular sobre su unión y su intersección. Para ello introduciremos el concepto de σ-álgebra de sucesos, que será una clase de subconjuntos de E sobre los que podamos aplicar las reglas de la probabilidad.
2. Entre las leyes que debe cumplir una función de probabilidad y que hemos escrito antes, hemos observado que algunas son redundantes, ya que se pueden deducir de las demás. Con la definición axiomática de la probabilidad pretendemos dar el menor conjunto posible de estas reglas, para que las demás se deduzcan como una simple consecuencia de ellas.

Precisemos entonces los conceptos de σ-álgebra de sucesos y de probabilidad.

8.3.2.1. Concepto de σ-álgebra de sucesos

Sea $\mathcal{A}$ una clase no vacía formada por ciertos subconjuntos del espacio muestral *E*. Diremos que esta clase es un **σ-álgebra de sucesos** si los sucesos complementarios de aquellos que están en $\mathcal{A}$ también están en $\mathcal{A}$, así como sus uniones numerables (sean finitas o infinitas). Esto se puede enunciar como:

$$\mathcal{A} \text{ es un } \sigma\text{-álgebra} \Leftrightarrow \begin{cases} \forall A \in \mathcal{A} \Rightarrow \bar{A} \in \mathcal{A} \\ \forall A_1, \ldots, A_n \in \mathcal{A} \Rightarrow \bigcup_{i=1}^{n} A_i \in \mathcal{A} \end{cases}$$

8.3.2.2. Concepto axiomático de probabilidad

Dado un espacio muestral *E*, y un σ-álgebra de sucesos $\mathcal{A}$ sobre él, diremos que $\mathcal{P}$ es una **probabilidad** sobre $\mathcal{A}$ si las siguientes propiedades (axiomas) son verificadas:

Ax–1.

La probabilidad es una función definida sobre $\mathcal{A}$ y que sólo toma valores positivos comprendidos entre 0 y 1.

$$\mathcal{P} : \mathcal{A} \to [0,1] \subset \mathbb{R}$$
$$\mathrm{A} \subset \mathrm{E}, \mathrm{A} \in \mathcal{A} \mapsto 0 \le \mathcal{P}(\mathrm{A}) \le 1$$

Ax-2.

La probabilidad del suceso seguro es 1

$$\mathcal{P}[\mathrm{E}] = 1$$

Ax-3.

La probabilidad de la unión numerable de sucesos disjuntos es la suma de sus probabilidades (figura 4.4):

$$A_1, A_2, \ldots, A_n, \ldots \in \mathcal{A} \Rightarrow \mathcal{P}\left[\bigcup_{i=1}^{\infty} A_i\right] = \sum_{i=1}^{\infty} \mathcal{P}[A_i]$$

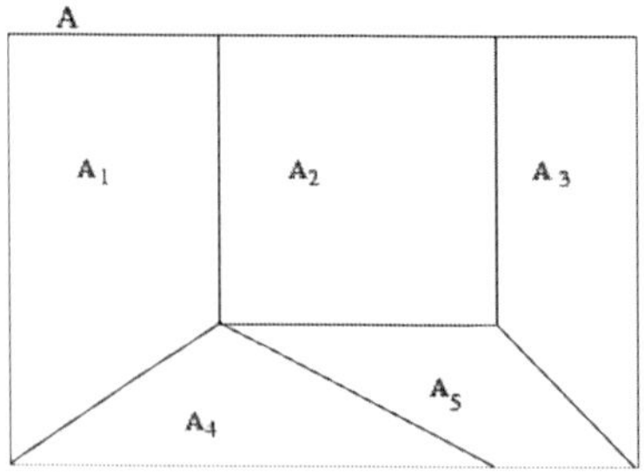

Figura: El tercer axioma de probabilidad indica que si $A = A_1 \cup A_2 \cup \ldots$ con $A_i \cap A_j = \varnothing$, entonces $\mathcal{P}[A] = \mathcal{P}[A_1] + \mathcal{P}[A_2] + \ldots$

8.3.2.3. Observación

La introducción de la definición de σ-álgebra puede parecer innecesaria a primera vista, ya que es una clase formada por subconjuntos de E que verifican ciertas propiedades relativas a la complementariedad y a las uniones finitas que ya verifica de antemano el conjunto denominado **partes de** E, $P(E)$, formado por todos los subconjuntos de E. Cuando el conjunto E de los posibles resultados de un experimento aleatorio sea finito, normalmente consideraremos como σ -álgebra de sucesos al conjunto $P(E)$. Esto ocurre cuando por ejemplo realizamos el experimento aleatorio de lanzar un dado:

$$E = \{1, 2, 3, 4, 5, 6\}$$

$$\mathcal{A} = P(E) = \{\varnothing, E, \{1\}, \{2\}, ..., \{1,2\}, \{1,3\}, ..., \{1,2,3\}, ...\}$$

Cuando E es infinito no numerable, la estructura del conjunto $P(E)$ puede presentar propiedades extremadamente engorrosas. Entonces es más conveniente utilizar como σ-álgebra un subconjunto más pequeño suyo, pero no tanto que no nos permita realizar las operaciones de complementariedad o de uniones finitas que se precisan en la definición de un σ-álgebra. Por ejemplo, si realizamos el experimento aleatorio de esperar el tiempo que hace falta para que un átomo de carbono catorce, C^{14}, se desintegre de modo natural, se tiene que:

$$E = \mathbb{R}^+$$

sin embargo, el σ-álgebra de sucesos que consideramos no es $P(\mathbb{R}^+)$, que es una clase demasiado compleja para definir sobre sus elementos una medida de probabilidad. En su lugar consideramos el σ-álgebra formada por todos los intervalos, abiertos o cerrados, y sus uniones finitas

$$\mathcal{A} = \{\varnothing, \mathbb{R}^+, (2,3), (4,5] \cup [8, +\infty),...\}$$

lo que por supuesto incluye a los puntos de $\mathbb{R}^+$, ya que por ejemplo

$$\{2\} = [2,2]$$

Este tipo de conjuntos (los intervalos) son los que nos interesan en la práctica, v.g. calcular la probabilidad de que el peso en kilogramos de un niño al nacer esté en el intervalo [2,4]. De esto modo **vamos a realizar el siguiente convenio a lo largo del libro:**

- No haremos en general referencia al σ-álgebra de sucesos más que cuando sea estrictamente necesario. De este modo cuando a partir de ahora se diga "$A \subset E$", nos referiremos implícitamente a que $A \in \mathcal{A}$, donde es $\mathcal{A}$ un σ-álgebra de sucesos asociado a E y sobre el que se ha definido la función de probabilidad.
- Si el espacio muestral es finito o infinito numerable, entenderemos que el σ-álgebra de sucesos es por defecto $P(E)$.
- Si E es un conjunto infinito no numerable como $\mathbb{R}$, $\mathbb{R}^+$, o subconjuntos suyos en forma de intervalos, entenderemos que el σ-álgebra asociada es la mencionada en el ejemplo anterior, es decir, la formada por todos los intervalos abiertos, cerrados o semi-abiertos (lo que incluye en particular a los puntos), y sus uniones finitas. De este modo podremos calcular probabilidades como las siguientes:

$$\mathcal{P}[(2,3)], \mathcal{P}[(2,5)] \cup [4,7)], \mathcal{P}[\{3\}],...$$

8.4. Probabilidad condicionada e independencia de sucesos

Sea B ⊂ E un suceso aleatorio de probabilidad no nula, $\mathcal{P}[B]>0$. Para cualquier otro suceso A ⊂ E, llamamos **probabilidad condicionada** de *A* a *B* a la cantidad que representamos mediante $\mathcal{P}[A_{|B}]$ o bien $\mathcal{P}_B[A]>0$ y que se calcula como:

$$\mathcal{P}\left[A_{|B}\right]=\frac{\mathcal{P}[A\cap B]}{\mathcal{P}[B]}$$

Ejemplo

Se lanza un dado al aire ¿Cuál es la probabilidad de que salga el número 4? Si sabemos que el resultado ha sido un número par, ¿se ha modificado esta probabilidad?

Solución

El espacio muestral que corresponde a este experimento es

$$E = \{1,2,3,4,5,6\}$$

y se ha de calcular la probabilidad del suceso A = {4}. Si el dado no está trucado, todos los números tienen la misma probabilidad de salir, y siguiendo la definición de probabilidad de Laplace,

$$\begin{aligned}\mathcal{P}[A]&=\frac{\text{casos favorables}}{\text{casos posibles}}\\&=\frac{\text{número de elementos en }\{4\}}{\text{número de elementos en }\{1,2,3,4,5,6\}}\\&=\frac{1}{6}\end{aligned}$$

Obsérvese que para calcular la probabilidad de *A* según la definición de Laplace hemos tenido que suponer previamente que todos los elementos del espacio muestral tienen la misma probabilidad de salir, es decir:

$$\mathcal{P}[1] = \mathcal{P}[2] = \mathcal{P}[3] = \mathcal{P}[4] = \mathcal{P}[5] = \mathcal{P}[6]$$

Por otro lado, si ha salido un número par, de nuevo por la definición de probabilidad de Laplace tendríamos:

$$\begin{aligned}\mathcal{P}_{\text{par}}[4]&=\frac{\text{casos favorables}}{\text{casos posibles}}\\&=\frac{\text{número de elementos en }\{4\}}{\text{número de elementos en }\{2,4,6\}}\\&=\frac{1}{3}\end{aligned}$$

Esta misma probabilidad se podría haber calculado siguiendo la definición de la probabilidad condicionada, ya que si escribimos:

$$A=\{4\} \qquad \Rightarrow \qquad \mathcal{P}[A]=\frac{1}{6}$$

$$B=\{2,4,6\} \qquad \Rightarrow \qquad \mathcal{P}[B]=\frac{1}{6}+\frac{1}{6}+\frac{1}{6}=\frac{3}{6}=\frac{1}{2}$$

$$A\cap B=\{4\} \qquad \Rightarrow \qquad \mathcal{P}[A\cap B]=\frac{1}{6}$$

y entonces

$$\mathcal{P}_{\text{par}}[4]=\mathcal{P}_{\text{B}}[A]=\mathcal{P}_{\text{B}}\left[A_{|\text{B}}\right]=\frac{\mathcal{P}[A\cap B]}{\mathcal{P}[B]}=\frac{1/6}{1/2}=\frac{1}{2}$$

que por supuesto coincide con el mismo valor que calculamos usando la definición de probabilidad de Laplace.

Observación

Obsérvese que según la definición de probabilidad condicionada, se puede escribir la probabilidad de la intersección de dos sucesos de probabilidad no nula como

$$\mathcal{P}[A\cap B]=\begin{cases}\mathcal{P}[A]\cdot\mathcal{P}\left[B_{|A}\right]\\ \mathcal{P}[B]\cdot\mathcal{P}\left[A_{|B}\right]\end{cases}$$

O sea, la probabilidad de la intersección de dos sucesos, es la probabilidad de uno cualquiera de ellos, multiplicada por la probabilidad del segundo *sabiendo que* ha ocurrido el primero.

Si entre dos sucesos no existe ninguna relación cabe esperar que la expresión "*sabiendo que*" no aporte ninguna información. De este modo introducimos el concepto de **independencia de dos sucesos** *A* **y** *B* como:

$$\text{A es independiente de B} \iff \mathcal{P}[\text{A}\cap\text{B}]=\mathcal{P}[\text{A}]\cdot\mathcal{P}[\text{B}]$$

Esta relación puede ser escrita de modo equivalente, cuando dos sucesos son de probabilidad no nula como

$$\text{A es independiente de B, } \mathcal{P}[A]\neq 0\neq\mathcal{P}[B] \iff \begin{cases}\mathcal{P}[A]=\mathcal{P}\left[A_{|B}\right]\\ \text{o equivalente}\\ \mathcal{P}[B]=\mathcal{P}\left[B_{|A}\right]\end{cases}$$

8.5. Ciertos teoremas fundamentales del cálculo de probabilidades

Hay algunos resultados importantes del cálculo de probabilidades que son conocidos bajo los nombres de teorema de la probabilidad compuesta, teorema de la probabilidad total y teorema de Bayes. Veamos cuales son estos teoremas, pero previamente vamos a enunciar a modo de recopilación, una serie de resultados elementales cuya demostración se deja como ejercicio para el lector (algunos ya han sido demostrados anteriormente):

Proposición

Sean $A, B \subset E$ no necesariamente disjuntos. Se verifican entonces las siguientes propiedades:

1. Probabilidad de la unión de sucesos:

$$\mathcal{P}[A \cup B] = \mathcal{P}[A] + \mathcal{P}[B] - \mathcal{P}[A \cap B]$$

2. Probabilidad de la intersección de sucesos:

$$\mathcal{P}\left[A \cap B\right] = \begin{cases} \mathcal{P}[A] \cdot \mathcal{P}\left[B_{|A}\right] \\ \mathcal{P}[B] \cdot \mathcal{P}\left[A_{|B}\right] \end{cases}$$

3. Probabilidad del suceso contrario:

$$\mathcal{P}[\overline{A}] = 1 - \mathcal{P}[A]$$

4. Probabilidad condicionada del suceso contrario:

$$\mathcal{P}[\overline{A}_{|B}] = 1 - \mathcal{P}[A_{|B}]$$

Ejemplo

En una universidad el 50% de los alumnos habla inglés, el 20% francés y el 5% los dos idiomas ¿Cuál es la probabilidad de encontrar alumnos que hablen alguna lengua extranjera?

Solución:

Sea A el suceso *hablar inglés*: $\mathcal{P}[A] = 0{,}5$.

Sea B el suceso *hablar francés*: $\mathcal{P}[B] = 0{,}2$.

El suceso *hablar francés e inglés* es $A \cap B$: $\mathcal{P}[A \cap B] = 0{,}05$.

Así:

$\mathcal{P}[A \cup B] = \mathcal{P}[A] + \mathcal{P}[B] - \mathcal{P}[A \cap B] = 0{,}5 + 0{,}2 - 0{,}05 = 0{,}65$

Ejemplo

En una estación de esquí, para navidades, la experiencia indica que hay un tiempo soleado sólo el 15% de los días. Por otro lado, se ha calculado que cuando un día es soleado, hay una probabilidad del 20% de que el día posterior también lo sea. Calcular la probabilidad de que, en navidades, un fin de semana completo sea soleado.

Solución

Llamemos *S* al suceso sábado soleado y *D* al suceso domingo soleado. La única manera en que un fin de semana completo sea soleado es que lo sea en primer lugar el sábado, y que el domingo posterior también. Es decir:

$$\mathcal{P}[S \cap D] = \mathcal{P}[S] \cdot \mathcal{P}[D_{|S}] = 0{,}15 \times 0{,}2 = 0{,}3$$

Luego sólo el 3% de los fines de semana son soleados.

El primero de los teoremas que vamos a enunciar es una generalización de la probabilidad de la intersección de dos sucesos, a la de un número cualquiera pero finito de ellos:

8.5.1. Teorema (Probabilidad compuesta)

Sea $A_1, A_2, \ldots A_n \subset E$ una colección de sucesos aleatorios. Entonces:

$$\mathcal{P}[A_1 A_2 \ldots A_n] = \mathcal{P}[A_1] \cdot \mathcal{P}[A_2 | A_1] \cdot \mathcal{P}[A_3 | A_1 A_2] \ldots \mathcal{P}[A_n | A_1 A_2 \ldots A_{n-1}]$$

Demostración

$$\begin{aligned}
\mathcal{P}[A_1 A_2 \ldots A_n] &= \mathcal{P}[(A_1 A_2 \ldots A_{n-1}) \cap A_n] \\
&= \underbrace{\mathcal{P}[A_1 A_2 \ldots A_{n-1}]}_{\text{recurrencia}} \cdot \mathcal{P}[A_{n| A_1 A_2 \ldots A_{n-1}}] \\
&= \mathcal{P}[A_1 A_2 \ldots A_{n-2}] \cdot \mathcal{P}[A_{n-1| A_1 A_2 \ldots A_{n-2}}] \cdot \mathcal{P}[A_{n| A_1 A_2 \ldots A_{n-1}}] \\
&= \ldots \\
&= \mathcal{P}[A_1] \cdot \mathcal{P}[A_2 | A_1] \cdot \mathcal{P}[A_3 | A_1 A_2] \ldots \mathcal{P}[A_{n| A_1 A_2 \ldots A_{n-1}}]
\end{aligned}$$

Los teoremas que restan nos dicen como calcular las probabilidades de sucesos cuando tenemos que el suceso seguro está descompuesto en una serie de sucesos incompatibles de los que conocemos su probabilidad. Para ello necesitamos introducir un nuevo concepto: se dice que la colección $A_1, A_2, \ldots, A_n \subset E$ es un **sistema exhaustivo y excluyente de sucesos** si se verifican las relaciones (véase la figura 4.5):

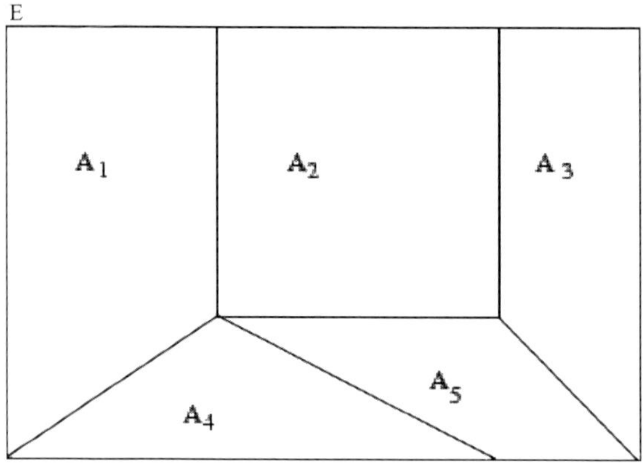

Figura: A_1,A_2,A_3,A_4 forman un sistema exhaustivo y excluyente se sucesos.

$$\bigcup_{i=1}^{n} A_i = E$$

$$A_i \cap A_j = \emptyset \qquad \forall\, i \neq j$$

8.5.2. Teorema (Probabilidad total)

Sea $A_1, A_2, \ldots, A_n \subset E$ un sistema exhaustivo y excluyente de sucesos. Entonces

$$\forall B \subset E \Rightarrow \mathcal{P}[B] = \sum_{i=1}^{n} \mathcal{P}\left[B_{|A_i}\right] \cdot \mathcal{P}[A_i]$$

Demostración

Obsérvese la Figura 4.6. De ahí realizamos las siguientes operaciones:

$$\mathcal{P}[B] = \mathcal{P}[B \cap E]$$

$$= \mathcal{P}\left[B \cap \left(\bigcup_{i=1}^{n} A_i\right)\right]$$

$$= \mathcal{P}\left[\bigcup_{i=1}^{n} (B \cap A_i)\right]$$

$$= \sum_{i=1}^{n} \mathcal{P}\left[B \cap A_i\right]$$

$$= \sum_{i=1}^{n} \mathcal{P}\left[B_{|A_i}\right] \cdot \mathcal{P}[A_i]$$

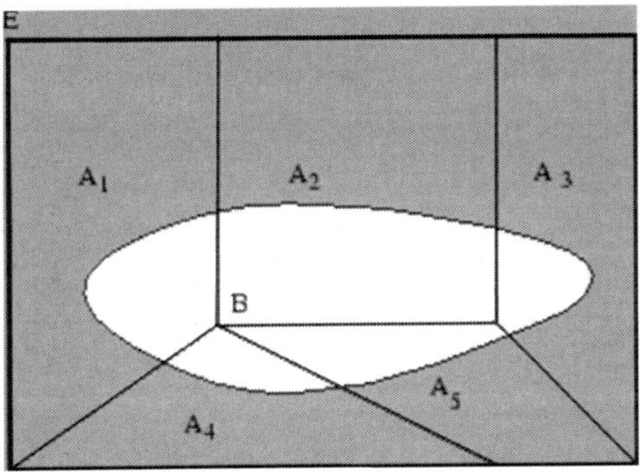

Si A_1,A_2,A_3,A_4 forma un sistema exhaustivo y excluyente se sucesos, podemos calcular la probabilidad de B a partir de las cantidades $\mathcal{P}[B \cap A_i]$, o lo que es lo mismo, $\mathcal{P}[B_{|A_i}] \cdot \mathcal{P}[A_i]$

Ejemplo

Se tienen dos urnas, y cada una de ellas contiene un número diferente de bolas blancas y rojas:

- Primera urna, U_1: 3 bolas blancas y 2 rojas;
- Segunda urna, U_2: 4 bolas blancas y 2 rojas.

Se realiza el siguiente experimento aleatorio:

Se tira una moneda al aire y si sale cara se elige una bola de la primera urna, y si sale cruz de la segunda.

¿Cuál es la probabilidad de que salga una bola blanca?

Solución

La situación que tenemos puede ser esquematizada como

3B
2R
U_1
$\mathcal{P}[U_1] = 1/2$
$\mathcal{P}[B_{\mid U_1}] = 3/5$

4B
2R
U_2
$\mathcal{P}[U_2] = 1/2$
$\mathcal{P}[B_{\mid U_2}] = 4/6$

Como U_1 y U_2 forman un sistema incompatible y excluyente de sucesos (la bola resultado debe provenir de una de esas dos urnas y de una sólo de ellas), el teorema de la probabilidad total nos permite afirmar entonces que:

$$\mathcal{P}[B] = \mathcal{P}\left[B_{|U_1}\right] \cdot \mathcal{P}[U_1] + \mathcal{P}\left[B_{|U_2}\right] \cdot \mathcal{P}[U_2] = \frac{3}{5} \cdot \frac{1}{2} + \frac{4}{6} \cdot \frac{1}{2} = \frac{19}{30}$$

8.5.3. Teorema (Bayes)

Sea $A_1, A_2, \ldots, A_n \subset E$ un sistema exhaustivo y excluyente de sucesos. Sea $B \subset E$ un suceso del que conocemos todas las cantidades $\mathcal{P}[B_{|A_i}]$, $i = 1, \ldots, n$, a las que denominamos **verosimilitudes**.

Entonces se verifica:

$$\forall j = 1, \ldots, n, \qquad \mathcal{P}\left[A_{j|B}\right] = \frac{\mathcal{P}\left[B_{|A_j}\right] \cdot \mathcal{P}\left[A_j\right]}{\sum_{i=1}^{n} \mathcal{P}\left[B_{|A_i}\right] \cdot \mathcal{P}\left[A_i\right]}$$

Demostración

Es una consecuencia de la definición de probabilidad condicionada en términos de la intersección, y del teorema de la probabilidad total:

$$\mathcal{P}\left[A_{j|B}\right] = \frac{\mathcal{P}\left[A_j \cap B\right]}{\mathcal{P}[B]} = \frac{\mathcal{P}\left[B_{|A_j}\right] \cdot \mathcal{P}\left[A_j\right]}{\sum_{i=1}^{n} \mathcal{P}\left[B_{|A_i}\right] \cdot \mathcal{P}\left[A_i\right]}$$

Ejemplo

Se tienen tres urnas. Cada una de ellas contiene un número diferente de bolas blancas y rojas:

- Primera urna, U_1: 3 bolas blancas y 2 rojas;
- Segunda urna, U_2: 4 bolas blancas y 2 rojas;
- Tercera urna, U_3: 3 bolas rojas.

Se realiza el siguiente experimento aleatorio:

Alguien elije al azar y con la misma probabilidad una de las tres urnas, y saca una bola.

Si el resultado del experimento es que ha salido una bola blanca, ¿cuál es la probabilidad de que provenga de la primera urna? Calcular lo mismo para las otras dos urnas.

Solución

Vamos a representar en un esquema los datos de que disponemos:

3B
2R
U_1
$\mathcal{P}[U_1] = 1/3$
$\mathcal{P}[B_{\vert U_1}] = 3/5$

4B
2R
U_2
$\mathcal{P}[U_2] = 1/3$
$\mathcal{P}[B_{\vert U_2}] = 4/6$

0B
3R
U_3
$\mathcal{P}[U_3] = 1/3$
$\mathcal{P}[B_{\vert U_3}] = 0$

En este caso U_1, U_2 y U_3 forman un sistema incompatible y excluyente de sucesos (la bola resultado debe provenir de una de esas tres urnas y de una sólo de ellas), por tanto es posible aplicar el teorema de Bayes:

$$\mathcal{P}\left[U_{1|B}\right]=\frac{\mathcal{P}\left[B_{|U_1}\right]\cdot\mathcal{P}\left[U_1\right]}{\mathcal{P}\left[B_{|U_1}\right]\cdot\mathcal{P}\left[U_1\right]+\mathcal{P}\left[B_{|U_2}\right]\cdot\mathcal{P}\left[U_2\right]+\mathcal{P}\left[B_{|U_3}\right]\cdot\mathcal{P}\left[U_3\right]}$$

$$=\frac{\frac{3}{5}\cdot\frac{1}{3}}{\frac{3}{5}\cdot\frac{1}{3}+\frac{4}{6}\cdot\frac{1}{3}+0\cdot\frac{1}{3}}=\frac{9}{19}$$

Con respecto a las demás urnas hacemos lo mismo:

$$\mathcal{P}\left[U_{2|B}\right]=\frac{\mathcal{P}\left[B_{|U_2}\right]\cdot\mathcal{P}\left[U_2\right]}{\mathcal{P}\left[B_{|U_1}\right]\cdot\mathcal{P}\left[U_1\right]+\mathcal{P}\left[B_{|U_2}\right]\cdot\mathcal{P}\left[U_2\right]+\mathcal{P}\left[B_{|U_3}\right]\cdot\mathcal{P}\left[U_3\right]}$$

$$=\frac{\frac{4}{6}\cdot\frac{1}{3}}{\frac{3}{5}\cdot\frac{1}{3}+\frac{4}{6}\cdot\frac{1}{3}+0\cdot\frac{1}{3}}=\frac{10}{19}$$

$$\mathcal{P}\left[U_{3|B}\right]=\frac{\mathcal{P}\left[B_{|U_3}\right]\cdot\mathcal{P}\left[U_3\right]}{\mathcal{P}\left[B_{|U_1}\right]\cdot\mathcal{P}\left[U_1\right]+\mathcal{P}\left[B_{|U_2}\right]\cdot\mathcal{P}\left[U_2\right]+\mathcal{P}\left[B_{|U_3}\right]\cdot\mathcal{P}\left[U_3\right]}$$

$$=\frac{0\cdot\frac{1}{3}}{\frac{3}{5}\cdot\frac{1}{3}+\frac{4}{6}\cdot\frac{1}{3}+0\cdot\frac{1}{3}}=0$$

Observación

Obsérvese que en el ejemplo anterior, antes de realizar el experimento aleatorio de extraer una bola para ver su resultado, teníamos que la probabilidad de elegir una urna *i* cualquiera es $\mathcal{P}\left[U_i\right]$. Estas probabilidades se denominan **probabilidades a priori**. Sin embargo, después de realizar el experimento, y observar que el resultado del mismo ha sido la extracción de una bola blanca, las probabilidades de cada urna han cambiado a $\mathcal{P}[U_i|_B]$. Estas cantidades se denominan **probabilidades a posteriori**. Vamos a representar en una tabla la diferencia entre ambas:

a priori	a posteriori
$\mathcal{P}[U_1] = 1/3$	$\mathcal{P}[B\|_{U_1}] = 3/5$
$\mathcal{P}[U_2] = 1/3$	$\mathcal{P}[B\|_{U_2}] = 4/6$
$\mathcal{P}[U_3] = 1/3$	$\mathcal{P}[B\|_{U_3}] = 0$
1	1

$\Rightarrow$

Las probabilidades a priori cambian de tal modo de las a posteriori que una vez observado el resultado del experimento aleatorio, se puede afirmar con certeza que no fue elegida la tercera urna.

Esta fenómeno tiene aplicaciones fundamentales en Ciencia: cuando se tienen dos teorías científicas diferentes, T_1 y T_2, que pretenden explicar cierto fenómeno, y a las que asociamos unas probabilidades a priori de ser ciertas,

$$\mathcal{P}[T_1], \mathcal{P}[T_2]$$

podemos llevar a cabo la experimentación que se considere más conveniente, para una vez obtenido el cuerpo de evidencia, B, calcular como se modifican las probabilidades de verosimilitud de cada teoría mediante el teorema de Bayes:

$$\mathcal{P}[T_1|_B], \mathcal{P}[T_2|_B]$$

Así la experimentación puede hacer que una teoría sea descartada si $\mathcal{P}[T_i|_B] \approx 0$ reforzada si $\mathcal{P}[T_i|_B] \approx 1$. Una aplicación básica de esta técnica la tenemos en Medicina para decidir si un paciente padece cierta enfermedad o no, en función de los resultados de un test diagnóstico.

8.6. Tests diagnósticos

Los tests diagnósticos son una aplicación del teorema de Bayes a la Medicina, y se basan en lo siguiente:

1. Se sospecha que un paciente puede padecer cierta enfermedad, que tiene una **incidencia de la enfermedad en la población** (probabilidad de que la enfermedad la padezca una persona elegida al azar) de $\mathcal{P}[E]$;
2. Como ayuda al diagnóstico de la enfermedad, se le hace pasar una serie de pruebas (tests), que dan como resultado:
   - ▹ Positivo, T^+, si la evidencia a favor de que el paciente esté enfermo es alta en función de estas pruebas;
   - ▹ Negativo, T^-, en caso contrario.

Previamente, sobre el test diagnóstico a utilizar, han debido ser estimadas las cantidades:

Sensibilidad:

Es la probabilidad de el test de positivo sobre una persona que sabemos que padece la enfermedad, $\mathcal{P}[T^{+}_{|E}]$.

Especificidad:

Es la probabilidad que el test de negativo sobre una persona que no la padece, $\mathcal{P}[T^{-}_{|\overline{E}}]$.

La sensibilidad y especificidad se denominan también respectivamente **tasa de verdaderos positivos** y **tasa de verdaderos negativos**. Estas cantidades son calculadas de modo aproximado, antes de utilizar el test diagnóstico, considerando grupos suficientemente numerosos de personas de las que sabemos si padecen la enfermedad o no, y estimando los porcentajes correspondientes. Por ejemplo se toman 100 personas sanas y 100 enfermas, y se observa que:

	E	$\overline{E}$
T^+	89	3
T^-	11	97
	100	100

Tasa de verdaderos positivos:	89%
Tasa de falsos positivos:	3%
Tasa de verdaderos negativos:	97%
Tasa de falsos negativos:	11%

3. Teniendo en cuenta el resultado del test diagnóstico, se utiliza el teorema de Bayes para ver cual es, a la vista de los resultados obtenidos, la probabilidad de que realmente esté enfermo si le dio positivo(**índice predictivo de verdaderos positivos**),

$$\mathcal{P}\left[\overline{E}_{|T^+}\right] = \frac{\mathcal{P}\left[T^{+}_{|E}\right]\cdot\mathcal{P}[E]}{\mathcal{P}\left[T^{+}_{|E}\right]\cdot\mathcal{P}[E]+\mathcal{P}\left[T^{+}_{|\overline{E}}\right]\cdot\mathcal{P}\left[\overline{E}\right]}$$

o la de que esté sano si le dio negativo (**índice predictivo de verdaderos negativos**):

$$\mathcal{P}\left[\overline{E}_{|T^-}\right] = \frac{\mathcal{P}\left[T^{-}_{|\overline{E}}\right]\cdot\mathcal{P}\left[\overline{E}\right]}{\mathcal{P}\left[T^{-}_{|\overline{E}}\right]\cdot\mathcal{P}\left[\overline{E}\right]+\mathcal{P}\left[T^{-}_{|E}\right]\cdot\mathcal{P}[E]}$$

Ejemplo

Con el objeto de diagnosticar la colelietasis se usan los ultrasonidos. Tal técnica tiene una sensibilidad del 91% y una especificidad del 98%. En la población que nos ocupa, la probabilidad de colelietasis es de 0,2.

1. Si a un individuo de tal población se le aplican los ultrasonidos y dan positivos, ¿cuál es la probabilidad de que sufra la colelietasis?
2. Si el resultado fuese negativo, ¿cuál sería la probabilidad de que no tenga la enfermedad?

Solución

Vamos a utilizar la siguiente notación:

- E ≡ Padecer la enfermedad (colelietasis);
- $\overline{E}$ ≡ No padecer la enfermedad;
- T^+ ≡ El resultado del test es positivo;
- T^- ≡ El resultado del test es negativo;

Los datos de que disponemos son las probabilidades condicionadas

$$\textbf{Sensibilidad o Tasa de Verdaderos positivos} \equiv \mathcal{P}[T^+_{|E}] = 091$$

$$\textbf{Especificidad o Tasa de verdaderos Negativos} \equiv \mathcal{P}[T^-_{|\overline{E}}] = 0{,}98$$

y la incidencia de la enfermedad en la población:

$$\mathcal{P}[E] = \mathbf{0{,}20}$$

En el primer apartado se pide calcular el "Índice Predictivo de Verdaderos Positivos", $\mathcal{P}[E_{|T^+}]$, que por el teorema de Bayes es:

$$\mathcal{P}\left[E_{|T^+}\right] = \frac{\mathcal{P}\left[T^+_{|E}\right]\cdot\mathcal{P}[E]}{\mathcal{P}\left[T^+_{|E}\right]\cdot\mathcal{P}[E] + \underbrace{\mathcal{P}\left[T^+_{|\overline{E}}\right]}_{1-\mathcal{P}\left[T^-_{|\overline{E}}\right]}\cdot\underbrace{\mathcal{P}\left[\overline{E}\right]}_{1-\mathcal{P}[E]}} = \frac{0{,}91\cdot 0{,}2}{0{,}91\cdot 0{,}2 + 0{,}02\cdot 0{,}8} = 0{,}9192$$

En el segundo apartado, se ha de calcular el "Índice Predictivo de Verdaderos Negativos", $\mathcal{P}[\overline{E}_{|T^-}]$,

$$\mathcal{P}\left[\overline{E}_{|T^-}\right] = \frac{\mathcal{P}\left[T^-_{|\overline{E}}\right]\cdot\mathcal{P}\left[\overline{E}\right]}{\mathcal{P}\left[T^-_{|\overline{E}}\right]\cdot\mathcal{P}\left[\overline{E}\right] + \underbrace{\mathcal{P}\left[T^-_{|E}\right]}_{1-\mathcal{P}\left[T^+_{|E}\right]}\cdot\mathcal{P}[E]} = \frac{0{,}98\cdot 0{,}8}{0{,}98\cdot 0{,}8 + 0{,}09\cdot 0{,}2} = 0{,}9775$$

9. NNT Y NND

9.1. NNT

Actualmente, la medicina basada en la evidencia requiere la utilización de diferentes términos para aludir a distintas situaciones específicas. Uno de estos términos, es un índice utilizado para conocer el número necesario de pacientes a tratar, para reducir un evento, Este índice es conocido con las siglas NNT (número necesario a tratar).

El NNT nos habla sobre las diferencias existentes entre un tratamiento activo, específico, y un tratamiento control o placebo, para conseguir un resultado clínico determinado. Es decir, evalúa el impacto real de un tratamiento.

El NNT resulta ser una medida epidemiológica cada vez más utilizada, con la que se valora la importancia clínica que tiene una determinada intervención; en este caso específico, se trata de conocer el número de individuos que deben ser atendidos con el tratamiento experimental, para prevenir un suceso o conseguir un evento adicional a los que se tendrían con el tratamiento control.

El "Número necesario para tratar" o NNT es un índice estadístico clave, con el que comparar la efectividad de los diferentes procedimientos terapéuticos, a la hora de afrontar un determinado problema de salud.

El NNT resulta ser un dato valioso que indica un valor específico para cada opción terapéutica, describiendo la diferencia entre una determinada opción de tratamiento y el control para conseguir un resultado clínico concreto. Puede ser usado para describir cualquier resultado, siempre que se pueda acceder a los valores de eficacia correspondientes, tanto para el tratamiento como para el control.

Para que el NNT tenga valor, se debe precisar con exactitud cuál es el resultado clínico que se pretende conseguir. Además, es importante calcularlo a partir de revisiones sistemáticas y de complejos análisis elaborados con ensayos clínicos amplios y aleatorios; de este modo el resultado del NNT resulta más concluyente, al disponer de informaciones precisas y acceder a datos de un amplio número de pacientes.

Solo con los datos proporcionados por el NNT no debemos llegar a una conclusión médica definitiva, porque este índice es solo uno más de los factores que debemos poner en marcha para que la decisión de salud que se tome, sea más fiable. Otros datos importantes que pueden ser considerados son: la posibilidad de resultados contrarios, los costos, los deseos de los pacientes, los deseos de la sociedad, la experiencia que posea el facultativo en un procedimiento determinado, etc.

Conocer éste y otros índices es muy importante, porque la práctica clínica requiere de los profesionales el tomar decisiones sobre una gran cantidad de actividades preventivas, terapéuticas y de pronóstico. Para ello, los profesionales tienen la necesidad de trasladar los resultados de las investigaciones a la toma de decisiones en los pacientes, sin embargo, es frecuente que la interpretación de los datos, generalmente, no aporten, ni al médico ni a los pacientes, un soporte adecuado para considerar con claridad, cuál es la elección adecuada.

Las NNT, resultan ser una medida fácil, de cálculo y comprensión mucho más sencillos que otros índices estadísticos, que posibilita el conocer el esfuerzo a realizar para conseguir un beneficio, que permite el cálculo del beneficio del tratamiento individualmente y que, por ello, es una buena herramienta para los médicos en la toma de decisiones con respecto a los pacientes, y también, al decidir si un tratamiento determinado deben ser incorporado a la rutina diaria.

9.1.1. Los NNT y la efectividad de los tratamientos

Para Moore Andrew y Mc Quay Henry, 1997, "El número necesario para tratar (NNT) es el recíproco del cambio en el riesgo absoluto producido por una determinado procedimiento médico o quirúrgico."

Esto quiere decir que si suministramos un medicamento a 100 personas con un mismo tipo de dolencia, y ésta se alivia en 70 de ellas, en las dos horas y media siguientes y, en otro momento, le administramos a ese mismo grupo un medicamento de efecto placebo y observamos que la dolencia sólo se alivia a 20 personas, podemos decir, que el medicamento solo es responsable del alivio de la dolencia en 50 de los 100 afectados. O sea, ha funcionado en el 50% de las personas, lo que equivale a una reducción del riesgo de 50/100, o 0,5. Su recíproco es de 1/0,5 y el NNT es 2.

9.1.2. Especificidad del tratamiento

El NNT es un valor que indica, para cada tratamiento, cuál es la diferencia entre un tratamiento activo y un tratamiento control o placebo, con respecto al logro de un resultado clínico específico. En ese sentido, cuando el NNT es 1, significa que cada paciente al que se le da tratamiento, obtiene un resultado favorable, mientras que ningún paciente del grupo control, de comparación (tratamiento con placebo) tiene este mismo resultado. Por ello, para que un NNT sea reconocido como efectivo, desde el punto de vista clínico, se acepta que este valor es mejor cuanto más bajo sea su valor.

Generalmente, los NNT tienen valores más bajos para los medicamentos e intervenciones terapéuticas diferentes, que para los procedimientos de prevención.

Un NNT está correctamente especificado, cuando su intervalo de confianza es del 95%, y hace constar: el comparador o control, el resultado terapéutico y la duración del tratamiento para lograr alcanzar el resultado.

9.1.3. Intervalo de confianza del NNT

Se puede calcular el intervalo de confianza o IC del NNT, para conocer el verdadero valor de un determinado parámetro poblacional, a partir de su estimación en una muestra.

Se dice que, cuando el IC es del 95%, expresa que, al repetirse el mismo experimento 100 veces en muestras obtenidas de la misma población, el IC incluiría el verdadero valor del parámetro poblacional en un 95 de las 100 veces.

Por tanto, un IC es más preciso cuanto más estrecho sea.

Los NNT se pueden utilizar para calcular diferentes resultados terapéuticos, a partir de un mismo estudio. Se pueden comparar las respuesta entre tratamientos, siempre y cuando las comparaciones se lleven a cabo en situaciones homogéneas.

9.1.4. El cálculo de los NNT

El NNT puede calcularse con la sencilla fórmula:

$$\frac{1}{\text{RAR o RRA}}$$

RAR expresa el resultado obtenido al restar, a la proporción que se beneficia de una intervención a evaluar, la proporción de aquellos que se benefician de una intervención control.

Expresado de otra manera, sería:

$$\frac{1}{\text{(Proporción que se beneficia de una intervención a evaluar - (menos) la proporción de los que se benefician de una intervención de control).}}$$

Si se desea que el valor de los NNT sea en porcentaje, porque el RAR viene calculado de esa manera, entonces el resultado obtenido, debe ser multiplicado por 100.

Cuando se calcula el NNT para los procedimientos preventivos, es posible que se produzcan menos eventos positivos en el grupo de intervención que en el de control, por lo que este proceso de cálculo, producirá NNT negativos. En este caso, los valores numéricos son válidos y lo único que se requiere es ignorar el signo negativo, o si no, se puede cambiar el orden de los valores para el grupo de tratamiento activo y el de control, obteniéndose así, NNT de signo positivo.

Se dice que los NNT para tratamientos son generalmente bajos porque son necesarios resultados muy contundentes, que reflejen la efectividad en el menor número de personas. Pero son muy pocos los tratamientos efectivos al 100%, y son pocos los controles que carecen totalmente de efectividad, por ello, los valores de los NNT en tratamientos muy efectivos, generalmente están comprendidos entre 2 y 4. Una excepción a estos resultados son los antibióticos, ya que se pueden dar resultados de NNT, de 1,1 por ejemplo.

9.1.5. Otras consideraciones sobre los NNT

Los NNT son muy útiles en las tomas de decisión políticas así como en aquellas que consideran al paciente como individuo. Sin embargo, debe tenerse en cuenta que:

- Pueden calcularse los NNT cuando esté presente cualquier información dicotómica. Se requiere entonces recabar la información sobre cuántos pacientes consiguen un beneficio concreto del tratamiento. Al hacer esto, se obliga a definir clara y adecuadamente el resultado que se desea medir.

- Cuando se calculan los NNT todas las circunstancias son importantes, entre éstas se incluye la comparación que se hace con el placebo o con otro tratamiento activo, la dosis del fármaco, la duración del tratamiento y el resultado.
- Un NNT sólo es una estimación, por lo que hay una cierta incertidumbre alrededor de ellos, que deben ser tomadas en cuenta y se expresan mediante un intervalo de confianza del 95%.
- Cuando la cantidad de datos aumenta, el intervalo de confianza disminuye. Por lo que los ensayos clínicos grandes dan un intervalo de confianza menor que los ensayos pequeños. Los NNT que proporcionan el más alto nivel de evidencia son aquellos calculados a partir de las revisiones sistemáticas y de los metanálisis de ensayos clínicos controlados y aleatorios.
- Los NNT pueden utilizarse para calcular los diferentes resultados terapéuticos a partir de un mismo estudio, ya que se puede comparar la respuesta entre tratamientos, siempre y cuando las comparaciones se lleven a cabo en situaciones homogéneas.

9.2. NND O NNH

Los NNT también se están utilizando en otros aspectos, ya que puede usarse para examinar los resultados adversos de tratamientos o intervenciones. Entonces se convierten en NNP, o el "número necesario para perjudicar".

Cuando los NNT se usan para expresar medidas como la capacidad potencial de producir daño, las reacciones adversas de un tratamiento, se examinan con detenimiento, acudiéndose cada vez más a esta forma de trabajo y, en consecuencia, habrá que familiarizarse con el concepto de número necesario para perjudicar o NNP (en inglés, NNH o Number Needed to Harm) tanto, como con el de NNT.

Se considera que el NND permite medir la inseguridad de una determinada intervención. Representa el número de personas que se necesita atender con un tratamiento específico, para producir o para no evitar, **que se produzca** un evento adicional.

El NND se refiere al número de pacientes a los que se le tiene que administrar el tratamiento activo, para que aparezca un caso de un determinado efecto considerado adverso, en comparación con los pacientes a los que se le ha administrado el tratamiento experimental.

La fórmula para el cálculo de la NND, es la siguiente:

$$NND = \frac{100}{IAR}$$

Donde el cálculo de las NND (número de pacientes que será necesario dañar o perjudicar) es igual a la división de 100, entre IAR (el incremento absoluto del riesgo).

El IAR es el aumento de la probabilidad de un efecto adverso, como consecuencia de un tratamiento específico. Se obtiene restando el porcentaje de efectos adversos encontrados en el grupo experimental al porcentaje de efectos adversos hallados en el grupo control.

9.3. Consideraciones finales

La combinación de las dos medidas, el NNT y NNH, pueden ayudar al profesional a valorar si la evidencia, obtenida en un estudio, es aplicable o no al paciente y si los riesgos son mayores que los beneficios.

Con el NNT se puede conocer la magnitud del efecto de una intervención que luego se contrasta con el NND, o la magnitud de los efectos adversos. Al enfrentar ambos valores se obtiene una visión más detallada de la relación existente entre riesgo y beneficio. Sin embargo, también es importante conocer y considerar el tipo de desenlace al cual se refieren los indicadores. Sólo así se podrá valorar el beneficio real y en relación al efecto adverso. No es lo mismo un efecto adverso de una mínima reducción de un dolor, que la muerte.

Cuanto más difícil de precisar resulta el balance, más importante es que el profesional cuente con todos los datos e información disponibles, para después, a solas, formarse su propia opinión subjetiva, que agregará a la opinión y preferencias del paciente.

Para conocer las preferencias de los pacientes, es necesario el abordaje de forma directa, franca, sencilla y sensible del tema y plantear los beneficios y riesgos de una determinada intervención. Se busca que el paciente exprese los temores sobre las posibles complicaciones de la enfermedad o el temor a los eventos adversos del tratamiento.

En una situación ideal, la decisión se tomaría evaluando lo que debería beneficiar al paciente y el riesgo de cualquier tipo de intervención, buscando que lo que se genere sea un bajo valor de NNT y un elevado número en el NND.

Es necesario aclarar que no hay un valor ideal, existe un NNT o NND que, a su vez, representan valores que deberá considerar el profesional.

10. INFERENCIA

10.1. Introducción

El propósito de un estudio estadístico suele ser, como hemos venido citando, extraer conclusiones acerca de la naturaleza de una población. Al ser la población grande y no poder ser estudiada en su integridad en la mayoría de los casos, las conclusiones obtenidas deben basarse en el examen de solamente una parte de ésta, lo que nos lleva, en primer lugar a la justificación, necesidad y definición de las diferentes técnicas de muestreo.

Los primeros términos obligados a los que debemos hacer referencia, definidos en el primer capítulo, serán los de estadístico y estimador.

Dentro de este contexto, será necesario asumir un estadístico o estimador como una variable aleatoria con una determinada distribución, y que será la pieza clave en las dos amplias categorías de la inferencia estadística: la estimación y el contraste de hipótesis.

El concepto de estimador, como herramienta fundamental, lo caracterizamos mediante una serie de propiedades que nos servirán para elegir el "mejor" para un determinado parámetro de una población, así como algunos métodos para la obtención de ellos, tanto en la estimación puntual como por intervalos.

¿Cómo deducir la ley de probabilidad sobre determinado carácter de una población cuando sólo conocemos una muestra?

Este es un problema al que nos enfrentamos cuando por ejemplo tratamos de estudiar la relación entre el fumar y el cáncer de pulmón e intentamos extender las conclusiones obtenidas sobre una muestra al resto de individuos de la población.

La tarea fundamental de la **estadística inferencial**, es hacer inferencias acerca de la población a partir de una muestra extraída de la misma.

10.2. Técnicas de muestreo sobre una población

La teoría del muestreo tiene por objetivo, el estudio de las relaciones existentes entre la distribución de un carácter en dicha población y las distribuciones de dicho carácter en todas sus muestras.

Las ventajas de estudiar una población a partir de sus muestras son principalmente::

10.2.1. Coste reducido

Si los datos que buscamos los podemos obtener a partir de una pequeña parte del total de la población, los gastos de recogida y tratamiento de los datos serán menores. Por ejemplo, cuando se realizan encuestas previas a un referéndum, es más barato preguntar a 4.000 personas su intención de voto, que a 30.000.000.

10.2.2. Mayor rapidez

Estamos acostumbrados a ver cómo con los resultados del escrutinio de las primeras mesas electorales, se obtiene una aproximación bastante buena del resultado final de unas elecciones, muchas horas antes de que el recuento final de votos haya finalizado.

10.2.3. Más posibilidades

Para hacer cierto tipo de estudios, por ejemplo el de duración de cierto tipo de bombillas, no es posible en la práctica destruirlas todas para conocer su vida media, ya que no quedaría nada que vender. Es mejor destruir sólo una pequeña parte de ellas y sacar conclusiones sobre las demás.

De este modo se ve que al hacer estadística inferencial debemos enfrentarnos con dos problemas:

- Elección de la muestra (muestreo), que es a lo que nos dedicaremos en este capítulo.
- Extrapolación de las conclusiones obtenidas sobre la muestra, al resto de la población (inferencia).

El tipo de muestreo más importante es el muestreo aleatorio, en el que todos los elementos de la población tienen la misma probabilidad de ser extraídos; Aunque dependiendo del problema y con el objetivo de reducir los costes o aumentar la precisión, otros tipos de muestreo pueden ser considerados como veremos más adelante: muestreo sistemático, estratificado y por conglomerados.

10.3. Muestreo aleatorio

Consideremos una población finita, de la que deseamos extraer una muestra. Cuando el proceso de extracción es tal que garantiza a cada uno de los elementos de la población la misma oportunidad de ser incluidos en dicha muestra, denominamos al proceso de selección muestreo aleatorio.

El muestreo aleatorio se puede plantear bajo dos puntos de vista:

- Sin reposición de los elementos.
- Con reposición.

10.3.1. Muestreo aleatorio sin reposición

Consideremos una población E formada por N elementos. Si observamos un elemento particular, $\mathbf{e} \in \mathbf{E}$, en un muestreo aleatorio sin reposición se da la siguiente circunstancia:

- La probabilidad de que e sea elegido en primer lugar es $\frac{1}{N}$;
- Si no ha sido elegido en primer lugar (lo que ocurre con una probabilidad de $\frac{N-1}{N}$), la probabilidad de que sea elegido en el segundo intento es de $\frac{N}{N-1}$.
- En el (i+1)-ésimo intento, la población consta de N–i elementos, con lo cual si e no ha sido seleccionado previamente, la probabilidad de que lo sea en este momento es de $\frac{N}{N-1}$.

Si consideramos una muestra de $n \leq N$ elementos, donde el *orden en la elección de los mismos tiene importancia*, la probabilidad de elección de una muestra $M = (e_1, e_2, ..., e_n)$ cualquiera es:

$$
\begin{aligned}
\mathcal{P}[M] &= \mathcal{P}\left[(e_1, e_2, ..., e_n)\right] \\
&= \mathcal{P}\left[e_1\right] \cdot \mathcal{P}\left[e_{2|e_1}\right] ... \mathcal{P}\left[e_{n|e_1, e_2, ... e_{n-1}}\right] \\
&= \frac{1}{N} \cdot \frac{1}{N-1} \cdots \frac{1}{N-(n-1)} \\
&= \frac{(N-n)!}{N!} = \frac{1}{V_{N,n}}
\end{aligned}
$$

lo que corresponde en el sentido de la definición de probabilidad de Laplace a un caso posible entre las $V_{N,n}$ posibles n-uplas de N elementos de la población.

Si el *orden no interviene*, la probabilidad de que una muestra

$$M = \{e_1, e_2, \cdots, e_n\}$$

sea elegida es la suma de las probabilidades de elegir una cualquiera de sus n-uplas, tantas veces como permutaciones en el orden de sus elementos sea posible, es decir

$$
\begin{aligned}
\mathcal{P}[M] &= \mathcal{P}\left[\{e_1, e_2, ..., e_n\}\right] \\
&= n! \cdot \mathcal{P}\left[(e_1, e_2, ..., e_n)\right] \\
&= \frac{n! \cdot (N-n)!}{N!} \\
&= \frac{1}{C_n^N}
\end{aligned}
$$

10.3.2. Muestreo aleatorio con reposición

Sobre una población *E* de tamaño *N* podemos realizar extracciones de *n* elementos, pero de modo que cada vez el elemento extraído es repuesto al total de la población. De esta forma un elemento puede ser extraído varias veces. Si el orden en la extracción de la muestra interviene, la probabilidad de una cualquiera de ellas, formada por *n* elementos es:

$$\frac{1}{N} \cdot \frac{1}{N} \cdots \frac{1}{N} = \frac{1}{VR_{N,n}}$$

Si el orden no interviene, la probabilidad de una muestra cualquiera, será la suma de la anterior, repitiéndola tantas veces como manera de combinar sus elementos sea posible. Es decir,

- Sea n_1 el número de veces que se repite cierto elemento e_1 en la muestra;
- Sea n_2 el número de veces que se repite cierto elemento e_2;
- Sea n_k el número de veces que se repite cierto elemento e_k,

de modo que $n = n_1 + ... + n_k$. Entonces la probabilidad de obtener la muestra

$$\overbrace{\underbrace{e_1,\ldots,e_1}_{n_1}\,\underbrace{e_1,\ldots,e_2}_{n_2},\ldots\underbrace{e_k,\ldots,e_k}_{n_k}}^{n=n_1+\ldots n_k}$$

es

probabilidad de una muestra cualquiera ordenada	×	permutaciones de los k modal obsevadas	×	permutaciones de las n_l obsev. e_l	×... ×	permutaciones de las n_k obsev. e_k

es decir,

$$\frac{1}{N^n}\cdot k!\cdot n_1!\cdots n_k! = \frac{1}{CR^N_{n_1,n_2,\ldots,n_k}}$$

El muestreo aleatorio con reposición es también denominado **muestreo aleatorio simple**, que como hemos mencionado se caracteriza por que:

- Cada elemento de la población tiene la misma probabilidad de ser elegido.
- Las observaciones se realizan con reemplazamiento. De este modo, cada observación es realizada sobre la misma población (no disminuye con las extracciones sucesivas).

Sea X una v.a. definida sobre la población E, y $f(x)$ su ley de probabilidad.

$$E \rightarrow n\,\text{exp. aleatorios} \rightarrow \begin{cases} e_1 \rightarrow x_1, & f_1(x_1) = f(x_1) \\ e_2 \rightarrow x_2, & f_2(x_2) = f\left(x_{2|x_1}\right) \\ \ldots & \\ e_n \rightarrow x_n, & f_n(x_n) = f\left(x_{n|x_1,x_2,\ldots,x_{n-1}}\right) \end{cases}$$

En una muestra aleatoria simple, cada observación tiene la distribución de probabilidad de la población: $f_1 = f_2 = \ldots = f_n = f$

Además todos las observaciones de la v.a. son independientes, es decir $f(x_1, x_2, ..., x_n)$

Las relaciones(7.1)-(7.2) caracterizan a las muestras aleatorias simples.

La selección de una muestra aleatoria puede realizarse con la ayuda de #.#>

10.3.3. Tablas de números aleatorios: Lotería Nacional

Un ejemplo de una tabla de números aleatorios consiste en la lista de los números de Lotería Nacional premiados a lo largo de su historia, pues se caracterizan por que cada dígito tiene la misma probabilidad de ser elegido, y su elección es independiente de las demás extracciones.

Un modo de hacerlo es el siguiente. Supongamos que tenemos una lista de números aleatorios de $k = 5$ cifras (00000-99.999), una población de $N = 600$ individuos, y deseamos extraer una muestra de $n = 6$ de ellos. En este caso ordenamos a toda la población (usando cualquier criterio) de modo que a cada uno de sus elementos le corresponda un número del 1 al 600. En segundo lugar nos dirigimos a la tabla de números aleatorios, y comenzando en cualquier punto extraemos un número t, y tomamos como primer elemento de la muestra al elemento de la población:

$$u = \frac{t}{10^k}$$

El proceso se repite tomando los siguientes números de la tabla de números aleatorios, hasta obtener la muestra de 10 individuos.

Las cantidades

$$u = \frac{t}{10^k}$$

pueden ser consideradas como observaciones de una v.a. U, que sigue una distribución uniforme en el intervalo [0,1]

$$\mathrm{U} \rightsquigarrow \mathrm{U}(0,1)$$

10.3.4. Muestreo aleatorio estratificado

Un **muestreo aleatorio estratificado** es aquel en el que se divide la población de N individuos, en k subpoblaciones o estratos, atendiendo a criterios que puedan ser importantes en el estudio, de tamaños respectivos $N_1, ..., N_k$,

$$\boldsymbol{N = N_1 + N_2 + ... + N_k}$$

y realizando en cada una de estas subpoblaciones muestreos aleatorios simples de tamaño n_i, $i = 1, ... k$.

A continuación nos planteamos el problema de cuantos elementos de muestra se han de elegir de cada uno de los estratos. Para ello tenemos fundamentalmente dos técnicas: la **asignación proporcional** y la **asignación optima**.

10.4. Muestreo sistemático

Cuando los elementos de la población están ordenados en fichas o en una lista, una manera de muestrear consiste en:

- Sea $k = \left[\dfrac{N}{n}\right]$;
- Elegir aleatoriamente un número m, entre 1 y k;
- Tomar como muestra los elementos de la lista:

$\{e_m, e_{m+k}, e_{m+2k}, \ldots, e_{m+(n-1)k}\}$

Esto es lo que se denomina **muestreo sistemático**. Cuando el criterio de ordenación de los elementos en la lista es tal que los elementos más parecidos tienden a estar más cercanos, el muestreo sistemático suele ser más preciso que el aleatorio simple, ya que recorre la población de un modo más uniforme. Por otro lado, es a menudo más fácil no cometer errores con un muestreo sistemático que con este último.

11. ESTIMACIÓN

11.1. Intervalo de confianza

Se llama así a un intervalo en el que sabemos que está un parámetro, con un nivel de confianza específico.

11.2. Nivel de confianza

Probabilidad de que el parámetro a estimar se encuentre en el intervalo de confianza.

11.3. Error de estimación admisible

Que estará relacionado con el radio del intervalo de confianza.

11.4. Estimación de la media de una población

11.4.1. Intervalo de confianza para la media

El intervalo de confianza, para la media de una población, con un nivel de confianza de $1-\alpha$, siendo x la media de una muestra de tamaño n y σ la desviación típica de la población, es:

$$\left(\mu - Z_{\alpha/2} \cdot \frac{\sigma}{\sqrt{n}}, \mu + Z_{\alpha/2} \cdot \frac{\sigma}{\sqrt{n}}\right)$$

El error máximo de estimación es:

$$\left(\mu - Z_{\alpha/2} \cdot \frac{\sigma}{\sqrt{n}}, \mu + Z_{\alpha/2} \cdot \frac{\sigma}{\sqrt{n}}\right)$$

$$E = Z_{\alpha/2} \cdot \frac{\sigma}{\sqrt{n}}$$

11.4.2. Tamaño de la muestra

$$n = \left(\frac{Z_{\alpha/2} \cdot \sigma}{E}\right)^2$$

11.4.3. Estimación de una proporción

Si en una población, una determinada característica se presenta en una proporción **p**, la proporción **p´**, de individuos con dicha característica en las muestras de tamaño *n*, se distribuirán según:

$$N\left(p, \sqrt{\frac{pq}{n}}\right)$$

11.4.4. Intervalo de confianza para una proporción

$$\left(p' - z_{\alpha/2} \cdot \sqrt{\frac{pq}{n}}, \; p' + z_{\alpha/2} \cdot \sqrt{\frac{pq}{n}}\right)$$

El error máximo de estimación es:

$$E = z_{\alpha/2} \cdot \sqrt{\frac{pq}{n}}$$

11.4.5. Hipótesis estadísticas

Un test estadístico es un procedimiento para, a partir de una muestra aleatoria y significativa, **extraer conclusiones** que permitan **aceptar o rechazar una hipótesis** previamente emitida sobre el valor de un parámetro desconocido de una población.

La hipótesis emitida se designa por $\mathbf{H_0}$ y se llama hipótesis nula.

La hipótesis contraria se designa por $\mathbf{H_1}$ y se llama hipótesis alternativa.

11.4.6. Contrastes de hipótesis

1. Enunciar la hipótesis nula H_0 y la alternativa H_1.

Bilateral	$H_0 = k$	$H_1 \neq k$
Unilateral	$H_0 \geq k$	$H_1 < k$
	$H_0 \leq k$	$H_1 > k$

2. A partir de un nivel de confianza $1-\alpha$ o el de significación α. Determinar:

   El valor $z_{\alpha/2}$ (bilaterales), o bien z_α (unilaterales).

   La zona de aceptación del parámetro muestral (x o p').
3. Calcular: x o p', a partir de la muestra.
4. Si el valor del parámetro muestral está dentro de la zona de la aceptación, se acepta la hipótesis con un nivel de significación α. Si no, se rechaza.

11.4.7. Contraste Bilateral

Se presenta cuando la hipótesis nula es del tipo H_0: $\mu = k$ (o bien H_0: $p = k$) y la hipótesis alternativa, por tanto, es del tipo H_1: $\mu \neq k$ (o bien H_1: $p \neq k$).

El nivel de significación α se concentra en dos partes (o colas) simétricas respecto de la media.

La región de aceptación en este caso no es más que el correspondiente intervalo de probabilidad para x o p', es decir:

$$\left(\mu - Z_{\alpha/2} \cdot \frac{\sigma}{\sqrt{n}}, \mu + Z_{\alpha/2} \cdot \frac{\sigma}{\sqrt{n}}\right)$$

o bien:

$$\left(p - z_{\alpha/2} \cdot \sqrt{\frac{pq}{n}}, p + z_{\alpha/2} \cdot \sqrt{\frac{pq}{n}}\right)$$

11.4.8. Contraste unilateral

Caso 1

La hipótesis nula es del tipo H_0: $\mu \geq k$ (o bien H_0: $p \geq k$).

La hipótesis alternativa, por tanto, es del tipo H_1: $\mu < k$ (o bien H_1: $p < k$).

11.4.9. Valores críticos

$1-\alpha$	α	z_α
0.90	0.10	1.28

0.95	0.05	1.645
0.99	0.01	2.33

La región de aceptación en este caso será:

$$\left(\mu - \quad / \cdot \frac{}{\sqrt{}} \quad \infty\right)$$

o bien:

$$\left(p - z_{\alpha/2} \cdot \sqrt{\frac{pq}{n}}, \infty\right)$$

Caso 2

La hipótesis nula es del tipo H_0: $\mu \leq k$ (o bien H_0: $p \leq k$).

La hipótesis alternativa, por tanto, es del tipo H_1: $\mu > k$ (o bien H_1: $p > k$).

La región de aceptación en este caso será:

$$\left(-\infty, \mu + Z_{\alpha/2} \cdot \frac{\sigma}{\sqrt{n}}\right)$$

o bien:

$$\left(-\infty, p + z_{\alpha/2} \cdot \sqrt{\frac{pq}{n}}\right)$$

11.4.10. Errores

Error de tipo I. Se comete cuando la **hipótesis nula es verdadera** y, como consecuencia del contraste, **se rechaza**.

Error de tipo II. Se comete cuando la **hipótesis nula es falsa** y, como consecuencia del contraste se **acepta**.

H_0	Verdadera	Falsa
Aceptar	Decisón correcta Probabilidad = 1 - α	Decisión incorrecta: ERROR DE TIPO II
Rechazar	ERROR DE TIPO I Probabilidad = α	Decisión correcta

La probabilidad de cometer Error de tipo I es el nivel de significación α.

La probabilidad de cometer Error de tipo II depende del verdadero valor del parámetro. Se hace tanto menor cuanto mayor sea n.

Tema 18

Epidemiología: método epidemiológico, medición de los fenómenos epidemiológicos, tipos de estudios epidemiológicos, estudios sobre pruebas diagnósticas. Estudios descriptivos. Estudios de cohortes. Estudio de casos y controles. Estudios cuasi-experimentales. Ensayos clínicos

Rodio ediciones

Índice esquemático

1. EPIDEMIOLOGÍA: MÉTODO EPIDEMIOLÓGICO, MEDICIÓN DE LOS FENÓMENOS EPIDEMIOLÓGICOS

La **epidemiología** es una disciplina científica que estudia la distribución, la frecuencia, los factores determinantes, las predicciones y el control de los factores relacionados con la salud y con las distintas enfermedades existentes en poblaciones humanas definidas. La epidemiología ocupa un lugar entre las ciencias biomédicas y las ciencias sociales, e integra los métodos y principios de estas ciencias para estudiar la salud y controlar las enfermedades en grupos humanos bien definidos.

En epidemiología se estudian y describen, entre otras, la salud y las enfermedades que se presentan en una determinada población, para lo cual se tienen en cuenta una serie de patrones de enfermedad, que se reducen a tres aspectos: tiempo, lugar y persona: el tiempo que tarda en surgir, la temporada del año en la que surge y los tiempos en los que es más frecuente; el lugar (la ciudad, la población, el país, el tipo de zona) en donde se han presentado los casos, y las personas más propensas a padecerla (niños, ancianos, etc., según el caso).

La epidemiología surgió del estudio de las epidemias de enfermedades infecciosas; de ahí su nombre. Ya en el siglo XX los estudios epidemiológicos se extendieron a las enfermedades y problemas de salud en general, analizados mediante diversos métodos, entre los cuales los de la demografía y la estadística son especialmente importantes.

La epidemiología es parte importante de la salud pública y contribuye a:

1. Definir los problemas e inconvenientes de salud importantes de una comunidad.
2. Describir la historia natural de una enfermedad.
3. Descubrir los factores que aumentan el riesgo de contraer una enfermedad (su etiología).
4. Predecir las tendencias de una enfermedad.
5. Determinar si la enfermedad o problema de salud es prevenible o controlable.
6. Determinar la estrategia de intervención (prevención o control) más adecuada.
7. Probar la eficacia de las estrategias de intervención.
8. Cuantificar el beneficio conseguido al aplicar las estrategias de intervención sobre la población.
9. Evaluar los programas de intervención.
10. La medicina moderna o la llamada medicina basada en la evidencia, está basada en los métodos de la epidemiología.

1.1. Etiología de las enfermedades

El triángulo epidemiológico causal de las enfermedades está formado por el medio ambiente, los agentes y el huésped. Un cambio en cualquiera de estos tres componentes alterará el equilibrio existente para aumentar o disminuir la frecuencia de la enfermedad, por lo tanto se pueden llamar factores causales o determinantes de la enfermedad.

Se considera a John Snow (1813-1858) el precursor de la epidemiología contemporánea, ya que formuló la hipótesis de la transmisión del cólera por el agua y lo demostró confeccionando un mapa de Londres, en donde un reciente brote epidémico había matado más de 500 personas en un período de 10 días. Snow marcó en el mapa los hogares de los que habían muerto. La distribución mostraba que todas las muertes habían ocurrido en el área de Golden Square. La diferencia clave entre este distrito y el resto de Londres era el origen del agua potable. La compañía de agua privada que suministraba al vecindario de Golden Square extraía el agua de una sección del Támesis especialmente contaminado. Cuando se cambió el agua y comenzó a extraerse río arriba, de una zona menos contaminada, cedió la epidemia de cólera.

Un progreso muy importante también en el siglo XX, fue el publicado en 1956 por unos médicos británicos, donde demostraban la relación causal entre fumar (tabaquismo) y el cáncer de pulmón.

1.2. Transición epidemiológica

La epidemiología es un proceso de cambio dinámico a largo plazo en la frecuencia, magnitud y distribución de la morbilidad y mortalidad de la población.

Por tanto lo que conocemos como la transición epidemiológica va acompañada de forma inherente a la transición demográfica y presenta cuatro aspectos a destacar:

1. Desplazamiento en la prevalencia de las enfermedades transmisibles por las no trasmisibles.
2. Desplazamiento en la morbilidad y mortalidad de los grupos jóvenes a los grupos de edad avanzada.
3. Desplazamiento de la mortalidad como fuerza predominante por la morbilidad, sus secuelas e invalideces.
4. Polarización epidemiológica. La polarización epidemiológica sucede cuando en distintas zonas de un país o en distintos barrios de una misma ciudad encontramos diferencias en la morbilidad y mortalidad de la población.

1.3. Metodología

La Metodología es entendida como un conjunto de procedimientos que se siguen de modo ordenado y sistemático en una investigación de tipo científico para llegar a un resultado.

La epidemiología se basa en el método científico para la obtención de conocimientos, a través de los **estudios epidemiológicos**. Ante un problema de salud, y con los datos disponibles sobre el mismo, formularemos una hipótesis, la cual se traduce en una serie de consecuencias contrastables mediante experimentación. Se realiza entonces un proyecto de investigación que comienza con la recolección de datos y su posterior análisis estadístico, que permite obtener medidas de asociación, medidas de efecto y medidas de impacto , tanto a nivel de los expuestos como a nivel poblacional. De los resultados de esta investigación es posible obtener conocimientos que servirán para realizar recomendaciones de salud pública, pero también para generar nuevas hipótesis de investigación.

1.4. Tipología

1. **Epidemiología descriptiva**: es la rama de la Epidemiología que describe el fenómeno epidemiológico en tiempo, lugar y persona, cuantificando la frecuencia y distribución del fenómeno mediante medidas de incidencia, prevalencia y mortalidad, con la posterior formulación de hipótesis.

Epidemiología descriptiva: describe el fenómeno cuantificándolo.

2. **Epidemiología analítica**: rama de la Epidemiología que busca, mediante la observación o la experimentación, establecer las posibles relaciones causales entre factores a los que se exponen el huésped (personas y poblaciones) y las enfermedades que presentan.

Epidemiología analítica: analiza las posibles causas que producen el fenómeno.

Los parámetros medibles en el estudio de esta rama de la Epidemiología son los factores de riesgo, cuyo resultado es una probabilidad. Es posible distinguir dos tipos: riesgo absoluto y riesgo relativo.

a) **Riesgo absoluto**: es la incidencia de un evento (enfermedad, muerte, etc.) en la población total. Sería el nº de casos nuevos que aparecen en la población total, en un periodo de tiempo.

b) **Riesgo relativo** (RR): Indica la probabilidad de que se desarrolle la enfermedad en los expuestos a un factor de riesgo en relación al grupo de los no expuestos.

Se calcula mediante el cociente (expresado en %) entre el riesgo en la población expuesta y el riesgo entre la población no expuesta.

	Enfermos	Sanos	Total
Expuestos	A	B	A + B
No expuestos	C	D	C + D

$$RR = \frac{\text{Incidencia en expuestos (Ie)}}{\text{Incidencia en no expuestos (Ine)}} = \frac{A/(A+B)}{C/(C+D)}$$

c) **Riesgo atribuible**: es la diferencia entre la incidencia de un evento en expuestos y no expuestos a un mismo factor de riesgo. Supongamos por ejemplo el evento "infarto de miocardio" y el factor de riesgo "dislipemia".

Se denomina riesgo a la probabilidad que tiene una persona de sufrir un evento o un acontecimiento (enfermedad, curación, efecto secundario, muerte, etc.)

3. **Epidemiología experimental**: busca, mediante el control de las condiciones del grupo a estudiar, sacar conclusiones más complejas que con la mera observación no son deducibles. Se basa en el control de los sujetos a estudiar y en la aleatorización de la distribución de los individuos en dos grupos, un grupo experimental y un grupo control. Se ocupa de realizar estudios en animales de laboratorio y estudios experimentales con poblaciones humanas.

Epidemiología experimental: extrae conclusiones mediante el control de las condiciones del grupo estudio.

4. **Ecoepidemiología**: busca, mediante herramientas ecológicas, estudiar integralmente como interaccionan los factores ambientales con las personas y poblaciones en los medios que los rodean y como ello puede influir en la evolución de enfermedades que se producen como consecuencia de dicha interacción.

Eco-Epidemilogía: estudia la interacción de los factores ambientales en la producción de las enfermedades.

1.5. Epidemiología Clínica

La **Epidemiología clínica** es una disciplina que estudia los determinantes de la enfermedad en ámbitos clínicos. Formula predicciones sobre pacientes concretos partiendo del método científico y de la evidencia existente. Utiliza métodos científicos sólidos que garanticen que dichas predicciones sean exactas. Representa una base sólida para la toma de decisiones clínicas, y permite dejar de lado prácticas basadas únicamente en la experiencia o que puedan resultar dañinas para los pacientes.

Se trata de una disciplina básica y reciente en la formación de las disciplinas afines al campo de la salud humana. Su campo abarca estudios de diagnóstico, tratamiento y pronóstico de un paciente con una condición dada.

La Epidemiología Clínica se basa en el conocimiento y aplicación correcta de los instrumentos metodológicos de la epidemiología, bioestadística, bases bibliográficas y probabilidad para reducir la variabilidad y la incertidumbre en el ejercicio de la medicina. Apoya a la Medicina basada en pruebas para orientar al médico en la asistencia y cuidado de los pacientes, mediante la aplicación del conocimiento científico disponible. El ámbito de estudio, investigación y desarrollo lo constituye:

1. Lo normal y lo patológico.
2. Estudios observacionales. Inferencias causales.

3. La pregunta de investigación. La pregunta clínica. Hipótesis.
4. Validez interna y externa.
5. Elementos de confiabilidad y validez de las mediciones.
6. Cómo se trasladan los resultados de los estudios a la práctica clínica.
7. Diseño de preguntas e instrumentos de medición clínica.
8. Lectura crítica de la literatura médica.
9. Diagnóstico médico. Pruebas tamiz o despistaje.
10. Pronóstico.
11. Tratamiento (medicina).
12. Revisiones sistemáticas.
13. Análisis de decisiones.
14. Análisis económicos en salud.
15. Guías de práctica clínica.

La **medicina basada en pruebas** que se puso de moda en los años 90 pero aumento en sobremanera el componente biológico de la actividad médica. Un énfasis dogmático en las pruebas, en los resultados de los ensayos clínicos, que pasaba por alto los aspectos emocionales, psicológicos y sociales del padecimiento del individuo.

Esto provoco que en noviembre de 1992 el "Evidence-Based Medicine Working Group" (EBMWG), Grupo de Trabajo en Medicina Basada en la Evidencia de la Universidad McMaster en Ontario (Canadá), publicara en la revista JAMA, el artículo titulado: *Evidence-based medicine. A new approach to teaching the practice of medicine.* Se iniciaba la difusión de un nuevo enfoque para la práctica de la medicina. Este trabajo proponía un cambio en el modelo o paradigma del aprendizaje y el ejercicio de la medicina, y formulaba el ideario del movimiento.

Una actividad médica científica centrada en el paciente, que resuelva problemas sin crear otros, capaz de valorar en su justa importancia los factores de riesgo (incluso los genéticos) y evitar así la medicalización de la vida diaria.

La **Medicina Basada en la Evidencia** como método para tomar decisiones clínicas se basa en:

1. Búsqueda y hallazgo de la literatura biomédica original y relevante. Lectura crítica de la misma y establecimiento de su nivel de evidencia para interpretarla correctamente. El razonamiento fisiopatológico tradicional se considera insuficiente para tomar decisiones clínicas.
2. La experiencia clínica y el conocimiento sistemático del contexto de esa práctica.
3. Las preferencias del paciente.

2. TIPOS DE ESTUDIOS EPIDEMIOLÓGICOS: DE PRUEBAS DIAGNÓSTICAS, DESCRIPTIVOS, DE COHORTES, CASOS-CONTROL, CUASI-EXPERIMENTALES, ENSAYOS CLÍNICOS

Los estudios epidemiológicos clásicamente se dividen en Experimentales y No experimentales. En los estudios experimentales se produce una manipulación de una exposición determinada en un grupo de individuos que se compara con otro grupo en el que no se intervino (grupo control) o al que se expone a otra intervención. Cuando el experimento no es posible se diseñan estudios no experimentales que simulan de alguna forma el experimento que no se ha podido realizar. Si ha existido manipulación pero no aleatorización se habla de estudios Cuasi-experimentales.

Por lo tanto, el tipo de estudios más adecuado para evaluar la eficacia de las intervenciones terapéuticas o preventivas son los estudios experimentales.

EXPERIMENTALES	NO EXPERIMENTALES
Ensayo clínico.	Estudios de prevalencia.
Ensayo comunitario de intervención.	Estudios ecológicos.
Ensayo de campo.	Estudios de casos y controles.
	Estudios de cohortes o de seguimiento.

Existen otras clasificaciones usada por algunos autores en función al tipo de resultados que se obtenga, si se ha realizado una hipótesis y sobretodo finalidad del estudio:

<table>
<tr><th colspan="2">Descriptivos</th><th colspan="2">Analíticos</th></tr>
<tr><td rowspan="3">Individuos</td><td>A propósito de un caso</td><td rowspan="3">Observacionales</td><td rowspan="2">Casos y controles.</td></tr>
<tr><td>Serie de casos</td></tr>
<tr><td>Transversales o de prevalencia.</td><td>De cohortes (prospectivos o retrospectivo).</td></tr>
<tr><td rowspan="3">Poblaciones</td><td rowspan="3">Estudios ecológicos</td><td rowspan="3">De intervención o experimental</td><td>Ensayo clínico.</td></tr>
<tr><td>Ensayo comunitario.</td></tr>
<tr><td>Ensayo de campo.</td></tr>
</table>

La especificidad de una prueba diagnóstica corresponde a la probabilidad de que un individuo no enfermo tenga un resultado negativo de la prueba.

2.1. Estudios descriptivos

Estos estudios describen la frecuencia y las características más importantes de un problema de salud. Los datos proporcionados por estos estudios son esenciales para los administradores sanitarios así como para los epidemiólogos y los clínicos. Los primeros podrán identificar los grupos de población más vulnerables y distribuir los recursos según dichas necesidades y para los segundos son el primer paso en la investigación de los determinantes de la enfermedad y la identificación de los factores de riesgo.

Los principales tipos de estudios descriptivos son: los estudios ecológicos, los estudios de series de casos y los transversales o de prevalencia.

2.1.1. Estudios ecológicos

Estos estudios no utilizan la información del individuo de una forma aislada sino que utilizan datos agregados de toda la población. Describen la enfermedad en la población en relación a variables de interés como puede ser la edad, la utilización de servicios, el consumo de alimentos, de bebidas alcohólicas, de tabaco, la renta per cápita... Un ejemplo de este estudio sería correlacionar la mortalidad por enfermedad coronaria con el consumo per cápita de cigarrillos. Estos estudios son el primer paso en muchas ocasiones en la investigación de una posible relación entre una enfermedad y una exposición determinada.

Su gran ventaja reside en que se realizan muy rápidamente, prácticamente sin coste y con información que suele estar disponible. Así por ejemplo los datos demográficos y el consumo de diferentes productos se pueden correlacionar con la utilización de servicios sanitarios, con registros de mortalidad y registros de cáncer.

La principal limitación de estos estudios es que no pueden determinar si existe una asociación entre una exposición y una enfermedad a nivel individual. La falacia ecológica consiste precisamente en obtener conclusiones inadecuadas a niveles individuales basadas en datos poblacionales.

La gran limitación de los estudios ecológicos es la incapacidad de controlar las variables potencialmente confusoras. La asociación o correlación que encontremos entre dos variables puede ser debida a una tercera variable que a su vez esté asociada con la enfermedad y la exposición objeto de estudio.

2.1.2. Series de casos

Estos estudios describen la experiencia de un paciente o un grupo de pacientes con un diagnóstico similar. En estos estudios frecuentemente se describe una característica de una enfermedad o de un paciente, que sirven para generar nuevas hipótesis. Muchas veces documentan la presencia de nuevas enfermedades o efectos adversos y en este sentido sirven para mantener una vigilancia epidemiológica.

Estos estudios aunque son muy útiles para formular hipótesis, no sirven para evaluar o testar la presencia de una asociación estadística. La presencia de una asociación puede ser un hecho fortuito. La gran limitación de este tipo de estudios es en definitiva la ausencia de un grupo control.

2.1.3. Estudios transversales

Este tipo de estudios denominados también **de prevalencia**, estudian simultáneamente la exposición y la enfermedad en una población bien definida en un momento determinado. Esta medición simultánea no permite conocer la secuencia temporal de los acontecimientos y no es por tanto posible determinar si la exposición precedió a la enfermedad o viceversa.

La realización de este tipo de estudios requiere definir claramente:

1. La población de referencia sobre la que se desea extrapolar los resultados.
2. La población susceptible de ser incluida en nuestra muestra delimitando claramente los que pueden ser incluidos en dicho estudio.

3. La selección y definición de variables por las que se va a caracterizar el proceso.
4. Las escalas de medida a utilizar.
5. La definición de "caso".

Los estudios transversales se utilizan fundamentalmente para conocer la prevalencia de una enfermedad o de un factor de riesgo.

Esta información es de gran utilidad para valorar el estado de salud de una comunidad y determinar sus necesidades. Así mismo sirven como todos los estudios descriptivos para formular hipótesis etiológicas.

2.2. Estudios analíticos observacionales

2.2.1. Estudio de casos y controles

Este tipo de estudio identifica a personas con una enfermedad (u otra variable de interés) que estudiemos y los compara con un grupo control apropiado que no tenga la enfermedad. La relación entre uno o varios factores relacionados con la enfermedad se examina comparando la frecuencia de exposición a éste u otros factores entre los casos y los controles.

A este tipo de estudio que es de los más utilizados en la investigación se le podría describir como un procedimiento epidemiológico analítico, no experimental con un sentido retrospectivo, ya que partiendo del efecto, se estudian sus antecedentes, en el que se seleccionan dos grupos de sujetos llamados casos y controles según tengan o no la enfermedad.

En los estudios de casos y controles tenemos casos expuestos (a), casos no expuestos (c), controles expuestos (b) y controles no expuestos (d). En este estudio la frecuencia de exposición a la causa entre los casos (a/c) se compara con la frecuencia de exposición en una muestra que represente a los individuos en los que el efecto no se ha producido y entre los que la frecuencia de exposición es (b/d).

	Casos	Controles	Total
Expuestos	A	B	A + B
No expuestos	C	D	C + D

A: persona expuesta al riesgo y desarrolló la enfermedad.

B: persona expuesta al riesgo y no desarrolló la enfermedad.

C: persona no expuesta al riesgo y desarrolló la enfermedad.

D: persona no expuesta al riesgo y no desarrolló la enfermedad.

Si la frecuencia de exposición a la causa es mayor en el grupo de casos de la enfermedad que en los controles, podemos decir que hay una asociación entre la causa y el efecto. La medida de asociación que permite cuantificar esta asociación se llama "odds ratio" (razón de productos cruzados, razón de disparidad, razón de predominio, proporción de desigualdades, razón de oposiciones, oposición de probabilidades contrarias, cociente de probabilidades relativas, oportunidad relativa) y su cálculo se estima:

$$OR = \frac{A \times D}{B \times C}$$

Las grandes dificultades que se deben abordar al realizar un estudio de casos y controles son la definición de caso, la selección de los controles y las fuentes de información sobre la exposición y la enfermedad.

Resumimos que la selección de los casos debe:

1. Establecer de forma clara y explícita la definición de la enfermedad y los criterios de inclusión.
2. Los casos deben ser incidentes ya que los casos prevalentes:
    1. Cambian sus hábitos en relación con la exposición.
    2. Los casos prevalentes pueden ser los sobrevivientes de casos incidentes y la supervivencia puede estar relacionada con la exposición.

La selección del grupo control debe tener en cuenta:

1. La función del grupo control es estimar la proporción de exposición esperada en un grupo que no tiene la enfermedad.
2. Los controles deben ser representativos de la población de donde provienen los casos. Los casos y los controles no deben entenderse como dos grupos representativos de dos poblaciones distintas, sino como dos grupos que proceden de una misma población.

Los controles deben ser comparables a los casos en el sentido de haber tenido la misma probabilidad de haber estado expuestos.

2.2.2. Estudio de cohortes (o de seguimiento)

En este tipo de estudio los individuos son identificados en función de la presencia o ausencia de exposición a un determinado factor. En este momento todos están libres de la enfermedad de interés y son seguidos durante un período de tiempo para observar la frecuencia de aparición del fenómeno que nos interesa. Si al finalizar el período de observación la incidencia de la enfermedad es mayor en el grupo de expuestos, podremos concluir que existe una asociación estadística entre la exposición a la variable y la incidencia de la enfermedad.

La cuantificación de esta asociación la podemos calcular construyendo una razón entre la incidencia del fenómeno en los expuestos a la variable (le) y la incidencia del fenómeno en los no expuestos (lo). Esta razón entre incidencias se conoce como riesgo relativo y su cálculo se estima como:

$$RR = \frac{le}{lo} = \frac{al(a+b)}{cl(c+d)}$$

	ENFERMOS	SANOS	TOTAL
EXPUESTOS	a	b	a+b
NO EXPUESTOS	c	d	c+d
TOTAL	a+c	b+d	a+b+c+d

$$\text{Riesgo relativo} = \frac{\text{Incidencia en expuestos}}{\text{Incidencia en no expuestos}} = \frac{Ie}{Io} = \frac{a/(a+b)}{c/(c+d)}$$

En este tipo de estudio como quiera que los participantes estén libres de la enfermedad al inicio del seguimiento, la secuencia temporal entre exposición y enfermedad se puede establecer más claramente. A su vez este tipo de estudio permite el examen de múltiples efectos ante una exposición determinada.

Los estudios de cohortes pueden ser **prospectivos y retrospectivos** dependiendo de la relación temporal entre el inicio del estudio y la presencia de la enfermedad. En los retrospectivos tanto la exposición como la enfermedad ya han sucedido cuando el estudio se inició. En los prospectivos la exposición pudo haber ocurrido o no, pero desde luego lo que aún no ha sucedido es la presencia de la enfermedad. Por tanto se requiere un período de seguimiento en el futuro para determinar la frecuencia de la misma.

Este tipo de estudios son de la suficiente complejidad para requerir, no sólo un equipo multidisciplinario que los aborde sino una cantidad de recursos suficientes para mantenerlos a lo largo del tiempo.

2.3. Estudios analíticos de intervención o experimentales

En estos estudios también llamados experimentales el investigador manipula las condiciones de la investigación. Este tipo de estudios se utilizan para evaluar la eficacia de diferentes terapias, de actividades preventivas o para la evaluación de actividades de planificación y programación sanitarias. Como en los estudios de seguimiento los individuos son identificados en base a su exposición, pero a diferencia de estos, en los estudios experimentales es el investigador el que decide la exposición. El gran control que se tiene sobre el diseño facilita la interpretación de las asociaciones como causales. Para el médico clínico es de gran interés poder realizar inferencias causales en medio de la incertidumbre que rodea la práctica clínica ya sea en actividades de prevención, de diagnóstico o terapéuticas.

Los estudios experimentales pueden ser considerados:

1. **Terapéuticos (o prevención secundaria):** se realizan con pacientes con una enfermedad concreta y determinan la capacidad de un agente o un procedimiento para disminuir síntomas, para prevenir la recurrencia o para reducir el riesgo de muerte por dicha enfermedad.

2. **Los preventivos (o prevención primaria):** evalúan si una agente o procedimiento reduce el riesgo de desarrollar una enfermedad. Por ello los estudios experimentales preventivos se realizan entre individuos sanos que están a riesgo de desarrollar una enfermedad. Esta intervención puede ser sobre una base individual o comunitaria a toda una población determinada.

2.3.1. Ensayo clínico

Es el estudio experimental más frecuente. Los sujetos son pacientes y evalúa uno o más tratamientos para una enfermedad o proceso. Los sujetos son asignados aleatoriamente a un grupo: el grupo experimental que es el que recibe la variable independiente es decir la intervención o tratamiento y el grupo de control que recibe el tratamiento habitual o el placebo. A ambos grupos se le realiza un seguimiento en el tiempo y se cuantifican y comparan los resultados obtenidos en el tiempo. Sabremos si existen diferencias significativas gracias a la estadística.

La validez de este estudio radica fundamentalmente en que el proceso aleatorio haga los grupos comparables en las variables más relevantes en relación al problema a estudiar. El diseño del estudio debe contemplar básicamente:

1. La ética y justificación del ensayo.
2. La población susceptible de ser estudiada.
3. La selección de los pacientes con su consentimiento a participar.
4. El proceso de aleatorización.
5. La descripción minuciosa de la intervención.
6. El seguimiento exhaustivo que contemple las pérdidas y los no cumplidores.
7. La medición de la variable final.
8. La comparación de los resultados en los grupos de intervención y control.
9. La aceptación de la comisión de investigación y ética médica del hospital.
10. El consentimiento de la Consejería de Salud de la Comunidad Autónoma.

La principal ventaja de este tipo de estudio es que al controlar el factor de estudio y las condiciones, las conclusiones obtenidas proporcionan una gran confianza, tienen una mayor evidencia.

Su principal inconveniente es la ética. No es ético aplicar tratamientos que pueden resultar perjudicial o no aplicarlos y darles placebo en el caso que han demostrado ser eficaces. Por eso es fundamental el consentimiento informado en este tipo de estudos.

En ocasiones las expectativas de los pacientes y de los investigadores pueden influir en la evaluación de las respuestas. Para evitar esto se usan técnicas de enmascaramiento también llamadas de **ciego**.

Se distinguen tres tipos:

a) Ciego simple: cuando los participantes en el estudio desconocen si reciben tratamiento o placebo.

b) Doble ciego: cuando lo desconocen los participantes y los investigadores del estudio.

c) Triple ciego: cuando lo desconocen los participantes, el investigador principal y el estadístico que analiza los datos desconoce la asignación de los participantes.

d) Evaluador ciego sería cuando no se pueden aplicar las técnicas anteriores y el responsable de medir la variable es quien desconoce el grupo al que pertenece cada participante.

2.3.2. Ensayos de campo

Tratan con sujetos que aún no han adquirido la enfermedad o con aquéllos que estén en riesgo de adquirirla y estudian factores preventivos de enfermedades como pueden ser la administración de vacunas o el seguimiento de dietas.

2.3.3. Ensayos comunitarios

Incluyen intervenciones sobre bases comunitarias amplias. Este tipo de diseños suelen ser cuasi-experimentales (existe manipulación pero no aleatorización), en los que una o varias comunidades recibirán la intervención, mientras que otras servirán como control.

Los estudios experimentales si tienen un diseño cuidadoso con un tamaño muestral suficiente, un proceso de aleatorización adecuado, una intervención y un seguimiento perfectamente controlados pueden proporcionar evidencias muy fuertes que nos permitan emitir juicios sobre la existencia de relaciones causales entre variables.

2.4. Estudios cuasi-experimentales

En estos estudios el investigador manipula las condiciones en las que se desarrolla el estudio, introduce la variable independiente, pero no se cumplen algunas condiciones que se deben de dar en los estudios experimentales. Puede ser que no haya grupo control o que los grupos no sean comparables. Esto hace que este tipo de estudio tenga menos validez interna, por no poder garantizar que el resultado obtenido sea por la intervención.

Pueden ser:

2.4.1. Estudios no controlados o estudios antes-después

Estos estudios comparan el efecto estudiado (VD) en los mismos sujetos antes y después de realizar la intervención. Los individuos son sus propios controles y no se puede aislar el efecto como fruto de la intervención porque se pueden estar olvidando otras variables externas (por ejemplo: el aplicar un fármaco para la anemia valorando la hemoglobina del individuo antes y después de la ingesta sin controlar cambios de hábitos en la dieta).

2.4.2. Estudios con grupo control no comparable

En estos la asignación de sujetos a los grupos no se realiza de forma aleatoria, se parte de grupos ya formados o los sujetos son asignados de acuerdo a algún criterio establecido. Al no realizarse este proceso de forma aleatoria no se puede suponer que los grupos son comparables al inicio; pueden darse factores conocidos o no que haga que no sean comparables (por ejemplo: administrar la pomada oftálmica en el nacimiento a los niños nacidos en el hospital Virgen del Rocío en Sevilla o en el Hospital Público de Melilla, son hospitales de distinto nivel y distintas poblaciones).

3. SESGOS Y VALIDEZ DE UN ESTUDIO

Independientemente del tema y los objetivos de un estudio, que pueden ser de mayor o menor interés para el lector o para la comunidad científica, lo que siempre se debe perseguir es que el estudio sea preciso y válido.

Todo estudio debe ser entendido como un ejercicio de medida en cada uno de los apartados de planificación, ejecución e interpretación. Es por tanto necesario formular unos objetivos de forma clara y cuantitativa para dejar muy bien sentado desde el principio que es lo que se quiere medir. Si este primer paso es deficiente o poco claro la calidad de un estudio se tambalea.

La meta fundamental que todo estudio epidemiológico debe perseguir es la agudeza en la medición. Por ello, que todo lo que amenace esta correcta medición debe ser identificado y corregido. Los elementos que amenazan estas mediciones son: El Error Aleatorio y el Error Sistemático.

La carencia de error aleatorio se conoce como precisión y se corresponde con la reducción del error debido al azar. Para reducir este error el elemento más importante del que disponemos es incrementar el **tamaño de la muestra** y con ello aumentamos la precisión. Los intervalos de confianza y el error estándar se reducen al aumentar el tamaño muestral. Es por tanto necesario desde un principio preocuparse por el tamaño muestral del estudio que vamos a realizar definiendo la precisión y la seguridad del mismo. La precisión también se puede mejorar modificando el diseño del estudio para aumentar la eficiencia de la información que obtengo de los sujetos del estudio.

La carencia del error sistemático se conoce como validez. Esta validez tiene dos componentes: La validez interna, que es la validez de las inferencias a los sujetos reales del estudio y la validez externa o generalización en tanto se aplica a individuos que están fuera de la población del estudio. La validez interna es por tanto un prerrequisito para que pueda darse la externa.

La validez interna que es la que implica validez de inferencia para los propios sujetos de estudio. Se ve amenazada por varios tipos de **sesgos**.

Entendemos por sesgos los errores sistemáticos en un estudio epidemiológico que producen una estimación incorrecta de asociación entre la exposición y la enfermedad. En definitiva producen una estimación equivocada del efecto.

Los principales sesgos que comentaremos son los sesgos de selección, observación e información.

3.1. Sesgo de selección

Este sesgo hace referencia a cualquier error que se deriva del proceso de identificación de la población a estudiar. La distorsión resulta de la forma en que los sujetos han sido seleccionados. Estos sesgos se pueden cometer:

1. Al seleccionar el grupo control.
2. Al seleccionar el espacio muestral donde se realizará el estudio.
3. Por pérdidas en el seguimiento.
4. Por la presencia de una supervivencia selectiva.

Los sesgos de selección pueden presentarse también en los estudios de casos y controles, cuando el procedimiento utilizado para identificar el status de enfermedad (sesgo diagnóstico) varía o se modifica con el status exposición. Este sesgo se llama "sesgo de detección".

Los sesgos de selección son un problema fundamental en los estudios de casos y controles y en los estudios de cohortes retrospectivos donde la exposición y el resultado final ya han ocurrido en el momento que los individuos son seleccionados para el estudio. Los sesgos de selección son poco probables en los estudios de cohortes prospectivos porque la exposición se determina antes de la presencia de enfermedad de interés. En todos los casos, cuando el sesgo de selección ocurre, el resultado produce una relación entre exposición y enfermedad que es diferente entre los individuos que entraron en el estudio que entre los que pudiendo haber sido elegidos para participar, no fueron elegidos.

La evitación de los sesgos de selección depende en gran medida de que el investigador conozca las fuentes de sesgo potenciales. En los estudios de casos y controles para evitar sesgos de selección, se recomienda al menos teóricamente, ya que desde el punto de vista práctico es muy costoso, utilizar dos grupos control. Uno de ellos una muestra poblacional, lo que posibilita el detectar el posible sesgo de selección al hacer estimaciones del efecto por separado. Si obtenemos la misma estimación del efecto en los controles poblacionales que con los otros controles podremos asumir que no hay sesgos en la selección de los mismos. A pesar de todo siempre existe la posibilidad remota de que las dos estimaciones tuviesen el mismo grado de sesgo. Otra recomendación es utilizar muchas patologías como grupo control en lugar de pocas patologías y comprobar que las frecuencias de exposición son similares entre los diferentes grupos diagnosticados en los controles. En los estudios de seguimiento se debe asegurar un seguimiento completo en ambos grupos.

3.2. Sesgo de información u observación

Este sesgo incluye cualquier error sistemático en la medida de información sobre la exposición a estudiar o los resultados. Los sesgos de observación o información se derivan de las diferencias sistemáticas en las que los datos sobre exposición o resultado final, se obtienen de los diferentes grupos. El rehusar o no responder en un estudio puede introducir sesgos si la tasa de respuesta está relacionada con el status de exposición. El sesgo de información es por tanto una distorsión en la estimación del efecto por errores de medición en la exposición o enfermedad o en la clasificación errónea de los sujetos. Las fuentes de sesgo de información más frecuentes son:

1. Instrumento de medida no adecuado.
2. Criterios diagnósticos incorrectos.
3. Omisiones.
4. Imprecisiones en la información.
5. Errores en la clasificación.
6. Errores inherentes a los cuestionarios y/o al encuestador.

Los errores de clasificación son una consecuencia directa del sesgo de información. Esta clasificación puede ser "diferencial" si el error de clasificación es independiente para ambos grupos o "no diferencial" si el error de clasificación es igual para ambos grupos de estudio, produciéndose una dilución del efecto con una subestimación del mismo.

Los encuestadores pueden introducir errores de clasificación "diferencial" si conocen las hipótesis del estudio y la condición del entrevistado. Este tipo de problema se puede controlar por medio de:

1. Desconocimiento del entrevistado.
2. Desconocimiento de las hipótesis de estudio.
3. Utilización de cuestionarios estructurados.
4. Tiempos de ejecución de la entrevista definitiva.
5. Utilización de pocos entrevistadores.

La prevención y control de sesgos potenciales debe prevenirse durante el diseño del estudio ya que en el análisis no va a ser posible solucionar los sesgos de selección e información. Por el contrario los factores de confusión sí pueden ser controlados en el análisis. Dichos factores de confusión van a producir una distorsión en la estimación del efecto, en el sentido de que el efecto observado en a población en estudio es una mezcla de los efectos debidos a una tercera (o más) variables.

Los sesgos, el azar y la presencia de variables distorsionadas deben finalmente siempre, tenerse en cuenta, como explicación posible de cualquier asociación estadística ya sea esta positiva, negativa o no existente; Y es que como señalaba M. Susser en sus reflexiones sobre causalidad "cuando hay minas por todas partes no debe uno aventurarse sin un detector de minas".

4. RESUMEN DE LOS DISTINTOS TIPOS DE ESTUDIOS

	VENTAJAS	LIMITACIONES
ENSAYOS CLÍNICOS	– Mayor control en el diseño. – Menos posibilidad de sesgos debido a la selección aleatoria de los grupos. – Repetibles y comparables con otras experiencias. – Mayor evidencia.	– Coste elevado. – Limitaciones de tipo ético y responsabilidad en la manipulación de la exposición. – Dificultades en la generalización debido a la selección y o a la propia rigidez de la intervención.
CASOS Y CONTROLES	– Relativamente menos costosos que los estudios de seguimiento. – Corta duración. – Aplicaciones para el estudio de enfermedades raras. – Permite el análisis de varios factores de riesgo para una determinada enfermedad.	– No estiman directamente la incidencia. – Facilidad de introducir sesgos de selección y/o información. – La secuencia temporal entre exposición y enfermedad no siempre es fácil de establece.
COHORTES	– Estiman incidencia. – Mejor posibilidad de sesgos en la medición de la exposición.	– Coste elevado. – Dificultad en la ejecución. – No son útiles en enfermedades raras. – Requieren generalmente un tamaño muestral elevado. – El paso del tiempo puede introducir cambios en los métodos y criterios diagnósticos. – Posibilidad de pérdida en el seguimiento.
TRANSVERSALES	– Fáciles de ejecutar. – Relativamente poco costosos. – Se pueden estudiar varias enfermedades y/o factores de riesgo a la vez. – Caracterizan la distribución de la enfermedad respecto a diferentes variables. – Precisan poco tiempo para su ejecución. – Útiles en la planificación y Administración Sanitaria (Identifican el nivel de salud, los grupos vulnerables y la prevalencia).	– Por sí mismos no sirven para la investigación causal. – No son útiles en enfermedades raras ni de corta duración. – Posibilidad de sesgos de información y selección.

Tema 19

Enfermería Basada en la Evidencia. Niveles de evidencia y grados de recomendación. Herramientas de evaluación. Investigación secundaria. Bases de datos bibliográficas, fuentes documentales de evidencia y revisión bibliográfica. Instrumentos de la evidencia científica. Formulación de preguntas y búsqueda de respuestas sobre la práctica clínica. Evaluación y síntesis de los hallazgos de la revisión bibliográfica. Elaboración de informes e integración de los resultados de la investigación secundaria a la práctica clínica. Guías de Práctica Clínica. Mapas de Cuidados. Vías clínicas

eRodio ediciones

Índice esquemático

1. ENFERMERÍA BASADA EN LA EVIDENCIA (EBE)

La Enfermería Basada en la Evidencia toma sus principios de la Medicina del mismo nombre, cuyo impulsor fue el médico epidemiólogo escocés Archibald Leman Cochrane.

A través de la experiencia en los cuidados y la observación de la evolución del enfermo con el tratamiento aplicado, se pueden extraer conclusiones acerca de lo innecesario de ciertas actuaciones, o de lo necesario y evidente de otros actos médicos. Pero la toma de una decisión concreta, puede ser necesaria para un paciente y no para otro con la misma dolencia, por eso la evidencia será individualizada a cada enfermo.

Para que éste modelo de toma de decisiones propuesto por Cochrane sea exitoso, es imprescindible tener acceso a los resultados obtenidos con la actuación y, someter el método científico a ensayos clínicos aleatorios donde se constate la evidencia de lo necesario (o innecesario).

La Enfermería Basada en la Evidencia es un modelo de actuación que se define como "el uso consciente, juicioso (crítico) y explícito de la mejor evidencia al momento de tomar decisiones respecto al cuidado de nuestros pacientes individuales, integrando la experiencia clínica con la mejor evidencia externa disponible originada en la investigación sistemática". (Ingersoll, 2000). Definición que fue modificada en la I Reunión sobre Enfermería Basada en al Evidencia (Granada 2002): "aplicación consciente, explícita y juiciosa de la mejor evidencia científica disponible relativa al conocimiento enfermero para tomar decisiones sobre el cuidado de los pacientes, teniendo en cuenta sus preferencias y valores, e incorporando la pericia profesional en esta toma de decisiones".

Uniendo las dos definiciones se podría resumir que la Enfermería Basada en la Evidencia es un "modelo de actuación enfermero basado en la experiencia clínica y apoyado en la investigación científica contrastada".

2. NIVELES DE EVIDENCIA Y GRADOS DE RECOMENDACIÓN

Cuando se mencionan palabras como niveles de evidencia y grados de recomendación, se hace referencia a un "sistema jeraquizado que se utilizan para indicar el grado de solidez o solvencia de un estudio científico" y de ello se podrá deducir el nivel de fortaleza de la evidencia científica.

En función del rigor científico del diseño de los estudios se construyen escalas de clasificación jerárquica de la evidencia, a partir de las cuales se establecen recomendaciones respecto a la adopción de un determinado procedimiento o intervención sanitaria.

Existen diferentes escalas de gradación de la calidad de la "evidencia científica basada en pruebas", todas ellas muy similares entre sí. Las más conocidas y utilizadas son:

- Canadian Task Force on Preventive Health Care (CTFPHC).
- U.S. Preventive Services Task Force (USPSTF).
- Agency for Healthcare Research and Quality.
- Centre for Evidence-Based Medicine (CEBM), Oxford.
- Scottish Intercollegiate Guidelines Network (SIGN).
- National Institute for Clinical Excellence (NICE).

Un forma más sencilla de clasificar la calidad metodológica de los estudios cualitativos es mediante la asignación de la letra "Q" (Quality) seguida del signo + o del signo –.

Q ++	Son estudios de alta calidad metodológica y nivel de evidencia. Existe buena evidencia en base a la investigación para apoyar la recomendación.
Q +	Son estudios con baja calidad metodológica y por ende un bajo nivel de evidencia. Existe moderada evidencia en base a la investigación para apoyar la recomendación.
Q -	Se clasifica así a aquellos estudios con muy baja calidad metodológica y muy bajo nivel de evidencia. Existe evidencia de riesgo para esta intervención.

3. HERRAMIENTAS DE EVALUACIÓN

Las herramientas de evaluación son instrumentos o técnicas diseñados al efecto, que permiten medir y/o verificar de forma continua el impacto o la efectividad de una actividad y al terminar el periodo establecido.

En la actualidad, la herramienta internacional de evaluación más utilizada en los estudios de EBE es la AGREE II *(Appraisal of Guidelines Research and Evaluation for Europe, II;* Evaluación de las Directrices de investigación y evaluación para Europa, II). Un instrumento elaborado por 13 países, validada con 33 Guías Prácticas Clínicas y 170 evaluadores. Consta de 23 items agrupados en 6 dominios de calidad con una escala Likert de 7 puntos (desde, 1- muy en desacuerdo, hasta, 7- muy de acuerdo). Tiene el inconveniente que no valora el impacto de una Guía sobre los resultados en los pacientes.

Países participantes en la elaboración de la AGREE II (Mayo/2009)
Dinamarca, Finlandia, Francia, Alemania, Italia, Países Bajos, España, Suiza, Reino Unido, Canadá, Nueva Zelanda y últimamente EE.UU.

Dominios de la escala AGREE II	
1. Alcance y objetivos (items 1 - 3).	Hace referencia al propósito general de la guía, a las preguntas clínicas específicas y a la población diana de pacientes.
2. Participación de las partes interesadas (items 4 – 6).	Se refiere al grado en el que la guía representa los puntos de vista de los usuarios a los que está destinada.
3. Rigor en la elaboración (items 7 – 14).	Se centra en el proceso utilizado para reunir y sintetizar la evidencia, los métodos para formular las recomendaciones y para actualizarlas
4. Claridad y presentación (items 15 – 17).	Se ocupa del lenguaje y del formato de la guía
5. Aplicabilidad (items 18 – 21).	Hace referencia a las posibles barreras que dificultan la utilización de la guía en aspectos organizativos, de comportamiento y de costes.
6. Independencia editorial (items 22 – 23).	La formulación de las recomendaciones no puede verse influenciada por conflictos de intereses entre los miembros que la desarrollaron la Guía.

La mayor parte de los criterios incluidos en el Instrumento AGREE II se basan en asunciones teóricas, más que en la intuición y en las evidencias empíricas del profesional de enfermería. Los criterios han sido elaborados mediante discusiones entre investigadores de varios países que tienen amplia experiencia y conocimiento sobre Guías de Práctica Clínica. Por ello el Instrumento AGREE II debe ser considerado como reflejo del estado actual del conocimiento en este campo.

AGREE II es un instrumento de evaluación de guías de práctica clínica desarrollado y probado a nivel internacional, sensible a las diferencias en aspectos importantes de directrices, que se puede utilizar de manera consistente y fácilmente, por una amplia gama de profesionales de diferentes orígenes.

Existe también la denominada AGREE II-GRS Instrument (AGREE II-Global Instrument Rating Scale). Utilizada para evaluar la calidad y la presentación de los informes de las guías de práctica basada en la evidencia. Se basa en el AGREE II, e incluye los siguientes elementos para la evaluación:

- La calidad general de los métodos de elaboración de directrices.
- La calidad general de la presentación de directriz.
- La Integridad de la información.
- La calidad general de recomendaciones de las guías.
- La calidad general de la directriz.

En la actualidad ya se está trabajando en la AGREE A3 para el estudio de la EBE.

4. INVESTIGACIÓN SECUNDARIA

Es el procedimiento que aplica estrategias científicas para limitar los sesgos en el proceso de recopilación, valoración crítica y síntesis de los estudios relevantes sobre un tema (Goodman C, 1996).

Surge de la necesidad de identificar y evaluar la investigación de la EBE y consiste en hacer una Revisión Sistemática de la Investigación y de los Estudios relacionados con el hecho que se pretende analizar (p.ej ensayos clínicos). La revisión puede ser **cuantitativa** y si los datos obtenidos permiten hacer un estudio estadístico, el resultado será un metaanálisis. La revisión **cualitativa** se aplica a estudios fenomenológicos y del análisis de los mismos se obtiene una metasíntesis.

Todo proceso de revisión sistemática requiere de dos pasos importantes. El primero es la no existencia de otra revisión idéntica a la que se pretende, con el fin de ahorrar tiempo y esfuerzo; y una vez comprobado esto, desarrollar un protocolo de revisión que garantice el rigor científico y elimine o minimice los sesgos.

Este Protocolo de Revisión Sistemática comprenderá:

- Los antecedentes que se quieren revisar.
- Los objetivos que se pretenden con el estudio.
- Establecer la pregunta de revisión.

- Seleccionar aquellos estudios científicos que tengan los mismos criterios de investigación (cualitativos, cuantitativos).
- Diseñar la estrategia de búsqueda.
- Diseñar el método de revisión.
- Evaluar la calidad metodológica.
- Extraer datos.
- Sintetizar los datos extraídos.

5. BASES DE DATOS BIBLIOGRÁFICAS, FUENTES DOCUMENTALES DE EVIDENCIA Y REVISIÓN BIBLIOGRÁFICA

Son muchos los recursos que sobre "evidencia clínica" pueden consultarse en Internet, y que permiten localizar mediante un sistema sencillo y eficaz de búsqueda, la mejor evidencia disponible para su aplicación en la práctica clínica basada en la evidencia (PCBE). Véase las tablas 1 y 2.

Estos recursos bibliográficos comprenden: las tradicionales bases de datos bibliográficas, las revistas secundarias o de resumen, las guías de práctica clínica y las revisiones sistemáticas de ensayos clínicos.

Las **Bases de Datos Bibliográficas** son sistemas de registro informáticos sistematizados en tablas, con el propósito de almacenar, mantener y generar información (Date 1993) científica publicada fundamentalmente en artículos de revistas. La principal base de datos en Ciencias de la Salud es MEDLINE, resultado de la fusión de Index Medicus, Index to Dental Literature e International Nursing Index, cuyo catálogo supera los 13 millones de registros.

Las **Revistas Secundarias**, también llamadas revistas de resumen son recursos de síntesis de la evidencia donde se publican artículos cortos de una o dos páginas en las que se resumen, comentan y evalúan trabajos de interés científico publicados en revistas científicas.

Las **Guías de Práctica Clínica** son directrices o recomendaciones, elaboradas por grupos de expertos, que ayudan a los profesionales en la toma de decisiones, al establecer pautas concretas a seguir en el manejo de cualquier proceso asistencial.

Las **Revisiones Sistemáticas** son comprobaciones de la bibliografía, elaboradas por grupos de expertos, donde la evidencia ha sido identificada y localizada de forma sistemática (fundamentalmente, en ensayos clínicos), analizada, sintetizada y expuesta de forma estructurada con especial dedicación a las conclusiones, dada su utilidad para la práctica asistencial.

Síntesis de la evidencia son recursos que evalúan y resumen la mejor evidencia disponible para facilitar el acceso rápido y certero a la información científica.

Tabla 1
Recursos para el conocimiento de la práctica clínica basada en la evidencia

Lengua	Recurso	Dirección URL
Castellana	Enfermería basada en la evidencia. SEEI	http://www.seei.es/web-socios/ebe/index.html
	Medicina basada en la evidencia	http://www.fisterra.com/mbe/
	Web médica de Rafael Bravo	http://www.infodoctor.org/rafabravo/mbe.htm
	Observatorio de Enfermería Basada en la Evidencia.	http://www.index-f.com/oebe/inicio.php
	Práctica basada en la evidencia	http://www.terra.es/personal3/josevb/evidencia.htm
Inglesa	Centre for Evidence-Based Nursing. University of York	http://www.york.ac.uk/healthsciences/centres/evidence/cebn.htm
	Evidence-Based Health Care Resources on the Internet. Medical Library Association	http://www.mlanet.org/education/telecon/ebhc/resource.html
	Evidence-Based Medicine University of Toronto	http://www.cebm.utoronto.ca/syllabi/nur/
	Joanna Briggs Institute for Evidence-Based Nursing & Midwifery	http://www.joannabriggs.edu.au
	Netting the Evidence	http://www.shef.ac.uk/scharr/ir/netting/
	Western Australian Centre for Evidence Based Nursing & Midwifery	http://wacebnm.curtin.edu.au/

Tabla 2
Recursos para la aplicación práctica de la práctica clínica basada en la evidencia

Revistas secundarias o de resúmenes	ACP Journal Club	http://wwwacpjc.org
	Bandolier	http://www.jr2.ox.ac.uk/bandolier/
	Bandolera	http://www.infodoctor.org/bandolera/
	Evidence-Based Medicine	http://ebm.bmjjournals.com
	Evidence-Based Nursing	http://www.evidencebasednursing.com/
	Evidencia en Atención Primaria	http://www.foroaps.org/hitalba-home-evidencia.php

Revisiones sistemáticas	Biblioteca Cochrane Plus	http://www.update-software.com/Clibplus/ClibPlus.asp
	Joanna Briggs Institute. Systematic Review Database	http://www.joannabriggs.edu.au/pubs/systematic_reviews.php
	Joanna Briggs Institute. Best Practice	http://www .joannabriggs.edu.au/pubs/best_practice.php
	Investen. Best Practice, Joanna Briggs	http://www.isciii.es/htdocs/redes/investen/Best_Practice.htm
	PEDro – Fisioterapia Basada en la Evidencia	http://www.pedro.fhs.usyd.edu.au/spanish/index_spanish.html

Guías de práctica Clínica	Clearinghouse of Health Outcomes	http://www.leeds.ac.uk/nuffield/infoservices/UKCH/home.html
	CPG Infobase of Clinical Practice Guideline. Canadian Medical Association	http://mdm.ca/cpgsnew/cpgs/index.asp
	National Guideline Clearinghouse. National Library of Medicine	http://www.guidelines.gov
	RCN Clinical Guidelines (Royal College of Nursing)	http://www.rcn.org.uk/resources/guidelines.php
	SIGNET (Escocia)	http://www.ceppc.org/guidelines

Bases de datos	CINAHL	http://www.cinahl.com/
	Biblioteca Cochrane Plus	http://www.update-software.com/Clibplus/ClibPlus.asp
	MEDLINE	http://www.pubmed.com

Recursos de síntesis	Dynamed	http://www.dynamicmedical.com/
	Evidence Matters	http://www.evidencematters.com/emweb//
	Evidencia Clínica	http://www.evidenciaclinica.com/
	Inforetriever	http://www.infopoems.com/
	UptoDate	http://www.uptodate.com/

Metabuscadores	SUMSearch	http://sumsearch.uthscsa.edu/espanol.htm
	TRIPDatabase	http://www.tripdatabase.com

6. INSTRUMENTOS DE LA EVIDENCIA CIENTÍFICA

Son herramientas que permiten la implementación de la EBE en la toma de decisiones para el cuidado de los pacientes. Permiten hacer la "lectura crítica" de los trabajos científicos".

A través de ella se pretende conocer las "barreras" y los "factores facilitadores" que permitan el uso de la EBE para entender mejor la realidad del paciente, de su familia y de los propios sistemas de salud.

En relación con las barreras, la primera de ellas es el propio personal de enfermería que por diferentes motivos, no se siente con la suficiente autoridad y autonomía para llevar a cabo los cambios resultantes de las investigaciones, no tiene formación y destreza en la lectura y valoración de informes de investigación o no dispone de tiempo. A ello hay que añadir el escaso apoyo organizacional y financiero a la investigación de enfermería.

Los Instrumentos facilitadores de la EBE, son acciones que facilitan la investigación, las cuales están en relación directa con la implicación y el soporte que proporcionen los directivos sanitarios y la motivación que hagan del personal bajo su responsabilidad.

6.1. Fichas de Lectura Crítica

Una vez reconocidas y consideradas las situaciones anteriores (inherentes al profesional y a los directivos), el profesional dispone en el ámbito sanitario de las llamadas "**Fichas de Lectura Crítica Osteba**" (FLC Osteba)" versión 1.0.7.

La FLC Osteba es un **instrumento** metodológico en formato electrónico que facilita a los profesionales del ámbito sanitario la Lectura Crítica y posibilita la Síntesis de la **evidencia científica** independientemente de sus conocimientos en epidemiología y de su experiencia en revisiones sistemáticas; y por otra, agiliza el proceso de síntesis de la información mediante la generación automática de tablas de resumen de datos. Contiene siete instrumentos de medida de la calidad de la evidencia científica, cada uno de ellos correspondiente a un tipo de diseño epidemiológico de artículos científicos. Cada instrumento está subdividido en 10 áreas en función del concepto que se desea medir y cada área contiene criterios específicos para la evaluación de la calidad de la evidencia.

FLC Osteba	
Fichas	**Áreas**
– Estudios sobre pruebas diagnósticas. – Revisiones sistemáticas. – Ensayos clínicos. – Estudios de cohortes. – Estudios caso-control. – Estudios de evaluación económica. – Series de casos.	1. Referencia. 2. Estudio. 3. Revisor/es. 4. Pregunta de investigación (PICO). 5. Método. 6. Resultado. 7. Conclusiones. 8. Conflictos de interés. 9. Validez externa. 10. Calidad de la evidencia.

La calificación de la calidad de los estudios se realiza de forma cualitativa en 4 categorías que son: Alta / Media / Baja / No Clasificable.

6.2. CASP

Critical Appraisal Skills Programme (CASP) es un Programa de Habilidades en Lectura Crítica creado por el Institute of Health Sciences de Oxford (Universidad de Oxford y NHS R&D) para ayudar a quienes toman las decisiones en los Servicios de Salud a adquirir habilidades en la búsqueda de "evidencia científica" y en lectura crítica de la literatura científica en salud, de modo que puedan obtener así la información necesaria para fundamentar sus decisiones.

CASP colabora con el centro para la Medicina Basada en la Evidencia (Centre for evidence Based Medicine) de la Universidad de Oxford que enseña a los clínicos cómo tomar decisiones, basadas en la evidencia, sobre un paciente concreto.

En España la red CASP (CASP España y CASPe) tiene múltiples nodos distribuidos por todo el territorio y coordinada desde en Alicante. CASPe forma parte de una organización internacional llamada CASP Internacional con la que comparte filosofía y experiencias docentes y de organización, materiales desarrollados en conjunto, así como proyectos de investigación sobre la docencia.

CASP España tiene como objetivo formar mediante métodos pedagógicos específicos a quienes "toman decisiones de salud", la formación de las personas que entrenan a los "decisores" en la consecución de estas habilidades. Además de estas tareas de formación, desarrolla y elabora materiales docentes exclusivos y realiza labores de organización, difusión y gestión dentro de un marco de crecimiento sostenible.

CASPe adapta, diseña y actualiza para España y América los instrumentos necesarios para hacer lectura crítica de la literatura científica, siendo líder en estas zonas del mundo.

7. FORMULACIÓN DE PREGUNTAS Y BÚSQUEDA DE RESPUESTAS SOBRE LA PRÁCTICA CLÍNICA

Antes de empezar a buscar respuestas es conveniente que se formule la pregunta de tal forma que permita delimitar lo máximo posible las necesidades de información y que facilite la elaboración de la estrategia de búsqueda de información más eficiente mediante un listado de términos clave para utilizar.

La pregunta surgirá de la actividad diaria con el enfermo y de las dudas que surjan espontáneamente, para buscar la mejor respuesta a sus necesidades.

Esto supone dividir la estructura de la pregunta clínica en 4 partes bien diferenciadas, que se recogen en el acrónimo PICO.

P: Población, Paciente, Problema clínico de interés: ¿Cómo describir un grupo de pacientes similar al mío?

I: Intervención principal que se pretende evaluar: ¿Qué intervención principal estoy considerando? (Terapéutica, diagnóstica, evolutiva, etc.)

C: Comparador: (si procede) con la intervención ¿Con qué alternativa principal puedo comparar la intervención?

O: Outcome, Resultado que se trata de obtener al realizar una intervención frente a otra: ¿Qué resultado espero obtener con esta intervención que mejoren las intervenciones futuras? (Efectos secundarios, menor tiempo de curación, etc.)

La búsqueda de respuesta a las dudas que se originan con la práctica clínica no se pueden obtener de una sola fuente documental (bases de datos, revistas científicas, revistas secundarias y guías de práctica clínica), lo que obliga a conocer qué se puede esperar de cada una de estas fuentes y que tipo de información aportan.

La eficacia de la búsqueda de información dependerá en gran medida de las características de la base de datos que se halla elegido, de la experiencia y familiaridad que se tenga con el sistema de indización y lenguaje, de la utilización de la terminología adecuada y de su correcta combinación, así como de la utilización de otras estrategias y recursos bibliográficos para optimizar la búsqueda bibliográfica.

8. EVALUACIÓN Y SÍNTESIS DE LOS HALLAZGOS DE LA REVISIÓN BIBLIOGRÁFICA

Mediante la evaluación se indican cada uno de los criterios que fue utilizado para evaluar la calidad de la evidencia en base a la bibliografía seleccionada. Se hace mediante la creación de una tabla con varias columna. En la primera de ellas se muestran el número de estudios de proveen de evidencia para cada uno de los desenlaces del estudio. En las demás columnas se indican cada uno de los criterios y en la columna final se indica la evaluación de la calidad de la evidencia.

Si hay más de un tipo de diseño de estudio clínico contribuyendo con evidencia para el desenlace, esta evidencia se evalúa y presenta por separado, bajo la evaluación del mismo desenlace, pero en una fila distinta. Además, se agrega una columna al lado del número de estudios para identificar a qué diseño de estudio corresponde la evaluación.

El resumen (síntesis) de los hallazgos muestra información sobre el número de pacientes con los que se obtuvo la evidencia, los estimadores del efecto de tratamiento, y la importancia del desenlace evaluado. El número de pacientes muestra cuántos pacientes por grupo tuvieron el desenlace de interés, el total de pacientes que recibieron la intervención, y el porcentaje de pacientes con el desenlace, por grupo. En la columna de estimadores de efecto de tratamiento se detallan los estimadores relativos y absolutos, con sus respectivos intervalos de confianza. Finalmente, la columna de importancia muestra si el desenlace fue clasificado por el panel como crítico, importante o no importante para la toma de decisiones.

Perfil de la evidencia: ¿Debe preferirse la sutura de heridas con grapas o con hilo de seda?

Evaluación de la calidad

	Tiempo empleado en el tratamiento en minutos	Aparición de infección a las 48 h	Tiempo de retirar la sutura a los 7 días
Nº de estudios	1	1	1
Riesgo de sesgo	Sin limitaciones	Sin limitaciones	Sin limitaciones
Inconsistencia	Resultados consistentes	Resultados consistentes	Resultados consistentes
Pertinencia	Evidencia directa	Evidencia directa	Evidencia directa
Imprecisión	Resultados imprecisos	Resultados muy precisos	Resultados muy imprecisos
Sesgo de publicación	Muy probable	Improbable	Muy probables
Calidad de la evidencia	Q -	Q ++	Q +

Resumen de los hallazgos

Nº de pacientes		Efectos		Importancia
Procedimiento A (sutura con grapa)	**Procedimiento B (sutura con hilo)**	**Relativo (IC 95%)**	**Absoluto**	
12/161 7'5%	4/168 2'4%	OR 3'3	5 de 100	Crítico
0/200 0%	0/200 0%	-	0 de 100	Crítico
15/170 8'8%	8/186 4'3%	OR 2'15	45 de 100	Crítico

Al igual que en las tablas de resumen de hallazgos, en los perfiles de evidencia de deben agregar notas al pié clarificando toda aquella información que lo requiera.

Dentro de las síntesis se incluyen aquellas revisiones sistemáticas de alta calidad metodológica. Las fuentes principales de pruebas (evidencias) para iniciar la búsqueda son:

- La Colaboración Cochrane.
- La Colaboración Campbell.
- Database of Abstracts of Reviews of Effectiveness.
- Otras fuentes de revisiones sistemáticas (MEDLINE y EMBASE).

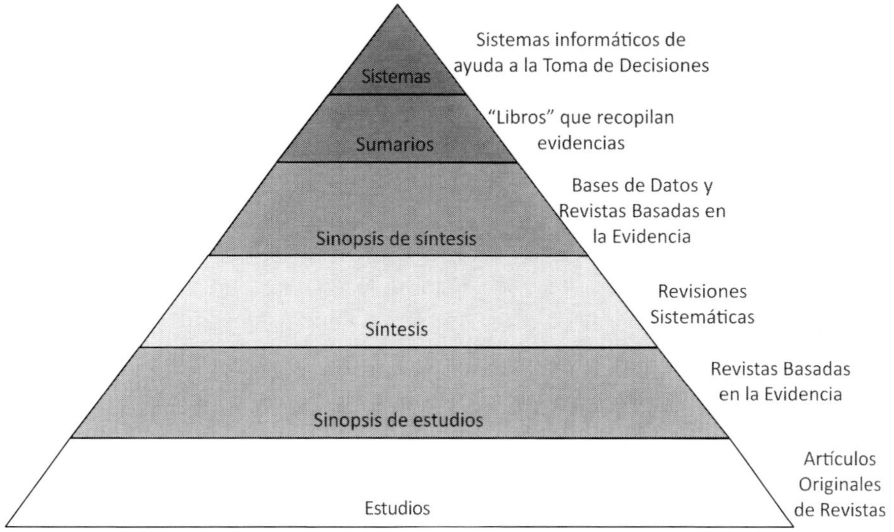

Modelo de las "6S". Basada en "DiCenso A, Bayley L, HAynes B. ACP Journal Club. 2009".

9. ELABORACIÓN DE INFORMES E INTEGRACIÓN DE LOS RESULTADOS DE LA INVESTIGACIÓN SECUNDARIA A LA PRÁCTICA CLÍNICA

9.1. Elaboración de informes científicos

La elaboración del informe resultante de la investigación con aplicación al área de la salud se compone de los siguientes apartados:

1. Identificación y resumen; incluye el título, autor/es, lugar de realización, resumen.
2. Introducción: se mencionan los temas relacionados con el problema objeto de estudio crítico (estado actual, investigaciones previas, propósito del estudio y objeto del mismo).
3. Material y Método: se describe cómo se va a cabo el estudio (tipo de estudio, descripción de la muestra y selección, intervención realizada, medición de las variables, control de sesgos, justificación de la muestra y análisis estadístico).
4. Resultados: descripción objetiva de lo que ha ocurrido con la muestra poblacional (descripción, diferencias entre grupos del estudio, significación estadística y significación clínica).
5. Discusión: resumen e interpretación de los resultados y se contrastan las hipótesis con los resultados de otros trabajos de investigación.
6. Bibliografía: se recogen las referencias que avalan el desarrollo del artículo.

9.2. Elaboración de informes de investigación secundaria

Se hace conforme a los Critically Appraised Topics (CATs) o temas evaluados críticamente. Son éstos breves informes muy estructurados elaborados por y para los clínicos a partir de la lectura crítica de algún artículo científico.

Su longitud no es mayor de un folio, donde se resume todo el proceso que se lleva a cabo en el proceso de práctica de la evidencia (elaboración de preguntas clínicas, estrategias de búsqueda de evidencias, lectura crítica del artículo de forma estandarizada, conclusiones), de tal forma, que de un vistazo se puedan recordar los puntos clave del artículo original sin tener que realizar el esfuerzo de leerlo de nuevo.

Para la elaboración de los CATs se diseñó un programa "ad hoc", llamado CAT-Maker. Se trata de una aplicación informática desarrollada por el NHS R&D Centre for Evidence-Based Medicine de Oxford, basándose en el trabajo previo del Servicio de Medicina Interna de la Universidad de McMaster, que facilita la realización de un CAT.

La versión gratuita se puede descargar junto con el acceso a un tutorial de ayuda desde el sitio http://www.cebm.net/catmaker.asp.

El CAT-Maker permite resolver tres situaciones posibles que se pueden encontrar al realizar una lectura crítica de un artículo científico:

I. Facilita la realización de nuevos cálculos al disponer de calculadoras especialmente diseñadas para su utilización en el contexto de la lectura crítica desde una perspectiva de la Práctica Clínica Basada en la Evidencia
II. Facilita la elaboración de un informe breve y estructurado que permite recordar el trabajo realizado tiempo después o documentar las sesiones de lectura crítica de artículos científicos realizados.
III. El mismo informe permite compartir la información con otros compañeros de nuestro entorno o a través de internet.

Las limitaciones de los CAT vienen dadas por:

A. Suelen estar basados en búsquedas bibliográficas realizadas de forma rápida y no exhaustiva de la bibliografía disponible y no son representativas de las evidencias disponibles y no son revisiones sistemáticas sobre un tema.
B. La vida media de los CATs puede ser corta y quedarse obsoletos en cuanto se hayan publicado nuevas investigaciones.
C. Pueden estar sometidos a posibles errores relacionados con la lectura del artículo original, en la transcripción de datos o conclusiones o en el cálculo de algunos indicadores.

9.3. Integración de los resultados de la investigación secundaria

En el informe elaborado por el comité de expertos de la OMS en 1996 bajo el título "Nursing Practice", se dice que "...toda enfermera/o debe ser capaz de utilizar los hallazgos de las investigaciones y modificar la práctica a la luz de los nuevos hallazgos".

La aplicación de los resultados de la investigación, a la práctica clínica, será difundida de modo sencillo y asequible para aquellos profesionales sanitarios que han de ponerlos en práctica.

La difusión de la información a la investigación secundaria se hará siguiendo las siguientes líneas:

1. Mediante **sesiones informativas** y la publicación de resúmenes por personal identificadas a tal fin, siguiendo los formatos prefijados por el Centro Colaborador/JBI (Joanna Briggs Institute)
2. A través de **revistas especializadas en enfermería**. Se publicarán resúmenes de los Best Practice Information Sheets (BPIS) traducidos hasta el momento, fomentando así los resúmenes estructurados y su difusión.
3. Incorporación de los BPIS traducidos, a los **portales web** corporativos de los Sistemas Sanitarios Públicos de las CCAA.
4. Presentaciones a **congresos**: al menos una anual a congreso de ámbito internacional o nacional con el objetivo de difundir el trabajo realizado por el Centro Colaborador.
4. Traduciendo a lo largo del año todos los Best Practice Information Sheets al español que restan. Para lograr la homogeneidad en la estructura y garantizar la calidad, serán revisados por una única persona.

10. GUÍAS DE PRÁCTICA CLÍNICA

Como se mencionó anteriormente, las Guías de Práctica Clínica son directrices o recomendaciones, elaboradas por grupos de expertos, que ayudan a los profesionales en la toma de decisiones, al establecer pautas concretas a seguir en el manejo de cualquier proceso asistencial.

Las mejores guías de práctica clínica son las elaboradas a partir de la evidencia científica (revisiones sistemáticas, ensayos clínicos) y cuyas conclusiones son producto del consenso de los expertos encargados de su redacción.

Para enfermería, es necesario consultar las guías de práctica clínica del RCN Clinical Guidelines (Reino Unido) que, en su página web, dispone el Royal College of Nursing y elabora la propia institución con la finalidad de mejorar la calidad de la práctica enfermera.

Para la elaboración de guías de manejo basadas en la evidencia se han de observar los siguientes pasos preliminares: conformar el grupo de trabajo, definir el tema a estudiar y la metodología a aplicar, establecer un cronograma de actuación, definir la responsabilidad de cada miembro del equipo y por último buscar los expertos que dirijan el trabajo y elaboren la guía.

Una vez realizado esto, se da paso al proceso, que consta de 7 etapas:

- Primera etapa: Identificar la actividad, es decir, formular la pregunta sobre la que se va a estudiar (identificación de la necesidad, diagnóstico de enfermería, situación clínica, planificación de actuación, realización de cuidados enfermeros y evaluación de resultados).

- Segunda etapa: Investigación de la evidencia científica. Para ello se recurre al fondo bibliográfico biomédico Medline (Index Medicus, Pubmed, Scientific evidence and nursing, Cochrane, Lilacs, Bireme, Fepanet, etc), donde se contrastarán los resultados con los estudios científicos publicados comprobando si se da respuesta a la pregunta formulada en la primera etapa o por el contrario no existe la solución.
- Tercera etapa: Elaboración preliminar de la guía donde figure el título, autor, introducción, objetivo, metodología aplicada y referencias bibliográficas de la evidencia científica.
- Cuarta etapa: Análisis de los expertos, que orientarán en el proceso de elaboración de la guía realizarán la evaluación final de la misma. Los expertos tienen que cumplir los siguientes requisitos: ser especialistas en la materia, tener al menos 5 años de experiencia en la misma, ser investigadores y desempeñar su actividad laboral en institución diferente en la que se realiza el trabajo.
- Quinta etapa: Elaboración final de la guía de trabajo donde consten las recomendaciones, nombre, profesión y cargo de cada experto, flujograma sencillo que resuma todo el proceso, fecha de revisión y actualización (es recomendable actualizar el documento de trabajo o guía de actuación cada 4 años). Si se va a actualizar o revisar una guía existente hay que conservar las referencias a los autores anteriores y añadir a la persona que lo ha actualizado o revisado.
- Sexta etapa: divulgación del documento en talleres de trabajo, programas formativos, reuniones, publicaciones, etc.
- Séptima etapa: Evaluación de la guía de manejo, observando su efectividad, aplicabilidad y resultados.

11. MAPAS DE CUIDADOS Y VÍAS CLÍNICAS

Los mapas de cuidados son "planes asistenciales que se aplican a enfermos con una determinada patología y, que presentan un curso clínico predecible" (García Caballero y cols).

Las vías clínicas también se denominan mapas de cuidados, guías prácticas, protocolos de atención, atención coordinada, vías de atención integrada, vías de atención multidisciplinaria, programas de atención colaborativa, vías de alta anticipada, vías de atención o gestión de casos clínicos.

Es una herramienta organizativa multidisciplinaria que permite realizar una secuencia óptima para llegar a un determinado diagnóstico o realizar un procedimiento, donde se incluyen todas las diferentes actividades de los profesionales que intervienen en la atención al paciente durante la estancia hospitalaria (García Caballero y cols).

Su base está en el llamado "Procedimiento Normalizado de Trabajo (PNTs)" cuyos objetivos son: mejorar la eficiencia en el uso de los recursos y finalizar el trabajo en un tiempo establecido.

El modelo Mapas de Cuidados que se aplica es el FOCUS-PDCA de Plsek.

Modelo FOCUS-PDCA Proceso de mejora continua de un proceso asistencial
1. Identificar un proceso para mejorarlo. 2. Organizar equipo de personas implicadas en el proceso asistencial. 3. Clarificar y simplificar el proceso asistencial. 4. Proponer y planificar mejoras. 5. Implantar el plan. 6. Monitorizar o evaluar los resultados. 7. Mantener los beneficios o identificar estrategias alternativas en relación con variaciones observadas. 8. Comunicar los resultados.

Para incluir un proceso (patología, por ejemplo) en una vía clínica y aplicar los recursos para tratar la enfermedad se han de cumplir las siguientes condiciones:

- Que se trate de una patología frecuente dentro del servicio u hospital.
- La patología ha de estar bien definida y debe permitir una atención homogénea.
- Existencia de recomendaciones de buenas prácticas profesionales o de opiniones de expertos.
- Variabilidad no explicada de la atención, es decir, cada día se tiene establecido lo que se le va a hacer al enfermo, evitando ineficiencias, información redundante y decisiones retrasadas o prematuras.
- Posibilidad de obtención de consenso profesional en el hospital.
- Implantación pluridisciplinar (equipo médico, enfermero, administrativo), coordinando a los diferentes profesionales, definir las actividades en el día a día en la atención al enfermo y asignando un responsable a cada actividad.
- La Patología ha de presentar un riesgo importante para el paciente.
- Motivación de los profesionales de trabajar en la patología, reduciendo la frecuencia de efectos adversos derivados de la hospitalización y de la instrumentación.
- Que la patología presente un coste elevado para el hospital y se puedan reducir los costes asociados a la estancia hospitalaria y a la instrumentación.

Guía de práctica clínica	Protocolo asistencial	Vía clínica
Documento realizado normalmente por un grupo de trabajo multidisciplinar y que recoge recomendaciones basadas en evidencia científica sobre un tema concreto de la práctica clínica.	Documento dirigido a organizar el trabajo clínico, elaborado mediante una síntesis de información, los pasos a seguir ante un problema asistencial específico. Está consensuado entre los profesionales, con compromiso de "cumplir" y se adapta al entorno y a los medios disponibles.	Herramienta que sirve a modo de hoja de ruta sobre procesos predecibles.
El objetivo final es la estandarización de la práctica clínica		

Tema 20

Fundamentos de la investigación cualitativa. Principales diseños y métodos. Procesos y fases de la investigación cualitativa: formulación del problema, decisiones muestrales, selección de estrategias. Técnicas de investigación cualitativa: observación. Entrevistas. Grupos de discusión y otras técnicas basadas en el consenso. Análisis e interpretación de los datos: descubrimiento, codificación y relativización. Fiabilidad y validez, evaluación de la calidad. Ética

eRodio ediciones

Índice esquemático

1. FUNDAMENTOS DE LA INVESTIGACIÓN CUALITATIVA: PRINCIPALES DISEÑOS Y MÉTODOS

1.1. Introducción

La investigación cualitativa ha pasado de ser casi exclusiva de las ciencias sociales a formar parte de la investigación en ciencias de la salud, hasta entonces terreno que sólo utilizaba la metodología cuantitativa.

La metodología se puede definir como el "modo en que enfocamos los problemas y buscamos las respuestas" (Taylor y Bogdan, 1986).

La metodología cualitativa es la "investigación que produce datos descriptivos a través de la observación de lo que las personas hacen y dicen". Estudia pues la conducta humana.

La metodología cualitativa pretende describir, comprender y explicar la realidad que estudia, se corresponde con el ***paradigma naturalista*** cuyo objetivo es la comprensión de los fenómenos observándolos desde dentro, interactuando con los sujetos a estudiar y recogiendo datos para su interpretación. Los procedimientos cualitativos son ***generadores de hipótesis***, establecen teorías de manera ***inductiva***, observando pequeñas muestras, a través del conocimiento del "***cómo***" y del "***por qué***", y **no** del "***cuánto***".

1.2. Principales diseños y métodos en investigación cualitativa

Basándonos en las aportaciones de Taylor y Bogdan (1986), las características propias de la investigación cualitativa serían:

- ***Metodología inductiva***: establece teorías a partir de la información recabada.
- ***Diseño flexible y elástico*** ya que se va adaptando a los hallazgos, es emergente y reconoce la existencia de múltiples realidades y no de una única y objetiva "verdad". Todas las perspectivas son valiosas y todos los sujetos son dignos de estudio.
- ***Perspectiva es holística***: los objetos del estudio son considerados como un todo que supone mucho más que la suma de sus partes.
- ***Sus investigadores son humanistas.***
- ***La investigación cualitativa es un arte.***

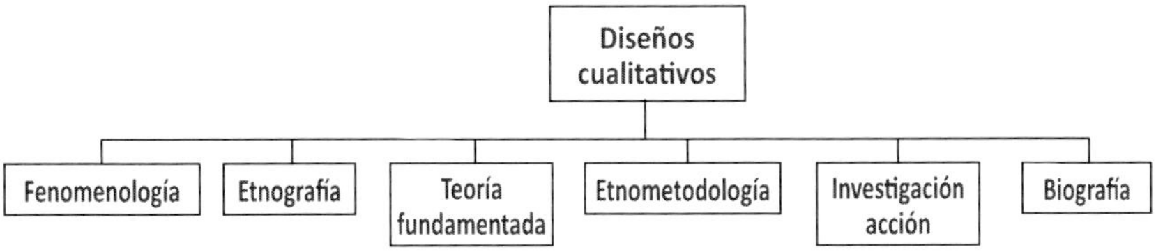

- **Fenomenológicos:** persigue conocer el significado que los individuos dan a su propia experiencia, como interpretan su mundo y cómo actúan en consecuencia.
- **Etnográficos:** estudia las formas de vida y estructura social de un determinado grupo cultural.
- **Teoría fundamentada:** metodología para desarrollar teorías durante la investigación, fundamentada en la recogida y análisis sistemático de datos.
- **Etnometodológicos**: se centra en el estudio de las estrategias que los seres humanos usan para dar sentido a sus prácticas sociales cotidianas así como de los fenómenos sociales que están incorporados a nuestros discursos.
- **Activa:** forma de búsqueda auto reflexiva llevada a cabo por participantes de alguna situación social con la idea de mejorar o modificar algún aspecto de la misma.
- **Biográficos:** historias de vida, valoraciones de un individuo de su propia existencia.

2. PROCESOS Y FASES DE LA INVESTIGACIÓN CUALITATIVA: FORMULACIÓN DEL PROBLEMA, DECISIONES MUESTRALES, SELECCIÓN DE ESTRATEGIAS

Las fases de la investigación cualitativa no están sometidas a una secuencia lineal e inamovible, sino que es habitual el regreso a etapas previas por el dinamismo y flexibilidad que caracteriza a este método de investigación.

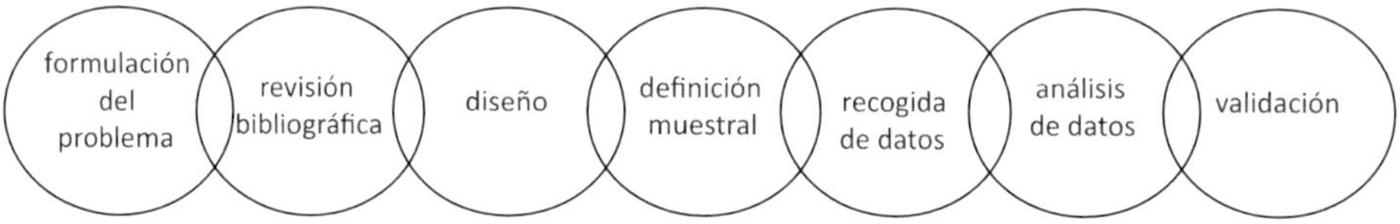

(Adaptado de Salamanca Castro AB. El aeiou de la investigación en enfermería. 2013. FUDEN)

- **Formulación del problema**: la formulación del problema, la pregunta de investigación cualitativa será de naturaleza subjetiva, social o cultural, tratara sobre la experiencia y el sentir de un determinado grupo de sujetos en sus determinadas circunstancias. Con frecuencia la investigación cualitativa aborda sectores de la realidad humana poco o nada documentados.
- **Revisión bibliográfica**: en todo estudio de investigación la revisión de la literatura ocupa un papel importante. En metodologías cualitativas debemos contemplar esta revisión durante todo el proceso para ir conceptualizando las categorías que van surgiendo y no como punto de partida de categorías preconcebidas con anterioridad.

- **Documentación inicial; Fase exploratoria:** Hace referencia al acercamiento previo por parte del investigador a la realidad que va a ser estudiada. Esto promueve la familiarización con la situación objeto del análisis capacitándolo para interactuar eficazmente con sus componentes.
    - ▹ **Revisión de la documentación existente y referente a dicha realidad.**
    - ▹ **Observación preliminar del fenómeno: "entrevistas claves".**
- **Mapeado o mapeo:** identificación de los participantes, situaciones y escenarios objetos de estudio. Rasgos de mayor relevancia del fenómeno a estudiar.

  El muestreo: selección del tipo de situaciones, personajes, lugares, momentos, y temas que serán abordados en primera instancia en la investigación. El muestreo es progresivo y está sujeto a la dinámica que se deriva de los propios hallazgos de la investigación.

  Strauss y Corbin (1990) distinguen tres modalidades: abierto, relacional-fluctuante y discriminativo.
- **Muestreo abierto** está asociado con la **codificación abierta**. Éste, más que especificar, guía la selección del muestreo.
    - ▹ Intencionado.
    - ▹ Sistemático.
    - ▹ Fortuito: muestreo "in situ".
- **Muestreo relacional-fluctuante** está asociado con la **codificación axial**. Su principio es maximizar el hallazgo de diferencias en el nivel dimensional, se puede realizar deliberada o sistemáticamente.
- **Muestreo discriminativo** está asociado con la **codificación selectiva**, su principio es maximizar oportunidades para verificar argumentaciones así como relaciones entre categorías.

3. RECOGIDA DE DATOS: TÉCNICAS DE INVESTIGACIÓN CUALITATIVA: OBSERVACIÓN. ENTREVISTA. GRUPOS DE DISCUSIÓN Y OTRAS TÉCNICAS BASADAS EN EL CONSENSO

1. **Observación:** la observación científica es sistemática y consciente, obtiene la información directa (tal y como se da en la realidad) e inmediata del objeto investigado que será descrita e interpretada por el investigador.

   Observación participante: es de la que se suele hablar en investigación cualitativa ya que como dice Álvarez Gayou, "*la ilusión positivista de que el investigador podría separarse por completo de y lograr la objetividad no se acepta en la investigación cualitativa...*" La observación participante nos permite establecer diferencias entre lo que los sujetos dicen y lo observado.

Entre las características de este método observacional encontramos:

- ▷ **Selectiva o establecida:** se centra, aunque de manera flexible, en aquellos aspectos que a priori más interesan.
- ▷ **Planificada:** se organizan fases, sujetos y lugares de observación.
- ▷ **Controlada y Ordenada.**

Dependiendo del grado de participación del investigador podremos encontrar:

- ▷ Observación externa o no participante.
- ▷ Observación participante.

Triangulación de investigadores: proceso mediante el cual una misma situación es observada por varios observadores para tratar de minimizar la subjetividad en los resultados y aumentar la credibilidad.

Autoobservación: investigador e investigado son un mismo sujeto. Permite un nivel mayor de introspección.

2. **Entrevista en profundidad:** permite recoger información de una fuente primaria, amplia y abierta con el objetivo de **analizar la visión subjetiva y personal** de alguna experiencia del entrevistado.

   Se planificara el lugar y la duración de la misma (no más de **40 minutos**). Se debe establecer un ambiente de sinceridad, cordialidad y confianza para relajar tensiones e iniciar la entrevista con una pregunta abierta y amplia que dé pie al sujeto a comenzar su relato. Es recomendable grabar las entrevistas para transcribirlas literalmente y analizarlas con posterioridad.

   a) **Estructuradas:** no muy usadas en las entrevistas en profundidad. Se ciñen a un cuestionario guía.
   b) **Semiestructuradas:** el entrevistador cuenta con unos ítems que debe abordar si no salen en el desarrollo espontaneo de la entrevista.
   c) **No estructuradas**

3. **Técnicas grupales:** técnicas cualitativas de recogida de datos mediante la interacción de un grupo de personas.

3.1. Grupos de discusión

"El grupo de discusión está diseñado para investigar los lugares comunes de un grupo de personas que, colocadas en una situación discursiva (conversación), tienden a representar discursos más o menos «tópicos » de los grupos sociales a los que pertenecen."(Atención Primaria. Vol. 25. Núm. 3. 28 de febrero 2000 M.M. García Calvente e I. Mateo Rodríguez.-El grupo focal como técnica de investigación cualitativa en salud: diseño y puesta en práctica)

Características:

- Pueden ser homogéneos o heterogéneos según las similitudes de los participantes. La elección dependerá del objetivo planteado.

- Entre 5 y 10 componentes.
- Los participantes no deben conocerse entre ellos.
- Aproximadamente una hora de duración.
- Tendrán lugar en espacios neutrales que no condicionen los discursos.
- Existencia de un moderador que reconduzca al grupo hacia los temas de interés y evite la monopolización de la participación por parte de algún componente.

Si se realiza durante 2-3 horas, estableciendo priorizaciones para llegar a conclusiones finales se denomina ***Grupo Nominal de Delbecq***.

A la hora de analizar la sesión tener en cuenta lo que se dice, el tiempo que se dedica a cada tema y lo que se expresa a través del lenguaje no verbal. El uso de grabaciones audiovisuales será de gran utilidad para dicho análisis.

3.2. Grupo focal

Técnica de investigación y evaluación en salud relativamente reciente pero cada vez más utilizada. Se trata de una técnica caracterizada por el uso de la interacción en grupo para producir datos que serían más complicados de obtener sin ella. La diferencia con otras técnicas grupales de consenso (por ejemplo, grupo nominal, técnica Delphi) radica en que su principal objetivo es ***comprender el cómo y por qué*** piensan o sienten los individuos de una determinada manera, y no se pretende llegar a acuerdos.

3.3. Técnica Delphi

Método de búsqueda de consenso través de cuestionarios enviados por correo. Consta de tres fases en tres envíos diferentes.

1º Se plantean una serie de problemas al que tendrá que dar soluciones.

2º Debe expresar acuerdo o desacuerdo con las soluciones dadas por otros participantes al primer cuestionario

3º Priorización de problemas y soluciones de los cuestionarios anteriores.

4. ANÁLISIS E INTERPRETACIÓN DE DATOS EN ESTUDIOS CUALITATIVOS: DESCUBRIMIENTO, CODIFICACIÓN Y RELATIVIZACIÓN

A diferencia de los estudios epidemiológicos, en los cualitativos el análisis de los datos no se realiza al concluir la recogida de los mismos sino simultáneamente.

Aunque se podría decir que el análisis cualitativo tiene tantos matices como investigadores, podríamos señalar como características comunes.

- El objetivo principal es la descripción de las experiencias personales de los investigados.
- Incluye la revisión de todo el material original.
- Durante la transcripción de la información recordemos que el lenguaje no verbal, sonidos, entonaciones, pausas, emociones, sonidos ambientales, etc., adquieren en este tipo de investigación suma relevancia, por lo que deben ser recogidos y transcritos con precisión.
- Para respetar la confidencialidad se identifica a los participantes mediante códigos.
- Persigue la estructuración de los datos recopilados, organizando por categorías los patrones similares.
- *Codificación abierta*: Se codificaran como categorías las palabras o partes de las transcripciones relevantes, agrupándolas y asignándoles un código identificatorio que facilitará el análisis (categorías de primer nivel).
- *Codificación selectiva*: agrupación de categorías de primer nivel formando otras de segundo nivel.
- Definición y ubicación de cada categoría en el fenómeno estudiado respondiendo a: "¿cómo es?". ¿Cuánto dura?, ¿cómo se manifiesta?, ¿cómo se ejemplifica?, ¿qué significado tiene cada categoría para los participantes?, ¿con que frecuencia aparece cada categoría?
- Se trata de un análisis "espiral" y no lineal en el que a veces hay que regresar a etapas anteriores para resolver "incógnitas" o rediseñar partes del estudio.
- Herramientas informáticas como "NVivo" y "Atlas Ti", pueden sernos de gran utilidad a la hora de analizar datos cualitativos.

Clásicamente **Taylor y Bogdan** definen tres fases en el análisis cualitativo:

a) **descubrimiento:** búsqueda de temas examinando los datos de todas las maneras posibles.
b) **codificación:** codificación de los datos y desarrollo de categorías para agruparlos.
c) **relativización**: interpretación de los datos en el contexto en que fueron recogidos.

5. FIABILIDAD Y VALIDEZ DE LOS ESTUDIOS CUALITATIVOS

En la investigación cualitativa se hace necesario demostrar que la subjetividad de los investigadores no ha llevado a una interpretación errónea de los datos analizados.

1. **Triangulación:** utilización de procesos múltiples para verificar que llevan a las mismas conclusiones
2. **Verificación externa:**
    a) Otros profesionales tendrán acceso a la información.

b) Mostrar a los sujetos del estudio las conclusiones derivadas del análisis de los datos para que ellos mismos expresen su visión, lo que puede llevarnos a añadir matices o modificaciones.

3. **Reflexibilidad:** consciencia del investigador de las repercusiones que su interacción con los objetos del estudio ha podido causar...

6. EVALUACIÓN DE CALIDAD

6.1. Requisitos de calidad que han de cumplir las conclusiones presentadas en el informe final de investigación cualitativa

"La significación y credibilidad del informe final reposa en buena parte en el cumplimiento de unos requisitos éticos y técnicos, que van a hablar de la transparencia y el rigor observados desde la formulación hasta la culminación del proceso investigativo." (Sandoval, 2002).

Sandoval cita a Miles y Huberman (1994) y expone los aspectos que, según los autores citados, definen los estándares básicos de calidad que han de cumplir las conclusiones presentadas en el informe final de investigación:

a) **Objetividad/confirmabilidad**:
   - ¿Se detallan y describen los métodos y procedimientos empleados?
   - ¿Podemos conocer cómo se obtuvieron y procesaron los datos para llegar a las conclusiones?
   - ¿Se detallan los posibles prejuicios, valores y sesgos del investigador y cómo ellos pudieron influir en el estudio?

b) **Confiabilidad:** hace referencia a la estabilidad y consistencia del proceso de investigación tanto en el tiempo, como a través de distintos investigadores y métodos.
   - "Confiabilidad diacrónica": estabilidad de las observaciones en el tiempo.
   - "Confiabilidad sincrónica": estabilidad en el mismo espacio de tiempo.

c) **Validez interna/credibilidad/autenticidad:** dimensión multifacética de la calidad de las conclusiones en función del tipo de entendimiento que emerge al desarrollar un proceso de investigación cualitativo. Esos tipos de entendimiento pueden corresponder a una de las cuatro categorías siguientes según Maxwell´s (1992), citado por Miles y Huberman (1994):
   - Descriptivo.
   - Interpretativo.
   - Teórico.
   - Evaluativo.

Algunas preguntas pertinentes serían:

- ¿Los hallazgos descritos son coherentes internamente?
- ¿Hay relación sistemática entre los conceptos expuestos?
- ¿La triangulación entre métodos complementarios y fuentes de datos llevaron a conclusiones convergentes?
- ¿Las conclusiones presentadas fueron sometidas a consideración de los informantes?

d) **Validez externa/transferibilidad/oportunidad:** Hace referencia a la posibilidad de generalizar las conclusiones de la investigación en el aspecto de establecer nexos entre partes no estudiadas del caso original o realizar su extensión a otros casos. Sería el grado en que las conclusiones obtenidas en un estudio pueden ser generalizadas a su población de referencia.

- ¿La descripción de las características de la muestra original hace posible la realización de comparaciones adecuadas con otras muestras?
- ¿Se establecen claramente los límites de generalización especificando el alcance y las limitaciones de la investigación?
- ¿Mediante la lectura del informe es posible evaluar el potencial de transferibilidad y pertinencia para otros escenarios?

e) **Utilización/aplicación/orientación a la acción:** Se refiere a la relevancia social o validez pragmática, y que se resume en la pregunta ¿para qué sirve?

- ¿Los hallazgos presentados incitan a acciones específicas?
- ¿Los hallazgos y conclusiones presentados permiten desarrollar acciones inmediatas para ayudar a resolver un problema local?

6.2. Criterios de evaluación de calidad en ciencias de la salud

El aumento en las últimas décadas del uso de los estudios cualitativos en este campo debe acompañarse de una progresiva mejora en la calidad investigadora para lo cual son necesarios instrumento de evaluación de dicha calidad.

Algunos autores proponen los siguientes criterios de evaluación de calidad en los servicios de salud.

Adecuación epistemológica: En la definición de la pregunta y en la descripción de la realidad investigada; en la coherencia y el desarrollo de la investigación; y en su correspondencia con los supuestos teóricos. El tipo de investigación elegido debe adecuarse a la pregunta objeto de estudio, así como ayudarnos a incrementar el conocimiento de la subjetividad de los individuos estudiados.

Relevancia: Hace referencia a la finalidad de la investigación y la descripción de la situación de partida, un "antes" y un "después" que justifiquen la investigación. También habría que tener en cuenta los efectos que la investigación genera en los propios participantes.

Validez: Representatividad, validez externa o generalización de los resultados, expresados en términos de pertinencia e interpretatividad y no de probabilidad estadística. Las explicaciones serán generalizables desde el punto de vista lógico y transferible en función de las circunstancias contextuales de la investigación.

Reflexibilidad: Representa el reconocimiento por parte del investigador de las influencias de sus investigaciones sobre el objeto de estudio.

7. ÉTICA EN INVESTIGACIÓN

Ya en la antigua Grecia, hubo preocupación por los problemas éticos que podían derivarse de la aplicación de los conocimientos científicos. El juramento hipocrático contiene fuertes raíces en las que se fundamenta la bioética actual, la cual ha consensuado que las investigaciones que involucren a sujetos humanos deben respetar algunos principios éticos fundamentales.

7.1. Principio de autonomía

- Obligación de respetar los valores y opciones personales de cada individuo en aquellas decisiones básicas que le atañen vitalmente.
- Incluye el derecho a equivocarse.
- Basada en la dignidad de la persona.
- ***El consentimiento informado*** es la máxima expresión de este principio.

7.2. Principio de no maleficencia: *Primum non nocere*

- Abstenerse intencionadamente de realizar acciones que puedan causar daño.
- Formación teórica-práctica permanente, rigurosa, actualizada y acorde con la evidencia científica.
- Práctica profesional consecuente con la misma.

7.3. Principio de beneficencia

- Procurar el bien del sujeto según sus valores propios y su proyecto de vida, matizado actualmente por el derecho a la autonomía del mismo.
- Este principio no es tan fuerte como el de no maleficencia.

7.4. Principio de justicia

Reparto equitativo de cargas y beneficios en el ámbito del bienestar vital. Algunas regulaciones internacionales proponen que los riesgos sean equiparables a los beneficios en las poblaciones objeto de estudios.

7.5. Consentimiento informado

"Conformidad libre, voluntaria y consciente de un paciente, manifestada en pleno uso de sus facultades después de recibir la información adecuada, para que tenga lugar una actuación que afecta a su salud".

(Ley 41/2002, 14 de noviembre; básica reguladora de la autonomía del pt;...)

- Su objetivo es aplicar el principio de autonomía del paciente.
- Voluntaria y revocable.
- Información comprensible y pertinente.
- Comprensión por parte de la destinataria.
- Oral o escrito.

7.6. Comisiones de bioética

Grupos multidisciplinarios creados para afrontar los dilemas éticos planteados.

- *Comités éticos de investigación clínica:* Según el Real Decreto 223/2004, del 6 de febrero, todo proyecto de investigación tendrá que tener el beneplácito del comité ético correspondiente antes de ponerse en práctica.
- *Comités de ética asistencial*: 1974, 1er comité de ética asistencial de Europa. Hospital de Sant Joan de Déu. Barcelona.
- *Comités nacionales de ética:* orientaciones generales para todo un país (temporales o permanentes).

Tema 21

Sistemas de Información en atención primaria y hospitalaria. Estructura general de DIRAYA. Conjunto Mínimo Básico de Datos (CMBD). Clasificaciones Internacionales de Problemas de Salud: CIE 10. Clasificaciones Internacionales de enfermería (NANDA, NIC, NOC). Arquitectura DAE (Diraya Atención Especializada). Módulo de Cuidados: estructura e interacciones. Tarjeta + cuidado. Historia Digital de Salud del ciudadano. Base de datos de usuarios (BDU). Confidencialidad

eRodio ediciones

Índice esquemático

1. SISTEMAS DE INFORMACIÓN EN ATENCIÓN PRIMARIA Y HOSPITALARIA

Un sistema de información sanitaria (SIS) se define tradicionalmente como un "mecanismo para la recogida procesamiento, análisis y transmisión de la información que se requiere para la organización y funcionamiento de los servicios sanitarios y también para la investigación y docencia" (OMS 1973).

La creación del SIS, responde a la necesidad de establecer un sistema de vigilancia y evaluación del estado de salud de la población y de las actividades de promoción, prevención y de asistencia sanitaria. Está formado por medios humanos y materiales interrelacionados que reciben datos (recogida y análisis), los interpretan (transformación) y los comunican verazmente para tomar decisiones en el ámbito sanitario con la finalidad de planificar, gestionar, evaluar e investigar en programas de salud.

El SIS es una herramienta estandarizada cuya finalidad ese mejorar el estado de salud de la población. Está constituido por una serie de elementos:

- Estructurales:
  - ▷ Datos.
  - ▷ Personal.
  - ▷ Soporte material.
- Funcionales:
  - ▷ Fuentes de datos.
  - ▷ Circuitos de comunicación.
  - ▷ Proceso de datos.
  - ▷ Unidades de gestión y control.
- Orgánicos:
  - ▷ Conocidos como estadísticas sanitarias, actualmente se llaman subsistemas de información sanitaria.

1.1. Etapas del diseño de un sistema de información sanitaria

Para diseñar un sistema de información sanitaria debemos realizar las siguientes acciones:

- Definición del sistema:
  - ▷ Elementos que lo componen.
  - ▷ Relaciones entre ellos.
  - ▷ Objetivos.
- Identificación de niveles de decisión:
  - ▷ Central.
  - ▷ Provincial.
  - ▷ Distrito o zona básica de salud.

- Identificación de tipos de decisión:
  - Según la perspectiva de la función que cumplan.
  - Según el grado de estructuración.
- Definición de las funciones de los elementos.

1.2. Fuentes de la información

Las fuentes de información en un sistema de información sanitaria es una cuestión de vital importancia y pueden ser de dos tipos:

- Externas:
  - Demográficas.
  - Censo poblacional.
  - Padrones municipales.
  - Registros de nacimientos, defunciones y matrimonios.
  - Otras (servicios sociales personales, económicos, etc.).
- Internas:
  - Índices y registros diagnósticos.
  - Registros de unidades de Servicios.
  - Registros del hospital.
  - Registros de ambulatorios y consultorios.

Para tener idea de lo sucedido durante la atención al paciente y facilitar el trabajo actual y el futuro en la Atención Primaria de Salud y la Atención Especializada, es imprescindible la existencia de registros o anotaciones. Estos se desarrollan a lo largo del tiempo y deben de adaptarse al trabajo desarrollado.

Los registros suponen las bases de los sistemas de información y de evaluación de los servicios y sirven como instrumento necesario para el control y el conocimiento de los problemas de salud y de los factores de riesgo de la comunidad. Su misma presencia nos refleja un nivel de calidad aceptable.

Index de Enfermería es un órgano de la Fundación Index, de aparición trimestral, se distribuye en los principales centros asistenciales y de investigación, universidades, escuelas y facultades de enfermería, sociedades científicas y profesionales de la salud, con especial circulación en España e Iberoamérica. Posiblemente Index de Enfermería sea la revista de Enfermería en español más leída en el mundo.

Es una revista de investigación sobre cuidados de salud. Fomenta el pensamiento crítico y pone énfasis en los abordajes fenomenológicos del proceso salud-enfermedad y en la humanización de los cuidados, privilegiando posturas epistemológicas emergentes en las ciencias de la salud, como la gestión del conocimiento o la investigación cualitativa.

Es la principal fuente de documentación secundaria española.

1.3. Sistemas de información en atención primaria y hospitalaria en Andalucía

Existen varios sistemas de información con implantación física y digital:

1.3.1. INIHOS

Sistema de información interhospitales. Es un modelo estadístico de evaluación comparativa de la actividad asistencial hospitalaria referente a la utilización de recursos, consultas externas, quirófanos, urgencias, hospitalización, etc. Los indicadores se representan en forma de gráficos y tablas comparativas.

1.3.2. ACTHOS

Sistema de información de actividad hospitalaria. Se plantea como un sistema modular. Cada módulo (actividad quirúrgica, hospitalización, consultas de asistencia especializada o de los centros periféricos de especialidades y procedimientos diagnósticos) es independiente en su explotación y registro. Las variables que componen los módulos se agrupan en cinco grupos:

- **Demanda** (referente al ingreso hospitalario).
- **Paciente** (a quien se le realiza la actuación).
- **Realización de la actividad** (Hospital, nombre del facultativo, fecha hospitalización, fecha intervención quirúrgica, hora entrada quirófano...)
- **Actividad** (diagnósticos clínicos, pruebas diagnósticas...)
- **Destino** (destino del paciente tras la realización de la actividad).

1.3.3. SIGAP

Sistema de Información de la Gestión de Atención Primaria. Es el sistema utilizado para el seguimiento y evaluación de la dirección del SAS, de los Distritos de Atención Primaria y de los acuerdos establecidos entre Distritos y Centros de Salud. Los datos del SIGAP se dividen en 5 grupos:

- **Ordenación de recursos.**
- **Cartera de servicios.**
- **Ciudadanos.**
- **Actividad Asistencial**: consultas por tipo de profesional (medicina general, enfermería, Trabajo Social...).
- **Prestación farmacéutica** (Salud materno-infantil, salud infantil, salud escolar, planificación familiar...).

1.3.4. COAN-HYD

Contabilidad analítica de gestión de centros de responsabilidad, Hospitales y Distritos.

1.3.5. DIRAYA

Diraya es una historia de Salud Única que integra toda la información sanitaria del usuario para que esté disponible cuando y donde sea preciso para la atención sanitaria del mismo y para mejorar la accesibilidad a los servicios y prestaciones, incrementando por tanto el nivel de calidad del proceso asistencial. Así pues es un facilitador del trabajo de los profesionales que, gracias a la integración de la información permite una explotación homogénea de la misma, útil para todos los niveles, funciones y organizaciones del Sistema Público (planificación, gestión, evaluación o investigación).

2. ESTRUCTURA GENERAL DE DIRAYA

En la base de la pirámide se encuentran los elementos básicos de gestión: **MACO** (operadores/usuarios del sistema Diraya), **BDU** (ciudadanos) y la propia **estructura** jerárquica y funcional del sistema sanitario (recursos).

Sobre estos se han construido otros elementos como son la **cita centralizada (citación)**, ya sea telefónica o a través de Internet y la **HISTORIA DE SALUD**, el módulo donde se registra la información clínica del ciudadano. A continuación se inserta la **receta electrónica (Prescripción electrónica y Receta XXI)** y finalmente encontramos el módulo **M.T.I.** de análisis de información que facilita información para la gestión y la toma de decisiones del propio sistema de salud.

2.1. MACO (Operadores/usuarios del sistema DIRAYA)

El módulo de gestión de operadores permite efectuar la gestión de los profesionales gracias a su identificación inequívoca. Esta identificación es empleada para el registro histórico de las acciones efectuadas en el sistema Las interacciones entre el sistema de información y los operadores son registrados asociándolas a su identificación única. Este módulo asocia permisos de acceso con las necesidades del perfil del operador y de acuerdo a la política de seguridad definida por la organización. Este módulo también está integrado con el correspondiente sistema de gestión de recursos humanos, en donde los profesionales han sido registrados de acuerdo con su relación contractual con el Servicio Andaluz de Salud.

2.2. BDU (Ciudadanos)

La gestión de ciudadanos/pacientes en el sistema Diraya se efectúa en el módulo denominado BDU (base de datos de usuarios). Con este módulo los ciudadanos se identifican de forma unívoca a través de la identificación denominada NUHSA, Número Único de Historia de Salud de Andalucía, identificación que permite relacionar y vincular toda la información del paciente en el sistema sanitario, tal como los episodios de la historia de salud o la citación. Tanto los beneficiarios o personas que, por algún motivo, mantengan algún contacto con el sistema sanitario, son registrados en este módulo, de forma que en posteriores contactos estarán igualmente relacionados (personas desplazadas de su región de origen, turistas o inmigrantes).

2.3. Estructura jerárquica y funcional del sistema sanitario (recursos)

El módulo de estructura organizativa gestiona aquellas unidades de la organización donde se presta la asistencia sanitaria y en él se registran los elementos de la estructura de los ámbitos de atención primaria y especializada así como las relaciones entre ellos. Atendiendo a estas relaciones, a las asociaciones de ciudadanos, a médicos de primaria y a las relaciones de éstos con sus centros, el sistema ubica a cada ciudadano en los elementos de la estructura sanitaria para poder recibir los servicios sanitarios.

En este módulo se incorpora el desglose de la estructura organizativa del Servicio Andaluz de Salud tanto desde el punto de vista funcional como físico, y el detalle de los servicios ofertados en base a catálogos de uso común, permitiendo disponer de información completa sobre qué servicios se ofertan y dónde se pueden obtener. Así pues, se incluyen conceptos como: servicios, prestaciones y catálogos, departamentos y unidades funcionales, así como las ubicaciones físicas de la atención primaria y la atención especializada. Gracias a ello este módulo permite identificar cada departamento, cada centro, cada sala de urgencias, etc.

2.4. Cita centralizada (citación)

Este módulo gestiona las agendas de la atención primaria, las consultas externas y las pruebas diagnósticas. La citación es la puerta de entrada de los ciudadanos a estos servicios. Diraya dispone de un sistema de citación centralizado multicanal: presencial, telefónico, Internet e incluso a través de mensajes SMS desde teléfonos móviles.

Este módulo facilita la supervisión del flujo de pacientes y la coordinación de las acciones requeridas en el diagnóstico y el tratamiento de cada proceso.

La inclusión de las agendas en este módulo de citación a permitido que una cita, una visita o una prueba diagnóstica se pueda obtener desde cualquier punto, incluso desde el domicilio del paciente. Esto incluye la citación en mostradores, la que efectúa un profesional derivándolo a otro profesional o servicio y la citación telefónica. La gestión de las peticiones de citas es efectuada mediante el denominado «gestor de peticiones» que, además de gestionar las peticiones de cita vinculándolas al episodio correspondiente, permite que los resultados de las pruebas diagnósticas puedan ser incluidos de forma telemática en la historia de salud del paciente.

2.4.1. Inters@s

Inters@s es la oficina virtual de atención al ciudadano; tiene por objeto facilitar las gestiones relacionadas con el sistema sanitario a través de Internet, permitiendo el cambio de médico de familia, consultar y actualizar datos personales, solicitar una segunda opinión médica y concertar citas previas.

2.4.2. Salud Responde

El servicio de atención telefónica centralizada Salud Responde ofrece estos mismos servicios a los ciudadanos que así lo requieran.

2.5. Historia de salud

La historia de salud proporciona una imagen holística de la salud del ciudadano, sirviendo de apoyo a los procesos asistenciales.

La historia de salud de Diraya contiene las siguientes secciones:

- **La historia resumida de salud**, que contiene una síntesis de los episodios y características principales del estado de salud del ciudadano.
- **Episodios y procesos tratados en atención primaria**: información relativa a pruebas complementarias, imagen médica, pruebas de laboratorio, etc.
- **Episodios o procesos tratados en atención especializada**: urgencias, hospitalización, consultas externas, cirugía con sus correspondientes imágenes, exámenes o pruebas complementarias.
- Los **programas de salud**, aquellos correspondientes a actuaciones programadas de salud pública, y también los procesos asistenciales definidos para cada patología.

La historia de salud es el centro neurálgico de Diraya, permitiendo a los profesionales manejar los datos clínicos del paciente. La información recogida en esta historia está organizada de forma jerárquica con configuraciones diferentes según el tipo de profesional que la usa y permite la personalización conforme al profesional y el paciente. La información de salud está organizada de forma que se puedan consultar los datos de acuerdo a las siguientes perspectivas:

- **Cronológica**: encuentros con el sistema sanitario.
- **Nosológica**: procesos asistenciales y episodios de salud.
- **Categórica**: consulta de medicación, pruebas, etc.

La historia de salud está compuesta por una serie de bloques de información.

- El **primero** consiste en los datos de salud básicos: problemas de salud, antecedentes médicos personales y las alergias.
- El **segundo** está compuesto por los datos que se relacionan con las medidas diagnósticas y terapéuticas: interconsultas, pruebas analíticas, pruebas diagnósticas, terapias farmacológicas y cuestionarios de examen.

Estos dos bloques son compartidos por los módulos de atención clínica (primaria, consultas externas, hospitalización, salas de urgencias, etc.).

2.5.1. Módulo de pruebas analíticas

Este módulo soporta, de forma centralizada, el proceso de gestión de pruebas analíticas desde la petición de pruebas, la toma de muestras y la recepción de resultados. Su cobertura incluye tanto la atención urgente como la atención programada.

Este módulo también está integrado con los distintos sistemas de información de los laboratorios.

2.5.2. Diagnóstico por imagen

En la historia de salud el médico puede consultar todas las pruebas diagnósticas del paciente agrupadas en una carpeta que es visible desde todas las estaciones clínicas de ambos niveles asistenciales (primaria y especializada). Por otro lado, el radiólogo también tiene acceso a la historia del paciente cuando está informando sus exploraciones.

La identificación de las exploraciones se hace mediante un catálogo corporativo.

El profesional puede acceder a todas las imágenes e informes disponibles del paciente, pero también puede acceder a un episodio y ver las pruebas correspondientes al mismo.

La gestión de la imagen diagnóstica recae en dos elementos fundamentales: RIS (Radiology Information System) y PACS (Picture Archiving and Communications Systems). El RIS corporativo gestiona los servicios de radiodiagnóstico. El PACS asume el archivo digital de las imágenes médicas y la transmisión de éstas a las estaciones de visualización. El sistema de almacenamiento se basa en un PACS central, repositorio de todas las imágenes del sistema sanitario, y PACS locales en los hospitales, en los que se almacenan las imágenes obtenidas en el área.

2.6. Receta electrónica (prescripción electrónica y receta XXI)

2.6.1. Prescripción electrónica

El objeto de este módulo es la prescripción de medicación por parte del profesional al paciente, manteniendo una base de datos centralizada y permitiendo la impresión de recetas tradicionales en la consulta o la conexión con Receta XXI.

2.6.2. Receta XXI

Receta XXI es un módulo que facilita el acceso de las oficinas de farmacia a las prescripciones, permitiéndoles registrar posteriormente la medicación entregada. Con este sistema se establece un canal de comunicación entre el farmacéutico y el médico, útil en caso de interacciones entre fármacos y permitiendo también efectuar anulaciones cautelares.

2.7. MTI (Módulo de Tratamiento de la Información)

Diraya consta de dos sistemas de análisis de información. Uno de ellos utiliza la información generada por otros módulos de una manera constante e integrada. El segundo sistema está orientado a la realización de consultas para la explotación y el análisis científico de los datos.

2.7.1. XML-ISTOC: estándar de comunicación entre componentes y otros sistemas

Diraya consta de un conjunto de elementos relacionados que comparten información. Estos elementos componentes del Diraya dialogan entre sí mediante un estándar propio del Sistema Sanitario Público de Andalucía (SSPA) con el nombre de **XML-ISTOC.**

Además, a través de una plataforma de integración, permite a Diraya entenderse con sistemas de información hospitalarios, departamentales (laboratorios, Radiología) u otros.

3. CONJUNTO MÍNIMO BÁSICO DE DATOS (CMBD)

El conjunto mínimo básico de datos (CMBD) es un registro administrativo que contiene un conjunto de variables clínicas, demográficas y administrativas que resumen lo acontecido a un usuario en un episodio de asistencia hospitalaria. Proporciona información básica sobre el usuario, sobre el centro y unidad que lo atienden y sobre su proceso asistencial.

El Conjunto Mínimo de Datos Básicos (CMDB) surgió a propuesta del Consejo Interterritorial de Salud y recoge datos administrativos, clínicos y demográficos con un total de 14 ítems. Se completan en el momento del alta y son los siguientes:

1. Identificación del hospital.
2. Identificación del paciente.

3. Fecha de nacimiento.
4. Sexo.
5. Residencia.
6. Financiación.
7. Fecha de ingreso.
8. Motivo de ingreso.
9. Diagnóstico principal y diagnósticos secundarios.
10. Procedimientos quirúrgicos y obstétricos.
11. Otros procedimientos.
12. Fecha de alta.
13. Circunstancias de alta.
14. Médico responsable del alta.

3.1. Antecedentes del CMBD

La definición del Minimum Basic Data Set europeo para hospitales de agudos se realizó después de identificar los datos que los hospitales utilizaban sistemáticamente en sus sistemas de información. El Grupo de Estudio de la OMS, reunido en Ginebra en 1969, recomendó un conjunto básico de datos, con fines estadísticos, que debían ser preparados a partir de cada historia del paciente hospitalizado.

En España, en 1984, el Ministerio de Sanidad y Consumo reguló la obligatoriedad del Informe de Alta, en el que se indica qué datos mínimos del episodio asistencial deben de incluirse en él (Orden de 6 de Septiembre de 1994). Posteriormente, en el año 1987, el Consejo Interterritorial en el Pleno celebrado el día 14 de Diciembre, aprueba establecer un Conjunto Mínimo Básico de Datos al Alta Hospitalaria, compuesto de 14 ítems.

Entre los años 1987 y 1991, encuadradas en el proyecto **codigo**, aparecen diversas experiencias piloto de implantación del CMBD en los hospitales de la red del INSALUD.

Con posterioridad, el 24 de Enero de 1992, la Secretaría General del Sistema Nacional de Salud del Ministerio de Sanidad y Consumo resuelve que todos los centros hospitalarios propios y administrados por el INSALUD-GD quedan obligados al registro y codificación del CMBD al Alta Hospitalaria de todos los pacientes ingresados, y que su implantación deberá de producirse antes del 31 de diciembre de 1992. Para ello, se define la hoja Clínico-Estadística que debe de recoger para cada alta el correspondiente CMBD, bien en soporte informático o escrito.

En Andalucía, es el Servicio Andaluz de Salud quien establece, mediante Resolución de 1993, la obligatoriedad del CMBD a partir del 1 de Enero de 1994.

3.2. Implantación del CMBD

El principal objetivo para la totalidad del Sistema Nacional de Salud, al implantar el CMBD, era la obtención de bases de datos normalizados capaces de proporcionar una información asistencial válida, fiable, comparable y oportuna de todos los hospitales integrantes del Sistema Nacional de Salud, como elemento clave del Sistema de Información Asistencial de dichos hospitales y del conjunto del Sistema. (Rivero, 1992).

La implantación del CMBD se basó en los siguientes requisitos:

a) Existencia de una **historia clínica** única por paciente y hospital.
b) Garantizar que el CMBD fuera obtenible para todos los pacientes dados de alta en el hospital.
c) Garantizar una adecuada extracción, codificación y verificación de los datos.
d) Garantizar los recursos informáticos necesarios para la explotación del CMBD.
e) Asegurar un adecuado análisis de la información generada por la explotación del CMBD.

3.3. Características funcionales del CMBD

El CMBD constituye una base de datos de cada episodio de hospitalización, con las características de ser extensiva (todas las altas hospitalarias) y homogénea en cuanto al tipo y codificación de las variables.

Constituye el núcleo mínimo de información sobre cada paciente que debe existir en todo sistema sanitario. Su utilidad es tanto en el ámbito asistencial como en el de gestión.

La ampliación de este conjunto mínimo de datos con algunas otras variables de interés se viene realizando a nivel interno en los propios hospitales o dentro de una Comunidad Autónoma. La estructura de la base de datos debe enviarse trimestralmente al Sistema Nacional de Salud y debe de ser la misma para todo el territorio español.

Podemos clasificar los datos que se recogen en datos administrativos y datos asistenciales:

- Los **datos administrativos**: dentro de un mismo hospital y para el mismo individuo deben permanecer constantes e identificar tanto al hospital como al paciente.
- Los **datos asistenciales** o clínicos: son propios y característicos de cada episodio, y por tanto, cambiantes cada vez que ingresa y es dado de alta en un hospital.

Permitirá, asimismo, conocer tanto los servicios prestados como los procesos atendidos en el hospital. El CMBD es el principal soporte de información para medir los resultados de la atención hospitalaria, tanto de efectividad o de calidad (mortalidad, reingresos, complicaciones, etc.), como de eficiencia (coste por proceso, duración de la estancia, etc.), permitiendo realizar comparaciones al respecto.

3.4. Utilidades del CMBD

La utilidad del CMBD radica en sus dos vertientes: Sistema de Recuperación de la Información y Sistema de Información propiamente dicho.

3.4.1. Sistema de Recuperación de Información

Es la base metodológica y tecnológica que permite proporcionar los documentos al usuario que los solicita.

Su principal función es la de dar información sobre las historias clínicas.

La recuperación del documento se hace formulando un perfil de búsqueda en cualquiera de las variables o campos que forman parte del CMBD. Si el perfil de búsqueda coincide con el perfil del documento se considera que el documento es pertinente y se puede acceder a la historia clínica.

De esta manera, servirá de base para poder realizar estudios más profundos (epidemiológicos, de control de calidad, etc.) que requieran recopilar datos que no están incluidos en la base de datos pero sí se encuentran en la historia clínica, o bien para seleccionar una muestra con las historias clínicas que necesiten ser revisadas.

3.4.2. Sistema de Información

El CMBD actúa también como Sistema de Información, entendiendo como tal el proceso estadístico de los datos y la salida de unos resultados en forma de indicadores que permitan medir los resultados y los productos hospitalarios, así como conocer la actividad realizada por los Servicios y la morbilidad atendida en cada uno de ellos.

Las principales utilidades de este sistema de información son:

1. El hecho de registrar las enfermedades y los procedimientos quirúrgicos relativos al paciente, mediante la Clasificación Internacional de Enfermedades (CIE-10) permite conocer la morbilidad hospitalaria y que se puede aplicar algún Sistema de Clasificación de Pacientes que contenga los algoritmos de clasificación y conocer la casuística y qué produce el hospital y/o los servicios.
2. Conocimiento de la actividad asistencial desarrollada por los servicios.
3. Obtención de indicadores de gestión y de calidad asistencial.
4. Conocimiento de la mortalidad hospitalaria.
5. Conocimiento de la estructura de la población atendida según sexo y edad.
6. Docencia e investigación, tanto clínica como epidemiológica.

La información sanitaria constituye uno de los pilares fundamentales para la gestión de servicios sanitarios, así como para la realización de estudios clínicos y epidemiológicos. Sin planificación no hay gestión eficiente ni desarrollo de un sistema de información que permita la toma de decisiones en base a los datos aportados por la CMBD. Actualmente el CMBD es la fuente de información útil para la obtención de dichos datos, tanto por la información que recoge y su obligatoriedad como por su accesibilidad y sencillez de manejo.

4. CLASIFICACIONES INTERNACIONALES DE PROBLEMAS DE SALUD: CIE 10. CLASIFICACIONES INTERNACIONALES DE ENFERMERÍA (NANDA, NIC, NOC)

4.1. Clasificaciones internacionales de problemas de salud: CIE 10

La CIE-10 es el acrónimo de la Clasificación Internacional de Enfermedades, décima versión correspondiente a la versión en español de la (ICD, International Statistical Classification of Diseases and Related Health Problems) y determina la clasificación y codificación de las enfermedades y una amplia variedad de signos, síntomas, hallazgos anormales, denuncias, circunstancias sociales y causas externas de daños y/o enfermedad.

4.1.1. Historia

La CIE-10 fue publicada por la Organización Mundial de la Salud (OMS) en 1992. Se utiliza a nivel internacional para fines estadísticos relacionados con morbilidad y mortalidad, los sistemas de reintegro y soportes de decisión automática en medicina. Este sistema está diseñado para promover la comparación internacional de la recolección, procesamiento, clasificación y presentación de estas estadísticas. La CIE-AP (Clasificación Internacional de Enfermedades en Atención Primaria) es la clasificación central de la WHO Family of International Classifications (WHO-FyC).

La lista CIE-10 tiene su origen en la «Lista de causas de muerte», cuya primera edición la realizó el Instituto Internacional de Estadística en 1893. La OMS se hizo cargo de la misma en 1948, en la sexta edición, la primera en incluir también causas de morbilidad. A la fecha, la lista en vigor es la décima, y la OMS sigue trabajando en ella.

La Clasificación Estadística Internacional de Enfermedades y Problemas Relacionados con la Salud, Décima Revisión (CIE-10) fue respaldada por la Cuadragésima Tercera Asamblea Mundial de la Salud en mayo de 1990 y se empezó a usar en todos los Estados Miembros de la Organización Mundial de la Salud (OMS) a partir de 1994.

El propósito de la CIE es permitir el registro sistemático, el análisis, la interpretación y la comparación de los datos de mortalidad y morbilidad recolectados en diferentes países o áreas del mundo, y en diferentes momentos. La clasificación permite la conversión de los términos diagnósticos y de otros problemas de salud, de palabras a códigos alfanuméricos que facilitan su almacenamiento y posterior recuperación para el análisis de la información.

4.1.2. Estructura y principios de clasificación

La CIE es un sistema de clasificación de eje variable. Su estructura se ha desarrollado a partir de la propuesta del epidemiólogo William Farr en la época en que comenzaron las discusiones internacionales sobre la estructura de una clasificación. Su esquema fue que, para todos los propósitos prácticos y epidemiológicos, los datos estadísticos relativos a las enfermedades debieran agruparse de la manera siguiente:

- Enfermedades epidémicas.
- Enfermedades constitucionales o generales.
- Enfermedades localizadas ordenadas por sitios.
- Enfermedades del desarrollo.
- Traumatismos.

Cada condición de salud puede ser asignada a una categoría y recibir un código de hasta seis caracteres de longitud (en formato de X00.00). Cada una de tales categorías puede incluir un grupo de enfermedades similares. Los siguientes códigos se utilizan por la Clasificación Estadística Internacional de Enfermedades y Problemas Relacionados con la Salud.

Capítulo	Códigos	Título
I	A00-B99	Ciertas enfermedades infecciosas y parasitarias.
II	C00-D48	Neoplasias.
III	D50-D89	Enfermedades de la sangre y de los órganos hematopoyéticos y otros trastornos que afectan el mecanismo de la inmunidad.
IV	E00-E90	Enfermedades endocrinas, nutricionales y metabólicas.
V	F00-F99	Trastornos mentales y del comportamiento.
VI	G00-G99	Enfermedades del sistema nervioso.
VII	H00-H59	Enfermedades del ojo y sus anexos.
VIII	H60-H95	Enfermedades del oído y de la apófisis mastoides.
IX	I00-I99	Enfermedades del sistema circulatorio.
X	J00-J99	Enfermedades del sistema respiratorio.
XI	K00-K93	Enfermedades del aparato digestivo.
XII	L00-L99	Enfermedades de la piel y el tejido subcutáneo.
XIII	M00-M99	Enfermedades del sistema osteomuscular y del tejido conectivo.
XIV	N00-N99	Enfermedades del aparato genitourinario.
XV	O00-O99	Embarazo, parto y puerperio.
XVI	P00-P96	Ciertas afecciones originadas en el periodo perinatal.
XVII	Q00-Q99	Malformaciones congénitas, deformidades y anomalías cromosómicas.
XVIII	R00-R99	Síntomas, signos y hallazgos anormales clínicos y de laboratorio, no clasificados en otra parte.
XIX	S00-T98	Traumatismos, envenenamientos y algunas otras consecuencias de causa externa.
XX	V01-Y98	Causas externas de morbilidad y de mortalidad.
XXI	Z00-Z99	Factores que influyen en el estado de salud y contacto con los servicios de salud.
XXII	U00-U99	Códigos para situaciones especiales.

La CIE puede utilizarse para clasificar enfermedades y otros problemas de salud consignados en muchos tipos de registros vitales y de salud. Originalmente su uso se limitó a clasificar las causas de mortalidad tal como se mencionan en los registros de defunción.

La CIE-10 se edita en tres volúmenes.

- El primero contiene la clasificación ordenada por aparatos sistemas y especialidades y cuenta con una clasificación adicional para identificar el tipo histológico de los tumores.
- El segundo es el manual del usuario y contiene los procedimientos para el registro, la codificación y la selección de la causa básica de defunción y para la selección de la afección principal en morbilidad.
- El tercero incluye el índice alfabético que ayuda al usuario a localizar los códigos respectivos para cada término diagnóstico anotado por el médico.

La aplicación eCIEmaps del Ministerio de Sanidad, Política Social e Igualdad de España combina los recursos de terminología y clasificación de CIE-9-MC y CIE-10. Proporciona acceso a los índices alfabéticos, listas tabulares, clasificaciones suplementarias, apéndices y manuales de normativa.

Cuenta con una modalidad de búsqueda avanzada que permite localizar las entradas alfabéticas que apuntan a cualquier código, e incluye además un navegador de mapeos (correspondencias o equivalencias entre códigos) para comparar código a código los recursos de las dos clasificaciones.

4.2. Clasificaciones internacionales de enfermería (NANDA, NIC, NOC)

4.2.1. NANDA

La NANDA (siglas de la antigua North American Nursing Diagnosis Association) es una sociedad científica de enfermería, de carácter internacional, cuyo objetivo es estandarizar el diagnóstico de enfermería. La North American Nursing Diagnosis Association (NANDA) fue creada en 1982, con miembros estadounidenses y canadienses, sobre la base de un primer grupo de trabajo sobre la denominación y clasificación de los diagnósticos de enfermería, creado en St. Louis en 1973, y su desarrollo posterior. En 1986, la American Nursing Association (ANA) remitió a la Organización Mundial de la Salud la clasificación de diagnósticos de la NANDA para su posible inclusión en la International Classification of Diseases (ICD) y, en 1989, la propia ANA declaró a la NANDA como la organización oficial para desarrollar un sistema de clasificación de los diagnósticos de enfermería. En 2002, NANDA se convirtió en NANDA International, con el propósito de resaltar la contribución de la enfermería mundial en el cuidados de los pacientes mediante el desarrollo, la redefinición y la clasificación de situaciones que conciernen a los profesionales de enfermería. Existe en España también otra asociación científicas con el mismo objetivo, la *Asociación Española de Nomenclatura, Taxonomía y Diagnóstico de Enfermería* (AENTDE).

4.2.1.1. Taxonomía diagnóstica

La Taxonomía II NANDA aparece por primera vez en el año 2002 y estructura la clasificación utilizando tres niveles: dominios, clases y diagnósticos enfermeros. Los 217 diagnósticos enfermeros contemplados en la ultima revisión NANDA 2012 - 2014, se ordenan en 13 dominios y 47 clases y 217 diagnósticos.

La edición 2012-2014, presenta 16 diagnósticos nuevos y 11 revisados.

El primer nivel de la Taxonomía II NANDA lo constituyen los 13 Dominios similares a los patrones funcionales de salud:

- Dominio 1. Promoción de la salud.
- Dominio 2. Nutrición.
- Dominio 3. Eliminación / Intercambio.
- Dominio 4. Actividad / reposo.
- Dominio 5. Percepción /cognición.
- Dominio 6. Autopercepción.
- Dominio 7. Rol / relaciones.
- Dominio 8. Sexualidad.
- Dominio 9. Afrontamiento /tolerancia al estrés.
- Dominio 10. Principios vitales.
- Dominio 11. Seguridad / protección.
- Dominio 12. Confort.
- Dominio 13. Crecimiento / desarrollo.

Un diagnóstico de enfermería se define como un juicio clínico sobre las respuestas individuales, familiares o de la comunidad ,a los problemas de salud reales o potenciales, o procesos de vida que sirven de base para la selección de las intervenciones de enfermería, para alcanzar los resultados para los que la enfermera tiene la responsabilidad (NANDA-I, 2009).

Diagnóstico de enfermería es un juicio clínico sobre el individuo, la familia, o de experiencias / respuestas a los problemas de salud reales o potenciales / procesos de la vida comunitaria. Un diagnóstico de enfermería proporciona la base para la selección de las intervenciones de enfermería con el objeto de alcanzar los resultados para los que la enfermera tiene la responsabilidad". (Herdman, 2012).

Cada Diagnóstico de Enfermería se compone de una etiqueta (nombre), una definición, unas características definitorias o factores de riesgo y unos factores relacionados.

- La etiqueta es el nombre con el que conocemos el diagnóstico. Indica el problema.
- La definición describe a que se refiere exactamente la etiqueta.
- Las características definitorias establecen una relación de signos y síntomas con que puede presentarse ese diagnóstico.

- Los factores relacionados, hacen referencia a la etiología que pueden llegar a provocarlo y aparecen solo en los diagnósticos reales.

La Taxonomía II es una estructura multiaxial con siete ejes, entendiendo cada uno de ellos, como una dimensión de la respuesta humana que hemos de tener necesariamente presente para la creación de un diagnóstico.

Los siete ejes que aparecen siempre, de forma explícita o implícita, en los diagnósticos son:

1. El concepto diagnóstico. Es el componente principal en la formulación del diagnóstico. Dolor, nutrición, duelo, etc.
2. El sujeto. Define la población a la que va dirigida el diagnóstico. Individuo, familia, comunidad, etc.
3. Juicio. Es el descriptor o modificador que específica el significado del diagnóstico. Disfuncional, deteriorado, inefectivo, alterado, etc.
4. Localización. Hace referencia a las zonas del cuerpo o funciones relacionadas a las que se refiere el diagnóstico. Auditivo, urinario, renal, táctil, etc.
5. Edad. Indica el estado del desarrollo en el que se encuentra el individuo al que va dirigido el diagnóstico. Ejemplo: feto, preescolar, adolescente, anciano, etc.
6. El tiempo. Delimita la duración del diagnóstico. Agudo, crónico, intermitente, continuo.
7. Estado del diagnóstico. Indica la existencia real o potencionalidad del problema o la categorización del diagnóstico. Real, promoción de la salud, riesgo y salud.

4.2.1.2. Taxonomía II NANDA

13 Dominios. Esfera de actividad, estudio o interés (similares a los patrones funcionales de salud).

47 Clases. Subdivisión de un grupo mayor, una división de las personas o cosas por su calidad, rango o grado.

Cada diagnóstico enfermero se le ha asignado un código de 5 dígitos, siguiendo las recomendaciones de la NLM (National Library of Medicine), lo que facilita su inclusión en las bases de datos y permite el crecimiento futuro de la estructura sin tener que cambiarlos.

1. Dominios y clases

Dominio 1. Promoción de la salud

Toma de conciencia del bienestar o normalidad de las funciones y estrategias usadas para mantener el control y fomentar el bienestar y la normalidad del funcionamiento.

Clase 1. Toma de conciencia de la salud. Reconocimiento del bienestar y funcionamiento normal.

Clase 2. Gestión de la salud. Identificación, control, realización e integración de actividades para mantener la salud y el bienestar.

Dominio 2. Nutrición

Actividades de ingerir, asimilar y usar los nutrientes a fin de mantener y reparar los tejidos y producir energía.

Clase 1. Ingestión. Introducción de alimentos y nutrientes en el cuerpo.

Clase 2. Digestión. Actividades físicas y químicas que convierten los alimentos en sustancias apropiadas para su absorción y asimilación.

Clase 3. Absorción. Acto de captar los nutrientes a través de los tejidos corporales.

Clase 4. Metabolismo. Procesos físicos y químicos que se producen en los organismos y células vivas para el desarrollo y uso de protoplasma, la producción de productos de desecho y energía, con la liberación de energía para todos los procesos vitales.

Clase 5. Hidratación. Captación y absorción de líquidos y electrolitos.

Dominio 3. Eliminación e intercambio

Secreción y excreción de los productos corporales de desecho.

Clase 1. Función urinaria. Procesos de secreción, reabsorción y excreción de orina.

Clase 2. Función gastrointestinal. Absorción y excreción de los productos finales de la digestión.

Clase 3. Función tegumentaria. Proceso de secreción y excreción a través de la piel.

Clase 4. Función respiratoria. Proceso de intercambio de gases y eliminación de los productos finales del metabolismo.

Dominio 4. Actividad/reposo

Producción, conservación, gasto o equilibrio de los recursos energéticos.

Clase 1. Reposo/sueño. Sueño, descanso, tranquilidad o inactividad.

Clase 2. Actividad/ejercicio. Movimiento de partes del cuerpo (movilidad), hacer un trabajo o llevar a cabo acciones frecuentemente (pero no siempre) contra resistencia.

Clase 3. Equilibrio de la energía. Estado de armonía dinámica entre el aporte y el gasto de recursos.

Clase 4. Respuestas cardiovasculares/pulmonares. Mecanismos cardiovasculares que apoyan la actividad/reposo.

Clase 5. Autocuidado. Habilidad para realizar las actividades de cuidado del propio cuerpo y de las funciones corporales.

Dominio 5. Percepción/cognición

Sistema de procesamiento de la información humana incluyendo la atención, orientación, sensación, percepción, cognición y comunicación.

Clase 1. Atención. Disponibilidad mental para percatarse de algo u observar.

Clase 2. Orientación. Conciencia del tiempo, el espacio y las personas.

Clase 3. Sensación/percepción. Recepción de información visual, auditiva, gustativa, olfatoria, táctil y cinestésica a través de los sentidos, así como la comprensión de tales datos que conduce a la identificación, asociación y patrón de reconocimiento.

Clase 4. Cognición. Uso de la memoria, el aprendizaje, el pensamiento, la solución de problemas, la abstracción, el juicio, la introspección, la capacidad intelectual, el cálculo y el lenguaje.

Clase 5. Comunicación. Enviar y recibir información verbal y no verbal.

Dominio 6. Autopercepción

Conciencia del propio ser.

Clase 1. Autoconcepto. Percepción o percepciones sobre la totalidad del propio ser.

Clase 2. Autoestima. Valoración de la propia valía personal, significación, capacidad y éxito.

Dominio 7. Rol/relaciones

Conexiones y asociaciones negativas y positivas entre personas o grupos de personas y los medios por los que se demuestran tales conexiones.

Clase 1. Roles de cuidador. Patrones de conducta socialmente esperados de las personas que brindan cuidados sin ser profesionales de la salud.

Clase 2. Relaciones familiares. Asociaciones de personas relacionadas biológicamente o por elección propia.

Clase 3. Desempeño del rol. Calidad del funcionamiento de acuerdo con los patrones socialmente esperados.

Dominio 8. Sexualidad

Identidad sexual, función sexual y reproducción.

Clase 1. Identidad sexual. Forma de ser una persona específica respecto a la sexualidad o el género.

Clase 2. Función sexual. Capacidad o habilidad para participar en las actividades sexuales.

Clase 3. Reproducción. Cualquier proceso por el que se producen seres humanos.

Dominio 9. Afrontamiento/tolerancia al estrés

Forma de hacer frente a los acontecimientos/procesos vitales.

Clase 1. Respuesta postraumática. Reacciones tras un trauma físico o psicológico.

Clase 2. Respuestas de afrontamiento. Procesos para manejar el estrés ambiental.

Clase 3. Estrés neurocomportamental. Respuestas conductuales que reflejan la función nerviosa y cerebral.

Dominio 10. Principios vitales

Principios que subyacen en las reacciones, pensamiento y conductas sobre los actos, costumbres o instituciones contemplados como verdaderos o poseedores de un valor intrínseco.

Clase 1. Valores. Identificación y jerarquización de los objetivos finales o modos de conducta preferidos.

Clase 2. Creencias. Opiniones, expectativas o juicios sobre actos, conductas o instituciones considerados verdaderos o poseedores de un valor intrínseco.

Clase 3. Congruencia de las acciones con los valores/creencias. Congruencia o equilibrio entre los valores, las creencias y las acciones.

Dominio 11. Seguridad/protección

Ausencia de peligro, lesión física o trastorno del sistema inmunitario, prevención de las pérdidas y preservación de la protección y seguridad.

Clase 1. Infección. Respuestas del huésped tras una invasión por gérmenes patógenos.

Clase 2. Lesión física. Lesión o daño corporal.

Clase 3. Violencia. Empleo de una fuerza o poder excesivos de modo que provoque lesión o abuso.

Clase 4. Peligros del entorno. Fuentes de peligro en el entorno.

Clase 5. Procesos defensivos. Procesos mediante los que la persona se autoprotege frente a agentes externos.

Clase 6. Termorregulación. Procesos fisiológicos de regulación del calor y la energía dentro del cuerpo, con el objetivo de proteger el organismo.

Dominio 12. Confort

Sensación de bienestar o comodidad física, mental o social.

Clase 1. Confort físico. Sensación de bienestar o comodidad y/o ausencia de dolor.

Clase 2. Confort del entorno. Sensación de bienestar o comodidad en el propio entorno.

Clase 3. Confort social. Sensación de bienestar o comodidad en las situaciones sociales.

Dominio 13. Crecimiento/desarrollo

Aumento o mejora de las dimensiones físicas, maduración de los órganos y sistemas o logro de las tareas de desarrollo acordes con la edad.

Clase 1. Crecimiento. Aumento de las dimensiones físicas o madurez de los sistemas corporales.

Clase 2. Desarrollo. Progresión o regresión a través de una secuencia de hitos reconocidos en la vida.

4.2.2. NIC

En 1992 se publicó la primera edición de la NIC (*Nursing Interventions Classiffication*), que fue elaborada por un equipo de enfermeras de la Universidad de Iowa como un intento de normalizar el lenguaje que describía las actuaciones de las enfermeras/os. En aquella ocasión se incluyeron 336 intervenciones, que han ido aumentando en cada una de las revisiones, así en la 3.ª del año 2000 se contemplaban 486 y en la sexta edición, vigente en la actualidad, hay descritas 554 intervenciones y más de aproximadamente 13.000 actividades específicas.

En la nueva edición (la 6ª), la NIC ha incorporado 23 nuevas intervenciones, existiendo en la actualidad 554 intervenciones enfermeras vigentes.

Además, se han revisado 133 intervenciones de enfermería NIC, produciéndose 5 cambios de etiquetas, 74 cambios principales en la definición o adición/revisión de múltiples actividades y 54 cambios secundarios en la edición o revisión de unas pocas actividades.

En esta 6ª edición de la clasificación de intervenciones de enfermería NIC, se han eliminado 11 Intervenciones, estas son:

- Ayuda en la lactancia materna englobada en Asesoramiento en la lactancia.
- Control de hemorragias englobada en Disminución de la hemorragia.
- Cuidados de una prótesis englobada en Cuidados del paciente amputado.
- Cuidados del desarrollo cambiada a Cuidados del lactante: prematuro.
- Cuidados del recién nacido cambiada a Cuidados del lactante: recién nacido.
- Irrigación intestinal cambiada a Administración de enema.
- Manejo ambiental: proceso de acercamiento englobada en Fomentar el apego.
- Mantenimiento de dispositivos de acceso venoso (DAV) cambiada a Manejo de un dispositivo de acceso venoso central.
- Monitorización del recién nacido englobada en Cuidados del lactante: recién nacido.
- Tratamiento de la exposición al calor cambiada a Tratamiento de la hipertermia.
- Vigilancia: seguridad englobada en otras intervenciones.

La *Nursing Interventions Classification* (NIC) —en español, *Clasificación de Intervenciones de Enfermería*— es un lenguaje completo y estandarizado que permite describir tratamientos que las enfermeras administran en todos los escenarios posibles y en todas las especialidades. Esta clasificación de intervenciones de enfermería incluye tanto intervenciones fisiológicas como psicosociales. Desde otra perspectiva, la clasificación NIC comprende intervenciones para el tratamiento de enfermedades, la prevención de la enfermedad y la promoción de la salud. Y aun desde otro punto de vista, comprende intervenciones para individuos y para familias, así como intervenciones indirectas de salud e incluso intervenciones comunitarias. Cada intervención consignada en la NIC tiene un único número, lo que facilita su tratamiento informático. Las intervenciones clasificadas en la NIC están enlazadas con los diagnósticos de enfermería (NANDA), la clasificación de resultados de enfermería (NOC), los problemas de salud del Omaha System, los protocolos de evaluación de pacientes de larga estancia (RAPS) y los resultados OASIS para la atención domiciliaria. Existe un sistema de revisión, para enviar sugerencias acerca de nuevas intervenciones o de la modificación de las existentes.

Para valorar el riesgo de UPP, la NIC propone la escala Braden.

Cada una de las intervenciones de la clasificación tiene un nombre, una definición y una serie de actividades para llevarla a cabo. También van acompañadas de un conjunto de lecturas de referencia.

INTERVENCIONES
Nombre
Definición
Actividades
Bibliografía

Como ocurría con ediciones anteriores, se puede poner en relación con los diagnósticos de enfermería NANDA, de tal manera que se identifiquen las intervenciones enfermeras que constituyen una opción de tratamiento ante un determinado diagnóstico.

Cada diagnóstico NANDA cuenta entonces con un conjunto de intervenciones (unas se consideran como principales, otras simplemente se sugieren y hay incluso unas terceras que se apuntan como opciones adicionales).

Según el equipo del proyecto Iowa, la utilización de la Clasificación de Intervenciones de Enfermería tiene las siguientes ventajas:

- Ayuda a mostrar el impacto que tienen los profesionales de enfermería en el sistema de prestación de cuidados sanitarios.
- Normaliza y define la base de conocimientos del plan y la práctica de los cuidados.
- Facilita la elección correcta de una intervención de enfermería.
- Facilita la comunicación de los tratamientos de enfermería a otros profesionales de la enfermería y otros proveedores de cuidados.
- Permite a los investigadores examinar la eficacia y el coste de los cuidados.
- Ayuda a los educadores a desarrollar programas que articulen de mejor manera la práctica clínica.
- Facilita la enseñanza de toma de decisiones clínicas a los profesionales noveles.
- Ayuda a los administradores a planificar de forma más efectiva las necesidades de personal y equipos.
- Favorece el desarrollo de un sistema de retribución para los servicios de enfermería.
- Sirve de comunicación de la naturaleza de los cuidados al público.

En nuestro país, el Consejo General de Enfermería, en colaboración con el Ministerio de Sanidad, Política Social e Igualdad y el Instituto de Salud Carlos III, han puesto en marcha el proyecto de «Normalización de las Intervenciones para la Práctica de la Enfermería (NIPE)», que utiliza como documento base de su trabajo el proyecto de intervención Iowa (NIC), por ser la clasificación más reconocida actualmente, pero lo adapta a la realidad presente en nuestro medio sanitario.

El proyecto NIPE trata de diseñar una metodología para la estandarización de las intervenciones y actividades de enfermería en nuestro país, estableciendo indicadores de calidad que permitan la evaluación y acreditación de las unidades de enfermería, permitiendo el desarrollo profesional ateniéndose a criterios científicos.

4.2.2.1. Taxonomía NIC

Debido al alto numero de intervenciones enfermeras y su complejidad, ha sido necesario ordenarlas siguiendo una estructura que vaya más allá del listado alfabético.

La estructura taxonómica NIC, se organiza en tres niveles: campos, clases e intervenciones.

Cada campo incluye un número indeterminado de clases y cada una de estas, incluirá un conjunto de intervenciones que en la sexta edición suman un total de 554.

- Nivel 1. 7 Campos.
- Nivel 2. 30 Clases.
- Nivel 3. 554 Intervenciones.

Nivel 1. Campos

Se han organizado un total de 7 campos, numerados del 1 al 7.

- Campo 1. Fisiológico Básico. Cuidados que apoyan el funcionamiento físico.
- Campo 2. Fisiológico Complejo. Cuidados que apoyan la regulación homeostática.
- Campo 3. Conductual. Cuidados que apoyan el funcionamiento psicosocial, y facilitan los cambios de estilo de vida.
- Campo 4. Seguridad. Cuidados que apoyan la protección contra peligros.
- Campo 5. Familia. Cuidados que apoyan a la unidad familiar.
- Campo 6. Sistema sanitario. Cuidados que apoyan el uso eficaz del sistema de prestación de asistencia sanitaria.
- Campo 7. Comunidad. Cuidados que apoyan la salud de la comunidad.

Nivel 2. Clases

Cada uno de estos campos está dividido en clases a las que se les asigna letras por orden alfabético.

El campo 1, por ejemplo, incluye las siguientes clases:

Campo 1. Fisiológico Básico

A. Control de actividad y ejercicio Intervenciones para organizar o ayudar en la actividad física y la conservación y el gasto de energía.
B. Control de la eliminación Intervenciones para establecer y mantener las pautas regulares de eliminación intestinal y urinaria y controlar las complicaciones resultantes de pautas alteradas.
C. Control de inmovilidad Intervenciones para controlar el movimiento corporal restringido y las secuelas.

D. Apoyo nutricional Intervenciones para modificar o mantener el estado nutricional.

E. Fomento de la comodidad física Intervenciones para fomentar la comodidad utilizando técnicas físicas.

F. Facilitación de los autocuidados Intervenciones para proporcionar o ayudar en las actividades rutinarias de la vida cotidiana.

Conjunto de campos con sus respectivas clases.

Nivel 1. Campo	Nivel 2. Clases
1 Fisiológico Básico	
	A Control de actividad y ejercicio.
	B Control de la eliminación.
	C Control de inmovilidad.
	D Apoyo nutricional.
	E Fomento de la comodidad física.
	F Facilitación de los autocuidados.
2 Fisiológico Complejo	
	G Control de electrólitos y ácido-base.
	H Control de fármacos.
	I Control neurológico.
	J Cuidados perioperatorios.
	K Control respiratorio.
	L Control de la piel/heridas.
	M Termorregulación.
	N Control de la perfusión tisular.
3 Conductual	
	O Terapia conductual.
	P Terapia cognitiva.
	Q Potenciación de la comunicación.
	R Ayuda para hacer frente a situaciones difíciles.
	S Educación de los pacientes.
	T Fomento de la comodidad psicológica.
4 Seguridad	
	U Control en casos de crisis.
	V Control de riesgos.
5 Familia	
	W Cuidados de un nuevo bebé.
	Z Cuidados de crianza de un nuevo bebé.
	X Cuidados de la vida.
6 Sistema sanitario	
	Y Mediación del sistema sanitario.
	a Gestión del sistema sanitario.
	b Control de la información.
7 Comunidad	
	c Fomento de la salud de la comunidad.
	d Control de riesgos de la comunidad.

Nivel 3. Intervenciones

Cada una de las clases, incluirá un número determinado de intervenciones, que tienen asignadas códigos numéricos de 4 dígitos.

Siguiendo con el ejemplo anterior, dentro del campo 1 "Fisiológico Básico", la clase A "Control de actividad y ejercicio", incluye las siguientes intervenciones:

Campo 1. Fisiológico Básico.

Clase A "Control de actividad y ejercicio".

Intervenciones.

5612 Enseñanza: actividad /ejercicio prescrito.

0140 Fomentar los mecanismos corporales.

0202 Fomento de ejercicios: extensión.

0200 Fomento del ejercicio.

0201 Fomento del ejercicio: entrenamiento de extensión.

0180 Manejo de la energía.

0221 Terapia de ejercicios: ambulación.

0226 Terapia de ejercicios: control muscular.

0222 Terapia de ejercicios: equilibrio.

0224 Terapia de ejercicios: movilidad articular.

4.2.3. NOC

Los investigadores de la Universidad de Iowa fueron los que elaboraron la clasificación de resultados de enfermería NOC (*Nursing Outcomes Classification*). Es una clasificación integral y estandarizada que permite evaluar los efectos de las intervenciones de enfermería. Esta terminología puede ser empleada para la documentación, el registro electrónico, la práctica asistencial, la formación, la docencia, la investigación y la gestión. Es complementaria a las taxonomías de los diagnósticos NANDA y de las intervenciones de enfermería NIC.

Se entiende como resultado un estado, conducta o percepción de un individuo (familia o comunidad) medida a lo largo de un continuo en respuesta a las intervención realizadas por enfermería.

La NOC ha incorporado 107 nuevos resultados en la 5º edición de la clasificación de resultados de enfermería, que la vigente, existiendo en la actualidad 490 resultados enfermeros.

Se han revisado 123 resultados de enfermería NOC, produciéndose 20 cambios de etiquetas, 96 cambios en la definición y 7 cambios en la escala.

Aparece una clase nueva en la taxonomía que se centra en el autocontrol de enfermedades agudas y crónicas.

En esta ultima edición de la clasificación de resultados de enfermería NOC, se han eliminado 2 resultados.

Los diagnósticos de enfermería NANDA-I, 2012-2014 se encuentran vinculados con los resultados de la NOC para facilitar la toma de decisiones en la práctica clínica, y con los Patrones Funcionales de Salud de Gordon.

Cada resultado contempla: nombre, definición, indicadores, escalas de medida y bibliografía.

- Nombre: debe describir un estado, conducta o percepción variable y no un objetivo, que pueda medirse y cuantificarse. No debe describir ni diagnósticos, ni intervenciones de enfermería.

  Será conciso y, si se necesita más aclaración, se escribirá primero la etiqueta más amplia seguida de dos puntos y a continuación la más específica.
- Definición: declaración que expresa las características del concepto.
- Indicadores: estado, conducta o percepción de un individuo (familia o comunidad) más específico, que sirve para medir un resultado. Los indicadores caracterizan de una forma más concreta el estado del individuo (familia o comunidad).
- Escala de medidas: escalas tipo Likert de cinco puntos que cuantifica el estado del resultado o indicador, desde una escala de menos a más. Sirve para proporcionar una puntuación en un momento preciso.

  En la NOC, se utilizan 14 escalas diferentes para medir los resultados.

  Cada escala está identificada con un código alfabético.

  Cada uno de los resultados de la clasificación NOC, tiene una escala precisa, que se utilizará para medirlo.

4.2.3.1. Taxonomía NOC

La Taxonomía NOC, fue creada para ordenar de forma estable los resultados de enfermería, permitiendo la incorporación de otros nuevos y facilitando su uso a los profesionales de enfermería.

Permite, además, un fácil uso de la clasificación NOC en los sistemas informáticos y una mejor evaluación de los resultados del cliente para mejorar la calidad de los cuidados.

Para que la Taxonomía pueda cumplir adecuadamente su función, es importante que esté codificada creando una única identificación para cada resultado. Los códigos en la Taxonomía NOC, se atiene a los siguientes criterios.

Codificación de la Taxonomía NOC

Dominio	Clase	Resultado	Indicador
Número 1 al 9	Letra A -Z(o a - z)	Número 4 dígitos	Número 01 - 99

Escala	Valor de la escala
Número 01 - 99	Número 1 - 5

Se organiza en 3 niveles:

- Nivel 1. Dominios (7).
- Nivel 2. Clases (31).
- Nivel 3. Resultados (490).

Cada dominio incluye un número indeterminado de clases y cada una de estas incluirá un conjunto de resultados.

Nivel 1. Dominios

I	Salud Funcional	Resultados que describen la capacidad y realización de las actividades básicas de la vida.
II	Salud Fisiológica	Resultados que describen el funcionamiento orgánico.
III	Salud Psicosocial	Resultados que describen el funcionamiento psicológico y social.
IV	Conocimiento y Conducta de Salud	Resultados que describen actitudes, comprensión y acciones con respecto a la salud y la enfermedad.
V	Salud Percibida	Resultados que describen impresiones sobre la salud y la asistencia sanitaria del individuo.
VI	Salud Familiar	Resultados que describen el estado de salud, conducta o el funcionamiento en salud de la familia en conjunto o de un individuo como miembro de la familia.
VII	Salud Comunitaria	Resultados que describen la salud, el bienestar y el funcionamiento de una comunidad.

Nivel 2. Clases

Cada dominio contiene un número determinado de clases.

Hay un total de 31 clases que se codifican con un código alfabético de un dígito de la "A" a la "Z" y se continúa con las letras en minúscula de la "a" a la "z".

Nivel 1 DOMINIO	**DOMINIO I. SALUD FUNCIONAL**
Nivel 2 CLASES	A. Mantenimiento de la energía. Resultados que describen la recuperación, conservación y gasto de la energía de un individuo. B. Crecimiento y desarrollo. Resultados que describen la maduración física, emocional y social de un individuo. C. Movilidad. Resultados que describen la movilidad física del individuo y las secuelas por la restricción de movimientos. D. Autocuidado. Resultados que describen la habilidad individual para realizar actividades básicas e instrumentales de la vida diaria.
Nivel 1 DOMINIO	**DOMINIO VI. SALUD FAMILIAR**
Nivel 2 CLASES	W-Ejecución del cuidador familiar. Resultados que describen la adaptación y rendimiento de un cuidador familiar de un niño o adulto dependientes. Z-Estado de salud de los miembros de la familia. Resultados que describen la salud física y emocional de un miembro de la familia. X-Bienestar familiar. Resultados que describen la salud física, emocional y social de la familia como unidad. d-Ser padre. Resultados que describen conductas de los padres que fomentan el crecimiento y el desarrollo óptimos.

Nivel 3. Resultados

Dentro de cada clase, podemos encontrar diversos resultados.

Nivel 1 DOMINIO	DOMINIO I. SALUD FUNCIONAL	
Nivel 2 CLASES	A-Mantenimiento de la energía.	B. Crecimiento y desarrollo.
Nivel 3 RESULTADOS	Conservación de la energía. Descanso. Energía psicomotora. Resistencia. Sueño. Tolerancia de la actividad.	Adaptación del prematuro. Adaptación del recién nacido. Crecimiento. Desarrollo infantil: 1 mes. Desarrollo infantil: 2 meses. Desarrollo infantil: 6 meses. Desarrollo infantil: 12 meses. Desarrollo infantil: 3 años. Desarrollo infantil: 4 años. Desarrollo infantil: adolescencia. Desarrollo infantil: preescolar. Desarrollo infantil: segunda infancia. Envejecimiento físico. Estado fetal: durante el parto.

5. ARQUITECTURA DAE (DIRAYA ATENCIÓN ESPECIALIZADA)

Diraya Atención Especializada consiste en la extensión de la Historia de Salud Digital del Ciudadano ya implantada en la red de Atención Primaria al ámbito de los Hospitales del Servicio Andaluz de Salud. Implantación de la Estación de Gestión (HIS-Área administrativa), Estación Clínica de Hospitalización (Área Clínica), Estación Clínica de Cuidados (Área de enfermería), Pruebas Diagnósticas por Imagen (Área de radiodiagnóstico) y departamentos propios del hospital a través de la plataforma de integración Ensemble de Intersystems (Enterprise Service Bus-ESB).

La plataforma de Diraya Atención Especializada (DAE) esta formada por:

- Diraya Cuidados.
- Diraya Clínica.
- Diraya Citas.

5.1. DIRAYA en Atención Especializada

Una historia de salud única precisa que Diraya abarque dos espacios de la Atención Especializada:

- El registro de actividades clínicas. Los profesionales sanitarios registran y consultan en Diraya, sea cual sea el centro en el que se encuentren y el área en la que trabajen.
- Identificación y admisión de usuarios, en estrecha conexión con la BDU. Se facilitan así las tareas de ubicación y seguimiento de pacientes, la continuidad asistencial y la accesibilidad de las agendas.

5.1.1. DIRAYA (DAE)

Constará de:

- **Urgencias**.
  - ▹ Admisión y control de ubicaciones.
  - ▹ Módulo clínico que incluye: triaje, observación, administración de tratamientos, informes...).
- **Consultas Externas**.
  - ▹ Citación.
  - ▹ Módulo clínico de Consultas Externas.
- **Pruebas diagnósticas**.
  - ▹ Citación.
- **Hospitalización**.
  - ▹ Admisión y gestión de camas.
  - ▹ Módulo clínico para hospitalización y Hospital de Día.
- **Explotación de información**.

Quedan fuera del ámbito de Diraya (DAE) las soluciones exclusivas de distintos departamentos- Con estos sistemas, Diraya debe dialogar para, por ejemplo, enviar lista de pacientes citados al Sistema de Información de Radiología, enviar tratamientos indicados al Servicio de Farmacia, recibir informes o imputar costes.

Además, existen otros sistemas corporativos en las áreas de soporte (personal y gestión económica) que deben interoperar con Diraya.

5.1.1.1. Urgencias

El módulo de Urgencias de Diraya es común para los dos niveles asistenciales y ha sido diseñado por profesionales de ambos. Incluye las funciones de admisión, triaje, consulta y gestión de la sala de observación. Mediante la plataforma de integración, el módulo de urgencias de Diraya dialoga con el sistema de información propio del Hospital (HIS).

5.1.1.2. Consultas Externas

El Diraya en las Consultas Externas consta de:

- Módulo de estructura organizativa de centros y unidades funcionales de Atención Especializada, que dispone de las direcciones y teléfonos de los centros asistenciales y unidades funcionales.
- Módulo de citación centralizada accesible desde los centros de Atención Primaria.
- Interconsulta continua. Registro continuo que permite una comunicación constante entre los profesionales durante el episodio o proceso que origina la interconsulta.

5.1.1.3. Hospitalización

Diraya permitirá a atención especializada registrar la información relativa al momento de ingreso de un paciente y las causas del mismo así como consultar los cuidados de enfermería que recibe y las pruebas diagnósticas que se le practiquen durante el período de ingreso. Además la herramienta permite efectuar la prescripción electrónica intrahospitalaria.

Por lo que se refiere a las aplicaciones departamentales implantadas en los hospitales del SAS, resultan interoperables con Diraya los recogidos a continuación:

Funciones Administrativas
Identificación de pacientes y asignación de un código único.
Módulo de admisión y control de ubicaciones de urgencias.
Consultas externas: citación.
Pruebas diagnósticas: citación.
Hospitalización: admisión y gestión de camas.
Módulo de explotación de la información.
Gestión de quirófanos.
Archivo de historias clínicas.
Codificación de la actividad
Funcionalidades Clínicas
Estación de trabajo médica.
Módulo clínico de urgencias (incluye Triage, observación, administración de medicamentos e informes).
Sistema de información de diagnóstico por imagen.
Prescripción electrónica.
Gestión de cuidados de enfermería.
Peticiones.
Interconsultas.
Visualizador de historia.
Módulo clínico de consultas externas.
Módulo clínico para la hospitalización y hospital de día.
Registro de episodios hospitalarios.

Diagnóstico por imagen	Farmacia. Dispensación Intrahospitalaria (unidosis)	Cardiología
Radiología Intervencionista	Farmacia. Dispensación pacientes externos	Digestivo
Medicina Nuclear	Banco de sangre	Otorrinolaringología
Radioterapia	Esterilización	Pruebas de Ginecología
Laboratorio de Análisis Clínico	Dietética	Cirugía General
Microbiología	Tratamiento Anticoagulante oral (TAO)	Urología
Hematología	Neumología	Neurología
Anatomía Patológica	Anestesia	

6. MÓDULO DE CUIDADOS: ESTRUCTURA E INTERACCIONES

El módulo de Cuidados de Diraya (Azahar) es una herramienta corporativa del Servicio Andaluz de Salud para la gestión de cuidados. Dicha aplicación forma parte de la Historia de Salud Única Digital, que integra toda información sanitaria de cada usuario. Está compuesto por tres aplicaciones; Módulo de Cuidados, Módulo Sistema de Información y el Módulo de Administración de la aplicación.

6.1. Estructura

Podemos dividir el modulo de cuidados en 3 grandes grupos: la entrada a la aplicación por perfiles y asignaciones de pacientes a camas y enfermeras responsables; lo relacionado propiamente con los cuidados enfermeros; y distintas utilidades asociadas al modulo y a los cuidados .

Entrada a la aplicación.
Asignaciones.
Asignación de camas estándar.
Asignación de pacientes.
Asignación de enfermera responsable.
Mapa de camas.

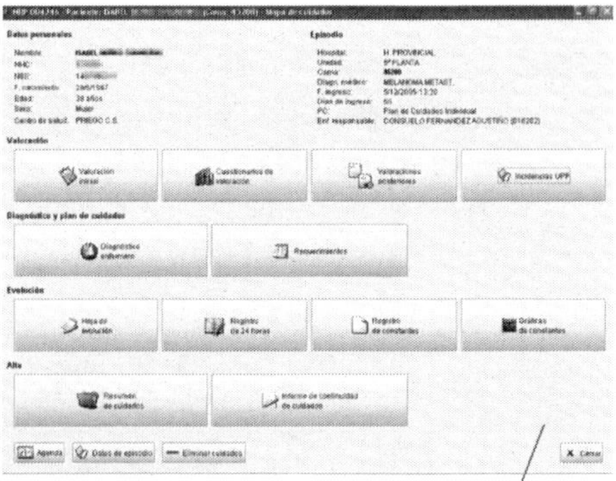

Mapa de cuidados.
Datos del episodio.
Eliminar cuidados.
Valoración inicial.
Valoraciones posteriores.
Cuestionarios y test de valoración.
Registro de ulceras por presión.
Diagnostico enfermero.
Plan de cuidados.
Agenda de cuidados.
Registro de cuidados.
Registro de actividades no planificadas.
Informe de continuidad de cuidados.
Resumen de cuidados.

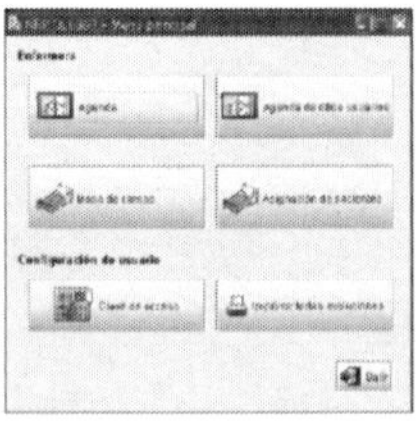

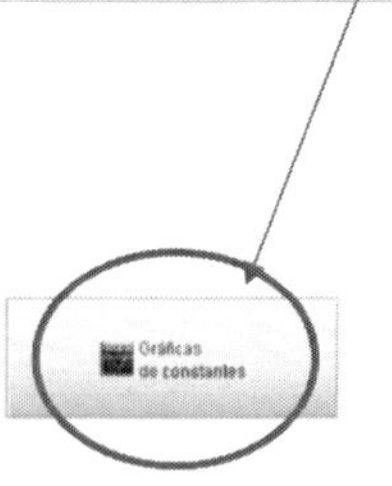

Utilidades.
Clave de acceso.
Hoja de evolución.
Registro de constantes.

6.2. Interacciones

6.2.1. Entrada a la aplicación

La entrada tiene 2 pasos, primero el usuario debe introducir el login de su unidad y la clave de entrada para acceder directamente a su unidad; segundo, debe identificarse en el programa con su NRP (número de registro de personal) y con su clave personal.

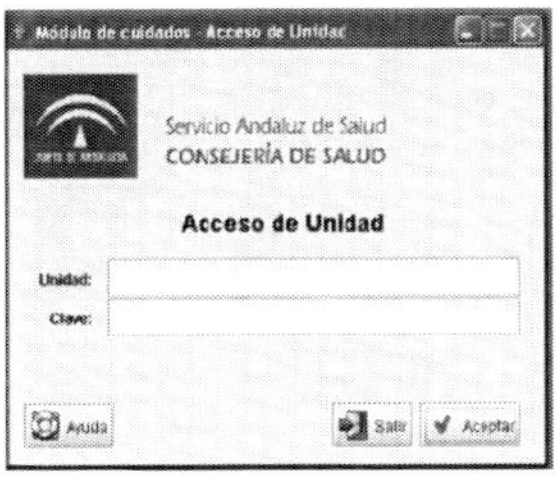

Después el usuario puede acceder a las distintas secciones dependiendo de su perfil:

- **Supervisora**. Agenda, Mapa de camas, Asignación de pacientes, Asignación estándar, Asignación de enfermera responsable, Agenda de otros usuarios, Clave de acceso, Imprimir todas las evoluciones, Eliminar cuidados del paciente.

- **Enfermera**. Agenda, Mapa de camas, Asignación de pacientes, Agenda de otros usuarios, Clave de acceso, Imprimir todas las evoluciones.

6.2.2. Asignaciones

6.2.2.1. Asignación de camas estándar

La supervisora de la unidad puede hacer una asignación estándar de camas por turno para enfermeras y auxiliares.

Esta asignación es permanente mientras no se quiera modificar.

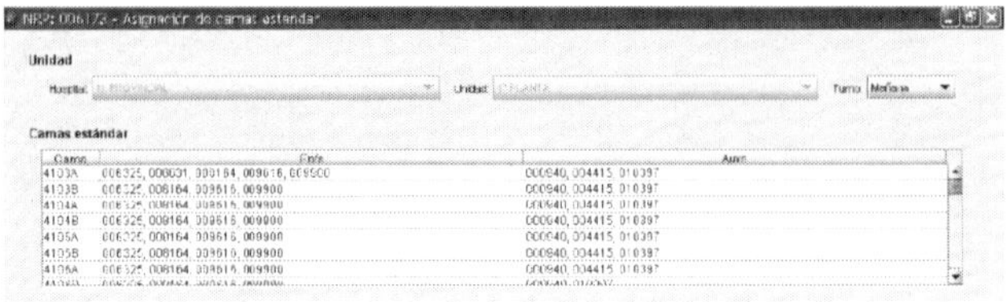

6.2.2.2. Asignación de pacientes

Cada usuario puede hacerla, cuando no hay una asignación estándar o si se quiere cambiar esa asignación estándar.

La aplicación nos muestra un listado de todos los pacientes ingresados y el NRP de la enfermera y auxiliar asignados.

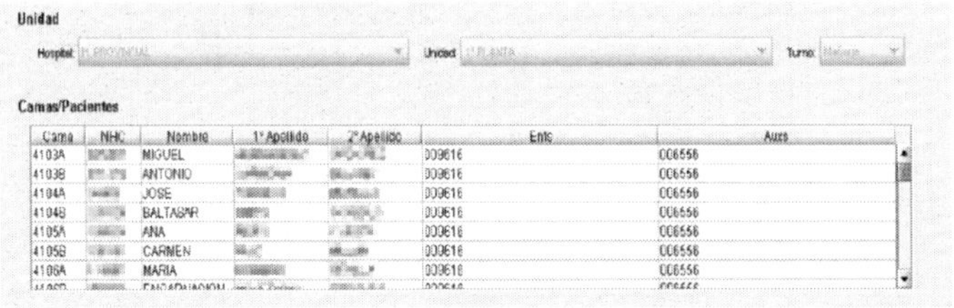

6.2.2.3. Asignación de enfermera responsable

La supervisora puede hacer la asignación de enfermera responsable, o modificarla.

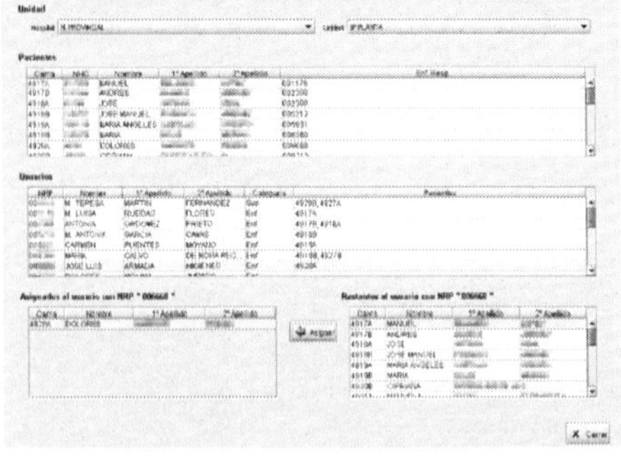

6.2.3. Mapa de camas

El mapa de camas nos permite una visión global de la unidad:

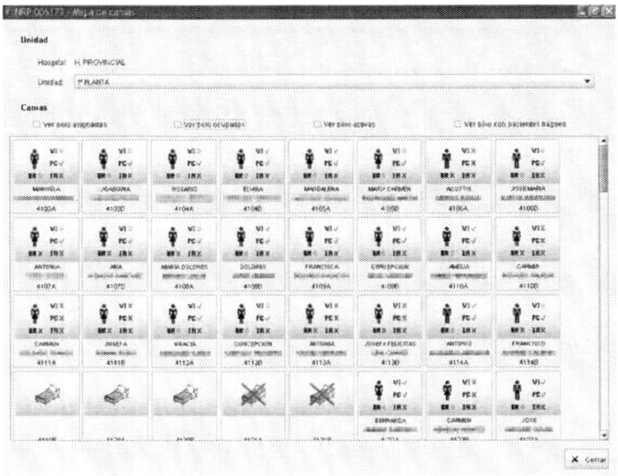

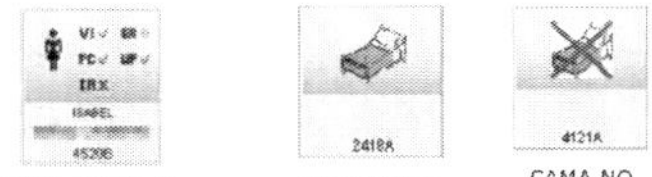

CAMA OCUPADA CAMA LIBRE CAMA NO ACTIVA

Si situamos el cursor sobre una cama podemos ver en un cuadro de texto emergente información sobre el paciente que la ocupa:

FRANCISCA
NHC:
Diagn médico: Sospecha de trombosis venosa profunda
PC: Trombosis venosa profunda
Día: 6
Enfermera responsable: MARIA JESUS ROMERO MUÑOZ (000802)
Días de ingreso: 2
Edad: 77 años

El mapa de camas nos ofrece información gráfica del estado de la planificación de cuidados de cada paciente:

VI Valoración Inicial.

PC Plan de Cuidados.

IC Informe de Continuidad de Cuidados.

UP Úlceras por Presión.

ER Enfermera Responsable.

VI, PC, IC	
x	no comenzado
O	comenzado
✓	firmado

ENFERMERA RESPONSABLE	
x	no tiene asignada
O	tiene, pero no es el usuario que ha entrado a la aplicación
✓	tiene y es el propio usuario

ULCERAS POR PRESION	
x	no valorado, sin riesgo o riesgo bajo
O	paciente de riesgo medio/alto
✓	paciente con úlceras

Existe un filtro que nos facilita la visualización de la unidad.

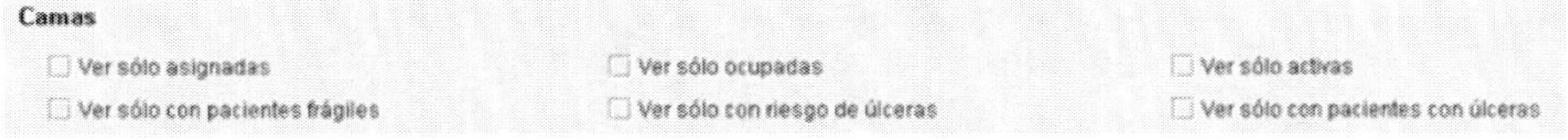

6.2.4. Mapa de cuidados

Al hacer clic sobre una de las camas entramos directamente al Mapa de Cuidados de cada paciente.

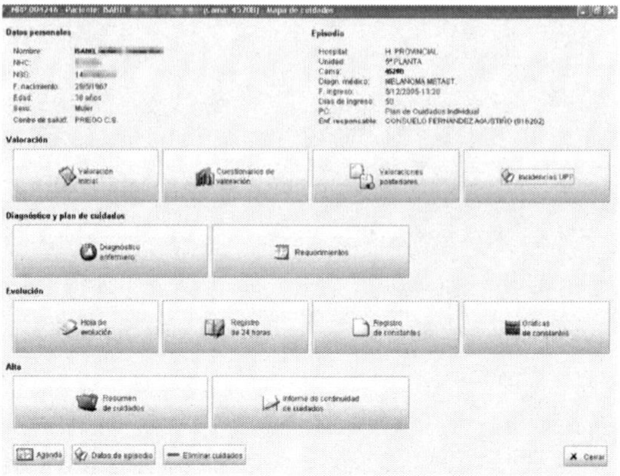

6.2.4.1. Datos del episodio

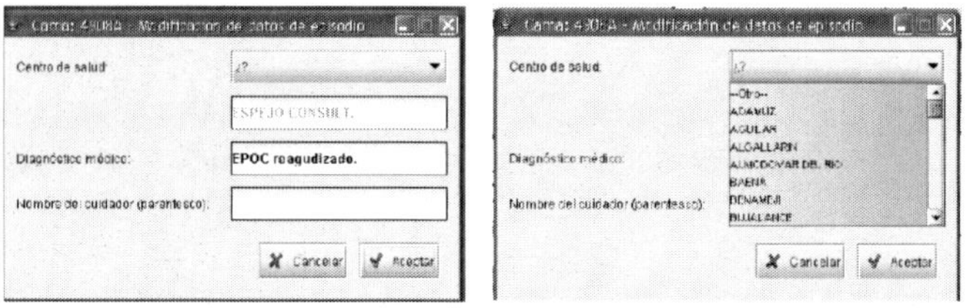

Haciendo clic en el botón se abre una ventana para cumplimentar y/o modificar tanto el centro de salud, como el diagnóstico médico y nombre y parentesco del cuidador principal.

6.2.4.2. Eliminar cuidados

Opción distinta para la enfermera y la supervisora.

- **Enfermera**: se ve el NHC del paciente y debajo el nombre, apellidos y la habitación en la que se encuentra. A la derecha para que seleccionemos lo que queremos eliminar. Sólo se pueden eliminar los cuidados realizados en el turno actual.

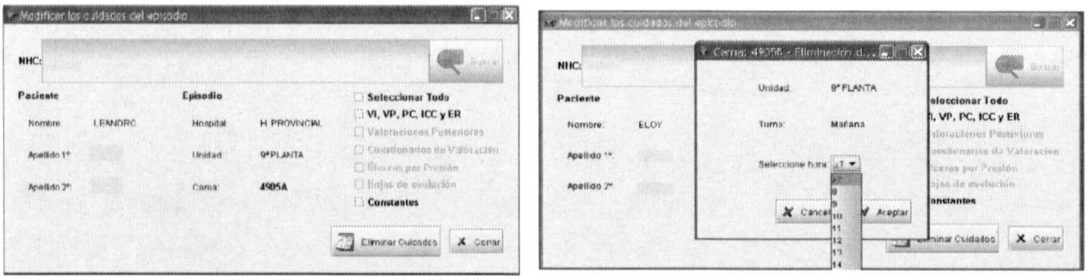

- **Supervisora**: puede además desfirmar el informe de alta y la valoración inicial.

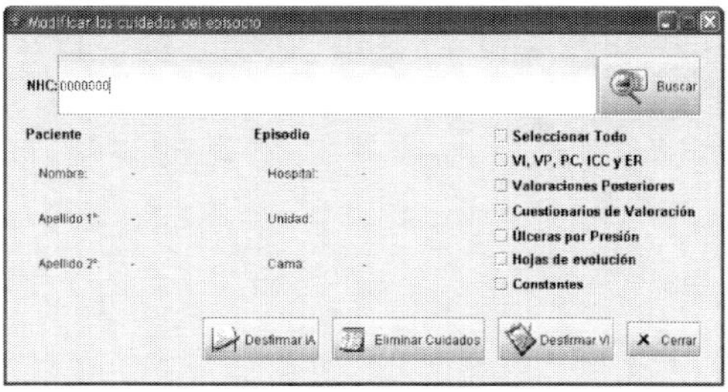

6.2.5. Valoración inicial

Desde el Mapa de Cuidados entramos en la valoración inicial haciendo clic en el botón.

La pantalla de valoración inicial nos permite recoger datos de cada una de las 14 necesidades básicas, cada una de ellas están en una pestaña.

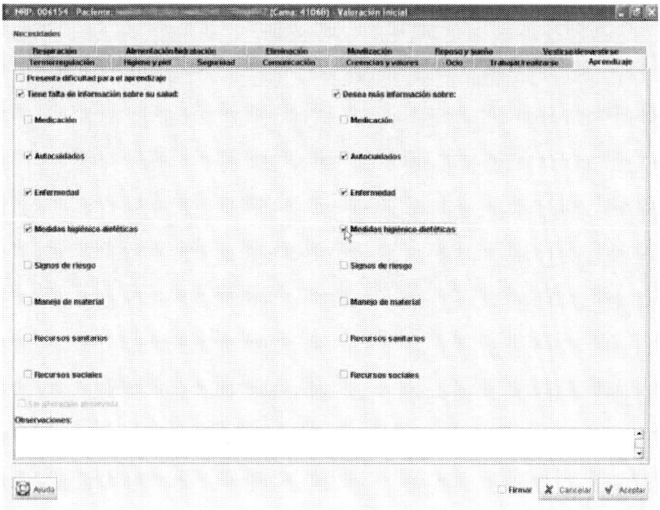

En cada una de las necesidades encontramos distintos elementos para cumplimentar la valoración:

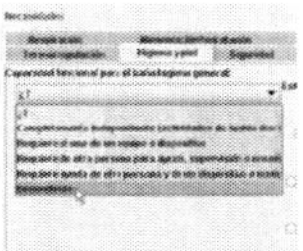

Menú desplegable

Casillas de verificación

Cuadros de texto

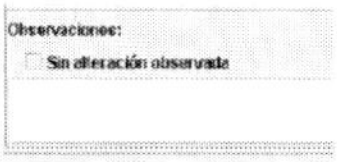

Campos de texto libre

Valoraciones posteriores

En función de la evolución clínica del paciente, la aplicación permitirá realizar Valoraciones Posteriores.

En la ventana que aparece se muestra la valoración inicial a la izquierda aparece la fecha en que se hizo, y para hacer una posterior, al marcar sobre V, posteriores, debajo se activa el botón Nuevo y a la izquierda nos muestra la aplicación una ventana idéntica a la de la V. Inicial y funciona de la misma forma, excepto que no obliga a rellenar patrones habituales ni capacidades funcionales.

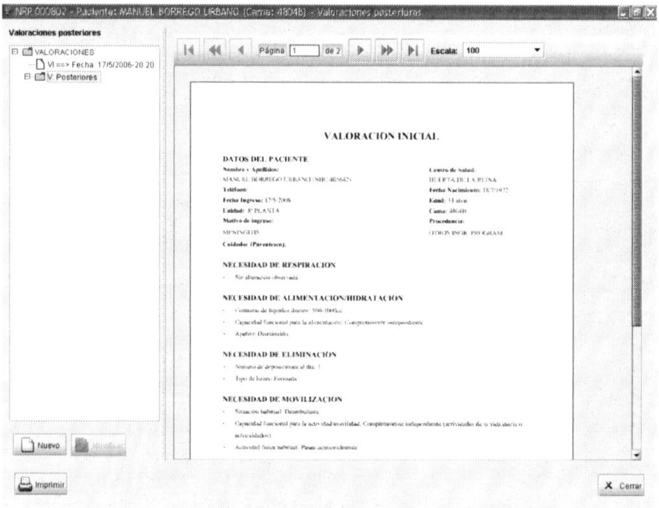

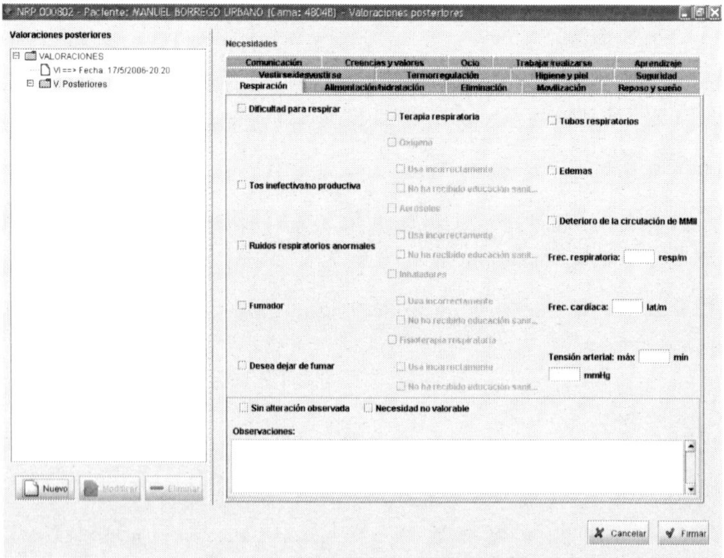

6.2.6. Cuestionarios y test de valoración

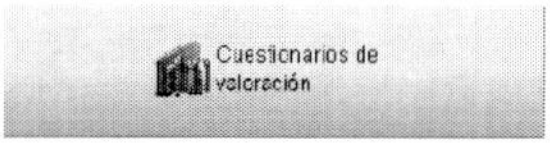

Se accede a ellos por el mapa de cuidados, una vez empezada la Valoración inicial y se nos abre la siguiente pantalla.

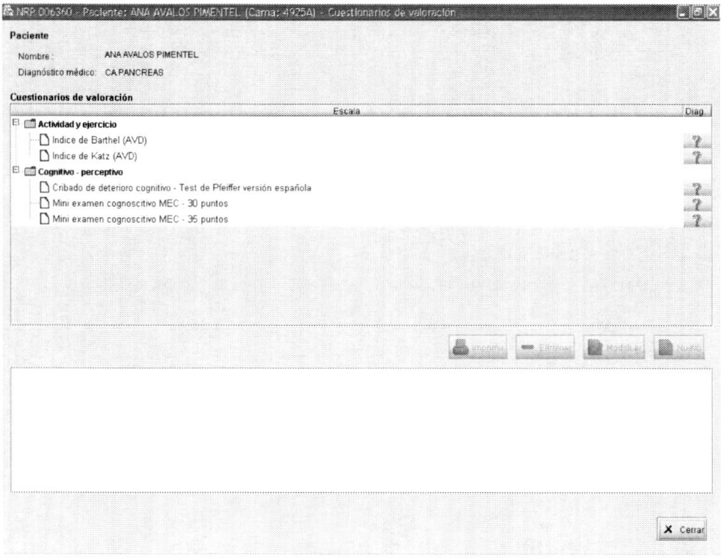

Al lado derecho de cada test o cuestionario, está la , al hacer clic en ella, aparece una ventana donde nos dice con que etiqueta/s está relacionado.

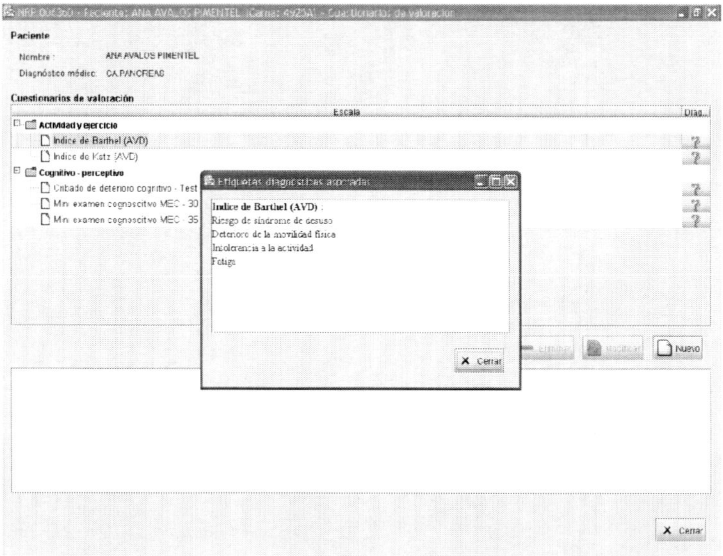

Para realizar un test se selecciona del listado (en la parte de abajo aparece la descripción del mismo) y se hace clic en .

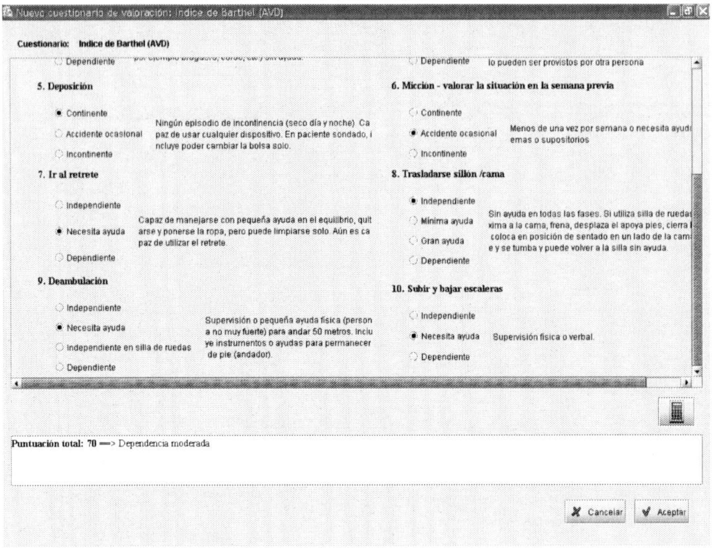

6.2.7. Registro de ulceras por presión

La aplicación nos permite llevar a cabo un registro de las úlceras por presión existentes así como su evolución y tratamiento.

A esta utilidad podemos acceder desde el mapa de cuidados haciendo clic en el botón "incidencias upp".

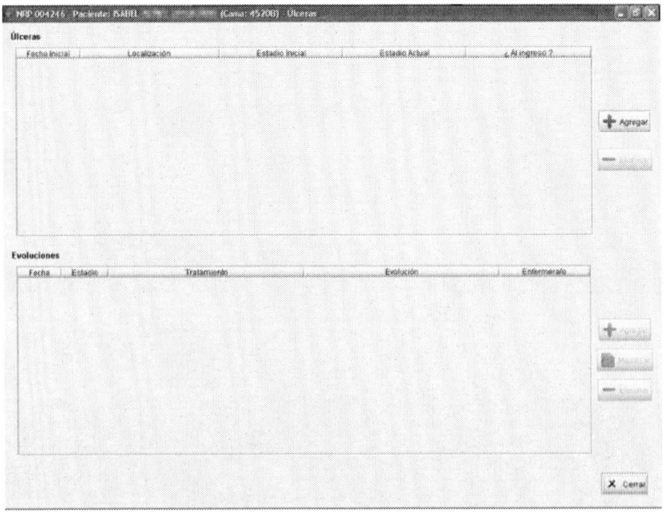

La ventana está dividida en dos partes, una donde queda registrada la úlcera y sus características; y una segunda donde queda reflejada la evolución y tratamiento de la misma.

Para registrar una úlcera basta con hacer clic en el botón "agregar" y se nos abre una nueva ventana donde existen tres zonas:

- Una primera donde tipificar la úlcera, su localización y grado, y si estaba presente al ingreso. El usuario dispone de un menú desplegable con las localizaciones y grados posibles para facilitar la descripción de la úlcera.
- Una segunda donde reseñar el tratamiento de la misma.
- Una tercera en la que queda constancia de su evolución.

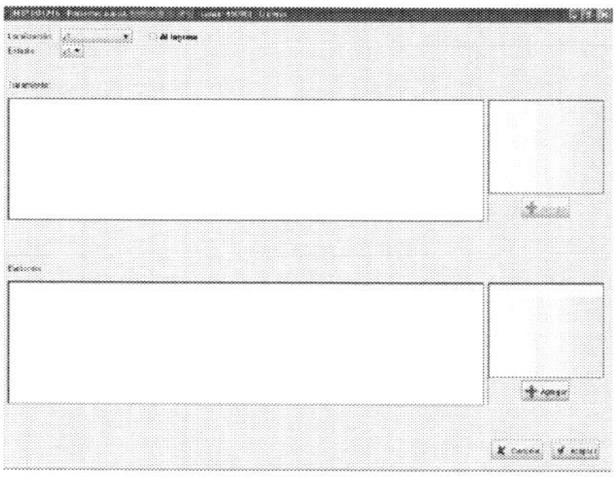

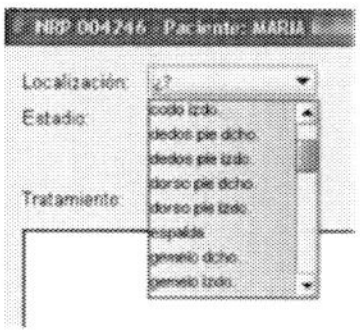

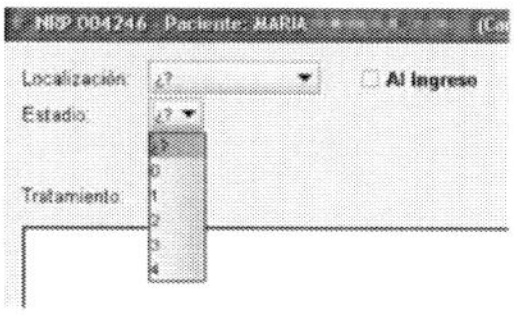

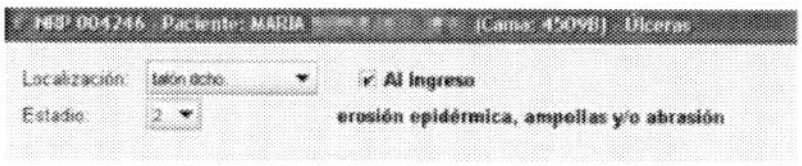

6.2.8. Diagnóstico enfermero

Desde el Mapa de Cuidados del paciente entramos en el diagnóstico enfermero haciendo clic en el botón correspondiente.

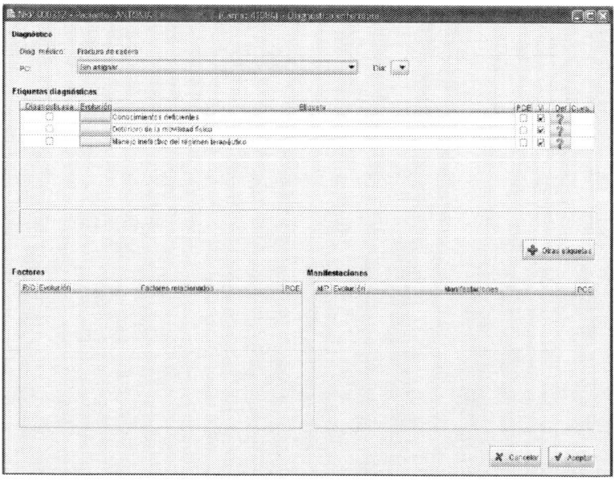

La pantalla nos muestra cuatro partes:

1. Diagnóstico.

   Aquí aparece el diagnóstico médico y el lugar donde poner el plan de cuidados y el día. Para poner el plan se le da al menú desplegable (donde pone PC) y seleccionamos el plan que queremos puede ser estandarizado o individual.

   Después seleccionamos el día de la misma forma que el PC.

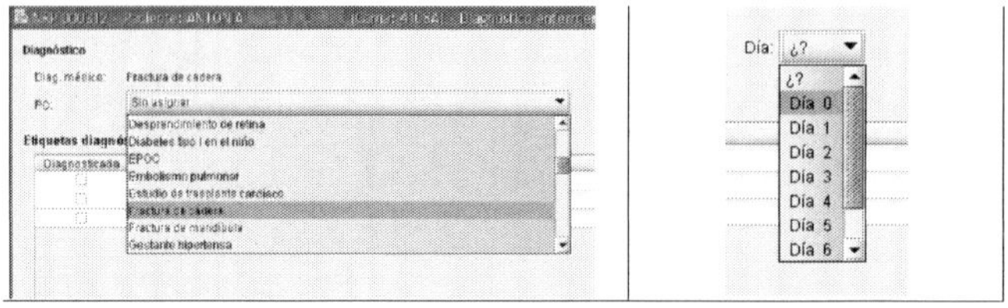

2. Etiquetas diagnósticas.

   En esta sección aparecen las etiquetas diagnósticas sugeridas tanto de la valoración, como las del PCE, como si se ha registrado una úlcera por presión.

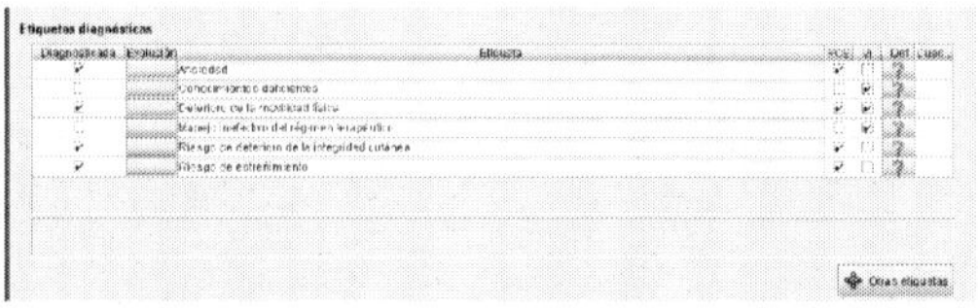

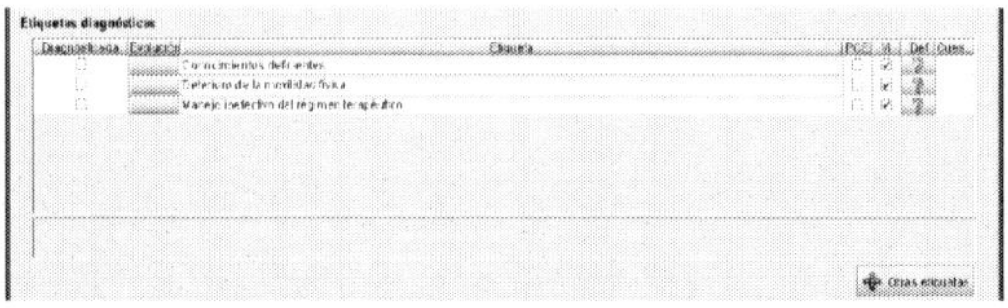

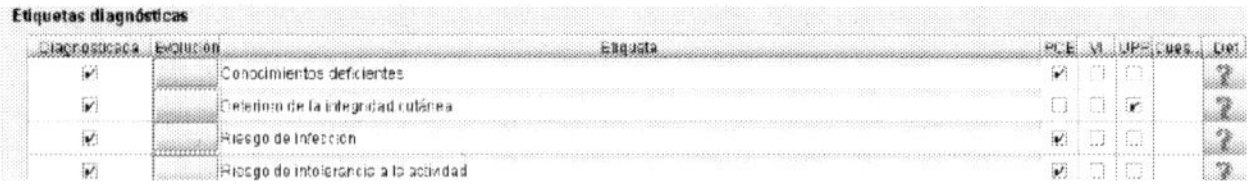

Además hay otro apartado donde podemos añadir otras etiquetas que no vienen sugeridas, se le da al botón 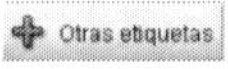 y aparece una ventana con todas las etiquetas diagnósticas contenidas en la aplicación.

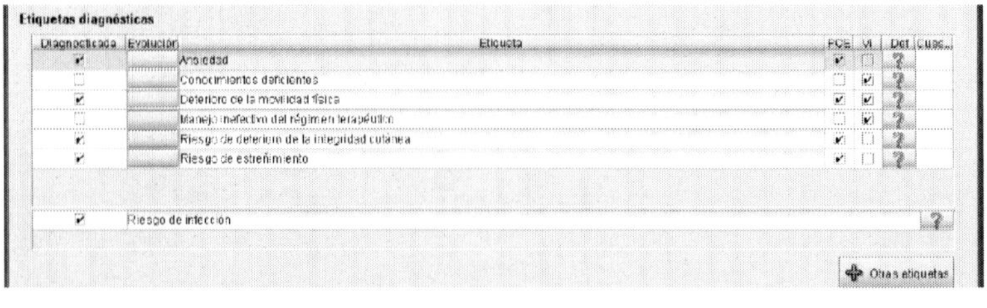

A la izquierda de cada una de las etiquetas aparecen unas casillas de verificación.

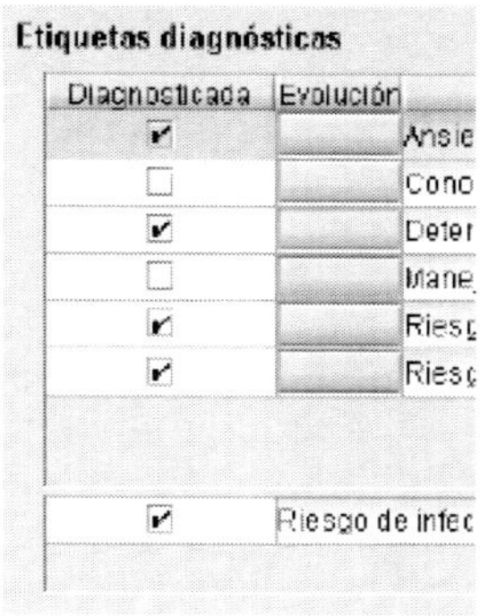

A la derecha nos indica la aplicación, de donde viene sugerida la etiqueta.

Una vez que hemos seleccionado las etiquetas, queda formular el diagnóstico: marcando una etiqueta la aplicación nos muestra abajo dos cuadros con los factores relacionados y manifestaciones posibles para esa etiqueta.

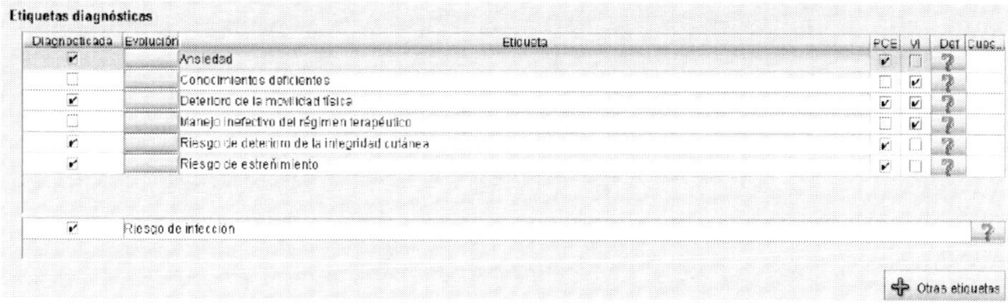

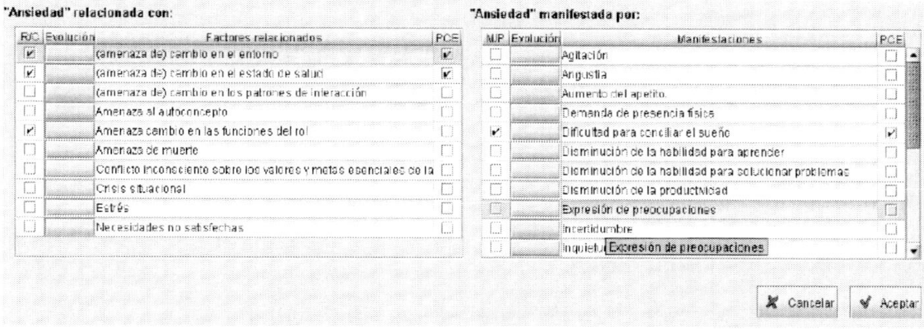

3. Factores relacionados. Ya viene marcados los sugeridos por el estándar (a la derecha del factor lo indica).

4. Manifestaciones. Es igual que los factores.

6.2.9. Plan de cuidados

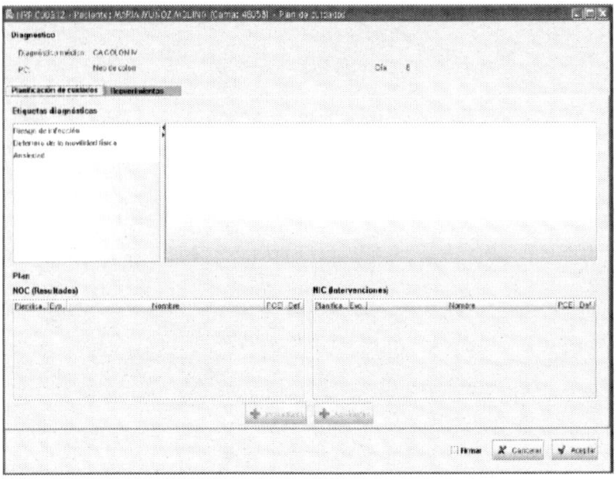

Una vez aceptados los diagnósticos nos aparece directamente la pantalla de plan de cuidados.

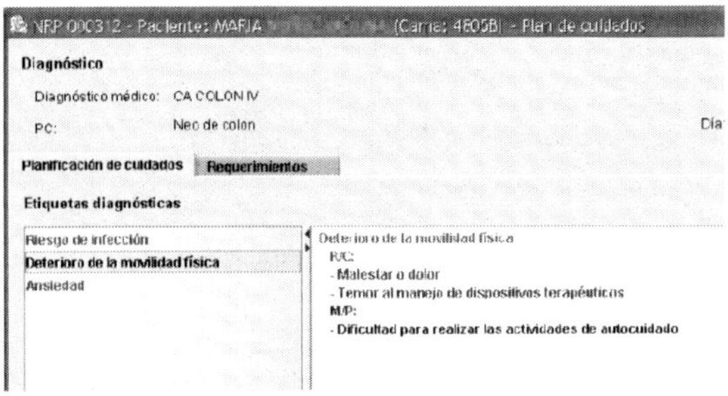

Por un lado aparecen las etiquetas diagnósticas seleccionadas previamente. Al hacer clic sobre cada una de ellas, vemos el diagnóstico enfermero construido con cada uno de sus elementos (a la derecha de las etiquetas).

Una vez seleccionada la etiqueta diagnóstica, en la zona inferior de la pantalla, la aplicación muestra al usuario tanto los NOC como las Intervenciones sugeridas para dicha etiqueta. El usuario puede aceptar y/o modificar lo sugerido por el plan estándar. A la derecha de cada NOC y NIC, haciendo clic en  se nos abre una ventana con la definición correspondiente.

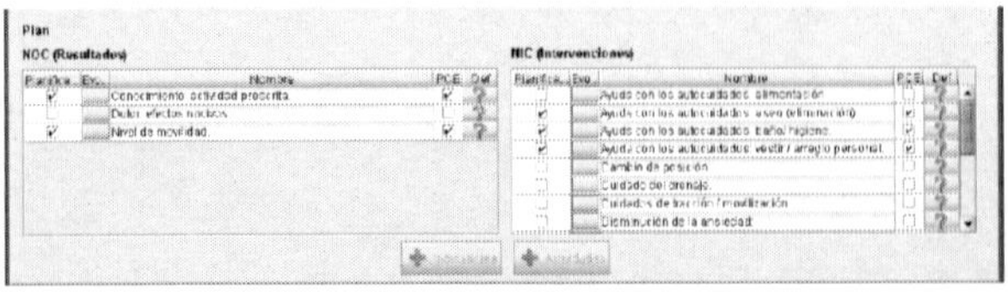

Activando un NOC y haciendo clic en el botón , entramos a valorar los indicadores de ese NOC.

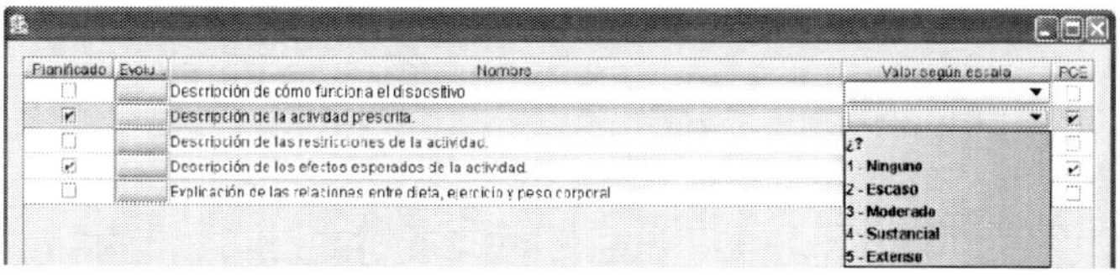

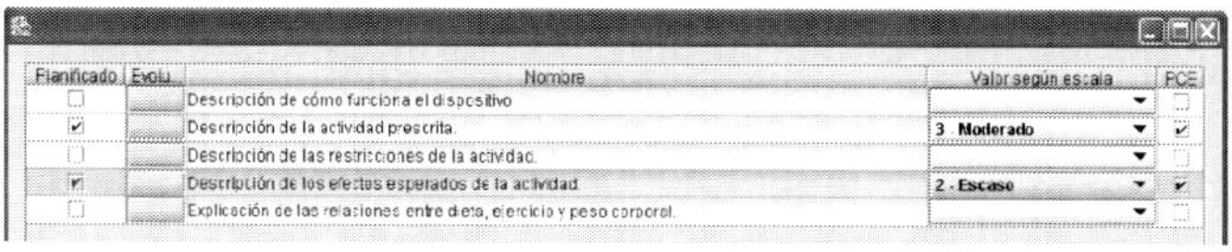

La aplicación nos muestra los indicadores relacionados con ese NOC. A medida de que se van seleccionando se valoran según la escala que aparece desplegando en menú.

Al marcar una NIC y haciendo clic en el botón , se abre una ventana con todas las actividades disponibles para esa intervención.

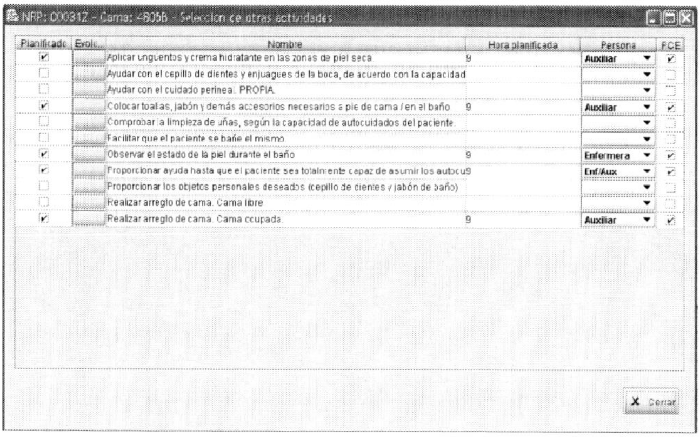

Una vez realizada la planificación de indicadores y actividades para cada diagnóstico enfermero pasamos a planificar aquellos requerimientos necesarios.

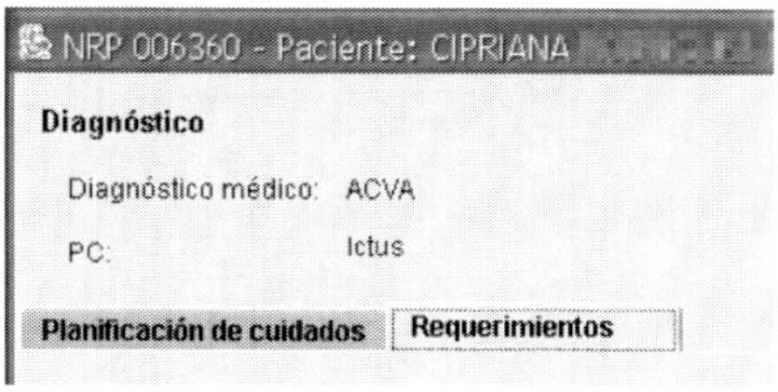

La pantalla de requerimientos está dividida en 4 secciones:

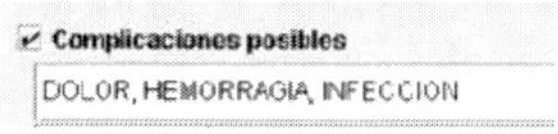

- Complicaciones. Para describir las complicaciones l usuario dispone de un cuadro de texto libre.
- Requerimientos terapéuticos.
- Requerimientos diagnósticos.
- Actividades derivadas de la hospitalización.

Vienen marcadas las NIC sugeridas por el plan estándar.

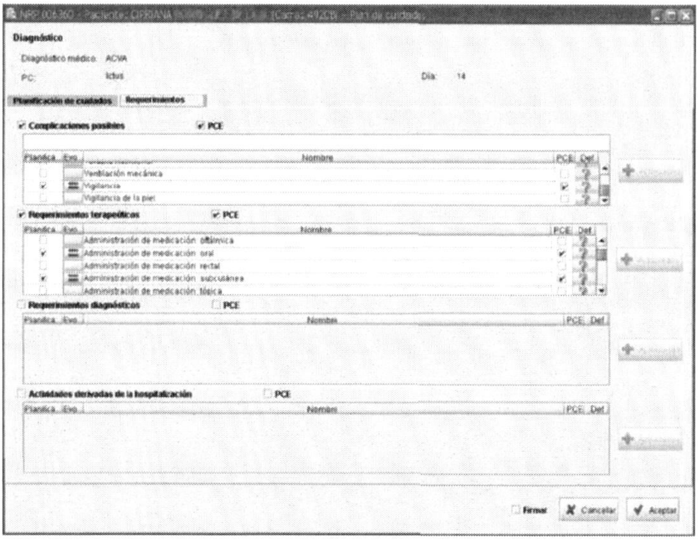

Para los días posteriores, la aplicación compara el PCE para el día de hoy, y los diagnósticos enfermeros, NOC, indicadores, las intervenciones, y las actividades planificadas para el paciente para el día anterior, distinguiendo aquellos elementos que se incorporan, los que desaparecen y los que se mantienen.

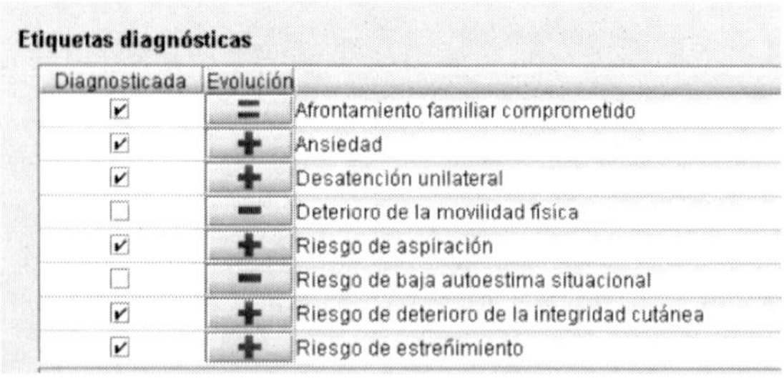

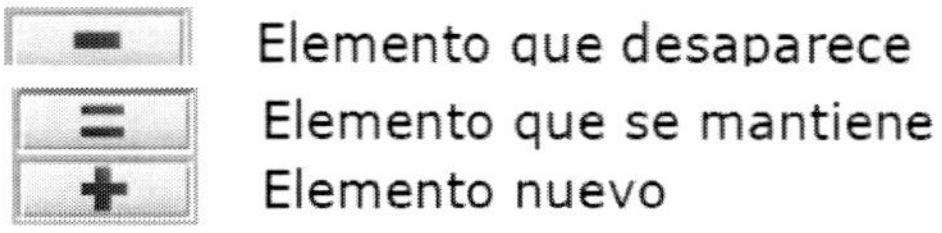

Cuando se ha eliminado un diagnóstico o resultado, al firmar el plan de cuidados, saldrá una ventana para que pongamos el valor final de los indicadores que desaparecen.

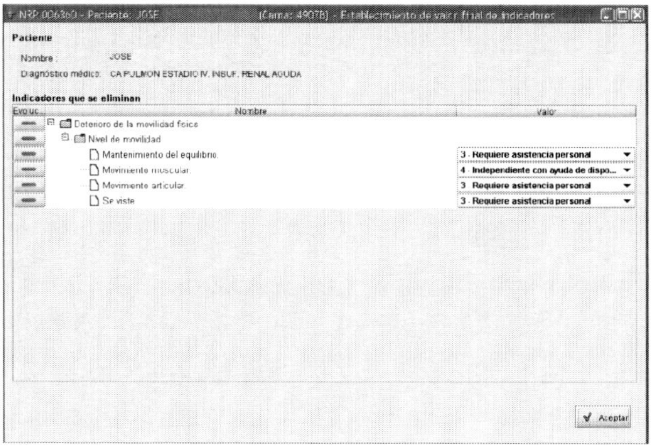

6.2.10. Agenda de cuidados

Cada día, una vez actualizados los planes de cuidados, la aplicación ofrece, a cada enfermera, una agenda con todos los cuidados que deben realizar a cada uno de los pacientes que tiene asignados durante su turno de trabajo.

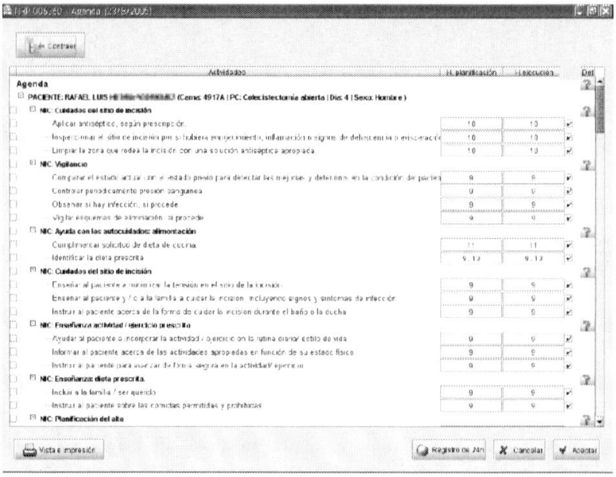

Al desplegar un paciente en la agenda nos aparecen las intervenciones, NIC (en negrita), y debajo de estas, las actividades relacionada con cada una de ellas.

6.2.11. Registro de cuidados

Para registrar, los cuidados realizados, lo hacemos marcando la casilla de verificación que existe a la izquierda de las NIC y de las actividades. Si se marca la NIC, quedan registradas todas las actividades de esa NIC, luego se pueden desmarcar las actividades no realizadas; o se registra de actividad en actividad marcando su casilla de verificación.

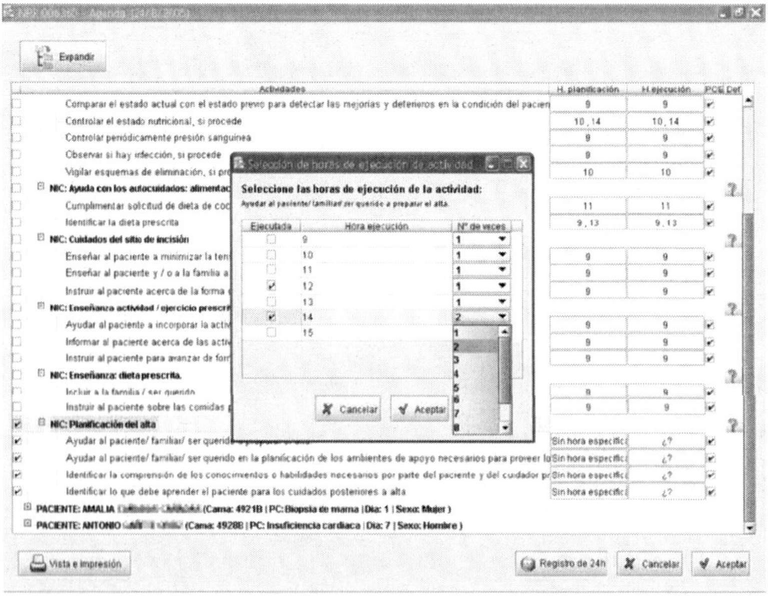

6.2.12. Registro de actividades no planificadas

Para registrar actividades no planificadas, seleccionamos el paciente al que le queremos registrar (tanto desde el mapa de cuidados como desde la propia agenda del usuario) y hacemos clic en el "registro de 24 h".

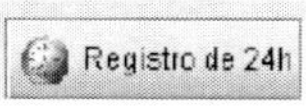

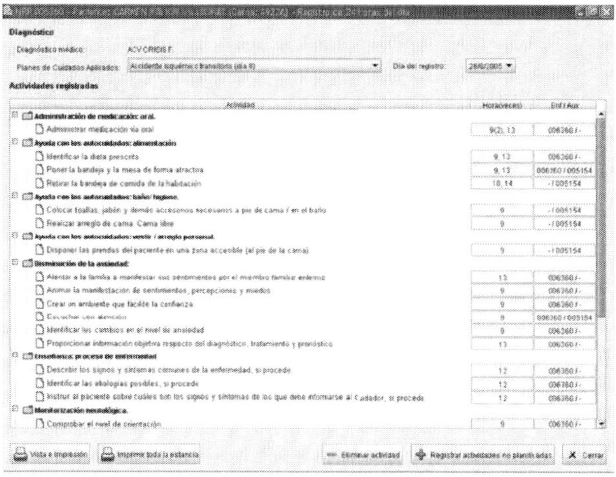

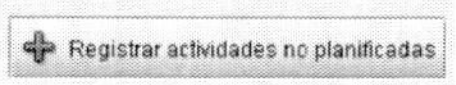

Al hacer clic en el botón "registrar actividades no planificadas" entramos en una ventana con tres zonas diferenciadas:

- Por un lado tenemos todas las etiquetas diagnósticas que el paciente tiene en el día de hoy junto con los requerimientos.
- Al activar una de las etiquetas nos aparecen todas las NIC relacionadas con esta etiqueta estando activadas aquellas que el paciente tiene planificadas.
- Al seleccionar una NIC, en la zona inferior de la pantalla la aplicación nos muestra todas las actividades relacionadas con la intervención, apareciendo activadas aquellas ya planificadas con anterioridad.

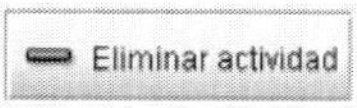

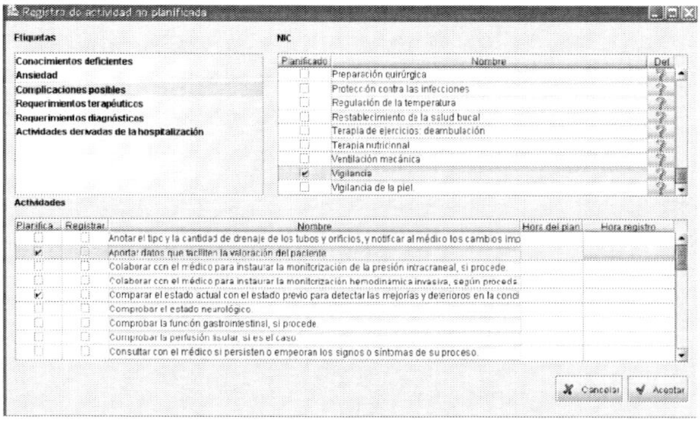

La aplicación contempla una utilidad para eliminar una actividad ya registrada siempre y cuando la elimine la persona que la había realizado y dentro del día y turno de trabajo del registro.

En el registro de 24 h se visualizan todas las actividades realizadas en ese día al paciente, las horas de ejecución y la persona. La aplicación puede mostrar el registro de cualquier día del episodio seleccionándolo en los menús desplegables existentes para tal fin.

6.2.13. Informe de continuidad de cuidados

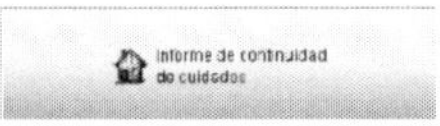

El acceso a esta utilidad se encuentra en el Mapa de Cuidados del paciente.

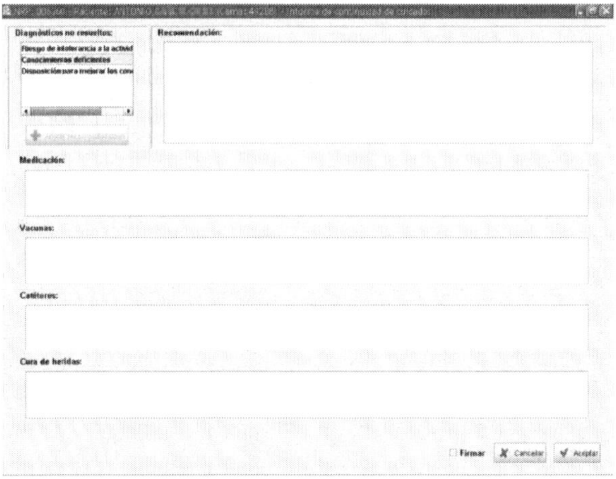

La ventana muestra 6 zonas diferenciadas:

- **Diagnósticos no resueltos**: cada vez que se acceda al Informe de Continuidad de Cuidados, aparecerán aquellos diagnósticos que en ese día no están resueltos. El día del alta sólo estarán aquellos que el paciente no tiene resueltos al alta.
- Campo de texto libre donde a cada diagnóstico no resuelto le pondremos unas recomendaciones.
- **Medicación**: para la medicación administrada al paciente el día del alta.
- **Vacunas**: para anotar si durante la hospitalización se le ha administrado alguna vacuna.
- **Catéteres:** donde se describen los catéteres que el paciente pudiese conservar al alta.

- **Cura de heridas**: se anotará, en el caso de tener alguna herida, como se ha estado curando durante la hospitalización.

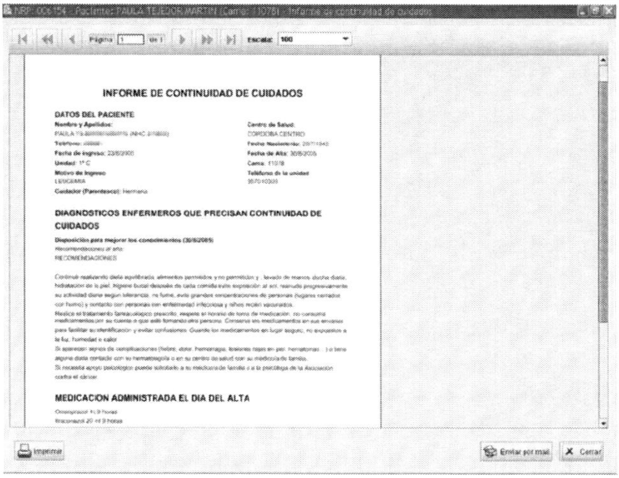

Una vez firmado el ICC, no se puede modificar ningún dato, excepto: Centro de Salud, Diagnóstico médico y Cuidador principal.

Si se puede imprimir los registros (Valoración Inicial, Resumen de cuidados, Registro de 24 horas, ICC, y Gráficas de constantes).

Resumen de cuidados

Es un informe de todos los diagnósticos y cuidados realizados al paciente.

Se accede a él desde el Mapa de Cuidados del paciente  .

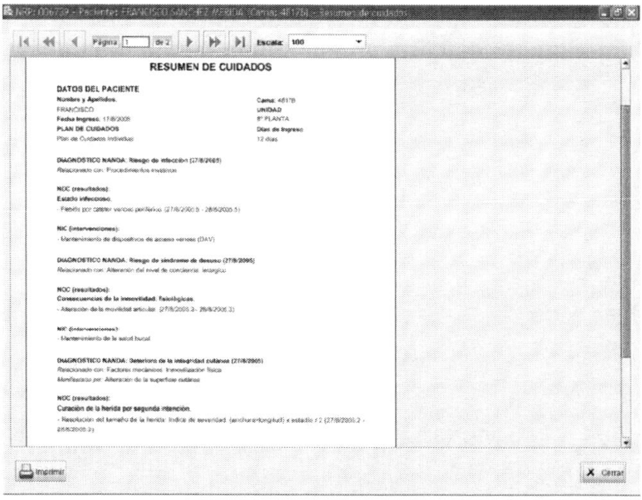

En este Resumen de Cuidados queda reflejado:

- Datos del paciente (nombre y apellidos, NHC, fecha de ingreso, Plan/es de cuidados aplicado/s, cama, unidad y días de ingreso).
- Todos los diagnósticos NANDA, que ha tenido durante la hospitalización, con sus correspondientes NOC (con los indicadores) y NIC. También queda reflejado la fecha en las que surgió el diagnóstico, y como evolucionan los indicadores.
- Detalle de las Complicaciones posibles detectadas así como de los requerimientos diagnósticos, terapéuticos y actividades derivadas de la hospitalización realizadas.
- UPP si las hubiera y los tratamientos y evoluciones de este episodio, dentro del diagnóstico Deterioro de la integridad cutánea.
- Todos los cuestionarios de valoración que se le hayan realizado al paciente.

6.2.14. Utilidades

Clave de acceso

En el menú principal cada usuario tiene la posibilidad de cambiar la clave de acceso.

La aplicación muestra una ventana donde el usuario tiene que escribir su clave actual y la nueva.

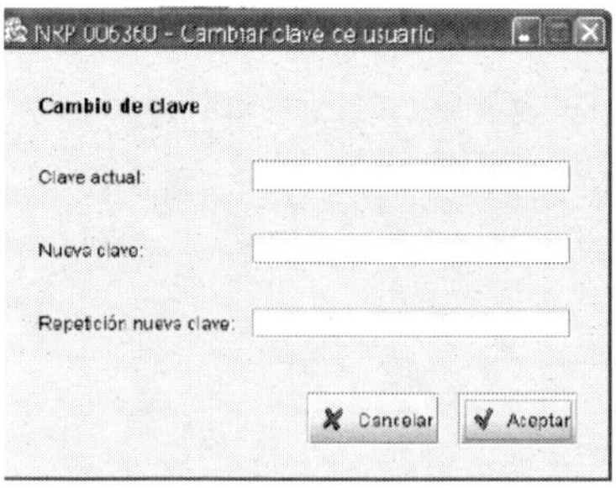

Hoja de evolución

La Hoja de Evolución permite a la enfermera realizar observaciones sobre la evolución del paciente. Se accede a ella a través del mapa de cuidados.

La ventana muestra en la parte superior un registro de las anotaciones efectuadas ordenadas por fecha y hora de registro y el nombre y NRP de la enfermera que lo ha realizado.

Seleccionando una de las entradas efectuadas la aplicación nos muestra la anotación en la parte inferior de la ventana.

Para añadir una incidencia se hace clic en el botón , el usuario dispone de un cuadro de texto libre donde anotar las observaciones.

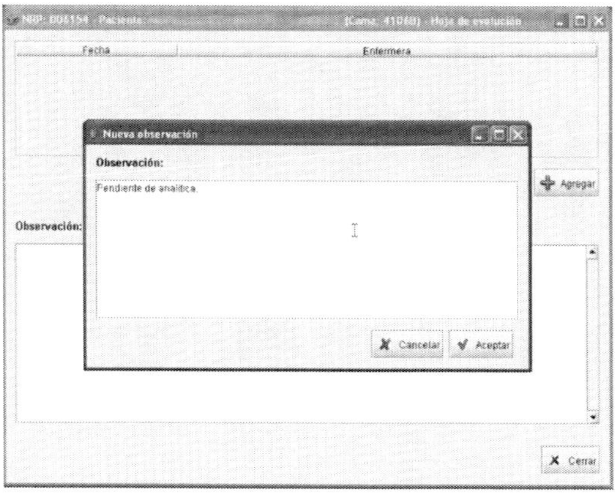

Dentro del día y turno en que se escribió la observación, ésta se puede modificar o eliminar.

También es posible ver e imprimir las evoluciones de todos los pacientes.

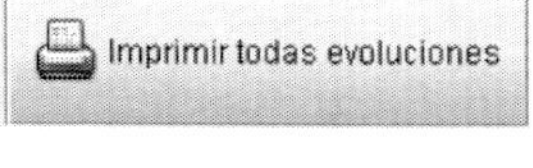

En ésta ventana el usuario dispone de:

1. Un menú desplegable que le informa de la unidad en la que se encuentra.
2. Periodo: en él determinamos la fecha que queramos ver o imprimir las evoluciones.
3. Pacientes: aparece el listado de todos los pacientes que el usuario tiene asignados, y se marcan los que desee ver/imprimir.

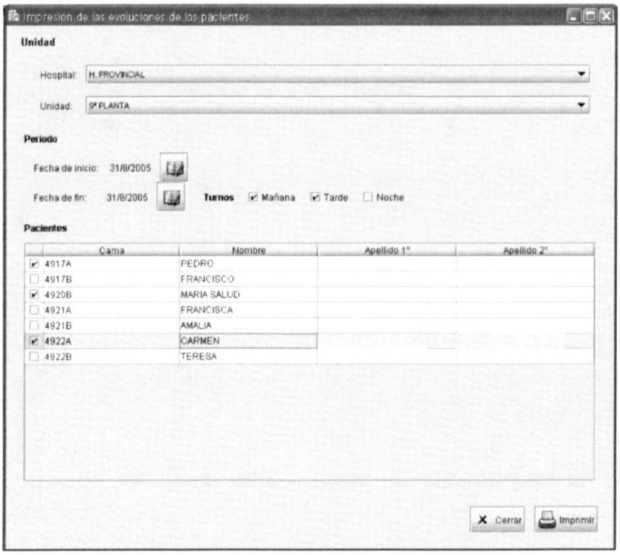

Registro de constantes

La aplicación dispone de una gráfica de constantes clínicas. El acceso a ella se realiza desde el mapa de cuidados haciendo clic en el botón "gráficas de constantes".

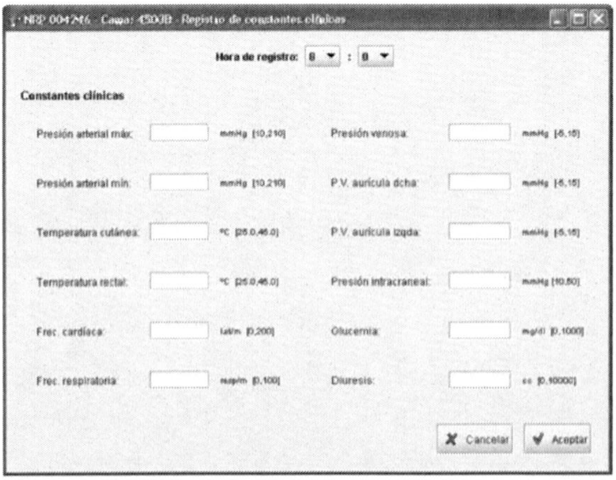

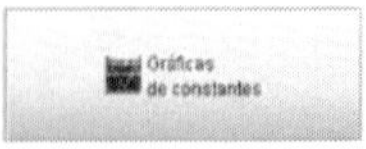

7. TARJETA + CUIDADO

Tarjeta de Identificación personal para el Plan de Atención a Personas Cuidadoras

Dentro de desarrollo de las líneas establecidas en el II Plan Andaluz de Alzheimer, que pretenden establecer medidas de discriminación positiva para mejorar la atención y la accesibilidad al sistema sanitario de las personas afectas de Alzheimer y otras Demencias y a las personas que las cuidan, se propuso la creación de una tarjeta que identificara a las personas cuidadoras habituales de pacientes con Alzheimer y otras demencias y a personas cuidadoras habituales de pacientes con gran discapacidad.

La consejería en su pagina Web establece una serie de preguntas que nos sirven para entender en que consiste la tarjeta + cuidado.

ANVERSO

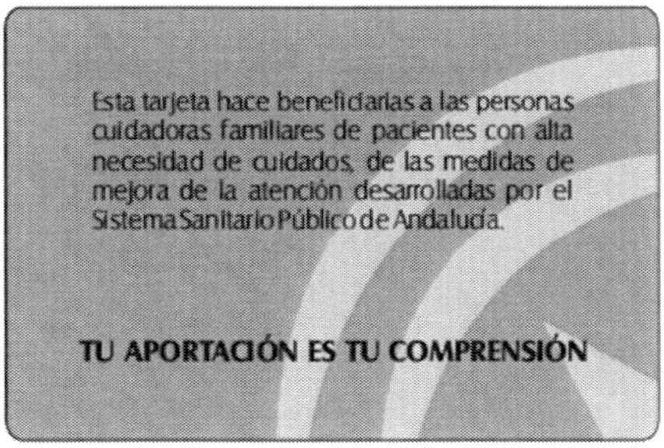

REVERSO

¿Quién es una persona cuidadora habitual?

Es aquella persona que asume la responsabilidad de la atención de forma permanente, y es/son el principal referente y apoyo de la persona que cuida y convive con ella o pasa más de 10 horas diarias en su domicilio.

¿Para que sirve la tarjeta Cuidado?

La tarjeta Cuidado pretende establecer medidas de discriminación positiva para mejorar la atención y la accesibilidad al sistema sanitario, de las personas con gran discapacidad y las afectas de Alzheimer y otras Demencias, y a las personas que las cuidan, entendiendo la especial situación en la que se encuentran, facilitando la intimidad y la personalización.

Estas medidas se encuentran recogidas en el Plan de Atención a Cuidadoras Familiares de Andalucía, y básicamente consisten 4 medidas de discriminación positiva: la Personalización, el Respeto, la Promoción de las Actividades Preventivas y la Mejora de la Atención:

- **Personalización**: las personas diagnosticadas de Alzheimer tendrán un profesional de referencia en los distintos niveles asistenciales:
  - ▷ Atención Primaria: médico de familia, enfermera de familia, enfermera gestora de casos, trabajador social y responsable de la unidad de atención ciudadana.

- ▷ Hospital: médico, enfermera referente, supervisora de planta, enfermera gestora de casos, trabajador social y responsable de la unidad de atención a la ciudadanía donde habitualmente ingrese el paciente.

- **Respeto a los principios básicos**.
  - ▷ Autonomía del paciente.
  - ▷ Normas básicas mínimas que regulan la capacidad de las personas (documento Sitges).
  - ▷ Respeto a la Toma de Decisiones en estadíos iniciales, confrontando dicha capacidad con los familiares más cercanos.
  - ▷ Ofrecimiento y facilitación de Declaración de Voluntades Anticipadas, con inclusión de su preferencia en cuanto a la decisión de formar parte en ensayos clínicos con medicamentos en las fases más avanzadas.
  - ▷ Informar y orientar sobre el procedimiento de reconocimiento del grado de dependencia según establece la Ley.
  - ▷ Justificación en la historia clínica, en las situaciones que se considere precisa la contención mecánica de los pacientes (Guía de buenas prácticas).
  - ▷ Justificación en la historia clínica, en las situaciones que se consideren precisas la aplicación de una Sonda Naso-Gástrica (Guía de buenas prácticas).
- **Respeto a la intimidad y confidencialidad**.
  - ▷ Habitación individual (siempre que sea posible).
  - ▷ Box en urgencia que permita la intimidad.
  - ▷ Consultas que favorezcan la intimidad.
- **Respeto a la seguridad y al deber de no abandono del paciente**.
  - ▷ Promover la ubicación más idónea del paciente en función de sus preferencias, evolución de la enfermedad, características y apoyos sociales y la familia.
    - ◦ Domicilio.
    - ◦ Instituciones sanitarias.
    - ◦ Centros sociosanitarios.
  - ▷ Todos los pacientes mantendrán un Profesional de Referencia sea cual sea su ubicación.
- **Promover las actividades preventivas**.
  - ▷ Ofertar el catalogo existente en función de la fase de la enfermedad.
    - ◦ Examen de salud para mayores de 65 años.
    - ◦ Programa de vacunaciones.
    - ◦ Atención bucodental.
    - ◦ Rehabilitación física y fisioterapia.
    - ◦ Terapia ocupacional.
    - ◦ Estimulación cognitiva.

- ▷ Prevenir situaciones de maltrato, claudicaciones de cuidados y/o deterioro familiar.
  - ° Elaboración de protocolos y programas de intervención intersectoriales encaminados a la prevención de estas situaciones.
- ▷ Desarrollar Planes de Actividades Preventivas en pacientes con EA especialmente dirigidos a las estancias en urgencias hospitalarias y durante los ingresos hospitalarios a fin de prevenir complicaciones evitables (SCA, inmovilismo, incontinencias, malnutrición, UPP, desarraigo familiar y social...).
- ▷ Fomentar la realización de talleres para cuidadores sobre técnicas de cuidados básicos y apoyo y afrontamiento para la enfermedad (Atención Primaria y Atención Hospitalaria).
- ▷ Cooperación intersectorial en aspectos de promoción de la salud (envejecimiento activo y hábitos saludables).

– **Mejora de la Atención**.
  - ▷ Atención primaria.
    - ° Valoración integral y plan de cuidados específico, incluyendo no sólo al paciente sino también al cuidador.
    - ° Adecuar la cobertura horaria de la atención domiciliaria.
    - ° Proporcionar material de apoyo en el domicilio que facilite el cuidado y prevenga lesiones de las personas cuidadoras.
    - ° Mejorar el acceso de los pacientes y cuidadores a los profesionales del Centro.
  - ▷ Atención especial durante la estancia en Urgencias.
    - ° Actividades encaminadas a prevenir el SCA. (Síndrome Confusional Agudo).
    - ° Permitir el acompañamiento familiar.
    - ° Identificación de la persona cuidadora familiar.
    - ° Espacios reservados.
    - ° Atender a los requerimientos básicos (comida, eliminación luz...).
  - ▷ Ingreso Hospitalario.
    - ° Ventanilla única que gestione, oriente y priorice la atención.
    - ° Facilitar, por parte del profesional de referencia, y siempre que familia así lo decida, el ingreso como tiempo de descanso y respiro del cuidador, fomentando que permanezca en el domicilio y evitando que esté en el hospital 24 horas.
    - ° Participar en los cuidados diarios, siempre que la persona cuidadora lo desee (aseo, alimentación, cambios de pañal, cambios posturales...) valorando previamente los conocimientos y habilidades de la persona cuidadora para los cuidados básicos que pueda seguir necesitando el paciente tras su vuelta al domicilio.

- ◦ Información sobre educación sanitaria, recursos, fomento del autocuidado, técnicas de relajación, así como el consejo e intervenciones encaminadas a evitar el cansancio del rol de cuidador, preferentemente en talleres grupales interdisciplinares en la propia planta del hospital.
- ◦ Planes de actividades preventivas para prevenir complicaciones evitables.
- ◦ Medidas de adecuación y adaptación del entrono a las necesidades de las personas cuidadoras.
  - * Dieta a los cuidadores.
  - * Espacios o escenarios que faciliten ayuda mutua.
  - * Flexibilidad horaria para información.
  - * Ingresos programados (claudicación familiar).
  - * Priorizar gestión de ambulancias para los traslados.

¿Quién puede acceder a la Tarjeta Cuidado?

Pueden acceder a ella todas las personas cuidadoras habituales de pacientes con diagnóstico de demencia (cualquier tipo de demencia y en cualquier estadío de la enfermedad) y de grandes discapacitados.

Los criterios de inclusión son los que aparecen recogidos como criterios de entrada en el Proceso Asistencial Integrado Demencias.

La valoración cognitiva del paciente y el diagnóstico del paciente se hará conforme al citado PAI.

Además de la identificación del paciente es necesario identificar a las personas que le cuidan.

La inclusión en el proyecto se realizará tras la valoración de la propuesta por la comisión de evaluación creada en cada Centro de Salud para tal fin.

Se informará a la persona cuidadora de las medidas puestas a su disposición.

La inclusión en el proyecto y la obtención de la tarjeta facilitará:

- Mejora de la accesibilidad al sistema sociosanitario.
- Personalización de la atención.
- Promoción de la visita domiciliaria.
- Fomento de redes de apoyo social formal e informal.
- Coordinación interinstitucional con los recursos que están implicados en la intervención, ya sean públicos o privados.
- Acto único administrativo.
- Preferencia en citas.
- Derecho de acompañamiento en urgencias y en la estancia hospitalaria, según la normativa vigente.

- Se garantizará la intimidad y la confidencialidad respecto a la enfermedad según los supuestos contemplados en la Ley de Protección de Datos, separando los datos clínicos (en este caso el diagnóstico) de los datos administrativos del paciente, con el fin de garantizar confidencialidad.

¿Cómo se accede a la Tarjeta Cuidado?

Las personas cuidadoras podrán acceder a dicha tarjeta de dos formas:

- A través del Centro de Atención Primaria.
  - ▹ Pacientes ya incluidos en el PAI Demencia. Desde los centros de salud se obtendrán los listados de pacientes incluidos en el PAI Demencias a partir de los que las enfermeras de familia contactarán con las personas cuidadoras de estos pacientes.
  - ▹ Pacientes ya dados de alta en el Plan de Atención a Cuidadoras de Grandes Discapacitados. Las enfermeras Gestoras de Casos revisarán los pacientes discapacitados que tienen incluidos hasta el momento en este Plan para completar la información referente al diagnóstico Alzheimer.
  - ▹ Demencia para gestionar la tarjeta.
  - ▹ Nuevos pacientes. Tras su inclusión en el PAI Demencias las personas cuidadoras serán valoradas por la enfermera de familia o la enfermera gestora de casos que propondrá su inclusión en el Plan de Mejora de Atención a Cuidadoras. Las propuestas las valorará la comisión de evaluación del centro de salud y en caso de ser aprobada se procederá a su inclusión en la base de datos.
- A través de las AFA's (Asociaciones de Familiares de personas con Alzheimer).
  - ▹ Desde las AFA's se facilitará un listado a los Centros de Salud de cada localidad, siempre que así los decidan las personas cuidadores, los nombres de los pacientes, su número de historia clínica y el nombre de la/s persona/s cuidadora/s.
  - ▹ Tras comprobar que dichos pacientes están dados de alta en el PAI Demencias se procederá a la emisión de la tarjeta.

8. HISTORIA DIGITAL DE SALUD DEL CIUDADANO. BASE DE DATOS DE USUARIOS (BDU). CONFIDENCIALIDAD

8.1. Historia Digital de Salud del Ciudadano

La historia digital de salud del ciudadano es DIRAYA, de la que se habló anteriormente.

8.2. Base de Datos de Usuarios (BDU)

La Base de datos de usuarios es BDU. Remitimos al lector al apartado de este capítulo en el que se habla de ella.

8.3. Confidencialidad

Los pilares fundamentales en los que se sustenta la relación sistema sanitario-paciente son la confianza y el respeto. Durante el acto sanitario el paciente o su familia pueden revelar información sensible, aunque necesaria, para el adecuado manejo del paciente. El hecho de que dicha información sea confidencial y que va a mantenerse el secreto en todo momento, es uno de los principios fundamentales que debe guiar cualquier actuación. Ningún paciente suministraría información alguna durante atención si presumiese que podría trascender en un futuro y ser difundida contra su voluntad.

La progresiva implantación de la Historia Digital de Salud y del Programa Diraya en Andalucía, ha modificado sustancialmente el panorama de la confidencialidad del paciente.

La historia clínica de un paciente es accesible por múltiples sanitarios del Sistema Sanitario, relacionados o no con la atención sanitaria directa del paciente y desde múltiples Centros del Sistema Sanitario Andaluz.

Si el médico habitual por razones de eficiencia de su Consulta decide implementar en Diraya, el menú de Problemas, los datos allí consignados pueden ser visualizados en otras consultas; por ejemplo en urgencias hospitalarias

Los datos registrados en la historia clínica del paciente del programa Diraya no pueden modificarse desde las 24 h. del día en curso y permanecerán en dicha historia.

8.3.1. Definiciones

"Calidad de aquello que se hace o dice en confianza o con seguridad recíproca entre dos o más personas" (RAE).

"Derecho del paciente a que todos aquellos que lleguen a conocer datos relacionados con su persona por su vinculación laboral, al participar de forma directa o indirecta en las funciones propias de las instituciones sanitarias, respeten su intimidad y cumplan con el llamado deber de sigilo, reserva y secreto".

8.3.2. Normativa que regula el uso de la Historia Clínica

- Ley 14/1986 General de Sanidad.
- Ley Orgánica 15/1999 de 13 de diciembre, de Protección de datos de carácter personal (LOPD).
- Ley 41/2002 de 14 de noviembre, básica reguladora de la Autonomía del Paciente y de Derechos y Obligaciones en materia de Información y Documentación Clínica.
- Convenio sobre los derechos del hombre y la biomedicina de 1997.

8.3.3. Normativa que regula la confidencialidad en salud

- Constitución Española. Arts.18.1 y 18.4
- Ley Orgánica 15/1999 de 13 de diciembre, de Protección de datos de carácter personal (LOPD).
- Ley 41/2002 de 14 de noviembre, básica reguladora de la Autonomía del Paciente y de Derechos y Obligaciones en materia de Información y Documentación Clínica.
- Ley 14/1986 General de Sanidad (Derechos de los ciudadanos).
- Ley 2/1998 de Salud de Andalucía (Derechos de los ciudadanos).

Dentro de la Ley de Autonomía del paciente se recogen varios artículos relacionados:

- Artículo 2: "La persona que elabore o tenga acceso a la información y a la documentación clínica está obligada a guardar la reserva debida".
- Artículo 7: "Toda persona tiene derecho a que se respete el carácter confidencial de los datos referentes a su salud, y a que nadie pueda acceder a ellos sin la previa autorización amparada por la ley".

8.3.4. Conceptos básicos

Los servicios públicos y privados de salud son los responsables del mantenimiento de todos los aspectos de seguridad y confidencialidad de los datos y la información.

Hay dos factores que convierten al tema en una inquietud preeminente en el sector de atención de salud actual:

- La naturaleza intrínsecamente sensible de los datos de los pacientes
- Uso creciente de la red, en particular Internet, para el procesamiento de información para atención de salud.

Para ello debemos de tener en cuenta 4 conceptos:

- Integridad: la prevención de la modificación no autorizada de información.
- Acceso: la prevención del ingreso no autorizado a los recursos de información.
- Protección física: la protección de datos y equipos para el procesamiento de datos contra el daño intencional o accidental.
- Confidencialidad: evitar la divulgación no autorizada de información.

8.3.5. Características de los datos sobre salud

Los sistemas de información sanitaria almacenan datos sobre la salud de las personas y parte de la información es sumamente confidencial.

Debido a la naturaleza del equipo de trabajo y las frecuentes actividades interdisciplinarias en salud, muchos profesionales necesitan datos individuales confidenciales y el control y la autorización para el acceso se tornan problemas especiales.

Los datos individuales registrados desempeñan una función esencial en la prestación de atención de salud y pueden incluso ser críticos para el paciente. La disponibilidad de tales datos, incluso en línea, y su calidad merecen especial atención y el equilibrio entre el acceso y el control de la integridad es un problema grave en estas circunstancias.

Se está otorgando acceso remoto a registros médicos y otros datos relacionados con la atención de salud a un número cada vez mayor de proveedores de servicio, contribuyentes, controladores y trabajadores administrativos.

El reto es proporcionar simultáneamente niveles necesarios de acceso y asegurar la protección para sistemas internos, confidencialidad, autenticación significativa de usuarios y la capacidad de auditar la utilización de los sistemas.

La confidencialidad incluye el equilibrio de la demanda de información sobre atención de salud y los derechos de privacidad de los pacientes y el establecimiento de principios justos de privacidad para los datos individuales: límites de uso de registros de salud por parte de las autoridades de salud pública, la policía y los investigadores.

8.3.6. Actuaciones

Una manera eficaz de abordar las cuestiones en torno a la confidencialidad incluye las siguientes actuaciones:

- Identificar quién tiene acceso a los datos
- Definir los datos o conjuntos de datos a los que tiene acceso un profesional particular.
- Establecer mecanismos para educar y obligar (mediante accione disciplinarias) al individuo que tiene acceso a la información a mantener el carácter confidencial.
- Establecer reglas para la divulgación de información relacionada con la salud.
- Establecer barreras físicas y elementos de disuasión para los sistemas con el fin de proteger los datos y el equipo de procesamiento de datos contra la entrada no autorizada, la corrupción, el desastre, el hurto y el daño intencional o no intencional.
- Seguridad física.
- Los problemas más comunes comprenden iluminación, fluctuaciones de potencia, inundaciones, incendios, carga eléctrica estática y condiciones ambientales inadecuadas. El robo de equipos y medios de datos es menos común pero puede ser desastroso. Un plan de contingencia para la recuperación y la copia de seguridad de datos en caso de desastres y equipo redundante son maneras de abordar problemas de esta naturaleza.
- Autenticación.

  Se trata del método más básico. Implica un usuario que envía un código de identificación de usuario, junto con una contraseña, a la red que el usuario quiere acceder. El sistema de seguridad de la red compara la identidad con la contraseña y “autentica” al usuario en el caso de una coincidencia, o niega el acceso del usuario si no hay coincidencia. Se pueden definir diferentes niveles de acceso para el mismo registro.

- Cifrado.

  El cifrado es el método de codificar un mensaje, un campo, formas, datos o toda una red, con el uso de claves alfanuméricas que mezclan desordenadamente los datos para que solo los individuos que poseen la clave apropiada puedan descifrar y leer la información. El resultado final es datos asegurados. La clave de cifrado puede ser una cadena de dígitos que tienen una relación matemática con una clave de descifrado correspondiente, de manera que una se utiliza para cifrar, otra para descifrar o la misma clave puede utilizarse para cifrar y descifrar.

- Firma digital.

  Se trata de una marca de identificación proporcionada por el remitente/compositor en cada transacción de comunicaciones para demostrar que realmente envió el mensaje. Las firmas digitales reúnen las siguientes condiciones: son imposibles de imitar fraudulentamente, son auténticas, no alterables y no reutilizables.

- Control de acceso.

  Es una forma compleja de seguridad de amplia aplicación en los sistemas de salud. Los sistemas para el control de acceso funcionan al permitir a la empresa definir varias funciones. Los ejemplos de las funciones son pacientes, médicos, enfermeras, administrativos, supervisores, etc. Diferentes funciones tienen acceso permitido a diferentes niveles de datos, más allá del requisito sencillo de autenticación.

  Diraya, contempla dos formas de control de la confidencialidad del paciente: cuando se accede a una historia clínica no asignada a su cupo el programa pide conformidad emitiendo un documento que se debe imprimir, solicitar firma del paciente y enviar a los Servicios Centrales, de esta forma queda constancia de que personal no autorizado ha accedido a la historia clínica en cuestión con autorización del paciente; pero no se limita el acceso a dicha historia. Igualmente se contempla la posibilidad de encriptar los motivos de consulta, la anamnesis o la exploración del paciente, de forma que estos datos sólo sean accesibles al médico habitual del paciente.

Tema 22

Los Costes Sanitarios. Concepto. Tipo de Costes. Cálculo de Costes: Case Mix. Producto Sanitario. Conceptos de financiación, gestión y provisión de servicios sanitarios. Concepto de equidad, eficacia, eficiencia y efectividad

eRodio ediciones

Índice esquemático

1. INTRODUCCIÓN

Hablar de Salud y de Economía en términos macro o microeconómicos es controvertido en los tiempos de crisis que corren, pues se ha asociado muchas veces a una peor calidad asistencial, recortes en la prestación o una dilación en el tiempo de la atención sanitaria. La realidad es que el gasto en la Atención Sanitaria ha crecido exponencialmente por la necesidad de atender a la población enferma y por los avances tecnológicos que permiten precisar con mayor exactitud el diagnóstico. Hasta hace unos pocos años, en la Sanidad Pública Gubernamental, el cálculo del coste de un proceso sanitario era impensable para el paciente. Ahora, medidas como la **factura sombra** hacen visible precisamente estos costes y favorecen la toma de conciencia del cliente y del prescriptor ante esta realidad. El hecho de que los recursos sanitarios son limitados, frente a una demanda que tiene a ser ilimitada obliga a los responsables sanitarios a incorporar políticas y estrategias que optimicen la asistencia sanitaria.

2. LOS COSTES SANITARIOS: CONCEPTO

Cuando hablamos de coste sanitario nos referimos habitualmente a la cantidad de recurso sanitario que se emplea para resolver una enfermedad, por el valor económico de éste. Por ejemplo, en una intervención quirúrgica los recursos sanitarios que se utilizan son: quirófano, instrumental, personal sanitario, medicación, días de hospitalización, mantenimiento de las instalaciones sanitarias y un sinfín de recursos más. A este consumo de recursos necesario, que podemos cuantificar monetariamente, para obtener el producto final le llamamos coste.

Coste Sanitario = nº de recursos sanitarios x nº de procesos sanitarios x valor económico de cada uno de ellos.

3. TIPOS DE COSTES

Los costes pueden clasificarse de diversas maneras: en función del grado de control que se tiene sobre ellos, del volumen de producción y de su demanda, (fijos y variables). También se pueden clasificar en función del tipo de producto, (sanitario o no sanitario).

Así, un ejemplo de costes variables sería el servicio de comidas de un hospital, que al aumentar el volumen se puede abaratar el coste de menú por paciente. En cambio los gastos de personal, de mantenimiento del edificio o de electricidad son fijos. Este tipo de costes es fundamental para un presupuesto anual por ejemplo de un centro sanitario.

Costes variables (*ejemplo. Las comidas o los medicamentos*)

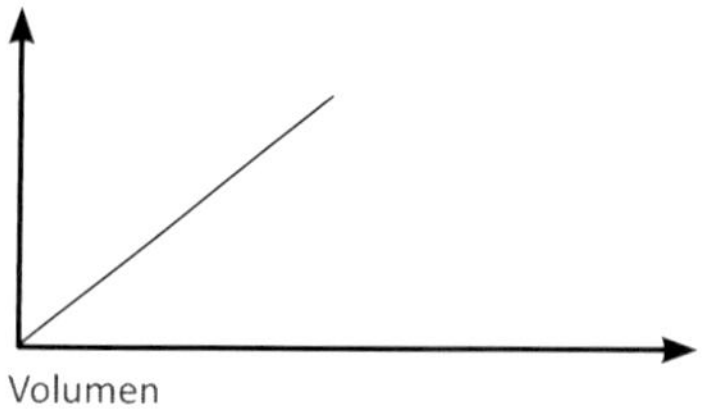

Costes fijos (*ejemplo. Las nóminas de profesionales, la amortización de inversiones*)

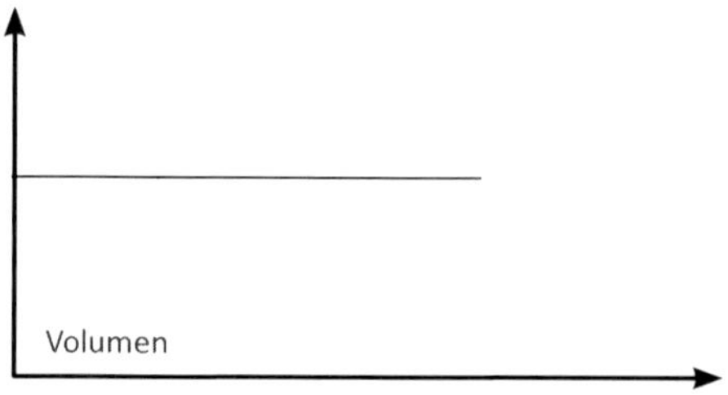

Por otro lado, en relación con el paciente los costes pueden ser directos o indirectos. Los que directamente repercuten en la atención al paciente o los que no. Por ejemplo, un proceso cardiológico, un síndrome coronario agudo tendría los costes atribuibles al proceso y paciente, los utilizados como los fármacos, fungibles, pruebas y horas de personal que se precisan para su atención.

En relación con el producto podemos clasificarlos como costes sanitarios o no sanitarios, entre los primeros estarían los medicamentos, el material fungible, etc., en los segundos, estarían los gastos de lavandería, de limpieza, etc.

4. CÁLCULO DE COSTES: CASE MIX. PRODUCTO SANITARIO

El cálculo de costes es una necesidad para poder gestionar y administrar eficientemente una organización sanitaria. Para el cálculo de costes se tienen en cuenta aspectos cuantitativos del consumo de bienes y recursos, junto a los precios unitarios. Como decíamos antes los costes fijos no dependen del volumen consumido mientras que los costes variables se ven claramente afectados por el mercado y por el volumen de recursos consumidos o contratados. De modo que los costes cambian cuanto mayor es el número de servicios realizados o cuando aumenta el precio unitario del recurso a consumir. Hay en cambio ciertos recursos que se optimizan cuando el número de servicios aumenta, por ejemplo un bioanalizador que tiene un coste de amortización fijo saldrá más rentable si realiza más determinaciones a pesar de que el fungible y los reactivos aumenten en número.

El **análisis coste-efectividad** (ACE) es, en la actualidad, la forma más común de llevar a cabo cualquier evaluación económica de las intervenciones sanitarias destinada a determinar qué intervenciones resultan prioritarias para maximizar el beneficio producido por los recursos económicos disponibles. Para realizar un análisis coste-efectividad (ACE) necesitamos, por tanto, conocer la efectividad del programa a evaluar. Es decir, debemos formularnos la pregunta ¿Cuánto de lo invertido realmente repercute en beneficio para la salud?

El **Case Mix** es el conjunto de procesos que se tratan en un hospital y es en la actualidad el modo más adecuado de definir el producto hospitalario. Si comparamos una fábrica de cualquier producto tangible (tuercas y tornillos, p.e.) su producción se mide por el número de tuercas y tornillos que salen de su línea final, no por los cortes de acero o los troqueles en las piezas. En el caso del hospital se tiene a medir igualmente el producto final, es decir, los procesos tratados según su codificación clínica (CIE-9) y que se agrupan posteriormente en grupos relacionados con el diagnóstico (GRD).

Este concepto representa pues una ventaja como método de evaluación del producto hospitalario y de sus diferentes servicios en términos de efectividad sobre sus productos finales y el coste por proceso en términos de eficiencia, lo que hace de esta herramienta metodológica un modelo para la evaluación de las unidades de gestión clínica.

Como decíamos al comienzo de este capítulo, la demanda sanitaria está creciendo en las dimensiones cuantitativa y cualitativa, lo que supone un reto por el aumento del gasto sanitario para dar respuesta a esta demanda creciente. En nuestro entorno, por otro lado, se da una descentralización de los servicios sanitarios configurado en un Sistema de Salud interterritorial que gestiona cada Comunidad Autónoma. A esto hay que sumarle el concepto de racionalización del gasto como el uso consciente y juicioso del gasto sanitario en los procedimientos o técnicas sustentado en la mejor evidencia disponible. En este sentido se trata de gestionar los servicios sanitarios mezclando el conocimiento clínico y empresarial para garantizar la atención sanitaria con los mejores índices de eficiencia.

El producto sanitario, en este contexto económico, esencial en una empresa sanitaria es la salud, por consiguiente, la prestación asistencial se realiza para tratar y prevenir la enfermedad o sus consecuencias. Nos referimos al producto intangible Salud, del mismo modo que la fábrica de botellas de vidrio su producto tangible serían precisamente las unidades de botellas de vidrio que salen por su línea de producción final.

De modo que el producto sanitario viene dado por el conjunto de actuaciones que llevan a cabo los profesionales en una organización sanitaria para mejorar la salud de las personas atendidas. Y este producto sanitario cuando lo concretamos en la asistencia sanitaria directa obtenemos dos dimensiones: Productos intermedios (actividades diversas) y productos finales (episodios de enfermedad atendidos). De hecho, la actividad de un centro sanitario se mide por la suma de todos los productos intermedios y se puede evaluar valorando esas acciones.

Así la medida de actividad suele ser un indicador que refleja la marcha de un hospital o un servicio sanitario. Veamos por ejemplo, cuando comparamos un hospital con otro en función del número de intervenciones realizadas en un trimestre o los pacientes atendidos en urgencias a lo largo de un año.

5. CONCEPTOS DE FINANCIACIÓN, GESTIÓN Y PROVISIÓN DE SERVICIOS SANITARIOS

Como adelantábamos al comienzo de este capítulo, el aumento creciente del gasto sanitario es un asunto que preocupa a los gobiernos de los países desarrollados. Este aumento se debe tanto por la demanda de servicios asistenciales en su dimensión cualitativa (nuevos servicios, más pruebas, mayor nivel de atención...) como en su dimensión cuantitativa (mayor número de usuarios debido a la pirámide de edad, mayor exigencia y/o mala utilización de los servicios sanitarios). Por lo que su financiación también es más compleja. A este fenómeno le añadimos en nuestro entorno una distribución descentralizada, en diferentes Comunidades Autónomas, lo que hace que deba repartirse ya de forma previa con todas sus limitaciones de recursos y racionalización consecuente de los servicios que se ofrecen.

Así, la toma de decisiones en materia económica está mediada por la prioridad de adecuar los recursos limitados a aquellas situaciones que realmente resulten de utilidad, es decir, gastar en sanidad pero en aquello que es necesario y efectivo y además eficiente (recordemos que eficiencia es utilizar lo que hace más efecto con el menor coste). Otra cuestión es cómo saber qué es necesario y efectivo. Además hay que prestar servicios de manera equitativa y accesible a toda la población, si estamos hablando del Sistema Sanitario Público Gubernamental. En la sanidad privada la financiación procedería fundamentalmente de las cuotas que pagan de forma directa los asegurados. En nuestro modelo sanitario de financiación a través de la Seguridad Social, la sanidad se financia mediante las cotizaciones sociales de los trabajadores, las cuotas de las empresas y la aportación del Estado Central. Este sistema cubre tanto a los cotizantes como a sus familias, aunque se extiende también a no cotizantes. Con este sistema el usuario debería tener una conciencia entre el coste sanitario y su sustentación financiera, lo que llevaría a pensar que podría moderar su demanda, pero en realidad no es así, No existe una conciencia de lo que realmente cuesta sostener el Sistema Sanitario y se utiliza como sinónimo de ***Sanidad gratuita***. Esto lo hemos visto en los medios de comunicación cuando se ha propuesto el ***copago*** en determinadas situaciones, lo que ha sido contestado por diversos sectores que hacían alusión al ***repago*** puesto que ya pagamos la sanidad mediante las cotizaciones.

En la práctica de los centros sanitarios, los servicios se distribuyen y organizan en unidades de gestión clínica, lo que trata de dotar de una autonomía no sólo clínica sino financiera. La gestión clínica integra la administración de los servicios sanitarios en su faceta asistencial con su faceta empresarial, es decir, un proceso de toma de de decisiones en la orientado a conseguir el máximo beneficio para el paciente y aumentar la calidad del servicio sanitario implicando a todos los profesionales intervinientes. Por ello, la gestión clínica precisa de herramientas como la coordinación y la motivación de sus profesionales, pues se persigue alcanzar resultados con los recursos disponibles de forma eficiente, en el que el paciente es el centro del sistema.

6. CONCEPTO DE EQUIDAD, EFICACIA, EFICIENCIA Y EFECTIVIDAD

La palabra "eficacia" viene del Latín *efficere* que, a su vez, es derivado de *facere,* que significa "hacer o lograr". El Diccionario de la Lengua Española de la Real Academia Española señala que "eficacia" significa "virtud, actividad, fuerza y poder para obrar". María Moliner interpreta esa definición y sugiere que "eficacia" "se aplica a las cosas o personas que pueden producir el efecto o prestar el servicio a que están destinadas". Algo es eficaz si logra o hace lo que debía hacer. Aplicando estas definiciones a un fármaco la eficacia podría entenderse como el grado en que se alcanzan los resultados en términos teóricos, es decir, tiene utilidad clínica.

Efectividad y eficacia son sinónimos y se pueden utilizar en forma intercambiable. Vienen las dos palabras de la misma raíz etimológica y sus definiciones generales (de diccionario) son parecidas. El matiz diferencial se sitúa en la práctica, ese mismo fármaco del ejemplo anterior sería igualmente efectivo porque hace efecto en condiciones normales y habituales. La eficiencia se refiere a la producción de los bienes o servicios más valorados por la sociedad al menor coste social posible. Por tanto, para lograr la eficiencia es preciso contar con la efectividad y con la eficacia previamente.

Por último, el concepto de equidad se fundamenta en tres valores sociales: igualdad, cumplimiento de derechos y justicia. Hace referencia a la cualidad que consiste en atribuir a cada uno aquello a lo que tiene derecho. En términos sociales, hablaríamos de la distribución equitativa de los recursos, de la accesibilidad a los servicios públicos de manera equitativa en función de las necesidades a satisfacer.

7. CONCLUSIONES

La Salud y la Economía son dimensiones que parecían no encontrarse hasta que la creciente demanda, los recursos limitados y la necesidad de una buena gestión en términos de costes, de eficacia, de resultados de actividad en los procesos asistenciales y de calidad asistencial, los ha unido para mantener un Sistema Sanitario sostenible. El aumento en las dimensiones cualitativa (más exigencias de pruebas) y cuantitativa (más personas solicitando atención sanitaria) junto con una conciencia del cliente, alejada de los costes reales que representa dicha atención sanitaria hace que la salud suponga uno de los capítulos más amplios en materia presupuestaria, quedando los gestores, responsables sanitarios y políticos obligados a buscar fórmulas de mayor eficiencia en Salud.

Tema 23

Planificación sanitaria. Identificación de problemas. Indicadores demográficos, socioeconómicos, del nivel de salud, medioambientales. Elaboración de programas de salud y su evaluación. Niveles de Prevención: primaria, secundaria, terciaria y cuaternaria

eRodio ediciones

Índice esquemático

1. PLANIFICACIÓN SANITARIA

La planificación se corresponde con una fase de la administración y se describe como la actuación sobre un sistema social con la finalidad de alcanzar resultados concretos, es por tanto, la primera etapa del proceso administrativo y la base del total de las actuaciones posteriores.

Podemos dividir la administración en dos grandes etapas: la primera etapa, la de «pensar», que corresponde a las funciones de planificación y organización, y la segunda, la de «hacer», que comprende las funciones de dirección, control y evaluación.

En la Declaración de Alma-Ata (URSS, 1978), se señala que la Atención Primaria de Salud es la base para alcanzar un estado adecuado de salud para toda la población y recomienda a los sistemas de salud la aplicación de programas de salud coherentes con la planificación sanitaria como un instrumento para el logro del objetivo global.

Por tanto, una adecuada planificación del sistema sanitario permitirá desarrollar y evaluar las políticas de salud.

Hay cuatro ideas fundamentales que justifican la planificación (Hernán San Martín):

1. Es útil para ajustar los medios y los recursos a los objetivos de los programas.
2. Permite programar por necesidades y por problemas de salud reales.
3. Es necesaria para la gestión y evaluación de los resultados.
4. Introduce una racionalidad científica en las decisiones.

1.1. Definición

Existen muchas definiciones sobre la planificación:

"Es un proceso continuo de previsión de recursos y servicios necesarios para conseguir unos objetivos determinados, según un orden de prioridad establecido, permitiendo elegir la o las soluciones óptimas entre muchas alternativas. Esta elección toma en consideración el contexto de dificultades internas y externas, conocidas actualmente o previsibles en el futuro". (Pineault).

"Proceso por el cual las decisiones son transformadas en acciones" (Spiegel)

"Un proceso a partir del cual se escoge entre medios alternativos para obtener los fines deseados" (Knox).

La más usada en sanidad es la de Pineault.

1.2. Características

1. La planificación es un **proceso**:

   Esta discurre a través de diferentes etapas relacionadas entre si e implica una elaboración que los diferencia de una lista de acciones a seguir.

2. La planificación es **previsión** de futuro:

   Debe ser posible de realizar, no una situación ideal o inalcanzable. La planificación debe ser ajustada y racional. En esta etapa deberemos definir cuál sería "la situación ideal" a alcanzar a partir de unos servicios y recursos.

3. La planificación es un **proceso creativo**:

   Tiende a la creación de cosas y situaciones nuevas e innovadoras y a que sus efectos sean estables en el tiempo.

4. La planificación **tiende a la acción**:

   No debe suscribirse a la teoría, sino que debe concretar formas de actuación y proponer unos determinados objetivos en un plazo de tiempo establecido. Debe responder a estas cuestiones: *"qué se va a hacer?, ¿quién?, ¿cómo?, ¿cuándo?."*

5. La planificación pretende unos **resultados concretos**:

   A partir de una situación especifica (estado de salud actual), se realizan unas actuaciones determinadas para conseguir los objetivos o metas fijadas con los recursos necesarios.

6. La planificación se basa en las **necesidades**:

   Se debe conocer a priori el estado de salud de, comunidades, grupos e individuos y a partir de ese conocimiento determinar "las necesidades de salud" para alcanzar los objetivos en salud propuestos.

7. La planificación precisa y utiliza **información** concreta y especifica:

   La recogida de información como parte de una etapa de la planificación nos servirá para el análisis y diagnóstico de la situación y por tanto es útil para conocer las necesidades y para evaluar los cambios.

8. La planificación se aplica a los **distintos niveles** del Sistema de salud:

   La planificación en los diversos niveles debe estar interrelacionada y coordinada con los de nivel superior e inferior.

1.3. Tipos

Hay distintos tipos de planificaciones dependiendo de diferentes factores relacionados entre si y que por tanto hace que los distintos tipos no sean estancos e independientes y que por ello se trate de la unión de estos:

1. Según amplitud y extensión:

   a) **Planificación estratégica**: Se define como el establecimiento de propósitos fundamentales que implican cambios duraderos a largo plazo. Supone la determinación de directrices generales de actuación de amplia perspectiva. Llevada a cabo por los altos niveles de cada institución y que debe ser conocida y compartida por los niveles inferiores. Genera los llamados Planes Directores.

   Precisa una amplia información prospectiva y actualiza para prever las tendencias y necesidades futuras y planificar en consecuencia.

b) **Planificación táctica:** Constituye el segundo nivel. En el se detallan las actividades y los recursos que se deben emplear. Nos define las acciones a realizar para que la situación cambie y tiene una temporalidad a medio plazo.

c) **Planificación Operativa**: . Los objetivos son concretos con unos recursos, actividades, y tiempo determinados. Las acciones definidas son a más corto plazo, determinándolas en todos sus aspectos.

2. Según su nivel jerárquico y por los fines que persigue:

   a) Planificación de la **política sanitaria**, en donde se establecen las grandes metas.

   b) Planificación sanitaria global o **plan de salud** (Andalucía), dirigido a alcanzar unos objetivos estratégicos.

   c) Planificación sanitaria **operacional**, es el nivel más específico y concreto de la planificación.

3. Según el tiempo:

   a) Planes a corto plazo: meses - un año.

   b) Planes a medio plazo: de dos a cinco años.

   c) Planes a largo plazo: de cinco a diez años.

   El tiempo se fija en función de la dificultad de las tareas, importancia del plan y de los objetivos, además del nivel de influencia y modificación sobre otros factores transversales no sanitarios (transportes, alimentación, servicios sociales, etc.).

4. Según el ámbito de aplicación:

   a) Planificación en el **ámbito estatal:** Sería el *"Plan nacional de salud"* aplicable a la totalidad del sistema de salud y a todo el territorio nacional.

   b) Planificación en el **ámbito autonómico**: Son los *"Planes regionales de salud"* elaborados para las comunidades autónomas y por los servicios autonómicos de salud.

La característica fundamental es su integración, pudiendo ser esta integración: de arriba a abajo; las líneas de actuación las establece el organismo central, o de abajo a arriba; a partir de áreas o centros de salud se establecen programas que convergen hacia una meta nacional de salud.

Actualmente existe una situación de planteamiento mixto ya que La Ley Gral. de Sanidad establece la obligatoriedad de elaborar un Plan Regional de Salud en cada Comunidad Autónoma, que englobe el conjunto de los planes de las áreas de salud en las que se divide cada una de ellas.

Para atención primaria el Ministerio de Sanidad y Consumo ha elaborado unos programas con aplicación en toda España, también a elaborado programas de características troncales orientadas a poblaciones de riesgo y con actividades comunes a todos ellos. Igualmente, la atención especializada también se encuentra encuadrada en esta planificación.

Debemos destacar que no todos estos planes se siguen de una forma regular en las diferentes áreas de salud ya que se planifica y programa según las características de la población y del equipo de atención primaria concreto.

1.4. Etapas del proceso de planificación

Según Pineault R. y Daveluy C., el proceso de planificación consta de las siguientes etapas:

1. **Identificación de los problemas o análisis de la situación.**

   Debido a los múltiples factores que influyen sobre la salud este debe ser intersectorial y multidisciplinar.

2. **El establecimiento de prioridades.**

   Elegimos los problemas, tras su valoración y comparación.

   Se suelen utilizar tres criterios:

   a) La **importancia** y/o magnitud del daño.

   b) La **vulnerabilidad** a la reducción o prevención,(capacidad del programa para solucionarlo.)

   c) La **factibilidad** de la intervención.

3. **Determinación de los fines o metas.**

   Delimita los fines del programa y sirve como instrumento de evaluación.

   Objetivos-Fines ó Metas: Enunciados o declaraciones de intenciones, no suele haber cuantificación.

4. **Determinación de los objetivos generales y específicos.**

   - **Objetivos generales**: Responden a propósitos muy amplios.
   - **Objetivos específicos**
   - **Objetivos operativos**

5. **Determinación de actividades y recursos.**

   Identificar las actividades adecuadas para conseguir cada objetivo y los recursos y tiempos necesarios

6. **Puesta en marcha del plan o ejecución.**

   Puesta en práctica de lo planificado. Debe ser una fase viva, con continuos ajustes del proceso.

7. **Evaluación.**

   El conjunto de actividades dirigidas a lograr un juicio objetivo sobre el programa.

   Se precisa:

   a) Un **criterio**: característica observable del programa o alguno de sus componentes.

   b) Un **estándar:** valor asociado al criterio que se considera aceptable.

   c) Una u**nidad de medida**.

1.5. Planificación sanitaria en Andalucía

En Andalucía corresponde a la Secretaría General de Planificación y Evaluación Económica las funciones de planificación.

"A la persona titular de la Secretaría General de Planificación y Evaluación Económica le corresponden las funciones previstas en el artículo 28 de la Ley 9/2007, de 22 de octubre, todas las funciones relacionadas con la planificación y sostenibilidad, la evaluación económica y control de los parámetros de eficiencia integral en los servicios y entidades adscritos a la Consejería de Igualdad, Salud y Políticas Sociales "

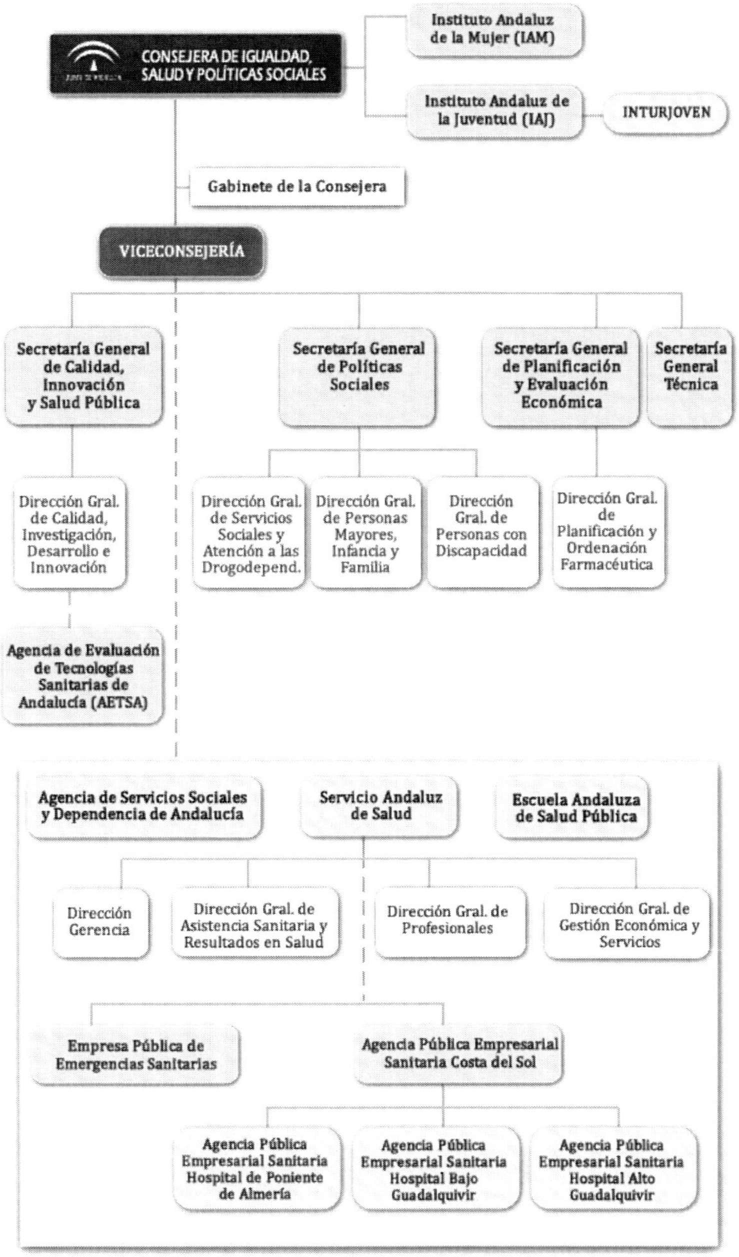

2. IDENTIFICACIÓN DE PROBLEMAS

2.1. Problema de salud

Lo podemos definir como:

"Toda situación de salud, real o potencial, que gravite en la comunidad, y sobre la cual tengamos teóricamente la posibilidad de influir, sea sobre ella misma o, en su origen y consecuencias, en la vida individual y social "González Dagnino

La identificación de problemas y necesidades de salud consiste en la recopilación de información sobre el nivel de salud en los aspectos físicos, psíquicos y sociales de la población, sobre los distintos factores favorecedores o determinantes del mismo y sobre su posible evolución en el tiempo.

Para la identificación de necesidades debemos de realizar una descripción de la comunidad; el análisis de salud de una comunidad es un proceso de estudio sistemático del que se obtiene una descripción valorada y proyectada de las necesidades de salud, así como de los factores que la determinan. Ha de permitir discriminar los problemas según su importancia y a raíz de eso establecer el orden de prioridades. Es un instrumento que puede ser útil, aunque esté incompleto o tenga deficiencias. Su finalidad es la de proponer soluciones reales a las necesidades

La identificación de problemas de salud consiste en determinar qué necesidades no se encuentran cubiertas mediante los recursos disponibles.

La **necesidad** es lo que falta para que la situación problemática se solucione pasando así del estado de salud al estado deseado u objetivo.

Hay cuatro tipos de de necesidades:

a) Necesidad **normativa**: es la definida por el profesional sanitario con respecto a una optima o deseable.
b) Necesidad **sentida:** hace referencia a la percepción de la persona de su problema de salud.
c) Necesidad **expresada:** es la demanda que hace la comunidad de servicios y cuidados de salud.
d) Necesidad **comparativa:** la que debería tener el individuo o el grupo si lo comparamos con otros de iguales características.

Los **indicadores** más destacables que se han de obtener son: **indicadores demográficos, socioeconómicos, del nivel de salud, y medioambientales**

La identificación de problemas y necesidades de salud debe abordar cuatro aspectos fundamentales de la población:

a) Estructura demográfica de la misma.
b) Socioeconómicos
c) Situación de salud.
d) Factores condicionantes del nivel de salud: estilo de vida (se le atribuye el 43% de la mortalidad), biología humana (27%), medioambiente (19%) y sistema sanitario (11%). El informe Lalonde (Ministro de Sanidad Canadiense en 1977).

2.2. Etapas

El conocimiento de los problemas y necesidades de salud conlleva:

a) La **descripción** de la situación de salud, que incluye la recogida de datos útiles, relevantes, fiables y de fácil acopio sobre la situación de la zona.

b) La **explicación**: debe realizarse un análisis de la información que, en función de la magnitud y la trascendencia socioeconómica, permita identificar cuáles son los problemas de salud de la zona.

c) El **pronóstico**: hemos de intentar hacer una proyección hacia el futuro de los problemas identificados, partiendo del supuesto de que si no se actúa van a persistir los mismos factores condicionantes que en el período estudiado.

2.3. Técnicas para conocer los problemas de la comunidad

Para conocer los problemas de una comunidad se pueden utilizar distintos métodos para obtener información sobre las necesidades de salud

a) **Procedimiento por indicadores**: consiste en emplear datos existentes. No genera nueva información, sino que analiza la existente, la interpreta y deduce necesidades. Los que mas se utilizan son:
   - ▹ Indicadores del **nivel de salud**: estado de salud.
   - ▹ Indicadores **demográficos**: predictores de las necesidades (determinantes de la salud).
   - ▹ **Socioeconómicos.**
   - ▹ **Medioambientales.**

   La ciencia que estudia estos indicadores es la **estadística** que consigue términos más concretos: porcentajes, tasas, ratios, etc.

b) **Procedimiento por encuesta:** permite conocer las opiniones y preferencias de los que utilizan los servicios de salud.

   Como ejemplo la *"Encuesta Nacional de Salud"*.

c) **Métodos de búsqueda de consenso,** obtenido por un grupo de personas que conocen bien la comunidad o los problemas en estudio:
   - ▹ **Técnica Delphi**: a través de varios cuestionarios se conocen las opiniones de algunas personas y comunidad.
   - ▹ **Técnica del grupo nominal y lluvia de ideas (brainstorming):** se reúne un grupo de personas sin vínculo se les expone un problema y se provoca la discusión y reflexión sobre los mismos.
   - ▹ **Informadores clave:** entrevistas personales con personas significativas en la comunidad que viven, trabajan o conocen dicha comunidad).
   - ▹ **Forum Comunitario**: llamado también *"audiencia pública"*. Es una asamblea abierta a todos los miembros de una comunidad determinada donde cada miembro es importante y se le anima a venir y expresarse públicamente sobre las necesidades de salud de la población.

3. INDICADORES DEMOGRÁFICOS, SOCIOECONÓMICOS, DEL NIVEL DE SALUD, MEDIOAMBIENTALES

Los indicadores utilizados en salud son parámetros estadísticos de carácter universal que permiten conocer de manera objetiva el estado de salud de los individuos y de las comunidades, con el fin de llevar a cabo una planificación y gestión adecuadas de las políticas sanitarias y de creación de programas sanitarios.

La recogida de información relativa a distintos indicadores demográficos, socioeconómicos, del nivel de salud y medioambientales como; nacimientos, muertes, enfermedades, servicios de salud, viviendas, alimentación, nivel de ingresos, nivel de estudios, calidad del agua, etc. en una determinada comunidad y su análisis a posteriori, permite:

a) Identificar los principales problemas sanitarios.
b) Orientar las políticas sanitarias y de planificación de los programas de salud.
c) Detectar evidencias precoces de los brotes epidémicos para dar una respuesta rápida.
d) Comprobar la efectividad y la cobertura de los programas de atención sanitaria.
e) Asegurar que los recursos se utilizan en las áreas más necesitadas.
f) Señalar las diferencias en materia de salud entre países y, así mismo, entre distintos grupos socioeconómicos y étnicos.
g) Aportar información para la investigación.

3.1. Indicadores demográficos

Los indicadores demográficos describen los fenómenos que ocurren a las comunidades humanas desde la perspectiva de que las poblaciones son dinámicas y que dependen de la composición de sus individuos y de los cambios que suceden en un periodo dado.

Primero debemos describir la estructura y características de la población de referencia.

La Demografía es la ciencia que estudia el tamaño, la distribución geográfica y composición de la población, sus variaciones y las causas de las mismas.

Tenemos 2 tipos; la **Demografía Estática**, que se ocupa de la descripción cuantitativa y cualitativa (edad, sexo, etc.) de la población, y la **Demografía Dinámica**, que investiga la evolución a lo largo del tiempo y los mecanismos por los que salen (emigran o mueren) y entran (inmigran o nacen) a la población los individuos que la componen.

3.1.1. Demografía Estática

Indicadores más usuales de la Demografía Estática:

a) **Población total** (número de habitantes).
b) **Densidad de población** (número de habitantes/km^2).
c) **Índice de envejecimiento** (porcentaje de habitantes mayores de 64 años).
d) **Razón de dependencia:** menores de 15 años + mayores de 64 años/población entre 15 y 64 años.

e) **Índices poblacionales:** obtenidos a partir de la distribución de edades de la población. Nos dan una idea del grado de envejecimiento de la misma. Pueden representarse de forma similar a la pirámide de población.
f) **Pirámide de población:** representación gráfica de la estructura de la población según edad y sexo.

EVOLUCIÓN DE LA POBLACIÓN EN ANDALUCÍA Y ESPAÑA. AÑOS 2008-2012

	2008	2009	2010	2011	2012
Almería	66.635	684.426	695.560	702.819	704.219
Cádiz	1.220.467	1.230.594	1.236.739	1.243.519	1.245.164
Córdoba	802.586	803.998	805.108	805.857	804.498
Granada	901.220	907.428	918.072	924.550	922.928
Huelva	496.508	513.403	518.081	521.968	522.862
Jaén	667.438	669.782	670.761	670.600	670.242
Málaga	1.563.261	1.593.068	1.609.557	1625.827	1.641.098
Sevilla	1.883.105	1.900.224	1.917.097	1.928.962	1.938.974
Andalucía	8.202.220	8.302.923	8.370.975	8.424.102	8.449.985
España	46.157.822	46.745.807	47.021.031	47.190.493	47.059.533

Fuente: INE. Padrón Municipal de habitantes

Memoria Estadística de la Consejería de Igualdad, Salud y Políticas Sociales. 2012

En toda pirámide se puede apreciar los fenómenos de sobrenatalidad y sobremortalidad masculina.

Nos da una idea, según su morfología, del tipo de población:

a) Las ***"piramidales"*** (base ancha y cúspide estrecha) son características de poblaciones poco desarrolladas, con altas tasas de natalidad y mortalidad
b) Las ***"campaniformes"*** (base menos ancha y cúspide menos estrecha) indican tasas de natalidad y mortalidad intermedias, correspondientes a países en vías de desarrollo;
c) Las de forma de ***"hucha"*** (base de anchura incluso menor que la cúspide) traducen una natalidad muy baja y son típicas de países desarrollados.

También nos informa los cambios demográficos sufridos por la población en los últimos años:

a) Las hendiduras simétricas (afectan a ambos sexos) suelen deberse a un descenso de natalidad y aumento de la mortalidad producidos en un corto período de tiempo, por guerras o grandes catástrofes.
b) Si la hendidura es asimétrica, la causa debe buscarse en la emigración selectiva o en una sobremortalidad en uno de los dos sexos.

c) Los ensanchamientos en la pirámide indican crecimientos demográficos por aumento de natalidad (el ensanche suele ser progresivo y bilateral) o afluencia migratoria (puede provocar ensanches asimétricos y rápidos).

PIRÁMIDE DE POBLACIÓN DE ANDALUCÍA. AÑO 2012

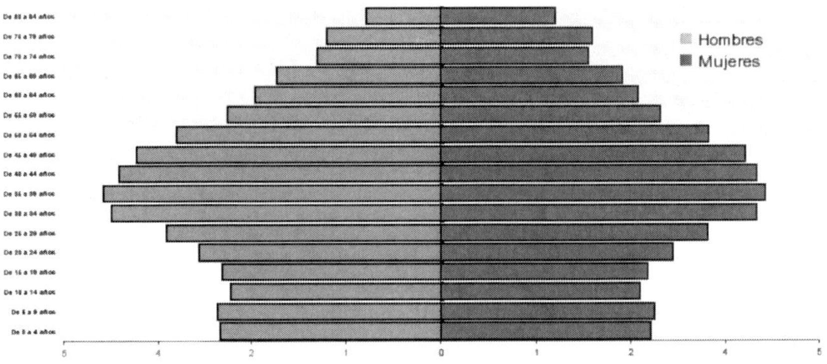

Fuente: INE. Padrón Municipal de habitantes

Memoria Estadística de la Consejería de Igualdad, Salud y Políticas Sociales. 2012

3.1.2. Demografía Dinámica

Estudia los cambios en la estructura de la población, habidos en los últimos años. Los sucesos demográficos básicos son la natalidad, la mortalidad y las migraciones.

a) La **tasa de natalidad** o tasa de natalidad bruta es el número de nacimientos de una población por cada mil habitantes en un año.

   Se calcula como: Tn= (N/P) * 1000

   Tn= Tasas de Natalidad
   N= Número de nacimientos ocurridos en un año
   P= Población total

b) La **tasa de fecundidad,** también denominada **Tasa de Fecundidad General** se refiere a la relación que existe entre el número de nacimientos ocurridos en un cierto período y la cantidad de población femenina en edad fértil (15-49 años) en el mismo periodo. Se expresa como el número de nacimientos por cada mil mujeres en edad fértil (en un año). Es un buen indicador de la conducta reproductiva de la población.

c) El **índice sintético de fecundidad.** Es el resultado de sumar las tasas específicas de fecundidad por grupo de edad dividido entre 1000 y multiplicadas por el número de años de cada grupo.

   El Índice Sintético de Fecundidad es un indicador del número de hijos por mujer. Para asegurar la estabilidad de una población, debería ser superiora 2,1.

d) La **tasa neta de reproducción.** El número medio de hijas que tendrá una mujer (o grupo de mujeres) si, desde que nace su vida es conforme a las tasas de fecundidad y mortalidad por edad en un año determinado. Esta tasa es análoga a la tasa bruta de reproducción, pero toma en cuenta el hecho de que algunas mujeres morirán antes de transcurridos sus años de reproducción. Una TNR de 1,000 significa que cada generación de madres tiene exactamente la cantidad suficiente de hijas para reemplazarlas en la población.

e) La tasa **bruta de mortalidad** es la cantidad de muertes en un año, por cada 1000 habitantes, estimada a mitad de año. (1 de julio) expresado en *"tanto por mil"*. Las tasas *"brutas"* de poblaciones diferentes no pueden ser comparadas entre sí sin antes eliminar la influencia de la estructura etaria.

f) Tasas de **mortalidad en edad infantil**: Consiste en el número anual de muertes infantiles dividido por el número total de nacimientos en una región determinada. Este cociente brinda, principalmente, información acerca de las condiciones de salud de los niños de un país.

MORTALIDAD INFANTIL. ANDALUCÍA Y ESPAÑA, 2012-2011

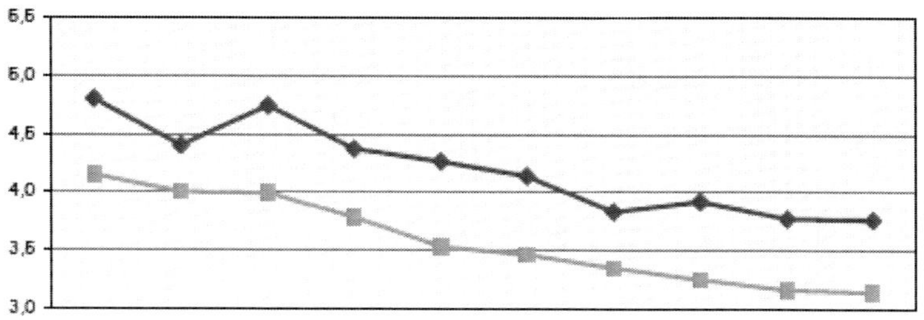

	2002	2003	2004	2005	2006	2007	2008	2009	2010	2011
Andalucía	4,80	4,40	4,74	4,37	4,26	4,14	3,83	3,92	3,77	3,76
España	4,15	4,00	3,99	3,78	3,53	3,46	3,35	3,25	3,16	3,14

Tasas por 1.000 nacidos vivos

FUENTES:
Andalucía : IECA Consejería de Igualdad, Salud y Políticas Sociales. Unidad de Estadísticas Vitales
España: INE. Movimiento Natural de la Población

Memoria Estadística de la Consejería de Igualdad, Salud y Políticas Sociales. 2012

g) La tasa de **mortalidad perinatal** es el número de nacidos muertos y muertes en la primera semana de vida por cada 1.000 nacidos vivos, el período perinatal comienza a las 22 semanas completas (154 días después de la gestación) y termina a los siete días después del nacimiento (OMS).

Esta tasa nos informa de la atención prenatal y postnatal precoz.

h) La tasa de **mortalidad neonatal** es el número de recién nacidos que mueren antes de alcanzar los 28 días de edad, por cada 1.000 nacidos vivos en un año determinado. Está influida por la atención sanitaria prestada durante el embarazo y el parto.

i) La tasa de **mortalidad postneonatal** designa la relación de fallecimientos de nacidos vivos durante el período que se extiende desde el fin del período neonatal primer mes (28 días) hasta la edad de un año. y el total de nacidos vivos en el año.

j) La tasa de **mortalidad materna** es la cantidad de mujeres que mueren durante el embarazo y el parto (hasta los 42 días postparto) por cada 100.000 nacidos vivos e indica el riesgo de morir de una mujer durante el embarazo, parto y puerperio.

k) Las tasas de **mortalidad específica** por causas o por sexos.

Las primeras indican el riesgo de morir por determinada enfermedad y se formulan como número de muertes por una causa/ población total por cada 100.000 habitantes.

Andalucía		
	Tasas Brutas de Mortalidad. Hombres	**Tasas Brutas de Mortalidad. Mujeres**
General	828,44	731,66
Enf. Infecciosas	15,88	11,67
Cáncer	250,11	145,82
Enf. Endocr. y sangre	22,83	31,60
Trastornos mentales	45,29	67,69
Enf. Cardiovasculares	247,07	289,10
Enf. Respiratorias	100,82	62,80
Enf. Digestivo	52,90	40,22
Causas Externas	41,69	18,24
Resto de Causas	51,86	64,52

Tasas de Mortalidad: General y por las Principales Causas. Año 2009. En Andalucía
DG de Planificación e innovación Sanitaria. Servicio de Información y Evaluación

TASAS DE NATALIDAD Y MORTALIDAD EN ANDALUCÍA Y ESPAÑA AÑOS 2002-2012

	Andalucía		España	
	Natalidad	**Mortalidad**	**Natalidad**	**Mortalidad**
2002	11,05	8,34	10,14	8,92
2003	11,48	8,64	10,52	9,16
2004	11,70	8,28	10,65	8,71
2005	11,87	8,52	10,75	8,93
2006	12,14	7,95	10,96	8,43
2007	12,02	8,16	10,98	8,59
2008	12,37	8,09	11,40	8,47
2009	11,57	7,92	10,75	8,34
2010	11,19	7,83	10,53	8,25
2011	10,72	7,87	10,07	8,26
2012*	10,32	8,22	9,67	8,64

Tasas brutas por mil habitantes.
*Datos provisionales.
Las cifras de población utilizadas desde 2002 son Estimaciones calculadas a partir del censo de 2001. por tanto son susceptibles de ser revisadas..
Fuente: INE. Indicadores demográficos básicos.

Memoria Estadística de la Consejería de Igualdad, Salud y Políticas Sociales. 2012

l) La gravedad de una enfermedad la marca la **tasa de letalidad** (número de muertes por esa enfermedad/número de casos por 100).

n) La **mortalidad innecesariamente prematura y sanitariamente evitable** *(MIPSE)* es un indicador de la calidad del sistema sanitario que valora la mortalidad por aquellas enfermedades susceptibles de prevención primaria (cáncer de pulmón, accidentes de tráfico, tétanos, etc.) o secundaria (hipertensión arterial, cáncer de mama o cérvix, etc.).

o) Los **años potenciales de vida perdidos** son un indicador de mortalidad prematura, que se calcula, para cada enfermedad, sumando los años que faltaban a cada fallecido para alcanzar los 70.

p) La **esperanza de vida al nacer** es el número medio de años que se espera que viva un recién nacido, si se mantienen las tasas de mortalidad actuales.

Es un indicador positivos del estado de salud de un país.

EVOLUCIÓN DE LA ESPERANZA DE VIDA AL NACER EN ANDALUCÍA. AÑOS 2002-2011

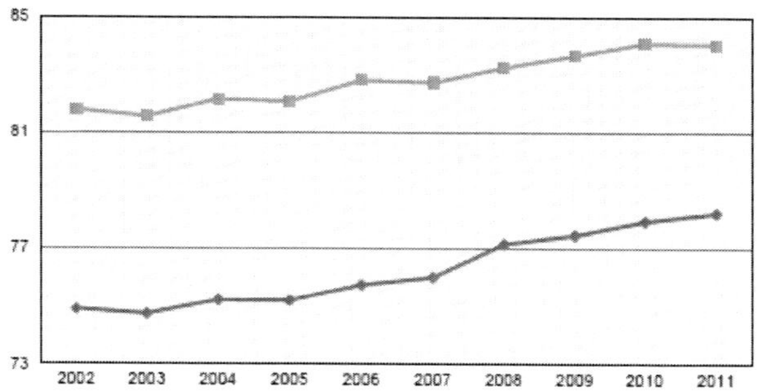

	2002	2003	2004	2005	2006	2007	2008	2009	2010	2011
Hombres	74,92	74,75	75,24	75,21	75,75	76,02	77,16	77,47	77,95	78,23
Mujeres	81,80	81,57	82,17	82,09	82,81	82,73	83,25	83,66	84,08	84,04

Fuente: ECA. Consejería de Salud. Unidad de Estadísticas vitales

Memoria Estadística de la Consejería de Igualdad, Salud y Políticas Sociales. 2012

3.1.3. Migraciones

Es otro suceso responsable del cambio demográfico. Es el desplazamientos de personas hacia una población (inmigración) o fuera de ella (emigración), que pueden causar rápidos cambios en la estructura de una población.

a) El llamado **movimiento natural o vegetativo** está formado por nacimientos y muertes; así, el saldo vegetativo es el resultado de restar las defunciones a los nacimientos.

b) El movimiento **migratorio** lo constituyen inmigraciones y emigraciones.

c) El crecimiento **demográfico** es la suma de ambos movimientos, natural y migratorio.

TCD = (nacimientos - muertes) + (inmigraciones - emigraciones) por 100

3.1.4. Población total

La planificación futura de las necesidades en salud (utilización y recursos sanitarios necesarios) esta basada en la realización de proyecciones demográficas.

3.1.5. Crecimiento de una población

Población futura = población actual + crecimiento demográfico.

Las proyecciones se hacen a partir de los supuestos más probables dado que las tasas de natalidad, mortalidad y migratoria pueden variar. Se pueden considerar diversas posibilidades: fecundidad media o elevada, mortalidad baja, etc.

3.2. Indicadores socioeconómicos

Los indicadores socioeconómicos tienen gran relación con los niveles de salud. Se incluyen factores como ocupación (desempleado o no), vivienda, alimentación, nivel de instrucción, nivel de ingresos, etc.

Estos indicadores no miden directamente la salud pero tienen gran influencia sobre ella y sobre para conocer la utilización de los servicios sanitarios, por lo que para una correcta planificación son necesarios.

Veamos algunos de ellos:

a) La **renta per cápita** es la relación que hay entre el PIB (producto interno bruto) y la cantidad de habitantes de un país. Para ello haremos el promedio de los ingresos anuales de los habitantes de un país, equivalente al producto interior bruto y lo dividiremos por el número de habitantes.

RENTA DISPONIBLE BRUTA PER CÁPITA 2008	
Andalucía (€/hab.)	12.480
España (€/hab.)	15.433

Observaciones: Datos provisionales

Fuente: Instituto Nacional de Estadística (INE), 2011

b) La **tasa de pobreza** o (también conocida como indicadores de pobreza) fue un parámetro estadístico desarrollado por la ONU en 1997 para medir el nivel de vida de los países que refleja el nivel de privación, en comparación con el Índice de Desarrollo Humano.

c) El **índice de desarrollo humano** (IDH) es un indicador del desarrollo humano por país, elaborado por el Programa de las Naciones Unidas para el Desarrollo (PNUD) y se basa en un indicador estadístico compuesto por tres parámetros: vida larga y saludable, educación y nivel de vida digno.

Parámetros:

1. **Salud:** esperanza de vida al nacer.
2. **Educación:** tasa de alfabetización de adultos y la tasa bruta combinada de matriculación en educación primaria, secundaria y superior, así como los años de duración de la educación obligatoria.
3. **Riqueza:** PIB per cápita en dólares internacionales

d) La **disponibilidad media diaria de calorías o de proteínas** per cápita. Es el equivalente calórico de la provisión neta de alimentos de un país dividida por el número de habitantes, por día. La disponibilidad media de calorías diarias por persona es en la actualidad de 3.600 en Europa, 3.500 en América del Norte y de sólo 2.300 en África, (2010)

e) El **porcentaje del gasto familiar destinado a alimentación**.

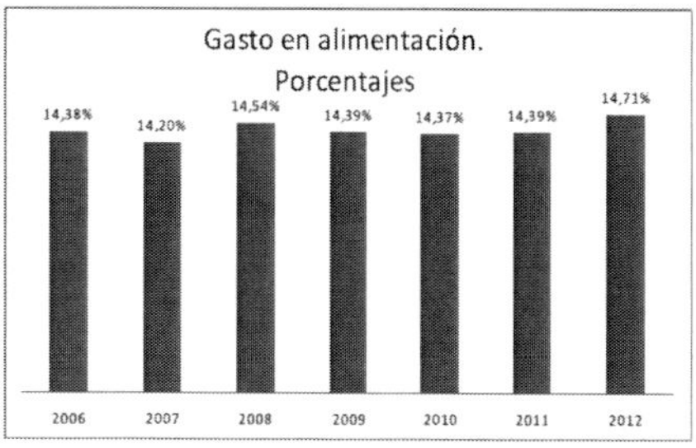

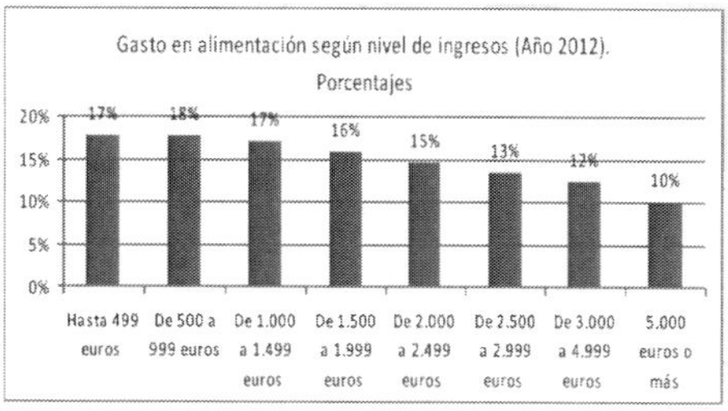

Grupo de Investigación en Sociología de la Alimentación. Universidad de Oviedo
Alianza Nacional contra el Hambre y la Malnutrición de España
I Encuentro Nacional Octubre 2013

f) El **índice bruto de actividad** es la proporción de la población potencialmente activa que tiene entre 16 y 65 años.

Se consideran activos tanto a los ocupados como a los desempleados que estén disponibles para la producción económica.

Se consideran inactivos los jubilados, pensionistas, incapacitados y amas de casa.

g) El índice de **ocupación** es el porcentaje de activos que se encuentran ocupados.

h) El índice de **paro** es el porcentaje que está sin trabajo.

i) Los **sectores de actividad** económica son el primario (agropecuario), secundario (industrial) y terciario (servicios).

El desarrollo socioeconómico de las sociedades industriales hace que la proporción de trabajadores dedicados al sector primario vaya disminuyendo en favor del sector secundario y más adelante del terciario

j) La **tasa de analfabetismo**: Número de personas alfabetizadas de quince años y más, expresado en porcentaje de la población total de personas de quince años y más. Se considera que una persona está alfabetizada cuando puede leer, escribir y comprender un texto sencillo y corto sobre su vida cotidiana. (UNESCO)

k) La **tasa de suicidios o de homicidios**: Según el INE en sus cifras de defunciones según la causa de muerte, un total de 3.529 personas murió por suicidio en 2012, 2.724 hombres y 815 mujeres. La tasa se sitúa en 7,6 por cada 100.000 personas (11,8 en los hombres y 3,4 en las mujeres). El suicidio es la principal causa externa de mortalidad desde hace unos años, cuando las muertes por accidentes de tráfico empezaron a descender. Las comunidades donde más suicidios hay son Andalucía, Cataluña, la Comunidad Valenciana y Galicia.

España con 364 asesinatos en 2012, ocupa el puesto 14, en cuanto a tasa de homicidios intencionados (o intencionales por cada cien mil habitantes).

La tasa de homicidios en España, se situó en 2012 en el 0,80 por cada cien mil habitantes.

Dentro de los indicadores socioeconómicos son especialmente relevantes en planificación los referidos al sistema sanitario, sobre todo a sus recursos, a la accesibilidad y a la utilización que se hace de los mismos.

l) El **gasto en salud** es la parte del producto interior bruto que destina a gastos sanitarios un país. El gasto total en salud es la suma del gasto público y privado. Abarca la prestación de servicios de salud preventivos y curativo, las actividades de planificación familiar, las actividades de nutrición y la asistencia de emergencia.

La Organización Mundial de la Salud recomienda que no sea inferior al 5% (en España en el periodo 2009-2013 fue del 9,6).

m) Indicadores de **recursos**:

▹ Número de **camas hospitalarias** por 1.000 habitantes:

	Andalucía	Nacional
Seguridad Social	1239	39362
Administración Central	26	458
Ministerio de Defensa	0	934
Comunidad Autónoma	13921	43031
Diputación o Cabildo	0	2208
Municipio	0	2129
Entidades Públicas	0	19586

	Andalucía	Nacional
Mutuas de Accidentes de Trabajo y Enfermedades Profesionales	102	1218
Privado Benéfico (Cruz Roja)	177	1365
Privado Benéfico (Iglesia)	1364	11661
Otro Privado Benéfico	0	7733
Privado no Benéfico	4059	30285
Otra	0	0
Totales	20888	159970

Instituto Nacional de Estadística (INE)

- **Número de médicos**: España cuenta con 450,8 médicos por 100.000 habitantes. Instituto Nacional de Estadística (INE)
- **Numero de enfermeras**: España cuenta con 506,2 enfermeros por cada 100.000 habitantes. Instituto Nacional de Estadística (INE).
- Número de **establecimientos sanitarios**.

	Andalucía	Nacional
Seguridad Social	2	97
Administración Central	1	2
Ministerio de Defensa	0	4
Comunidad Autónoma	43	167
Diputación o Cabildo	0	14
Municipio	0	13
Entidades Públicas	0	40

	Andalucía	Nacional
Mutuas de Accidentes de Trabajo y Enfermedades Profesionales	1	18
Privado Benéfico (Cruz Roja)	2	10
Privado Benéfico (Iglesia)	7	58
Otro Privado Benéfico	0	61
Privado no Benéfico	50	305
Otra	0	0
Totales	**106**	**789**

Catálogo Nacional de Hospitales 2014
Los Complejos Hospitalarios se contabilizan como un solo hospital

n) La **accesibilidad** puede conocerse estudiando la cobertura del sistema, dificultades horarias, barreras físicas, isocronas (tiempo que se tarda en llegar por los medios habituales de transporte a los centros asistenciales), tiempo medio de consulta, tiempos de espera, etc.

ñ) La **utilización** de los recursos sanitarios

o) La **presión asistencial** es la media de pacientes/profesional y día.

p) Las **derivaciones** se expresan como porcentaje de pacientes que se remiten a otro nivel asistencial. Suelen estudiarse laboratorio, radiología, urgencias e interconsultas con especialistas.

q) La **intensidad de uso** (es el número de veces que, como promedio, consulta cada usuario al cabo de un año.

r) **Extensión de uso** el porcentaje de usuarios que han realizado al menos una consulta en un determinado período.

s) La **tasa de intervenciones** quirúrgicas (número de intervenciones anuales por 1.000 habitantes) o de hospitalización (número de ingresos o altas por mil habitantes y año).
t) La **estancia media** (número de días de hospitalización/número de ingresos o altas).
u) La **tasa de ocupación** (número de días de hospitalización/[número de camas disponibles por 365 días]).
v) **Intervalo de rotación** (media de días transcurridos entre un alta y un ingreso).
w) El **ciclo de rotación medio** (estancia media + intervalo de rotación).

3.3. Indicadores medioambientales

Los indicadores ambientales son cada vez más importantes dado que el desarrollo económico conlleva deterioro del medio ambiente que incide de forma negativa sobre la salud; potabilidad de aguas, uso de pesticidas, contaminación atmosférica, tratamiento de residuos urbanos, etc.

Los indicadores medioambiental en función del aspecto en que incidan:

a) **Residuos sólidos.** Recogida y periodicidad de la misma, sistemas de eliminación, aprovechamiento, vertederos incontrolados, etc.
b) **Contaminación del aire.** *N*iveles de inmisión de contaminantes (SO2, partículas), fuentes emisoras, contaminación acústica, radiaciones, etc.

   La calidad del aire está afectada fundamentalmente por el tráfico de vehículos, y la actividad industrial. Los principales contaminantes atmosféricos en Andalucía son las partículas en suspensión y el ozono troposférico, que con carácter general y en el medio urbano se deben al tráfico.

   El ozono es el contaminante implicado en la mayoría de superaciones de los valores límite y umbrales de calidad del aire ambiente.

   En zonas de alta industrialización aunque los niveles de exposición a sustancias como el arsénico, metales o benceno son más elevados que en zonas no industrializadas, están por debajo de los niveles recomendables por la normativa.

   Aparte de emisiones localizadas y temporales, la principal fuente de emisión acústica urbana en las ciudades andaluzas mayores de 50.000 habitantes es el tráfico terrestre.
c) **Aguas de consumo.** Fuentes de abastecimiento, métodos de depuración, potabilidad, porcentaje de viviendas con agua potable, consumo de agua potable por persona y día, etc.
d) **Aguas residuales.** Sistemas de eliminación, tratamiento, vertidos directos.
e) **Aguas de baño**. En cuanto a la calidad del agua de las costas Andaluzas un 96% de aguas de baño marítimas presentaron en el año 2012 la calificación de *"excelente"* según el programa de vigilancia de aguas de baño de la Consejería de Salud y bienestar Social.

f) **Temperaturas extremas:** Es conocida la relación que la temperatura tiene con la morbilidad y mortalidad.

   Los efectos de la temperaturas elevadas sobre la salud, han puesto de manifiesto que el número total de urgencias atendidas aumentaron en los días posteriores a periodos con temperaturas excesivas.

   Una cuarta parte de los hogares andaluces no dispone de temperatura adecuada en verano.

   La mortalidad diaria está relacionada con las temperaturas máximas o mínimas alcanzadas, especialmente de personas ancianas.

g) **Higiene alimentaria:** Manipuladores de alimentos (principal fuente de contaminación de los alimentos), cadena alimentaria (establecimientos).

   Un 20% de la población andaluza dice haber pasado algún episodio de Toxiinfección alimentaria (TIA).

   En los últimos años se ha reducido el número de alertas alimentarias tramitadas en España. En cuanto al origen, el mayor porcentaje de ellas corresponde a peligros de carácter químico. Por ejemplo, durante 2012, de las 161 alertas alimentarias tramitadas 80 tuvieron como origen peligros de carácter químico (de las cuales el 6% corresponden a plaguicidas) y 43 peligros de carácter biológico. (AESAN Memoria 2012)".

h) **Prevalencia de las alergias alimentarias:** se estima que el 2-4 % de las personas adultas y el 6 % de menores sufren algún tipo de alergia alimentaria. En Europa hay 14 alérgenos alimentario que representan la mayor parte del riesgo de alergias, por lo que su inclusión en el etiquetado nutricional ya está legislada.

i) **Salud animal:** Fauna de la zona, zoonosis, mataderos, censo ganadero.

j) **Flora:** plaguicidas (distribución y utilización), mapas polínicos.

k) **Medio construido:** establecimientos sujetos al "Reglamento de actividades molestas, insalubres, nocivas y peligrosas" (RAMINP), vivienda (porcentaje de ellas con baño completo o calefacción), zonas recreativas y deportivas, transporte, condiciones higiénicas de los establecimientos públicos, etc.

3.4. Indicadores del nivel de salud

Los indicadores de salud son la base de la epidemiología, que estudia la aparición y la distribución de las enfermedades humanas basándose sobre todo en el uso de estadísticas. Al mismo tiempo, determinan la distribución de las diferentes patologías y evalúa la magnitud del impacto que tienen estas sobre la comunidad estudiada.

Nos sirven de manera objetiva a fin de poder llevar a cabo una planificación y gestión adecuada de las políticas y programas de atención sanitaria

a) La **Mortalidad** ya ha sido estudiada con detalle en los indicadores demográficos

b) **Morbilidad.** La descripción de la morbilidad termino que sirve para señalar la cantidad de personas o individuos considerados enfermos o víctimas de una enfermedad en un espacio y tiempo determinados. Es un dato estadístico importante para poder comprender la evolución y avance o retroceso de una enfermedad, así también como las razones de su surgimiento y las posibles soluciones.

Puede hacerse mediante tasas de incidencia (casos nuevos) o de prevalencia (número de casos de enfermedad en un momento determinado/ población).

Si se trata de enfermedades agudas, de corta duración, debemos de utilizar la tasa de incidencia; si son crónicas, la de prevalencia, datos muy usados en planificación sanitaria.

Para la morbilidad se utilizan sistemas de clasificación de enfermedades: en estadísticas de mortalidad y hospitalarias se emplea la (CIE) Clasificación Internacional de Enfermedades de la OMS, mientras que en Atención Primaria la más usada es la (CIPSAP) Clasificación Internacional de Problemas de Salud en AP de la WONCA.

- Principales causas de **morbimortalidad** de la población andaluza
- **Enfermedades cubiertas por el Programa de Vacunaciones en Andalucía**

En la actualidad se incluye la vacunación sistemática frente a un total de 12 enfermedades: hepatitis B, enfermedad invasiva por Meningococo C, enfermedad invasiva por Haemophilus influenzae tipo b, difteria, tétanos, tos ferina, poliomielitis, sarampión, rubéola, parotiditis, varicela y papilomavirus.

La incidencia de estas enfermedades ha disminuido a partir de su inclusión en el calendario vacunal. En los últimos años se observa una reemergencia de alguna de estas enfermedades, como ha ocurrido con el sarampión.

La tasa de incidencia de la tuberculosis declarada en Andalucía se sitúa por debajo dela media de España, y tiene una tendencia descendente.

- Accidentes de Tráfico

  Constituyen la principal causa de mortalidad prematura en los hombres y la segunda en mujeres, además de ser la primera causa de lesión medular traumática y de incapacidad laboral en jóvenes.

  El grupo de edad de 15-44 años es el que presenta mayor número de víctimas. Las víctimas en hombres son muy superiores a las mujeres, que cuadriplican en el nº de fallecimientos.

- Cáncer

  En los últimos años ha aumentado la incidencia del cáncer, por el contrario ha disminuido la mortalidad asociada (fenómeno relacionado con el envejecimiento de la población).

  Es significativo el aumento del cáncer de piel no melanoma tanto en hombres como en mujeres.

  Hay que destacar el descenso significativo tanto de la incidencia como de la mortalidad del cáncer de pulmón en hombres durante los últimos años.

  Las tasas de incidencia estandarizadas de cáncer más elevadas, por provincias, son las de Sevilla, Huelva y Cádiz en hombres, y las de Cádiz, Huelva y Almería en mujeres.

Estimaciones de la incidencia de cáncer en Andalucía 2007 y proyecciones hasta 2012						
	2007			2012		
	N.º de casos	TB	TE	N.º de casos	TB	TE
Hombres	46.473	421	393	16.976	428	373
Mujeres	13.148	334	268	15.335	379	284

Estimaciones de la incidencia para las localizaciones tumorales más frecuentes en Andalucía 2007 y proyecciones hasta 2012						
	2007			2012		
	N.º de casos	TB	TE	N.º de casos	TB	TE
Hombres						
Próstata	4.010	104	93	5.903	149	127
Pulmón	3.339	85	81	3.142	79	71
Colon-recto	2.890	74	68	3.407	86	74
Estómago	684	17	16	647	16	14
Mujeres						
Mama	5.020	126	107	5.691	141	111
Colon-recto	2.079	52	37	2.202	54	36
Pulmón	450	11	9	552	14	11
Estómago	419	11	8	409	10	7

Estimación de la incidencia y prevalencia de cáncer en Andalucía. Registro de cáncer. EASP. Granada

- **Las enfermedades cardiovasculares.** Los ingresos por Enfermedades Cardiovasculares en Andalucía se han mantenido estables en los últimos años, duplicando la tasa de los hombres (en torno a 800 por 100.000) a la de las mujeres (por encima de 400 por 100.000).

  El aumento de la incidencia de Enfermedades Cardiovasculares (ECV) junto con la disminución de la mortalidad que se viene produciendo durante los últimos años, implica un progresivo incremento de la prevalencia de ECV, sus complicaciones y secuelas, con la correspondiente demanda de servicios sanitarios y sociales.
- **Diabetes.** En Andalucía es la quinta causa de muerte en mujeres, por detrás de las enfermedades cardiovasculares, el cáncer, enfermedades respiratorias y digestivas; y la sexta en hombres tras las enfermedades cardiovasculares, el cáncer, enfermedades respiratorias, causas externas y enfermedades digestivas.

La mortalidad por Diabetes Mellitus ha descendido en los últimos años en Andalucía.

PREVALENCIA DE DIABETES AUTODECLARADA %				
	2007		211	
	Hombres	Mujeres	Hombres	Mujeres
Almería	4,8	6,7	4,1	7,0
Cádiz	5,2	6,8	8,6	11,3
Córdoba	5,8	9,4	6,9	10,1
Granada	5,0	6,4	5,74	8,6
Huelva	6,3	9,2	9,1	12,7
Jaén	5,3	7,7	4,1	10,0
Málaga	6,9	8,3	8,1	8,6
Sevilla	6,9	6,1	6,3	5,9
Andalucía	**6,0**	**7,4**	**6,8**	**8,8**

Fuente: EAS 2007 y 2011-2012

- **Salud Mental.** Los trastornos de depresión y ansiedad y el consumo de antidepresivos, tranquilizantes e hipnóticos han aumentado especialmente entre las mujeres.

  La prevalencia de depresión o ansiedad diagnosticada por los servicios sanitarios, es de 5,4% en hombres y 7,8% en las mujeres y presentan un gradiente social inversamente relacionado con el nivel de ingresos económicos y el nivel de estudios alcanzados. (EAS 2011-2012).

  Además del predominio de estos trastornos entre las mujeres frente a los hombres, en ambos sexos aumenta con la edad, alcanzándose las prevalencias más elevadas a partir de los 65 años. También es elevada su prevalencia entre las personas con invalidez o incapacidad permanente, seguido en menor grado por personas jubiladas (especialmente mujeres), paradas y amas de casa. (IV plan andaluz).

c) El **estilo de vida** es el principal determinante de la situación de salud:

- **Tabaquismo:** proporción de no fumadores, fumadores y grandes fumadores (> 20 cigarrillos diarios); consumo de cigarrillos/habitantes/año.

  Es la actuación de salud pública más importante que se puede realizar para la prevención del cáncer, de enfermedades respiratorias y cardiovasculares.

  Al tabaquismo se le atribuye un tercio de todas las muertes por cáncer, en torno a un 31% de los casos de Enfermedades Cardiovasculares en hombres y un 7% para mujeres.

  Los valores mas elevados en la prevalencia de tabaquismo se concentran entre los 16 y 64 años en los hombres y entre los 16 y 54 años en mujeres. (IV plan andaluz).

- **Alcohol:** proporción de no bebedores y bebedores excesivos (> 40 g diarios en la mujer y 60 en el hombre); consumo de alcohol(litros/habitantes/año); tasas de mortalidad específica por trastornos relacionados con el alcohol.

En cuanto al consumo de bebidas alcohólicas, el porcentaje de personas en Andalucía que se declara abstemia ha pasado de un 39.12% en 2007 a 55,5% en 2011.

Además se incrementa el número de personas que beben con una regularidad de más de una vez al mes (en la muestra global pasamos de un 41.8% a un 44.4%). (IV plan andaluz).

- **Drogas:** proporción de consumidores, número de personas que inician tratamiento por dependencia a opiáceos o cocaína.
- **Ejercicio físico:** tiempo diario dedicado a actividad física.
- **Alimentación:** consumo medio de carbohidratos, proteínas y lípidos por persona y día; prevalencia de obesidad.

  Desde 1999 se observa, tanto en hombres como en mujeres, un aumento en el porcentaje de personas con exceso de peso (48,9% en 1999, 51,1% en 2003, 53,5% en 2007 y 59,7% en 2011). El patrón de sobrepeso en Andalucía está fuertemente explicado por las condiciones de vida de los distintos grupos sociales. Las desigualdades en la prevalencia de obesidad varían en función de diferentes indicadores de posición social. Su frecuencia aumenta a medida que disminuye el nivel de ingresos. (IV plan andaluz).
- **Actividades de ocio, cultura y tiempo libre:** tiempo dedicado a aspectos lúdicos (clubes, asociaciones, etc.), actividades culturales (conciertos, charlas, exposiciones, etc.) y actividades al tiempo libre (juegos, etc.).

A la hora de valorar las **consecuencias de la enfermedad** sobre la actividad física y social, conviene diferenciar entre **Deficiencia** (pérdida o anomalía de un órgano o función), **Incapacidad** (restricción o falta de habilidad para desarrollar una actividad normal como consecuencia de una deficiencia), **handicap** (desventaja en el plano social que conlleva la incapacidad de un individuo).

Los mejores indicadores positivos de la salud de una población son la **cobertura vacunal** y los **índices de esperanza de vida**.

4. ELABORACIÓN DE PROGRAMAS DE SALUD Y SU EVALUACIÓN

4.1. Programas de salud

"Conjunto organizado, coherente e integrado de actividades y de servicios, realizados simultáneamente o sucesivamente, con los recursos necesarios y con la finalidad de alcanzar objetivos determinados, en relación con problemas de salud precisos para una población definida" (Pienault).

El trabajo por programas surge de la diferente formación de los profesionales que trabajan en Salud, de la multicausalidad de las enfermedades más frecuentes y de las exigencias de incorporar actividades de promoción, prevención y rehabilitación.

Con el uso de los programas de salud se ha desarrollado y perfeccionado una metodología con la cual se pretenden mejorar los indicadores de salud, reducir las desigualdades en salud y la enfermedad, asignar de forma eficiente los recursos, garantizar la actuación intersectorial y fomentar la participación social.

4.2. Problema de salud

Podemos definir un problema de salud cuando una situación individual o colectiva se considera inaceptable por sus consecuencias sanitarias o sociales y exige una respuesta.

Programar: Idear y ordenar las acciones necesarias para realizar dicho plan o proyecto. Incluye actividades dirigidas a lograr unos objetivos previamente establecidos.

4.3. Necesidad de programación

Después de la conferencia sobre atención primaria, organizada por la Organización Mundial de la Salud (Alma-Ata, 1978), se acordó que la mejor estrategia se basaba en el desarrollo de programas de salud dirigidos de manera prioritaria a los grupos vulnerables y de alto riesgo.

Los programas de salud forman parte de la planificación de salud de una zona o región determinada y deben estar precedidos de un análisis de los distintos indicadores que afecten al estado de salud de la población de dicha zona, de una identificación de las necesidades y los problemas de la población y del establecimiento de prioridades que determinen los objetivos de los programas.

4.3. Etapas

a) Definición de objetivos y planificación de las actividades y elección de la metodología de intervención.
b) Asignación de los recursos
c) Definición de criterios de evaluación del programa
d) Ejecución
e) Evaluación.

a) Definición de objetivos y planificación de las actividades y elección de la metodología de intervención.

Objetivos

Los objetivos más relevantes en la programación son los objetivos operativos, deben utilizarse como instrumento de medida y deben ser; **pertinentes**, con términos útiles, lógicos, no tendrán **contradicciones**, concretos, no permitirán diferentes **interpretaciones, realizables**, se cumplirán en el **tiempo fijado** y con los medios disponibles, **observables**, para saber si se ha alcanzado el grado de consecución de los objetivos, mensurables, deben incluir criterios que permitan medir el grado de **consecución**

Los objetivos deben ser formulados siguiendo este **procedimiento**:

1. Enunciar, los objetivos de salud relacionados con indicadores sanitarios; por ejemplo, conseguir la reducción de la mortalidad o de la morbilidad por cáncer de pulmón.
2. Enunciar los objetivos de conductas o estados de salud deseables en relación con los objetivos de salud; por ejemplo, conseguir la reducción o la eliminación de los factores de riesgo o de las condiciones asociadas, como el consumo de tabaco.
3. Enunciar los objetivos que favorecerán la predisposición, la facilitación y el refuerzo de las conductas y estados de salud deseables; por ejemplo, adquirir conocimientos, habilidades, incidir sobre factores facilitadores como no permitir fumar en locales públicos, etc.

Los objetivos se **dividen** en :

1. Los objetivos generales, definidos como los cambios en el estado de salud que se pretenden, como, por ejemplo: "*disminuir la prevalencia del hábito tabáquico*".
2. Los objetivos específicos expresan cuantitativamente el resultado que un programa trata de alcanzar especificando el tiempo en que se quiere lograr y la población diana, como, por ejemplo: "*disminuir el 5% la prevalencia del hábito tabáquico en fumadores que acudan a la consulta*".
3. Los objetivos de proceso se definen como el grado de cumplimiento de las actividades previstas para conseguir los objetivos de salud, por ejemplo: "*realizar la detección del hábito tabáquico a un 30-40% de la población diana durante el primer año y a un 50-60% en el segundo año*".

Un objetivo debe tener estas **características**:

1. Los objetivos deben ser pertinentes, lógicos, aceptables por la comunidad, realizables y compatibles con otras actividades.
2. Los objetivos específicos deben ser objetivables y mensurables. Para poderlos medir se determinará cantidad y tiempo.
3. El enunciado debe ser claro y preciso. En él constará: el resultado esperado, los criterios para evaluarlo, cronología para alcanzar el objetivo, población diana y ámbito del programa.

Un programa puede incluir **actividades** de distintos tipos:

1. De promoción de la salud y prevención de la enfermedad, como son las actividades de educación para la salud, tanto individual como grupal, las de vacunación y las de diagnóstico precoz.
2. De curación y rehabilitación, como son las revisiones periódicas de seguimiento de enfermedades crónicas o la educación para la salud destinada a reforzar el cuidado.

3. De participación comunitaria, entre las que se podría incluir la creación y el seguimiento de grupos de autoayuda de pacientes con enfermedades crónicas.
4. De formación, docencia e investigación.

Actividades

La planificación de las actividades exige responder a las siguientes preguntas:

- ¿Qué se hará?
- ¿Quién lo hará?
- ¿Sobre qué población tendrá lugar la intervención?
- ¿Cómo se harán las actividades?
- ¿Dónde se realizarán?
- ¿Con qué frecuencia se llevarán a cabo?
- ¿Cómo se evaluará?

La elección de las intervenciones de debe atender a estas **premisas**:

1. Determinar si la tecnología disponible es eficaz y apropiada, tanto para las personas que deben realizar las actividades como para las beneficiarias
2. Valorar si los recursos existentes y los necesarios se corresponden.
3. Estudiar la eficiencia de las distintas opciones.
4. Considerar los factores de índole social. Contactar y movilizar a la comunidad y a las personas implicadas en el desarrollo del programa para promover su participación.
5. Identificar posibles obstáculo culturales, administrativos o por oposición de sectores sociales o profesionales.
6. Definir la cobertura deseada y las posibles variaciones dependiendo de su coste y estrategia elegida.
7. Valorar la accesibilidad de la población al programa.
8. En el conjunto de actividades del programa también deben existir procedimientos que faciliten el trabajo, como cronogramas y protocolos. Deben ser, tanto el protocolo como los indicadores y los sistemas de registro, lo más simples posible.

Metodología

Las técnicas mas usuales que nos ayudan a planificar y analizar la secuencia de tareas, su tiempo de realización, así como el seguimiento y control de la ejecución del programa, están el método del camino crítico, el PERT y el diagrama de Gantt.

1. El **Método CPM (Critical Path Method),** el segundo origen del método actual fue desarrollado también en 1957 en los Estados Unidos de América, por un centro de investigación de operaciones para las firmas Dupont y Remington Rand, buscando el control y la optimización los costos mediante la planeación y programación adecuadas de las actividades componentes del proyecto.

2. El **método de ruta crítica** es un proceso administrativo (planeación, organización, dirección y control) de todas y cada una de las actividades componentes de un proyecto que debe desarrollarse durante un tiempo crítico y al costo óptimo.

   Una ruta crítica es la secuencia de los elementos terminales de la red de proyectos con la mayor duración entre ellos, determinando el tiempo más corto en el que es posible completar el proyecto.

   El método de la ruta crítica usa tiempos ciertos o estimados y consiste prácticamente en:

   - Identificar todas las actividades que involucra el proyecto.
   - Establecer relaciones entre las actividades.
   - Decidir cuál debe comenzar antes y cuál debe seguir después.
   - Construir una red o diagrama conectando las diferentes actividades a sus relaciones de precedencia.
   - Definir costos y tiempo estimado para cada actividad.
   - Identificar la ruta crítica y las holguras de las actividades que componen el proyecto.
   - Utilizar el diagrama como ayuda para planear, supervisar y controlar el proyecto.

3. Las **Técnicas de Rutina y Evaluación de Peritos**, comúnmente abreviada como PERT (del inglés, Project Evaluation and Review Techniques), es un modelo para la administración y gestión de proyectos inventado en 1957 por la Oficina de Proyectos Especiales de la Marina de Guerra del Departamento de Defensa de EE. UU. como parte del proyecto Polaris de misil balístico móvil lanzado desde submarino. Este proyecto fue una respuesta directa a la crisis del Sputnik.

   PERT es básicamente un método para analizar las tareas involucradas en completar un proyecto dado, especialmente el tiempo para completar cada tarea, e identificar el tiempo mínimo necesario para completar el proyecto total.

   Para ello debemos seguir 4 pasos:

   1. Hacer una lista de actividades o tareas
   2. Hacer una "tabla de precedencias"
   3. Dibujar el grafo
   4. Calcular las duraciones

   La herramienta básica de este método es la técnica de grafos, y mediante ella se esquematiza la realización del proyecto en diferentes situaciones y actividades. En el grafo se representan las actividades con flechas y las situaciones en nudos; asignándole a cada actividad su tiempo de duración, y se establecen las relaciones entre actividades y situaciones mediante una secuenciación.

4. El **diagrama de Gantt** es un método de planificación de la producción, basado en la representación de las actividades en función del tiempo en unos ejes de coordenadas. En el eje de ordenadas se representan las actividades, y en el eje

de abscisas se representan los tiempos de ejecución. La duración de cada actividad se representa mediante barras horizontales. Esta gráfica permite verificar el grado de cumplimiento de la ejecución de las actividades.

b) Asignación de los recursos

La asignación de recursos nos ha de servir como instrumento para mejorar la eficiencia y la equidad. Deben permitir la sostenibilidad los sistemas sanitarios.

c) Definición de criterios de evaluación del programa

- Debe existir una concordancia racional entre las actividades definidas en el programa y las metas del programa.
- El programa se ejecuta correctamente.
- Hay acuerdo sobre cuáles son las cuestiones a evaluar.
- Hay acuerdo sobre cómo hay que llevar la evaluación y qué debe medirse

d) Ejecución

La fase de ejecución es aquella en la que se realiza lo anteriormente planificado; en esta fase, especialmente en los momentos iniciales, es muy importante crear y mantener una estrecha comunicación entre los planificadores y las personas que participan en la ejecución del programa. Hay que prever las posibles dificultades que puedan surgir para readaptar las actividades, los recursos y evaluar el problema. Se deben crear mecanismos de coordinación interna y externa del programa con los diferentes niveles sanitarios o sociales que permitan incorporar con facilidad las modificaciones en las actividades previstas. Las acciones de vigilancia del programa ayudarán a facilitar estos aspectos.

e) Evaluación del programa

La evaluación es una parte del ciclo de programación, que permitirá conocer si se han alcanzado los objetivos propuestos y corregir, si es necesario, las estrategias de intervención.

La evaluación debe hacerse de forma continuada en todas las etapas de la programación y debe servir para corregir y perfeccionar la planificación, aumentando el conocimiento acerca de la pertinencia, la eficacia y la eficiencia de las actividades.

Los recursos que se utilizan para evaluar son las historias clínicas, las estadísticas y los registros rutinarios.

En la evaluación mediremos el proceso, el impacto y los resultados:

1. En el **proceso** se miden las actividades del programa desde un punto de vista técnico y de calidad, y se valora la consecución de los objetivos operativos.

2. En el **impacto** se medirá el efecto sobre la población a la que iba dirigido el programa.
3. Los **resultados** los evaluaremos comparando los objetivos de salud formulados con los resultados obtenidos.

1. Evaluación del Proceso

En la evaluación del proceso tratamos de describir y documentar qué fue realizado, cuánto, cuándo, para quién, y quién lo realizó.

La evaluación del proceso permitirá conocer:

a) Los problemas y dificultades en la implementación.
b) El seguimiento del protocolo inicial y las posibles desviaciones del protocolo inicial.
c) El nivel de "penetración" de la intervención.

Implica la valoración del alcance del programa respondiendo a estas preguntas:

- ¿El programa llega al grupo diana?
- ¿Cada parte del programa llega a las partes del grupo diana?

La satisfacción de los participantes respondiendo a esta pregunta:

- ¿Los participantes están satisfechos con el programa?

El cumplimiento de las actividades respondiendo a esta pregunta:

- ¿Se llevan a cabo todas las actividades del programa?

El rendimiento de los materiales y de los componentes del programa respondiendo a esta pregunta:

- ¿Son de buena calidad todos los materiales y componentes del programa?

2. Evaluación del impacto

Antes de evaluar el impacto del programa debemos valorar la evaluabilidad del programa

Podemos definir la evaluabilidad de programa como el proceso que se sigue para asegurarse de que un programa puede ser evaluado. Es el marco de referencia que ayuda a identificar qué forma ha de tener la evaluación de los efectos del programa.

Un programa no es evaluable si se corre el riesgo de planificar la evaluación del impacto y los resultados basada en datos inapropiados y prematuros.

a) El programa evaluable debe reunir las siguientes **condiciones**:
   - ▹ Existe una concordancia racional entre las actividades definidas en el programa y las metas del programa.
   - ▹ El programa se ejecuta correctamente.

- ▹ Hay acuerdo sobre cuáles son las cuestiones a evaluar.
- ▹ Hay acuerdo sobre cómo hay que llevar la evaluación y qué debe medirse

b) Etapas:

- ▹ Identificar a los usuarios principales de la evaluación.
- ▹ Definir el programa.
- ▹ Especificar Metas y Efectos esperados.
- ▹ Garantizar que los supuestos del programa sean verosímiles.
- ▹ Alcanzar un acuerdo sobre las actividades y efectos del programa que pueden medirse y probarse.
- ▹ Alcanzar un acuerdo sobre el grado de evaluación.
- ▹ Garantizar que el programa se ejecutará de acuerdo con las previsiones.

La OMS define la evaluación del impacto en la salud (EIS) como una combinación de procedimientos, métodos y herramientas a través de las cuales se puede juzgar una política, programa o proyecto en relación con sus efectos potenciales sobre la salud de la población y la distribución de tales efectos.

La evaluación del impacto se centra en los efectos inmediatos del programa (se corresponden con los objetivos del programa).

Para medir los efectos del programa podemos utilizar 2 métodos:

Métodos **cuantitativos** (para medir frecuencias) y **cualitativos** (para describir cambios).

Utilizando los métodos cuantitativos (encuesta) y cualitativos (entrevistas) puede valorarse los efectos concretos del programa mediante las pruebas pre y post programa.

3. Evaluación de Resultados

La evaluación de resultados trata de describir los efectos inmediatos de un programa de intervención; ¿qué ha ocurrido? (cambios en información, actitudes, comportamientos, habilidades, etc.).

Para ello tendremos que:

a) Desarrollar los instrumentos a utilizar: instrumentos estructurados y validados en otras poblaciones a fin de poder hacer comparaciones y generalizaciones. También se deberá definir claramente cuáles serán los indicadores que determinen una variable.

b) Recogida de datos: la recogida de datos debe ser fiable. Son conceptos claves la confidencialidad, consentimiento informado y protección de los sujetos.

c) Los indicadores de la línea base y de la situación postintervención deberán ser los mismos. Los plazos de administración de protocolos deberán ser claros y seguirse lo más fielmente posible para evitar sesgos.

d) El tipo de análisis estadístico a utilizar y la interpretación de resultados dependerá del diseño de la evaluación.

La evaluación de los resultados del programa se centra en los efectos a largo plazo (se corresponden con las metas del programa).

En todo programa debemos de tener en cuenta estos cuatro conceptos: **equidad, eficacia, eficiencia y efectividad.**

a) **Equidad**: Distribución de los recursos de acuerdo a las necesidades en salud de los grupos de población.
b) **Eficacia del programa:** Capacidad de lograr el resultado deseado o esperado en condiciones ideales.
   - ¿Qué se evalúa?: Los efectos realmente alcanzados por la intervención realizada, aplicada en condiciones óptimas e ideales que no son las del trabajo diario. Se basa en las ventajas que proporciona la intervención aplicada en condiciones óptimas.
   - Cuestión clave en la evaluación de la eficacia: ¿Proporciona la intervención más beneficios que daños a los individuos/comunidad a quienes se les ha ofrecido y la han aceptado, es decir que realmente la han recibido?
c) **Efectividad del programa:** Capacidad de lograr el resultado deseado o esperado en condiciones reales.
   - ¿Qué se evalúa?: Los efectos de la intervención en el conjunto de la población diana, cuando las condiciones de aplicación son las habituales. Se centra en las ventajas de la aplicación del programa en la población a la que va dirigida.
   - Cuestión clave en la evaluación de la efectividad: ¿Proporciona la intervención más beneficios que daños a la población a la que ha sido ofrecida?
d) **Eficiencia del programa:** Consecución del mejor nivel de salud posible con el mínimo coste.
   - ¿Qué se evalúa?: A diferencia de la evaluación de la eficacia y la efectividad, la evaluación de la eficiencia sí incluye los recursos. La intervención más eficiente es aquella que mejor relación recursos/resultados presenta.

5. NIVELES DE PREVENCIÓN: PRIMARIA, SECUNDARIA, TERCIARIA Y CUATERNARIA

5.1. Prevención

"*Acciones orientadas a la erradicación, eliminación, o minimización del impacto de la enfermedad y la discapacidad* ". Last, Diccionario de Epidemiología

Incluye medidas sociales, políticas, económicas y terapéuticas.

5.2. Concepto

Las actividades de prevención y promoción de la salud son partes integrantes de la Atención Primaria.

La existencia de patologías crónicas relacionadas causalmente con factores de riesgo derivados de modos de vida no saludables ha incrementado la importancia de este grupo de actuaciones sanitarias.

Los distintos planes de salud contemplan, el desarrollo de actividades preventivas y de promoción de la salud y las integran con el trabajo diario de la Atención Primaria.

5.3. Prevención de la salud

La prevención se centra en desarrollar técnicas y medidas que eviten la aparición de la enfermedad. Conlleva realizar acciones que se anticipen a situaciones indeseables con el fin de promover el bienestar y reducir los riesgos de enfermedad.

En la historia natural de las enfermedades se pueden distinguir tres periodos: prepatogénico, patogénico y de resultados.

a) Periodo prepatogénico

Precede a las manifestaciones clínicas y está conformado por las condiciones del huésped de su susceptibilidad para padecer la enfermedad, el agente y el medio ambiente. Este período tiene su aparición antes de que se manifieste clínicamente la enfermedad (nos indica cuando la enfermedad se va a desarrollar y así buscar los medios necesarios para contrarrestarla).

Comienza con la exposición a factores de riesgo o etiológicos

Elementos

- El huésped es todo organismo viviente capaz de albergar a un agente causal de enfermedad.
- El agente es cualquier sustancia viva o inanimada, cuya presencia es la causa de una enfermedad.
- El medio ambiente es el conjunto de condiciones o influencias externas que afectan a la vida, y al desarrollo de un organismo.

Factores de riesgo

Los elementos cuya presencia e interacción están asociados con un incremento en la posibilidad de desarrollar una enfermedad en el huésped se denominan *"factores de riesgo"*, que pueden ser:

- **Internos o endógenos**: condiciones genéticas, endocrinas, inmunológicas, anímicas, etc.
- **Externos o exógenos:** están en el medio ecológico y dependen de los agentes productores de la enfermedad.

Estos factores de riesgo pueden ser no modificables (edad, sexo) o, por el contrario, ser susceptibles de cambios inducidos por actuaciones de prevención primaria.

b) Periodo patogénico

En esta fase se inicia la enfermedad, pero el ser vivo no presenta manifestaciones clínicas, ni cambios celulares, tisulares u orgánicos. Está conformado por las condiciones del huésped, el agente y el medio ambiente.

Se subdivide en dos etapas:

Período subclínico o de incubación y de latencia

Es la etapa en la que hay cambios celulares, tisulares u orgánicos, pero el paciente aún no percibe síntomas o signos de enfermedad, es una fase subclínica. En las enfermedades transmisibles se habla de Período de incubación, ya que los microorganismos se están multiplicando y produciendo toxinas, es de rápida evolución, puede durar horas o días (ejemplo: gripe). Sin embargo, en las enfermedades de tipo degenerativo se habla de Período de latencia, por su lenta evolución, que puede durar meses o años (ejemplo: artrosis, demencia senil, etc.).

Período clínico

Es cuando el ser vivo presenta síntomas o signos clínicos. Es decir, cuando se manifiesta clínicamente la enfermedad, y el afectado demanda ayuda sanitaria. Pero si el proceso patológico siguiera evolucionando de manera espontánea, sin intervención médica, tendría un desenlace que podría ser la curación, la incapacidad (secuelas) o la muerte. A su vez tiene 2 períodos:

- **Prodrómico**: aparecen los primeros signos o síntomas, que indica el inicio clínico de una enfermedad.
- **Clínico:** aparecen los síntomas y signos específicos, lo que permite determinar la patología que afecta al huésped y a su vez el tratamiento a aplicar para curar al paciente y evitar secuelas.

c) Periodo de resultados

Es el periodo donde se observan las consecuencias del avance de la enfermedad inducida por los agentes causales.

Una enfermedad puede evolucionar por distintos caminos dependiendo de las características del Huésped, del Agente y del Medio. Puede ocurrir que se recupere, que se quede como esta (cronicidad), que incapacite al huésped o morir (exitus).

- **Recuperación:** se vuelve al estado anterior a la enfermedad.
- **Cronicidad:** algunas enfermedades no tratadas permanecen en estado subclínico (sin signos, ni síntomas).
- **Incapacidad:** la enfermedad deja secuelas que permanecen en el tiempo.
- **Muerte:** el individuo no se recupera y muere.

<table>
<tr><th colspan="12">HISTORIA NATURAL DE LA ENFERMEDAD</th></tr>
<tr><td colspan="3">Fase de susceptibilidad</td><td colspan="3">Fase presintomática</td><td colspan="3">Fase clínica</td><td colspan="3">Fase de invalidez y muerte</td></tr>
<tr><td colspan="4">Prevención primaria</td><td colspan="4">Prevención secundaria</td><td colspan="4">Prevención terciaria</td></tr>
<tr><td colspan="4">Promoción de la salud
Protección específica</td><td colspan="4">Diagnóstico precoz:
Exámenes en masa
Exámenes selectivos
Tratamientos</td><td colspan="4">Limitación de la incapacidad
Rehabilitación
Reinserción social</td></tr>
</table>

5.4. Niveles de prevención

Los distintos niveles de prevención están en íntima relación con las fases de la historia natural de las enfermedades, enunciadas anteriormente:

- Prevención primaria o frente a las causas.
- Prevención secundaria frente a la enfermedad en sus fases precoces.
- Prevención terciaria o rehabilitación, dado que previene la incapacidad.

Ante la enfermedad, se emplean, por tanto, tres tipos de esfuerzos con vistas a conseguir:

- Que no aparezca.
- Que desaparezca.
- Que se desarrollen capacidades que compensen las lesiones que se originen.

La Organización Mundial de la Salud (OMS) define 3 niveles de prevención como objetivo de la mejora de la salud comunitaria: Prevención Primaria, Secundaria y Terciaria, que suponen técnicas y objetivos diferentes, al considerar como criterio el conjunto salud-enfermedad, según sea el estado de salud del individuo, grupo o comunidad a las que están dirigidas. También se habla de la prevención cuaternaria como concepto en el conjunto de actividades sanitarias que atenúan o evitan las consecuencias de las intervenciones innecesarias o excesivas del sistema sanitario.

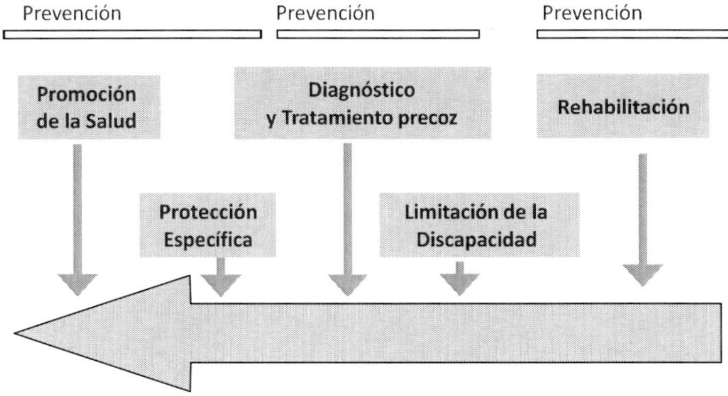

Leavell HR y Clark F: Preventive medicine for the doctor un his comunity. 1965.

5.4.1. Prevención primaria

Las actividades de prevención primaria son el conjunto de actuaciones dirigidas a impedir la aparición o disminuir la probabilidad de padecer una enfermedad determinada.

Su objetivo será disminuir la incidencia de la enfermedad. También incluye las actividades que buscan el desarrollo de las potencialidades físicas, psíquicas y sociales en individuos y comunidades.

Actúan en el periodo prepatogénico, es decir, antes de que la interacción entre los distintos factores y el individuo den lugar a la aparición de la enfermedad.

Comprende:

a) **La promoción de la salud**, que es el fomento y defensa de la salud de la población mediante acciones que inciden sobre los individuos de una comunidad, como por ejemplo las campañas antitabaco para prevenir el cáncer de pulmón y otras enfermedades asociadas al tabaco.

b) La **protección específica de la salud** como por ejemplo la sanidad ambiental y la higiene alimentaria. Las actividades de promoción y protección de la salud que inciden sobre el medio ambiente no las ejecuta el personal médico ni de enfermería, sino otros profesionales de la salud pública, mientras que la vacunación sí son llevadas a cabo por personal médico y de enfermería.

c) La **quimioprofilaxis**, que consiste en la administración de fármacos para prevenir enfermedades como por ejemplo la administración de estrógenos en mujeres menopáusicas para prevenir la osteoporosis.

Según la OMS, uno de los instrumentos de la promoción de la salud y de la acción preventiva es la **educación para la salud**, que aborda además de la transmisión de la información, el fomento de la motivación, las habilidades personales y la autoestima, necesarias para adoptar medidas destinadas a mejorar la salud. La educación para la salud incluye no sólo la información relativa a las condiciones sociales, económicas y ambientales subyacentes que influyen en la salud, sino también la que se refiere a los factores y comportamientos de riesgo, además del uso del sistema de asistencia sanitario.

PREVENCIÓN PRIMARIA

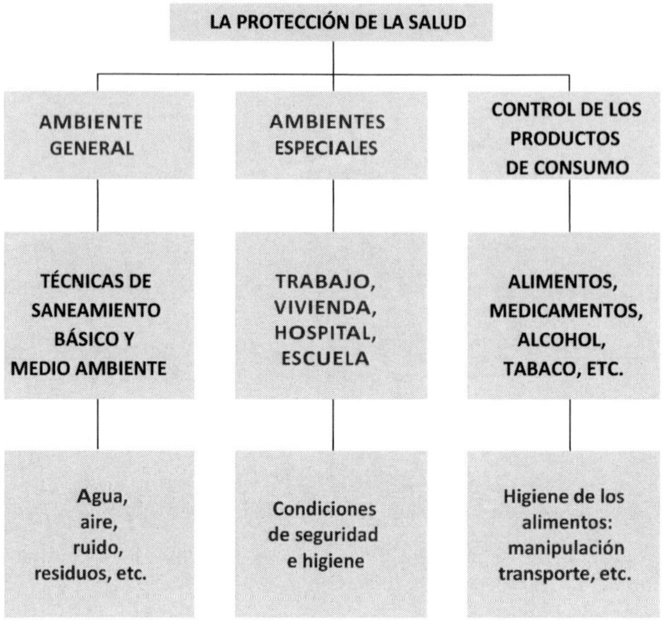

María Visitación Sanchón Macías

5.4.2. Prevención secundaria

La prevención secundaria va encaminada a detectar la enfermedad en estadios precoces en los que el establecimiento de medidas adecuadas puede impedir su progresión. Lucha contra la prevalencia, por cuanto la enfermedad ya está entre nosotros.

También se denomina diagnóstico precoz, cribado, o screening. Un programa de detección precoz es un programa epidemiológico de aplicación sistemática o universal, para detectar en una población determinada y asintomática, una enfermedad grave en fase inicial o precoz, con el objetivo de disminuir la tasa de mortalidad y puede estar asociada a un tratamiento eficaz o curativo.

La prevención secundaria actúa cuando la primaria no ha existido o ha fracasado. Su objetivo es reducir la morbimortalidad. Tiene lugar en la fase presintomática del periodo patogénico de la historia natural de la enfermedad.

Se basa en los cribados poblacionales y el tratamiento intensivo:

a) En los cribados poblacionales y para aplicar estos han de darse unas condiciones predeterminadas definidas en 1975 por Frame y Carslon para justificar el screening de una patología:

   - Que la enfermedad represente un problema de salud importante con un marcado efecto en la calidad y duración del tiempo de vida.

- ▷ Que la enfermedad tenga una etapa inicial asintomática prolongada y se conozca su historia natural.
- ▷ Que se disponga de un tratamiento eficaz y aceptado por la población en caso de encontrar la enfermedad en estado inicial.
- ▷ Que se disponga de una prueba de cribado rápida, segura, fácil de realizar, con alta sensibilidad, especificidad, alto valor predictivo positivo, y bien aceptada por médicos y pacientes.
- ▷ Que la prueba de cribado tenga una buena relación coste-efectividad.
- ▷ Que la detección precoz de la enfermedad y su tratamiento en el periodo asintomático disminuya la morbilidad y mortalidad global o cada una de ellas por separado.

b) El tratamiento intensivo correspondiente de las enfermedades antes de que hayan producido manifestaciones clínicas que motiven a acudir a quienes las padecen a los centros asistenciales.

5.4.3. Prevención terciaria

Comprende aquellas medidas dirigidas a la recuperación (tratamiento médico, quirúrgico y rehabilitación) de la salud una vez que ha aparecido la enfermedad, con el fin de ralentizar su progresión y, con ello la aparición o el agravamiento de complicaciones e invalideces.

Intenta mejorar la calidad de vida de los pacientes.

También se encuentra dentro de la Prevención Terciaria las medidas que se toman para evitar las causas iniciales de una enfermedad, en base a la experiencia previa del individuo que padeció la enfermedad o el contagio.

Objetivos de la prevención de los sucesos adversos

- **Prevención primaria**
  - ▷ Disminuir la incidencia.
  - ▷ Incrementar factores que mejoran la seguridad del paciente.
  - ▷ Reducir aquellos factores de riesgo de aparición de errores y fallos latentes del sistema.
- **Prevención secundaria**
  - ▷ Detección y abordaje precoz.
  - ▷ Mitigar consecuencias para el paciente y los servicios santiarios.
- **Prevención terciaria**
  - ▷ Reducir el impacto y las consecuencias derivadas del efecto adverso: incapacidad, dolor, complicaciones clínicas (iatrogénesis en cascada), litigios,...
  - ▷ Evitar su reaparición.

5.4.4. Prevención cuaternaria

La prevención cuaternaria es el *conjunto de actividades sanitarias que tratan de evitar o atenuar el daño que se origina por intervenciones innecesarias o excesivas del sistema sanitario.*

Son *"las acciones que se toman para identificar a los pacientes en riesgo de sobretratamiento, para protegerlos de nuevas intervenciones médicas y para sugerirles alternativas éticamente aceptables"*. Marc Jamoulle Diccionario de medicina general y de familia de la WONCA.

La prevención cuaternaria que tiene que ver con las recaídas y concierne igualmente a Atención Primaria (AP) y hospitalaria. en la primera es en donde más actos se realizan, por lo que el potencial de evitar daños es mayor, principalmente por el «efecto cascada» que conlleva el inicio de cualquier actividad por el médico de familia. Así, pruebas diagnósticas, actividades preventivas, medicamentos prescritos o métodos rehabilitadores pueden desencadenar cascadas de acciones que generen círculos viciosos dañinos.

En este planteamiento lo fundamental es no empeorar el curso de los acontecimientos. Es decir, prever la intervención de forma que se cumpla el principio básico de *"primum non nocere"*. Así pues, con la prevención cuaternaria se busca que "el remedio no sea peor que la enfermedad".

En último término, la prevención cuaternaria es una cuestión social que interesa al conjunto de la población, a sanos y enfermos, especialmente en el actual contexto de creciente medicalización.

Estos niveles preventivos no son incompatibles entre sí, se complementan, enriqueciéndose mutuamente en su implementación conjunta para mejorar la calidad de vida de la gente y la sociedad en su conjunto.

Tema 24

Gestión por Procesos Asistenciales Integrados y Planes de cuidados relacionados con los procesos. Mapas de procesos asistenciales. Procesos de soporte. Planes Integrales: situación, objetivos y líneas de acción

eRodio ediciones

Índice esquemático

1. GESTIÓN POR PROCESOS ASISTENCIALES INTEGRADOS Y PLANES DE CUIDADOS RELACIONADOS CON LOS PROCESOS

1.1. Introducción

La Gestión por Procesos Asistenciales Integrados (PAI) es una de las estrategias de calidad impulsadas por la Consejería de Salud de la Junta de Andalucía en el año 2000 y con la que se viene trabajando desde entonces en el Sistema Sanitario Público andaluz, que permite ofrecer una atención homogénea al paciente, independientemente del centro en que la reciba y del profesional responsable en cada momento.

En cada proceso asistencial quedan definidos los diferentes elementos, recursos y tecnologías que intervienen en la atención del paciente, permitiendo incorporar las últimas 'evidencias científicas disponibles' para mejorar calidad asistencial.

Lo que se pretende con este nuevo modelo organizativo en el que participan los profesionales, los ciudadanos y la Organización Sanitaria, es adaptar el Sistema Sanitario a las necesidades de la población y de los profesionales, gestionado mediante procesos asistenciales cada problema de salud con eficacia y un alto grado de personalización.

Así, en este nuevo modelo se incorporan al proceso asistencial novedades como los "cuidados enfermeros" (planes de cuidados de enfermería corresponsabilizando al médico), "uso racional del medicamento" (prescripción eficiente de fármacos) y "prescripción enfermera colaborativa" (DUE asume competencia en productos sanitarios relacionados con los cuidados enfermeros), "práctica clínica segura" (minimizar los riesgos y mejorar la seguridad del paciente cuando se produce una actuación), adecuar y simplificar los "indicadores de salud" y dotar de "competencias específicas" a los diferentes profesionales que intervienen en los procesos asistenciales.

El desarrollo de la estrategia de gestión por procesos asistenciales integrales en la Comunidad Autónoma de Andalucía ha supuesto un importante esfuerzo por situar la atención sanitaria alrededor de los ciudadanos y ha determinado una cultura diferente aportando una visión de horizontabilidad y de cooperación hasta ahora desconocida. La gestión por procesos nos está permitiendo mejorar aspectos diversos del procesos de atención sanitaria que nos van a conducir a unos mejores resultados de salud.

El desarrollo de la estrategia de gestión por procesos asistenciales integrales en la Comunidad Autónoma de Andalucía ha supuesto un importante esfuerzo por situar la atención sanitaria alrededor de los ciudadanos y ha determinado una cultura diferente aportando una visión de transversalidad y de cooperación hasta ahora desconocida.

La gestión por procesos permite reducir la variabilidad de la práctica clínica y contribuye a la efectividad del resultado y a la satisfacción del paciente, permite definir criterios de calidad de la práctica y monitorizar indicadores de proceso que informen de los grados de cumplimiento de los estándares de calidad.

El abordaje mas sistemático para el análisis de la calidad de la asistencia se debe a Donabedian, su clasificación de los métodos de análisis de la calidad de la asistencia, (análisis de la calidad de los medios), análisis de la calidad de los métodos (evaluación del proceso), análisis de la calidad de los resultados (evaluación de los resultados), todo ello hizo centrar la atención de los procesos como núcleo principal en el que fomentar las acciones destinadas a la mejora continua de la atención sanitaria.

1.2. Marco Conceptual

Los Procesos Asistenciales nacieron con un objetivo clave: que la asistencia sanitaria incorporara la visión del paciente en el conjunto del equipo asistencial para la mejora de la continuidad asistencial. Uno de sus objetivos principales es que la práctica clínica se desarrollara en base a la mejor evidencia científica disponible, y que los profesionales tuvieran una guía que les permitiera disminuir la variabilidad en la práctica clínica cada vez más compleja y especializada.

Criterios comunes de la oferta de servicios por Procesos.

La implantación de los Procesos asistenciales en los centros asistenciales del SSPA, se realiza de acuerdo con las siguientes líneas de actuación:

1. Inclusión de la gestión por procesos en las herramientas de gestión.
2. Desarrollo de una estructura organizativa interniveles que facilite el cambio.
3. Existencia de un análisis de situación previo a la implantación del proceso asistencial.
4. Desarrollo de la arquitectura 4 del proceso asistencial en el ámbito local.
5. Plan de comunicación interno dirigido a los profesionales implicados.
6. Inclusión de las necesidades detectadas de formación en planes internos de formación.
7. Desarrollo de un sistema de información para el seguimiento y evaluación.
8. Estrategia para la Mejora Continua del Proceso.

Estructura básica de la Cartera de Servicios por Procesos Asistenciales Integrados

a) Presentación.
    - Presentación.
    - Autoría: nombre, institución y datos de contacto.
    - Conflictos de interés.
    - Compromiso de revisión, evaluación en 5 años.
    - Se hace referencia a la Estrategia de búsqueda utilizada para la incorporación de documentos bibliográficos, que será explícita y reproducible.

b) Introducción
    - Justificación de la necesidad del PAI.
    - Análisis del entorno.
    - Incorporación de dimensiones de calidad estratégicas e innovadoras para la organización (ciudadanía, efectividad clínica, uso racional de medicamentos, seguridad, cuidados y evaluación).

c) Definición

Definición funcional y límites entrada, marginal y final.

e) Expectativas y objetivos

Expectativas específicas de paciente y familiares. En función de las mismas se formularán los objetivos.

f) Descripción general.

La descripción general del PAI se realizará siguiendo el recorrido del paciente, reflejándose en la Hoja de ruta.

g) Componentes : profesionales, actividades , características de calidad.

- ▷ Secuencia temporal de actividades.
- ▷ Hace referencia al qué, quién, cuándo, cómo y dónde.
- ▷ Expresa las características de calidad.

h) Descripción Competencias específicas

- ▷ Competencias específicas, imprescindibles para los resultados en salud de los pacientes.

i) Recursos y unidades de soporte específicas

Recursos específicos para la implantación.

j) Representación gráfica del PAI

- ▷ Representación Global del PAI.
- ▷ Representación Especifica del PAI.

k) Indicadores

- ▷ Basados en las características de calidad de las actividades del PAI.
- ▷ Útiles para el seguimiento de los resultados.

l) Anexos

- ▷ Guías, procedimientos, protocolos, planes específicos referidos a las actividades descritas del proceso.
- ▷ Documentos de relevancia para la implantación.
- ▷ Documentación dirigida a pacientes.

m) Glosario de términos

n) Bibliografía

Referencias bibliográficas según la normativa de Vancouver.

2. MAPAS DE PROCESOS ASISTENCIALES

El mapa de procesos es una representación del diagrama de flujos al que se añaden los servicios participantes y los indicadores o metas a medir y conseguir en cada punto crítico del proceso. Para realizar el mapa:

- Primero hay que identificar los servicios que van a intervenir.
- Luego la secuencia temporal de actividades.
- Luego los puntos de medición e indicadores y metas.

Los mapas de procesos son las vías clínicas. Es decir, el conjunto de actividades diagnósticas, de tratamiento y organizativas que son específicas para un conjunto homogéneo de pacientes que presentan la misma condición clínica. En la vía clínica se especifica la unidad asistencial responsable de la actividad, la duración de la actividad y los resultados que se desean conseguir.

Procesos Asistenciales Integrados establecidos por la Consejería de Salud.

- Amigdalectomía/Adenoidectomía
- Anemias
- Angina estable (dolor torácico)
- Ansiedad, depresión, somatizaciones (2ª edición, 2011)
- Arritmias
- Artroplastia de cadera
- Artrosis de rodilla y cadera
- Asma
- Ataque cerebrovascular
- Atención a la caries dental y a las inclusiones dentarias
- Atención a las personas fumadoras
- Atención a pacientes pluripatológicos
- Atención al paciente quirúrgico
- Atención al trauma grave
- Atención temprana. Seguimiento recién nacido de riesgo
- Atención temprana. Trastornos del desarrollo con discapacidad intelectual
- Atención temprana. Trastornos del desarrollo con discapacidad motora
- Atención temprana. Trastornos del espectro autista
- Atención temprana. Trastornos sensoriales
- Cáncer colorrectal (2ª edición, 2011)
- Cáncer de cabeza y cuello
- Cáncer de cérvix
- Cáncer de mama (3ª edición, 2011)
- Cáncer de piel
- Cáncer de pulmón
- Catarata
- Cefaleas
- Células y tejidos humanos
- Colelitiasis/Colecistitis
- Cuidados paliativos
- Demencia
- Diabetes mellitus (1ª edición, marzo 2011)
- Disfonía
- Disfunción tiroidea
- Dispepsia

- Dolor abdominal
- Dolor crónico no oncológico
- Dolor torácico genérico (no filiado)
- Embarazo, parto y puerperio
- Enfermedad pulmonar obstructiva crónica
- Fibromialgia
- Fiebre de duración intermedia
- Fiebre en la infancia
- Fractura de cadera
- Hemorragias uterinas anormales
- Hepatitis víricas
- Hernias de pared abdominal
- Hipertrofia benigna de próstata. Cáncer de próstata
- IAM con elevación del ST (dolor torácico)
- Insuficiencia cardíaca
- Insuficiencia venosa crónica
- Otitis media
- Red de bancos de tumores de Andalucía
- Riesgo vascular (2ª edición, octubre 2010)
- Sepsis grave
- Síndrome aórtico agudo (dolor torácico)
- Síndrome coronario agudo sin elevación de ST (SCASEST): Angina inestable e infarto sin elevación de ST (AI/IAMNST) (dolor torácico)
- Trasplante cardíaco
- Trasplante de páncreas
- Trasplante hepático
- Trasplante pulmonar
- Trastorno mental grave
- Trastornos de la conducta alimentaria
- Tratamiento sustitutivo de la insuficiencia renal crónica: diálisis y trasplante renal
- Tromboembolismo pulmonar (dolor torácico)
- Urolitiasis
- VIH/SIDA

Ultimas incorporaciones :

- Proceso Asistencial Integrado Atención al Paciente Quirúrgico
- Proceso Asistencial Integrado Dolor Crónico no Oncológico
- Proceso Asistencial Integrado Fractura de Cadera
- IDC-Pal. Instrumento diagnóstico de la complejidad en cuidados paliativos. Documento de apoyo al PAI Cuidados Paliativos

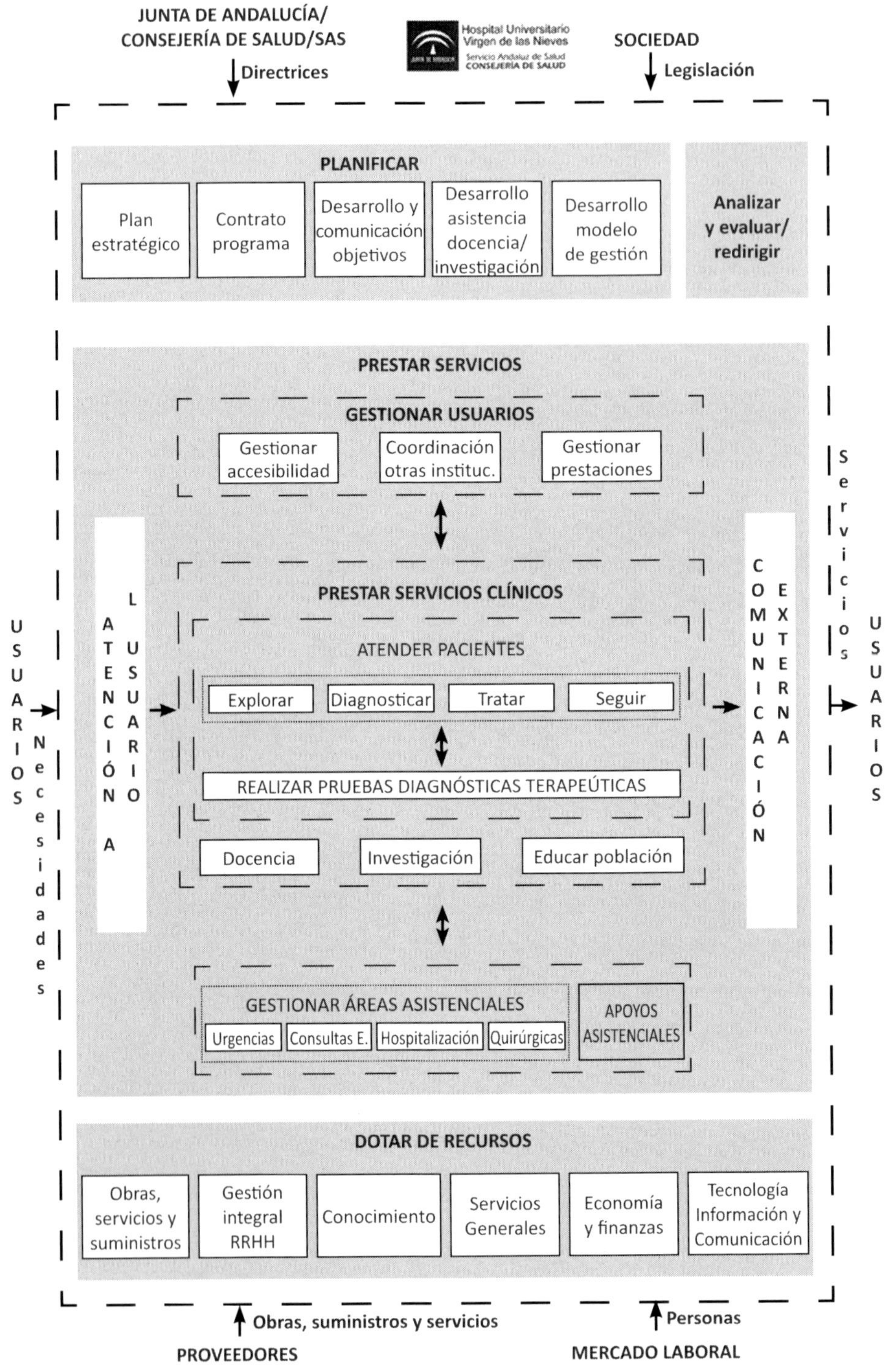

Foto Mapa de Procesos web Hospital Virgen de las Nieves. http://www.hvn.es/comp_hospitalario/mapa_procesos/

Una vía crítica o mapa de cuidados es una progresión temporal de intervenciones y procedimientos establecidos para la estandarización del cuidado a través de todo el proceso.

3. PROCESOS DE SOPORTE

Proporcionan apoyo a los procesos clave para asegurar el buen funcionamiento de la Unidad y que, generalmente, son transparentes al usuario. Sus clientes son internos. Ejemplos: Control de calidad, Selección de personal, Formación del personal, Compras, Sistemas de información, etc. Los procesos de soporte también reciben el nombre de procesos de apoyo.

Procesos Soporte elaborados por la Consejería de Salud.

- Bloque quirúrgico.
- Hemoterapia.
- Laboratorios clínicos.
- Nutrición clínica y dietética.
- Técnicas de imagen.

Foto Procesos Soporte. Conserjería Salud. PAI Sepsis Grave

3.1. Enfermería en el Proceso Asistencial Integrado

Este nuevo modelo va a incorporar nuevos elementos al proceso asistencial, como son los "cuidados enfermeros", un nuevo concepto de las funciones de estos profesionales que permiten proporcionar una atención más personalizada. En este sentido, se sumarán los planes de cuidados existentes a cada proceso asistencial y se insistirá en una visión multidisciplinar de corresponsabilidad compartida por parte de médico y enfermera.

Debemos garantizar en la atención enfermera en base a un Modelo conceptual y un método científico para prestar los cuidados de forma integral al paciente y su familia , haciendo asimismo realidad la continuidad de cuidados interniveles.

Los profesionales de enfermería , una vez revisada la bibliografía actual con relación a las tendencias y teorías de enfermería y la consulta a expertos, un modelo para la práctica asistencial en nuestro ámbito es el enunciado por Virginia Henderson, incluyendo algunos aspectos propios del entorno hospitalario que generan problemas y/o alteraciones en la satisfacción de las necesidades de la persona. De una forma esquemática y de acuerdo a las propuestas para el desarrollo científico de un Modelo de Cuidados o Marco Conceptual de los Cuidados.

Hoy día las enfermeras, ante una sociedad cada vez mejor informada y más exigente con los servicios sanitarios tanto comunitarios, como hospitalarios y extrahospitalarios, además de proporcionar los cuidados tradicionales debemos responder a las necesidades de las personas para la gestión de su propia salud y de sus autocuidados, funciones de nuestra competencia históricamente.

La OMS2 afirma, por ejemplo, que "el ejercicio de la enfermería es un valioso recurso para la salud" y para que dicho recurso alcance pleno desarrollo, los cuidados de enfermería deben ofrecer un servicio competente, diferente al de otros grupos profesionales y útil para las personas que lo requieren.

Es obligación de los profesionales de Enfermería evolucionar conforme a esta realidad. El empleo del proceso enfermero en cualquier área implica una garantía científica, profesional y de calidad, beneficiando al ciudadano, al profesional y a la Institución.

Actualmente, se ha conseguido alcanzar un lenguaje enfermero con un grado de consenso y estandarización, que permite gracias a las diferentes taxonomías y clasificaciones internacionales, reflejar las etapas del proceso de la práctica enfermera.

3.2. Estructura y Metodología de un Plan de Cuidados

El prototipo básico de un Plan de Cuidados Estandarizado debe de considerar al menos los siguientes elementos:

1. Situación de Salud.

   Donde se describe la fisiopatología, epidemiología, manifestaciones clínicas, procedimientos diagnósticos, tratamiento y complicaciones de dicha situación de salud.

2. Valoración estandarizada de Necesidades.

   Descripción de las manifestaciones presentes en cada una de las necesidades alteradas.

3. Titulo.

   Para la atención a los problemas de la persona en una situación dada, utilizando para los procesos patológicos de solución medica el término "afectos de...",en los de solución quirúrgica "intervenidos de..." y en los exploratorios o diagnósticos "sometidos a...", seguido del GDR o Proceso Asistencial al que da respuesta.

4. Día

   En el que se expresará el dígito del día o momento evolutivo al que hace referencia el Plan, considerando como día "0" el día de Ingreso de la persona en la Unidad. El número de días o extensión del Plan dependerá de la Estancia Media prevista para el GDR o Proceso Asistencial.

5. Necesidad / Requerimiento de cuidados

   La estructura del plan contempla su articulación en dieciséis grupos, las catorce necesidades reconocidas por Henderson más dos grupos de requerimientos (fuentes de dificultad añadida motivada por la hospitalización):

   - Necesidades:
     1. Respiración.
     2. Alimentación-hidratación.
     3. Eliminación.
     4. Movilización.
     5. Reposo-sueño.
     6. Vestirse.
     7. Termorregulación.
     8. Higiene-piel.
     9. Seguridad.
     10. Comunicación.
     11. Creencias-valores.
     12. Trabajar-realizarse.
     13. Ocio.
     14. Aprender
   - Requerimientos diagnósticos.
   - Requerimientos terapéuticos.

6. Problema

   Dentro de esta categoría se reconocen como formulaciones para los problemas:

   - Diagnósticos NANDA.
   - Problemas de autonomía.
   - Problemas interdependientes.

7. Diagnósticos NANDA

   En un intento de simplificar los elementos conceptuales que enmarcan nuestro proyecto y para una fácil adecuación al entorno hospitalario y concretamente a la realidad de nuestro hospital, hemos realizado una selección de los diagnósticos más frecuentes dentro de nuestro ámbito.

   Además, dentro de la construcción del diagnóstico preferimos en su día la inclusión de un léxico abierto en los componentes segundo y tercero del formato PES. En la actualidad trabajamos en un proyecto que nos llevará a adoptar un lenguaje diagnóstico uniforme a la vez que adaptado a las características y momento de desarrollo de nuestra organización.

8. Problemas de autonomía

   Basándonos en el término independencia -nivel óptimo de desarrollo del potencial de la persona, de acuerdo con su situación de vida (edad, sexo, etapa de desarrollo, proceso patológico,...) - descrito por Henderson y posteriores autoras que han desarrollado su modelo, reconocemos la existencia de problemas de autonomía cuando una persona independiente, que haría todo lo que puede hacer, tiene problemas para satisfacer alguna / as de las catorce necesidades.

9. Problemas interdependientes / de colaboración

   Problemas sobre los que las enfermeras deben actuar, pero en los que necesitan la colaboración de otros profesionales.

10. Objetivo

    Expresará los criterios de resultado observables en la persona tras la aplicación del cuidado, estando relacionados con la modificación, mejoría o desaparición o no-aparición de signos y síntomas en un período determinado.

    La construcción de objetivos sigue cuatro criterios generales:

    a) El objetivo se debe referir a lo que la persona hará.
    b) El objetivo deberá reflejar una respuesta deseable en la persona.
    c) En los problemas de autonomía se redactarán los objetivos en forma de "Suplir al paciente en la " seguido del nombre de la necesidad alterada, como objetivo único y permanente.
    d) En los problemas interdependientes y de requerimientos no se especificarán objetivos

    En la actualidad estamos trabajando en la traducción de nuestros criterios de resultado en lenguaje NOC.

11. Actividades

    Se distinguen dos grandes grupos: las dirigidas a eliminar, controlar o reducir la causa o modificar sus efectos, y las dirigidas a la reducción, control o eliminación de las manifestaciones; además de la detección temprana de posibles datos objetivos y subjetivos indicadores de problemas potenciales.

    En el Catálogo de Actividades, éstas se encuentran clasificadas atendiendo a las necesidades reconocidas por V. Henderson y a los grupos de requerimientos, asignando un código alfanumérico a cada una de ellas.

12. Pauta

    Especificando la frecuencia horaria con que serán administrados los cuidados.

13. Personal

    Se especificará que miembro del Equipo de Enfermería deberá realizar la acción. Cuando las condiciones o nivel de independencia del paciente lo aconsejen podrá citarse como protagonista de la acción al propio paciente o al cuidador principal.

    C/NC

    Se expresa con estas siglas en términos de "conseguido" o "no conseguido" el objetivo marcado para cada problema identificado, lo que nos orientará hacia la continuidad, la modificación o la propuesta de nuevas acciones de cuidados.

    Actuaciones derivadas de la hospitalización

    En cada uno de los días del Plan de Cuidados, se incluye un apartado en el que se recogen aquellas actividades originadas por la propia hospitalización y que no tienen relación alguna con problemas identificados en la persona, sino sólo por el hecho de estar hospitalizado.

14. Tabla resumen

    Se trata de un cronograma que identifica "actividades clave" para cada uno de los días del Plan de Cuidados Estandarizado.

4. PLANES INTEGRALES: SITUACIÓN, OBJETIVOS Y LÍNEAS DE ACCIÓN

En el momento actual, la organización sanitaria ha asumido el desarrollo de los PAI considerando el cambio como factor prioritario y reafirmándose en la metodología descrita en la citada Guía. Así pues, partiendo de lo aprendido en la implantación de los PAI, de la experiencia acumulada y del conocimiento compartido entre centros y profesionales, se trata ahora de establecer las premisas básicas que puedan facilitar su actualización e implantación.

De acuerdo con las distintas estrategias culturales, organizacionales y operativas se describirá la metodología que creemos deberá establecerse para una implantación global de los distintos PAI que actualmente se encuentran desarrollados, así como aquellos que se reediten con las modificaciones ya descritas en otros apartados.

4.1. La Gestión por Procesos Asistenciales Integrados

Objetivo: Desarrollar y consolidar los cuidados en los PAI.

Líneas de acción:

- Proponer medidas para facilitar y coordinar la identificación de personas incluidas en los PAI.
- Colaborar en el diseño y desarrollo de sistemas de verificación y monitorización de los PAI.

- ▷ Incorporar la gestión de Cuidados dentro de la Gestión por PAI como un elemento de valor añadido, formando además a los profesionales en esta estrategia

Objetivo: Consolidar la gestión por PAI como herramienta garante de la continuidad de cuidados.

Líneas de acción:

- ▷ Introducir normas de calidad de los cuidados en el diseño de los procesos asistenciales.
- ▷ Identificar y destacar los aspectos clave y distintivos de cada PAI en la secuencia temporal estandarizada del plan asistencial.
- ▷ Organizar el diseño de los planes de cuidados con secuencia.

La gestión por procesos asistenciales es una herramienta del Sistema Sanitario Público Andaluz que:

- Centra las actuaciones en el usuario.
- Implica a los profesionales como principales protagonistas del cambio.
- Facilita la continuidad asistencial.

La gestión por procesos se conforma como una metodología que facilita un enfoque hacia el usuario, desplegando las organizaciones sanitarias hacia sus necesidades (estándar mínimo) y sus expectativas; el cumplimiento de éstas últimas es el que genera valor agregado al producto o servicio. Asimismo, incorpora la corriente de la medicina basada en la evidencia para la selección de las actividades mas relevantes, facilita la coordinación y la continuidad de los cuidados, evitando la aparición de islotes organizativos tan comunes en los modelos verticales, y proporciona un sistema de información integrado. Su aplicación en nuestro medio puede hacer compatible la mejora de la satisfacción del cliente con mejores resultados de las organizaciones sanitarias, garantizando la eficiencia, la efectividad y la calidad del servicio.

Tema 25

Plan para mayores de 65 años. Medidas a favor de los/as mayores y personas con discapacidad. Medidas de carácter sanitario. Decreto de Apoyo a las Familias Andaluzas y sus modificaciones. Plan de atención a las Cuidadoras familiares en Andalucía y envejecimiento saludable

eRodio ediciones

Índice esquemático

1. PLAN PARA MAYORES DE 65 Y MÁS AÑOS

Según la **Organización Mundial de la Salud (en adelante OMS),** debido al aumento de la esperanza de vida y a la disminución de la tasa de fecundidad, la proporción de personas mayores de 60 años está aumentando más rápidamente que cualquier otro grupo de edad en casi todos los países.

La mayor longevidad de la población puede considerarse un **éxito debido a las políticas de salud pública y al desarrollo socio-económico de los países más avanzados**, pero también constituye un reto para la sociedad, que debe adaptarse a ello para **mejorar al máximo la salud y la capacidad funcional de las personas mayores**, así como su **participación social y su seguridad**.

En la actualidad, casi 700 millones de personas son mayores de 60 años. Para **2050, las personas de 60 años o más serán 2.000 millones, esto es, más del 20% de la población mundial.** Con esto, está claro que es necesario prestar mayor atención a las necesidades particulares de las personas de edad y los problemas a los que se enfrentan muchas de ellas. No obstante, es igualmente importante la contribución esencial que la mayoría de los hombres y las mujeres de edad pueden seguir haciendo al funcionamiento de la sociedad si se cuenta con las garantías adecuadas. Los derechos humanos se hallan en la base de todos los esfuerzos en este sentido.

España sigue su proceso de envejecimiento. A 1 de noviembre 2011 había 8.116.347 personas mayores (65 y más años), el 17,3% sobre el total de la población (46.815.916), según los Censos de Población y Viviendas 2011 (INE). Sigue creciendo en mayor medida la proporción de octogenarios. En **2014 representan el 5,2% de toda la población**.

El Informe **"Envejecimiento en Red"** del Consejo Superior de Investigaciones Científicas (CSIC), y realizado por el Centro de Ciencias Humanas y Sociales (CCHS) sobre presenta una serie de indicadores demográficos, de salud, económicos y sociales que nos proporcionan una visión de la situación de las personas mayores en España, así como de los cambios que ha experimentado en los últimos años.

En el siguiente gráfico podemos observar la **evolución de la población española mayor de 64 años entre 1900-2051**.

Años	Total España	65 años y más		65-79 años		80 años y más	
	Absoluto	Absoluto	% respecto al total	Absoluto	% respecto al total	Absoluto	% respecto al total
1900	18.618.086	967.774	5,2%	852.389	4,6%	115.385	0,6%
1910	19.995.686	1.105.569	5,5%	972.954	4,9%	132.615	0,7%
1920	21.389.842	1.216.693	5,7%	1.073.679	5,0%	143.014	0,7%
1930	23.677.794	1.440.744	6,1%	1.263.632	5,3%	177.112	0,7%
1940	26.015.907	1.699.860	6,5%	1.475.702	5,7%	224.158	0,9%
1950	27.976.755	2.022.523	7,2%	1.750.045	6,3%	272.478	1,0%
1960	30.528.539	2.505.165	8,2%	2.136.190	7,0%	368.975	1,2%
1970	34.040.989	3.290.800	9,7%	2.767.061	8,1%	523.739	1,5%
1981	37.683.362	4.236.740	11,2%	3.511.599	9,3%	725.141	1,9%
1991	38.872.268	5.370.252	13,8%	4.222.384	10,9%	1.147.868	3,0%
2001	40.847.371	6.958.516	17,0%	5.378.194	13,2%	1.580.322	3,9%
2011	46.815.916	8.116.347	17,3%	5.659.441	12,1%	2.456.906	5,2%
2021	45.186.456	9.308.853	20,6%	6.450.649	14,3%	2.858.204	6,3%
2031	43.933.710	11.556.288	26,3%	7.926.115	18,0%	3.630.173	8,3%
2041	42.874.861	14.031.450	32,7%	9.180.903	21,4%	4.850.547	11,3%
2051	41.699.556	15.222.174	36,5%	8.848.227	21,2%	6.373.974	15,3%

Fuente: 1970 - 2011: INEBASE: Series históricas de población. Consulta enero de 2014

Según el INE: INEBASE: Censos de Población y Viviendas 2011. Consulta enero de 2014, **en España el índice de personas mayore**s es del **17`34%,** oscilando entre las ciudades autónomas de Ceuta y Melilla con el 10`42% y la Comunidad de Castilla y León con el 23`01%. La **Comunidad Andaluza se establece con un 15`29%,** situándose por **debajo de la media española.**

	Población 65+ años	Población total	Población 65+ años %
España	8.116.350	46.815.916	17,3
Andalucía	1.280.083	8.371.270	15,3
Aragón	269.816	1.344.509	20,1
Asturias (Principado de)	243.449	1.075.183	22,6
Ballears (Illes)	156.775	1.100.503	14,2
Canarias	289.023	2.082.655	13,9
Cantabria	112.502	592.542	19,0

.../...

.../...

Castilla y León	584.607	2.540.188	23,0
Castilla-La Mancha	371.958	2.106.331	17,7
Cataluña	1.280.729	7.519.843	17,0
Comunidad Valenciana	859.820	5.009.931	17,2
Extremadura	212.483	1.104.499	19,2
Galicia	632.377	2.772.928	22,8
Madrid (Comunidad de)	988.999	6.421.874	15,4
Murcia (Región de)	208.419	1.462.128	14,3
Navarra (C. Foral de)	114.506	640.129	17,9
País Vasco	433.658	2.185.393	19,8
Rioja (La)	59.975	321.173	18,7
Ceuta y Melilla	17.174	164.840	10,4

Fuente: INE: INEBASE: Censos de Población y Viviendas 2011. Consulta enero de 2014

Aproximadamente **el 32% de las personas mayores de 64 años tiene alguna discapacidad**. En general, se estima que un 5,6% de la ciudadanía andaluza necesita ayuda para las actividades básicas de la vida diaria (ABVD). De cada 100 personas con dependencia, **cerca de 70 son personas mayores de 64 años.**

Población en Andalucía con alguna discapacidad entre los años 2001 y 2025

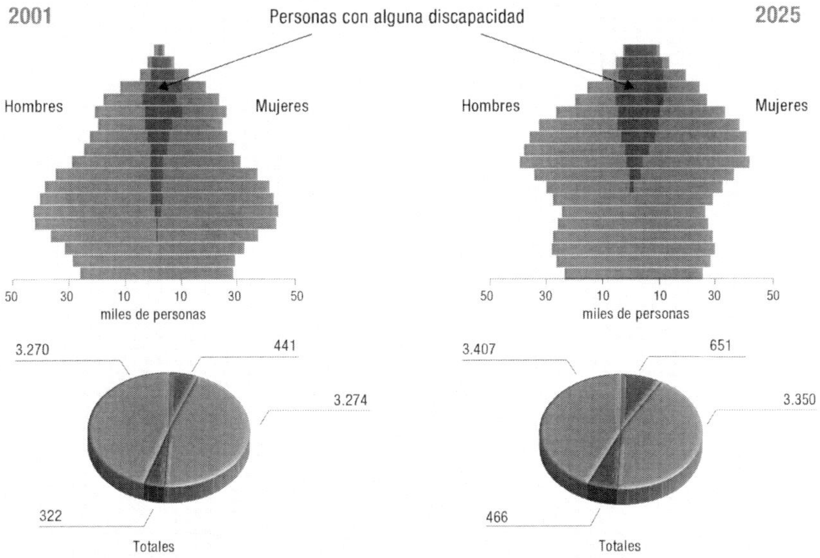

Fuente Plan Andaluz de Atención Integrada a Pacientes con Enfermedades Crónicas 2012-2016

En Andalucía, las mujeres que tienen una esperanza de vida mayor que los hombres y viven más años pero una parte importante lo hacen en situación de discapacidad. **Los varones viven un promedio de 7,9 años de su vida en situación de dependencia y las mujeres 12,1 años**.

Esta tendencia que incrementa el número de personas que requerirán cuidados de larga duración, común en otros países y regiones de la UE, va a obligar a considerar las **políticas preventivas y de promoción de la salud** que promuevan el mantenimiento de la salud y la autonomía de las personas. Y también, a reconsiderar las políticas y los recursos sanitarios y sociales que mejoren los **niveles de eficiencia en la atención a las personas mayores**, esto es, que permitan redefinir la provisión de los cuidados, tanto desde los **servicios de salud como de asistencia social**, sea a través del apoyo familiar informal y, de atención domiciliaria o residencial.

2. MEDIDAS A FAVOR DE LOS/AS MAYORES Y PERSONAS CON DISCAPACIDAD

En la actualidad, esta situación está íntimamente relacionado con la concesión de ayudas a la dependencia, en sus distintas modalidades:

2.1. Servicio de ayuda a domicilio

Este servicio lo constituye el conjunto de actuaciones preventivas, formativas, y rehabilitadoras llevadas a cabo por profesionales cualificados en el propio domicilio, con el objetivo de atender en las actividades básicas de la vida diaria que necesite la persona en situación de dependencia. Para preservar los servicios de ayuda a domicilio para las personas dependientes y mantener el empleo se ha aprobado el Plan Extraordinario de Acción Social de Andalucía.

Dentro del Plan se encuentra el Programa de Consolidación del Servicio de Ayuda a Domicilio, que otorga transferencias a Entidades Locales de Andalucía destinadas al afianzamiento del Servicio de Ayuda a Domicilio. Con ello se pretende garantizar la cobertura adecuada de las necesidades de la población dependiente en situación de emergencia o con dificultades económicas.

El acceso al Servicio de Ayuda a Domicilio financiado con cargo a este Programa se realiza a través de los **Servicios Sociales Comunitarios**.

Para poder solicitar el Servicio de Ayuda a Domicilio es necesario que la persona en **situación de dependencia viva en un domicilio particular**.

El Servicio de Ayuda a Domicilio es **compatible tanto con el Servicio de Teleasistencia,** como con el **Servicio de Centro de Día** o la Prestación económica vinculada a éste, en aquellos casos que se determine y con carácter complementario.

La **participación en la financiación del servicio** por parte de la persona usuaria está condicionada por su **capacidad económica personal** en los términos previstos en las disposiciones vigentes.

Las actuaciones que ofrece el servicio son:

- Atención a las necesidades domésticas o del hogar:
  - ▹ En relación con la alimentación:
    - ° Preparación de alimentos en el domicilio.
    - ° Servicio de comida a domicilio.
    - ° Compra de alimentos con cargo a la persona usuaria.
  - ▹ En relación con el vestido:
    - ° Lavado de ropa en el domicilio y fuera del mismo.
    - ° Repaso y ordenación de ropa.
    - ° Planchado de ropa en el domicilio y fuera del mismo.
    - ° Compra de ropa con cargo a la persona usuaria.
  - ▹ En relación con el mantenimiento de la vivienda:
    - ° Limpieza cotidiana y general de la vivienda, salvo casos específicos de necesidad en los que dicha tarea será determinada por el personal técnico responsable del servicio.
    - ° Pequeñas tareas domésticas que realizaría la persona por sí misma en condiciones normales, y que no son objeto de otras profesiones.

- Actuaciones de carácter personal:
  - ▹ Relacionadas con la higiene personal:
    - ° Planificación y educación de hábitos de higiene.
    - ° Aseo e higiene personal.
    - ° Ayuda en el vestir.

    - Relacionadas con la ingesta y hábitos alimentarios:
        - Ayuda o dar de comer y beber.
        - Control de la alimentación y educación sobre hábitos alimentarios.
    - Relacionadas con la movilidad:
        - Ayuda para levantarse y acostarse.
        - Ayuda para realizar cambios posturales.
        - Ayuda para la movilidad dentro del hogar.
    - Relacionadas con cuidados especiales:
        - Apoyo en situaciones de incontinencia.
        - Orientación temporal y espacial.
        - Control de la administración del tratamiento médico en coordinación con los equipos de salud.
        - Asistencia y acompañamiento nocturnos (vela).
- De ayuda en la vida familiar y social:
    - Acompañamiento dentro y fuera del domicilio.
    - Apoyo a la organización doméstica.
    - Actividades de ocio dentro del domicilio.
    - Actividades de fomento de la participación en su comunidad y en actividades de ocio y tiempo libre.
    - Ayuda a la adquisición y desarrollo de habilidades, capacidades y hábitos personales y de convivencia.

La **duración del servicio** será variable en función de la situación socio-familiar, de las necesidades de la persona en situación de dependencia para hacer posible su permanencia en el hogar y de la intensidad del servicio que corresponda a la persona según su grado de dependencia y los servicios compatibles prescritos, quedando regulado por el Real Decreto Ley 20/2012, de 13 de julio.

La intensidad del servicio en los casos en los que sea **compatible con el Servicio de Centro de Día será como máximo de 22 horas mensuales**, de lunes a viernes, con objeto de facilitarles la asistencia al Centro de Día.

2.2. Prestación económica para cuidados familiares y no profesionales

La prestación económica para cuidados en el entorno familiar está destinada, de forma excepcional, a aquellos casos en los que la **persona en situación de dependencia está siendo atendida por su entorno familiar** y se dan las condiciones de acceso establecidas.

La persona destinataria de esta prestación económica debe cumplir los siguientes **requisitos**:

- Tener **reconocida la situación de dependencia** en cualquier grado.
- **Vivir en un domicilio particular** con condiciones adecuadas de habitabilidad y en cuya unidad familiar existan condiciones adecuadas de convivencia.
- Que los cuidados que se le presten sean **adecuados a las necesidades de la persona** en función de su grado dependencia y se vinieran prestando previamente.

La **persona encargada de los cuidados** debe cumplir también los siguientes requisitos:

- Tener **más de 18 años.**
- **Residir legalmente en España.**
- **Ser cónyuge o pariente por consanguinidad o afinidad hasta el tercer grado**. La atención y cuidados que preste el cuidador o cuidadora no profesional a la persona beneficiaria se han de desarrollar en el marco de la relación familiar y, **en ningún caso, en el de una relación contractual**, ya sea laboral o de otra índole. Se entienden como situaciones asimiladas a la relación familiar, las parejas de hecho, tutores y personas designadas, administrativa o judicialmente, con funciones de acogimiento.
- Contar con la **capacidad física y psíquica suficiente** para desarrollar adecuadamente por sí misma las funciones del cuidado y apoyo.
- Que la persona cuidadora cuente con **tiempo de dedicación suficiente** para atender a la persona beneficiaria en aquellas situaciones en que necesita ayuda para realizar las actividades básicas de la vida diaria. La **continuidad en los cuidados prestados debe ser de al menos un año**, excepto que por circunstancias sobrevenidas e imprevisibles no pueda completar este período.

La prestación económica para cuidados en el entorno familiar **sólo es compatible con el Servicio de Teleasistencia.**

La **cuantía de las prestaciones económicas** se establecen anualmente en **función del grado de dependencia reconocido**. El importe se determinará aplicando a dicha cuantía un coeficiente calculado de acuerdo a la capacidad económica de la persona en situación de dependencia. También se tendrá en cuenta en la determinación de la cuantía, la **dedicación horaria de los cuidados, si es completa, media o parcial.**

Por último, deberá **descontarse de la cuantía cualquier otra prestación económica** de análoga naturaleza y finalidad que se esté percibiendo.

2.3. Servicios en centro de día

El Servicio de Centro de Día ofrece una **atención integral durante el periodo diurno** a las personas en situación de dependencia, con el objetivo de **mejorar o mantener el mejor nivel posible de autonomía personal** y **apoyar a las familias o cuidadores/as.**

Atendiendo a la normativa previa a la Ley de Promoción de la Autonomía Personal y Atención a las Personas en Situación de Dependencia, podemos distinguir dos tipos de Centros de Día:

- **Servicio de Centro de Día dirigido a personas mayores en situación de dependencia**. Este servicio está orientado a optimizar la calidad de vida tanto de la persona en situación de dependencia como de su entorno socio-familiar, favoreciendo la permanencia en su medio habitual.

  Este servicio atiende, desde un **enfoque biopsicosocial**, las necesidades de asesoramiento, prevención, rehabilitación, orientación para la promoción de la autonomía, atención asistencial y personal, favoreciendo la permanencia de las personas mayores en su ambiente familiar y social.

  Las personas usuarias atendidas en **horario completo** deben tener garantizada la disponibilidad de los **servicios de manutención** (desayuno, almuerzo y merienda) y **transporte adaptado**, acordes a sus necesidades.

  Este servicio garantiza una asistencia mínima de 39 horas semanales, 5 días a la semana y 11 meses al año.

  Este servicio se destina a personas en situación de dependencia mayores de 65 años en cualquier grado, siempre que no precisen permanecer en cama y dispongan de apoyo familiar suficiente que garantice su permanencia en el entorno habitual.

  El Servicio de Centro de Día **es compatible con el Servicio de Teleasistencia y con el Servicio de Ayuda a Domicilio o Prestación económica vinculada al mismo**, en los casos que se determine y con carácter complementario.

La participación en la financiación del servicio por parte de la persona usuaria está condicionada por su capacidad económica personal en los términos previstos en las disposiciones vigentes. Esta participación se calcula **aplicando un porcentaje sobre los ingresos líquidos anuales**, una vez descontados del cómputo los conceptos previstos en tales disposiciones. A tal efecto se aplican los siguientes porcentajes:

- ▷ Centro de Día sin servicio de trasporte: 30%.
- ▷ Centro de Día con servicio de transporte: 40%.

La **aportación de la persona usuaria no podrá sobrepasar el 90% del coste del servicio establecido.**

- **Servicio de Centro de Día dirigido a personas con discapacidad en situación de dependencia.** Este servicio está destinado a aquellas personas que por su gravedad y necesidad de atención continuada, **no pueden ser atendidas por su entorno familiar durante el día**, o aquellas que debido a su discapacidad no pueden integrarse, transitoria o permanentemente, en un medio laboral especial o normalizado, en cuyo caso se denomina Servicio de Centro de Día con Terapia Ocupacional.

  En función de las **distintas situaciones de discapacidad**, existen diferentes modalidades de servicio:

  - ▷ Servicio de Centro de Día para **personas con discapacidad intelectual**.
  - ▷ Servicio de Centro de Día para personas con **discapacidad física y/o visual o parálisis cerebral.**
  - ▷ Servicio de Centro de Día para personas con **discapacidad intelectual y graves trastornos de conducta.**
  - ▷ Servicio de Centro de Día para **personas con trastornos del espectro autista.**
  - ▷ Servicio de Centro de Día **con terapia ocupacional**.
  - ▷ Servicio de Centro de Día para **personas con enfermedad mental.**

  Además de tener **reconocida la situación de dependencia** en cualquier grado, la persona destinataria deberá **encontrarse afectada por discapacidad** intelectual, física, visual, parálisis cerebral, trastornos del espectro autista, alteraciones graves de conducta, daño cerebral sobrevenido o cualquier otro tipo de discapacidad que fuera necesario atender en este régimen.

  Las personas usuarias deben tener garantizada la **disponibilidad de los servicios de comedor y transporte**, adecuados a las características de sus necesidades, así como la **atención sanitaria especializada y psico-social.** Además, contarán con una **programación detallada e individualizada** en la que se fijarán los objetivos a alcanzar, la metodología a seguir y su evaluación.

  En el caso del Servicio de **Centro de Día con terapia ocupacional**, a través de la realización de tareas prelaborales u ocupacionales, se pretende la integración social y, en su caso, laboral de las personas destinatarias, **mejorar su adaptación personal y social**, normalizar sus condiciones de vida y, cuando sea posible, habilitarles laboralmente garantizando su igualdad de oportunidades.

  Este servicio garantiza una asistencia mínima de 39 horas semanales, 5 días a la semana y 11 meses al año.

Las personas destinatarias deben tener entre **16 y 65 años, salvo en el caso de discapacidad intelectual** en el que no se obliga al límite superior.

En el tramo de edades comprendidas entre 55 y 65 años se valorará, en función de las circunstancias personales, la idoneidad de acceder a un Centro de Día para personas mayores o a otro destinado a personas con discapacidad.

El Servicio de Centro de Día es **compatible con el Servicio de Teleasistencia, el Servicio de Atención Residencial**, cuando la persona reciba atención en Centro de Día con terapia ocupacional y con el **Servicio de Ayuda a Domicilio o Prestación económica vinculada al mismo**, en los casos que se determine y con carácter complementario.

La participación en la financiación del servicio por parte de la persona usuaria está condicionada por su **capacidad económica personal en los términos previstos en las disposiciones vigentes**. Esta participación se calcula aplicando un porcentaje sobre los ingresos líquidos anuales, una vez descontados del cómputo los conceptos previstos en tales disposiciones. A tal efecto se aplican los siguientes porcentajes:

- ▹ Centro de Día: 25%.
- ▹ Centro de Día con Terapia Ocupacional con comedor y sin transporte: 25%.
- ▹ Centro de Día con Terapia Ocupacional sin comedor y sin transporte: 15%.

La aportación de la persona usuaria **no podrá sobrepasar el 90% del coste del servicio establecido.**

2.4. Servicios de atención residencial

El Servicio de Atención Residencial es aquel que ofrece, **desde un enfoque biopsicosocial, servicios continuados de carácter personal y sanitario**.

Al igual que en el caso del Servicio de Centro de Día, existen distintos tipos de servicios especializados según la tipología de la situación de dependencia:

- **Servicio de Atención Residencial para personas mayores en situación de dependencia.** Este servicio se presta en centros de carácter social que, como sustitución del hogar familiar, ofrecen **alojamiento, convivencia y atención integral**.

  Existen dos modalidades de prestación de este servicio:

  - ▹ Servicio de **Atención Residencial en Centros para personas mayores asistidas.**
  - ▹ Servicio de **Atención Residencial en Psicogeriátrico para personas mayores.**

  Las personas usuarias del Servicio de Atención Residencial tendrán garantizadas las siguientes prestaciones: **atención a la salud, estimulación de las capacidades biopsicosociales y ayuda en el desarrollo de las actividades de la vida diaria.**

Para ello, los centros deberán ofrecer los **siguientes servicios**: alojamiento, lavandería, actividades de promoción de la salud y medidas higiénico-sanitarias, seguimiento sanitario, ayudas en el desarrollo de actividades de la vida diaria, atención social individual, grupal y comunitaria, atención social familiar y comunicación con el exterior.

Estos servicios deberán **adaptarse a las necesidades concretas de cada persona con arreglo a su grado de dependencia**.

La prestación de este servicio está garantizada **todos los días del año y durante las 24 horas del día.**

El Servicio de **Atención Residencial para personas mayores asistidas** está indicado, con carácter general, para **personas mayores de 65 años en situación de dependencia en grado II** (dependencia severa) **o grado III** (gran dependencia).

El servicio de **Atención Residencial en Psicogeriátrico para personas mayores** está orientado hacia personas mayores de 65 años en situación de dependencia en grado II (dependencia severa) o III (gran dependencia), en **aquellos casos en los que a la situación de dependencia se suma la existencia de trastornos graves y continuados de conducta.**

El Servicio de Atención Residencial es **incompatible con el resto de servicios y prestaciones del catálogo.**

La participación en la financiación del servicio por parte de la persona usuaria estará **condicionada por su capacidad económica** en los términos previstos en las disposiciones vigentes. Deberán **aportar el 75% de sus ingresos líquidos anuales, excluidas las pagas extraordinarias**. Esta aportación nunca podrá superar el 90% del coste del servicio.

- **Servicio de Atención Residencial para personas con discapacidad en situación de dependencia.** Este servicio se presta en centros residenciales destinados a servir de **hogar sustitutorio**, de forma **temporal o permanente**, a personas que por su **grado de discapacidad, unido a su problemática socio-familiar y económica**, tengan dificultades para ser atendidas en su unidad de convivencia o no puedan vivir de forma independiente.

Existen las siguientes modalidades de servicios:

- **Servicio de Atención Residencial para personas gravemente afectadas por discapacidad intelectual:** atiende de forma integral a personas con discapacidad intelectual que precisen la ayuda generalizada de otras personas para **realizar las actividades de la vida diaria y que no pueden ser atendidas en su unidad de convivencia.**
- **Servicio de Atención Residencial para personas adultas**: presta atención integral a **personas con discapacidad con cierta autonomía personal** que tienen dificultades para la integración social y familiar en su unidad de convivencia.
- **Servicio de Atención Residencial para personas gravemente afectadas por discapacidad física y/o visual o parálisis cerebral**: atiende de forma integral a personas con discapacidad física y/o parálisis cerebral que precisen la **ayuda generalizada** de otras personas para realizar las actividades de la vida diaria y que no pueden ser atendidas en su unidad de convivencia.
- **Servicio de Atención Residencial para personas con trastorno del espectro autista:** atiende de forma integral a personas con trastorno del espectro autista que precisen la ayuda de otras personas para **realizar las actividades de la vida diaria** y que no pueden ser atendidas en su unidad de convivencia.
- **Servicio de Atención Residencial para personas psicodeficientes:** orientado hacia aquellas personas con discapacidad intelectual con **alteraciones graves y continuadas de conducta** que no remiten con tratamiento ambulatorio y/o en unidades de agudos, y cuyas circunstancias familiares, sociales y económicas son tan graves que no pueden ser atendidas por su unidad de convivencia.
- **Servicio de Atención Residencial en Casas-Hogar para personas con enfermedad mental**: servicio dirigido a personas con **escaso nivel de autonomía**

personal como consecuencia de una enfermedad mental, debiendo garantizar la cobertura de sus necesidades de atención no sanitaria y con una función sustitutoria del hogar familiar.

- **Servicio de Atención Residencial en Viviendas tuteladas para personas con discapacidad:** unidades de alojamiento **ubicadas en edificios o zonas de vivienda normalizadas,** destinadas a aquellas personas con discapacidad con un **grado suficiente de autonomía**, y que tengan dificultad para una integración social y familiar en su unidad de convivencia.
- **Servicio de Atención Residencial en Viviendas supervisadas para personas con enfermedad mental:** unidades de alojamiento y convivencia ubicadas en edificios o zonas de viviendas normalizadas, destinadas a **personas con enfermedad mental que posean un grado suficiente de autonomía personal**, por lo que no precisan personal específico durante las 24 horas. Cuentan con la distribución de espacios de una vivienda familiar y están dotadas de todo el equipamiento y servicios necesarios para las personas que las habitan.

El Servicio de Atención Residencial para personas con discapacidad ofrece a las personas usuarias **alojamiento, manutención, higiene personal y todas aquellas actividades que no puedan realizar por sí mismas, así como, en su caso, atención sanitaria y psicosocial**. A tal efecto, cada persona usuaria cuenta con un **programa individual** de atención (PIA) al desarrollo personal: estimulación sensitivo-motriz, psicomotricidad, comunicación, actividades de vida diaria y terapia ocupacional en función de sus necesidades.

La prestación de este servicio se garantiza todos los días de año y las 24 horas del día.

La persona destinataria de este servicio debe **tener reconocida una situación de dependencia en grado II o III y hallarse afectada por discapacidad** intelectual, física, parálisis cerebral, trastornos del espectro autista, alteraciones graves de conducta o cualquier otro tipo de discapacidad que fuera necesario atender en este régimen.

Debe tener entre **16 y 65 años, límite superior que no se tendrá en cuenta en el caso de personas con discapacidad intelectual.**

El Servicio de Atención Residencial **sólo es compatible con el Servicio de Centro de Día con Terapia Ocupacional.**

La participación en la financiación del servicio por parte de la persona usuaria estará condicionada por su **capacidad económica en los términos previstos en las disposiciones vigentes**. Deberán aportar el **75% de sus ingresos líquidos anuales, excluidas las pagas extraordinarias.** Esta aportación nunca podrá superar el 90% del coste del servicio.

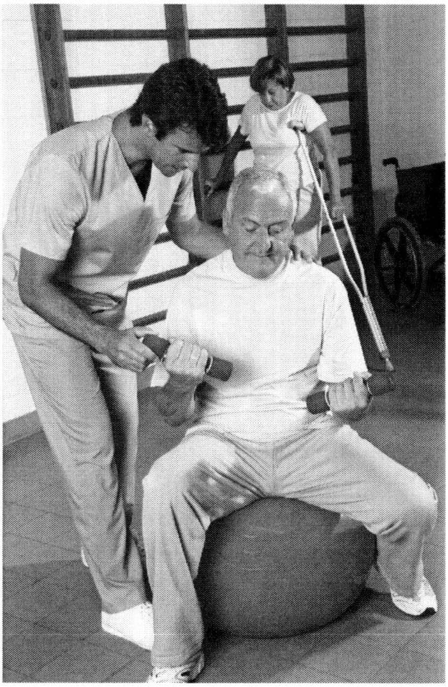

2.5. Tarjeta Andalucía Junta sesenta y cinco

La Tarjeta Andalucía Junta sesenta y cinco es un documento que, de forma gratuita, pone a disposición de las personas mayores de 65 y más años, la Consejería de Igualdad, Salud y Políticas Sociales de la Junta de Andalucía, a través de la Agencia de Servicios Sociales y Dependencia de Andalucía.

Fue creada y regulada por el Decreto 76/2001 de 13 de marzo (BOJA nº 40 de 5 de abril) y se **expide por un periodo de 5 años**, siendo su renovación también gratuita para la persona titular.

Andalucía es la primera Comunidad Autónoma que dispone de una Tarjeta Gratuita para personas mayores de 64 años, la Tarjeta Andalucía Junta sesenta y cinco.

La Tarjeta Andalucía Junta sesenta y cinco tiene una **modalidad Oro** que se otorga a aquellas personas que, además de **tener más de 64 años y residir en Andalucía, no**

superaron el 75% del IPREM (Indicador Público de Renta de Efectos Múltiples) en sus ingresos personales durante el año anterior a la solicitud de la tarjeta.

Esta tarjeta te permite disfrutar de forma ágil y directa de **prestaciones y servicios sociales** como descuentos, ayudas, acceso a programas, etc.

Los descuentos y ventajas que ofrece esta tarjeta son los siguientes:

- Viajes a mitad de precio en transportes interurbanos con origen y destino en Andalucía.
- Descuentos en productos ópticos, como gafas, monturas, cristales, etc.
- Descuentos en la compra de audífonos.
- Descuentos para disfrutar del Servicio Andaluz de Teleasistencia.
- Descuentos en la red de albergues de Inturjoven.
- Orientación jurídica.
- Servicios de comedor en los centros de día.
- Solicitar una subvención para la adecuación funcional de tu vivienda.
- Otros descuentos en hoteles, cines, encuentros deportivos, monumentos, parques temáticos, etc.

3. MEDIDAS DE CARÁCTER SANITARIO

Tras el análisis de esta perspectiva nace la necesidad desde la Consejería de Salud de la Junta de Andalucía de realizar un abordaje diferenciado a este importante colectivo. Por ello, se pone en marcha el **"Examen de Salud para personas mayores de 65 años"**.

El Examen de salud **se incluye en el Decreto 48/2006**, de 1 de marzo, de ampliación de medidas de apoyo a las familias andaluzas (que estudiaremos con detenimiento en apartados posteriores de este tema), para **potenciar de manera integral la mejora de la calidad de vida de las personas mayores de 65 años** residentes en Andalucía, cuyo aseguramiento corresponde al Sistema Sanitario Público.

Como objetivo principal el "Examen de Salud para las personas mayores de 65 años" plantea **detectar precozmente los problemas de salud** en personas de 65 y más años que puedan constituir situaciones de riesgo e **implantar las medidas de promoción y prevenció**n correspondientes.

Este objetivo conlleva inherente aumentar el **periodo libre de dependencia**, quedando definido por el **conjunto de actividades destinadas a la promoción, prevención, diagnóstico precoz, confirmación diagnóstica, y establecimiento de un plan terapéutico y de cuidados, para los mayores de 64 años en Andalucía.**

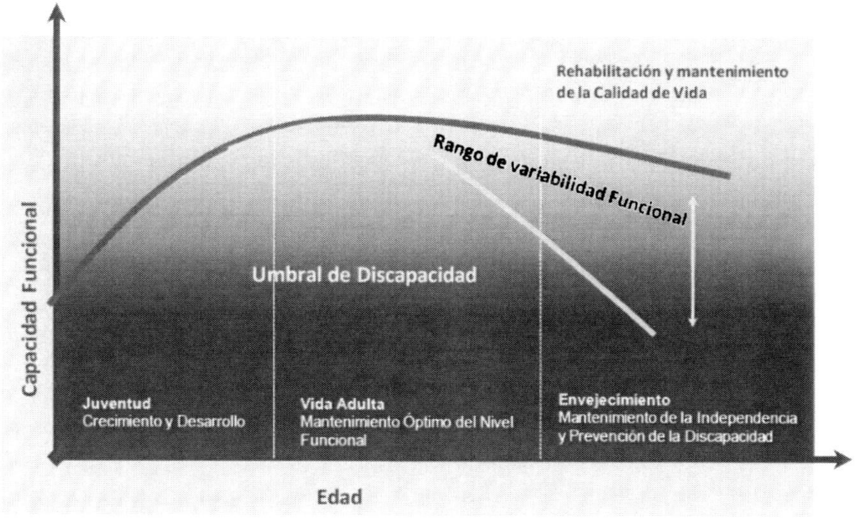

Fuente: Kalache, A. & Kickbusch, I. (1997): A global strategy for healthy ageing World Health, Nº 4: 4–5.

Los **Servicios de Atención Primaria** son el punto de partida para el desarrollo de este plan, a través del **trabajo cooperativo del conjunto de los profesionales** que como equipo multidisciplinar trabajan en los centros.

Las intervenciones propuestas se basan en evidencias científicas en consonancia con las que se desarrollan en países de nuestro entorno, teniendo en cuenta el contexto de nuestro Sistema Sanitario Público. Están, por tanto, sujetas a posteriores ampliaciones, revisiones y actualizaciones.

Por razones epidemiológicas, demográficas, sociales y sanitarias, el análisis y la orientación de este plan tiene en cuenta el **enfoque de género** en el abordaje de los problemas de salud que pretendemos prevenir, teniendo en cuenta que la **proporción de mujeres mayores es bastante superior a la de hombres,** diferencia que va aumentando con la edad. Estas mujeres, además, tienen una peor percepción de su salud y de su calidad de vida con respecto a los hombres, factor que condiciona el uso de los servicios sanitarios y de las medidas a poner en marcha.

Siguiendo esta línea, hay que tener presente el concepto de **"fragilidad"**, entendida como una mayor vulnerabilidad ante la enfermedad, un aumento del riesgo de desarrollar deterioro funcional y la consiguiente dependencia en el desarrollo de las **actividades de la vida diaria (ABVD).**

El **IV Plan Andaluz de Salud** presenta, entre sus líneas de actuación, **"mejorar la salud desde los entornos sociales mediante el fomento de hábitos de vida saludables"**, siendo uno de sus objetivos el de **"promover la calidad de vida en el envejecimiento"**, mediante 6 compromisos desarrollados cada uno de ellos en actuaciones concretas.

Destacamos a continuación el **Compromiso 1: Aumentar la esperanza de vida en buena salud,** en relación con el tema que nos ocupa:

Metas	Objetivos
1,1.Conseguir mayores niveles de salud con las acciones contempladas en los planes integrales y las estrategias de salud priorizadas en el Sistema Sanitario Público de Andalucía.	1.1.1.Potenciar el enfoque preventivo y de promoción de la salud en el desarrollo de los planes integrales y las estrategias de salud, con el fin de incrementar la efectividad de sus acciones en términos de resultados en salud. 1.1.2.Definir nuevas estrategias frente a problemas de salud emergentes y actualizar las existentes en base a las modificaciones en el contexto social y a los nuevos conocimientos que se generen: 1.1.3.Seguir impulsando las líneas del Plan de Calidad del SSPA en la atención a las personas que presenten enfermedades o riesgos con impacto en la esperanza de vida en buena salud. 1.1.4.Potenciar la recuperación de las personas que presentan enfermedades discapacidad, con mayor impacto en el proyecto vital. 1.1.5.Conseguir una respuesta integral apropiada para reducir el impacto de la dependencia en la vida de las personas.
1.2. Potenciar la acción social e intersectorial en el abordaje de las condiciones de vida y los determinantes de salud de mayor impacto en la esperanza de vida en buena salud de la población de Andalucía.	1.2.1. Establecer un marco efectivo de colaboración con todos los agentes implicados para el abordaje de los principales determinantes relacionados con la esperanza de vida en buena salud. 1.2.2. Potenciar la adecuación del entorno físico de las personas, de manera que se facilite la vida en buena salud. 1.2.3. Elaborar propuestas basadas en los paradigmas de Envejecimiento Activo y Saludable, con el fin de mejorar la calidad de vida a medida que las personas envejecen.
1.3. Promover una cultura vital autónoma en Salud.	1.3.1. Facilitar la autonomía y las decisiones informadas de la ciudadanía sobre las intervenciones terapéuticas. 1.3.2. Mejorar las competencias de las personas para valorar, cuidar y mantener, de manera autónoma, su propia salud, como estrategia de corresponsabilidad.
1.4.Generar nuevo conocimiento sobre la medición de la esperanza de vida en buena salud, y la efectividad de las intervenciones y políticas para mejorarlas.	1.4.1. Medir, analizar y evaluar de forma periódica los años de vida en buena salud, siguiendo las recomendaciones de la Unión Europea para su comparación con las comunidades y naciones de nuestro entorno. 1.4.2. Evaluar el impacto de las diferentes iniciativas de la Ley de promoción de la autonomía personal y atención a las personas en situación de dependencia en la salud de las integradas en la red de servicios y prestaciones derivadas de la ley.

Compromiso 1. IV Plan Andaluz de Salud.

El Sistema Sanitario Público de Andalucía también contempla políticas de prevención en el adulto, que mejoren el estado de salud, eviten el deterioro y reduzcan las situaciones de fragilidad y dependencia, y que han demostrado su beneficio, como son la **educación sanitaria, las inmunizaciones, los cribados de neoplasias y el control de los factores de riesgo cardiovascular.**

Nos adentramos en el análisis del Examen de Salud para personas mayores de 65 años. Establecemos en primer lugar su **objetivo general**:

"Detectar precozmente los problemas de salud en personas mayores de 65 años que puedan constituir situaciones de riesgo e implantar las medidas de promoción y prevención que según los estudios disponibles mejoran la salud y la calidad de vida de nuestros mayores de 65 años, al mismo tiempo que aumentan el periodo libre de dependencia".

Este objetivo se Desarrollará a través de los siguientes **objetivos específicos:**

- Identificar y captar a las personas mayores de 65 años, residentes en Andalucía.
- Clasificar a las personas mayores de 65 años, según su grado de autonomía personal.
- Identificar los problemas de salud y necesidades de cuidados de mayor prevalencia, garantizando la valoración de los mayores de 65 años.
- Establecer las medidas de prevención y promoción de la salud, en consonancia con la valoración realizada.
- Potenciar los mecanismos de coordinación entre profesionales y servicios ofertados en atención primaria para el desarrollo de las intervenciones.
- Facilitar el acceso de la población diana a los profesionales y servicios de atención primaria, para la intervención precoz de los problemas de salud detectados.

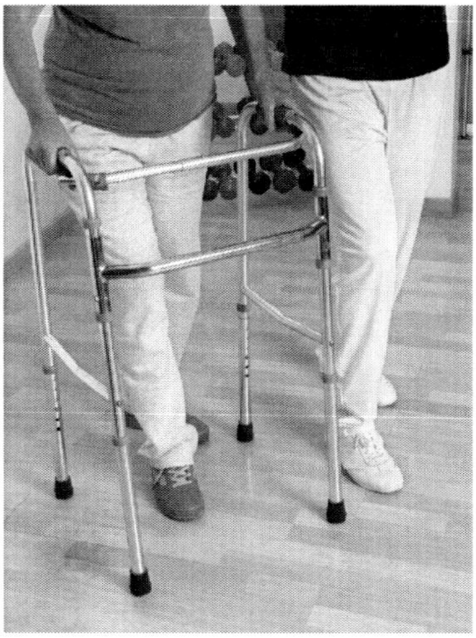

El **Plan de Atención a Personas Mayores de 65 años** en lo referido a **aspectos sanitarios**, contempla una serie de actuaciones con el fin de alcanzar los objetivos propuestos. Así, en función de los objetivos planteados se realizarán las **siguientes actividades**:

A. Identificación de las personas mayores de 65 años, residentes en Andalucía

La cobertura de esta intervención o población diana es el universo de las personas mayores de 65 años. En Andalucía, ascendió a 1.375.879 personas en 2013. Se prevé un incremento significativo, que puede llegar en 2035 a 2.115.251 de personas.

El proceso de elaboración del censo poblacional específico para el desarrollo de este Plan de Atención a Personas Mayores de 65 Años se basa en la **Base de Datos de Usuarios (en adelante BDU) del Sistema Sanitario Público de Andalucía**.

La BDU proporcionará la relación de datos de todas las personas mayores de 65 años. Las personas identificadas constituirán el total de la población diana. A partir de ella, se desarrollará la siguiente **secuencia de actuaciones:**

- Se **analizará la población mayor de 65 años** vinculada a cada Centro de Salud de Andalucía, a cada Médico/a de Familia y Enfermera/o. Para ello, se utilizará la Base de Datos de Usuarios (BDU) del SSPA, que se actualizará cada año.
- Una vez identificada y para establecer los criterios de priorización en la citación de la población diana se realizará el siguiente proceso:
  - Se **facilitará a cada Profesional** por parte de la Unidad de Atención al Ciudadano (UAC) de cada Distrito de Atención Primaria, la población mayor de 65 años que componen su universo. Esto será realizado en **una primera fase de forma masiva**, para posteriormente realizarse actualizaciones anuales.
  - Se identificarán a los pacientes que **no han tenido contacto con el Sistema Sanitario en el último año**, a los que nunca se les ha abierto una "hoja de seguimiento de consulta", mediante la utilización de la Historia Clínica.
  - Se identificarán a los pacientes que **han tenido algún contacto con el Sistema Sanitario en el último año,** diferenciándose dos subgrupos:
    - Pacientes **incluidos en procesos asistenciales**, protocolos, programas, servicios de Cartera de Servicios, consulta de crónicos de enfermería y en atención domiciliaria.
    - Pacientes que **han contactado con el Sistema Sanitario de forma ocasional.**

B. Captación de las personas mayores de 65 años, residentes en Andalucía

Una vez identificada la población, siguiendo el procedimiento descrito, se procederá a la captación de la misma, según la secuencia que se define a continuación.

- A los pacientes que **no han tenido contacto con su Centro de Salud en el último año, o sólo un contacto casual**, se les citará, a través de la Unidad de Atención al Ciudadano de los Centros de Atención Primaria, en la agenda de su Enfermera/o de Familia, que hará una primera valoración, identificando problemas de salud y necesidades de cuidados. Solicitará la analítica recomendada y citará al paciente a su Médico/a de Familia que evaluará los resultados y completará la valoración en los aspectos de su competencia. Se tenderá a conseguir la atención de los pacientes en acto único.

- A los pacientes que **sí han acudido a su Centro de Salud en el último año,** y que están incluidos en procesos, programas, consultas de crónicos de enfermería, etc. y dentro de las actividades pautadas y programadas con ellos, se les incluirá en las acciones del Plan.
- Las personas incluidas en Programas de Atención Domiciliaria, si son mayores de 65 años, serán incluidas por cualquiera de los profesionales que lo atienden en las actividades necesarias de este Plan, en el marco del Plan de Atención que tienen elaborado.

C Y D. Clasificación de las personas mayores de 65 años, residentes en Andalucía según su grado de autonomía personal y medidas de actuación

La clasificación debe ser realizada, a raíz del primer contacto de esta persona con el Sistema Sanitario, por el **Profesional Sanitario** que lo atiende en ese momento.

La pertenencia a cada grupo se hace **tras una valoración con anamnesis dirigida**, utilizando si es necesario como apoyo el **test de Barthel o índice de Katz**. La clasificación en cada uno de los grupos nos permitirá establecer los **criterios de priorización.**

En el sentido que se definen los tres grupos de población mayor de 65 años, el **programa de prevención y promoción abarcará fundamentalmente, a los dos primeros grupos**, donde las intervenciones de estas características tienen un **importante impacto en la salud y la calidad de vida de los mayores**, según recoge la evidencia científica disponible.

Una vez realizada la clasificación e identificadas las características será necesario realizar una **evaluación integral** en base a la que se implementan las medidas correspondientes. Los objetivos de la evaluación integral son:

- **Identificar la población anciana** en riesgo.
- **Mejorar la precisión diagnóstica**, ya que permite conocer posibles áreas de deficiencia y detectar problemas de salud encubiertos, lo que se traducirá en una adecuación del tipo de cuidados a realizar.
- **Identificar precozmente los posibles deterioros funcionales**. Ello permitirá prevenir incapacidades y conservar la independencia de las personas mayores.
- Mejorar los cuidados y **diseñar planes de tratamiento individualizados.**
- **Adecuar las medidas preventivas** a cada paciente.
- **Situar a cada paciente** en su propio contexto socio-sanitario.

- **Mejorar el uso de los servicios.** La valoración integral es útil en la predicción de mortalidad y esperanza de vida activa, pero también para la utilización de recursos y servicios sanitarios, posibilidades de institucionalización, nivel de ayuda necesario y coste de los cuidados.
- **Recoger la información sobre la población atendida**, de gran utilidad para fines demográficos, de planificación sanitaria y de investigación.

La evaluación integral incluye la valoración de las **cuatro grandes áreas fundamentales de la persona mayor: clínica, funcional, mental y social**. Los cambios y alteraciones de cada una de estas áreas afectan a las demás, de modo que **es necesario abordarlas en su conjunto** para ofrecer una atención diferenciada a cada persona mayor.

Valoración clínica

En la realización de la historia clínica hay que tener en cuenta el estilo de comunicación con el paciente mayor y algunos aspectos diferenciales de la anamnesis y de la exploración.

La **exploración física requiere habitualmente más tiempo que en las personas adultas.** Se hará especial énfasis en los parámetros antropométricos, nutrición e hidratación, estado de la boca, órganos de los sentidos, TA en decúbito y en ortostatismo, examen de piel y mucosas, auscultación cardiaca, de carótidas y exploración de pulsos periféricos, auscultación pulmonar y exploración neurológica (nivel de conciencia, lenguaje, temblor, coordinación, fuerza, sensibilidad, reflejos osteotendinosos).

Consta de los siguientes **aspectos a determinar**:

- **Anamnesis detallada y exploración física completa**, a la que se añadirá, según necesidades, la realización o no de pruebas complementarias.
- **Detección de una serie de enfermedades con alta prevalencia en la población anciana,** específicas de este grupo de edad y cuyo origen se relaciona con la disminución o pérdida de la capacidad funcional ligada a la edad.

En este sentido, están establecidas las actividades y estrategias recogidas en los Planes Integrales de **Diabetes, Oncología y de Atención a las Cardiopatías** definidos en la Comunidad Autónoma Andaluza.

Proceso Asistencial Integrado Diabetes tipo 1 y 2 y Plan Integral de Diabetes. En estos documentos se establecen las siguientes medidas:

- **Detección precoz de la DM2**. Realización de glucemia basal cada 3 años en personas sin factores de riesgo de DM2 y anual si los presenta.
- **En caso de DM diagnosticada**:
  - ▷ **Detección precoz de retinopatía diabética:** Realización de retinografía digital en Atención Primaria con una periodicidad anual en pacientes con mal control metabólico o con alto riesgo de retinopatía y bianual en el resto y en pacientes que previamente no estén diagnosticados de retinopatía diabética u otros problemas oculares que impidan la realización de la prueba recomendada.

▷ **Detección precoz del pie diabético**. Exploración anual y educación para fomentar los autocuidados en los pacientes de bajo riesgo y vigilancia del pie de riesgo, en pacientes que no estén previamente diagnosticados.

▷ **Detección precoz de nefropatía diabética**. Realización de microalbuminuria y proteinuria con una periodicidad anual, en pacientes que no estén diagnosticados previamente.

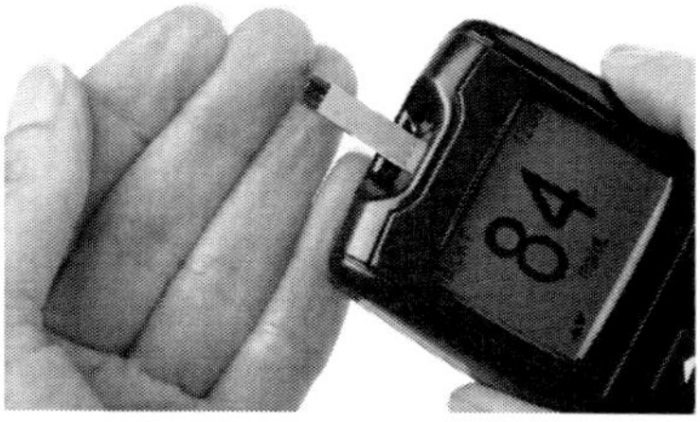

En estos tres últimos casos está demostrado que la **intervención precoz**, incluso antes de su aparición, **evita o retrasa la progresión.**

- **Proceso Asistencial Integrado Riesgo Vascular y Plan Integral de Atención a las Cardiopatías.** Intervienen directamente sobre las siguientes variables que además se incluyen en las medidas de promoción y prevención recogidas en este documento:
  ▷ Tabaquismo.
  ▷ Detección precoz de la HTA.
  ▷ Detección precoz de dislipemias.
  ▷ Valoración sobre estilos de vida saludable: Tipo de dieta y actividad física (grado de recomendación B y A).
  ▷ Medición de peso, talla, IMC y circunferencia de la cintura.
- **Plan Integral de Oncología y Procesos Asistenciales Oncológicos**
  ▷ Cáncer de Piel: valoración y consejo sobre el grado de exposición al sol.
  ▷ Cáncer de Mama: programa de detección precoz.

Valoración funcional

La **capacidad funcional de la persona resulta de la interrelación de factores físicos, mentales y sociales;** y su deterioro puede ser la única manifestación de diversas enfermedades en la persona mayor.

En el proceso de envejecimiento interactúan factores biológicos, psicológicos y sociales, cuya interacción conducirá a cada persona hacia una situación funcional concreta. La **situación funcional es uno de los mejores indicadores del estado de salud,** predictor de morbimortalidad y de consumo de recursos asistenciales de cualquier naturaleza. También, de la repercusión que tengan las diferentes patologías sobre la capacidad funcional va a depender y va a diferenciar la calidad de vida, bienestar, futura ubicación o necesidad de apoyo social de estas personas.

Para la valoración funcional se utiliza **la entrevista estructurada** a través del empleo de escalas, que aunque no diagnostican la causa permiten una evaluación estandarizada, fiable, específica y uniforme, así como una mejor comunicación entre los profesionales de salud. La causa que produce el posible deterioro se establecerá a través de la combinación de los parámetros estudiados de cada una de las esferas exploradas.

Las **escalas** van a evaluar las actividades de la vida diaria que se clasifican en dos grupos:

- **Actividades Básicas de la Vida Diaria (ABVD):** engloba las **capacidades de autocuidado más básicas**, que son las últimas en perderse y las primeras en recuperarse tras un deterioro funcional. Su pérdida completa es incompatible con la vida si no son sustituidas por algún cuidador.

  Las **escalas más usadas** son:

  ▹ **Índice de Katz,** que evalúa 6 actividades, clasificando a los pacientes de forma jerárquica en categorías globales de funcionamiento.

  ▹ **Índice de Barthel**, añade más información al anterior por evaluar más actividades y es también fácil y rápido de manejar.

- **Actividades Instrumentales de la Vida Diaria (AIVD):** actividades más elaboradas, que **se pierden antes que las anteriores**, afectan al funcionamiento social y se precisan para vivir de forma independiente en la comunidad, por lo que su dependencia es un indicador de riesgo, especialmente en aquellas personas que viven solas. Su **deterioro puede ser un marcador precoz de inicio de una demencia.** La más usada es la **escala de Lawton y Brody**.

Valoración mental

Evaluación cognitiva y evaluación afectiva. Para la valoración mental se aconseja la entrevista semiestructurada (historia clínica completada con cuestionarios para detectarla de forma precoz):

Historia clínica: valorar apariencia, comportamiento, memoria y lenguaje, y entrevistar a familiares o cuidadores para investigar la cronología, alteraciones del comportamiento, atención, nivel de conciencia; coexistencia o no de enfermedad concomitante, o de fármacos. Además, hay que tener en cuenta el nivel educativo y la capacidad funcional y social previas.

Escalas y cuestionarios, Diseñados para cuantificar la severidad y grado del deterioro de las funciones cognitivas, pero como en los casos anteriores *no establecen un diagnóstico.*

Son útiles para el despistaje y monitorización de la evolución, ya que permite comparaciones fiables. Suelen requerir la presencia de un cuidador o familiar para verificar los datos y su eficacia disminuye en personas con bajo cociente intelectual.

- Cuestionario de Pfeiffer o SPMSQ (Escala de Short Portable Mental Status Questionnaire), que valora un pequeño número de funciones relativamente básicas, está elaborado específicamente para detectar deterioro cognitivo en personas mayores y puede usarse en personas analfabetas y con deficiencias sensoriales severas. La principal limitación es que no detecta deterioros leves ni cambios pequeños en la evolución, por lo que las puntuaciones intermedias son dudosas y necesitan confirmación.
- Miniexamen Cognoscitivo adaptado por Lobo (MEC de Lobo) con aportaciones apropiadas a nuestra cultura y educación. Es un test fiable, valido y con poder discriminatorio (especificidad del 92%, sensibilidad del 87%, VPP 69% para demencia con punto de corte en 23/24).

En la valoración mental, el diagnóstico se realizará mediante la historia clínica, pero las escalas son útiles como método de detección, seguimiento y evaluación del tratamiento. La más utilizada es la escala de depresión geriátrica de Yesavage, que está especialmente concebida para evaluar el estado afectivo en esta población y su uso puede mejorar el grado de infradiagnóstico de la depresión en estas edades. Es de fácil y rápido manejo, con alta sensibilidad y especificidad. Su máxima utilidad radica en el screening general del paciente anciano y en facilitar el diagnóstico diferencial con una posible demencia de inicio.

Valoración social

Para la valoración social se utiliza la entrevista semiestructurada, completando la información con cuestionarios. Desde el punto de vista sanitario, interesa conocer el soporte humano y material necesario para cubrir las necesidades físicas y psíquicas del paciente e identificar las situaciones ambientales y socioeconómicas capaces de condicionar la evolución clínica y funcional.

Las escalas más utilizadas son:

- Escala sociofamiliar de Gijón, que permite conocer de forma rápida y fiable los puntos principales que definen el tipo y grados de apoyo de pacientes concretos.

- El cuestionario de Apgar familiar que mide la percepción de la función familiar.
- Cuestionario de Zarit, que es un índice de esfuerzo o carga del cuidador.
- Índice de sobrecarga del cuidador.

Las tablas siguientes reflejan los distintos tipos de dependencia, identificando las características de cada una de ellas, los instrumentos de valoración que se utilizan para identificarlas y las medidas que deben implementarse en base a la evaluación integral realizada.

Tipología de dependencia	Persona mayor de 65 años autónoma
Características	Son aquellas personas mayores de 65 años que no presentan enfermedad o que aún padeciéndola de manera aguda o crónica, mantienen su autonomía o independencia, estando sus características físicas, mentales y sociales de acuerdo con su edad cronológica.
Instrumentos de valoración	Test de Barthel de 90 a 100 puntos. Índice de Katz A-B.
Medidas	**Valoración Clínica**, que debe realizar el despistaje de las enfermedades más prevalentes en esta edad. En este sentido, están establecidas las actividades y estrategias recogidas en los Planes Integrales de Diabetes, de Oncología y de Atención a las Cardiopatías. **Medidas de promoción y prevención primaria:** - Inmunización antigripal (periodicidad anual). - Inmunización frente a tétanos y difteria (periodicidad según el calendario de vacunaciones del adulto). - Inmunización antineumocócica (para residentes en instituciones). - Detección de hábito tabáquico y consejo antitabáquico. - Detección consumo excesivo de alcohol. - Consejo sobre alimentación y actividad física. **Medidas de promoción y prevención secundaria:** - Medición de tensión arterial (periodicidad bianual). - Valoración riesgo de caídas. - Detección de hábito tabáquico y consejo antitabáquico. - Detección consumo excesivo de alcohol. - Detección de incontinencia urinaria (para mayores de 75 años). - Realización de un análisis de bioquímica y hematimetría sanguínea. - Detección de depresión (según Proceso Asistencial Integrado Ansiedad, Depresión y Somatizaciones). - Valoración de agudeza visual. - Detección de hipoacusia. - Valoración del uso adecuado de los medicamentos.

Tipología de dependencia	Persona mayor de 65 años frágil o en riesgo de dependencia
Características	Son aquellas personas que cumplen alguna de las siguientes condiciones y que debido a cualquiera de ellas, se encuentran en situación de riesgo de dependencia: - Problemas de Salud: Patología crónica que condicione una incapacidad funcional; por ejemplo: neoplasia avanzada, demencia, hospitalización reciente, polifarmacia, deterioro mental, deterioro cognitivo, depresión. - Criterios Asistenciales: Edad superior a 80 años, inmovilizado en su domicilio, residentes en instituciones. - Problemas Sociales: Aislamiento social y/o familiar (vive solo o sin familia próxima); cambios frecuentes de domicilio (anciano itinerante); viudedad reciente; riesgo de institucionalización prematura o inadecuada; rechazo de su situación; recursos económicos insuficientes; problemas de vivienda (barreras arquitectónicas, sin condiciones mínimas, etc.).
Instrumentos de valoración	Test de Barthel 90-61 puntos Índice de Katz C-E.
Medidas	Las mismas actividades que al grupo anterior y además: - Realizar la Valoración Integral (clínica, funcional, mental y social), utilizando si se necesita las escalas propuestas en el proyecto. - Tras la valoración integral, se procederá a la identificación de problemas y detección de necesidades de cuidados, para llegar a una priorización de actuaciones. - Realizar un plan terapéutico y de cuidados en función de las necesidades detectadas.

Tipología de dependencia	Persona mayor de 65 años dependiente
Características	Es aquella persona que cumple tres o más de los siguientes criterios y por lo tanto, se encuentra en situación de dependencia con pocas posibilidades de que esta situación cambie: - Edad superior a 75 años. - Presencia de pluripatología descompensada. - Proceso o enfermedad principal con carácter incapacitante. - Patología mental grave acompañante o predominante. - Problemas sociales relacionados con su estado de salud.
Instrumentos de valoración	Test de Barthel de 0-60 puntos Índice de Katz F-G.
Medidas	Las actividades que procedan de las incluidas en los grupos anteriores, teniendo en cuenta la situación clínica y social de los pacientes. - Captación para atención domiciliaria y atención a cuidadoras. - La periodicidad de la valoración integral, sea cual sea el grupo al que pertenezca el paciente, se realizará en función de posibles cambios en la situación del paciente. - Cada ciudadano debe tener constancia de las actividades que se le han realizado en función del grupo al que pertenezca, y que quedará registrado en su Historia de Salud.

E. Evaluación

La evaluación del Plan de Atención a personas mayores de 65 años se centrará en el logro de los objetivos específicos propuestos, estableciendo unos indicadores de logros. Los indicadores contemplan tanto datos de cobertura como indicadores de proceso y de resultados. Estos serán los que verdaderamente aporten información sobre la repercusión en la calidad de vida de los pacientes.

G. Plan de comunicación

La correcta ejecución de este proyecto requiere la realización de un Plan de Comunicación dirigido tanto a las **personas mayores de 65 años,** como al **conjunto de profesionales implicados en el mismo.**

En la población igual o mayor de 65 años se realizará el proceso de comunicación y expansión de este plan mediante:

- **Edición de folletos** explicativos de las actividades incluidas en esta nueva oferta de servicios en la Atención a las Personas Mayores de 65 años.
- **Existencia de un soporte documental** (documento de salud para mayores de 65 años) que sirve para que cada persona mayor tenga constancia de las actividades que se le realizan en función del grupo funcional al que pertenezca pertenece, y que quedará en su poder.

Las acciones dirigidas al **Equipo de Profesionales** parten de los valores añadidos de este proyecto:

- El **aumento de la rentabilidad de los tiempos de dedicación y atención** a las personas mayores de 65 años.
- El **aumento de la cobertura de los servicios de prevención y promoción de la salud** para estas personas.
- La racionalización en el uso de los recursos.

Se llevará a cabo mediante:

- **Actividades de presentación y divulgación** de esta nueva oferta de servicios, con el objeto de conseguir la sensibilización e implicación de los mismos.
- Presentación a las **Sociedades Científicas**.

4. DECRETO DE APOYO A LAS FAMILIAS ANDALUZAS Y SUS MODIFICACIONES

A continuación realizamos un recorrido por la normativa al amparo de la que se desarrollan las **medidas de atención a las personas mayores de 65 años y personas con discapacidad.**

4.1. Decreto 137/2002 de Apoyo a las Familias Andaluzas (BOJA de 4/5/2002)

El Decreto que ha establecido las medidas de apoyo a las familias andaluzas se promulgó el 30 de abril de 2002 con el número 137 y publicado en el BOJA de 4 de mayo de 2002, con entrada en vigor al día siguiente de la publicación.

El Decreto se inicia realizando una justificación del mismo y de los principios que sustentan su promulgación en base a la Constitución Española y el Estatuto de Autonomía de Andalucía.

La **Constitución Española establece en su artículo 39** como principio rector de la política social y económica la protección social, económica y jurídica de la familia. El mismo precepto concreta las repercusiones que esta obligación tiene en lo que se refiere, especialmente, a los hijos e hijas y a los padres y madres.

Esto va unido a otros derechos reconocidos en esta carta magna: la educación, la promoción del progreso social y económico, la protección de la salud, la promoción del acceso a la cultura, la necesidad de realizar una política de previsión, el tratamiento, rehabilitación e integración de los disminuidos físicos, psíquicos y sensoriales o la promoción del bienestar de los ciudadanos durante la tercera edad mediante un sistema de servicios sociales que atienda sus problemas específicos de salud, vivienda, cultura y ocio. Todos ellos se ven de algún modo implicados en la **necesidad de satisfacer adecuadamente las necesidades de la familia desde una perspectiva global**.

Al mismo tiempo, el **Estatuto de Autonomía para Andalucía establece en su artículo 12** que la Comunidad Autónoma de Andalucía promoverá las condiciones para que la libertad y la igualdad de la persona y de los grupos en que se integra sean reales y efectivas, y propiciará la igualdad del hombre y de la mujer andaluza, promoviendo la plena incorporación de ésta en la vida social y superando cualquier discriminación laboral, cultural, económica o política.

En el desarrollo concreto de tan amplio objetivo, en lo que a la protección de la familia se refiere, se ven implicadas múltiples competencias de la Comunidad Autónoma. Entre ellas destacan las **competencias en materia de asistencia y servicios sociales, orientación y planificación familiar, en materia de sanidad e higiene.**

Considerando este marco normativo, el presente **Decreto** establece un **conjunto de medidas, servicios y ayudas** que, incidiendo en cualquiera de estos aspectos, se reflejan en un **apoyo a la institución familiar** desde una perspectiva global. Así, se incide en cuestiones como la protección social, la salud, la educación, la protección de mayores y personas con discapacidad, la inserción laboral o la adecuación de sus viviendas.

La familia juega un papel muy importante en la sociedad andaluza. En los últimos años ésta ha experimentado numerosos cambios provocando **fuertes modificaciones en las estructuras familiares** y en las relaciones que se producen en sus senos.

De este modo, ha cambiado la relación entre padres/madres e hijos/as, ha aumentado el número de hogares, pero disminuyendo el número de personas por hogar, se ha incrementado el número de personas que viven solas y también el de las familias monoparentales. Sin embargo, las familias continúan siendo la **primera expresión de solidaridad** que percibe todo ser humano, constituyen el ejemplo más básico de organización social existente, y por ello merecen la **máxima valoración social y el más importante y directo apoyo por parte de las Instituciones Públicas**.

La inmensa mayoría de los andaluces **valora la familia por encima de cualquier otra institución**. Por ello, los cambios en las estructuras familiares definidos anteriormente no son debidos a disfunciones de la sociedad, sino a una transformación de la misma. Esta transformación va unida a nuevos modelos de familias, el envejecimiento de la población por una mayor esperanza de vida, la equiparación social de mujeres y hombres y la permanencia de los jóvenes en el núcleo familiar hasta edades avanzadas.

Asimismo, en el seno de las familias se produce el nacimiento, el aprendizaje y el desarrollo de los sentimientos que acompañan, en mayor o menor medida, a todas las personas a lo largo de su existencia. Son esos sentimientos y esos afectos pilares básicos del desarrollo humano. Los lazos de confianza, afecto y solidaridad existentes entre los miembros de una familia son un auténtico capital social, que establece la base del posterior capital humano y profesional de las personas. Por ello, todos sus miembros deben **compartir de forma justa, solidaria e igualitaria derechos, obligaciones y, por tanto, responsabilidades**.

Sin embargo las consecuencias directas de la sobrecarga familiar recaen aún, fundamentalmente, sobre las mujeres. Esta sobrecarga se pone de manifiesto en múltiples facetas de la vida familiar, como su predominante papel en las familias monoparentales y el excesivo peso en la atención a los ancianos/as, los hijos/as, las personas con discapacidad y, en general, a toda la unidad familiar, teniendo en cuenta que en muchos casos **realiza esta labor con escasos medios y compatibilizando el trabajo familiar con el profesional**.

La reciente evolución demográfica en Andalucía, que se ha calificado como una segunda transición demográfica, tiene dos elementos especialmente destacables:

- **La disminución de la fecundidad.** El incremento de la esperanza de vida en Andalucía, tanto en hombres como en mujeres, la cronificación de determinadas enfermedades y otros factores han provocado que, en la actualidad, exista un mayor número de hogares formados por personas mayores que viven solas y muchas de ellas con algún grado de dependencia.
- **El envejecimiento acelerado de la población** constituye el factor sociodemográfico más importante de las últimas décadas en los países desarrollados. Las proyecciones de la población andaluza de los grupos de mayor edad muestran un crecimiento sostenido de los mismos durante los próximos cincuenta años.

Las **Instituciones Públicas** deben asumir muchos de los servicios que actualmente prestan las familias, **deben mostrar mayores cuotas de solidaridad con las mismas**, en correspondencia con la solidaridad que la familia muestra para con el conjunto de la sociedad. Desde esta perspectiva, es necesario **establecer medidas, servicios y ayudas** al objeto de facilitar que las mujeres y hombres andaluces puedan optar libremente, sin condicionantes económicos o personales, a formar el tipo de familia que deseen, y a contribuir a reducir la sobrecarga familiar que recae aún hoy sobre las mujeres andaluzas, de forma que **mujeres y hombres puedan afrontar de forma igualitaria su proyecto de desarrollo personal y profesional.**

Para la consecución de estos objetivos, el presente Decreto configura un marco general que permita el desarrollo de medidas concretas. Estas medidas van dirigidas al **ámbito de lo económico, de las prestaciones sociales y de la atención a la infancia y a las personas mayores y con discapacidad.** Nos fijamos, y a continuación desarrollamos lo concerniente a las personas mayores y personas con discapacidad y que está desarrollado en el **capítulo VII** del Decreto 137/2002 y que bajo el título de **"Medidas a favor de los/as mayores y personas con discapacidad"** aborda las diferentes medidas a implementar para atender a estas personas:

En la **Sección 1ª**, las **medidas de carácter sanitario**. Su desarrollo se estructura en los siguientes artículos:

Artículo 24. Cuidados a domicilio

Por el Sistema Sanitario Público de Andalucía se prestarán cuidados enfermeros, de forma reglada y continuada, en su domicilio a todas aquellas personas mayores o con discapacidad que lo necesiten y por indicación médica o enfermera. Este servicio se prestará en todo caso de forma coordinada con los Servicios Sociales correspondientes.

Con carácter complementario se establecerán las medidas para facilitar a las personas responsables del cuidado de los mayores o de personas con discapacidad el apoyo y formación suficientes para el desempeño adecuado de esta labor.

A estos efectos, se reforzarán los equipos de enfermería en los grandes núcleos de población, en los que existe un elevado número de personas mayores o con discapacidad.

La aplicación de esta medida se reflejará en los correspondientes contratos y programas, con la cuantificación necesaria, para garantizar su desarrollo efectivo conforme a la finalidad prevista en el presente Decreto.

Artículo 25. Fisioterapia y Rehabilitación en la Atención Primaria de Salud

Para facilitar la accesibilidad de los/as pacientes a los servicios de Fisioterapia y Rehabilitación en su propio entorno y de este modo ayudar a compatibilizar la atención familiar y actividad laboral de las personas a su cargo, se establecerá una red de Unidades de Fisioterapia y Rehabilitación en los Distritos de Atención Primaria de Salud que contar con Médicos/as Rehabilitadores y Fisioterapeutas.

Artículo 26. Uso de instalaciones para mantenimiento físico y ayuda a la rehabilitación

Para la realización de los ejercicios físicos y de ayuda a la rehabilitación que requieran las personas mayores y con discapacidad, se establecerán Convenios con las Corporaciones Locales de Andalucía para disponer del uso de sus instalaciones deportivas.

Artículo 27. Plan Andaluz de Alzheimer

Se implantará el Plan Andaluz de Alzheimer para hacer frente a los problemas que plantea dentro de la familia y del hogar el padecimiento de la enfermedad de Alzheimer por alguno/a de sus componentes.

Serán objetivos de este Plan:

- Incrementar la detección precoz de la enfermedad.
- Proporcionar a los Centros de Día de Alzheimer un mayor acceso a fuentes de información, mejor conocimiento de la enfermedad y una mayor fluidez en el intercambio de información con otros centros y con el personal sanitario.
- Asignar profesionales médicos y enfermeros para la atención directa en los Centros de Día de Alzheimer.
- Facilitar la conexión telemática entre los Centros de Salud, los Centros de Día de Alzheimer y los Centros de Atención Especializada para la realización de consultas e interconsultas, tramitación de citas y derivación a especialistas.
- Potenciar las sesiones de apoyo a los familiares de los enfermos.

Artículo 28. Desarrollo de dispositivos socio-sanitarios de Salud Mental

Al objeto de paliar la sobrecarga familiar que ocasionan determinadas psicopatologías en la población Infanto-Juvenil, se creará una red especializada para las patologías más complejas, que comprenderá Hospital de Día y hospitalización completa. Asimismo, se establecerán medidas para consolidar la atención comunitaria desde los equipos de Salud Mental de los Distritos de Atención Primaria de Salud.

En la **Sección 2ª**, las **medidas de atención en domicilio**. Su desarrollo se estructura en los siguientes artículos:

Artículo 29. Adecuación funcional básica de viviendas

Sin perjuicio de lo previsto en el III Plan Andaluz de Vivienda y Suelo, se establecerán ayudas destinadas a mejorar la seguridad y adecuación funcional de las viviendas que constituyan residencia habitual y permanente de personas mayores.

Estas ayudas consistirán en la subvención de una cuantía de hasta el 70% del presupuesto de las obras necesarias, previstas en el apartado 4 de este artículo, y de la asistencia técnica si esta fuera preceptiva. A los efectos de la subvención expresada en el apartado 1, el presupuesto no podrá exceder de mil ochocientos euros para las obras y de seiscientos euros para la asistencia técnica.

A los efectos de estas ayudas, se entenderá por obras necesarias las siguientes:

- Adaptación de la instalación eléctrica a la normativa vigente.
- Instalación de alumbrado conmutado en dormitorio u otro espacio que se requiera.
- Adecuación de la instalación de gas a la normativa vigente, así como la dotación de elementos de fácil y segura manipulación.
- Adecuación del ancho de puerta, sanitarios y grifería a las necesidades de los usuarios, incluyendo la instalación de apoyos y asideros.
- Instalación de suelo antideslizante en cuartos de baño.
- Colocación de pasamanos en pasillos.
- Cualesquiera otras obras y elementos de similar naturaleza que contribuyan a la finalidad pretendida.
- Serán beneficiarios/as de estas ayudas los titulares de la Tarjeta Andalucía-Junta Sesenta y cinco, modalidad Oro, cuyos ingresos de la unidad familiar no superen 2,5 veces el Salario Mínimo Interprofesional.
- No podrá obtenerse una segunda ayuda para la misma vivienda si no hubieran transcurrido, al menos, tres años desde la concesión de la primera.

En la Sección 3ª, **las medidas de carácter social en centros**. Su desarrollo se estructura en los siguientes artículos:

Artículo 30. Centros de día

La Administración de la Junta de Andalucía adecuará sus Centros de Día para incrementar la calidad y oferta de servicios y actividades, con la finalidad de mejorar la atención a los mayores y permitir a sus familiares compaginar sus responsabilidades laborales con el cuidado de estas personas.

Los citados Centros se adecuarán estructural y funcionalmente a las necesidades de los hombres y mujeres, al objeto de garantizar la convivencia de géneros en condiciones de igualdad.

En cada Centro de Día, en horario de mañana y tarde, de lunes a viernes, se programarán actividades continuadas de carácter recreativo, educativo, de desarrollo artístico y análogos. La realización de estas actividades se acomodar a la demanda existente.

Artículo 31. Servicio de comedor

En los Centros de Día de la Administración de la Junta de Andalucía se ofrecerá servicio de comedor, de lunes a viernes, todos los días laborables.

La prestación de este servicio en cada Centro estará supeditada a la existencia de una demanda mínima de diez usuarios que vivan solos, en compañía de otros mayores o en compañía de otras personas que no están con ellos por razones laborales.

El servicio será retribuido mediante el pago de una cantidad por el usuario. La fijación de la cuantía se establecerá por las normas que se dicten en el desarrollo de este Decreto. En todo caso, se bonificará el 50% de ese importe a los titulares de la Tarjeta Andalucía-Junta Sesenta y cinco, modalidad Oro.

El servicio de comedor se contratará directamente por la Administración de la Junta de Andalucía o a través de Entidades Colaboradoras.

Artículo 32. Programas de estancia diurna y de respiro familiar

Se establecerán programas de estancia diurna y de respiro familiar al objeto de facilitar la atención integral de las personas en situación de dependencia por sus familiares.

Estos programas consistirán en sustituir, en centros específicos o bien compartiendo instalaciones con Centros Residenciales, las tareas de atención prestadas a una persona dependiente por algún miembro de su familia, durante parte del día o en cortos periodos de tiempo, permitiendo que este pueda ausentarse del domicilio por razones laborales o de descanso.

Tendrán acceso a estos programas los titulares de la Tarjeta Andalucía-Junta Sesenta y cinco y personas con discapacidad, mayores de dieciséis años y menores de sesenta y cinco, en situación de dependencia.

En el desarrollo de estos programas se atenderá prioritariamente la dotación en las localidades de mayor demanda. En todo caso, el orden de acceso queda establecido en el apartado 5 de este artículo.

Las normas que se dicten en el desarrollo del presente Decreto establecerán los criterios de ordenación de las solicitudes para el acceso a estas plazas. En todo caso, se establecerán, como criterios prioritarios los siguientes:

- Que el usuario sea titular de la Tarjeta Andalucía-Junta Sesenta y cinco, modalidad Oro, o asimilado.
- El grado de dependencia del solicitante.
- En el supuesto de estar a cargo de familiares o convivientes, que estos trabajen.

Artículo 33. Centros Residenciales

Se establecerán medidas para incrementar el número de plazas en los Centros Residenciales para mayores y personas con discapacidad, mayores de dieciséis años y menores de sesenta y cinco, en situación de dependencia.

Tendrán acceso a las plazas residenciales sostenidas con fondos públicos los titulares de la Tarjeta Andalucía-Junta Sesenta y cinco y personas con discapacidad, mayores de dieciséis años y menores de sesenta y cinco, en situación de dependencia.

Las normas que se dicten en el desarrollo del presente Decreto establecerán los criterios de ordenación de las solicitudes para el acceso a estas plazas. En todo caso, se valorará la situación socio-familiar, económica y funcional del solicitante, atendiéndose con prioridad las de aquellas personas que padezcan alguna discapacidad o grado de dependencia y, dentro de ellas, las que sean titulares de Tarjeta Andaluza-Junta Sesenta y cinco, modalidad Oro, o asimilados.

Artículo 34. Participación en el coste

Estos servicios serán retribuidos mediante el pago de una cantidad por el usuario. A tal efecto las normas que se dicten en desarrollo de este Decreto fijarán la cuantía a abonar por la utilización de los programas de estancia diurna y de respiro familiar y Centros Residenciales.

Estas cuantías no podrán sobrepasar el 90% del coste del servicio. En la fijación de la cantidad a abonar para las plazas residenciales, además, se establecerá una bonificación, de forma que ningún usuario pague más del 75% de sus ingresos líquidos anuales.

Para el pago de estas cuantías podrán establecerse fórmulas de financiación diferida, en atención a las circunstancias personales del usuario.

Artículo 35. Dotación de equipos informáticos

Se dotará de equipos informáticos a los Centros de Día y Centros Residenciales para mayores y personas con discapacidad, dependientes de la Junta de Andalucía, con la finalidad de que los usuarios de dichos Centros puedan conocer y utilizar en los mismos las nuevas tecnologías, para conectar telemáticamente los Centros Residenciales y los Distritos Sanitarios de Atención Primaria para el intercambio de documentos, citas, interconsultas y tele cuidados.

En aquellos Centros donde exista una demanda suficiente, se instalarán módulos de Informática, de al menos cinco ordenadores, al objeto de facilitar el acceso a todos aquellos usuarios que lo soliciten.

Por último, en la **Disposición Adicional Primera. Ingresos de la Unidad Familiar,** se establece el concepto de ingresos de la unidad familiar, los mecanismos de acreditación de los mismos, así como los baremos para establecer la prioridad en el acceso a los distintos servicios, todo ello en los siguientes términos:

- A los efectos del presente Decreto se consideraron ingresos de la Unidad Familiar los obtenidos por la suma de los ingresos de cada uno de los miembros de la misma, entendiéndose como ingresos cualquier renta susceptible de integrar el hecho imponible en el Impuesto sobre la Renta de las Personas Físicas.

  Los solicitantes deberán acreditar los rendimientos obtenidos a través de los siguientes medios:

  - La autoliquidación por el Impuesto sobre la Renta delas Personas Físicas referida al periodo impositivo inmediatamente anterior, con plazo de presentación vencido, a la fecha de solicitud de algunas de las ayudas previstas en el presente Decreto respecto de aquellos miembros que vengan obligados a presentar declaración por este impuesto.
  - El certificado de retenciones expedido por el pagador de los rendimientos cuando no exista la obligación a la que se refiere la letra anterior.
  - En defecto de los anteriores, cualquier otro medio que acredite la realidad de la percepción.

- En aquellos supuestos que se requiera una limitación en los ingresos de la unidad familiar, estos serán los siguientes, en cómputo anual:
  - ▷ Familias de 1 miembro = 3 Salario Mínimo Interprofesional (en adelante SMI).
  - ▷ Familias de 2 miembros = 4,8 SMI.
  - ▷ Familias de 3 miembros = 6 SMI.
  - ▷ A partir del tercer miembro, se añadirá 1 SMI por cada nuevo miembro de la unidad familiar.
- A efectos de la comprobación de los ingresos de la unidad familiar, en la solicitud de ayuda correspondiente se establecerá la autorización del solicitante a la Administración de la Junta de Andalucía para que pueda efectuar las comprobaciones necesarias en acreditación de la realidad de los ingresos declarados.

Y en la **Disposición Adicional Segunda** de **Supuestos asimilables a las Tarjetas Andalucía-Junta Sesenta y cinco modalidad Oro**, se establece que: se considerarán asimilables a Tarjetas Andalucía-Junta Sesenta y cinco, modalidad Oro, aquellos supuestos en los que la persona con discapacidad tenga una edad comprendida entre dieciséis y sesenta y cinco años y tenga unos ingresos personales idénticos a los establecidos en el Decreto 76/2001, de 13 de marzo, por el que se regula la concesión y uso de la Tarjeta Andalucía-Junta Sesenta y cinco.

La **Disposición Adicional Tercera de Revisión periódica de las medidas**, establece que al objeto de revisar de forma continuada el presente Decreto y adaptarlo permanentemente a la realidad cambiante de las familias andaluzas, las medidas que se establecen tendrán una vigencia de cuatro años y deberán ser revisadas y adaptadas anualmente, en su caso a las nuevas situaciones que se produzcan.

Los cambios sociales han hecho necesario que el Decreto desarrollado anteriormente haya ido sufriendo desde 2002, año de su promulgación, **modificaciones sucesivas** que relacionamos a continuación y que no todas han afectado a los apartados concernientes a las personas mayores y con discapacidad. Analizamos a continuación las que incluyen modificaciones al Decreto 137/2002 en aspectos concernientes al tema que nos ocupa:

Decreto 18/2003, de 4 de febrero de 2003, de ampliación de las medidas de apoyo a las familias andaluzas (BOJA 7-2-2003). Este Decreto sólo modifica aspectos relacionados con las medidas de apoyo a las familias andaluzas en lo concerniente a aspectos relacionados con las medidas a implementar en el ámbito escolar.

Decreto 7/2004, de 20 de enero, de ampliación de las medidas de apoyo a las familias andaluzas. (BOJA de 23/1/2004) que amplía medidas en relación a la atención socio-educativa de menores y de ayudas de gratuidad de libros de textos a la par que en su **artículo 3** procede a la **modificación del artículo 29.5 del Decreto 137/2002**, de 30 de abril, sobre requisitos de los beneficiarios de las ayudas destinadas a mejorar la seguridad y adecuación funcional de las viviendas que constituyan residencia habitual y permanente de personas mayores, quedando redactado como sigue:

“Serán beneficiarios de estas ayudas los titulares de la Tarjeta Andalucía-Junta Sesenta y cinco cuyos ingresos de la unidad familiar no superen 2,5 veces el Salario Mínimo Interprofesional.”

Orden de 9 de marzo de 2004 por la que se publica un texto integrado de los Decretos 137/2002, de 30 de abril, de apoyo a las familias andaluzas, 18/2003, de 4 de febrero, y 7/2004, de 20 de enero, ambos de ampliación de las medidas de apoyo a las familias andaluzas. **(BOJA 22-3-2004).**

Decreto 66/2005, de 8 de marzo, de ampliación y adaptación de medidas de apoyo a las familias andaluzas. (BOJA 14-3-2005).

Se establecen de forma progresiva la ampliación de medidas relacionadas con el ámbito escolar: gratuidad de libros y servicios complementarios y, en lo referente al tema que nos ocupa, se amplía el ámbito de las ayudas a la adecuación funcional básica de las viviendas para las personas con discapacidad y movilidad reducida, la extensión del programa de respiro familiar a personas con discapacidad menores de dieciséis años y la aplicación de medios tecnológicos en centros para mayores y personas con discapacidad y promover la contratación de personas para el cuidado de personas con discapacidad, entre otros.

- En el **artículo 1 se modifica el artículo 3 del Decreto 137/2002** de 30 de abril en el último párrafo del apartado 2 quedando redactado de la siguiente manera: "La relación de parentesco se computará a partir de la persona o personas para quienes se soliciten las ayudas".
- Se establece un **artículo 7.bis**. Ayuda por contratación de persona para cuidado de familiar.
  1. Se establece una ayuda para aquellas familias que contraten un/a trabajador/a para la atención y el cuidado de un familiar en primer grado de consanguinidad o afinidad que tenga reconocido al menos un 75% de grado de minusvalía o padezca enfermedad crónica que requiera una atención continuada.
  2. Ser requisito para la obtención de la ayuda:
     a) Que los cónyuges, o en su caso, miembros de la pareja de hecho, trabajen. No obstante, no ser exigible este requisito en los supuestos siguientes:
        * Para el caso de familias unipersonales, monoparentales o numerosas.
        * Cuando uno de los cónyuges o de los miembros de la pareja de hecho tenga reconocido al menos un 75% de grado de minusvalía o padezca enfermedad crónica que requiera una atención continuada.

     b) Que los ingresos de la unidad familiar no superen los establecidos en la Disposición Adicional Primera.
  3. La cuantía de la ayuda ser de 1.000 euros al año, y hasta un máximo de tres años.
  4. Estas ayudas estarán sometidas al régimen de concurrencia competitiva y tendrán preferencia para su concesión:
     a) Las contrataciones que se efectúen respecto de personas pertenecientes a los colectivos de atención prioritaria en las políticas de fomento de empleo que se establezca en la normativa de desarrollo del presente Decreto.
     b) Las unidades familiares en los que uno de sus miembros sea titular de la Tarjeta Andalucía-Junta Sesenta y Cinco, modalidad Oro.

5. La concesión de estas ayudas estar sometida a la disponibilidad presupuestaria existente en el ejercicio correspondiente y su procedimiento se regulará mediante Orden de la Consejería de Empleo."

En el **artículo 14 se modifica el artículo 29 del Decreto 137/2002**, de 30 de abril, en los apartados 1 y 5 que quedan con la siguiente redacción:

"1. Sin perjuicio de lo previsto en el vigente Plan Andaluz de Vivienda y Suelo, se establecerán ayudas destinadas a mejorar la seguridad y adecuación funcional de las viviendas que constituyan residencia habitual y permanente de personas mayores o que tengan reconocido al menos un 40% de grado de minusvalía y movilidad reducida.

5. Serán beneficiarios/as de estas ayudas los titulares de la Tarjeta Andalucía-Junta Sesenta y cinco y aquellas personas que tengan reconocido al menos un 40% de grado de minusvalía y movilidad reducida, siempre que los ingresos de la unidad familiar no superen 2,5 veces el Indicador Público de Renta de Efectos Múltiples.»

En el **artículo 15 se procede a la modificación del artículo 32 del Decreto 137/2002** de 30 de abril. Se añade en su apartado 3 el siguiente inciso: "En el caso de respiro familiar, no se tendrá en cuenta el mínimo de dieciséis años."

En el **artículo 16 se procede a la modificación del artículo 35 del Decreto 137/2002,** de 30 de abril, que queda como sigue:

"Artículo 35. Nuevas Tecnologías para mayores y personas con discapacidad.

1. En los Centros de Día, Unidades de Estancia Diurna y Centros Residenciales para mayores y personas con discapacidad, dependientes de la Junta de Andalucía, se desarrollarán actividades que permitan la aplicación de las nuevas tecnologías para la atención sociosanitaria a la dependencia y para la promoción del envejecimiento activo.

Decreto 48/2006 de 1 de marzo de ampliación y adaptación de medidas de apoyo a las familias andaluzas. (BOJA 3-3-2006). Transcurrido el primer cuatrienio de vigencia del Decreto 137/2002, y tras la valoración realizada de los resultados generados por las distintas iniciativas implantadas dentro de las políticas de apoyo a las familias andaluzas, este Decreto establece nuevas medidas para atender nuevas demandas sociales, y dota de vigencia indefinida aquellas otras que se han revelado útiles y efectivas para atender las necesidades de las familias andaluzas.

Entre estas nuevas medidas pueden destacarse las de potenciar mejoras específicas en el Sistema Sanitario Público dirigidas a algunos de los colectivos más necesitados del mismo, en concreto las personas mayores de 65 años y las personas con discapacidad, entre otros.

En el **artículo 1** se modifica el artículo 7 bis del Decreto 137/2002, de 30 de abril en los apartados 1, 2 y 3 que quedan redactados como sigue:

1. Se establece una ayuda para aquellas familias que contraten a una persona trabajadora para la atención y el cuidado de un familiar hasta el segundo grado de consanguinidad o afinidad; entendiéndose incluido en este ámbito el supuesto de que la contratación la efectúe la propia persona afectada para su cuidado y atención.

En cualquier caso, la persona a cuidar y atender deberá tener reconocido al menos un 75% de grado de minusvalía o padecer enfermedad crónica que requiera atención continuada.

2. Será requisito para la obtención de la ayuda que los ingresos de la unidad familiar no superen los establecidos en la Disposición Adicional Primera.

3. La cuantía de la ayuda será de dos mil euros al año y hasta un máximo de tres anualidades.

En el **artículo 7** se determina la inclusión de un artículo 28. en el Decreto 137/2002, de 30 de abril, con la siguiente redacción:

Artículo 28. ter. Derecho de las personas mayores de sesenta y cinco años al Examen de Salud anual.

1. Se establece el derecho de las personas mayores de sesenta y cinco años residentes en Andalucía, y cuyo aseguramiento corresponda al Sistema Sanitario Público de Andalucía al examen de salud anual.

2. El examen de salud anual para las personas mayores de sesenta y cinco años consistirá en una valoración integral del estado de salud, que incluirá aquellas actuaciones sanitarias dirigidas a un diagnóstico precoz de enfermedades, como aquellas intervenciones precisas, destinadas a la protección de la salud y a la promoción de hábitos de vida saludable.

3. El mencionado examen de salud se realizará por los profesionales de los servicios de atención primaria de salud del Sistema Sanitario Público de Andalucía, en el Centro de Salud del que dependan las personas beneficiarias de la presente medida. No obstante, se contará con la colaboración de los servicios de atención especializada cuando ello sea necesario.

En el **artículo 8** se determina la inclusión de artículo 28.quater en el Decreto 137/2002, de 30 de abril. con la siguiente redacción:

Artículo 28.quater. Asistencia dental en el Sistema Sanitario Público de Andalucía a personas con discapacidad severa.

1. Se establece el derecho a una atención sanitaria bucodental específica para todas las personas residentes en Andalucía y afectadas por una discapacidad, cuya severidad le impida la colaboración en la exploración y tratamiento en la asistencia dental, requiriendo por ello de sedación profunda o anestesia general, y cuyo aseguramiento corresponda al Sistema Sanitario Público de Andalucía.

2. La atención sanitaria bucodental a que se refiere el apartado anterior, consistirá en el tratamiento de obturaciones y tratamientos pulpares en piezas permanentes, además de la asistencia bucodental ya contemplada en la cartera de servicios del Sistema Sanitario Público.

3. La valoración de la necesidad de empleo de técnicas de sedación o anestesia general en el tratamiento bucodental de las personas incluidas en el apartado 1, se determinará por el dentista del Sistema Sanitario Público.

5. PLAN DE ATENCIÓN A LAS CUIDADORAS/ES FAMILIARES EN ANDALUCÍA

La permanencia del paciente en su domicilio, conlleva **efectos positivos y objetivables para su propia salud**. El Servicio Sanitario Público Andaluz (en adelante SSPA) tiene como objetivos proporcionar herramientas para que el paciente y su **cuidador o cuidadora se adapten mejor a su entorno cotidiano**. La mejora del entorno domiciliario **previene el deterioro cognitivo** del paciente, a la vez que **se dignifica su situación de dependencia** durante la enfermedad, permitiendo que **permanezca en su hábitat** con la compañía de su familia el mayor tiempo posible.

Entre las prestaciones proporcionadas por el SSPA, destaca la atención domiciliaria, que surge como alternativa de atención, tras la incorporación de la mujer al mundo laboral y que ya hemos desarrollado en el apartado 2 del tema.

Los cuidadores/as familiares, tras la aprobación del decreto 137/2002 de apoyo a las familias andaluzas, se han convertido en **objetivo principal de la cartera de servicios del Servicio Andaluz de Salud (en adelante SAS)**. En este sentido el sistema sanitario desarrolla programas específicos para proporcionar ayudas a las cuidadoras/es familiares y facilitar medidas de apoyo, en el desarrollo de su labor.

El **marco legal del Plan de Atención a las Cuidadoras/res familiares se sitúa en el decreto 137/2002** y en los decretos posteriores que modifican el decreto matriz y que han sido analizados en el apartado anterior.

La Comisión de evaluación del Plan de "Atención a Cuidadoras Familiares de Grandes Discapacitados" en cada Centro de Salud está formada por el adjunto de enfermería, el director del C.S., la ECE y el trabajador social.

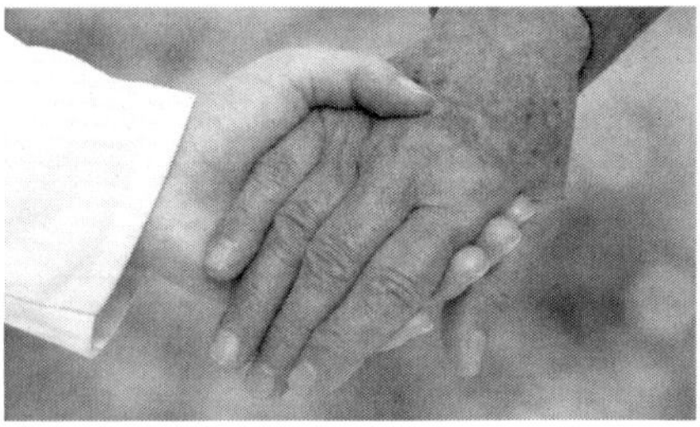

5.1. Perfil del cuidador o cuidadora familiar

El estudio realizado por la **Escuela Andaluza de Salud Públi**ca (en adelante EASP) y la Consejería para la Igualdad y Bienestar Social (2002), Identifica las características de los cuidadores/as:

- En su **mayor parte mujeres**, en torno al 83%
- **Relación muy directa de parentesco**: hijas 38%; esposas 21%. Resulta significativo que en el caso que sea mujer la beneficiaria de los cuidados, estos recaen sobre la nuera o hija, antes que en el propio cónyuge.

- **El nivel de estudios** suele ser bajo (2002). Sin embargo, esta característica va quedando obsoleta teniendo en cuenta la evolución del nivel educativo de la población andaluza.
- En relación a la **situación laboral**, el porcentaje de cuidadores/as con trabajo remunerado era bajo (2002), aunque se había triplicado desde la década de los 70.

Dentro del Plan de Atención a los cuidadores/as de Andalucía, merecen especial atención los de **pacientes con gran discapa**cidad que presentan graves dificultades en la movilidad, relación y comunicación y en la autonomía personal y social. El **perfil de estos cuidadores**, presenta igualmente características específicas:

- Asumen la responsabilidad de la atención de **forma permanente,** siendo el principal referente y apoyo.
- **Conviven en el domicilio**, o dedican un número importante de horas (más de 10).
- **No perciben remuneración económica**, al ser en su mayoría familiares directos y presentan un alto riesgo en salud: trastornos del sueño, derivados del esfuerzo físico, emocionales etc.

5.2. Atención a las cuidadoras/es familiares

El interés por la salud de los cuidadores/as familiares, es doble:

- Por un lado, **su propia salud**, como recurso más importante y
- El factor de **riesgo para su salud y calidad de vida**, que supone el trabajo de cuidar.

Desde esta doble perspectiva, y con la entrada en vigor del decreto del plan de ayuda a las familias andaluzas, no sólo se consideran a estas personas **como recursos, sino como objetivos prioritarios**, ya que de su salud, depende la de las personas a las que cuidan.

En un estudio realizado por la EASP (2005) arroja que el 46% de las cuidadoras/es consideran que su **salud es regular o mala**, siendo los problemas más frecuentes:

- Dolor de espalda 60,98%
- Dolores articulares 56,82%
- Cefaleas 42,42%

Este estudio presenta así mismo datos referidos a la **salud emocional,** señalando que el 23% de las personas cuidadores/as presentaban depresión leve y el 48% estrés motivado por compatibilizar las numerosas tareas encomendadas; unido a no disponer de tiempo para ellos mismos y dedicar disponibilidad permanente.

A esto se añade la **dificultad de acceso al mundo laboral** de estas personas, influyendo negativamente en su independencia económica.

5.3. Expectativas de las cuidadoras/es familiares

Es importante, para el buen funcionamiento del Plan de atención, identificar **las expectativas de las cuidadoras/es como usuarios del SAS**. En este sentido los estudios realizados por la EASP, establecen a grandes rasgos que las expectativas son:

- Tener **acceso preferente a los sistemas sanitarios**
- **Mejor acceso telefónico a los servicios**, sobre todo para resolver dudas, recibir asesoramiento etc.
- **Mayor celeridad en la atención domiciliaria**, con mayor cobertura horaria y mayor capacidad de resolución de problemas sin acudir al hospital.
- **Reconocimiento de la experiencia y de los conocimientos** adquiridos a lo largo del tiempo de atención.

5.4. Compromiso de la Consejería de Salud, con los cuidadores y cuidadores/as familiares

Las medidas que se establecen en este Plan, pretenden ser apoyo, para que estas personas asuman como propios el decálogo de derechos de los cuidadores. Este recoge una serie de principios, que ayudan a que mejoren su entorno vital, su auto percepción, la importancia de su trabajo, la búsqueda de respeto y reconocimiento, etc.

5.5. Objetivos del Plan de Atención a Cuidadores/as familiares

El plan establece como **objetivo general**, mantener y mejorar la calidad de vida, relacionada con la salud de las cuidadoras/es familiares.

Este objetivo general se concretiza en los siguientes **objetivos específicos**:

- Realizar una **valoración focalizada** para establecer un plan de cuidados específicos.
- Mejorar el **acceso a los profesionales** de los centros de salud, asegurando un trato empático y comprensivo.
- Adecuar la **cobertura horaria** de la atención domiciliaria.
- Realizar **talleres de apoyo** para fomentar las relaciones sociales, el manejo del estrés y el apoyo emocional.
- Proporcionar **material de apoyo** en el domicilio que facilite el cuidado y prevenga lesiones o deterioro de la salud en las cuidadoras.
- Proporcionar **atención en situaciones de duelo**.
- Establecer **medidas de discriminación positiva** en las cuidadoras/es de grandes discapacitados.
- Fomentar vías de formación y reinserción laboral en base a la experiencia y los conocimientos adquiridos durante el tiempo de cuidado.

5.6. Líneas de acción

Son las **actuaciones que el SAS está realizando para dar respuesta y servir de apoyo a las cuidadoras/es familiares,** por parte de los centros sanitarios y de los profesionales necesarios en cada momento. Entre las medidas de mejora detallamos las siguientes:

a) **Mejora de los cuidados en atención domiciliaria.** En este sentido, se ha establecido un nuevo enfoque de la atención, orientado a **actuaciones concretas en domicilio, más que a la propia enfermedad**. Los cuidados se centran en aquellos problemas que generan dependencia y fomentar la capacidad de autocuidado del paciente y asesoramiento y formación de la red familiar. Se incorpora la **enfermería comunitaria de enlace**, con tareas asistenciales y formativas.

Para mantener y mejorar la calidad de vida relacionada con los cuidadores/as familiares, se sistematizan las siguientes actividades:

- Captación de los cuidadores familiares.
- Valoración su situación de manera integral
- Propuesta de plan de intervención multidisciplinar; redes de apoyo, talleres etc.
- Seguimiento y atención telefónica
- Actuación como enlace de gestión de recursos sanitarios y materiales de apoyo para facilitación de los cuidados.
- Intervención, en situaciones especiales: olas de calor, epidemias de gripe... etc

Para **prevenir y tratar problemas de movilidad** relacionados con el cuidado, se oferta a las cuidadoras/es familiares, desde los Centros de Atención Primaria, los siguientes servicios:

- Promoción y prevención de hábitos posturales, movilizaciones y ejercicios.
- Tratamientos grupales para cuidadores/as con problemas físicos

En cuanto a la adaptación de la discapacidad a la vida cotidiana, tanto desde la Atención Primaria, como desde la Especializada, se ofrece el asesoramiento de **enfermeras y enfermeros y terapeutas ocupacionales** para resolver problemas creados por la discapacidad en el entorno doméstico y en las ABVD, con objeto de mantener su autonomía durante el mayor tiempo posible.

Para atender el entorno del paciente desde una perspectiva social, son los **Trabajadores Sociales**, quienes valoran los problemas de índole social del paciente y su entorno, proporcionando información sobre los recursos disponibles para su resolución.

Como ejemplo, destacamos: dificultades de carácter social y económico para seguir un tratamiento, desorganización familiar en caso de problemas de salud u hospitalizaciones, problemas psicológicos en relación al estado de salud.

En cuanto al seguimiento de los pacientes frágiles y sus cuidadores/as, se establece un **cuaderno** con el objetivo de facilitar el acceso a la información relevante sobre los problemas de salud del paciente y su cuidador o cuidadores/as familiares y a todos los profesionales de referencia del paciente. Este cuaderno tendrá un apartado específico donde se reflejará el estado de salud de los cuidadores/as familiares.

Cuando el paciente requiere **un ingreso hospitalario**, se establecerá una **enfermera o enfermero de enlace hospitalario**. Se hará partícipe a los cuidadores familiares del plan de cuidados del paciente, pudiendo colaborar si lo desea con el personal de enfermería de referencia en su desarrollo.

Durante la estancia en el hospital, se gestionará la transición a domicilio, en coordinación con los profesionales de atención primaria, en cuanto a valorar las necesidades de material de apoyo, ofertas de servicios de apoyo a la cuidadora o cuidador, facilitación de los tratamientos de apoyo que el paciente requiera, gestión de citas, de pruebas diagnósticas y un acceso telefónico fluido.

A fin de mejorar la accesibilidad de las cuidadoras/es al SSPA, se realizará un seguimiento telefónico, a través del **servicio "Salud Responde"** que será proactivo y realizado por la enfermera o enfermero de dicho Servicio. Deberá contar con la posibilidad de consultar con profesionales cualificados para resolución de dudas específicas. Según el Plan de Atención a Cuidadores/as familiares en Andalucía (2007), las cualidades que debe presentar las enfermeras o enfermeros de "Salud Responde", son: empatía, dar ánimo, entrenamiento, educación, hacer recordatorios, reforzar y reconocer logros y derivar a los servicios que puedan dar respuesta a sus problemas... sin embargo **no especifica ninguna de las competencias, conocimientos, habilidades, querer hacer y poder hacer absolutamente necesarios para llevar a cabo esta importantísima labor.**

La población diana a la que se dirige este servicio, son:

- Cuidadores/as de pacientes frágiles con altas de fines de semana y festivos.
- Cuidadores/as de pacientes frágiles, dados de alta en la unidad de observación.
- Tutela de pacientes frágiles en domicilio, por ausencia temporal de la cuidadora.
- Cuidadores/aso cuidadores de pacientes con **trastorno mental grave**, para ofrecerles apoyo y orientación sobre manejo terapéutico, prevención y actuación antes las crisis.

Nos detenemos en este último punto, dadas sus características de cronicidad, ocasionando **situaciones de sobrecarga por los síntomas del paciente, el estigma social y por la deficitaria red de apoyos**; todo ello incrementado por la disminución de contacto sociales de los cuidadores o cuidadoras.

Para mejorar esta situación, los equipos de salud mental, realizan una **valoración en el domicilio**, proporcionando información, entrenamiento y apoyo personal, promoviendo el descanso de los cuidadores/as en los llamados **"planes de respiro familiar"**, viviendas tuteladas, unidades de día, etc.

Otra de las circunstancias que afectan severamente a los cuidadores/as familiares, es la **pérdida de la persona a la que cuidan**, provocando un proceso de duelo. Los servicios sanitarios abordarán el duelo, proporcionando intervenciones de soporte: ayuda psicológica, grupos psicoeducativos, red de apoyo social etc. Tan sólo en el caso que el proceso de duelo se prolongue más de tres meses, el llamado duelo disfuncional, será tratada por los equipos de Salud Mental.

b) **Mejoras de la atención sanitaria a personas cuidadores/as de grandes discapacitados.** Las cuidadoras/es que atienden a personas con gran discapacidad y con casi total dependencia para las ABVD, están en especial situación de sobrecarga, poniéndose en marcha para ellas unas **medidas de discriminación positiva**, en cuanto al acceso diferenciado a los profesionales y a los trámites administrativos sin la presencia necesaria de la cuidadora o cuidador.

El desplazamiento frecuente al hospital o consultas de especialistas supone un trastorno importante para el paciente y para la cuidadora ya que supone alteración de horarios, permisos en lugares de trabajo, ausencia prolongada del hogar…

Se priorizará a la cuidadora o cuidador de grandes discapacitados el acceso a las consultas de Medicina, Enfermería, Trabajo Social o cualquier servicio ofertado por los centros de salud, facilitando:

- Resolución de citas en el mismo centro y mismo día.
- Recogida de fármacos de largo tratamiento.
- Facilitación de recetas en la visita domiciliaria.
- Gestión de visados de recetas o pruebas por el mismo Centro.
- Gestión de materiales para cuidados en domicilio en el mismo centro.
- Priorización en las citas a especialistas.

En el caso de **hospitalización de la persona con gran discapacidad** se establecerán medidas en relación a:

- Facilitar el descanso de la cuidadora.
- Hacer partícipe al cuidador/a en la realización de los cuidados, permitiéndole estar presente en la atención, planificando de manera anticipada el alta…
- Coordinar las citas y pruebas diagnósticas en un mismo día.
- Prioridad en los traslados en transporte sanitario.

A nivel administrativo, en el reverso de su tarjeta sanitaria se colocará un adhesivo indicando su calidad de cuidadora de persona de gran discapacidad.

5.7. Plan de comunicación

Las medidas del Plan están dirigidas a **las cuidadoras/es y a los pacientes** que atienden y deben ser socialmente aceptadas para que no generen rechazo ni en los profesionales que deben aplicarlas ni en la población que puedan entenderlas como "privilegios" indebidos.

Es necesario, por ello, hacer llegar mensajes claros que expliquen la **necesidad de llevar a cabo este plan de actuación con las cuidadoras/es familiares.**

6. ENVEJECIMIENTO SALUDABLE

No está definida con precisión la edad a partir de la cual una persona puede considerarse "**anciana**" existiendo muchas definiciones de envejecimiento. Una de las más aceptadas es la de R.A. Miller que lo define como un "***proceso en que los adultos sanos pasan a frágiles, con disminución de los mecanismos de reserva fisiológicos e incremento exponencial para la vulnerabilidad frente a la enfermedad y la muerte***".

El envejecimiento de la población constituye el hecho epidemiológico de mayor relieve ocurrido en los países desarrollados en las últimas décadas. Este cambio demográfico se caracteriza además, por el llamado ***"envejecimiento del envejecimiento"***, de manera que la población mayor de 65 años representa el 15% y los mayores de 80 años suponen el 3% de la población occidental.

El peso de este sector de población es cada vez mayor y ello, no sólo está determinado por la mayor presencia de personas mayores, sino que, también se debe al peso relativo de las mismas, en tanto en cuanto, sigue **bajando el índice de natalidad**.

El envejecimiento no afecta por igual a todos los individuos ni a todas las sociedades, ello es debido a la **dependencia medioambiental** que muestra dicho proceso.

El *medio ambiente, y los servicios sociosanitarios* favorables, han procurado la mayor expectativa de vida de las personas, haciendo posible que convivan con aproximadamente, entre 4 y 5 enfermedades crónicas controladas.

Según Fernández, L (2009) esta nueva forma de envejecer nos obliga a diferenciar al menos **dos grupos de personas** dentro del sector de población:

- Las **personas mayores propiamente dichas**, que son aquellas que presentan los criterios siguientes:
  - ▹ Tienen la edad suficiente.
  - ▹ Presentan las condiciones físicas y biológicas necesarias.
  - ▹ Manifiestan comportamientos psicológicos específicos.
  - ▹ Se visualizan como "personas mayores".
  - ▹ Están bajo las condiciones sociales adecuadas.
- Los **mayores ancianos** que se identifican más como sector de *población **frágil*** en el mejor de los casos y ***dependiente*** en otros muchos.

Esta clasificación concuerda con algunas otras más perfiladas, desde el **punto de vista sanitario**, que definen al menos cuatro categorías de personas mayores:

- ***Persona mayor sana y/o persona mayor enferma***, que se identifica por requerir, o no, los mismos tipos de servicios sanitarios que los adultos; esto es, solo los precisa cuando pierde la condición de salud óptima.
- ***Persona mayor frágil***, aquella que tiene disminuida su reserva fisiológica para hacer frente a las distintas situaciones de estrés.
- ***Persona mayor dependiente***, que sería aquella en que las situaciones de fragilidad ya han claudicado en otras de dependencia.

El envejecimiento **no es algo programado genéticamente**, porque no es algo necesario para el mantenimiento de la especie. Lo que sí aparece programado es el crecimiento y desarrollo de los individuos hasta la etapa de máximo desarrollo biológico que, coincide con la de su mayor capacidad reproductiva. Una vez alcanzada esta etapa y asegurada la diversidad y transmisión genética se hace necesaria la desaparición de los individuos para que se produzca el recambio genético. De modo que, podemos considerar tres "programas genéticos" claramente diferenciados: Uno de crecimiento y desarrollo, otro que coincide con la adultez y capacidad reproductiva y un tercero que coincide con la muerte de los individuos. Entre el segundo y tercer programa se introduce un proceso más o menos dilatado que llamamos envejecimiento. Su mayor o menor duración depende del equilibrio entre los fenómenos de desgaste y reparación celular. Dicho equilibrio, está en relación con los **distintos estilos de vida y con el medio ambiente**, dado que son estos aspectos los que determinan el mayor o menor desgaste y reparación celular. Esto es lo que determina que unos sujetos manifiesten un ritmo de envejecimiento más acelerado que otros. En ellos la reparación celular no compensa los daños sufridos en su interrelación con el medio ambiente (alimentación, consumo energético, enfermedades, toxinas...).

La OMS y otras agencias internacionales recomiendan a todos los países "**promover el mejoramiento de las condiciones de vida y bienestar de la población impulsando acciones orientadas al desarrollo humano a lo largo del ciclo vital y con énfasis en los grupos más relegados socialmente**".

Los aspectos más importantes sobre el envejecimiento saludable son los **hábitos de vida.** Por ello es necesario establecer una estrategia global con mejoras políticas, no sólo en sanidad sino también en los servicios sociales.

Los **objetivos específicos** de los programas recomendados son:

- Fortalecer las capacidades para la formulación, aplicación y evaluación de políticas, planes, programas y proyectos orientados al desarrollo de una **cultura de la salud y a la construcción de espacios y entornos saludables.**
- Fortalecer las capacidades del sector salud y el **desarrollo de estrategias de promoción y protección de la salud** con énfasis en salud infantil, del adolescente, de la mujer, sexual y reproductiva, mental y sobretodo la salud del adulto mayor.
- Promover la **participación de la comunidad** y revitalizar a los grupos más desfavorecidos socialmente.
- Promover el **desarrollo de estilos de vida saludables** a través de acciones globales de información, educación y comunicación en salud.

Queda claro que el **estilo de vida**, mediatizado por el entorno microsocial y macrosocial de los individuos **determina el modo de envejecer** de los mismos, facilitando la mayor o menor duración del proceso.

6.1. Procedimiento para envejecer

Entendemos por procedimiento la **forma en que los seres humanos se disponen a desarrollar su propio proceso de envejecer**. El objetivo general es prolongar dicho proceso y ello permite que la *expectativa de vida* se aproxime a las mayores posibilidades de tiempo de vida para los individuos de la especie. De modo que en los humanos, la expectativa de vida va aumentando a medida que se cumplen años de edad, es como si le ganáramos tiempo al tiempo. Así actualmente la expectativa de vida se sitúa en los términos referenciados en la siguiente tabla:

A los 65 años	18 años
A los 70 años	14 años
A los 75 años	11 años
A los 80 años	8 años
A los 85 años	5´5 años
A los 90 años	4 años

La forma de modular satisfactoriamente el envejecimiento supone un adecuado equilibrio entre las exigencias, las respuestas y adaptación a los cambios. La **forma de envejecer se relaciona con la forma de vivir en todas las edades**, pues en todas se envejece. El control de las situaciones estresantes, la adaptación a los cambios y a veces a las pérdidas así como la satisfacción de mantener el control de las situaciones, procurarán un envejecimiento satisfactorio.

Se trata de un **concepto dinámico**, según el cual, "envejecer" **deja de ser solo un proceso ajeno a la voluntad humana, para convertirse además en un procedimiento**. Esto es, en una forma de proceder, una actitud, con la que los hombres y las mujeres a lo largo de la historia, en las distintas épocas han perfilado su forma de "ser mayores", influyendo en su propia expectativa de vida y en la de sus sucesores.

Para alcanzar una longevidad satisfactoria, debe lograrse un **envejecimiento saludable**, etapa esta última que comienza mucho antes de los 60 años. Esta solo puede obtenerse **desarrollando desde edades tempranas hábitos y estilos de vida saludables**, así como realizando **prevención temprana de algunas enfermedades y discapacidades**.

Si bien la mayor parte de los adultos mayores está en condiciones de mantenerse libre de discapacidad, la falta de un envejecimiento saludable desemboca en una **vejez "patológica"**, y una proporción de ellos, se torna frágil y necesita apoyo, atención o institucionalización, muchas veces por el resto de sus vidas. Esto determina que el crecimiento de la población más vieja conduzca a una **creciente demanda de servicios sociales y de salud.**

El estilo de vida es un conjunto de opciones libremente elegidas y, al mismo tiempo una manifestación cultural, resultado de la encrucijada entre la educación y la vida. En nuestro entorno cultural el estilo de vida viene a ser **resultado de todo el proceso educativo sociobiográfico**, en el que se condensan las distintas manifestaciones comportamentales del individuo que, se han constituido con el paso del tiempo en "pilares" de su personalidad y que, se ven influenciadas por mecanismos reforzadores positivos y/o negativos.

El estilo de vida puede favorecer una vida saludable, duradera y con sentimientos de satisfacción vital. Un estilo de vida saludable es aquel que tiende a **añadir años a la vida y vida a los años** y con el que se hace menos probable la aparición de discapacidades.

Como decía Ortega: "*El ser de la vida es un hacer, mejor aún, un hacerse. La vida es para sí porque es por su propio esfuerzo; es lo que de sí haga. Vivir es existir absolutamente. Y por eso no como en el caso del yo cartesiano que existe porque piensa, o sea, porque existe el pensamiento, sino que vivir es inmediatamente y por sí, existir*".

6.2. Envejecimiento activo

Los pilares que sustentan el envejecimiento activo en que la persona se siente parte de él y se implica en su proceso son tres:

- La **salud** como factor de calidad de vida y generador de actividad en las personas.
- La **participación** en la vida familiar y social, como parte integrante de los grupos sociales a que pertenece la persona mayor y como motor de su autoestima y elemento de prevención importante de factores de salud.
- La **seguridad** en el hogar y en el desenvolvimiento en su vida cotidiana.

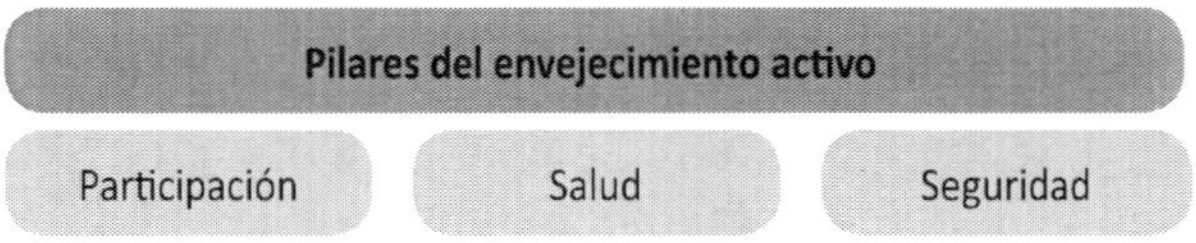

Pilares envejecimiento activo. Tomado FICE-UAB

Si abordamos el envejecimiento como meta en la vida de las personas mayores tendremos que concluir en que "una vida activa más allá de trabajar y hacer ejercicio físico", jugando un papel relevante las relaciones interpersonales como aspecto clave de ese envejecimiento activo.

La palabra activo contrasta con la palabra pasivo y, precisamente, se utiliza para **superar la idea de que la vejez es una etapa de pasividad**. Un estilo de vida activo implica mucho más que realizar actividad física o trabajar; también incluye **participar en la sociedad**, ya sea en las relaciones con otras personas, en los eventos sociales y culturales de nuestra comunidad, en la práctica religiosa o espiritual, o en los temas cívicos que nos interesen.

A lo largo de la vida y, en este proceso, participamos en diferentes espacios sociales y este momento del ciclo no es una excepción, sino que, al contrario, puede convertirse en **una oportunidad para hacer todas aquellas otras cosas** relegadas por el trabajo, la crianza de los hijos, el cuidado de familiares...

La participación se refiere al acto de involucrarse en los espacios de decisión política, en el mundo asociativo y en un sentido más amplio, decidir sobre los temas que nos interesan en la vida diaria, En este sentido, las oportunidades de tener una vida de calidad, con acceso a servicios básicos como la salud, la educación, el trabajo o el tiempo de ocio, entre otros, se traducen en **diferentes posibles formas de hacernos mayores**. Las posibilidades de disfrutar de bienestar en la vida repercuten en las condiciones físicas, sociales, económicas y culturales, y contribuyen a vivir una vejez más o menos saludable.

El concepto de envejecimiento activo propone desarrollar las **acciones que nos permiten mantener la autonomía personal y la independencia** a medida que nos hacemos mayores. Para conseguir este objetivo, es necesario disminuir los riesgos de padecer enfermedades, y mantener un buen estado de salud físico y mental, así como poder participar activamente en la sociedad.

Podemos participar en nuestro propio envejecimiento activo tomando en consideración los siguientes indicadores:

- **Teniendo claras nuestras inquietudes**, y las facilidades y oportunidades del entorno.
- **Conociendo la oferta de actividades de nuestra comunidad**: barrio, distrito, pueblo, ciudad y conociendo personas que ya participan en ellas.
- **Eligiendo las actividades que nos interesan** por afinidad y por posibilidad de llevarlas a cabo.
- **Buscando ayuda** si la necesitamos para desplazarnos o para animarnos.
- **Prestando ayuda** a otras personas que la necesiten.
- Trabajando como **voluntarios.**
- **Asociándonos** a entidades.
- **Trabajando de forma remunerada** en algún trabajo que nos guste especialmente.

Envejecer activamente requiere **dedicar atención a las relaciones sociales**, a la participación, a los hábitos de salud, al estilo de vida, al estímulo cognitivo y al bienestar emocional mediante el afrontamiento positivo de los nuevos cambios.

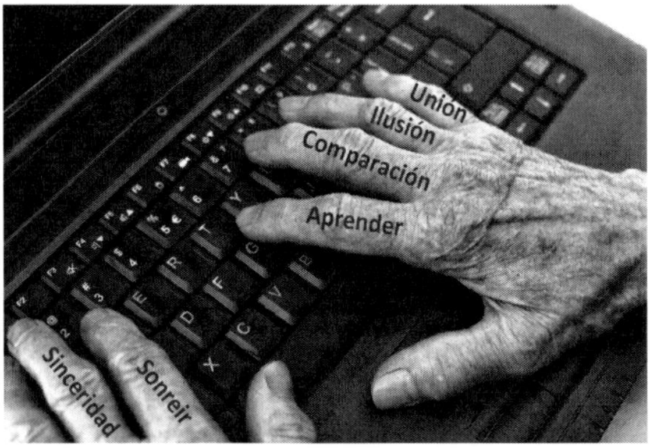

6.3. Apoyo social y envejecimiento

Una vez desarrollado los conceptos de autonomía e independencia, surge el concepto de «**interdependencia**», que nos habla de la **dinámica de las relaciones que compartimos con los demás** y de la que somos mutuamente responsables. De alguna forma, cuando somos adultos y tenemos plena autonomía funcional, también dependemos de los demás emocionalmente, éticamente, económicamente... Así pues, en vez de poner el acento en la independencia, la interdependencia pone el acento en lo que nos une a los demás. Estaríamos ante el concepto de inclusión como participación e implicación en la vida social próxima y diferida aportando a ella y siendo enriquecidos a su vez.

El apoyo social son las transacciones interpersonales que implican ayuda, afecto y afirmación. Podemos distinguir cuatro tipos de apoyo social:

- **Apoyo emocional:** se da en la interacción íntima. Consiste en transmitir afecto y confianza, escuchar, mostrar empatía y reconocimiento, hacer compañía, compartir vivencias...
- **Apoyo cognitivo:** consiste en proporcionar información, dar consejos, intercambiar opiniones...
- **Apoyo instrumental:** consiste en proporcionar asistencia física, ayudar a hacer recados o a realizar tareas domésticas cuando es necesario, ayudar en los desplazamientos...
- **Apoyo material:** consiste en prestar o dar dinero, alojamiento, comida, ropa, pagar servicios...

La serie de contactos personales a través de los que la persona mantiene su identidad social y recibe apoyo emocional, ayuda material, servicios e información la denominamos **"Red Social"**.

Las redes sociales están formadas por interacciones sociales, pero no todas las interacciones sociales proporcionan apoyo social. De hecho, ni la extensión de los contactos, ni su estructura ni su composición son garantía de apoyos. Existen personas de la red entre las que se dan meras interacciones, y solamente entre **algunas de ellas se da y se recibe apoyo social**. En otras palabras: la cantidad de contactos de la red no siempre nos habla de su calidad a la hora de proporcionar apoyo.

Frecuentemente, las redes sociales se crean por medio **de organizaciones formales**, y también mediante **vínculos familiares e informales**, con amigos y vecinos. Las personas de edad avanzada suelen basar sus relaciones en la familia y normalmente **no tienen contacto con generaciones más jóvenes fuera del ámbito familiar.** Las relaciones con personas de su generación son vulnerables a la pérdida. Así pues, tener contactos con los más jóvenes es garantizar la continuidad de la práctica de apoyo emocional, y es un reto, especialmente para las personas sin hijos.

Entre las ventajas de relacionarse podemos apuntar las siguientes:

- Facilita el intercambio de experiencias.
- Motiva a conocer otras realidades, culturas, formas de vivir y convivir.
- Impulsa a decidir sobre la definición de nuestros horizontes vitales.
- Fortalece las raíces en los lugares donde vivimos.

- Contribuye al desarrollo personal.
- Libera de angustias y miedos.
- Estimula la integración comunitaria.
- Anima a realizar nuevas actividades.

Sin embargo, varios estudios interdisciplinarios coinciden en la identificación de algunos **aspectos que pueden incidir sobre la soledad y el aislamiento social.** Identificarlos y actuar sobre ellos es muy importante para reducir la vulnerabilidad de las personas mayores. Destacamos, entre otros, los siguientes aspectos:

- **Limitaciones funcionales, discapacidad o dependencia** por enfermedades físicas y/o mentales asociadas a una falta de ayuda y de compañía, o a una falta de productos de apoyo, como andadores, teléfonos u ordenadores adaptados, etc.
- **Falta de condiciones adecuadas del entorno ambiental y físico**: temperaturas extremas, desniveles orográficos pronunciados, etc.; accesibilidad reducida de los espacios: falta de escaleras mecánicas, de ascensores, de rampas, escasez de barandillas y bancos en el espacio público, falta de iluminación, etc.
- **Cambio en las redes sociales**: pérdidas de seres queridos, cambios de residencia de la propia persona mayor o de familiares, amigos y vecinos; ruptura de vínculos por separaciones, por peleas o por desencuentros con personas queridas, jubilación, prejubilación o pérdida del trabajo …

- **Aspectos comportamentales**: estilos de vida poco sociables, dificultad de adaptación a los cambios, depresión, añoranza, etc.
- **Composición del hogar**: vivir solo/a.
- **Competencias formativas:** la dificultad de relacionarse por desconocimiento de un idioma vinculante o por falta de dominio de algún conocimiento específico: por ejemplo, por desconocer el funcionamiento de herramientas de comunicación tecnológicas como el correo electrónico…
- **Nivel de ingresos:** los ingresos económicos insuficientes pueden ser un impedimento para participar en actividades.

6.4. Cuidados para envejecer

Es importante mantener unos **cuidados adecuados del cuerpo, de la mente y del espíritu.**

Con respecto a los **cuidados del cuerpo** destacamos:

- La necesidad de una **alimentación adecuada** es fundamental, ya que lo que comemos activa o frena determinados procesos enzimáticos, determinadas cadenas metabólicas que, contribuyen al depósito celular de contaminantes o a un exceso de radicales libres.

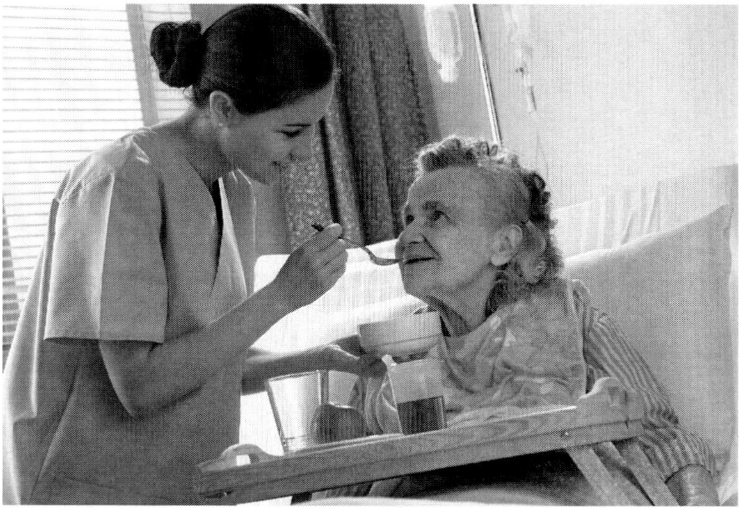

La **dieta debe ser variada** debiéndose **limitar la ingesta de grasas saturadas** y de aquellas otras que han sufrido un proceso químico por el que se haya modificado su estructura. La razón para todo ello está la conveniencia de reducir los niveles de colesterol para evitar la aterogénesis.

Se aconseja también **aumentar la ingesta de fibra natural** para reducir la absorción de las grasas y, para favorecer la motilidad intestinal, aumentando el tamaño del bolo fecal, con lo que se consigue disminuir la incidencia de enfermedad diverticular y de cáncer de colon.

Es aconsejable también una **dieta hipocalórica**, siempre que sea superior a las 1.500 Calorías por día, para garantizar un aporte adecuado de nutrientes, aumenta la esperanza de vida. Esto es así, porque mejora la prevención de las enfermedades que interrumpen prematuramente la vida: dislipemia, hipertensión, diabetes, obesidad, cardiopatía isquémica. Y porque se retrasan los procesos intrínsecos del envejecimiento.

Por último, se aconseja distribuir equilibradamente las comidas evitando las cenas copiosas.

- El **ejercicio aeróbico, moderado y continuado**; consigue que el envejecimiento secundario se manifieste frenando el proceso. Los individuos que durante más tiempo siguen pautas de ejercicio físico llegan a modificar secundariamente sus hábitos dietéticos, haciéndolos equilibrados y saludables, disminuyendo en ocasiones la ingesta calórica total, lo que se traduce en cambio de peso corporal y en aumento de masa muscular con disminución del tejido graso.

Con respecto a los **cuidados de la mente y el espíritu** referenciamos los siguientes aspectos:

- **El estado de ánimo y más aún el estado de conformidad con uno mismo, es importante que se mantenga a un nivel elevado**. Un autoconcepto elevado, no obstante, debe ser acorde con la realidad y estar interrelacionado con las expectativas reales de desarrollo personal, por ello, debe partir de una actitud abierta a los cambios conceptuales desde una conciencia crítica, constructiva y participativa. Existen actitudes que frenan el envejecimiento secundario, cuando se ejercen en la dirección adecuada; están presentes a cualquier edad y catalizan los procesos adaptativos, son:
- **Controlar la presencia de factores estresantes.** Su presencia favorece el envejecimiento secundario, creando un estado de alerta innecesario que genera descargas de hormonas que incrementan la actividad metabólica y de factores procoagulantes con el consiguiente riesgo de accidentes tromboembólicos.
- **Evitar los sentimientos de pérdida narcisista**, evitando pensamientos del tipo: "ya no sirvo para nada". Interpretar las arrugas como un galardón.
- **Adaptarse a los Acontecimientos Vitales Estresantes (AVE).** Los AVE, son acontecimientos impuestos y no deseados, asociados en general a sentimientos de pérdida por muerte de familiares, jubilación, etc.

Tener una relación de pareja satisfactoria, bloquea los sentimientos de angustia y desamparo y facilita la vinculación a la vida, compartiendo experiencias presentes y pasadas.

- **Mantener una actividad intelectual suficiente** con la utilización, cuando menos, de procesos de razonamiento básicos y de estrategias que compensen los fallos de memoria asociados a la edad.

Concluyendo podríamos reflejamos los diez pasos que contribuyen a tener un envejecimiento normal:

1. **Mantener un control médico regular**. Enfermedades como hipertensión, diabetes, colesterol alto y depresión, entre otras, puede afectar la memoria y la calidad de vida. Su cuidado y control reduce el riesgo y retarda la progresión de la enfermedad de Alzheimer, accidentes cerebro vasculares e infarto agudo al miocardio.
2. **Realizar actividad física.** Lo ideal es practicar algún ejercicio 3 veces a la semana por 20 o 30 minutos cada vez. Se recomienda caminar a paso ligero, andar en bicicleta, realizar natación, pilates, taichí, etc. Se recomienda usar calzado y ropa cómoda.
3. **Dormir lo necesario**. El descanso que brinda el sueño es fundamental para que el cerebro se recupere de la actividad diaria. Las alteraciones del sueño, como el insomnio y pesadillas, pueden producir pérdida de memoria, ansiedad, depresión y dolor de cabeza.
4. **Ejercitar la memoria**. Mantener una actividad intelectual como escribir, realizar juegos de estrategia, de cartas, puzzles y leer. De esta manera se previene el deterioro cognitivo.
5. **Cultivar la vida social**. Es importante generar o mantener vínculos con amigos, clubes de adulto mayor, vecinos, actividades religiosas o familiares. Todo esto estimula al cerebro, mantiene el espíritu y aleja la depresión.

6. **Alimentarse de forma saludable**. Aumentar el consumo de frutas y verduras, así como de legumbres, cereales, aceite de oliva y frutos secos. Evitar las grasas, la sal y carne de origen animal Beber abundante agua.
7. **Pasarlo bien**. Cultivar el buen humor y la creatividad. "La alegría es signo de buena salud" ¡piense positivo!
8. No fumar. El riesgo de desarrollar Alzheimer es casi el doble en las personas fumadoras. El tabaco aumenta el riesgo cardiovascular, produciendo mayor número de accidentes cardiovasculares e infartos agudos de miocardio. También es aconsejable beber con moderación: una copa de vino al día.
9. **No automedicarse**. El consumo de fármacos o productos naturales sin supervisión médica puede afectar negativamente la salud y la memoria. Del mismo modo, pueden interactuar con otros medicamentos.
10. **Solicitar atención médica ante cualquier sospecha**. La gente consulta tardíamente ante pérdidas de memoria, alteraciones del lenguaje, del ánimo y del movimiento. Muchas veces los trastornos mentales se viven con vergüenza y se ocultan. Es importante educar que la vejez no tiene por qué ser sinónimo de tristeza y pérdida de memoria.

Las siguientes tablas presentan un **compendio de los conceptos vertidos en este apartado del tema acerca del envejecimiento activo y saludable**.

Características del envejecimiento activo	
Aplicado a personas y/o grupos de población	Supone un compromiso individual del sujeto con su salud futura y la implicación de colectivos, sociedades y organismos políticos y sociales.
Es universal	Afecta a toda la población. Permite desarrollar el potencial óptimo de bienestar psíquico-físico y social según sus necesidades y capacidades. No excluye a ninguna persona.
Activo	Referencia no sólo a la actividad física u ocupacional sino que incluye la participación social, económica, cultural y cívica.
Contexto físico y social	Urbanismo, barreras arquitectónicas, redes de apoyo, relaciones intergeneracionales.
Basada en necesidades fundamentadas en derechos	Se cimenta en derechos humanos y principios de la ONU: independencia, participación, dignidad, igualdad, asistencia.
Considera la diversidad	La diversidad aumenta a medida que avanza el ciclo vital. El envejecimiento activo flexibiliza sus objetivos según las características de las personas y sus entornos específicos.

Tomado de Atención Primaria 2008. 40.305.

Determinantes del envejecimiento activo	
Determinantes transversales	**Cultura - Género**
Relacionados con los sistemas sociales y de salud	– Promoción de salud y prevención de enfermedades. – Servicios asistenciales. – Asistencia larga duración. – Servicio de Salud mental.
Conductuales	– Tabaquismo. – Actividad física. – Alimentación sana. – Alcohol. – Salud bucal. – Medicamentos. – Cumplimiento terapéutico.
Relacionados con factores personales	– Biología y Genética. – Factores psicológicos.
Relacionados con el entorno	– Físicos: ▹ Entorno físico. ▹ Seguridad de la vivienda. ▹ Caídas. ▹ Agua y aire sano. – Social: ▹ Apoyo social. ▹ Violencia y abuso. ▹ Educación y alfabetización.
Económicos	– Ingresos. – Protección social. – Trabajo.

Tomado de Atención Primaria 2008. 40.305.

7. PAUTAS DE ACTUACIÓN PARA ATENDER A LA DIVERSIDAD DE LAS PERSONAS MAYORES

En función del conocimiento que se tiene de la persona mayor objeto de la atención, en base a las **condiciones y características singulares** de cada una de ellas y en base a las **necesidades que presenten**, los profesionales encargados de la atención a las personas mayores en todas sus facetas deben seguir unas pautas que garantizarán una respuesta basada en la diversidad y que irá en el sentido de:

- **Adaptar los protocolos de recogida de información** acerca de la situación en que se encuentra la persona mayor a fin de poder realizar un diagnóstico lo más ajustado posible. Esta adaptación debe consistir no sólo en la adaptación e los medios para recoger dicha información sino en proporcionar tiempos de respuesta adecuados a cada uno en consonancia con las dos características ya expuestas en otro tema de paciencia y tiempo en las personas encargadas de realizarla.

- **Diversificar las respuestas** y adaptarlas a las necesidades y exigencias de cada persona mayor. No se pueden establecer respuestas estándar para las mimas patologías o las mismas situaciones, será preciso acomodarlas a los condicionantes que confluyan en cada una de ellas.
- **Personalizar los tratamientos** para resolver las situaciones problemáticas que las personas mayores plantean, refiriéndose en este apartado tanto a los tratamientos farmacológicos como psicológicos
- **Coordinación entre todos los profesionales** que actúan sobre la persona mayor y existir un referente claro para ella.

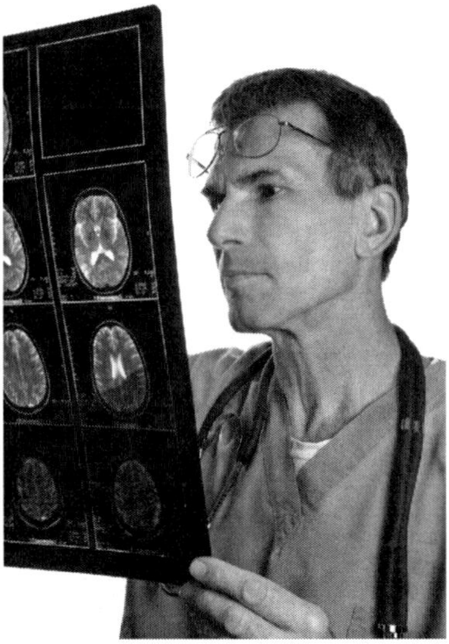

En definitiva una atención basada en dos principios fundamentales:

- La **flexibilidad** en cuanto a las pautas de actuación puestas en práctica para atender a las necesidades como en la aplicación de protocolos y de tratamientos médicos y psicológicos..
- La **diversificación** tanto en los instrumentos de valoración como en las respuestas dadas en función de los diversos diagnósticos emitidos a todos los niveles: persona, social, médico y terapéutico.

Si realmente los profesionales encargados de la atención de las personas mayores **toman en consideración la diversidad** en las personas que viven esta etapa de la vida, estaremos **garantizando una asistencia de calidad y acorde con la demanda social** que en estos momentos es demandada por un colectivo cada vez mayor y que cada vez demanda más prestaciones a niveles personales y sociales.

8. ENVEJECIMIENTO Y PERSPECTIVA DE GÉNERO

En la creciente población de personas mayores, **las mujeres son más numerosas que los varones** y tienen unas características sociodemográficas y de salud definidas y diferentes. En la ancianidad, el hecho de ser mujer es un factor que genera importantes desigualdades.

Si analizamos **factores demográficos** encontramos que la ancianidad es mayoritariamente femenina y las mujeres tienen una **expectativa de vida después de los 65 de 18 años.** Existe una sobrerrepresentación femenina entre la población mayor de 80 años, que requiere también mayores necesidades de asistencia y ayuda. Esta mayor esperanza de vida de las mujeres está disminuyendo en algunos países debido a cambios en los estilos de vida, mostrando que los condicionantes estrictamente biológicos explicarían sólo el 20-25% de la variación de la edad de fallecimiento.

En **parámetros de salud**, estudios longitudinales demuestran que **la salud a los 70-80 años puede predecirse por las variables evaluadas antes de los 50 años.** Las desigualdades que afectan a las mujeres mayores son reflejo de las que existen a lo largo de la vida y en especial en los denominados **períodos críticos**. Los factores que más influyen en la calidad de vida en esta etapa son la salud emocional y física previa, la situación social, los acontecimientos vitales estresantes y las creencias sobre la menopausia y el envejecimiento femenino en la cultura a la que se pertenece.

Se da un **mayor impacto de las enfermedades en las mujeres mayores,** debido a desigualdades vinculadas al género:

- **Más mujeres mayores viven solas.** Debido a su mayor longevidad tienen una alta probabilidad de enviudar y vivir un gran número de años en soledad. Como contrapartida, las mujeres mayores tienen más probabilidad que los varones de tener apoyo social informal de redes sociales más amplias.
- **El nivel de instrucción es menor en las mujeres ancianas,** y las tasas de analfabetismo son muy altas. El bajo nivel educativo es un determinante social de la morbimortalidad.

- Los **ingresos económicos son significativamente inferiores** en las mujeres mayores respecto a los varones, por la dependencia de las pensiones no contributivas y de viudedad. En mujeres mayores que han tenido un trabajo remunerado, la discriminación en políticas de empleo y salarios perjudica diferencialmente a sus ingresos tras la jubilación. El alto nivel económico es más protector en los varones que en las mujeres.
- **Más influencia desfavorable de los entornos físicos.** Hay más mujeres ancianas en el medio rural, en situación de aislamiento y desprotección.
- **Menos posibilidades de autonomía en los desplazamientos** por mucho menor proporción de mujeres mayores que disponen de automóvil propio, en relación con los varones mayores y, por tanto, mayor dependencia para el acceso a servicios sanitarios, sociales y de ocio.
- **Menor cultura de participación social de las mujeres**. Las mujeres mayores están aún más infrarrepresentadas en los puesto de liderazgo, decisión, poder y representación social. Un punto fuerte de las mujeres mayores es su capacidad para crear redes de amistad y comunicación, y una mayor tendencia a realizar trabajo voluntario en su comunidad.
- Entre las mujeres mayores se da un **mayor consumo de fármacos** y una mayor posibilidad de presentar reacciones adversas.

En cuanto a las **intervenciones sanitarias**, existe un sesgo de género en las intervenciones sanitarias de especial repercusión en las mujeres ancianas: **son sometidas a menos procedimientos preventivos y curativos**, y se les brinda menos información respecto a sus enfermedades y pronóstico.

Existe una laguna de conocimiento en los determinantes de salud de las mujeres mayores debido a la **tendencia de los estudios clínicos a centrarse en varones y personas jóvenes y de edad media**. Esto supone que las mujeres mayores tienen menos posibilidades de beneficiarse de los resultados de las investigaciones sobre las enfermedades y sus tratamientos.

En el aspecto de la **Salud mental**, el género es un fuerte determinante al **presentar las mujeres mayores un riesgo elevado de depresión**, relacionado en parte con menores oportunidades de educación, empleo y desarrollo personal a lo largo de sus vidas. Las elevadas tasas de depresión en las mujeres necesitan de mayor investigación, dada la interacción entre múltiples factores entre los que se encuentran roles ligados al género: las mujeres se sobrecargan por dar apoyo a otros sin la conveniente reciprocidad. Existe controversia en torno a un mayor grado de deterioro cognitivo en las mujeres mayores por la influencia de factores como la mayor longevidad, pero también el posible sesgo diagnóstico en las consultas y la discriminación cultural. Respecto a la **ansiedad, el patrón de conducta tipo A** es más prevalente en las mujeres.

Analizando **referentes de morbilidad**, el **estado de salud de las mujeres mayores es peor que el de los varones**, con mayores tasas de discapacidad. El 66% de mujeres mayores de 65 años tiene algún grado de dependencia, siendo las enfermedades crónicas la principal causa de discapacidad y fallecimiento entre las mujeres de países desarrollados.

- Las **enfermedades cardiovasculares** presentan características diferenciales. Predomina la morbilidad cerebrovascular, la enfermedad coronaria se inicia más tarde que en los varones y la mortalidad postinfarto es mayor en la mujer.
- Las **enfermedades osteoarticulares** son muy limitantes, duplican su incidencia en las mujeres y se ven afectadas de forma muy importante por hábitos de vida como la actividad física, el consumo de tabaco y la alimentación adecuada. Es común entre las mujeres mayores la inactividad asociada a la inadecuada ingestión de calcio y vitamina D.

Si analizamos los **hábitos de vida** encontramos que:

- El **tabaco** va a ser determinante de la salud de las futuras mujeres ancianas. Se observa un incremento del 4% del tabaquismo femenino en los últimos 10 años, frente a un 10% de descenso en los varones en el mismo período, lo que supone una amenaza para la salud: cáncer de pulmón, habiéndose cuadriplicado la incidencia en mujeres en los últimos 30 años, las enfermedades cardiovasculares o la reducción de la masa ósea.

- **La actividad física**, fuerte determinante del envejecimiento activo, es menor en las mujeres mayores. Los obstáculos para su práctica son la continuación de la dedicación a la familia, las barreras culturales, la falta de apoyo, incluyendo la falta de asesoramiento sanitario y la baja autoeficacia percibida, sentirse menos competentes físicamente.

En cuanto a la **sexualidad** las mujeres mayores está fuera de las consideraciones de los servicios sanitarios, la sociedad y las propias mujeres. La sexualidad de la mujer se relaciona culturalmente con juventud, belleza y maternidad, de forma que, al margen de los mínimos cambios que el climaterio produce en la respuesta sexual femenina, son los aspectos psicológicos y sociales los que condicionan la creencia de las mujeres mayores sobre la inconveniencia de tener relaciones sexuales a partir de cierta edad.

Aspecto importante a destacar es la **violencia de género** que sigue afectando a las mujeres mayores. En el año 2012 la sufrió un 6,8% de mujeres mayores de 65 años, con un alto riesgo de que el resultado sea su muerte. El aislamiento, el bajo nivel cultural, la falta de información y confianza en sí mismas y el mal estado de salud física y psíquica agravan la indefensión de las mujeres mayores maltratadas respecto a las más jóvenes. El maltrato a personas mayores también es más frecuente en las mujeres mayores respecto a los varones.

Por último, en cuanto a las **expectativas respecto a la ancianidad**, son peores en las mujeres, percibiendo mayor sentimiento de carga ante la perspectiva del deterioro mientras en los varones mayores, aunque también estén discriminados por edad, es más frecuente la asociación vejez-sabiduría.

En la siguiente tabla se resumen algunas medidas tomadas desde nuestro ámbito para reducir las desigualdades de género en el envejecimiento.

Medidas para reducir las desigualdades de género en el envejecimiento
Fomentar estilos de vida saludables en especial en hábitos de mayor riesgo para la mujer.
Orientar las intervenciones sanitarias a la prevención y tratamiento de enfermedades que afectan de forma importante al envejecimiento de las mujeres: - Aplicar medidas adecuadas de atención primaria y secundaria de la enfermedad cardiovascular. - Detección de déficits sensoriales, visuales y auditivos. - Prevención de osteoporosis. - Detección de depresión. - Detección de deterioro cognitivo. - Abordaje de enfermedades osteoarticulares y reumáticas.
Reducir estereotipos de género con referencia a la menopausia y ancianidad en las mujeres, no identificando la salud con aspectos reproductivos, resaltando su globalidad biopsicosocial y la necesidad de protección en todas las etapas de su ciclo vital.
Favorecer actitudes sensibles al género desde la medicina de familia, evitando sesgos que etiqueten a las mujeres de edad media y mayores como pacientes hiperdemandantes.
Analizar y corregir las discriminaciones basadas en el género, en la asistencia sanitaria prestada a las personas mayores, incluyendo esta corrección como criterios de calidad.
Estar atento a la detección de la violencia de género y abusos hacia las personas mayores.
Fomentar la alfabetización de mujeres de edad media y avanzada y cualquier otra oportunidad de aprendizaje.
Incluir a las mujeres de edad avanzada en investigaciones y pruebas clínicas sobre enfermedades, desagregando los datos por edad y sexo.

Tomado de Atención Primaria 2008. 40.305.

Tema 26

Derechos de la madre en el hospital durante el proceso de nacimiento. Derechos del recién nacido en el hospital. Derechos de los padres del recién nacido hospitalizado. Derechos de los menores a recibir atención sanitaria. Ley sobre los derechos y atención al menor

Rodio ediciones

Índice esquemático

1. **Derechos de la madre en el hospital durante el proceso de nacimiento. Derechos del recién nacido en el hospital**

2. **Derechos de los padres del recién nacido hospitalizado. Derechos de los menores a recibir atención sanitaria**

3. **Ley sobre los derechos y atención al menor**

1. DERECHOS DE LA MADRE EN EL HOSPITAL DURANTE EL PROCESO DE NACIMIENTO. DERECHOS DEL RECIÉN NACIDO EN EL HOSPITAL

La Junta de Andalucía mediante el Decreto 101/1995, de 18 abril determina los derechos de los padres y de los niños en el ámbito sanitario durante el proceso del nacimiento[1].

Apoyado en todo tenemos que:

- La Constitución Española (RCL 1978\2836y ApNDL 2875), en su artículo 43, reconoce el derecho a la protección de la salud, expresando la competencia de los poderes público respecto de la organización y la tutela de la salud pública a través de medidas preventivas y de las prestaciones y servicios necesarios, y a la vez declara, en el artículo 39.2, la protección a la familia, y por ende la que se ejerce, de forma integral, sobre los hijos y las madres.
- El Estatuto de Autonomía para Andalucía (LAN 1982\53), en su artículo 13.21, atribuye a la Comunidad Autónoma competencia exclusiva en materia de Sanidad e Higiene, sin perjuicio de lo dispuesto por el artículo 149.1.16 de la Carta Magna, estableciendo, en su artículo 20.1, la potestad de la Comunidad Autónoma en lo relativo al desarrollo legislativo y la ejecución de la legislación básica del Estado en materia de Sanidad Interior.
- De conformidad con lo dispuesto en el Texto Constitucional, la Ley 14/1986, de 25 de abril (RCL 1986\1316), General de Sanidad, en sus artículos diez y once, establece los derechos y deberes de los ciudadanos respecto a las Administraciones Sanitarias.

Las resoluciones y recomendaciones mundiales hacen que se vaya encaminada hacia la protección derechos de padres, madres y niños.

Por otro lado el artículo 16.8 de la Ley 6/1983, de 25 de julio (LAN 1983\1165), del Gobierno y la Administración de la Comunidad Autónoma, a propuesta de la Consejería de Salud, consultadas las Entidades que puedan verse afectadas por la presente disposición, de acuerdo con el Consejo Consultivo de Andalucía, y previa deliberación del Consejo de Gobierno en su reunión del día 18 de abril de 1995, disponen:

Artículo 1. Ámbito de aplicación

El presente Decreto será de aplicación en todo el ámbito dela asistencia sanitaria, tanto pública como privada, en Andalucía.

Artículo 2. Derechos de la madre

De conformidad con lo establecido por el artículo diez de la Ley General de Sanidad, en la Comunidad Autónoma de Andalucía y en el marco dela asistencia sanitaria

[1] **LAN 1995\153 Legislación (Disposición vigente).** Decreto 101/1995, de 18 abril. Consejería Salud. BOJA. Junta de Andalucía 17 mayo 1995, núm. 72/1995 [pág. 4553].

referida en el artículo 1 del presente Decreto, toda mujer durante la gestación, el parto y el postparto, tendrá los siguientes derechos:

a) A ser tratada con el máximo respeto, corrección, comprensión y de forma individual y personalizada, garantizándole la intimidad durante todo el proceso asistencial.
b) A la confidencialidad y sigilo respecto de sus datos personales y sanitarios, por parte de todo el personal del centro sanitario donde se la atienda.
c) A ser considerada en su situación respecto del proceso del nacimiento como persona sana, facilitando su participación como protagonista de su propio parto.
d) Al parto natural, es decir, no acelerar ni retrasar éste, a menos que sea necesario por el estado de salud de la parturienta o del feto, y a la reducción del dolor por medios anestésicos, si así es consentido por la misma.
e) A ser informada sobre la evolución de su parto, estado de su hijo o hija y en general, a que se le haga partícipe de las diferentes actuaciones de los profesionales, de conformidad con lo dispuesto por los apartados 5 y 6 del artículo diez de la Ley General de Sanidad.
f) A no ser sometida a ningún examen o intervención cuyo propósito sea de investigación o docente, salvo que consienta expresamente y por escrito.
g) A estar acompañada por una persona de su confianza durante el preparto, parto y postparto, salvo causa suficientemente justificada.
h) A tener a su lado a su hijo o hija durante la estancia en el hospital.
i) A ser informada sobre los distintos tipos de lactancia, y en su caso, a que se le facilite la lactancia materna.
j) A recibir asesoramiento e información sobre los cuidados de ella y del niño o de la niña.
k) A que se le entregue el informe de alta y su documento de salud, cumplimentado con todos los datos del parto, que le permitan mantener la continuidad asistencial de los Servicios de Atención Primaria de Salud.
l) A que se le faciliten las medidas necesarias, a efectos de lo establecido por el Código Civil para la adopción, cuando fueran solicitadas, asegurando la confidencialidad, el respeto por la decisión y el anonimato.

Artículo 3. Derechos del recién nacido hospitalizado

Los recién nacidos hospitalizados en Andalucía, en relación con la asistencia sanitaria referida en el artículo 1 del presente Decreto, tendrán los siguientes derechos:

a) A ser tratado de forma respetuosa y digna, evitándole sufrimientos y dolor innecesarios.
b) A que el Centro Sanitario donde se le atienda, disponga de los recursos humanos y materiales necesarios para prestarle una adecuada asistencia.
c) A que se establezcan las medidas necesarias para su inequívoca identificación.

d) A ser protegido del ruido, colocación incómoda e interrupciones innecesarias del sueño.
e) A no ser sometido a ningún examen o intervención cuyo propósito sea de investigación o docente, salvo consentimiento expreso y por escrito de sus padres, o en su caso, de sus representantes legales.
f) A ser cuidado, dentro de lo posible, por el mismo personal.
g) A permanecer hospitalizado únicamente cuando el tratamiento domiciliario o ambulatorio no sea posible.
h) A que su hospitalización sea lo más breve posible, salvo exigencias de su estado de salud.
i) A estar acompañado por sus padres u otras personas, cuya compañía pueda resultar necesaria o conveniente, durante el máximo tiempo posible de su estancia en el hospital, siempre que su situación de salud lo permita.
j) En caso de tener alguna minusvalía, a que se le facilite la estimulación precoz.
k) A disponer de la cartilla de salud infantil como documento personal en el cual se reflejen las vacunaciones y demás datos de importancia para su salud.
l) A que se adopten las medidas necesarias dirigidas a facilitar su guarda, de acuerdo con lo dispuesto por el Código Civil.

Artículo 4. Derechos de los padres del recién nacido hospitalizado

Sin perjuicio de los derechos u obligaciones que incumban a otras personas, los padres de los recién nacidos, en relación con la asistencia sanitaria referida en el artículo 1 del presente Decreto, tendrán los siguientes derechos:

a) A recibir información comprensible, suficiente y continuada, en un espacio adecuado, sobre el proceso o evolución de su hijo o hija, incluyendo diagnóstico, pronóstico y alternativas al tratamiento.
b) A tener acceso continuado a su hijo o hija, si la situación clínica lo permite, así como a poder participar en su atención y en la toma de decisiones relacionadas con su asistencia, de conformidad con lo dispuesto por el artículo diez, apartado 6 de la Ley General de Sanidad.
c) A prestar su consentimiento expreso y por escrito, para cuantos exámenes o intervenciones se quiera someter al niño o a la niña, y cuyo propósito sea de investigación o docente.
d) A que se facilite la lactancia materna del recién nacido, siempre que no incida desfavorablemente en la salud del niño o de la niña.
e) A recibir asesoramiento e información sobre los cuidados del niño o de la niña.
f) A recibir el informe de alta y la información necesaria para su seguimiento, así como de los recursos sociales de apoyo, si fuera necesario.

Artículo 5. Tramitación de sugerencias, quejas y reclamaciones

Todos los usuarios de los servicios sanitarios andaluces, tanto públicos como privados, así como sus familiares, tendrán derecho a plantear cuantas sugerencias, quejas y reclamaciones consideren oportuno en relación con el adecuado cumplimiento de lo previsto en el presente Decreto y a que dichas quejas y reclamaciones les sean contestadas en la forma y plazos establecidos con carácter general[2].

2. DERECHOS DE LOS PADRES DEL RECIÉN NACIDO HOSPITALIZADO. DERECHOS DE LOS MENORES A RECIBIR ATENCIÓN SANITARIA

El Estatuto de Autonomía para Andalucía en sus artículos 13.21 y 20.1 respectivamente, confiere a la Comunidad Autónoma competencia exclusiva en materia de sanidad e higiene, sin perjuicio de lo establecido en el artículo 149.1.16 de la Constitución Española, así como el desarrollo legislativo y la ejecución de la legislación básica del Estado en materia de sanidad interior.

Por otra parte, el artículo 13, apartados 22 y 23, del Estatuto de Autonomía dispone que la Comunidad Autónoma de Andalucía tiene competencia exclusiva sobre asistencia y servicios sociales, orientación y planificación familiar e Instituciones Públicas de protección y tutela de personas menores de edad, respetando la legislación civil, penal y penitenciaria.

Ley 1/1998, de 20 de abril, sobre los Derechos y la Atención al Menor de nuestra Comunidad Autónoma, establece en su artículo 10, una serie de mandatos a la Administración Sanitaria Pública sobre la materialización de los derechos de la población infantil y juvenil, en su relación con centros y servicios sanitarios.

Por su parte, la Ley 2/1998, de 15 de junio, de Salud de Andalucía, en su artículo 6, apartado 1, establece los derechos de que son titulares y disfrutan los ciudadanos, con respecto a los servicios sanitarios públicos en Andalucía, y en su apartado 2 contempla la posibilidad de establecer actuaciones y programas sanitarios especiales y preferentes para grupos específicos de personas reconocidos sanitariamente, La Ley 41/2002, de 14 de noviembre, Básica Reguladora de la Autonomía del Paciente y de los Derechos y Obligaciones en Materia de Información y Documentación Clínica, establece el derecho de los pacientes a recibir información sobre su salud y al respeto de la autonomía de la voluntad, abordando la regulación de tales cuestiones en relación con las personas menores de edad.

El término menor, que se aplica a personas con menos de 18 años en nuestra legislación, no debe encubrir las características y necesidades especiales de cada grupo de edad.

Si bien existen una serie de derechos reconocidos y comunes a las personas menores de edad, es preciso que la atención sanitaria y los recursos que se utilicen en su atención tengan en cuenta su edad, su género, su personalidad, y sus condiciones socioculturales. Es importante considerar que las diferentes capacidades y peculia-

---

2 © Editorial Aranzadi S.A

ridades de la vida evolutiva de la persona menor de edad, condicionan su forma de enfermar y su reacción ante la enfermedad y el internamiento hospitalario.

La aparición de nuevas técnicas que permiten la realización de diagnósticos y la aplicación de tratamientos en tiempos más cortos, junto al incremento de servicios de hospitalización de día y de la hospitalización domiciliaria, han permitido evitar ingresos y estancias prolongadas en centros sanitarios.

Sin embargo, cuando no es adecuado optar por estas alternativas terapéuticas y es precisa la hospitalización, debe considerarse el acompañamiento de la persona menor de edad como una necesidad básica y un complemento al tratamiento, a la que deben adaptarse los centros y la organización sanitaria.

La enfermedad coloca a las personas menores de edad en una posición de máxima debilidad, tanto física como psicológica. Por ello es preciso optar por los sistemas de tratamiento que, en cada caso, permitan una menor ruptura con su vida cotidiana y adoptar mecanismos que en caso de ingreso permitan el acceso mayor posible de la persona menor a las personas y a las actividades que forman su medio habitual, garantizando su derecho a la salud y sus derechos como parte de la ciudadanía menor de edad.

En el caso de recién nacidos y lactantes, hay que destacar la especial importancia del establecimiento del vínculo entre la madre y su hija o hijo, así como la constancia de que la lactancia materna es la alimentación más idónea para el recién nacido, sin olvidar la participación activa del padre en el cuidado y atención de la niña o del niño también desde los primeros momentos de su vida.

Este decreto tiene los siguientes artículos:

Artículo 1. Objeto y ámbito de aplicación

1. El presente Decreto tiene por objeto regular el ejercicio del derecho de las personas menores de edad a recibir atención sanitaria en la Comunidad Autónoma de Andalucía, estableciendo las condiciones en que debe producirse la misma, con el objetivo de ofrecer una atención sanitaria integral, personalizada, y adaptada a sus necesidades específicas.

2. El presente Decreto será de aplicación en todo el ámbito de la asistencia sanitaria tanto pública, como privada, salvo las previsiones contenidas en los artículos 13, 14, 15 y 16, que serán de aplicación exclusivamente a los centros sanitarios del Sistema Sanitario Público de Andalucía.

Artículo 2. Personas beneficiarias

Se beneficiarán de las disposiciones contenidas en el presente Decreto las personas menores de edad que precisen atención sanitaria en cualquier centro o institución sanitaria, tanto pública como privada, de la Comunidad Autónoma de Andalucía.

Artículo 3. Derecho a la asistencia sanitaria

La persona menor de edad, en función de su madurez, podrá solicitar por si misma y recibir la asistencia sanitaria que requiera.

Artículo 4. El derecho de las personas menores de edad a la intimidad

1. En relación con los derechos de las personas menores de edad en Andalucía, los profesionales sanitarios y no sanitarios están obligados a:

a) Respetar su personalidad, dignidad humana e intimidad en el tratamiento y la estancia.

b) Respetar y proteger la confidencialidad de toda la información relacionada con su proceso asistencial y, en especial, con sus datos de carácter personal y relativo a su salud.

c) Respetar su libertad y la de su familia, de profesar cualquier religión o creencia, como sus valores éticos y culturales, siempre que no pongan en peligro la vida de la persona menor de edad o la salud pública, en cuyo caso se atendrán a lo dispuesto por la legislación vigente.

d) Proteger a las personas menores de edad en su integridad física y psíquica ante la sospecha o detección de violencia de género, malos tratos y abusos físicos, psíquicos o sexuales, incluida la mutilación genital a niñas y cualquier práctica cultural o tradicional que perjudique su integridad, y a poner estas situaciones, así como las de abandono o desamparo, en conocimiento de los Órganos competentes de la Administración de la Junta de Andalucía en materia de protección de menores y de la Autoridad Judicial o del Ministerio Fiscal.

2. El respeto a la personalidad, dignidad humana e intimidad de la persona menor y el respeto a su libertad y la de su familia a profesar cualquier religión o creencia, así como sus valores éticos y culturales, se hará siempre y cuando no implique discriminación o subordinación por razón de sexo y atente contra la igualdad de oportunidades entre mujeres y hombres.

3. Las personas menores de edad en situación de riesgo social serán objeto de atención especial y programas específicos, si fuera preciso, en los que se adapten los procedimientos y los espacios de atención para abordar integralmente sus necesidades, teniendo presente el principio de igualdad de oportunidades entre mujeres y hombres.

4. La dirección de los centros sanitarios velaran para que la captación de imágenes de las personas menores de edad, respete, en todo momento su dignidad y cuente con el consentimiento otorgado al efecto por ellos mismos o, subsidiariamente, con el consentimiento de su padre y madre, de sus tutores o de sus representantes legales, en los términos establecidos por la legislación vigente, debiendo además contar con las autorizaciones legales correspondientes.

5. En todos los supuestos, se evitaran la identificación de la persona menor.

Artículo 5. Derecho a la información

1. Las personas menores de edad tienen derecho a conocer, con motivo de cualquier actuación en el ámbito de su salud, toda la información disponible sobre la misma, en términos adecuados a su edad, desarrollo mental, madurez, estado afectivo y psicológico, a excepción de los supuestos que prevea la normativa vigente. Serán teni-

dos en cuenta la opinión y deseos del padre y de la madre o de los tutores y las tutoras respecto a la cantidad y forma de la información que recibirá la persona menor edad.

2. Los profesionales sanitarios responsables de la persona menor de edad garantizarán el cumplimiento del derecho a la información del paciente menor de edad y de su padre y madre o representante legal. Se considerará que el padre y la madre tienen derechos y obligaciones iguales respecto de la persona menor, salvo que se acredite documentalmente que el ejercicio de la patria potestad corresponde exclusivamente al padre o a la madre.

3. El derecho a la información del paciente menor de edad podrá restringirse excepcionalmente por criterio facultativo, de acuerdo con el criterio del padre y de la madre, ante la posibilidad de que esta información pueda, por razones objetivas, perjudicar gravemente a su estado de salud, prevaleciendo en caso de conflicto la opinión de los padres de la persona menor de edad. Llegado este caso, el personal facultativo dejará constancia razonada de las circunstancias en la historia clínica y comunicará su decisión al padre y la madre o representantes legales.

Artículo 6. Otorgamiento del consentimiento informado

1. Toda actuación en el ámbito de la salud de un paciente menor de edad requiere que se otorgue el consentimiento de la persona afectada por representación cuando tal paciente menor de edad no sea capaz intelectual, ni emocionalmente de comprender el alcance de la intervención, una vez que, recibida la información relativa a la finalidad y naturaleza de la citada intervención, sus riesgos y sus consecuencias, se hayan valorado las opciones propias del caso.

2. Aun cuando el consentimiento tuviera que ser otorgado por el padre, madre o representante legal, en el caso de menores con doce años cumplidos, la opinión de estos será escuchada antes de que se otorgue el consentimiento, si aprecia el personal médico responsable del o de la paciente que dispone de capacidad intelectual y emocional para expresarla.

3. Cuando se trate de personas menores de edad no incapaces ni incapacitadas, pero emancipadas o con dieciséis años cumplidos, no cabe prestar el consentimiento por representación sin embargo, en caso de actuación de grave riesgo, según el criterio del personal facultativo, el padre y la madre serán informados y su opinión será tenida en cuenta para la toma de la decisión correspondiente. Dicha información le será facilitada por el facultativo o la facultativa, responsable de la atención a la persona menor, de manera oral y en un lenguaje comprensible.

4. Los centros y servicios sanitarios, así como los y las profesionales requerirán el consentimiento por escrito para aquellas actuaciones previstas en la legislación vigente, facilitando las informaciones y explicaciones necesarias antes de que se firme el documento.

5. En los casos de interrupciones voluntarias del embarazo, de la práctica de ensayos clínicos y de la práctica de técnicas de reproducción humana asistida se estará a lo que se dispone en el artículo 9.4 de la Ley 41/2002, de 14 de noviembre, básica reguladora de la autónoma del paciente y de derechos y obligaciones en materia de información y documentación clínica.

Artículo 7. Acceso a la historia clínica

El acceso a la historia clínica de las personas menores de edad se regirá de acuerdo con lo siguiente:

a) La madre, el padre o la persona representante legal de las personas menores de dieciséis años podrán acceder a la historia clínica de estas a través del procedimiento que reglamentariamente se determine.
b) En los casos de personas menores de edad, pero con dieciséis años cumplidos o emancipadas, el derecho de acceso a su historia clínica puede ejercerse por ellas mismas o por representación voluntaria debidamente acreditada.
c) En los casos de personas incapaces o incapacitadas se estará a lo que determine la legislación vigente.

Artículo 8. Derecho al acompañamiento

1. Las personas menores de edad tienen el derecho a estar acompañadas permanentemente por la madre y el padre, tutoras o tutores, o persona en quien éstos deleguen, en tanto se mantenga la necesidad de su atención sanitaria en un centro o espacio asistencial. En caso de que el acompañamiento perjudique la tarea asistencial o la salud de la persona menor de edad, desde el servicio asistencial se tomarán las medidas necesarias para evitar el perjuicio. Cuando se produzca una circunstancia que impida el acompañamiento, se informará a la madre y al padre o representantes legales y quedará constancia en la historia clínica.

2. En el caso de ingreso en cuidados intensivos, cuidados especiales y prematuros se articularán las medidas necesarias para que el acompañamiento por parte del padre, madre o representante legal, pueda llevarse a cabo durante el mayor tiempo posible. En situaciones terminales se facilitará, especialmente, el acompañamiento continuo de la persona menor de edad por parte de su madre y de su padre o personas tutoras.

3. El régimen de visita durante la hospitalización se llevará a cabo con criterios de flexibilidad horaria que faciliten el mayor tiempo posible de relaciones para respetar los vínculos de la persona menor de edad con personas de su entorno, con los límites necesarios para garantizar su descanso y la actividad asistencial del centro. Los hermanos y hermanas menores de edad, podrán visitarle junto a su madre, padre o persona tutora, si no existiera contraindicación clínica alguna tanto para la persona menor de edad paciente como para la persona menor visitante.

Artículo 9. Personas recién nacidas y vínculo madre-hija o hijo

1. Los servicios sanitarios implicados en la atención perinatal adecuaran su organización y sus recursos para favorecer el vínculo madre-hija o hijo en los dispositivos de atención: en la educación maternal, en el proceso de parto, en el momento de las recomendaciones al alta puerperal y en la visita puerperal.

2. En el momento del nacimiento se facilitará el contacto físico con su madre y se evitará la separación madre-hija o hijo en el post-parto inmediato, garantizándose, salvo que circunstancias clínicas lo impidan, la permanencia hospitalaria conjunta del niño o niña con su madre.

3. En el caso de que la persona recién nacida precise ingreso, se facilitará el ingreso conjunto madre-hija o hijo y el acceso del padre y de la madre al contacto directo con su hijo o hija.

4. En todos los casos atendidos en los servicios y dispositivos de atención al embarazo, parto y puerperio se fomentará la lactancia materna, facilitando a las madres la información necesaria y eliminando cualquier obstáculo que pueda impedir aquélla. Una vez informada la madre, se respetará la opción que esta elija sobre la alimentación de su hija o hijo.

5. Los centros sanitarios evitarán en sus dependencias la existencia de cualquier tipo de información o publicidad que induzca a la sustitución de la lactancia materna por otro tipo de alimentación.

6. En caso de ingreso de la persona recién nacida se garantizará la posibilidad de lactancia materna si no hay contraindicación médica. Se facilitará la alimentación con leche de su madre cuando él bebe no pueda mamar de forma transitoria.

Artículo 10. Identificación de las personas menores de edad

1. Las personas menores de edad ingresadas en centros sanitarios tienen el derecho a que se respete su identidad y se garantice su identificación, mediante el uso de su nombre y de elementos externos de reconocimiento, a lo largo de todo el proceso asistencial.

2. En todos los centros hospitalarios existirá un procedimiento normalizado con plenas garantías para la identificación de los niños y niñas recién nacidos durante su permanencia en el ámbito sanitario.

3. Finalizado el parto se procederá, en presencia de una persona testigo, a la aplicación de un sistema de identificación madre-hija o hijo que permita comprobar inequívocamente la identidad de la niña o del niño, y que estará compuesto por elementos externos de identificación. En el supuesto de ser necesario, se empleará un sistema de registro de pruebas biológicas.

4. En el momento del alta de la persona recién nacida se realizará la comprobación sistemática de la identidad de la misma, mediante los elementos colocados externamente.

Artículo 11. Educación formal, formación y ocio durante el ingreso hospitalario y durante la asistencia periódica frecuente

1. El Sistema Sanitario Público de Andalucía prestará su colaboración a la Consejería de Educación para que las personas menores de edad hospitalizadas de forma permanente o periódica, que se encuentren cursando la enseñanza obligatoria, puedan continuar con su formación escolar.

2. Los hospitales dispondrán en la zona pediátrica de espacios destinados a aulas, que estarán dotadas con mobiliario y material necesario y adecuado para el desarrollo de las actividades educativas y que favorezca la coeducación.

3. Los centros hospitalarios y aquellos que funcionen como hospital de día infantil dispondrán de espacios destinados a «salas lúdicas» o «salas lúdico-pedagógicas» que permitan el desarrollo de las actividades lúdicas y formativas de todas las personas menores de edad ingresadas. Dichas salas dispondrán de mobiliario adecuado y estarán dotadas del material lúdico-pedagógico adaptado a los requerimientos propios de las diferentes etapas educativas y de desarrollo y que favorezca la coeducación. Cuando las circunstancias lo aconsejen, las salas podrán ser utilizadas en actividades lúdicas.

4. Los centros hospitalarios y los que funcionen como hospital de día infantil contarán con las adecuadas instalaciones e infraestructuras en telecomunicaciones y con equipos informáticos, que se usarán para el desarrollo de la coeducación, del ocio y de la comunicación de la persona menor con sus familiares, amistades y con otras personas menores de edad que están o hayan estado hospitalizadas. Se establecerán los controles y sistemas de gestión de la información y de los contenidos, que sean necesarios, para que cualquier actividad que se lleve a cabo usando estas tecnologías sea adecuada a las diversas edades de las personas menores de edad.

5. En los recintos hospitalarios se dispondrán de espacios al aire libre adecuados para el ocio de las personas menores de edad ingresadas que, en función de sus procesos, los puedan utilizar, teniendo en consideración las diferentes necesidades de cada grupo de edad.

6. Cuando sea precisa la atención ambulatoria frecuente de una persona menor de edad, se procurará que los horarios de atención sean compatibles con su horario escolar y, siempre que sea posible, con el horario laboral de su acompañante.

Artículo 12. Estancia hospitalaria

1. Las personas menores de edad sí lo serán hospitalizadas en situaciones que no permitan la atención de su problema de salud en el domicilio o en régimen ambulatorio y cuando el caso lo permita, se fomentará la hospitalización de día.

2. Las personas menores de edad que precisen ingreso hospitalario serán reintegradas a su ambiente familiar en el plazo más breve posible. A tal fin, se adoptarán estrategias de organización y coordinación que permitan realizar el conjunto de pruebas diagnósticas y tratamientos con la mayor rapidez, teniendo siempre en cuenta la situación y disponibilidad familiar.

Artículo 13. Profesionales responsables de la atención

1. Las personas menores de edad tendrán asignado una facultativa o un facultativo, y otra u otro profesional sanitario cuando las circunstancias lo requieran, en un centro de atención primaria. Tal profesional será responsable del seguimiento de su salud, tanto en las actividades asistenciales como en aquellas otras orientadas a la promoción de salud y prevención de la enfermedad.

2. En los casos de ingreso hospitalario y en la fase de acogida al centro, el facultativo o la facultativa responsable de la atención a la persona menor de edad y el personal de enfermería responsable de sus cuidados, que actuarán de interlocutores habituales en el hospital, se presentarán a la persona menor de edad y al padre y a la madre o personas tutoras y estarán en todo momento plenamente identificados.

3. El Sistema Sanitario Público de Andalucía establecerá los mecanismos más adecuados para garantizar la continuidad en la atención sanitaria a la persona menor de edad, tanto en el ámbito extrahospitalario, como en el hospitalario. A tal fin, de forma específica se desarrollarán cuantas iniciativas sean precisas para facilitar que el personal facultativo responsable de la atención a la persona menor de edad en el ámbito de la atención primaria, cuente con la información actualizada relativa al proceso de atención seguido en el ámbito hospitalario.

Artículo 14. Habitaciones individuales en hospitales del Sistema Sanitario Público de Andalucía para personas menores de catorce años

1. Las personas menores de catorce años que requieran internamiento hospitalario dispondrán de habitaciones de uso individual en las que puedan estar acompañadas permanentemente por la madre o el padre, un representante legal o un familiar.

2. Las habitaciones dispondrán de mobiliario adecuado y confortable para permitir el descanso nocturno de una persona acompañante, así como un aseo con baño o ducha para uso de la persona acompañante y de las personas menores de edad.

3. El acompañamiento permanente de las personas menores de catorce años hospitalizadas incluirán también el régimen básico de comidas para la persona acompañante, en caso de que ésta lo solicite.

4. El hospital dispondrá el uso compartido de habitaciones por personas menores de catorce años, cuando su proceso clínico así lo recomiende, a juicio del personal facultativo responsable del mismo.

5. Asimismo, para aquellas madres que lo deseen, se facilitará el uso compartido de habitaciones en el caso de ingreso de lactantes.

Artículo 15. Organización y condiciones para la atención de las personas menores de catorce años en los hospitales del Sistema Sanitario Público de Andalucía

1. Las personas menores de catorce años serán atendidas e ingresadas en zonas pediátricas específicas y en condiciones de máxima seguridad para su protección.

2. La atención urgente a las personas menores de catorce años en los hospitales del Sistema Sanitario Público de Andalucía, se producirá en espacios específicos para su edad, a lo largo de todo el proceso de atención.

3. La organización de los servicios sanitarios, los espacios, la información y la señalización se realizará de manera que permita la potenciación de la equidad, así como la prevención de la discriminación de las personas menores de edad en desventaja, tanto por causa de discapacidad, como por razones de lengua, de cultura, de sexo, de etnia, de procedencia, o de edad.

4. Los espacios destinados a la atención pediátrica, tanto hospitalaria, como ambulatoria, dispondrán de decoración, ambientación y luminosidad con características adecuadas a la infancia.

5. Las personas menores de edad podrán utilizar sus propios pijamas y objetos personales. Los niños y las niñas más pequeños podrán tener consigo sus juguetes siempre que no exista una indicación clínica en contra.

Artículo 16. Organización y condiciones para la atención de las personas mayores de catorce años y menores de dieciocho años en los hospitales del Sistema Sanitario Público de Andalucía

Las personas mayores de catorce años y menores de dieciocho años, que por razones de edad o de tipo asistencial sean atendidas en la zona de adultos del hospital, gozarán de las mismas condiciones de confortabilidad que las previstas en el presente Decreto para el resto de las personas menores de edad.

El resto de las disposiciones no guardan relación directa con la temática directa por lo que puede ser consultada según se indica en la referencia bibliográfica[3].

3. LEY SOBRE LOS DERECHOS Y ATENCIÓN AL MENOR

El cambio producido en las últimas décadas en la conciencia social universal y fundamentalmente en el mundo occidental, en el que España y Andalucía se encuentran integradas, respecto del papel real que en la sociedad actual debe corresponder a los menores, ha dado lugar al abandono de la tradicional concepción de la atención de las necesidades de los menores como función prácticamente exclusiva de los titulares de la patria potestad o tutela, es decir, inmersa en la más pura teoría privatista, con actuaciones públicas muy limitadas y enmarcadas en la idea de «beneficencia».

Los poderes públicos deben arbitrar las medidas tendentes a que los particulares que están obligados a ello protejan y promuevan el efectivo ejercicio de tales derechos e, incluso, sustituirlos en dicha función cuando no puedan o no sean capaces de hacerlo, con la finalidad última de procurar el desarrollo integral de los menores.

El amparo lo consigue en la Constitución Española establece en su artículo 39, como uno de los principios rectores de la política social y económica, la protección a la familia y a la infancia, obligando a los poderes públicos a asegurar la protección integral de los hijos y afirmando que «los niños gozarán de la protección prevista en los acuerdos internacionales que velan por sus derechos».

Habida cuenta que el artículo 13, apartados 22 y 23, del Estatuto de Autonomía otorga a nuestra Comunidad Autónoma competencia exclusiva en materia de servicios sociales e «instituciones públicas de protección y tutela de menores respetando la legislación civil penal y penitenciaria», a la Administración de la Junta de Andalucía corresponde la consideración de entidad pública a la que se encomienda la protección de menores.

La presente Ley se estructura en cuatro títulos. El primero de ellos establece su objeto y ámbito de aplicación, los principios generales que la inspiran y las actuaciones concretas a que se comprometen las Administraciones Públicas de Andalucía para la promoción y protección de los derechos de los menores que se consideran de mayor importancia para su desarrollo integral. El título segundo, dedicado a la protección de los menores, regula los criterios de actuación y el ámbito competencial de las distintas entidades que intervienen en la protección infantil, así como las actuaciones que la Administración ha de llevar a efecto a tal fin. El título tercero, de la ejecución de las medidas adoptadas por los Jueces de Menores, viene a precisar las actuaciones y recursos concretos que la Administración Autonómica de Andalucía ha de poner en práctica a tal efecto. El cuarto y último título establece el régimen sancionador de la Ley. Por disposiciones adicionales se crea la figura del Defensor del Menor en Andalucía; se especifica la especial vinculación en la aplicación de esta norma por parte de la Unidad del Cuerpo Nacional de Policía adscrito a la Comunidad Autónoma; se contempla la elaboración del Plan Integral de la Infancia; se crean los órganos de participación; se establecen medidas concretas para la investigación y formación; se prevé la prioridad presupuestaria en esta materia, y, por fin, con esta Ley, Andalucía se compromete con los menores de otros países.

TÍTULO I. De los derechos de los menores

CAPÍTULO I. Disposiciones generales

Artículo 1. Objeto y ámbito de aplicación

La presente Ley establece el marco jurídico de actuación en materia de promoción y protección de los derechos de los menores, así como en relación con la ejecución de las medidas que sobre los mismos sean acordadas por los Juzgados competentes en la Comunidad Autónoma de Andalucía, sin perjuicio de lo que disponga la legislación estatal.

Artículo 2. Protección de derechos

Las Administraciones Públicas de Andalucía velarán para que los menores gocen en el ámbito de la Comunidad Autónoma de todos los derechos y libertades que tienen reconocidos por la Constitución, la Convención de Derechos del Niño y demás acuerdos internacionales ratificados por España, así como por el resto del ordenamiento jurídico, sin discriminación alguna por razón de nacimiento, nacionalidad, etnia, sexo, deficiencia o enfermedad, religión, lengua, cultura, opinión o cualquier otra condición o circunstancia personal, familiar o social.

Artículo 3. Principios

En el ejercicio de las competencias en materia de promoción y protección de los derechos de los menores, las actuaciones públicas o privadas se ajustarán a los siguientes principios rectores:

1. Primará el interés superior del menor frente a cualquier otro interés legítimo.

2. El reconocimiento de la capacidad del menor para participar activamente en la construcción de una sociedad más justa, solidaria y democrática, así como para conocer la realidad que vive, descubrir los problemas que más le afectan y aportar soluciones a los mismos.

3. Los poderes públicos de Andalucía otorgarán la protección y asistencia necesarias a la familia para que pueda asumir plenamente sus responsabilidades como grupo y medio natural para el adecuado crecimiento y bienestar de los menores.

4. Las Administraciones Públicas andaluzas adoptarán las medidas necesarias para facilitar a los menores el adecuado conocimiento y ejercicio de sus derechos, teniendo en cuenta su desarrollo y las limitaciones a su capacidad de obrar establecidas por las leyes.

5. Se fomentarán en los menores los valores de tolerancia, solidaridad, respeto, igualdad y, en general, los principios democráticos de convivencia establecidos en la Constitución.

6. Las Administraciones Públicas de Andalucía actuarán de forma coordinada en aras a garantizar el adecuado ejercicio de los derechos de los menores, fomentando la colaboración con el resto de las Administraciones Públicas del Estado español.

7. Se promoverán las iniciativas sociales cuya labor suponga facilitar las condiciones adecuadas al ejercicio de los derechos de los menores.

8. En la tutela de los derechos de los menores, especialmente en casos de posible marginación, se contará con la iniciativa familiar y la colaboración de las entidades de iniciativa social. Todo ello sin perjuicio de una intervención inmediata y directa de los poderes públicos en las casas en que la familia o el menor lo requieran.

Artículo 4. Defensa de los derechos del menor

Los menores, para la defensa de sus derechos, podrán personalmente o a través de su representante legal:

a) Dirigirse a las Administraciones Públicas en demanda de la protección y asistencia que precisen y solicitar de las mismas los recursos sociales disponibles.
b) Poner en conocimiento del Ministerio Fiscal todas aquellas situaciones y actuaciones que atenten contra sus derechos y contra su integridad física y moral.
c) Presentar quejas ante el Defensor del Menor.

Las autoridades o responsables de todos los centros facilitarán al Defensor del toda la información que se les recabe.

CAPÍTULO II. De la promoción de los derechos de los menores

Artículo 5. Identificación

1. En los centros de atención sanitaria en los que se produzcan nacimientos se establecerán las garantías necesarias para la inequívoca identificación de los recién nacidos.

2. Cuando quienes se hallan obligados legalmente a promover la inscripción del nacimiento de un menor en el Registro Civil no lo efectúen, las Administraciones Públicas de Andalucía adoptarán las medidas necesarias para lograr tal inscripción.

Artículo 6. Honor, intimidad y propia imagen

La Administración de la Junta de Andalucía protegerá el honor, la intimidad y la propia imagen de los menores frente a intromisiones ilegítimas y, en particular, las que pudieran producirse a través de los medios de comunicación social y sistemas informáticos de uso general o cualesquiera otros derivados de la aplicación de nuevas tecnologías, así como todas aquellas que se determinen reglamentariamente.

Asimismo, pondrá en conocimiento del Ministerio Fiscal las intromisiones ilegítima detectadas, sin perjuicio del ejercicio de las acciones legales que procedan.

Artículo 7. Información y publicidad

1. Las Administraciones Públicas de Andalucía realizarán programas informativos y formativos destinados específicamente a los menores, salvaguardando el derecho a la recepción de información veraz, plural y respetuosa con los principios constitucionales, según lo dispuesto en el artículo 5.2 de la Ley Orgánica 1/1996.

Igualmente, fomentarán que los medios de comunicación social en sus difusiones para menores resalten los valores democráticos y solidarios, con especial atención al respeto a la propia dignidad humana.

2. Las Administraciones Públicas de Andalucía velarán para que en los medios de comunicación social no se difundan programas o publicidad contrarios a los derechos de los menores y, en particular, se atendrá a que no contengan elementos discriminatorios, sexistas, pornográficos o de violencia. Igual vigilancia se extenderá a los sistemas informáticos de uso general o cualesquiera otros derivados de la aplicación de nuevas tecnologías.

3. Las Administraciones Públicas de Andalucía promoverán cuantas acciones sean necesarias para evitar que las imágenes de los menores aparezcan en espacios o anuncios publicitarios en los que se vulneren sus derechos e, igualmente, impedir que su participación en los mismos pueda perjudicarles moral o físicamente.

4. La publicidad en los medios de comunicación social no perjudicará moral o físicamente a los menores, debiendo respetar, a tal efecto, la legislación específica sobre la materia.

Del tiempo máximo que puedan dedicar a la publicidad los medios televisivos, sólo podrá emplearse hasta un veinte por ciento para inserciones dirigidas a los menores.

5. El lenguaje y los mensajes contenidos en la información y publicidad destinada a los menores deberán adaptarse a los niveles de desarrollo de los colectivos a quienes se dirijan.

6. Para el cumplimiento y seguimiento de lo previsto en el presente artículo, se establecerá la necesaria colaboración entre las Administraciones Públicas de Andalucía y los medios de comunicación social, especialmente en aquellos supuestos en que se produzca un grave perjuicio para la adecuada formación de los menores receptores de la información o publicidad.

Artículo 8. Prevención de malos tratos y de la explotación

1. Las Administraciones Públicas de Andalucía desarrollarán programas destinados a adoptar medidas preventivas para evitar que se produzcan situaciones de malos tratos físicos, psíquicos o sexuales, uso y tráfico de estupefacientes, drogas tóxicas y sustancias psicotrópicas, mendicidad infantil, explotación laboral, exposición y venta de menores o cualquier otra circunstancia que pueda interpretarse como explotación de los mismos.

2. Para la detección y denuncia de las situaciones señaladas en el apartado anterior, las Administraciones Públicas de Andalucía establecerán los mecanismos de coordinación adecuada, especialmente en los sectores sanitario, educativo y de servicios sociales.

3. Cuando se detecte la existencia de cualquiera de las situaciones citadas, se procederá conforme a lo dispuesto en el título siguiente.

Artículo 9. Integración

1. Las Administraciones Públicas andaluzas establecerán las medidas necesarias para facilitar la completa realización personal y la integración social y educativa de todos los menores y en especial de aquellos que por sus especiales circunstancias físicas, psíquicas o sociales puedan ser susceptibles de un trato discriminatorio.

En concreto, las Administraciones Públicas andaluzas velarán por el derecho de los menores con minusvalías a que se les facilite el mayor grado de integración en la sociedad que permitan sus condiciones.

2. Los menores extranjeros que residan en el territorio de la Comunidad Autónoma Andaluza podrán recibir ayudas públicas que faciliten su integración social, especialmente para salvar las dificultades de idioma y el conocimiento de los usos sociales.

Artículo 10. Salud

1. Las Administraciones Públicas de Andalucía fomentarán que los menores reciban una adecuada educación para la salud, promoviendo en ellos hábitos y comportamientos que generen una óptima calidad de vida.

2. La Administración sanitaria andaluza garantizará una especial atención a los menores, para lo que se regulará la provisión de los recursos humanos y técnicos necesarios y se establecerán, en las instalaciones sanitarias, espacios con una ubicación y conformación adecuadas. A este fin, se adaptará progresivamente la edad de atención pediátrica.

3. Los menores, cuando sean atendidos en los centros sanitarios de Andalucía, además de todos los derechos generales, tendrán derecho a recibir una información adaptada a su edad, desarrollo mental, estado afectivo y psicológico, con respecto al tratamiento médico al que se les someta.

Los padres, o tutores de los menores, serán informados de los motivos de la atención, de la gravedad de los procesos, de las medidas sanitarias y tratamientos a seguir, y tendrán derecho al acompañamiento del menor durante el máximo tiempo posible, siempre que no afecte a la actividad realizada por los profesionales.

Para la realización de cualquier intervención que suponga un riesgo para la vida del niño, se recabará el previo consentimiento de los padres o tutores en los términos establecidos en la legislación vigente. En el caso de negativa de los padres o tutores, primará el interés del niño.

4. Los menores tienen derecho a estar acompañados por sus padres, tutores, guardadores u otros familiares, durante su atención en los servicios de salud, tanto especializados como de atención primaria.

La Administración de la Junta de Andalucía, a través de los organismos competentes, regulará la accesibilidad de padres, tutores, guardadores y familiares, estableciendo las normas de acreditación y los controles necesarios que garanticen este derecho.

5. Los menores de las poblaciones de riesgo socio-sanitario recibirán una atención preferente acorde con sus necesidades.

6. Los titulares de los servicios de salud y el personal sanitario de los mismos están especialmente obligados a poner en conocimiento de los organismos competentes de la Administración de la Junta de Andalucía en materia de protección de menores, de la Autoridad Judicial o del Ministerio Fiscal aquellos hechos que puedan suponer la existencia de situaciones de desprotección o situaciones de riesgo para los menores, así como a colaborar con los mismos para evitar y resolver tales situaciones en interés del menor.

7. En los centros sanitarios, tanto de Atención Primaria como Especializada, sobre todo en estos últimos, y máxime cuando sea necesario el internamiento del menor, se posibilitará la existencia de espacios adaptados a la infancia, donde se permita el derecho al juego y se impida la desconexión con la vida escolar y familiar de los mismos.

8. Los menores tendrán derecho a proseguir su formación escolar durante su permanencia en el hospital, beneficiándose de los recursos humanos y materiales que las autoridades escolares pongan a su disposición, en particular en el caso de una enfermedad prolongada, con la condición de que dicha actividad no cause perjuicio a su bienestar o no obstaculice los tratamientos que se sigan.

9. Los menores tendrán derecho a recibir los cuidados que necesiten en el máximo respeto a las creencias éticas, religiosas y culturales del menor y sus progenitores, siempre y cuando éstas no pongan en peligro la vida del menor o la salud pública, en cuyo caso se atendrán a lo dispuesto por la autoridad y la legislación vigente.

Artículo 11. Educación

1. Los centros educativos de Andalucía, en colaboración con las familias de los alumnos, formarán a los menores en el conocimiento y correcto ejercicio de sus derechos. Tal formación, de acuerdo con la normativa básica estatal, irá dirigida al desarrollo de sus capacidades para ejercer, de manera crítica y en una sociedad plural, la libertad, la tolerancia, la solidaridad y la no discriminación, así como para intervenir autónomamente en el proceso de desarrollo de Andalucía.

2. Será uno de los objetivos fundamentales de la educación el de proporcionar a los menores una formación integral que les permita conformar su propia identidad, así como construir una concepción de la realidad que integre a la vez el conocimiento y la valoración moral de la misma.

La educación tendrá un carácter compensador de las desigualdades en origen de los menores que posibilite una efectiva igualdad de oportunidades.

3. Los centros educativos contarán con las instalaciones docentes y deportivas adecuadas al desarrollo integral de los menores que les garanticen una educación en condiciones de calidad y seguridad.

Las distintas Administraciones velarán, en el ámbito de sus competencias, por la existencia de unas instalaciones que reúnan los requisitos necesarios para garantizar la educación en dichas condiciones de calidad y seguridad.

4. Las Administraciones Públicas de Andalucía velarán por el cumplimiento de la escolaridad obligatoria en aquellas edades que se establezcan en la legislación educativa vigente. A tal fin, se promoverán programas específicos para prevenir y evitar el absentismo escolar.

5. Los titulares de los centros educativos y el personal de los mismos están especialmente obligados a poner en conocimiento de los organismos competentes de la Administración de la Junta de Andalucía en materia de protección de menores, de la Autoridad Judicial o del Ministerio Fiscal aquellos hechos que puedan suponer la existencia de situaciones de desprotección o riesgo o indicio de maltrato de menores, así como colaborar con los mismos para evitar y resolver tales situaciones en interés del menor.

Del mismo modo, los titulares de los centros educativos y el personal de los mismos deberán poner expresamente en conocimiento de los organismos y autoridades citados en el párrafo anterior el absentismo escolar.

6. Los menores de las poblaciones y centros que estén en situaciones de especial riesgo socio-educativo recibirán una atención preferente acorde con sus necesidades de educación y atención.

7. Las Administraciones Públicas andaluzas asegurarán, dentro del medio educativo andaluz, el adecuado conocimiento por los menores de la historia, cultura, costumbres y demás hechos diferenciadores de Andalucía.

8. Se promoverá la creación en los centros educativos de Escuelas de Padres, como medida de apoyo, educación y prevención.

Artículo 12. Cultura, ocio, asociacionismo y participación social de la infancia

1. Las Administraciones Públicas andaluzas pondrán los medios necesarios para que los menores conozcan adecuadamente la historia y cultura de Andalucía. Igualmente, se propiciará que los niños que pertenezcan a una minoría étnica puedan acceder al conocimiento de su cultura e identidad propia, facilitándose el intercambio y conocimiento de las distintas culturas.

2. Todos los menores tienen derecho a que el juego forme parte de su actividad cotidiana como elemento esencial para su desarrollo evolutivo y proceso de socialización.

Las Administraciones Públicas, a iniciativa propia o en colaboración con otras entidades públicas o privadas, fomentarán la realización de actividades culturales, deportivas y recreativas. A este fin, se promoverán las actuaciones urbanísticas destinadas a ampliar o crear los equipamientos e instalaciones necesarias y adecuadas, en función de la población infantil y juvenil existente en la zona.

3. Las Administraciones Públicas andaluzas promoverán la participación y el asociacionismo de los menores, como elemento de desarrollo social y democrático de los mismos, velando para que la pertenencia de un menor a una asociación no propicie

valores antidemocráticos, insolidarios, xenófobos o que menoscaben un desarrollo psicosocial saludable del mismo.

4. Las Administraciones Públicas andaluzas promoverán, a través de las organizaciones no gubernamentales de infancia y juventud, el apoyo de espacios y canales de protagonismo y de participación social de la infancia, primando la participación social de la infancia en el ámbito familiar y escolar.

Para ello, emprenderán acciones de concienciación y promoción en colaboración con las organizaciones no gubernamentales y las instituciones públicas y privadas.

5. Las Administraciones Públicas de Andalucía potenciarán el acceso de los menores a los servicios de información, documentación, bibliotecas y demás servicios culturales públicos.

6. En todas las actuaciones citadas, las Administraciones implicadas favorecerán la coeducación y la integración de los menores.

Artículo 13. Medio ambiente

1. Las Administraciones Públicas de Andalucía fomentarán el pleno ejercicio del derecho de los menores al disfrute de un medio ambiente saludable y no deteriorado en el territorio de la Comunidad Autónoma Andaluza, promoviendo y adoptando para ello las adecuadas medidas para su protección, conservación y mejora.

2. La Administración de la Junta de Andalucía, para hacer eficaz una educación del menor de edad orientada hacia el respeto al medio ambiente, fomentará, mediante cauces adecuados de colaboración, el compromiso de las distintas Administraciones Públicas y otros sectores implicados en Andalucía para el desarrollo de la educación ambiental, como proceso imprescindible en orden a la construcción de una sociedad en desarrollo sostenible.

3. Igualmente, se promocionará que los menores conozcan y aprendan a respetar su entorno urbano y rural.

Artículo 14. Derecho a ser oído

1. Las Administraciones Públicas de Andalucía garantizarán que el menor que se vea incurso en un procedimiento administrativo que pueda afectar a su esfera personal, familiar o social sea oído en el mismo en la forma legalmente establecida, sin perjuicio de recabarse su consentimiento si fuere necesario.

2. Igualmente, las Administraciones Públicas andaluzas promoverán que el derecho de los menores a ser oídos se haga efectivo en el ámbito familiar y en los procedimientos judiciales. En cualquier caso, las Administraciones Públicas de Andalucía velarán para que, en la aplicación de este derecho, se cumplan las condiciones de discreción, intimidad, seguridad y ausencia de presión.

Artículo 15 Divulgación de derechos

1. Las Administraciones Públicas de Andalucía promoverán y desarrollarán acciones encaminadas al fomento y divulgación de los derechos de los menores. También reconocerán públicamente la labor de aquellos medios de comunicación, entidades o

personas que más se hayan distinguido en la acción divulgativa de los derechos de los menores, así como en su respeto y protección.

2. En conmemoración de la aprobación por la Asamblea General de Naciones Unidas de la Convención sobre Derechos del Niño en 1989, se declara el día 20 de noviembre de cada año como Día de la Infancia en la Comunidad Autónoma de Andalucía.

Artículo 16. Consejo Andaluz de Asuntos de Menores

1. Se crea por la presente Ley el Consejo Andaluz de Asuntos de Menores como órgano consultivo y asesor de las Administraciones Públicas andaluzas en temas relacionados con los menores.

2. La constitución, composición y funcionamiento del Consejo Andaluz de Asuntos de Menores se determinará reglamentariamente.

TÍTULO II. De la protección

CAPÍTULO I. Disposiciones generales

Artículo 17. Concepto

A los efectos de la presente Ley, se entiende como protección el conjunto de actuaciones para la atención de las necesidades del menor tendentes a garantizar su desarrollo integral y a promover una vida familiar normalizada.

Artículo 18. Competencias y colaboración

1. Las Corporaciones Locales de Andalucía son competentes para el desarrollo de actuaciones de prevención, información y reinserción social en materia de menores, así como para la detección de menores en situación de desprotección y la intervención en los casos que requieran actuaciones en el propio medio. Igualmente, son competentes para apreciar, intervenir y aplicar las medidas oportunas en las situaciones de riesgo.

2. La Administración de la Junta de Andalucía es competente para la planificación, coordinación y control de los servicios, actuaciones y recursos relativos a la protección de los menores en la Comunidad Autónoma, así como para el desarrollo reglamentario. Igualmente, es la entidad pública competente para el ejercicio de las funciones de protección de menores que implican separación del menor de su medio familiar reguladas en los Capítulos III y IV del presente Título.

3. La Administración de la Junta de Andalucía y las Corporaciones Locales establecerán los oportunos mecanismos de cooperación para el adecuado ejercicio de sus respectivas competencias.

4. Previa autorización de la Administración de la Junta de Andalucía, podrán colaborar en funciones de guarda, mediación, prevención, detección, información y pro-

moción las entidades que estén habilitadas para ello con arreglo a lo dispuesto en la legislación estatal y conforme a las condiciones que se establezcan reglamentariamente. En cualquier caso, serán asociaciones o fundaciones sin ánimo de lucro, entre cuyos fines figure la protección de menores, y deberán estar inscritas en el correspondiente registro de entidades, servicios y centros de servicios sociales de Andalucía. Igualmente, dispondrán de la organización, estructura y medios materiales necesarios en relación a las funciones a desarrollar.

5. Cualquier persona o entidad y, en especial, las que por razón de su profesión o finalidad tengan noticia de la existencia de una situación de riesgo o desamparo de un menor, deberá ponerlo en conocimiento de cualquier autoridad, que inmediatamente lo comunicará a la Administración competente, Autoridad Judicial o Ministerio Fiscal. En caso de particulares, se mantendrá el anonimato del comunicante si así lo desea.

Artículo 19. Criterios de actuación

1. Para el logro de los fines previstos en esta Ley, las Administraciones Públicas andaluzas, en el ámbito de sus respectivas competencias y respetando la primacía del interés superior del menor, se regirán por los siguientes criterios de actuación:

a) Se fomentarán las medidas preventivas a fin de evitar situaciones de desprotección y riesgo para los menores.
b) Se procurará la permanencia del menor en su propio entorno familiar.
c) Cuando las circunstancias del menor aconsejen su salida del grupo familiar propio, se actuará de forma prioritaria a través de medidas de alternativa familiar.
d) Cuando no sea posible la permanencia del menor en su propia familia o en otra familia alternativa, procederá su acogida en un centro de protección, con carácter provisional y por el período más breve posible.
e) Se promoverán medidas tendentes a la reinserción familiar del menor, siempre que sea posible.
f) Se potenciará el desarrollo de programas de formación profesional e inserción laboral de los menores sometidos a medidas de protección, con el fin de facilitar su plena autonomía e integración social al llegar a su mayoría de edad.

2. Cualquiera que sea la medida protectora que se adopte, se procurará que los hermanos se confíen a una misma institución o persona.

3. Con el fin de garantizar la objetividad e imparcialidad en su actuación protectora, las Administraciones Públicas de Andalucía adoptarán las oportunas medidas de forma colegiada e interdisciplinar.

CAPÍTULO II. De las medidas preventivas

Artículo 20. Medidas de prevención y de apoyo a la familia

1. Se promoverán planes integrales dirigidos a la promoción de la infancia y a la prevención de las situaciones de riesgo.

2. Las medidas de apoyo a la familia podrán ser de carácter técnico y económico.

3. El apoyo técnico consistirá en intervenciones de carácter social y terapéutico en favor del menor y su propia familia y tenderá a la prevención de situaciones de desarraigo familiar, así como a la reinserción del menor en ella.

4. El apoyo económico a las familias que carezcan de recursos suficientes se concretará a través de ayudas económicas de carácter preventivo y temporal para la atención de las necesidades básicas de los menores de ellas dependientes.

5. Se desarrollarán programas de integración social del menor con dificultades especiales, dirigidos a procurar la eliminación de aquellas barreras físicas y de comunicación que les impidan su propio desarrollo personal y su integración educativa y social.

6. Se promoverán programas de información y sensibilización sobre el menor y sus problemáticas particulares, incentivando la colaboración ciudadana en la denuncia de posibles situaciones o circunstancias que pongan en peligro la integridad del menor o de su desarrollo personal.

7. Se desarrollarán programas formativos de garantía social dirigidos a ofrecer a los adolescentes alternativas a situaciones de rechazo del sistema escolar ordinario, fracaso y absentismo, proporcionándoles una formación profesional que favorezca una próxima incorporación laboral.

8. Las medidas anteriormente mencionadas se llevarán a la práctica con la colaboración y de forma coordinada con los Servicios Sociales Comunitarios correspondientes.

Artículo 21. Medidas de prevención ante instituciones públicas y privadas

1. Con el fin de prevenir el maltrato institucional, las Administraciones Públicas de Andalucía velarán para que las distintas instituciones con competencia en materia de menores, ya sean éstas públicas o privadas, no reproduzcan situaciones y procesos innecesarios y desfavorables para el menor, específicamente en sectores como instituciones o centros de servicios sociales, salud, educación, Administración de Justicia, medios de comunicación, o cualquier otro de naturaleza análoga.

2. Si se tuvieran indicios de que tales situaciones existieran en cualquier ámbito, la Administración Pública iniciará la investigación correspondiente y procurará los cauces necesarios para su esclarecimiento y asunción de responsabilidades.

Artículo 22. Situaciones de riesgo

1. Se consideran situaciones de riesgo aquellas en las que existan carencias o dificultades en la atención de las necesidades básicas que los menores precisan para su correcto desarrollo físico, psíquico y social, y que no requieran su separación del medio familiar.

2. La apreciación de la situación de riesgo conllevará la elaboración y puesta en marcha de un proyecto de intervención social individual y temporalizado que, en todo caso, deberá recoger las actuaciones y recursos necesarios para su eliminación.

CAPÍTULO III. Del desamparo, la tutela y la guarda

Artículo 23. Desamparo y tutela

1. Corresponde a la Junta de Andalucía, a través de la Consejería competente, asumir la tutela de los menores desamparados que residan o se encuentren transitoriamente en el territorio de la Comunidad Autónoma de Andalucía, sin perjuicio de las competencias que sobre estos últimos pudiesen tener otras Administraciones Públicas.

2. Sin perjuicio de lo dispuesto en el artículo 172.1 del Código Civil, se consideran situaciones de desamparo, que apreciará en todo caso la autoridad administrativa competente, las siguientes:

a) El abandono voluntario del menor por parte de su familia.
b) Ausencia de escolarización habitual del menor.
c) La existencia de malos tratos físicos o psíquicos o de abusos sexuales por parte de las personas de la unidad familiar o de terceros con consentimiento de éstas.
d) La inducción a la mendicidad, delincuencia o prostitución, o cualquier otra explotación económica del menor de análoga naturaleza.
e) La drogadicción o el alcoholismo habitual del menor con el consentimiento o la tolerancia de los padres o guardadores.
f) El trastorno mental grave de los padres o guardadores que impida el normal ejercicio de la patria potestad o la guarda.
g) Drogadicción habitual en las personas que integran la unidad familiar y, en especial, de los padres, tutores o guardadores del menor, siempre que incida gravemente en el desarrollo y bienestar del menor.
h) La convivencia en un entorno socio-familiar que deteriore gravemente la integridad moral del menor o perjudique el desarrollo de su personalidad.
i) La falta de las personas a las cuales corresponde ejercer las funciones de guarda o cuando estas personas estén imposibilitadas para ejercerlas o en situación de ejercerlas con peligro grave para el menor.

2. El órgano competente de la Administración de la Junta de Andalucía que tenga conocimiento de una situación de posible desamparo de un menor iniciará expediente de protección, sin perjuicio de la adopción de las medidas inmediatas de atención que el menor requiera.

3. La resolución del expediente determinará lo procedente sobre la situación legal de desamparo y el ejercicio de la guarda, expresando la posibilidad de plantear la oposición a la misma ante la jurisdicción competente por parte de los interesados.

Dicha resolución, que será ejecutiva con arreglo a lo dispuesto en las leyes, se comunicará al Ministerio Fiscal y será notificada a los interesados.

4. Se promoverá la posibilidad de que sea el propio menor quien ponga de manifiesto su situación, bien a la Administración de la Comunidad Autónoma de Andalucía o a los Servicios Sociales Municipales.

Artículo 24. Guarda administrativa

1. La Administración de la Junta de Andalucía asumirá y ejercerá solamente la guarda cuando quienes tienen potestad sobre el menor lo soliciten, justificando no poder atenderlo por enfermedad u otras circunstancias graves, o cuando así lo acuerde el Juez en los casos en que legalmente proceda.

2. Cuando quienes tienen la patria potestad o tutela soliciten de la

Administración de la Junta de Andalucía que asuma la sola guarda del menor, se formará expediente con arreglo a lo previsto en el artículo precedente y conforme a lo dispuesto en el artículo 172.2 del Código Civil.

La resolución que recaiga aceptará o denegará la solicitud, pudiendo, en este último caso, constatar la situación legal del desamparo si se dan las circunstancias para ello.

El procedimiento y requisitos para la solicitud de la guarda administrativa se determinará reglamentariamente.

3. Quienes, teniendo la patria potestad o tutela del menor, solicitaran la guarda administrativa recibirán información completa de todo el proceso, derechos y obligaciones para evitar situaciones de desinformación.

Artículo 25. Registro de Tutela y Guardas de Andalucía

1. Se constituirá un Registro de Tutela y Guardas de Andalucía, que será único para toda Andalucía.

2. El Registro de Tutela y Guardas de Andalucía tendrá su sede en la Consejería competente en materia de protección de menores, existiendo una oficina de este Registro en cada una de las Delegaciones Provinciales de esta Consejería para facilitar la inscripción de todos los menores, una vez adoptada la medida.

3. La organización y funcionamiento de este Registro, así como el modo de formalización de solicitudes y el procedimiento a seguir en cada acto de inscripción en el mismo, se determinarán reglamentariamente.

CAPÍTULO IV. Del acogimiento familiar, la adopción y el acogimiento residencial en centro de protección

Sección 1.ª Del acogimiento familiar

Artículo 26. Contenido

1. Cuando las circunstancias del menor lo aconsejen, se promoverá su acogimiento familiar hasta que pueda reintegrarse en su familia de origen, o reinsertarse en su medio social una vez alcanzada su mayoría de edad, su emancipación, o bien hasta que pueda ser adoptado. Los acogedores podrán recibir una compensación económica en las condiciones que reglamentariamente se determine.

2. Todas las actuaciones de formalización y cesación del acogimiento familiar se practicarán con la conveniente reserva. A fin de que la familia de origen no conozca a los acogedores, se mantendrá la obligada reserva sobre los datos que permitan su identificación, a excepción del acogimiento familiar simple y siempre que no resulte perjudicial para el menor.

Artículo 27. Principios de actuación

La aplicación de esta medida por la Administración de la Comunidad Autónoma de Andalucía se regirá por los siguientes principios:

a) Prioridad en su utilización sobre la medida de alojamiento del menor en centros.

b) Evitar, en lo posible, la separación de hermanos y procurar su acogimiento por una misma persona o familia.

c) Favorecer la permanencia del menor en su propio ambiente, procurando que el acogimiento se produzca en su familia extensa, salvo que no resultase aconsejable en orden al interés primordial del menor.

Artículo 28. Acogimiento familiar administrativo y judicial

1. El acogimiento familiar administrativo será formalizado por la Administración de la Junta de Andalucía, con el contenido y los consentimientos legalmente establecidos, con independencia de que ésta tenga o no la tutela o la guarda del menor.

2. En los casos en los que el acogimiento familiar deba ser declarado judicialmente, la Administración de la Junta de Andalucía formulará propuesta ante el órgano jurisdiccional correspondiente. No obstante, la Administración de la Junta de Andalucía podrá acordar un acogimiento familiar provisional que subsistirá hasta tanto se produzca resolución judicial y que se formalizará con el mismo contenido que se prevé en el apartado anterior de este artículo y de acuerdo con lo establecido en el Código Civil.

Artículo 29. Modalidades

1. El acogimiento familiar se constituirá, según su finalidad, con el carácter de simple, permanente o preadoptivo, de conformidad con lo que establece el Código Civil.

2. Cuando se considere beneficioso para el menor la modificación en la modalidad del acogimiento familiar, será necesario promover conjuntamente el cese del preexistente y la constitución de un nuevo acogimiento familiar.

Sección 2.ª De la adopción

Artículo 30. Propuesta de adopción

En los casos que procedan, la Administración de la Junta de Andalucía formulará la propuesta previa de adopción de acuerdo con los requisitos y procedimientos establecidos en el Código Civil y Ley de Enjuiciamiento Civil.

Artículo 31. Criterios

Sin perjuicio de los requisitos exigidos legalmente, serán criterios para proponer la adopción los siguientes:

a) Que la adopción atienda al interés preferente del menor.

b) Que de la información recabada se prevea la imposibilidad de reintegración adecuada del menor en su familia natural.

c) Que se haya producido previamente un período de acogimiento familiar del menor con los adoptantes, que garantice una plena integración familiar.

d) Que se constate la conformidad del adoptando mayor de 12 años y se valore su opinión si fuere menor de esa edad pero tuviera suficiente juicio.

e) Que exista constancia de que los padres prestarán su asentimiento a la adopción, salvo que estuvieren imposibilitados o no sea necesario el mismo en los supuestos legalmente establecidos.

Sección 3.ª De los acogedores y adoptantes

Artículo 32. Información y solicitudes

1. Quienes soliciten de la Administración de la Junta de Andalucía el acogimiento familiar o la adopción de un menor, tienen derecho a recibir información general sobre el procedimiento, las características de los menores y los criterios de idoneidad y selección.

2. Los requisitos y forma de las solicitudes de acogimiento y adopción, ya sean de carácter nacional o internacional, se determinarán reglamentariamente.

Artículo 33. Declaración de idoneidad

1. Quienes soliciten de la Administración de la Junta de Andalucía el acogimiento familiar o la adopción de un menor deberán someterse a un proceso de valoración de idoneidad, en base a los criterios biológicos y psicosociales que se establezcan reglamentariamente y sin perjuicio de los requisitos legalmente establecidos. La Administración de la Junta de Andalucía dictará resolución sobre su idoneidad, que será notificada al solicitante.

2. La declaración de idoneidad en ningún caso supondrá el derecho a acoger o adoptar a un menor y otorgará exclusivamente el derecho a integrar el registro administrativo que corresponda.

Artículo 34. Registro de Solicitantes de Acogimiento y Adopción.

1. Se constituirá un Registro de Solicitantes de Acogimiento y Adopción de Andalucía, que será único para toda la Comunidad Autónoma.

2. El Registro de Solicitantes de Acogimiento y Adopción de Andalucía tendrá su sede en la Consejería competente en materia de protección de menores, existiendo una oficina de este Registro en cada una de las Delegaciones Provinciales de esta Consejería para facilitar la inscripción de todas aquellas familias idóneas para el acogimiento familiar simple o permanente y para la adopción.

3. La organización y funcionamiento de este Registro, así como el modo de formalización de solicitudes y el procedimiento a seguir en cada acto de inscripción en el mismo se determinarán reglamentariamente.

Artículo 35. Selección

1. Ante la existencia de un menor susceptible de ser acogido o adoptado, la Administración de la Junta de Andalucía seleccionará la persona o personas que se consideren más adecuadas de entre las que formen el registro de acogedores o el de adoptantes.

2. Los criterios de selección se establecerán reglamentariamente atendiendo a la aptitud que resulte de la declaración de idoneidad, la relación y composición familiar y aquellas otras condiciones que se determinen teniendo en cuenta, primordialmente, el superior interés del menor.

Sección 4.ª Del internamiento en centro de protección

Artículo 36. El acogimiento residencial

1. El acogimiento residencial de un menor en centro de protección se establecerá por resolución de la Administración de la Junta de Andalucía o por decisión judicial.

2. La Administración de la Junta de Andalucía acordará el acogimiento residencial cuando no sea posible o aconsejable aplicar otra medida protectora y por el período más breve posible.

3. La guarda del menor acogido en un centro de protección será ejercida por el director del mismo, bajo la vigilancia de la Administración de la Junta de Andalucía y la superior del Ministerio Fiscal.

4. La medida de acogimiento residencial podrá ser complementada con la estancia del menor con familias colaboradoras durante fines de semana y períodos vacacionales.

5. Los cambios de centro de protección deberán acordarse por resolución motivada, previa audiencia del menor si hubiere cumplido los doce años.

Dicha resolución será notificada a los padres o tutores y comunicada inmediatamente al Ministerio Fiscal.

Artículo 37. Los centros de protección

1. Los centros de protección de menores, en cuanto a su organización y funcionamiento, se regirán por las disposiciones establecidas por la Administración de la Junta de Andalucía. Su regulación deberá ajustarse a los principios inspiradores de esta Ley; en cualquier caso, deberán poseer las siguientes características:

a) Poseerán un reglamento de funcionamiento interno democrático.

b) Tenderán a un modelo de dimensiones reducidas.

c) Cada menor residente deberá contar con un proyecto socio-educativo que persiga su pleno desarrollo físico, psicológico y social.

d) En concreto, se deberá potenciar la preparación escolar y ocupacional de los menores, al objeto de facilitar, en lo posible, su inserción laboral.

2. Al menos, durante el año siguiente a la salida de los menores de un centro de protección, la Administración de la Junta de Andalucía efectuará un seguimiento de aquéllos al objeto de comprobar que su integración sociolaboral sea correcta, aplicando la ayuda técnica necesaria.

3. Para llevar a efecto lo señalado en el punto anterior, la Administración de la Junta de Andalucía podrá recabar la colaboración de los Servicios Sociales Comunitarios gestionados por las entidades locales, así como de cualesquiera otros organismos e instituciones públicas o privadas que se consideren convenientes, los cuales vendrán obligados a prestarla.

Artículo 38. Menores con deficiencias o discapacidades

El acogimiento residencial de menores con graves deficiencias o discapacidades físicas o psíquicas, o alteraciones psiquiátricas, que estén sujetos a amparo, se llevará a efecto en centros específicos, en los que se garantizará un adecuado nivel de prestaciones asistenciales, de acuerdo con sus necesidades.

Artículo 39. Menores toxicómanos

El acogimiento residencial de los menores toxicómanos sujetos a amparo tendrá lugar en centros específicos, en los que se garantizarán la asistencia y tratamiento específico que demande su situación.

CAPÍTULO V. De los menores en conflicto social

Artículo 40. Concepto y actuaciones

1. Se considerarán menores en conflicto social a los efectos de la presente Ley, aquellos que por situación de grave inadaptación pudiesen encontrarse en riesgo de causar perjuicios a sí mismos o a otros.

2. La actuación de la Administración Autonómica en esta materia habrá de tener como finalidad principal el desarrollo de acciones preventivas, así como la integración social de estos menores a través de un tratamiento educativo individualizado y preferentemente en su entorno sociocomunitario.

CAPÍTULO VI. Del seguimiento, modificación y cese de las medidas

Artículo 41. Seguimiento

1. Sin perjuicio de las funciones que conforme a lo previsto en el presente título puedan corresponderles, compete a las Administraciones Públicas de Andalucía la responsabilidad en el seguimiento de las medidas por ellas adoptadas para la protección de los menores, así como de los recursos necesarios para la adecuada aplicación de tales medidas durante la vigencia de las mismas. En el caso de la adopción, el apoyo necesario por parte de la administración competente podrá continuar con posterioridad a su constitución.

2. En el seguimiento, la administración competente podrá recabar la colaboración de otras administraciones, así como de cualesquiera otros organismos o instituciones públicos o privados que se consideren convenientes, los cuales vendrán obligados a prestarla siempre que resulte posible, en función de las atribuciones del órgano requerido.

3. Las medidas de intervención en lo que a menores se refiere, sean cuales fueren, de iniciación, seguimiento, modificación o cese de las mismas, se llevarán a cabo siempre de forma coordinada entre las distintas administraciones implicadas. Se velará especialmente porque exista continuidad y coincidencia entre las mismas.

Artículo 42. Modificación y cese

Cuando, como consecuencia del seguimiento a que se refiere el artículo anterior, se constate que han variado o desaparecido las condiciones sociofamiliares del menor que dieron lugar a la correspondiente acción o medida protectora, la Administración Pública competente deberá modificarla o dejarla sin efecto, mediante resolución motivada, salvo que la misma tenga carácter judicial, en cuyo caso se presentará la oportuna propuesta ante el órgano judicial competente.

TÍTULO III. De la ejecución de las medidas adoptadas por los Jueces de Menores

CAPÍTULO I. Disposiciones generales

Artículo 43. Concepto y competencia

1. Corresponde a la Administración de la Junta de Andalucía la ejecución de las medidas adoptadas por los Juzgados competentes con relación a los menores a quienes se impute la comisión de un hecho tipificado como delito o falta en las leyes penales.

2. Igualmente le corresponde la ejecución de las medidas protectoras, educativas y formativas que por los Juzgados de Menores se adopten respecto de aquellos a que se refiere el apartado anterior. Tales medidas se llevarán a cabo conforme a lo dispuesto en el título II de esta ley, sin perjuicio de las condiciones que establezca la resolución judicial.

Artículo 44. Medios de ejecución

1. La Administración de la Junta de Andalucía podrá establecer con las Corporaciones Locales los mecanismos de colaboración que resulten convenientes para facilitar la ejecución de las medidas judiciales. La Administración de la Junta de Andalucía se reservará, en todo caso, la dirección y control.

2. Podrán suscribirse contratos o convenios con entidades privadas para la prestación de determinadas servicios en la ejecución de las medidas judiciales. La Admi-

nistración de la Junta de Andalucía, además de las funciones de dirección y control, ejercerá todas aquellas que impliquen el ejercicio de autoridad.

Artículo 45. Criterios de actuación

1. Las autoridades administrativas velarán por la correcta ejecución de las medidas acordadas por la Autoridad Judicial atendiendo al interés del menor y en el marco de los derechos reconocidos por la legislación vigente.

2. La Administración Autonómica prestará su colaboración a la Autoridad Judicial cuando ésta lo requiera.

3. Todos los medios que la Administración Autonómica ponga al servicio de la ejecución de las medidas acordadas por los Juzgados competentes estarán orientados a las finalidades primordiales de su reeducación e integración en el medio familiar y social, a través de una atención individualizada e integral.

CAPÍTULO II. De la ejecución de las medidas alternativas al internamiento

Artículo 46. Libertad vigilada

1. Sin perjuicio del contenido de la resolución judicial, en la ejecución de la medida de libertad vigilada se prestará una atención individualizada e integral al menor, incidiendo tanto en su medio social como familiar. A este fin, se elaborará un proyecto de intervención individualizada del menor.

2. La atención a las necesidades generales del menor se realizará a través de los recursos ordinarios de la comunicad en que esté inserto.

Artículo 47. El acogimiento por otra persona o núcleo familiar

1. Cuando la resolución judicial establezca la medida de acogimiento por otra persona o núcleo familiar, la Administración de la Junta de Andalucía, salvo que la resolución establezca otra cosa, efectuará la selección de los acogedores conforme a lo previsto en el artículo 33 de la presente Ley.

2. El acogimiento se mantendrá por el tiempo que fije la resolución judicial. Si transcurrido este plazo el menor y la familia manifestaran su voluntad de continuarlo, se estará a lo previsto en el título anterior.

Artículo 48. Prestación de servicios en beneficio de la comunidad

1. La Administración de la Junta de Andalucía desarrollará, por sí misma o en colaboración con las Corporaciones Locales y las entidades privadas, programas que permitan la disponibilidad por parte de los Juzgados de Menores de actividades en interés de la comunidad en número y variedad suficientes.

2. Las actividades que se ofrezcan estarán orientadas a la reeducación, autorresponsabilización y formación de los menores, así como a producir un beneficio social perceptible por el menor, debiendo estudiar la idoneidad de la actividad a realizar con la tipología del hecho cometido.

3. La ejecución de la medida no interferirá en la actividad escolar de los menores y no supondrá relación laboral alguna.

Artículo 49. Tratamiento ambulatorio o ingreso en un centro de carácter terapéutico

La Administración de la Junta de Andalucía prestará la asistencia sanitaria y educativa que requieran las necesidades del menor a través de programas específicos o de los dispositivos sanitarios, sociales y educativos comunes, manteniendo en todo caso las funciones de control de su aplicación y de comunicación con la Autoridad Judicial que dispuso la medida.

El ingreso en un centro de carácter terapéutico se realizará en aquellos centros residenciales que ofrecen tratamiento especializado de carácter educativo y sanitario a través de la red ordinaria, tales como comunidades terapéuticas, centro de día, unidades hospitalarias y cuantos recursos se habiliten para ello.

CAPÍTULO III. Del ingreso o internamiento en centros de menores

Artículo 50. El ingreso o internamiento

1. La Administración de la Junta de Andalucía ejecutará la resolución judicial de ingreso o internamiento en centro en función de la medida decretada.

2. Cualquiera que fuese el régimen acordado, se realizarán funciones educativas y pedagógicas dirigidas a la reeducación de los menores para facilitar su evolución personal e integración social y laboral, que se plasmará en proyectos socioeducativos individuales, adaptados a las características psicológicas y sociales de cada menor ingresado.

Artículo 51. Régimen y tipología de los centros

1. Los centros de menores a que se refiere este título se regirán, en cuanto a su organización y funcionamiento, por las disposiciones establecidas por la Administración de la Junta de Andalucía. Su regulación deberá ajustarse a los principios inspiradores de esta ley.

2. Asimismo, estos centros tenderán a un modelo de dimensiones reducidas y a desarrollar proyectos socioeducativos adecuados a los fines de reinserción.

3. Los centros serán de régimen abierto, semiabierto o cerrado. En un mismo centro podrán existir unidades diferenciadas para la recepción inmediata y cualquiera de los regímenes mencionados.

4. En estos centros se ejecutarán igualmente las medidas de internamiento de fines de semana.

CAPÍTULO IV. Del seguimiento, modificación y cese de las medidas

Artículo 52. Seguimiento

1. La Administración de la Junta de Andalucía llevará un seguimiento continuado de la ejecución de las medidas acordadas judicialmente, cualquiera que sea el centro, institución o persona que la desarrolle.

2. Asimismo mantendrá una adecuada comunicación con la Autoridad Judicial que dispuso la medida, y le facilitará con la periodicidad que ésta establezca la información que se obtenga en este seguimiento. Dicha información será proporcionada igualmente al Ministerio Fiscal, al representante legal del menor y al mismo menor cuando lo soliciten, y, en último caso, siempre que convenga al interés del menor y a su derecho a ser oído.

Artículo 53. Modificación y cese

Sin perjuicio de las modificaciones que acuerde el Juez de Menores, cuando a consecuencia del seguimiento a que se refiere el artículo anterior, se constate que han variado o desaparecido las condiciones del menor que justificaban la medida, la Administración de la Junta de Andalucía elaborará una propuesta motivada de modificación o extinción de la misma, que se remitirá al Ministerio Fiscal.

TÍTULO IV. De las Infracciones y Sanciones

CAPÍTULO I. Infracciones

Artículo 54. Infracciones administrativas y sujetos responsables

1. Se consideran infracciones administrativas a la presente Ley las acciones u omisiones tipificadas y sancionadas en el presente Título, sin perjuicio de las responsabilidades civiles, penales o de otro orden en que se pueda incurrir.

2. Serán sujetos responsables de las infracciones administrativas las personas físicas o jurídicas a las que sean imputables las acciones u omisiones tipificadas como tales en la presente Ley.

Artículo 55. Infracciones leves

Constituyen infracciones leves, las siguientes acciones y omisiones siempre que no deban ser calificadas como graves o muy graves con arreglo a lo dispuesto en los artículos 56 y 57 de la presente Ley:

a) No facilitar por parte de los titulares de los Centros o Servicios, el tratamiento y la atención que acordes con la finalidad de los mismos, corresponden a las necesidades de los menores.

b) Todas aquellas acciones u omisiones que supongan un incumplimiento de la normativa sobre autorización, registro actualización de datos; acreditación e inspección y funcionamiento de las entidades, servicios y centros que tengan como finalidad la atención a los menores.

c) No gestionarse por parte de los padres, tutores o guardadores plaza escolar para un menor en período de escolarización obligatoria.

d) No procurar los padres, tutores o guardadores de menores en período de escolarización obligatoria, que éstos asistan al centro escolar, disponiendo de plaza y sin causa que lo justifique.

e) Todas aquellas acciones u omisiones que supongan una lesión o desconocimiento de los derechos de los menores reconocidos en la presente Ley.

Artículo 56. Infracciones graves

Constituyen infracciones graves, las acciones y omisiones siguientes, siempre que no deban ser calificadas como muy graves con arreglo a lo dispuesto en el artículo 57 de la presente Ley:

a) La comisión de más de dos infracciones leves en el plazo de un año.

b) Las acciones y omisiones previstas en las letras a), c), d) y e) del artículo anterior cuando de ellas se deriven perjuicios graves para los menores.

c) No dar cuenta a la Entidad Pública, Autoridad Judicial o Ministerio Fiscal de la posible situación de riesgo o desamparo en que pudiera encontrarse un menor, por parte de aquellas personas que por su cargo, profesión o función deban tener un especial conocimiento de ello.

d) Incumplir las resoluciones dictadas por la Entidad Pública en el ejercicio de sus competencias.

e) No poner inmediatamente a disposición de la autoridad, o en su caso de su familia, al menor que se encuentre abandonado, extraviado o fugado de su hogar.

f) Incumplir el deber de confidencialidad y sigilo respecto a los datos personales de los menores, por parte de los profesionales que intervengan en su protección.

g) Difundir o utilizar por parte de los medios de comunicación social la identidad o imagen de los menores cuando ello suponga una intromisión ilegítima en su intimidad, honra o reputación o sea contrario a sus intereses, aun cuando medie su consentimiento o el de sus representantes legales.

h) El exceso en las medidas correctoras a niños y niñas sometidos a medidas judiciales o la limitación de sus derechos más allá de lo establecido en las propias decisiones judiciales o en las normas que regulen el funcionamiento interno de los Centros e Instituciones en los que se encuentren aquéllos, efectuadas por los responsables, los trabajadores o los colaboradores de los centros o instituciones.

i) Recibir a un menor ajeno a la familia de las personas con la intención de su futura adopción, sin la intervención del órgano competente de la Entidad Pública.

j) Impedir la asistencia al centro escolar de un menor en período de escolarización obligatoria, disponiendo de plaza y sin causa que lo justifique, por parte de los padres, tutores y guardadores.

k) Proceder a la apertura, cierre o iniciar el funcionamiento de un servicio o centro de atención a menores sin haber obtenido previamente la autorización administrativa pertinente.

l) Impedir, obstruir o dificultar de cualquier modo las funciones de inspección y control de los centros o servicios de atención a menores, tanto por parte de los titulares de los mismos como del personal a su servicio.

ll) La intervención en funciones de mediación para el acogimiento familiar y para la adopción internacional sin estar acreditado o habilitado para ello.

m) Todas aquellas acciones u omisiones no contempladas en los apartados anteriores, que supongan un incumplimiento de las normas sobre autorización, registro, acreditación, inspección y funcionamiento de las entidades, servicios y centros que tengan como finalidad la atención a los menores, siempre que impliquen una conducta de carácter doloso o sean materialmente dañosas para los menores o destinatarios de aquéllos.

n) Amparar o ejercer prácticas lucrativas en centros o servicios de atención a menores definidos como sin ánimo de lucro, por parte de los titulares de los mismos o del personal a su servicio.

ñ) La percepción por las entidades colaboradoras que actúen en régimen de concierto con la Administración de la Junta de Andalucía de cantidades no autorizadas como contraprestación por los servicios de atención a los menores o a sus familias.

o) Aplicar las ayudas y subvenciones recibidas a destinos o finalidades distintas de aquellas que justificaron su concesión.

p) El incumplimiento por el centro o personal sanitario de la obligación de identificar al recién nacido, de acuerdo con lo establecido en el artículo 5 de la presente Ley.

Artículo 57. Infracciones muy graves

Constituyen infracciones muy graves:

a) La comisión de más de dos infracciones graves en el plazo de un año.

b) Las acciones y omisiones previstas en el artículo anterior, cuando de ellas se deriven daños o perjuicios de reparación imposible o difícil para los derechos del menor.

c) La infracción grave tipificada en la letra i) del artículo anterior habiendo mediado precio o engaño, o con peligro manifiesto para la integridad física o psíquica del menor.

d) La infracción grave tipificada en la letra ll) del artículo anterior habiendo mediado precio o engaño, o con peligro manifiesto para la integridad física o psíquica del menor.

Artículo 58. De la prescripción de las infracciones

Las infracciones tipificadas en la presente Ley prescribirán a los tres años las leves, a los cinco las graves y a los siete años las muy graves, contados desde la fecha en que la infracción se hubiere cometido.

CAPÍTULO II. Sanciones

Artículo 59. Sanciones

Las infracciones establecidas en la presente Ley serán sancionadas en la forma siguiente:

a) Infracciones leves: Amonestación por escrito o multa de hasta 500.000 pesetas.

b) Infracciones graves: Multas desde 500.001 pesetas hasta 5.000.000 de pesetas.

c) Infracciones muy graves: Multas desde 5.000.001 pesetas hasta 100.000.000 de pesetas.

Artículo 60. Otras sanciones

Con independencia de las multas que puedan imponerse conforme al artículo anterior, en los supuestos de faltas graves o muy graves y en función de las circunstancias que concurran en la infracción, podrán imponerse las siguientes sanciones accesorias:

a) Cierre total o parcial del centro de protección hasta un año, las graves, y cierre total o parcial de hasta dos años o definitivo, las muy graves.

b) Prohibición de financiación pública por un tiempo de hasta cinco años.

c) Inhabilitación para el desarrollo de funciones y actividades similares o para el ejercicio de cargos de carácter análogo hasta un plazo de cinco años.

Artículo 61. Graduación de las sanciones

En la graduación de las sanciones se deberá guardar la debida adecuación entre la gravedad del hecho constitutivo de la infracción y la sanción aplicada, considerándose además los siguientes criterios:

a) Relevancia o trascendencia social de la infracción.

b) Existencia de intencionalidad del autor.

c) La reincidencia por la comisión en el plazo de un año de otra infracción de la misma naturaleza cuando así se haya declarado por resolución firme.

Artículo 62. Publicidad de las sanciones

1. En el caso de infracciones graves o muy graves el órgano competente podrá acordar en la resolución del expediente sancionador; por razones de ejemplaridad, la publicación en el «Boletín Oficial de la Junta de Andalucía» de las sanciones impuestas una vez hayan adquirido firmeza.

2. Dicha publicación debe dar referencia de los nombres, apellidos, denominación o razón social de los sujetos responsables así como de la clase y naturaleza de las infracciones.

CAPÍTULO III. Procedimiento sancionador

Artículo 63. Medidas cautelares

1. El órgano competente para resolver, podrá adoptar en cualquier momento, mediante acuerdo motivado, las medidas de carácter provisional para asegurar la eficacia

de la resolución que pudiera recaer, el buen fin del procedimiento, evitar el mantenimiento de los efectos de la infracción y las exigencias de los intereses generales. En todo caso habrán de adoptarse las medidas necesarias para salvaguardar la integridad física y moral del menor.

2. Las medidas cautelares deberán ajustarse a la intensidad, proporcionalidad y necesidades de los objetivos que se pretendan garantizar en cada supuesto concreto.

Artículo 64. Relación con la jurisdicción penal y civil

1. Cuando el órgano competente para incoar el procedimiento sancionador tuviera indicios de que el hecho pudiera constituir también una infracción penal, lo pondrá en conocimiento del órgano jurisdiccional competente, absteniéndose de proseguir el procedimiento, una vez incoado, hasta tanto no exista un procedimiento judicial.

2. Cuando el mencionado órgano tuviera conocimiento, una vez incoado el procedimiento sancionador, de la existencia de diligencias penales con identidad de hechos, sujetos y fundamento, se abstendrá, asimismo, de proseguir el procedimiento hasta que exista pronunciamiento judicial.

3. Si una vez resuelto el procedimiento sancionador se derivasen responsabilidades administrativas para los padres, tutores o guardadores, se pondrá en conocimiento de la Fiscalía de Menores por si pudieran deducirse responsabilidades civiles.

DISPOSICIONES ADICIONALES

Primera. Defensor del Menor

Se establece la figura del Defensor del Menor de Andalucía como Adjunto al

Defensor del Pueblo Andaluz.

A estos efectos el apartado 1 del artículo 8 de la Ley 9/1983, de 1 de diciembre, del Defensor del Pueblo Andaluz, queda redactado como sigue:

1. El Defensor del Pueblo Andaluz estará auxiliado por tres adjuntos en los que podrá delegar sus funciones y entre los que designará al que ejerza las correspondientes al Defensor del Menor de Andalucía.

Segunda. Cuerpo Nacional de Policía

La Unidad del Cuerpo Nacional de Policía adscrita a la Comunidad Autónoma de Andalucía recibirá formación específica sobre cuestiones relacionadas con menores y velará por el cumplimiento de lo previsto en la presente Ley y colaborará en la ejecución de los actos que la Administración de la Junta de Andalucía dicte en aplicación de la misma.

En el plazo, máximo de un año a partir de la promulgación de la presente Ley, el Consejo de Gobierno de la Junta de Andalucía aprobará el Plan Integral de la Infancia, que concretará las actuaciones a desarrollar por las distintas Administraciones Públicas en Andalucía para el efectivo ejercicio de los derechos de los menores, con especial incidencia respecto de aquellos que presentan mayores necesidades.

Cuarta. Desarrollo reglamentario

Todos los reglamentos necesarios para el desarrollo de la presente Ley, serán aprobados por el Consejo de Gobierno en el plazo máximo de un año, a contar desde la fecha de entrada en vigor de la misma.

Quinta. Órganos de Participación

Se crean el Consejo Regional y los Consejos Provinciales de la Infancia, como órganos colegiados de participación y coordinación de las instituciones públicas y privadas, incluidas las integradas por menores para el asesoramiento, planificación y seguimiento de la aplicación de los derechos infantiles.

Reglamentariamente se determinarán sus fines, composición y régimen de funcionamiento.

Sexta. Investigación y formación

1. Se crea el Observatorio de la Infancia en Andalucía, para el desarrollo de actuaciones de investigación, estudio y análisis técnico de las materias relacionadas con los derechos y la atención a los menores. Su composición, objetivos y régimen de funcionamiento serán establecidos por norma reglamentaria.

2. La Administración de la Junta de Andalucía desarrollará programas de formación sobre derechos y atención a los menores, destinados a aquellos colectivos directamente implicados en funciones relacionadas con esta materia. Igualmente, colaborará con otras Administraciones Públicas y, en especial, con los órganos de la Administración de Justicia y Ministerio Fiscal, para la formación del personal de las mismas.

Séptima. Prioridad presupuestaria

La Comunidad Autónoma de Andalucía contemplará entre sus prioridades presupuestarias las actuaciones encaminadas a hacer efectivo el goce de sus derechos por parte de los menores en Andalucía. Igualmente, promoverá que el resto de las Administraciones Públicas asuman tal prioridad presupuestaria.

Octava. Menores extranjeros

1. El Consejo de Gobierno incluirá, en sus actuaciones de cooperación al desarrollo, acciones dirigidas al fomento, mejora y respeto de los derechos de la infancia en los Estados destinatarios de las correspondientes ayudas.

2. La Administración de la Junta de Andalucía, en colaboración con la Administración del Estado, procurará la adecuada atención e integración social de los menores extranjeros que se encuentran en situación de riesgo o desamparo, durante el tiempo que éstos permanezcan en nuestra Comunidad Autónoma, respetando en todo momento su cultura y procurando la reinserción social en su medio familiar y social

siempre que ello sea posible. A tal fin se promoverá el establecimiento de programas de cooperación y coordinación necesarios con los Estados de origen de los menores.

3. La Administración de la Junta de Andalucía facilitará la adopción de menores en el extranjero por personas residentes en Andalucía de conformidad con los principios y normas recogidos en los convenios internacionales suscritos por el Estado español.

4. De igual forma la Administración de la Junta de Andalucía promoverá la colaboración con la Administración del Estado para que el acogimiento familiar o residencial de menores extranjeros en Andalucía, ya sea de forma individual o mediante programas colectivos, se autorice y desarrolle conforme a los fines y requisitos establecidos en la regulación reglamentaria española sobre extranjería.

Novena. Multas

1. Las cantidades percibidas por la Administración de la Junta de Andalucía en conceptos de multas derivadas de la aplicación del régimen sancionador previsto en esta ley, se destinarán a engrosar los presupuestos de gastos destinados a programas de atención al menor

2. Las cuantías de las multas recogidas en el artículo 59 serán revisadas periódicamente por decreto del Consejo de Gobierno, de conformidad con las variaciones que experimente el Indice de Precios al Consumo o el indicador que lo sustituya, referido a la Comunidad Autónoma de Andalucía.

DISPOSICIÓN DEROGATORIA

Única

Queda derogado el Decreto 281/1988, de 13 de septiembre, así como cuantas disposiciones de igual o inferior rango se opongan a lo previsto en la presente Ley.

DISPOSICIONES FINALES

Primera

Se autoriza al Consejo de Gobierno para dictar las disposiciones necesarias para el desarrollo y ejecución de la presente Ley.

Bibliografía y Webgrafía

Rodio ediciones

TEMA 12

- http://www.juntadeandalucia.es/servicioandaluzdesalud/hsc/web/index.php?option=com_content&view=article&id=56&Itemid=113
- http://www.juntadeandalucia.es/salud/channels/temas/temas_es/P_1_CENTROS_Y_SERVICIOS_SANITARIOS/C_6_autorizacion_registro_centros_sanitarios/autorizacion_registro_centros_sanitarios?perfil=org&desplegar=/temas_es/P_1_CENTROS_Y_SERVICIOS_SANITARIOS/&idioma=es&tema=/temas_es/P_1_CENTROS_Y_SERVICIOS_SANITARIOS/C_6_autorizacion_registro_centros_sanitarios/&contenido=/channels/temas/temas_es/P_1_CENTROS_Y_SERVICIOS_SANITARIOS/C_6_autorizacion_registro_centros_sanitarios/autorizacion_registro_centros_sanitarios
- http://www.calidadsaludandalucia.es/es/anexo_2.html
- http://www.juntadeandalucia.es/economiayhacienda/planif_presup/presupuesto2014/memoria/memoria-a-24.pdf

TEMA 14

- Servicio Andaluz de Salud. Consejería de Igualdad, Salud y Políticas Sociales. Junta de Andalucía [Internet]. Derechos y Garantías; [último acceso 28 julio 2014]. Disponible en: http://www.juntadeandalucia.es/servicioandaluzdesalud/principal/documentosAcc.asp?pagina=gr_derechosygarantias
- Plataforma de Relaciones con la Ciudadanía Andaluza. Junta de Andalucía [Internet]. Voluntad vital anticipada. Declaración y Registro; [último acceso 28 julio 2014]. Disponible en: http://www.juntadeandalucia.es/haciendayadministracionpublica/clara/cprDetalleTramites.html?c=1-59-33
- Decreto 128/97, de 6 de mayo, por el que se regula la libre elección de médico especialista y de hospital en el Sistema Sanitario Público de Andalucía. (BOJA 24/05/97, nº 60) (46 KB)
- Decreto 60/99, de 9 de marzo, sobre libre elección de médico y pediatra. (BOJA 13/4/99, nº 43) (48 KB)
- Orden de 27 de febrero de 2002, por la que se establece la efectividad del carácter individual de la libre elección de médico y su gestión por la base de datos de usuarios del Sistema Sanitario Público de Andalucía. (BOJA 07/03/2002, nº 28) (44 KB)
- Orden de 6 de junio de 1999, de la Consejería de Salud, por la que se regula el procedimiento para la libre elección y se establecen las normas de asignación de médico general y pediatra en la comunidad autónoma de Andalucía. (BOJA 17/6/99)

TEMA 15

- Ley 30/1992, de 26 de noviembre, de Régimen Jurídico de las Administraciones Públicas y del Procedimiento Administrativo Común; [último acceso 8 agosto 2014]
- Disponible en https://www.boe.es/buscar/act.php?id=BOE-A-1992-26318
- Servicio Andaluz de Salud. Consejería de Igualdad, Salud y Políticas Sociales. Junta de Andalucía [Internet]. El Servicio Andaluz de Salud; [último acceso 28 julio 2014]
- Disponible en: http://www.sas.junta-andalucia.es/principal/documentosAcc.asp?pagina=gr_conocerelSAS

TEMA 16

- Bibliografía básica | Apuntes de demografía en WordPress.com [Internet]. [cited 2014 Jul 16]. Available from: http://apuntesdedemografia.wordpress.com/curso-de-demografia/bibliografia-basica/
- http://www.juntadeandalucia.es/institutodeestadisticaycartografia/InformacionEstadisticayCartografica/RevistaFuturoPoblacion.pdf [Internet]. [cited 2014 Jul 16]. Available from: http://www.juntadeandalucia.es/institutodeestadisticaycartografia/InformacionEstadisticayCartografica/RevistaFuturoPoblacion.pdf
- LOS CENSOS DE POBLACIÓN BASADOS EN REGISTROS: UNA APROXIMACIÓN A LAS EXPERIENCIAS DE LOS PAÍSES NÓRDICOS Y A SU APLICABILIDAD EN ESPAÑA [Internet]. [cited 2014 Jul 17]. Available from: http://www.ced.uab.es/publicacions/paperspdf/text364.pdf
- Pirámide de población [Internet]. [cited 2014 Jul 17]. Available from: http://enciclopedia.us.es/index.php?title=Especial:Citar&page=Pirámide+de+población
- Regidor E, Gutiérrez-Fisac J. Indicadores de salud. ... programa Reg Eur Salud para todos Madrid ... [Internet]. 1999 [cited 2014 Jul 17]; Available from: http://scholar.google.com/scholar?hl=en&btnG=Search&q=intitle:Indicadores+de+Salud#0
- Indicadores en salud [Internet]. [cited 2014 Jul 23]. Available from: http://es.slideshare.net/JoseMoi/indicadores-en-salud-14056145#
- FACULTAD DE CIENCIAS SOCIALES (UBA) CATEDRA : DEMOGRAFIA SOCIAL PROFESORA: DRA . SUSANA TORRADO SERIE MATERIALES DIDACTICOS DOCUMENTO No 9 ABRIL DE 1998 El Diagrama de Lexis . Análisis transversal y análisis longitudinal . Cohortes reales y cohortes hi. 1998
- Epidat 4: Ayuda de demografía. Avalaible from: http:/gal/documentacionTecnica/docs/SaudePublica/Apli/Epidat4/Ayuda/Demograf%2525C3%2525ADa.pdf

- Definición de algunos Indicadores Demograficos.Definition of selected demographic indicators [Internet].[cited 2014 jul 23]. Avalaible from: http://www.cepal.org/publicaciones/xml/9/29499/OD-2-Definiciones.pdf
- Morbilidad | Apuntes de demografía en WordPress.com [Internet]. [cited 2014 Jul 23]. Available from: http://apuntesdedemografia.wordpress.com/2010/07/07/morbilidad/
- Consiglio E, Belloso WH. Nuevos indicadores clínicos: La calidad de vida relacionada con la salud. Med (Buenos Aires) [Internet]. Fundación Revista Medicina (Buenos Aires); [cited 2014 Jul 23];63(2):172–8. Available from: http://www.scielo.org.ar/scielo.php?script=sci_arttext&pid=S0025-76802003000200014&lng=es&nrm=iso&tlng=es
- SCHWARTZMANN LAURA. HEALTH-RELATED QUALITY OF LIFE: CONCEPTUAL ASPECTS. Cienc. enferm. [serial on the Internet]. 2003 Dec [cited 2014 July 24] ; 9(2): 09-21. Available from: http://www.scielo.cl/scielo.php?script=sci_arttext&pid=S0717-95532003000200002&lng=en. http://dx.doi.org/10.4067/S0717-95532003000200002

TEMA 17

- Manual Biestadística Universidad de Málaga.
- Manual de Biestadística Universidad de Cádiz.

TEMA 18

- Argimon Pallás JM, Jiménez Villa J. Métodos de investigación clínica y epidemiológica. 3º ed. Madrid: Elsevier; 2007. p. 29-32
- Ballesteros Alvaro AM. Demografía y Epidemiología. Madrid. Enfo ediciones; 2008. P 103-135
- Centro colaborador español del Instituto Joanna Briggs para los cuidados de salud basados en la Evidencia. Conéctate a la evidencia. Instituto de Salud Carlos III. 2006
- García Salinero J. Análisis de los datos en los estudios epidemiológicos I. Nure Inv. 2005
- González de Haro MD, García Padilla FM. Salud pública y educación para la salud. Barcelona. Masson 2000. p. 141-150
- Olsen J, Christensen K, Murray J, Ekbom A. An Introduction to Epidemiology for Health Professionals. New York: Springer Science+Business Media; 2010
- Polit DF, Hungler BP. Investigación cientifica en ciencias de la salud. &º ed. México: McGraw- Hill interamericana; 2000. P 25-48

- Porta M, editor. Greenland S, Hernán M, dos Santos Silva I, Last JM, associate editors (2014). "A dictionary of epidemiology", 6ª edición. Nueva York: Oxford University Press

TEMA 19

- Adcock R, Collier D. Measurement validity: A shared standard for qualitative and quantitative research. American Political Science Review. 2001; 95: 529-546
- AGREE Collaboration (2003). Development and validation of an international appraisal instrument for assessing the quality of clinical practice guidelines: the AGREE project. Qual Saf Health Care 12(1):18-23
- AGREE II: Instrumento AGREE III: instrumento para la evaluación de guías de práctica clínica. The AGREE Research Trust. Canadá, 2009. Versión electrónica en español: http://www.guiasalud.es/contenidos/documentos/Guias_Practica_Clinica/Spanish-AGREE-II.pdf
- Alonso P, Ezquerro O, Fargues I, et al., eds. Enfermería Basada en la Evidencia: Hacia la excelencia en los cuidados [CD-ROM]. Ediciones DAE; Madrid: 2004.
- Atkins D, Best D, Briss PA, Eccles M, Falck-Ytter Y, Flottorp S, et al. Grading quality of evidence and strength of recommendations. Bmj. 2004 19;328(7454):1490
- Balagué Gea L. Revisiones sistemáticas. Qué son y cuál es su utilidad en enfermería. Enferm Clin. 2002; 12(5): 224-9
- Brozek JL, Akl EA, Alonso-Coello P, Lang D, Jaeschke R, Williams JW, et al. Grading quality of evidence and strength of recommendations in clinical practice guidelines. Part 1 of 3. An overview of the GRADE approach and grading quality of evidence about interventions. Allergy. 2009; 64(5): 669-77
- Carrasco G, Ferrer J. Las vías clínicas basadas en la evidencia como estrategia para la mejora de la calidad: metodología, ventajas y limitaciones. Rev Calidad Asistencial 2001;16: 199-207
- Castiñeira Pérez C, Rico Iturrioz R, Etxeandia Ikobaltzeta I. Cómo evaluar una Guía de Práctica Clínica. Atención primaria en la red. 2013. Fisterra.com
- DiCenso A, Bayley L, Haynes RB. ACP Journal Club. Editorial: Accessing reappraised evidence: fine-tuning the 5S model into a 6S model. Ann Intern Med. 2009 Sep 15; 151(6): JC3-2, JC3-3
- Guyatt GH, Oxman AD, Kunz R, Vist GE, Falck-Ytter Y, Schunemann HJ. What is "quality of evidence" and why is it important to clinicians? Bmj. 2008, 3;336(7651): 995-8
- Guyatt G, Oxman AD, Akl EA, Kunz R, Vist G, Brozek J, et al. GRADE guidelines: 1. Introduction - GRADE evidence profiles and summary of findings tables. J Clin Epidemiol. 2011; 64(4): 383-94

- Estrada Lorenzo JM, Barderas Manchado A. Recursos en internet para el conocimiento y aplicación de la práctica clínica basada en la evidencia. Matronas Prof. 2006; 7(4): 17-24

- García Caballero J, Díez Sebastián J, Chamorro Ramos L, Navas Acien A, Franco Vidal A. Vías Clínicas y calidad asistencial. Hospital Universitario La Paz. Madrid

- García Gutiérrez JF, Bravo Toledo R. Guías de práctica clínica en Internet. Aten Primaria. 2001; 28: 74-9

- Gálvez Toro A. Enfermería basada en la evidencia: cómo incorporar la investigación a la práctica de los cuidados. Fundación Index . Granada 2001

- GRADEprofiler. 3.2 ed: GRADE working group, McMaster University; 2012

- Grilli R, Magrini N, Penna A, Mura G, Liberati A. Practice guidelines developed by specialty societies: the need for critical appraisal. *Lancet.* 2000; 355:103-106

- Hulley SB, Cummings SR. Diseño de la investigación clínica. Un enfoque epidemiológico. Doyma. 1993; 47-58

- Icart Isern MT. Enfermería Basada en la Evidencia: Un nuevo desafío profesional. Enfermería Clínica 1998. 8(2): 77-83

- Icart Isern MT. La evidencia científica: estrategia para la práctica enfermera. Rev Rol Enferm. 1999; 22: 185-90

- Icart Isern MT, Puipón Segura AM, Icart Isern MC. Aplicación de la enfermería basada en la evidencia: de la pregunta a la búsqueda bibliográfica. Enferm Clin. 2001; 11: 23-8

- Icart Isern MT, Pulpón Segura AM, García Gálvez I, Icart Isern MC. Aplicación de la enfermería basada en la evidencia: de la búsqueda bibliográfica a la lectura crítica. Enferm Clin. 2001; 11: 117-23

- Instituto Joanna Briggs. Plan Estratégico 2010-2013. Libro Blanco "Cuidados de Salud Basados en la Evidencia". www.eidenciaencuidados.com

- López de Argumedo M, Reviriego E, Andrío E, Rico R, Sobradillo N, Hurtado de Saracho I. Revisión externa y validación de instrumentos metodológicos para la Lectura Crítica y la síntesis de la evidencia científica. Madrid: Plan Nacional para el SNS del MSC. Servicio de Evaluación de Tecnologías Sanitarias del País Vasco (Osteba); 2006. Informes de Evaluación de Tecnologías Sanitarias: OSTEBA Nº 2006/02. Ed. Servicio Central de Publicaciones del Gobierno Vasco. Vitoria-Gasteiz 2008

- Martínez Riera JR. (2003). Barreras e instrumentos facilitadores de la enfermería basada en la evidencia. Enfermería Clínica 2003. 13(5), 303-308

- Navarro Mateu F, Soria Aledo V. Lectura crítica de un metaanálisis. En: Metodología de la investigación práctica clínica basada en la evidencia. Programa transversal y complementario del residente (PTCR), Soria Aledo V., y cols. Ed. Consejería de Sanidad. Murcia, 2003

- OMS. Nursing practice: report of a WHO expert committee. Ginebra 1996
- Orellana Yanez A, Paravic Klijn T. Enfermería basa en la evidencia. Barreras y estrastegias para su implementación http://www.scielo.cl/scielo.php?script=sci_arttext&pid=S0717-95532007000100003 - z . Cienc. enferm. 2007, 13(1)
- Plsek PE. Tutorial: Quality improvement project models.In:Quality in health care. Graham N.O. 1995: 92-113
- Primo J. Niveles de evidencia y grados de recomendación. Libro de actas del Symposium "Gestión del conocimiento y su aplicación en la Enfermedad Inflamatoria Crónica Intestinal". Valencia 2003
- Ramos de la Cruz, E. Métodos novedosos: Enfermería Basada en la Evidencia. Duazary, 2004. 1(2)
- Ríos Zambudio A. Introducción a la lectura crítica: concepto, utilidad y habilidades. En: Metodología de la investigación práctica clínica basada en la evidencia. Programa transversal y complementario del residente (PTCR), Soria Aledo V., y cols. Ed. Consejería de Sanidad. Murcia, 2003
- Suberbiola JR, Arregui EP, Aguilar HD, López EB. Mapas de cuidados, procedimientos de enfermería. Enfuro, 2002. 81: 26-28

TEMA 20

- Salamanca Castro AB. El aeiou de la investigación en enfermería. 2013. FUDEN
- Sandoval CA (2002). Investigación cualitativa. IFCES. ed. ARFO. 2002
- Amezcua M, Gálvez Toro, A. Los modos de análisis en investigación cualitativa en salud: Perspectiva crítica y reflexiones en voz alta. Rev. Esp Salud Pública. 2002
- Polit D. y Hungler B. (2000). Investigación científica en ciencias de la salud (6ª ed). Mexico: McGraw-Hill
- Rev Esp Salud Pública 2002, Vol. 76, N.º 5 479. Criterios de calidad en la investigación cualitativa en salud (ics): apuntes para un debate necesario
- Taylor S. J y bogdan R (2004). Introducción a los métodos cualitativos de investigación. Barcelona; ed. Paidós
- Abel F. Comités de ética asistencial. An Sist Sanit Navar.2006. Supl. 3: 75-83
- BIOÉTICA. Programa de formación continuada. Comisión de formación continuada del SNS. Barcelona 2010. B.Brawn surgical

TEMA 21

- Centro de Estudios Financieros. Gestión Sanitaria Integral: Pública y Privada. [acceso 02 de octubre de 2014]. Disponible: http://www.gestion-sanitaria.com/
- Junta de Andalucía. Consejería de Salud y Bienestar Social. Manual de instrucciones del conjunto mínimo básico de datos de Andalucía 2013. 2013. [acceso 02 de octubre de 2014]. Disponible en: http://www.juntadeandalucia.es/servicioandaluzdesalud/library/plantillas/externa.asp?pag=../../publicaciones/datos/559/pdf/2013manualcmbd.pdf
- Junta de Andalucía. Consejería de Salud y Bienestar Social. Diraya - Historia clínica electrónica. 2010. [acceso 02 de octubre de 2014]. Disponible en: http://www.juntadeandalucia.es/servicioandaluzdesalud/library/plantillas/externa.asp?pag=/contenidos/gestioncalidad/diraya/DossierDiraya2010_Es.pdf
- Junta de Andalucía. Servicio Andaluz de Salud. Diraya. Historia digital de salud del ciudadano. 2004. [acceso 02 de octubre de 2014]. Disponible en: http://www.juntadeandalucia.es/servicioandaluzdesalud/contenidos/gestioncalidad/Diraya_Estrategia_Digital.pdf
- Pérez Torres F.E. Sistema Integrado de Información y Gestión para la Atención Sanitaria. Xalapa. Servicio Andaluz de Salud. 2006
- Pérez Torres F.E. La Historia de Salud Electrónica de Andalucía. Granada. Servicio Andaluz de Salud. 2012
- González E, Pérez F. La historia clínica electrónica. Revisión y análisis de la actualidad. Diraya: la historia de salud electrónica de Andalucía. Rev Esp Cardiol. 2007;7(Supl C): 37-46
- Maqueira Marín, J. M., Bruque Cámara, S., Historia Digital de Salud. Tácticas a seguir a partir del caso Diraya en Andalucía. RevistaeSalud. com, 2008, vol. 4, no 13
- Moreno Küstner, B,. Los sistemas de información al servicio de la sanidad. Rev Uciencia. Málaga. 2011, vol. 6, 36-37
- Cruz Lendínez, A. J., Nuevas estrategias para la gestión de los cuidados. Inquietudes, 2009, no 41, p. 02
- Fernández Engo, José R. Gobernanza SOA e Interoperabilidad: Servicio Andaluz de Salud. RevistaeSalud. com, 2012, vol. 8, no 32
- Salvador Oliván, J. A., Sistemas de información hospitalarios: el CMBD. Scire: representación y organización del conocimiento, 1997, vol. 3, no 2, p. 115-130
- Fina Avilés, F., et al. Sistema de Información de los Servicios de Atención Primaria (SISAP). La experiencia 2006-2009 de l'Institut Català de la Salut. Revista de Innovación Sanitaria y Atención Integrada, 2010, vol. 2, no 1, p. 2
- Manual CTO EIR. 5.ª ed. Madrid. 2011

- Junta de Andalucía. Unifica. Interoperabilidad. Documentos Básicos. [acceso 4 de octubre de 2014]. Disponible en: https://ws001.juntadeandalucia.es/unifica/interoperabilidad;jsessionid=A616C8AF0666CAC68E6B3D83EEB21222
- Real Decreto 1093/2010, de 3 de septiembre, por el que se aprueba el conjunto mínimo de datos de los informes clínicos en el Sistema Nacional de Salud. (BOE núm., 225, 16 septiembre 2010)
- Ministerio de Sanidad, Servicios Sociales e Igualdad. Subdirección General de Información Sanitaria e Innovación. Sistema de Información Sanitaria del Sistema Nacional de Salud [Publicación en Internet]. Madrid: 2014. [acceso 4 de octubre de 2014]. Disponible en: www.msssi.gob.es
- HL7 (Health Level Seven). El Servicio Andaluz de Salud. Un caso de éxito HL7 de la mano de SOA. [acceso 4 de octubre de 2014]. Disponible: http://www.hl7spain.org/exitos/115-el-servicio-andaluz-de-salud-un-caso-de-exito-hl7-de-la-mano-de-soa.html
- Junta de Andalucía. Consejería de Salud y Bienestar Social. Guía rápida de actuación para el manejo de Diraya Cuidados. Hospital Universitario Virgen de las Nieves. [acceso 4 de octubre de 2014]. Disponible: www.hvn.es/enfermeria/ficheros/gu__a_diraya_cuidados.pdf
- Junta de Andalucía. Consejería de Salud y Bienestar Social. Manual Azahar. Hospital Universitario Virgen de las Nieves. [acceso 4 de octubre de 2014]. Disponible: http://www.juntadeandalucia.es/servicioandaluzdesalud/hrs3/index.php?id=manual_azahar
- Ministerio de Sanidad y Consumo. Instituto Nacional de la Salud. Manual de explotación. 2001. [acceso 4 de octubre de 2014]. Disponible: http://www.ingesa.msc.es/estadEstudios/documPublica/internet/home.htm
- Tics - Trabajo Social. Sistemas de Información utilizados en Atención Primaria de Salud y en Atención Especializada en Andalucía [acceso 4 de octubre de 2014]. Disponible: http://ticstrabajosocial.webnode.es/products/sistemas-de-informacion-utilizados-en-atencion-pri-maria-de-salud-y-en-atencion-especializada-en-andalucia/
- Alfaro-LeFevre R. Aplicación del proceso enfermero. Fomentar el cuidado en colaboración. 5ª ed. Barcelona: Masson; 2003
- Bulechek G, Butcher H, McCloskey J. Clasificación de intervenciones de enfermería (NIC). 5ª ed. Madrid: Mosby; 2009
- Marriner A, Raile M. Modelos y teorías en enfermería. 6ª ed. Madrid: Mosby; 2007
- Moorhead S, Johnson M, Maas M, Swanson E. Clasificación de resultados de enfermería (NOC). 4ª ed. Madrid: Mosby; 2009
- NANDA International. Diagnósticos enfermeros: definiciones y clasificación. 2009-2011. Madrid: Elsevier; 2010

- Decreto 137/ 2002 de Apoyo a las Familias Andaluzas. Boletín Oficial de la Junta de Andalucía, 4 de mayo de 2002; 52: 7127-34 Servicio Andaluz de Salud. Datos básicos 2005. Sevilla: SAS, 2006
- Junta de Andalucía. Servicio Andaluz de Salud. Proyecto Alzheimer, Tarjeta + Cuidado. Septiembre 2008. [acceso 4 de octubre de 2014]. Disponible: http://www.juntadeandalucia.es/salud/sites/csalud/contenidos/Informacion_General/c_3_c_1_vida_sana/dependencia/tarjeta_mas_cuidado
- PrescripcionEnfermera.com. Portal sanitario. 2014. [acceso 20 de agosto de 2014]. Disponible: http://prescripcionenfermera.com/
- Ministerio de Sanidad. eCIE10. Edición electrónica de la CIE-10 8ª edición (2009) Versión 1.0 - 01/05/2010. [acceso 20 de agosto de 2014]. Disponible: http://eciemaps.mspsi.es/ecieMaps/browser/index_10_2008.html
- Federación de AFAs de Huelva. Tarjeta + cuidado. 2008 [acceso 20 de agosto de 2014]. Disponible: http://www.alzheimerdehuelva.org/index.php?id=114&items=47
- Sistema para la Autonomía y Atención a la Dependencia (SAAD), con la colaboración y participación de todas las Administraciones Públicas (BOE, nº 299 del 15/12/2006)

TEMA 22

- Temes JL. Gestión hospitalaria. McGraw-Hill. Madrid. 2002
- Falguera Martínez-Alarcón J. La contabilidad de gestión en los Centros sanitarios [tesis doctoral]. Barcelona: Departament d'Economía i Empresa, Universidad Pompeu Fabra; 2002
- Servicio Andaluz de Salud. Consejería de Igualdad, Salud y Políticas Sociales. Junta de Andalucía [Internet]. El Servicio Andaluz de Salud; [último acceso 28 julio 2014]. Disponible en: http://www.sas.junta- andalucia.es/principal/documentosAcc.asp?pagina=gr_conocerelSAS

TEMA 23

- López de Castro F, Rodríguez Alcalá FJ. Planificación Sanitaria (I). SEMERGEN 2003;29:244-254
- Varo, J. Gestión estratégica de la calidad en los servicios sanitarios. Madrid. Ed. Díaz de Santos, 1994
- Pinneault R, Davely y C. La Planificación Sanitaria. Conceptos, métodos y estrategias. Barcelona. Masson, 1987

- Gómez I, Aibar R, Rabanaque MJ. La planificación en Salud Pública. En: Piédrola Gil. Medicina Preventiva y Salud Pública. 10º edición. Masson. 2002
- Universidad de Sevilla. Sevilla: Departamento de Medicina Preventiva y Salud Pública; 2011. De Cruz Rojo C. ESQUEMAS- PLANIFICACIÓN Y PROGRAMACIÓN SANITARIA. [acceso 20 de agosto de 2014]. Disponible en: http://personal.us.es/cruzrojo/ESQUEMAS-PLANIFIACION.pdf
- Ministerio de Sanidad, Política Social e Igualdad. Madrid; 2011. De García Armesto S, Abadía Taira MB, Durán A, Hernández Quevedo C, Bernal Delgado E.. España: Análisis del sistema sanitario 2010. Resumen y conclusiones. [acceso 20 de agosto de 2014] Disponible en: https://www.msssi.gob.es/organizacion/sns/planCalidadSNS/pdf/equidad/observatorioEuropeo/EspanaAnalisisSistemaSanitario2010.pdf
- Ministerio de Sanidad, Servicios Sociales e Igualdad..Madrid; 2012. Informe anual del Sistema Nacional de Salud, 2012. [acceso 20 de agosto de 2014]. Disponible en: http://www.msssi.gob.es/estadEstudios/estadisticas/sisInfSanSNS/tablasEstadisticas/infsns2012.pdf
- IV Plan Andaluz de Salud [Monografía en Internet]. [Sevilla]. Consejería de Igualdad, Salud y Políticas Sociales, 2013. [acceso 20 de agosto de 2014]. Disponible en: http://www.andaluciasana.es/PAS/_ePAS/#1
- Ley 16/2003, de 28 de mayo, Ley de cohesión y calidad del Sistema Nacional de Salud. (BOE num. 128, 29 mayo 2003)
- Ley 14/1986, de 25 de abril. Ley General de Sanidad.(BOE núm., 102, 29 abril 1986)
- Ley 16/2011, de 23 de diciembre. Ley de Salud Pública de Andalucía. (BOJA núm. 255, 31 diciembre 2011)
- Ministerio de Sanidad, Política Social e Igualdad. Libro Blanco de Coordinación Sociosanitaria en España. Madrid, 2011
- Naranjo, M. Evaluación de programas de salud. Comunidad y Salud. 2006, 4 (2): 0
- Ortegón E, Pacheco JF, Prieto A. Metodología del marco lógico para la planificación, el seguimiento y la evaluación de proyectos y programas. Comisión Económica para América Latina y el Caribe (CEPAL). Instituto Latinoamericano y del Caribe de Planificación Económica y Social (ILPES). 2005. [acceso 24 de agosto de 2014]. Disponible en: http://www.fcs.edu.uy/enz/desarrollo/modulodes/archivos/tecnicapestrategica/Ortegon%20et%20al%20-%
- Instituto Nacional de Estadística (INE). INEbase. 2014. [acceso 24 de agosto de 2014]. Disponible en: http://www.ine.es/inebmenu/indice.htm
- OMS, Comisión sobre Determinantes Sociales de Salud 2008. Subsanar las desigualdades en una generación. Alcanzar la equidad sanitaria actuando sobre los determinantes sociales de la salud. Génova. [acceso 24 de agosto de 2014].

Disponible en: http://whqlibdoc.who.int/publications/2008/9789241563703_eng.pdf

- Regidor, E., Gutiérrez-Fissac, J. & Alfaro. 2009. "Indicadores de salud 2009", Evolución de los indicadores del estado de salud en España y su magnitud en el contexto de la Unión Europea. Madrid. Ministerio de Sanidad y Política Social
- Instituto de Información Sanitaria. Indicadores de salud. Cuarta Evaluación en España del programa regional europeo Salud para Todos. Sistema Nacional de Salud. Ministerio de Sanidad y Consumo. 2004
- Consejería de Igualdad, Salud y Políticas Sociales de la Junta de Andalucía. Memoria Estadística de la Consejería de Igualdad, Salud y Políticas Sociales 2012.. Sevilla. 2013. [acceso 24 de agosto de 2014]. Disponible en: http://www.juntadeandalucia.es/salud/export/sites/csalud/galerias/documentos/p_7_p_3_estadisticas_sanitarias/memoria_estadistica/memoria_estadistica2012/memoria_estadistica2012.pdf
- Castro Bonaño, J.M. y Salvo Tierra, E. Bases para un Sistema de indicadores de Medio Ambiente Urbano en Andalucía. Consejería de Medio Ambiente. Junta de Andalucía. Sevilla.2001
- Ministerio de Sanidad, Servicios Sociales e Igualdad.2014. Portal Estadístico del SNS. [acceso 24 de agosto de 2014]. Disponible en: http://www.msssi.gob.es/estadEstudios/estadisticas/sisInfSanSNS/inclasSNS_DB.htm
- Espiña EJ, Fernández C. Tipos de datos que describen la situación de salud: medioambientales. Fuentes e indicadores. En: Gallo FJ, León FJ, Martínez-Cañavate T, Torío J, editores. Manual del residente de medicina familiar y comunitaria. 2.a edición. Madrid: SemFYC, 1997; p. 432-7
- Gallo FJ, Castillo R, Pedrajas S. Tipos de datos que describen la situación de salud. Los estilos de vida y otros factores de riesgo. Sus medidas. En: Gallo FJ, León FJ, Martínez-Cañavate T, Torío J, editores. Manual del residente de medicina familiar y comunitaria. 2.a edición. Madrid: SemFYC, 1997; p. 461-71
- Gálvez M, Bonillo MA, Gallo FJ. Tipos de datos que describen la situación de salud. La información de tipo cualitativo. En: Gallo FJ, León FJ, Martínez-Cañavate T, Torío J, editores. Manual del residente de medicina familiar y comunitaria. 2.a edición. Madrid: SemFYC, 1997; p. 472-6
- Martín Jl, Gago A, Panadero A. Tipos de datos que describen la situación de salud: medidas de enfermedad. Sus fuentes e indicadores. En: Gallo FJ, León FJ, Martínez-Cañavate T, Torío J, editores. Manual del residente de medicina familiar y comunitaria. 2ª edición. Madrid: SemFYC, 1997; p. 456-60
- Ortiz J, Martínez B, Gómez MC. Tipos de datos que describen la situación de salud: sociales, económicos y culturales. Fuentes e indicadores. En: Gallo FJ, León FJ, Martínez-Cañavate T, Torío J, editores. Manual del residente de medicina familiar y comunitaria. 2.a edición. Madrid: SemFYC, 1997; p. 438-44

- Tojal F, Pérez MC. Tipos de datos que describen la situación de salud: demográficos. Fuentes e indicadores. En: Gallo FJ, León FJ, Martínez- Cañavate T, Torío J, editores. Manual del residente de medicina familiar y comunitaria. 2.a edición. Madrid: SemFYC, 1997; p. 425-31
- Vallejo A. Tipos de datos que describen la situación de salud: la mortalidad. Fuentes e indicadores. El certificado de defunción. En: Gallo FJ, León FJ, Martínez-Cañavate T, Torío J, editores. Manual del residente de medicina familiar y comunitaria. 2ª edición. Madrid: SemFYC, 1997; p. 445-55
- MANUAL CTO Enfermería, 4ª edición. Madrid: Mc-Graw-Hill. Interamericana; 2007
- Estrategia de promoción de la salud y prevención en el SNS : en el marco del abordaje de la cronicidad en el SNS [Monografía en Internet]. Madrid: Ministerio de Sanidad, Servicios Sociales e Igualdad, 2014. [acceso 24 de agosto de 2014]. Disponible en: http://www.msssi.gob.es/profesionales/saludPublica/prevPromocion/docs/EstrategiaPromocionSaludyPrevencionSNS.pdf
- Vignolo, J., Vacarezza, M., Álvarez, C., & Sosa, A. (2011). Niveles de atención, de prevención y atención primaria de la salud. Archivos de Medicina Interna, 33(1), 7-11
- Universidad de Sevilla. Sevilla: Departamento de Medicina Preventiva y Salud Pública; 2010. De Cruz Rojo C. ESQUEMAS DEL TEMA PREVENCIÓN Y PROMOCIÓN DE LA SALUD . [acceso 20 de agosto de 2014]. Disponible en: http://personal.us.es/cruzrojo/PREVENCION-PROMOCION-APS.pdf
- Hernández-Aguado I, Gil A, Delgado M, Bolumar F eds. Manual de Epidemiología y Salud Pública para Licenciaturas y Diplomaturas en Ciencias de la Salud. Madrid: Editorial Médica Panamericana, 2005
- Piédrola Gil G. y cols. Medicina Preventiva y Salud Pública. 11ª Edición Barcelona: Masson-Salvat; 2008
- Gérvas J. Moderación en la actividad médica preventiva y curativa. Cuatro ejemplos de necesidad de prevención cuaternaria en España. Gac Sanit. 2006;20 Supl 1: 127-34
- Gervás J. Prevención cuaternaria para principiantes. Breve recetario para un sano escepticismo sanitario. [Acceso 20 de agosto de 2014]. Disponible en http://www.equipocesca.org/wp-content/uploads/2011/11/QP-principiantes.pdf
- Gérvas Camacho J, Gavilán Moral E, Jiménez de García L. Prevención cuaternaria: es posible (y deseable) una asistencia sanitaria menos dañina. Actualización en Medicina de Familia 2012; 8: 312-7
- Gérvas J. Malicia sanitaria y prevención cuaternaria. Gac Med Bilbao. 2007;104:93-6
- Delgado M, Llorca J. Concepto de salud. El continuo salud-enfermedad. Historia natural de la enfermedad. Determinantes de la salud. En Hernández-Agua-

do I, Gil A, Delgado M, Bolúmar F. Manual de epidemiología y salud pública. Madrid: Panamericana, 2005

- Juntadeandalucia.es. Instituto de Estadística y Cartografía de Andalucía. Sevilla. 2014. [Acceso 20 de agosto de 2014. Disponible: http://www.juntadeandalucia.es/institutodeestadisticaycartografia/index.html
- Juntadeandalucia.es. Consejería de Igualdad Salud y Políticas sociales. Sevilla. 2014. [Acceso 20 de agosto de 2014. Disponible: http://www.juntadeandalucia.es/organismos/igualdadsaludypoliticassociales.html
- Economiaandaluza.es. Analistas Económicos de Andalucía Málaga. 2014. [Acceso 20 de agosto de 2014. Disponible: http://www.economiaandaluza.es/
- Imf-formacion.com. Formación en riesgos laborales. Madrid. 2011 acceso 20 de agosto de 2014. Disponible: http://www.imf-formacion.com/blog/prevencion-riesgos-laborales/
- Juntadeandalucia.es. Consejería de medio ambiente y ordenación del territorio. Sevilla. 2014. [Acceso 20 de agosto de 2014. Disponible: http://www.juntadeandalucia.es/medioambiente/site/rediam/portada/
- Juntadeandalucia.es. Consejería de medio ambiente y ordenación del territorio. Relación de Indicadores Ambientales de Andalucía 2011. Sevilla. 2014. [Acceso 20 de agosto de 2014. Disponible: http://www.juntadeandalucia.es/medioambiente/site/portalweb/menuitem.30d4b35a97db5c61716f2b105510e1ca/?vgnextoid=69a1c010710c4410VgnVCM2000000624e50aRCRD&vgnextchannel=bef35d34e7a85310VgnVCM2000000624e50aRCRD&vgnextfmt=portalwebSinMenu

TEMA 24

- Consejería de Salud. Junta de Andalucía. Cartera de Servicios por Procesos Asistenciales Integrados. http://www.juntadeandalucia.es/servicioandaluzdesalud/contenidos/publicaciones/datos/218/pdf/CarteradeServiciosPAI.pdf
- Consejería de Salud. Junta de Andalucía. Plan de Calidad. http://www.juntadeandalucia.es/fundacionprogresoysalud/investigamas/files/PlanCalidaddelSSPA2010-2014.pdf
- Consejería de Salud. Junta de Andalucía. Gestión por procesos asistenciales integrados. Guía de diseño y mejora continua de Procesos Asistenciales Integrados. http://www.juntadeandalucia.es/salud/export/sites/csalud/galerias/documentos/p_3_p_3_procesos_asistenciales_integrados/guia_diseno/guia_diseno_mejora.pdf
- Consejería de Salud. Junta de Andalucía. Procesos Asistenciales Integrados (PAI) http://www.juntadeandalucia.es/salud/sites/csalud/contenidos/Informacion_General/p_3_p_3_procesos_asistenciales_integrados/listado_procesos?perfil=org

- Consejería de Salud. Junta de Andalucía. Procesos Soporte. http://www.juntadeandalucia.es/salud/sites/csalud/contenidos/Informacion_General/p_3_p_3_procesos_asistenciales_integrados/procesos_soporte?perfil=org
- Consejería de Salud. Junta de Andalucía. Documentos para la ciudadanía relacionados con los Procesos Asistenciales Integrados (PAI). http://www.juntadeandalucia.es/salud/sites/csalud/contenidos/Informacion_General/p_3_p_3_procesos_asistenciales_integrados/procesos_y_ciudadania?perfil=org
- La Gestión por Procesos Asistenciales Integrales: Una estrategia necesaria. http://apps.elsevier.es/watermark/ctl_servlet?_f=10&pident_articulo=13048146&pident_usuario=0&pcontactid=&pident_revista=27&ty=162&accion=L&origen=zonadelectura&web=zl.elsevier.es&lan=es&fichero=27v31n09a13048146pdf001.pdf
- Consejería de Salud. Junta de Andalucía. Estrategias para la Seguridad del Paciente. http://www.seguridaddelpacienteyenfermero.com/docs/estandares/estandar_20.pdf
- Consejería de Salud. Junta de Andalucía. Líneas Estratégicas. Objetivos institucionales y Líneas de Acción http://www.juntadeandalucia.es/salud/export/sites/csalud/galerias/documentos/c_1_c_6_planes_estrategias/estrategia_cuidarte/04lineas_estrategicas.pdf
- Manual de Gestión por Procesos. Universidad Politécnica de Valencia. http://www.upv.es/orgpeg/web/manual_gestion_procesos.pdf
- Lorenzo Martínez , S ; Mira Solves , J . La Gestión por Procesos en Instituciones Sanitarias. http://calite.umh.es/data/docs/110/Gestion_procesos.pdf
- Consejería de Salud. Junta de Andalucía. Procesos Asistenciales Integrados (PAI). Estructura Plan de Cuidados. http://www.juntadeandalucia.es/servicioandaluzdesalud/hrs3/index.php?id=estructura_plan_cuidados
- Aprendiendo a diseñar procesos en los centros sanitarios. http://ricardoruizdeadana.blogspot.com.es/2011/01/aprendiendo-disenar-procesos-en-las.html

TEMA 25

- Decreto 59/2009, de 10 de marzo, por el que se modifica el Decreto 137/2002, de 30 de abril, de apoyo a las familias andaluzas, y el Decreto 18/2003, de 4 de febrero, de ampliación de las medidas de apoyo a las familias andaluzas (BOJA 13-03-2009)
- "http://www.adideandalucia.es/normas/decretos/Decreto%2064-2008%20Apoyo%20Familias.pdf" Decreto 64/2008, de 26 de febrero, por el que se modifica el Decreto 137/2002, de 30 de abril, de apoyo a las familias andaluzas. (BOJA 3-3-2008)
- "http://www.adideandalucia.es/normas/decretos/Decreto%2048-2006%20Apoyo%20Familias.pdf" Decreto 48/2006, de 1 de marzo, de ampliación y adaptación de medidas de apoyo a las familias andaluzas (BOJA 3-3-2006)

- "http://www.adideandalucia.es/normas/decretos/Decreto%2066-2005%20 Apoyo%20Familias.pdf" Decreto 66/2005, de 8 de marzo,HYPERLINK "http:// www.adideandalucia.es/normas/decretos/Decreto%2066-2005%20Apoyo%20 Familias.pdf" de ampliación y adaptación de medidas de apoyo a las familias andaluzas (BOJA 14-3-2005)

TEMA 26

- LAN 1995\153 Legislación (Disposición vigente). Decreto 101/1995, de 18 abril. Consejería Salud. BOJA. Junta de Andalucía 17 mayo 1995, núm. 72/1995 [pág. 4553]
- Decreto 246/2005, de 8 de noviembre, por el que se regula el ejercicio del derecho de las personas menores de edad a recibir atención sanitaria en condiciones adaptadas a las necesidades propias de su edad y desarrollo.
- LEY 1/1998, de 20 de abril, de los derechos y la atención al menor. www.cas.junta-andalucia.es

Made in United States
North Haven, CT
05 November 2026

21767038R10311